有度

一切皆有法　一切皆有度

THE
CONSTITUTION
OF CHINA

大国宪制

（修订版）

历史中国的制度构成

苏力 著

北京大学出版社
PEKING UNIVERSITY PRESS

图书在版编目（CIP）数据

大国宪制：历史中国的制度构成/苏力著. —修订版. —北京：北京大学出版社,2024.3

ISBN 978 - 7 - 301 - 34833 - 8

Ⅰ.①大… Ⅱ.①苏… Ⅲ.①宪法—法制史—中国—古代

Ⅳ.①D921.02

中国国家版本馆 CIP 数据核字（2024）第 038658 号

书　　　名	大国宪制——历史中国的制度构成（修订版）
	DAGUO XIANZHI——LISHI ZHONGGUO DE
	ZHIDU GOUCHENG（XIUDING BAN）
著作责任者	苏　力　著
责 任 编 辑	张玉琢　王　晶
标 准 书 号	ISBN 978 - 7 - 301 - 34833 - 8
出 版 发 行	北京大学出版社
地　　　址	北京市海淀区成府路 205 号　100871
网　　　址	http://www.pup.cn
新 浪 微 博	@北京大学出版社　@北大出版社法律图书
电 子 邮 箱	编辑部 law@pup.cn　总编室 zpup@pup.cn
电　　　话	邮购部 010 - 62752015　发行部 010 - 62750672
	编辑部 010 - 62752027
印 刷 者	三河市北燕印装有限公司
经 销 者	新华书店
	965 毫米×1300 毫米　16 开本　33.5 印张　515 千字
	2018 年 1 月第 1 版
	2024 年 3 月第 2 版　2024 年 3 月第 1 次印刷
定　　　价	96.00 元

日月之行，若出其中，
星汉灿烂，若出其里。

——曹操·《观沧海》

修订版序

这次修订，没有实质性内容修改或增补。

只是，一、在编辑认真细致的帮助下，纠正了各种明显的错误，但仍可能有错。二、文字略有增减，主要是修改、调整了一些拗口的句子。三、删了一些实在多余的注释。

苏　力

2022 年 1 月 28 日星期五于法学院陈明楼

序

读书一直杂乱，早就想借助中国历史常识，围绕自己曾经的困惑和触动，融合多学科知识，从国家制度的视角，也即宪制的视角，展示中国这个古老文明国家之构成的也即宪制的固有理性和正当性。关注制度，很实在。但也关注其中的大小道理，因此也规范。在事实与规范之间，是两者的整合。这才是我认为好的、有用的，举一反三，令人可能有所觉悟的法律/法学著作。我曾打算名之"思想中的法律史"。但不可能全面描述中国宪制。只能依据我有限的知识和不全面的思考，说说为什么这些在我看来对于中国非常重要的制度或实践会发生，无论后人如何评判，尤其不论旁观者或上帝视角下的善恶评判。

有这个想法，是因为，当今，尤其在中国法学院，法律和制度的学习、研究太容易切去社会历史语境，失去针对性，既不针对困扰人的一般难题，也不考虑具体时空地理。原本针对具体时空中具体问题而衍生、创造和发展出来的法律、制度和原则变成了答案，成了信条，然后成了教条，只能遵循和恪守，最多略加演绎，却不能生动刺激当下中国法律人创造性地思考和应对他们面对的复杂难题。问题（question）有答案，难题或麻烦（problem）则没有答案，只能解决，创造性地解决。但解决主要还真不是靠个人甚或集体努力，更需要资源和社会条件。因此，人们更多时候其实只能应对，难听的说法就是，"跟你耗"。这时的麻烦就成了怎么"耗"。对于现代以来的中国来说，如果不关心具体时空中的那些难题，抽象讨论法律制度，或讨论抽象的法律制度，自然说不出什么道理。没有真问题，还讲不出道理，就一定枯燥乏味，说不出历史中国法律制度的正当性和必要性。碰上了近代来自西方的、说出了它们自身某些道理的言辞，旁边还有令人眼晕的西方经济繁荣，就很容易自惭形秽，"月亮是外国的圆"了。

宪制/法是个很典型的领域。如今太多法律学者，即便不是宪法学者，也可以侃侃而谈，联邦制、三权分立、司法审查、表达自由、同等保护、正当程序甚至州际贸易。我不反对，不认为错，事实上我也谈。问题是，仅此不够，太不够了。因为所有用抽象言辞表达的制度和法律实践都同特定时空语境相联系，其正当性、合理性、有效性和局限性都受限于语境。在美国，这也都是在时间中次第展开的。尽管美国宪法文件中早就写了，"言论自由"却是到 1914 年才进入美国的宪法律（constitutional law）。这就是时空问题。如果今人穿越到秦汉，用今天这些西洋制度法律原则能有效应对匈奴袭扰或"七国之乱"？

我不是目的论者。意思是，我不认为，有谁，来到这个世界上就奔着什么去的，包括创立和建设这个中国。但话说到这份上，又必须承认，如霍姆斯所言，就实践而言，人注定是地方性的。既然我生活在这片土地上，我想展示，自觉有责任展示，有着沉重肉身而不是仅有思想或灵魂的一些人，我们的先人，在这片特定土地上，在这块后来才被称为中国的土地上，如何为了活下去，活得稍微好一些，以什么样的智慧或"极精炼的愚蠢"（罗素语），一代代合作、演进和积累，造就了如此的中国。我力求展示，即便在一些人，特别是某些今人，看来的野蛮或愚蠢，也不是全然没有理由和根据或从来不应发生。一个群体的长期"愚蠢"，从功能主义视角看，很可能就是他们在具体生存情境下被逼出来的唯一选项，因别无选择，所以就是智慧。制度是否智慧其实可以以种群的生存来判断（这可不只是制度功能主义，更重要的其实是长时段人类社会对制度的筛选）。在大致同等条件下，再怎么矫情，比方说，你甚至可以夸奖戈尔巴乔夫情怀善良，你也不能说这位"败家子"智慧吧？真正实践性的制度智慧很难解说，甚或无需解说。"梓匠轮舆能与人规矩，不能使人巧。"〔1〕这也就是"道，可道，非常道""大音希声，大象无形，道隐无名"的道理。〔2〕这也是为什么，尽管进这个行当40年了，我还是没法信仰法治或宪政！

但前人的智慧如今需要解说了。上小学时，我就知道，郡县制、统一文字、统一度量衡、统一货币、科举和皇帝，诸如此类。这些制度对于历史中国的宪制意义，对古代政治家、思想家和政治文化精英来说，也许一目了然，无需分析展示，无需理论演绎。面对紧要急迫的生存和治国难题，他们总是精炼断言，诸如"齐家治国平天下""天时不如地利，地利不如人和"之类的，不说理由；只告诉你"读书百遍而义自见"。你若一直不明白，那，你就不是这个"料"。他们只是一代代用历史叙事，相互交流并传承。

也有道理。这个世界从来也没法，没打算，也没责任，让每个人都理解历史中国的制度。理解的人未必生活得更好、更幸福，反倒可能多一份牵挂和烦恼。但现代中国社会变了，文化下移，教育普及；也由于当代长时段和平，对于长期待在大学校园的起码这两三代法律人来说，以及对于以——有时也只能以——"萝卜多了不洗泥"方式出品的法学生来说，即便仍有"先天下之忧而忧，后天下之乐而乐"的情怀和追求，不置身"齐家治国平天下"的实践，也很难理解那些历史制度曾经和至今的伟大意义，甚至容易视其为荒谬。〔3〕真正的伟大会融入生活，成为常规，成为背景，不彰显，看不清其发生和存在的理由——再重复一次"大音希声，大象无形，道隐无名"。今天的学人首先很难察觉那些已融入日常生活的最重要的规矩和制度，更难想象性重构当初催生这些制度的、令这片土地上的人们生离死别而刻骨铭心的难题。这些难题并没完全消失，有些至今以各种方式潜伏或隐匿在我们身边。但也

〔1〕 杨伯峻：《孟子译注》，中华书局1960年，第326页。
〔2〕 朱谦之：《老子校释》，中华书局1984年，第3、171页。
〔3〕 这种情况在各国历史上都不罕见。"许多先例因其当年的作用一直活下来了……但理由却被人忘了，若只从逻辑观点来看此后的结果，就一定是失败和混乱。" Oliver Wendell Holmes, Jr., "Common Carriers and the Common Law", 13 *AMERICAN LAW REVIEW* 608, 630 (1879).

有时，恰恰由于这些制度颇为有效，乃至我们不觉得曾有过这些难题。不会有，也不应当有；有的只是，只能是，当下西方宪法话语中讲述的那些问题。乃至，会不会有人哪天感叹，秦始皇当初为何不试试联邦制？刘邦干嘛只"约法三章"，没约个《大宪章》呢？

夸张了？其实未必。民国时期不就有一批大名鼎鼎的学人埋怨，中国当初为什么采取了方块字，而不是拼音文字？[4] 还要求，不光是他自己，而是"我们"，还"必须承认，我们自己百事不如人，不但物质机械上不如人，不但政治制度不如人，并且道德不如人，知识不如人，文学不如人，音乐不如人，艺术不如人，身体不如人"。[5] 今天没谁抱怨方块字了，在"不如人"上，也不那么绝对了；但在法学和法律上，这种心态还挺重。周边不时有此类嘴脸。

不论有多大胸怀，真正的学术其实都只是个人视角。个人视角就一定有偏颇。可以偏颇，但不等于讲不出道理，不通情达理。不以时间叙事的方式，我以围绕问题分析讲理的方式来展示中国宪制及其实践；说说历史行动者——个人或群体——曾面对的重大约束、难题和他们的制度选择。更一般地，我想用历史中国的宪制实践，来揭示一般宪制可能或必须面对的问题。因为，在我看来，现有宪制或宪法律理论都太单薄，尽管不明觉厉的高大上概念越来越多了。有时连修辞都缺乏，只剩下口号、好词和政治正确了。非但回答不了几十年来如欧盟的问题；而且，在美国，总爱用正当程序或同等保护条款，看似在回应，其实一直隐藏或遮蔽一些更关键的美国宪制问题。这类高调但无用的宪法理论肥大症还正向中国法学界蔓延。

仅从法学角度解说历史中国的些许常识，一定会有在其他学者看来不合理的取舍、误解和大量遗漏。选择解说的也都是些常识，自然会有人低估其理论和实践意义。但说到底，本书只是对中国历史或经验的一种社会科学的概括复述，力求讲出点道理。因为，自中国近现代以来，

---

〔4〕"欲使中国不亡，欲使中国民族为二十世纪文明之民族……废……汉文，尤为根本解决之根本解决。"钱玄同：《中国今后之文字问题》，载《新青年》卷4第4期。但这也不是钱玄同一人的主张，胡适、陈独秀、鲁迅、刘半农均持这一主张。

〔5〕胡适：《介绍我自己的思想》，载《胡适文存》（4），黄山书社1996年，第459页（引者的着重号）。

特别是"五四"以来，学术要面对的世界变了，即受众变了。面对日益全球化的世界，有必要以社会科学进路来讲中国宪制的道理；"五四"以来文化的全方位下移，令中国受众扩展了，也必须扩展，受众已不再只是传统的极少数政治文化精英。

即便努力，也未必能实现追求。这受制于我的狭隘视角，但更受制于我贫乏的知识和学术想象力。即便书稿完成了，我也不时扪心自问，这是不是自我安慰，是特定意义上的自我欺骗？这类反省注定了我长期以来在学术上一直诚惶诚恐。但任何人的视野、知识、理解力和想象力都注定局限；我只能不为自己的智力低下或智识薄弱过度羞愧了。怕误了正事。真值得羞愧的，在我看来，是为了学术的高大上、全面或政治正确而时刻关注着"人类历史潮流"，终身"追求真理"，加入安全的滥竽充数。中国的学术时代正在到来，一定有越来越多的中国学人，甚至外国学人，会，且能，重新阐发历史中国的那些有宪制意义的制度和实践。

本书没打算说服谁。不可能通过论证让某人喜欢上什么，比方说一杯啤酒——好像是霍姆斯说的；也不可能叫醒一个装睡的人！留给我的选项其实只是，如艾略特告诫的："不是划得好，/而是向前划，水手们！"[6]

得感谢这个时代，互联网大大便利了这一追求。许多资料甚至是少年时看的，有感触，却没留心。就算知道大概，也很难查找落实。查找的成本，特别是机会成本，会掐死查找的念想。互联网便利了查询，便利针对问题集中阅读，便利了——为了"防杠"——不少多余的——标明引文出处和页码。

这种研究和写作方式会有问题。最大问题是另一种注"水"，堆积大量资料和引文，甲说乙说丙说，看似资料详实，却缺乏集中的学术关注或问题，严谨的内在逻辑，和强有力的论证表达。为避免"水"，一如既往，我分专题写作，力求每一章甚至附录都按论文标准写。本书绝大多数篇章都曾发表，这里不一一致谢最先发表的各刊。但本书又绝非

---

〔6〕 T. S. Eliot, "The Dry Salvages", *The Complete Poems and Plays 1909-1950*, Harcourt Brace & Company, 1980, p. 135. 感谢冯象先生对这首诗诗名的翻译和解惑。

论文的简单汇集。本书主题集中，力求各章互补，论证分析相互牵扯勾连，乃至偶有重复。但总体一定大于简单的汇合。修改成书时，我也有调整、删减、修改、增补，许多段落几乎重写，有些篇章则是全新的。不全是为了对得起读者，其实最想对得起自己——毕竟人生苦短！

这至少部分解说了为什么本书拖沓了至少两年。就算对得起读者了，也一定对不起许多一直关心并以各种方式令我写作获益的朋友，没法在此一一列名。对一直敦促我的北京大学出版社的白丽丽编辑，我更是深感歉意。好在完成了，结果好，一切都好。谢谢各位朋友了！

苏　力

2017 年 3 月 31 日于北京大学法学院陈明楼

目 录

|引论| 中国的宪制难题

> 一方水土养一方人
>
> ——民谣
>
> 多难以固其国，启其疆土。
>
> ——《左传》[1]

"蚕丛及鱼凫，开国何茫然！"从国家构成（constitution）来看，在人类历史上，中国简直不可思议。不可思议，不是她作为一个政治文化共同体的古老和巨大，独一无二持续至今，而在于她居然会出现。

不可能是圣人的天启，或一些人的刻意。在特定意义上，中国的构成当然是机缘巧合。但巧合或偶然不等于没道理，没有其内在的发展脉络；包括人为。这里的人想活下去，出生在此，直到近代前，一般就只能在这里活下去，还渴望活得好一点。穿过生死的缝隙，不是一堆离散的小群体，而是作为一个政治文化共同体或一个文明发生了，出现了，存活下来了。那些个体或集体的人为，其中道理，就留存下来了。长期且相对稳定的自然条件，"天时"和"地利"，会塑造这里的人们，在共同适应、同时被大自然不断筛选的过程中，形成行为互动的基本格局，所谓"人和"。无论称其为不愆不忘的"旧章"还是令人敬畏的"祖制"（"祖宗之法"），一直生长于此的人即便通常不自

---

[1] 杨伯峻：《春秋左传注》，中华书局 2009 年，第 1247 页。关于国家兴亡的类似逻辑命题是，"无敌国外患者，国恒亡"。杨伯峻：《孟子译注》，中华书局 1960 年，第 298 页。汤因比认为，推动文明发展的重要因素之一是"环境的挑战"，他的第一个例子就是中国。请看，汤因比：《历史研究》，上海世纪出版集团 2010 年，第 93—94 页。

觉（也无需自觉），其中有些就是这个政治文化共同体的基本制度。就其实在意义，我称之为构成；就其规范意义，我称其为宪制。构成和宪制，在诸多西文中，都是同一个词，Constitution，拼写略有差别，意思完全相等。

本书关注并试图解说中国的宪制/构成。我省略了"历史"二字对中国的限定，因为这个宪制不只属于过去，它一直影响并规定着近现代直至今天的中国。但更重要的理由是，我希望以此表明，虽然不是所有国家，至少中国这样的文明国家，大国，其宪制固然是一个次第展开的过程，却更是一个结构和整合的事件。这意味着，本书追求的是理论叙述，而不是历史叙述。

引论的头四节讨论贯穿全书的四个重要问题。（1）有何理由特别关注中国宪制？特别是，如今已有许多理论，还有"宪法学"。"学"的常规意味是，其表述首先有普遍的解说力，然后有普遍的规范性。（2）如果中国宪制/构成是特殊的，何以特殊？有何理由说这一特殊并非本书作者的刻意标榜，标新立异？（3）针对西方历史实践塑造的其宪制关注，算挪用，却也是借助，中国古人的，换言之，不只是儒家的，关注，[2] 我把中国宪制分成家、国和天下，这三个相互勾连和支持的领域，讨论为什么中国必须同时，也必须分别，应对这三个难题。以及（4）为什么本书称其为宪制，而不是更常见的宪法？这些解说只为便利随后各章的讨论，有助于读者整体把握中国的构成/宪制问题。最后一节概述本书基本结构。

---

〔2〕家国天下通常被认为是儒家传统，"皆曰'天下国家'，天下之本在国，国之本在家"。《孟子译注》，前注〔1〕，第167页。"古之欲明明德于天下者，先治其国；欲治其国者，先齐其家；欲齐其家者，先修其身……身修而后家齐，家齐而后国治，国治而后天下平。"《礼记正义》，北京大学出版社1999年，第1592页。但在春秋战国之际，众多学人分享对家、国和天下的关注，却反对儒家这种"一以贯之"的思路，主张具体问题必须具体分析，实事求是。管子强调"以家为家，以乡为乡，以国为国，以天下为天下"。黎翔凤：《管子校注》，中华书局2004年，第16页。老子和韩非均主张要"以身观身，以家观家，以乡观乡，以邦观邦，以天下观天下"。朱谦之：《老子校释》，中华书局1984年，第215—216页；王先慎：《韩非子集解》，中华书局2013年，第155页。

国家的构成/宪制难题

一块土地上有人类活动就算有了"文明"。但这不意味着，自然而然地，且必然出现一个或一系列政治共同体，构成一个或一些国家。即便文明古老，山水相连，有共同的祖先，属于同一种族或族群，分享了共同或相近的文化，所有这些因素，或单独或共同，会趋于或有助于，却未必足以，构成（constitute）一个长时段稳定的政治、经济和文化的共同体。

中国人爱说自古以来。时间并不天然有内在说服力。相反这里的时间需要解说。撒哈拉沙漠以南的非洲，是目前公认的古人类发源地，但人类几大古文明均不源于此地。甚至，直到欧洲人殖民，这里一直基本是部落社会。在原生古代文明中，古埃及、古巴比伦以及古印度，按目前通说，都比中国文明更久远，却早就彻底消失了。基本是近代之后，靠外来文明的努力，甚至因其他文明的零星记录，以及考古发现，才与这些土地重建了联系；但与这些土地上当下人民的生活——旅游业或除外——几乎无关。欧洲文明的最重要来源之一，古希腊文明，也是如此。[3]

中国文明早熟的说法也不成立。[4] 这是用语词来打马虎眼，似是而非。这种说法隐含了一个无法经验验证的关于社会发展的普遍和先验的时间标准，其实是 19 世纪和 20 世纪社会进化观的产物。

有学者断言，中国大一统和欧洲众国分立，是因为中国的自然地理

---

〔3〕 一般认为，古希腊文明其实是欧洲文艺复兴之后，开始陆续被发现并重构的，大量借助了其他文明的文献。亚里士多德的著作大多是从阿拉伯文回译成拉丁文的（苗力田：《序言》，载《亚里士多德全集》(1)，中国人民大学出版社 1990 年）。亚氏的《雅典政制》（商务印书馆 1959 年）源自 1880 年在埃及发现的两页"破损颇多"的纸草。后会同在其他地方发现的另一些残篇，整合注释后首次发表，至今刚满一个世纪（拉克汉：《英译者序言》，载《雅典政制》，第 I—Ⅲ 页）。

〔4〕 梁漱溟：《东西文化及其哲学》，商务印书馆 1999 年，第 202—203 页。特别强调中国文化独特性的梁漱溟先生的理论前提，因此，其实是欧洲近代的普世主义。

条件易于统一。[5] 这错得有点离谱。今日中国疆域面积与整个欧洲相近。但若就自然地理条件而言，中国远比欧洲复杂多了，交通联系艰难多了。起码，欧洲没有沙漠、戈壁、高原以及长江与黄河这类古代人类极难逾越的重大天然屏障。罗马帝国在其最强大之际也不曾统一欧洲，只统治着交通较为便利的环地中海地区。北美大平原远比中国华北（黄淮海）平原辽阔，但在欧洲人殖民之前，那里一直是部落社会。

山水相连？这没法解说那些沥沥啦啦由一系列岛屿组成的国家。不说日本，不说英伦三岛，也不说当年遍及全球号称日不落的大英帝国。就说菲律宾，其疆域边界竟然以几条经纬交汇点间的连线构成。[6] 这也不独特。看看诸多非洲国家的疆界，还可以参考美国中西部许多州/国（states）的疆界。也可以看看理论上划分南北朝鲜以及当年曾隔离南北越的北纬38°和17°线，重要的是这两条线还并非直线。但最挑战这一解说的是，有些国家的领土山水并不相连，中间硬生生隔着他国，典型如美国本土与阿拉斯加，一战后德国本土与东普鲁士，以及二战后俄罗斯本土与加里宁格勒。也不都是强国甚或大国。疆域构成与此类似的国家还曾有，1956—1971年间的巴基斯坦（由今天的巴基斯坦［当时称西巴］与孟加拉国［东巴］构成，中间隔着整个印度），1958—1961年间的阿拉伯联合共和国（简称阿联，由埃及、叙利亚以及北也门构成，中间隔着以色列、约旦甚至沙特）。

哲人、思想家或伟人的追求和努力也起点作用，但不能夸大。"天下大同"或"世界和平"之类的愿景，若无政治家、军事家的文韬武略，很少真正顶事。古希腊罗马有号称普世的自然法传统，据说曾影响亚历山大和凯撒大帝建立了横跨欧亚非大陆的帝国。但也只是帝国，主要靠军事强力将各地拢在一起，内部缺乏持久稳定的政治经济文化制度

---

〔5〕 "欧洲地形，山河绮错，华离破碎，其势自趋于分立，中国地形，平原磅礴，陆塞交通，其势自趋于统一。"梁启超：《新民说》，载《梁启超全集》，北京出版社1999年，第665页。

〔6〕 现代菲律宾国家领土形成的重要法理与最早历史依据是，1898年美西《巴黎和约》第三款规定的，由一系列经纬度交汇点之间的连线构成的"巴黎和约线"，后来有三次局部变动，最终演变并固化下来，构建了当时美属菲律宾的疆界。后为独立后的菲律宾继承。请看，王胜、华涛：《菲律宾条约界限的性质刍议——以条约界限的形成、演变与确立为中心》，载《太平洋学报》2014年12期。

整合。[7] 这类愿景从来都有，帝国的小船却说翻就翻。不止一次。近代有 300 多年了，有卢梭，有康德，设想过永久和平的"世界"——其实只是欧洲。[8] 也有过一代天骄拿破仑，[9] 或许还能加上希特勒（？）。二战之后，从煤钢同盟起步，都走到欧盟了，"眼看他起朱楼，眼看他宴宾客，眼看他楼塌了"，眼睁睁地，英国脱欧。一代代欧洲人的努力，如飞蛾扑火，真诚且悲壮。

相比之下，至少从西周开始，中国就是个有模有样的大国了。我不天真，不相信西周真就实践了"溥天之下，莫非王土；率土之滨，莫非王臣"。[10] 是理想。但大量史料表明，西周真还不只是唱了唱这两句小雅。甚或，仅因后世秦汉重新界定了学人考察中国宪制的标准和参照系，西周才一直贴着"封建"标签，不被视为大一统的王朝。事实上西周的统一程度，在我看来，远超罗马帝国。想想春秋时期中原地区的"雅言"，孔子周游列国，再想想周幽王"烽火戏诸侯"的传说。春秋战国时期，有了由土地、人民和政事"三宝"构成的（诸侯）国的概念，[11] 关注疆域（country）和文化认同（people/nation），不只是在意政事或君王（state）。鉴于"天子"意味着至高无上（sovereign），几乎

---

〔7〕 关于帝国的特点，请看，*The Oxford English Reference Dictionary*, 2nd ed., Oxford University Press, 2001, p. 461。

〔8〕 欧洲统一的设想最早见于法国人圣-皮埃尔的三卷本《为欧洲永恒和平的回忆录》（de Charles Irénée Castel de Saint-Pierre, *Mémoires Pour Rendre La Paix Perpétuelle En Europe*, Nabu Press, 2012 (1712)），卷 1—2《争取欧洲永久和平方案》，卷 3《基督教国家君主间建立永恒和平的方案》。他认为欧洲永久和平的必经之路是建立欧洲邦联政府。继承圣-皮埃尔的思想，卢梭撰写了《永久和平方案的评判》（de Jean-Jacques Rousseau, *Jugement sur le projet de paix perpétuelle de l'abbé de Saint-Pierre*, Ellipses Marketing, 2004 (1761)。受卢梭影响，康德写了《永久和平论》（《历史理性批判文集》，商务印书馆 1990 年）。

〔9〕 1812 年侵俄前，拿破仑对大臣富歇称："我们要有一部欧洲法典，一个欧洲最高法院（court of appeal），货币统一，度量衡统一，整个欧洲推行统一的法律。我想让欧洲各民族合众为一。" Emil Ludwig, *Napoleon*, trans. by Eden and Cedar Paul, George Allen & Unwin Ltd., pp. 382-383.

〔10〕 程俊英、蒋见元：《诗经注析》，中华书局 1991 年，第 643 页。

〔11〕 "诸侯之宝三：土地、人民、政事"；"民为贵，社稷次之，君为轻"与这一观点完全一致，只是调整了三者的排序。《孟子译注》，前注〔1〕，第 335，328 页。这一国家概念还可以追溯到孔子的时代，《左传》中的"君子"认为礼的功能就是"经国家，定社稷，序民人，利后嗣"（《春秋左传注》，前注〔1〕，第 76 页），只是对三要素的排序与孟子有别。

可以说，西周的国家概念已相当现代了。[12] 中国确实屡经变革和革命，北方游牧渔猎民族多次入主中原，中外的文化本质论者据此爱说"崖山之后无中国"。[13] 但后代的政治实践表明这只是学术竞争与专业细分促成的"一说"而已。[14] "国破山河在"，自强不息，中国就是一次次旧邦新造。不只是"复盘"，几乎每一次，都是中国疆域和政制的重构、整合和拓展。[15]

但中国这个"国"，同西方历史上的各种国相比，还有个特别。从一开始，她就不是城邦，也非欧洲中世纪的封建邦国，也不像马其顿或罗马那样没有多少内在政治经济文化制度整合的帝国。甚至她也不是一个民族国家——美国学人白鲁恂曾告诫其同仁，中国"只是一个伪装成（pretending）民族国家的文明（civilization）"。[16] 这个说法还不够味，不贴切。[17] 我坚持用中文的"国"或"国家"，中国这个"国"的发

---

〔12〕 现代国家概念也只强调国土、人民和主权这三个要素。罗斯金：《国家的常识：政权·地理·文化》，世界图书出版公司北京公司 2013 年，第 1 章。又请看，芬纳：《统治史》（1），华东师范大学出版社 2014 年，第 3—14 页；Charles Tilly, *Coercion, Capital, and European States, AD 990-1990*, Basil Blackwell, 1990, pp. 130-131.

如果从知识谱系学看，"主权"完全是从欧洲历史中挤出来的一个近代概念，用来反抗中世纪凌驾于欧洲各封建君主之上的罗马天主教会，同时也针对了欧洲近代形成的众多民族国家。在东亚这片土地上，自西周之后，"天下有道"而"礼乐征伐自天子出"既是历史中国的政治理想，也是政治现实。并不存在独立于民族国家之林的问题，也没有比皇帝/天子更高的教会势力，自然也就不需要这个后来由布丹、霍布斯创造出来的主权概念。直到 19 世纪中叶，中国被拽入了全球的民族之林，面对欧美列强侵略，才开始强调"主权"。

〔13〕 这种说法始自钱谦益的"海角崖山一线斜，从今也不属中华"（《钱谦益诗选》，中华书局 2005 年，第 240 页）。

〔14〕 明朝始终坚持自己继承的是元朝，而非宋朝。张居正的说法是，"至宋……文敝已甚，天下日趋于矫伪。宋颓靡之极也，其势必变而为胡元。……然元不能久而本朝承之。国家之治，简严质朴，实籍元以为之驱除。"《张文忠公全集》（7），商务印书馆 1937 年，第 675 页。新中国第一代领袖也充分认识清朝对中华民族的贡献：把许多民族联在一起，确定了近现代中国的版图；休养生息，人口增加到 4 亿；并用满文和汉文，促使文化的融合和发展。周恩来：《接见嵯峨浩、溥杰、溥仪等人的谈话》，载《周恩来选集》（下），人民出版社 1997 年，第 320 页。还可参看，舒乙：《毛主席对老舍谈康熙》，载《人民日报》1994 年 5 月 20 日，版 10。

〔15〕 费孝通：《中华民族的多元一体格局》，载《中华民族多元一体格局》，中央民族学院出版社 1989 年。谭其骧：《历史上的中国和中国历代中国疆域》，载《长水集》（续编），人民出版社 2011 年，第 1—18 页。

〔16〕 Lucian W. Pye, "China: Erratic State, Frustrated Society", *Foreign Affairs*, vol. 69, no. 4, 1990, p. 58.

〔17〕 最大欠缺是，文明的概念缺了统一且有效政治治理的意味，也往往没有确定和稳定的疆域，至少与疆域没有确定的联系。只要看看今日人们所谓西方文明或阿拉伯文明，或已被历史湮灭的古代苏美尔、埃及、印度、希腊或印第安的文明，就可以了。换言之，文明缺乏本书关注和强调的构成/宪制（constitution）。

生和存在不是为了符合某个西文语词的定义；甚或就为了开拓其眼界，修改其定义。但白氏的说法会有助于理解《中华人民共和国宪法》中的表述：中国是一个"统一的多民族国家"。[18] 这个统一不限于疆域空间。有鉴于人类历史上众多国家的消长，这个多元一体的中国却不可思议地穿越了时间长河。历代政治家思想家以不同方式强调"百代都行秦政法"。[19] 在许多方面，甚至不是始自秦。"蒹葭苍苍，白露为霜。所谓伊人，在水一方"或"执子之手，与子偕老"或"溥天之下，莫非王土……"，这些诗句已 3000 多年了，至今仍鲜活在中国社会的日常生活中。没写进中小学课本，也没人专门教授，却不时为普通中国人传诵，甚至广为传唱——想想邓丽君的《在水一方》！

这就有了个智识上的问题，究竟有些什么因素促成了这个中国的发生和构成？在这个宪制问题上，没有什么中国之前的"自古以来"，也没一开始就在那儿熠熠生辉的中国原点或中国原型，注定了其后的中国，无论是人种的、文化的、政治的或疆域的。即便有，我们也没法追溯那个创世纪或大爆炸的原点，观察这个沐浴着神光的起源，捕获其精确本质，洞悉其最纯粹的全部可能，把握它蕴含的此后的持久同一性。这片今天称为中国的土地，经历了很多王朝，王朝之前还曾有众多部落或部落联盟。历代王朝中，有大一统的，也有分裂割据、并存或对峙的。统一、治理并整合中国的历代统治者，有来自典型农耕地区的（如秦汉），也有来自典型游牧或渔猎民族的（如元、清），还有无论血统或文化上都相当混杂的（如隋、唐）精英集团。但就这样一点点，一点点，一点点地，从"东夷、南蛮、西戎、北狄"这些曾看似完全异己的多元材质中，合久必分，分久必合，构成了这个中国。

有理由也有必要考察，在东亚这片土地给定的天时地利中，挤压并呈现出来的"人和"，也即政治学和法学视角下的中国宪制，或历史演化视角中的这个政治经济文化共同体的发生和构成。这个共同体的长期

---

〔18〕《中华人民共和国宪法》（1982 年）序言。又请看《宪法》（1954 年）第 3 条，《宪法》（1975 年）第 4 条，以及《宪法》（1978 年）第 4 条。

〔19〕 毛泽东：《七律·读〈封建论〉呈郭老》，载《建国以来毛泽东文稿》（13），中央文献出版社 1998 年，第 361 页。最早的说法是"汉承秦制"（《后汉书》）。又请看，"二千年来之政，秦政也"。《谭嗣同全集》，中华书局 1981 年，第 337 页。

存活足以证明，这些基本制度有令人无法拒绝、不能低估的强大正当性——至少对于我们中国人。

小农与大国

任何国家的，尤其是大国的，基本制度都嵌在该国的天时地利中。"嵌在"强调了地理变量重要，却不是地理决定论。最重要的其实是"人和"，是群体对给定地理条件的能动应对和制度创造。

直观上看，关中和华北平原（黄淮海平原），中华文明最重要发源地之一和后世农耕中国的核心区，位于亚洲东部，面对太平洋，近海岛屿很少且相距颇远，夏秋季有台风莫测。单独看没啥，若拿这地区同欧洲及亚非环地中海地区一比，就看出差别了。整体而言，欧洲西面是海洋，地中海就是嵌在欧亚非大陆之间的一大"咸水湖"，没有热带气旋（台风或飓风）威胁，环地中海地区潮汐微弱，半岛和岛屿众多，相距不远。若同中国交通看似最便利的华北平原一比，欧洲平原辽阔，地中海周边地区海上运输安全保障的提供及相应的人财物交流便利多了，水运成本低太多了，这都便于其人员流动和文化交流，便于其商贸；这意味着，就实现跨地区的政治社会整合和治理而言，在中国这片土地上比在环地中海地区难度大多了。若同北美大陆大平原相比，则更难看出，为什么在东亚这片土地上，会早早出现了一个疆域大致稳定的超大政治文化共同体。

首先与农耕有关。从关中平原向东，直到大海，整个华北平原，地势平坦，水土适宜，气候温和，雨热同期，适合农耕。据何炳棣，首先在黄河中上游支流地区的黄土地带，早早出现了最早的农耕村落。[20]之后逐步东向且四面扩展，在这片广袤土地上出现了星罗棋布的高度同质的村落。

小农经济很难自然形成较大的社会共同体，更甭说大型政治共同体

---

[20] 何炳棣：《黄土与中国农业的起源》，中华书局 2017 年。

了。传统小农自给自足，最基本的生产生活单位是男耕女织的核心家庭或略大的家庭，对土地持久精耕细作，种植五谷杂粮和桑麻（宋元之后，逐步以棉花替代了麻），还有与精细农业配套的家畜、家禽和淡水养殖，偶尔或还有渔猎。说"男耕女织"都太粗略了。小农家庭中，几乎所有成员，包括老人和儿童，都会以人尽其力各尽其能的方式参加家庭财富和福利的创造。"田夫抛秧田妇接，小儿拔秧大儿插"（杨万里诗），"大儿锄豆溪东，中儿正织鸡笼，最喜小儿无赖，溪头卧剥莲蓬"（辛弃疾词）；也就 50 年前，光屁股的牧童或渔童都会以特定的式参与家庭的"生产劳动"。[21] 但所谓生产劳动，对儿童来说，既是农业生产、生活和合作技能的学习和训练，也是游戏和玩耍。小农家庭是当时农耕社会最效率的企业。

小农家庭还承担大量社会功能，如繁衍后代，赡养老人。不只有生产和生活，还有教育和文化传承。教育不仅有关生产劳动，也有关社会组织交往的知识和技能。当家庭财政有余力之际，至少隋唐之后，父母甚至会挑一位看上去合适的男孩去读书，学习与农耕社区无关而与治国平天下有关的知识，为国家政治生活培养人才。小农家庭还一直承担着社区治理——如管教孩子的"家法"——以及类似宗教——如祭祀——的功能。费孝通分析认为，与现代核心家庭仅关注生育因此是临时性社会组织（有离婚和再婚）不同，由于长期承担政治、经济、社会和宗教等功能，农耕家庭，即便再小，也是农耕社会最重要和最基本的事业单位，是一个稳定的小家族。[22]

核心家庭是基本生产生活单位，但除非当地土地极端贫瘠，[23] 小农的社会生活形态通常是由同姓核心家庭组成不太大的村落共同体。[24] 聚居部分是人类繁衍的结果，但也部分是对人类社会需求的功能性应

---

〔21〕 费孝通 1930 年代的苏南研究记录"孩子过了 6 岁，就参加打草、喂羊的劳动，孩子们对这种劳动很感兴趣"，因为与同伴们在田野奔跑不受大人任何干涉。费孝通：《江村经济——中国农民的生活》，商务印书馆 2001 年，第 49 页。近现代画家齐白石、徐悲鸿、李可染等画笔下也屡屡出现光屁股牧童和渔童。

〔22〕 费孝通：《乡土中国》，上海人民出版社 2007 年，第 39 页；又请看，王玉波：《中国家庭史研究刍议》，载《历史研究》2000 年 3 期，第 166—167 页。

〔23〕 苏力：《家族的地理构成》，载《山西大学学报》（哲社版）2007 年 3 期。

〔24〕 请看本书第二章注〔3〕以及相关文字。

对：节省耕地，邻里互助，相互提供治安安全，必要的集体行动如修路、盖房、抗旱、排涝乃至渔猎。这意味着村落内部的治理。即便血缘随世代更替日益稀薄了，久居一地，分享语言、习俗和文化，也会造就利益和心理认同。为同其他村落竞争，以亲缘族群为标识，组织起来，把村落血缘、生活共同体转化为农耕地区的最小政治经济共同体，几乎是水到渠成。只要商贸不发达，人员流动很少，世界各地的农耕区大致都会如此。[25]

小农经济只是大致自给自足，盐、铁等必需品大都来自外部。为有效繁衍健康的后代，也趋于演化出与其他村落"合两姓之好"的自觉。但若无更细致的社会劳动分工，无贸易交换，即便在土地相对肥沃的平原地区，也很难形成更大村落，更难形成跨村落的政治共同体。因为，人口一多，村子大了，即便耕地足够，其分布也会更广，更分散，耕作成本会显著增加。人口增多还意味着血缘、亲缘和地缘关系弱化，社区组织治理费用会增加。一旦村落增大的边际成本超过了其边际收益，可以预期，即便血缘、亲缘或地缘关系仍在，也会出现地理上分离的新村落。地理分离意味着交往距离进一步拉大，交往频度减少。加之各地自然条件差别，生产生活习俗演变，各村间很难有不变的默契和相互认同，语言等文化分别也会萌生，在一些问题上还会出现利益分歧和认知冲突。这意味着，即便源自同一祖先，持续农耕，相邻居住，时有往来，"远亲不如近邻"，分离的村落间很难构成一个经济和生活共同体，更不可能构成一个内在整合的政治共同体。换言之，小农经济无力自发构成超越自然村落的大型政治经济文化共同体。在世界各国，小农社会都是一盘散沙，或"一袋马铃薯"。[26]

《击壤歌》，据说是中国最早的民谣，反映了一位老农，很有点哲学气质——爱想些没啥实际利益的问题，就质疑了国家统一政治治理对于

---

[25] 古希腊早期有些城邦，如特洛伊，也可为例证。为抵抗阿伽门农的希腊联军，特洛伊军队由国王普里阿摩斯率领 50 个儿子和 12 个女婿组成。荷马：《伊利亚特》，人民文学出版社 1994 年，第 157 页。我猜想这里的儿子和女婿都是辈分意义上的，因此是拟制。

[26] 法国"小农人数众多，他们的生活条件相同，但是彼此间并没有发生多种多样的关系。……法国国民的广大群众，便是由一些同名数简单相加形成的，就像一袋马铃薯是由袋中的一个个马铃薯汇集而成的那样。"《马克思恩格斯文集》（2），人民出版社 2009 年，第 566—567 页。

农民日常生活的必要性。[27] 一千多年后，老子留下了并非完全没有真实根据的"鸡狗之声相闻，民至老死，不相往来"的社会理想。[28] 再过约 800 年，东晋陶渊明声称记录了，或是想象了，长江以南武陵山中，一群农民，自秦末战乱之后的六个世纪里，"不知有汉，无论魏晋"，对王朝几度更迭毫不知情。[29] 真假不重要，重要的甚至不是陶渊明敢这样想，而是许多后人还能接受这种描述或想象。与此形成鲜明反差的是，公元前 4 世纪亚里士多德断言，人天生是城邦/政治动物。[30] "天高皇帝远"的现象在农耕中国一直持续，[31] 可以说，直到中华人民共和国建立。

即便放之古希腊而皆准，亚里士多德对人和城邦的这一自然主义和目的论的断言，也是个希腊的地方性知识和想象。历史中国就这样，天马行空，一直肆无忌惮地挑战了亚里士多德，也挑战近代以社会契约说为代表的建构主义国家观，以及此后陆续演绎出的各种宪制理论和实践，无论是立宪治国、民族自决、公投建国或国际承认之类的。这些关于国家发生和构成的理论，以及由此推演出来的其他做法，有其道理，问题是事物的逻辑不等于逻辑的事物。在这个世界上，除道理本身外，万事万物都不只是道理的产物，而是自有其道理。即便今天有人说，也有不少法律人真信，当年美洲东海岸的一些殖民者（We，the people）想建立（form）一个他们认为更完善的联盟，坐下来商谈，最后签了份宪（章），就从布袋中神奇地拽出了合众国，[32] 在古代东亚这片后来被标注为中国的土地上，对在此各自耕作的千家万户而言，也不可能。这里根本就没有一个共同体，无论是政治的、经济的、社会生活的或是文

---

〔27〕"日出而作，日入而息；凿井而饮，耕田而食。帝力于我何有哉？"《击壤歌》，载《古诗源》，中华书局 1963 年，第 1 页。

〔28〕《老子校释》，前注〔2〕，第 309 页。

〔29〕《桃花源记》，载《陶渊明集》，中华书局 1979 年，第 166 页。

〔30〕Aristotle, *The Politics*, rev. ed., trans. by T. A. Singlair, Penguin Books, 1981, p. 59.

〔31〕这个说法最早出自明代黄溥的《闲中今古录摘抄》（商务印书馆 1937 年，第 18 页），反映了 14 世纪上半叶（元顺帝）时期浙江沿海地区的状况。1947 年费孝通写《乡土中国》（前注〔22〕，第 59 页）时沿用了这个说法。

〔32〕《美国宪法》序言："我们这些人，为构成一个更完美的联盟，树立正义，保障国内安宁，提供共同防务，促进普遍福利，并确保我们以及后代得享自由的赐福，特为美利坚合众国建立这一宪制。"

化的，只有无数村落共同体，也许还有众多部落共同体，就算都想坐下来谈，仅从地理上看，他们也坐不到一块。

"多难兴邦"！只是这个"兴"不能理解为兴旺繁荣，只能理解为"诱发""促成"或"推动"。至少有两个持续的重大威胁促使中原农耕民众，必须超越村落或部落，向四周扩展，构成一个在政治、疆域和文化三个维度上都足以维护中原农耕区及周边地区的大型政治共同体，即中文的"国"或"国家"。[33]

有理由认为黄淮地区治理是促使历史中国发生、发展的最大刺激。黄河不仅泛滥频繁，且含沙量高，在中游地区沉淀后，河床高于两岸平原，多次导致主河道变迁，[34] 严重影响和威胁沿岸广大地区的农耕者。这一地区也时有旱灾或蝗灾。同样重要的还有，黄河流域平原地区的农耕生产方式和产出趋于单一。一旦遭遇严重自然灾荒，或是多年持续受灾，这一地区的农民，不像南方丘陵、山区或水网等地的农民，还可能有其他食物替代。[35] 灾民逃难，流离失所，很容易扩散开来，成为更大区域的灾难，甚至导致王朝更替。事实上，历代王朝的重大农民起义，太平天国除外，全都源自黄淮平原地区，往往伴随了水旱蝗灾。

但治理黄河是个超级工程。在农耕时代，这不是任何个体、村落甚或几个村落可能完成的。这需要黄河两岸无数农民齐心合力。但首先需要一个超越村落、超越区域利益的政治领袖和政治集团，能聚集和组织各地的政治、文化和技术精英，建立某种科层化机制，规划黄河的治理，更要以空前的执行力，以一种只可能大致公道但往往是专断的方式（"民可使由之，不可使知之"？），来动员、组织甚至强迫那些不能理解

---

[33] 从功能主义视角，毛泽东也曾评注，历史中国政治统一就是"为河［黄河］与外族进攻二事"，因为"分裂则二事皆不能办"。《毛泽东评点二十四史解析》（下），红旗出版社2011年，第1002页。

[34] "从先秦时期到解放前约三千年间，黄河下游决口泛滥达1593次，平均三年两次决口，重要的改道26次"，最早记载的一次改道在春秋中期，公元前602年。王育民：《中国历史地理概论》，人民教育出版社1987年，第50—51页。竺可桢研究发现，中国历史上有记录的水灾最多的省份都在黄淮地区，依次为河南、河北、江苏、山东、安徽等。邓拓：《中国救荒史》，北京出版社1998年，第41—42页。

[35] 重要证据之一是，中国历史上灾年食人记录基本分布在黄淮平原及周边地区；明清时期，"出现灾荒食人的区域主要集中在北方五省及淮北地区"。陈岭：《明清时期灾荒食人现象研究》，南京师范大学硕士论文2012年，第11页。

其中利害，甚或不可能直接或当即从治河中获益的广大民众加入这一工程。要有人监督、管理、协调和奖惩。谁能创建、领导、有效掌控这一机制，保证其稳定持续运转，他及其核心团队事实上就已在这一地区建立了最高的政治统治。[36]

历史中国的相关传说或记载，似乎都支持这一理论推断。先后有鲧和大禹率领民众治理黄河，禹把王位传给儿子，有了历史中国的第一个王朝的传说。[37] 商代多次迁都，有多种解说，但水患是重要原因之一。[38] 从理论上看，治理更可能首先出现在黄河流域某一人口相对稠密的农耕区，在黄河中上游地区。夏商周三朝疆域都在黄河中游或重要支流地区（渭河流域）。而且下游比上游更有动力要求协调治河，这可以解说，春秋时期，随着黄河下游（齐鲁）地区经济发展，人口密集，齐桓公，在管仲筹划下，首先倡导黄河中游各诸侯国盟约，防止以邻为壑。[39] 后代经验也屡屡表明，黄河中下游的政治不统一，非但治河不能，各种政治力量都可能利用黄河水患来谋求政治军事利益，广大百姓则吃尽苦头。[40] 最晚近的例子是，1938 年，为阻止日军从中原南下，蒋介石下令炸开了花园口黄河大堤，形成了黄泛区。

此外，黄淮流域从来是中原王朝最重要的农耕区之一，有更便于中原王朝征用和调配的人财物。即便修建大运河后，中原王朝的财政更多依赖从富庶的江南征收并转运北上的各类财富和物资，但黄淮河水灾会严重影响漕运，治河仍是后世王朝的核心关注之一。[41]

---

〔36〕 "善为国者，必先除其五害……五害之属，水为最大。五害已除，人乃可治。"《管子校注》，前注〔2〕，第 1054 页。Karl A. Wittfogel, *Oriental Despotism: A Comparative Study of Total Power*, Yale University Press, 1967, pp. 26, 27.

〔37〕《史记》，中华书局 1959 年，第 52—83 页。

〔38〕 顾颉刚、刘起釪：《〈盘庚〉三篇校释译论》，载《历史学》1979 年 1、2 期；黎虎：《殷都屡迁原因试探》，载《北京师范大学学报》1982 年 4 期；史念海：《由地理的因素试探远古时期黄河流域文化最为发达的原因》，载《历史地理》辑 3，上海人民出版社 1983 年；李民：《殷墟的生态环境与盘庚迁殷》，载《历史研究》1991 年 1 期。

〔39〕《管子校注》，前注〔2〕，第 365 页。

〔40〕 公元 1128 年，为防止金兵南下，开封守将杜充掘开滑州黄河堤防，黄河改道向东南由泗水和济水入海（《宋史》(2)，中华书局 1977 年，第 459 页）；金在与南宋对峙期间，也放任黄河南摆，以扩大己方疆域（邹逸麟：《椿庐史地论稿》，天津古籍出版社 2005 年，第 5 页）。

〔41〕 清康熙"听政后，以三藩及河务、漕运为三大事，书宫中柱上"，认为"河务不得其人，必误漕运"。赵尔巽：《清史稿》(34)，中华书局 1977 年，第 10122 页。

第二个因素也很重要，影响更持久，也更广泛。这就是在东亚北部辽阔草原上，与中原农耕文明几乎同时兴起，一直有些伟大民族；绝大多数游牧，但也有些早期游牧或渔猎（如女真和回纥/回鹘），后逐步转向农耕加畜牧（如满和维吾尔）——此后统一简称为游牧民族/文明。在早期各地区人口均相对稀少之际，农耕与游牧文明之间或还能相对独立发展，但随着农耕和游牧区各自扩展，以及长时段气候变化，两种文明的区域有了交集，便会有种种冲突。有些还相当野蛮，甚至血腥。但回头来看，这类冲突仍然以两种方式参与了历史中国的构成。首先是唤醒了中原农耕区百姓建构超村落跨地域更大政治体，抵抗游牧者的侵入，[42] 因此有了家国天下的观念。进而，在此后的复杂历史需求互动中，以中原农耕区为核心，多种文明演化形成了多元一体的中华民族，形成了与之相应的宪制架构，深远影响了世界文明。

农耕与游牧两种文明的生产生活方式差别很大，社会组织形态也很不同。总体而言，农耕定居，更便于存储积累财富、知识、技术和文明，社会劳动分工和技术水平相对发达，自给程度更高。"逐水草而生"，很难积淀各类财富；农耕区的老话是"搬三次家等于失一次火"。游牧者还无法生产，只能从对外——主要是中原农耕地区——贸易获得，其必需的粮食或茶叶，桑、麻、棉花等更舒适贴身的织物，以及各类金属制品。游牧者可用作交换的大宗物品如马、牛、羊及其他副产品，很少是农耕者的必需品，或许作为战备物资的良马除外。换言之，农耕与游牧经济上互有需求，但总体而言，游牧对农耕经济的依赖程度更高。

相互依赖，互市互利不足以保证两者持久和平共处。事实上，两者之间断续地一直有大规模冲突。根源是残酷的生存竞争。今天中国长城以北，是海拔一千多米的蒙古高原，向北是直通北冰洋的西伯利亚大平原，是世界最冷的地方。蒙古高原阻挡了冷空气，华北黄淮平原适合农

---

〔42〕 类似的观察，请看，麦金德：《历史的地理枢纽》，商务印书馆 2010 年；杉山正明：《游牧民的世界史》，中华工商联合出版社 2014 年。又请看，"原始农民从未创立过国家""国家首先在那些与遥远的草原接壤的富裕的农民地区产生""农民和牧人之间、劳动者和掠夺者之间、低地和牧场的草原之间的矛盾，……是一切历史的推动力，是产生一切国家的原因。"奥本海：《论国家》，商务印书馆 1994 年，第 15、24—25 页。

业，往南则是更适宜农耕的长江中下游平原。春种秋收的农耕和五谷催生了也便利了食物存储。为应对黄淮地区各种自然灾害，历代中原政权也建立了被视为"天下之大命"的粮食存储制度。[43] 为了备荒，无论是驯化、栽培或是外域传入，中原选择广泛种植的五谷全都便于长年储存，尤其是"贵粟"。[44] 各类植物根茎，即便产量高、栽培简单、适应力强，仅因其储存不易，就一直是杂粮。北方游牧（以及渔猎采集）民族通常食物丰富，却无法有效储存，"家财万贯，带毛的不算"，生存严重受制于自然气候。一旦爆发雪灾，牛羊冻死，没有食物替代，或因长时段气候变冷，草场萎缩，为求生，游牧群体就不得不南下侵入农耕区，掠夺中原农人储存的食物和其他。数量经济学研究发现，历史中国近五千年来长时段的气候周期性变化对北方游牧民族生存状态有重大影响：在温暖期，气温较高，降水丰沛，水草丰茂，北方游牧民族没必要，也不会大规模南下中原。但在寒冷期，北方温带草原会南移约 200公里，生存压力迫使游牧民族大规模南侵，甚至入主中原。[45] 这一解说无论是否"真"，都指出了一个强硬现实：农耕与游牧之间的生存竞争，是文明间的冲突，冲突本身却很不文明，非常残酷。

农耕地区面对的这一威胁持久且重大，甚至农耕定居还提高了游牧民族南下劫掠的成功率和效率。有关殷商迁都的说法之一就与此种冲突有关。[46] 西周建立前，居住今陕甘地区的周人就曾"伐犬戎"。[47] 西周

---

〔43〕 "夫积贮者，天下之大命也。"《汉书》，中华书局1962年，第1130页；"量入以为出……国无九年之蓄曰不足；无六年之蓄曰急；无三年之蓄曰国非其国也。三年耕，必有一年之食；九年耕，必有三年之食。以三十年之通，虽有凶、旱、水溢，民无菜色……"《礼记正义》，前注〔2〕，第376—377页。

〔44〕 汉晁错有题为《论贵粟疏》的著名粮食政策建议。在陕西、河南、河北等地考古先后发现的粮仓储藏的均为粟、黍，河北磁山的发现距今甚至有万年。又请看，何炳棣，前注〔20〕，第113页以下；Houyuan Lu, et al. , "Earliest Domestication of Common Millet（Panicum Miliaceum）In East Asia Extended To 10, 000 Years Ago", *PNAS*, May 5, 2009 106（18）7367-7372.

〔45〕 Ying Bai and James Kai-sing Kung, "Climate Shocks and Sino-Nomadic Conflict," *Review of Economics and Statistics*, 2011, 93/3：970-981；赵红军：《气候变化是否影响了我国过去两千年间的农业社会稳定？——一个基于气候变化重建数据及经济发展历史数据的实证研究》，载《经济学》2012年第11卷第2期，第691—722页；陈强：《气候冲击、王朝周期与游牧民族的征服》，载《经济学》2014年第14卷第1期，第373—394页。

〔46〕 可参看，朱桢：《商代后期都城研究综述》，载《殷都学刊》1989年1期，第14页。

〔47〕 《史记》，前注〔37〕，第118页。

建立后，也有秦仲奉天子命攻打西戎失败身亡。[48] 或可以由此看出西周国家为应对这一威胁的宪制创新。"周幽王烽火戏诸侯"[49] 虽是传说，其中透出的制度想象却是：建立跨地区的信息高速传递制度，便于调集全国军力，共同维护北部和西北的的战略安全。平王迁都洛阳固然意味着，西周无法有效应对西北或北方游牧民族的战略威胁，却也更能理解，同夏商部落联盟制相比，从西周开始，为什么会有"溥天之下，莫非王土；率土之滨，莫非王臣"也即"大一统"的制度愿景。

春秋战国时期，来自北方的威胁促使中原各诸侯国的一系列制度创新。首先是中原地区的联合抵抗。众所周知的，齐桓公在管仲辅佐下的"尊王攘夷"。[50] 管仲因此获得了孔子全然基于后果主义或责任伦理的高度赞扬。[51] 鉴于齐鲁两国位于黄淮平原中心，距北方和西北的地理距离在古代看来相当远，但从孔子对管仲的由衷赞叹中才能察知，游牧民族当时对中原农耕文明威胁显著、深入且重大。

这种北方的威胁还引发了其他制度后果。首先是挤压中原农耕民众有了更强烈的文化认同。秦、楚等原来文化相对落后的地区，纷纷效仿中原，吸引中原精英，促成了这些诸侯国的变法。也包括中原诸侯国向游牧民族学习并创新。著名的如"胡服骑射"。赵武灵王吸收游牧民族的文化，推行全面重大的政治、社会和军事变革，[52] 赵一跃成为军事强国。这带来了更大范围和更大程度的文明融合，吸纳的是虽然游牧民族的文化，其政治社会后果却是农耕文明的巩固和拓展。

令人感叹的是，治理黄河流域，以及在中原农耕区北部同游牧民族展开长期军事竞争，这两项事业（因其一直持续，所以是没有尽头的"事业"，而非有完工之日的"工程"）所覆盖的领域大致重合。这两项事业一开始就规定了中国宪制创新的方向、规模、品格或气象。在古希

〔48〕《史纪》，前注〔37〕，第178页。

〔49〕"幽王举烽火征兵，兵莫至。遂杀幽王骊山下，虏褒姒，尽取周赂而去。……平王立，东迁于雒邑，辟戎寇。"《史记》，前注〔37〕，第149页。

〔50〕《春秋左传注》，前注〔1〕，第256页。

〔51〕"桓公九合诸侯，不以兵车，管仲之力也。如其仁，如其仁。""管仲相桓公，霸诸侯，一匡天下，民到于今受其赐，微管仲，吾其被发左衽矣。"杨伯峻：《论语译注》，中华书局1980年，第151页。

〔52〕《史记》，前注〔37〕，第1806—1811页。

腊城邦世界中，一个雅典甚或斯巴达规模的城邦政治体就可以称霸，但在华北平原上，这样一个城邦治不了水，顷刻间即会被游牧民族的骑兵湮灭。治河要求的大国制度是黄河中下游的统一，但同游牧民族的竞争，只把中原农耕区域组织起来远远不够，这个政治共同体必须进一步向西和西北拓展。还不能一步步来，慢慢扩展；必须在两者相遇之际，中原农耕区已经构成一个辽阔、纵深和组织程度均足够，强悍且有效的政治体。[53] 为占据有利的防御地形，必须挺进中原北部、西北山区，为积聚和汲取更多人力物力，则必须越过秦岭和长江。以政治经济文化措施整合，充分利用这一广阔腹地的人财物，这个政治文明体才可能有效对抗，必要且可能时还能绥靖、击败直至整合周边区域的文明。生存，或死亡，就是这个问题！一荣俱荣，一损俱损。要活下去，只能以农耕区为核心，构建这个大国。

不仅要大，还必须足够包容和兼容。以中原为中心，向四周扩展，建立一个疆域辽阔的政治体，一定会遭遇差异化的各地。即便都是农耕，由于地形、地理和气候的差异，各地经济文化发展水平注定不同，也会形成同属农耕文明的次生区。关中与黄淮、华北不同，中原与江南、两湖、两广、云贵川等差别还相当显著。这个超级政治共同体不仅要足够包容和灵活，还必须有以强大政治经济军事实力为最后支撑的政治决断力和整合力。对象不仅是各农耕区，在某些历史年代，还曾包括从西域经西伯利亚直到远东这个辽阔的北方。只有这样，才能坚定不移且稳步整合各地文化，成为一个强悍且生动的政治文明体。

注定了，这个政治体不能只关注政治权力在中央层面的构成和配置，还必须注意政治权力的毛细血管和神经在各层级的网络化系统构成。她一定得高度注重军事政治力量，行强道，偶尔霸道；但她更关注

---

〔53〕 商周时代尚无后世那么确定的疆界，但周的"社稷"（疆域）和民众在当时可谓超级大国，足以令3000年后建立之初的合众国黯然失色。周的疆域，从地图上看，会超过100万平方公里（参看，葛剑雄：《中国历代疆域的变迁》，商务印书馆1997年，第24—27页；以及许倬云：《西周史》，生活·读书·新知三联书店2001年，第201—202页），超过美国建国时80万平方公里的疆域。周的人口估值（葛剑雄：《中国人口史》(1)，复旦大学出版社2002年，第288—291页）可能也超过美国1790年390万（纳什/等［编著］：《美国人民：创建一个国家和一种社会》（下），北京大学出版社2008年，第1069页）。统一六国后，秦的疆域约350万平方公里，超过了2002年欧盟东扩前的疆域（325万平方公里）。

对农耕区（国土）民众（人民）的实在整合，行王道；不能像帝国那样，只看重并倚重军事征服，仅仅行霸道。中国的构成/宪制，一定不是城邦的（古希腊）、封建王国的、帝国的（马其顿或罗马）甚或民族国家的（英格兰或法兰西）。甚至不能只是包容多种潜在甚至必定冲突的文化，她还必须有能耐逐步整合。历史中国的构成，就其复杂性而言，远高于1775年和1787年的美国构成，也远高于1991年的欧盟构成——不仅是疆域面积，而且有关文明的错综复杂。历史中国从来不是由多个分立但已成型的政治体，为了共同利益，自愿构成一个如合众国或欧盟那样的邦联或联邦，而是以无数高度离散的小农村落生活共同体为基础和核心来构成一个包容众多地方性，但仍有细密内在组织结构的超大政治共同体。这个宪制从一开始就不是，不能是，现有政治学或宪法学教科书上介绍的那种以欧美国家为范本，看起来简单明了的国家宪制，无论是城邦还是联邦，而必须是一个传统农耕经济可能支撑，且能逐步整合和统合多元为一体的"文明/国家"的宪制。这是一个前不见古人至少尚未见来者的宪制！如果一定要有个更简单直观比喻，历史中国的构成/宪制应对的问题，并非如何建立合众国或欧盟，至少相当于如何整合有内在文化冲突的欧盟和俄罗斯为一体。

没有制度需求，制度肯定不会发生，但仅小农有大国需求，这片土地上也不会冒出个大国。令人绝望的需求逼着小农们拼死努力，不断尝试，积累智慧或提纯愚蠢（两者其实是一回事），人类生存无情筛选着那些令人们足以存活的制度，最终构成了这个大国。这就是"多难兴邦"。制度和实践要满足小农的国家需求，不取决于他们的欲求普世或"高尚"，不取决于他们的用心良好或"邪恶"，而取决于，在生存竞争中，这些实践和制度经受住了长时段考验和筛选。但这句话绝不应理解为这个世界上有先验地包治百病一劳永逸的制度，可能终结历史。只意味着，一些在特定时空有效的制度，完全可能因天时、地利或其他约束条件（有时甚至可能只是其中之一）的改变而被无情淘汰。但这也意味着，在特定时空哪怕曾经失败的制度，也可能因制度条件因缘际会或制度效果积淀而"时来运转"，即便最后它同样会走进历史博物馆。尼采是对的，重要的其实不是你应当遵循的"真理"，而是那些你不能不服的"谬误"。[54]

因此，必须具体地考察构成中国的制度及其实践。在东亚这片土地上，严酷的生存竞争中，究竟哪些制度，包括那些先后被废弃却曾经重要和基本的制度，令这片土地上的人们，以农耕为基础，无中生有，逐渐构成了这个多民族的疆域和人口大国，一个经济和政治的文明。起源不能回答这个问题。源头注定渺小，微不足道，甚至难以辨认。"自古以来"或"逐渐形成"这种注定正确的话也没有意义。它没告诉我们有关这个中国的任何额外信息。而且，历史上或今天的哪个国家，又不是在历史中形成（或消亡）的？或不曾以或不得不以某种方式面对各时期、各层面的氏族、部落、族群甚至国家的融合、吸纳和整合？我想知道的是，从制度层面看，中国究竟（可能）是怎样构成的？即便给出的"怎样"是错的，但因其具体，也便于读者反驳和证伪。想想吧，既非上帝的选民，也无主的赐福，这片土地上凭啥就有了从西周算起已绵延了 3000 多年的这个中国？历史偏心？历史为何不偏心也曾持续显赫于中原北部的匈奴，或亚欧大陆草原上先后兴起的其他伟大民族？没偏心与西周和春秋战国大致同时的希腊，或稍后的马其顿？历史也给过马其顿机会：亚历山大曾率军创造了横跨亚欧大陆和北非的帝国。只是他一死，部将就公开争斗，帝国分割为几大部分——后来就没有后来了。"二世而亡"，马其顿的这段历史与一个世纪后中国的秦王朝很相似；只是为什么后续完全不同了？

本书关注中国的制度构成，但不夸大制度的作用。任何制度的功能都有边界。无论多么有效，任何宪制/构成都不可能终结历史，不可能克服一切风险和意外，无论是天灾还是人祸，甚或两者联手。既不可能如古人所言"为万世（这大约是 20 万年）开太平"，也不可能如今天

---

〔54〕 Friedrich Nietzsche, *Gay Science*, trans. by Josefine Nauckhoff, Cambridge University Press, 2001, pp. 110-212, 151. 又请看，Nietzsche, *Beyond Good and Evil*, *Prelude to a Philosophy of the Future*, trans. by Judith Norman, Cambridge University Press, 2002, pp. 5-6.

有些法律人信誓旦旦的"长治久安"。[55] 人算不如天算，哪怕尽了一切人力，有时，也只能听天命，或"知其不可而为之"。但也因此，历史中国的宪制才不虚妄。它在意的是，即便不可能彻底消除风险，即便一代王朝崩溃了，过往的宪制实践仍会给这片土地及其人民留下深刻印记，留在他们下意识的记忆和社会行为中，"礼失而求诸野"，有助于这个超级政治体的下一次重构（re-constitution）。"待从头收拾旧山河"，就是这个文明的再次崛起。[56]

就此而言，中国的构成/宪制不等于某一或某些朝代的开创或更替，而是一个在时空中持续展开的事业。

齐家，治国与平天下

任何重要国家的构成/宪制都是项历时工程，是制度的先后发生、累积和沉淀，需要跨世代甚至跨时代的跋涉。[57] 历史中国的构成，这事业规模格外宏大，涉及问题极为广泛、纠结和复杂，农耕社会可用于国家构成的各类资源都非常有限，且难以获得，国家构成作为一个制度系统，除相互关联和支持外，也相互牵扯，不能指望一次或几次短促出击，一代或两代人前赴后继，就足以构成历史中国。前赴后继意味着，每代人常常不得不重复某些，尽管不只是重复，前辈的工作。也意味着，每代人只能做这代人能做的事（因此，"为万世开太平"只是书生意气）。甚至意味着，一代人不仅要有所为，有时却只能有所不为，甚至必须有所不为。

没法质疑历史本身的完整和系统。我的问题则是，如何有效梳理、分析乃至组织表述历史中国的宪制/构成？基于实用主义而非本质主义，

---

〔55〕 "长治通常是错觉，人注定不能久安。"（Certainty generally, is illusion, and repose is not the destiny of man）。Oliver Wendell Holmes, Jr., "The Path of the Law" 10 *Harvard Law Review* 1897, p. 466.

〔56〕 可参看，史图馆：《合集·中国历代疆域变化》，https://space.bilibili.com/15262818/channel/collectiondetail? sid=2446。

〔57〕 请看，附录1，特别是第2、3节英国和美国的宪制实践。

凭着历史留给后人的时空视角，事后诸葛亮，借助前人的概念，我把历史中国的宪制/构成，分为三个层面，或三个领域。

首先是"齐家"，即农耕村落共同体的组织构成问题。历史中国的政治经济社会基本制度首先出现在中原农耕区，以后才逐步扩展并溢出，漫向江南、华南乃至西南。在这些农耕地区，民众都生活在村落小型经济社会生活共同体中。即便政治军事文化精英，也都首先生活在此，然后走出去，参与治国平天下。而且，无论一生多么辉煌，他们终将告老还乡，叶落归根。村落社区，对农耕中国的所有人，皇室除外，其重要性无可替代。这里不仅是他们生命意义的渊源和根本，也是他们想象世界的出发点。村落社会的安宁，离不开国和天下的太平，但对于众多民众，特别在和平时期，这一点既非自明，也很难想象。"不知有汉，无论魏晋""商女不知亡国恨"，都表明，更大政治共同体的构成/宪制问题，并非普通百姓可能理解和把握的问题。他们企盼国家安定、天下太平，却恰恰证明，虽然这会决定，却不等于，他们日常生活的难题。在东亚这片土地上，小农最直观的需要，是村落共同体的，也即他们生活世界的安定和有序。村落是个社会，需要各种合作，需要集体行动，需要公共秩序，不可能天然有序；需要某种形式的公权力，但国家或朝廷无力提供。对农耕村落普通人最重要最直接的共同体构成难题，是村落的组织构成。换言之，可套用古人"齐家"。因为村落往往源自一个家庭或"三家村"，有不少村落甚至直至今日仍是家族或宗族（出了五服的族人）。

还必须从农耕中国的构成/宪制来理解"齐家"。村落的组织是农耕中国构成的全部基础。治理整个国和天下所需的人财物基本来自众多农耕村落。保证村落共同体安宁、有序和稳定，对每个农人和家庭重要，对整个国家安定乃至天下太平也非常重要。秦汉之后，长期和基本的制度格局一直是"皇权不下乡/县"，农耕村落治理却始终是整个国家治理的重要组成部分。村落治理一直受国家制度和正统意识形态强烈影响，与国家对郡县的政治治理互补。但村落治理却与中央集权的国家治理，无论组织结构还是制度逻辑，都不同，甚至必须自成一格——因为村落没有财政，也因为血缘、亲缘和地缘。

第二个构成/宪制难题是"治国"。在很少商贸、不大可能出现有巨大政治经济文化辐射力的市（有别于更侧重于政治军事影响的城或镇）、分布着无数离散村落社区的辽阔农耕地域内，如何构成持久的大一统王朝。要为农人提供基本的和平和安宁，获得他们的归顺和认同，就得构建一个高度中央集权的超大型政治共同体，这要求农人以缴纳税赋服兵役劳役，甚至参加科举考试，等行动来参与和支持这个国家的政治，才能有效抗衡游牧民族，在北方广阔地带与之展开持久的政治、军事、经济和文化竞争。

由于疆域辽阔，地形复杂，土地和气候差异，即便都是农耕区，黄河中下游地区、江南、华南以及西南等地的农耕差别也颇大，各地方利益不可能一致，须具体应对的诸多麻烦和风险也不同，这个覆盖农耕区的超级政治共同体必须开发各种制度机制，能有效包容、吸纳、克制和平衡各地区的利益冲突，以源自各地但忠于国家（统一皇权）的政治精英组成层级化官僚集团，依据统一文字颁布的政令规则，从宪制架构和实践上，以国家强力把缺乏内在利益交织的各地紧紧勾连交织在一起。必须防止国家分裂和地方割据，必须确保王朝政令基本统一，必须创造足够强大的政治、经济和文化凝聚力，集中国力妥善且有效应对中原农耕区与周边各地但主要是与北方游牧区的竞争。

以治国为基础，历史中国的第三个宪制/构成难题是"平天下"。除主动拓展，将山川隔离的边疆农耕区逐步纳入、直至融入以中原农耕区为核心的文明外，"平天下"的更重要部分可以说是实行"一国两制"：在农耕区坚持秦汉之后的中央集权制，作为中华文明共同体的核心区，在周边地区，包括北部游牧区，南方和西南山区，西南高原地区，以及西域南部绿洲地区，采取、接受和容纳（contain）各类地方自治。所谓采取，是中原王朝，出于有效合理的治理考量，主动或主导创立地方自治。"采取"的前提是中原王朝足够强大，不但能有效抵抗、甚至足以征服区域政治经济势力。所谓接受和容纳，则往往因中原王朝的经济军事实力不足甚或羸弱，不得不与周边其他足够强大的区域政治力量达成妥协，维系安定；有时甚至只能以诸如和亲、纳贡甚至割地等方式来购买和平，伴随了军事防范。如果连这一点也做不到，完全无法容纳和遏制北方或西部游牧民族，中原大乱，就会"马边悬男头，马后载妇女"，直到无论是代表农耕或游牧或渔猎文明的某区域政治力量在中原地区重建中央集权统治。

从地理上看，"天下"距中原政治经济核心区往往遥远，经济生产方式与中原不仅有别（如西南地区），甚至类型不同。从政治上看，天下既可能是中原王朝的边陲，但也常常是或会变成中原王朝的对手。天下与中原农耕区的政治军事安全关系紧密，各种互动——包括冲突——相对频繁。但无论如何，天下的某一部分可以是"敌国"，却从来不是外国，只是与有效治理"国"直接相邻相关的地区，通常被认为可能为中原王朝整合的地带。[58] 例如，历史中国的天下，就不包括与中原王朝也算有某种交往的罗马、阿拉伯、波斯或天竺（印度）。[59] 甚至，依据上一节的分析，天下还可以说是以中原为核心区的中国之所以必须发生和巩固的动因，既是推动历史中国宪制演化发展的最重要刺激，也是中国在历史中得以逐步拓展的材料或要素——无论疆域、人口、物产甚至文化——之渊源。至少从西周以来，这个"天下"可以说一直内在于中国，是历史中国的另一制度构成要素，不可或缺。若没有这个在经济、文化和治理制度上都显著异质于中原的天下，就不可能有这个多元一体的中国，就没有以上提及的作为一个持续事业的中国宪制。

地域特点、经济生产方式和社会组织构成，这些在传统的抽象宪制理论中不具有宪制意义的特点，就这样构建了中国长期以来一直必须直面、必须同时应对的三个勾连却截然不同的宪制难题：家，国，天下。并非如后世正统——其实更多是孟子传统的——儒家习惯理解的那样，这三个问题是从个体"修身"出发，派生出来的差序系列问题。[60] 本书用它们分别指涉三个不同宪制领域，涉及三个性质不同但相互勾连且互补的共同体：普通农人的日常生活共同体（"家"或村落），更多属

---

〔58〕 费正清讨论古代中国的世界秩序体系时，指出古代中国的天下由三层组成，即中国文化圈、亚洲内陆游牧半游牧民族的朝贡部落或政权以及外夷。他将古代中国的藩属国分为内藩和外藩；在一定条件下，外藩也可能变为内藩。费正清〔编〕：《中国的世界秩序——传统中国的对外关系》，中国社会科学出版社 2010 年，第 2 页。

〔59〕 这也就是近代梁启超指出的，历史上国人"知有天下而不知有国家"，即这个天下其实就是大中国。梁启超：《新民说》，载《梁启超全集》，北京出版社 1999 年，第 665—666 页。

〔60〕 可参看《孟子译注》及《礼记正义》，前注〔2〕。

于政治文化精英并为其自觉的政治文化共同体（国），以及中华文明共同体（天下）。构成三个共同体的基本资源，以及制度实践，相当不同。

从后世经验来看，三者中的关键，最需创造力和想象力的其实是"治国"。[61] 村落共同体的发生依赖以血缘、亲缘或地缘为基础的日常互动，直接呼应了人类本能的包容性利他或在小群体中极容易产生乃至近乎本能的互惠性利他。然而，即便有"在家尽孝，在国尽忠"的儒家说教，也很难以村落秩序为根据来想象一个超越村落，也超越血缘、亲缘和地缘的超级政治文化共同体，为之创设必要且有效的非人身化政治秩序和制度。[62] 如果村落社区自身无力自发生成商贸都市和政治中心，缺乏整合周边地区的经济、政治和文化辐射力，[63] 就更难想象"家"本身能为"平天下"贡献什么重要制度想象，以"和亲"为名的联姻除外。

但"治国"又不可能脱离"齐家"和"平天下"。治国说到底就为了天下苍生，[64] 也是"齐家"和"平天下"的最重要制度前提。只有"国"和平安定了，"家"或村落社区才能有和平环境。一旦兵荒马乱，天灾人祸，农民流离失所，妻离子散，还说什么村落社区？"宁为太平犬，莫作乱离人""没有麻匪的日子才是好日子"，这是百姓的切身感叹。兵荒马乱的源头有国内的，地方军阀割据和分裂，但从历史上看，最大威胁更多来自北方游牧民族的持续军事压力。每朝每代，一旦定都中原，农耕区治理的基本政治军事经济制度就要求政治精英考虑天下格局。"先天下之忧而忧，后天下之乐而乐"，并非只是中国古代政治文

---

〔61〕 "中国百姓，实天下之根本，四夷之人，乃同枝叶，扰其根本以厚枝叶，而求久安，未之有也。"《贞观政要》，上海古籍出版社 1978 年，第 277 页。

〔62〕 除了"天下有道，则礼乐征伐自天子出"这样的基本原则以及"天下大同"或"天下为公"这样的模糊概念外，早期儒家未勾勒任何超级政治共同体的概略，也没提出多少可行的具体制度措施。

〔63〕 没有都市，却不是没有"城市"。只要出现初步的政治实体，早期国家，就会出现主要作为政治中心的"城"。早期国家间的军事争夺，或为抵御北方游牧民族入侵，也会催生诸多"城"或"镇"。它们都像都市，因为大量居民，必然引来众多商业贸易，但说到底仍是"城"和"镇"，是嵌入广阔农耕区的政治和军事中心。其主要功能，如其名，是"镇"，是"城池"。关于城、市、镇，可参看，费孝通，前注〔22〕，第 253—267 页。

〔64〕 "民为贵，社稷次之，君为轻。"《孟子译注》，前注〔1〕，第 328 页。"天之生民，非为君也；天之立君，以为民也……列地建国，非以贵诸侯而已；列官职，差爵禄，非以尊大夫而已。"梁启雄：《荀子简释》，中华书局 1983 年，第 376 页。

化精英的情怀或美德，其实更是治国——经略中原农耕核心区——的必需，既是出发点，是思路，也是落脚点。[65] 齐家则是治国和平天下所需资源的源泉。无论政治精英的官僚体制，还是北部边陲的防卫，为抵抗或战胜游牧民族的各种兵役或劳役，从纳贡求和到军事行动所需的一切，无不来自农耕村落；甚至包括某些和亲的"公主"！

用家国天下来概括中国宪制的难题，本书却不接受《大学》和孟子"身修而后家齐，家齐而后国治，国治而后天下平"的逻辑和理论。这个逻辑不成立，从一开始，这也不是对家国天下关系的唯一理解。[66] 即便在儒家传统中也不是。[67] 后世政治文化精英的实践也表明，他们清醒且务实意识到，也更多从政治和宪制层面理解，家国天下三者其实是，且一直是，中华文明这个政治体的宪制实践必须同时考量和兼顾三个关键领域。政治文化精英于其中不可能真的依据"修齐治平"的顺序，按部就班，样样兼顾，处处圆满。他们常常必须有所取舍，直至牺牲。[68]

即便北方游牧渔猎民族，只要入主中原，治理包括农耕区在内的中国，也不得不在相当程度上恪守秦汉之后确立的这一基本宪制格局：在农耕区建立有足够政治社会凝聚力的中央集权的官僚政治，通过税赋从

---

〔65〕"中国漫长历史上的许多内部政策和改革措施，都是为有效抗击北方民族而制定的。"铃木中正：《中国与内亚的关系：匈奴和西藏》，集于，费正清，前注〔58〕，第177页。

〔66〕前注〔2〕。徐梵澄认为，孟子"修齐治平"的说法太夸张了，"身修而家齐"有可能，"家齐而后国治"则未必，"国治而后天下平"则不靠谱。请看，徐梵澄：《老子臆解》，中华书局1988年，第78页。

〔67〕更早的儒家经典之一《左传》对个人与家国天下的关系的看法，就与孟子或《大学》显然不同。春秋时郑伯称"嫠不恤其纬，而忧宗周之陨"（《春秋左传注》，前注〔1〕，第1451—1452页）。鲁国漆室女也称"吾岂为不嫁不乐而悲哉！吾忧鲁君老，太子幼"（张涛：《列女传译注》，山东大学出版社1990年，第120页）。

〔68〕中国历代志士仁人的种种表述也都表明，三者之间，尤其是家国之间，在实践上常常冲突，必须有所舍弃。如霍去病的"匈奴未灭，无以家为也"（《史记》，前注〔37〕，第2939页）；颜真卿的"出处事殊，忠孝不并。已为孝子，不得为忠臣；已为忠臣，不得为孝子"（《封氏闻见记校注》，中华书局2005年，第34页）；范仲淹的"先天下之忧而忧，后天下之乐而乐"（《范仲淹全集》（上），四川大学出版社2007年，第195页）；岳飞的"敌未灭，何以家为"（《宋史》，中华书局1977年，第11394页）；顾炎武的"知保天下然后知保其国"（《日知录校注》，安徽大学出版社2007年，第723页）；黄道周及其妻子"忠臣有国无家"（李天根：《爝火录》，浙江古籍出版社1986年，第612页）；夏完淳的"不孝完淳，今日死矣……淳之身，父之所遗；淳之身，君之所用"（《夏完淳集笺校》，上海古籍出版社1991年，第413页）；以及秋瑾的"祖国陆沉人有责，天涯飘泊我无家"（《秋瑾选集》，人民文学出版社2004年，第111页）。

农耕区获得维系统治的最大财政收入和人力资源，通过官僚体制在"治国"进程中，不断强化、整合并完善家/国/天下的制度勾连和互补。就历史中国的经验来看，北方游牧民族进入并治理中原农耕区后，通常不过一个世纪，就会全面接受农耕文明；乃至自隋朝起，一直有"胡虏无百年之运"的说法。[69] 如果不是把宪制实践/宪政（constitutionalism）特定化为某些具体制度实践，无论是现代西方的票选民主、议会政治、司法审查等，还是古希腊的君主制、贵族制或平民制，甚或罗马的共和制或帝国制，那么历史中国长达数千年的"齐家治国平天下"的实践，即便有种种差异，仍有足够理由，尽管不必，称之为宪政。[70]

但，为何宪制？

这就得从西文词 constitution（英文、法文均如此，西班牙文写作 constitución，德文写作 Konstitution）说起。中国学人根据不同语境，将之分别译作政制/政体/宪制/宪法/宪章。为清楚梳理，避免误解，有时我也只能直接用这个西文词，尽管我不喜欢。

这个词的原义就是构成，用于国家之际，集中关注的是政治维度的国家（state）组织构成，却也隐含了通过国家政治机器和基本政治制度的长期稳定实践来整合、构成作为整体的一国人民/民族（the people，nation）或疆域国家（country）。如今这个词在中文中更多被译为"宪法"，因为近代西方各国越来越关注成文宪法（我愿称其为宪章），带来了 constitution 的语义流变，同时指实在的基本制度，和宪法文本（常常不只是单一文件）。但只要涉及近代之前，中国学人几乎无例外地，将 constitution 译

---

[69] 这一说法始于隋朝杨素的"胡运百年穷"（《出塞二首·其一》），后北宋苏颂有诗句"正当胡虏百年运"（《某向忝使辽于今十稔再过古北感事言怀奉呈姚同事阁使》），定型于元末朱元璋发布的《谕中原檄》（相传为宋濂起草）："古云，'胡虏无百年之运'。"《宋濂全集》(7)，浙江古籍出版社 2014 年，第 2395 页。又请看，本书第 6 章第 6 节。

[70] 有外国学者称中国明代的朝廷基本制度为"宪法"（constitution），中译者译为"宪政"。芬纳：《统治史》（2），华东师范大学出版社 2014 年，第 220 页（Samuel E. Finer, *The History of Government*, Vol. II, Oxford University Press, 1997, p. 817）。

作政制或宪制。[71] 在这些著作中，constitution 主要是一国政治法律基本制度的集合和构成，会涉及可司法的条文，却未必是重点。[72] 二战后，美国全球影响大增，美国的可司法的"宪法律（constitutional law）"传统在全球影响日增。这转移了也重塑了宪法学的关注点。[73] 但仍有证据表明，在许多国家或地区，constitution 仍被理解为基本制度构成，而不是，至少主要不是一套比其他法律效力位阶更高的法律。[74]

可能有两个因素影响了后代对 constitution 的理解从实在制度转向成文法条。一是霍布斯 1650 年在《利维坦》中把近代西方主权国家的第二种构成方式（首要方式是军事征服）比喻为契约。[75] 这在当时不是问题，因为普通法的契约至今也不必须付诸文字，契约的定义是可强制执行的允诺（promise）。成文只是证明允诺存在的直接证据。随着英国经济发展，商事增多，口头承诺无凭无据，风险太大，司法裁决很难。1677 年，英国议会通过《欺诈条例》，要求交易额较大的契约必须付诸文字。这是否引发后世欧美学人把创立政治国家（state）的那个社会契约习惯等同于一个或一系列宪法文件，我不敢确定，但伴随美国发生和创建的是先后两个社会契约性文本：1777 年的《邦联条例》（the Arti-

---

[71] 典型例证，如，Aristotle, *The Athenian Constitution*, trans. by P. J. Rhodes, Penguin, 1984（《雅典政制》，商务印书馆 1983 年）；Francesco de Martino, *Stories della constituzione Romana*, vol. I, vol. II（《罗马政制史》卷 1、2，北京大学出版社 2009、2014 年）；Walter Bagehot, *The English Constitution*, Oxford University Press, 2001（白哲特：《英国宪制》，北京大学出版社 2005 年）。

[72] 受美国宪法律的影响，戴雪的《英宪精义》（A. V. Dicey, *The Law of the Constitution*, Oxford University Press, 2013）关注了英国的司法和权利法案，没讨论王权。但他的第一关注是英国议会，以及由法与典（习惯、惯例、做法等）构成的制度。

[73] 亨金、罗森塔尔 ［编］：《宪政与权利——美国宪法的域外影响》，生活·读书·新知三联书店 1996 年。

[74] 1981 年再次公布的《荷兰宪法》第 120 条明确拒绝宪法是"高级法"，规定"法院无权裁决议会法令和条约是否合宪"。即便属于普通法法域的中国香港地区，无论 1997 年回归之前还是之后，有关香港本地政治制度组织架构的相关事务，依据惯例，一直称为宪制或政制事务。回归前，香港布政司署下设宪制事务科（Government Secretariat：Constitutional Affair Bureau），回归后更名为香港政制事务局（Constitutional Affairs Bureau），2007 年改为政制及内地事务局（Constitutional and Mainland Affairs Bureau）。这表明对 constitutional 的理解更侧重于制度而不是法条。香港特区集中关注法律规则的机构是律政司（Department of Justice），之前则是 Attorney General 这一官职。

[75] 请看，Thomas Hobbes, *Leviathan*, Penguin Classics, 1968。霍布斯并不认为社会契约是国家构成的唯一方式，他首先提及的其实是基于武力的征服。后来的西方学人的论述都选择接受社会契约，但政治实践通常是武力或变相的武力，典型如美国。关于约法的观点，又可参看，王世杰、钱端升：《比较宪法》，中国政法大学出版社 1997 年，第 16—18 页。

cles of Confederation）和1787年《美国宪法》（the Constitution of the United States of America）。

Constitution，这个西文词开始了宪章（文件）与宪制（制度体系）的分蘖，或可称之为"名"与"实"，或"词"与"物"的分离。国家不再被视为具体历史情境中各种力量互动整合形成的政治实体，是人民、疆域和政府三者合一，而更多被理解为一种创设：由制宪机关起草、制定、批准并颁布一份名为宪章或约法的文件，按图索骥组建政权。对 Constitution 的这种理解强调政治机构的组织安排，不仅有别于古希腊、罗马的，也有别于近代英国甚至美国创立之际对 Constitution 的理解。[76] 这个文本化的 Constitution 只是一部宪章，其中一些可司法的条文被解释成接续自然法的"高级法"，[77] 被视为，此后尤其是二战后欧洲一些国家的宪制实践中，慢慢就成了，国家政权机构的组织法或基本法，加个体公民的权利书。[78]

随着 Constitution 的文本化和文本化理解，还引出了实施和落实宪章的问题，变"书本上的法"为"行动中的法"。由此衍生了另一些概念。一是宪法律（constitutional law）。这其实全然是美国联邦最高法院的产物，一种高度地方性的知识；是美国联邦最高法院，作为一个政治衙门（a political court），甚至只是该法院的多数大法官，对美国成文宪法和部分修正案中一些极抽象的文字，如州际贸易、自由、正当程序和表达等，以法律解释之名做出的政治性判断。[79] 但在中国，这一直被误人子

---

〔76〕 戴雪《英宪精义》开篇称：对于英国人来说，英国宪制是最完美的人类组合（formation）；它并非一个用作与他国政府比较的政体，毋宁说英国宪制是政治才干的神秘；它不是造就的，而是长成的；它不来自抽象理论，而来自英国人尤其是不文明的英国人的本能，凭着这种本能，英国人建立了合理且持久的制度，就像蜂房的建造，蜜蜂并未苦苦理解原理，却巧夺天工。英国宪制没有准确的诞生日；也没有确定机构声称创造了它，更没人能指出哪个文件中有相关条款；简而言之，它就是这样一个东西（thing），无论英国人还是外国人，若不能当即理解，也该对它"心怀敬畏"。请看，Dicey，前注〔72〕，pp. 9-10.

〔77〕 例如，考文：《美国宪法的"高级法"背景》，生活·读书·新知三联书店1996年。

〔78〕 王世杰，前注〔75〕，第3、5、17页，并参考读本收录的杜刚建、范忠信：《基本权利理论与学术批判态度——王世杰、钱端升与〈比较宪法〉》，载许崇德：《中华人民共和国宪法史》，福建人民出版社2003年，第2—5页；以及，张千帆：《宪法学讲义》，北京大学出版社2011年，第55页以下。

〔79〕 请看，波斯纳：《法官如何思考》，北京大学出版社2009年，第10章。

弟地译为"宪法",直到近年才有部分学人将之译为宪法性法律或宪法律,有别于美国宪章。对 Constitution 的文本化理解,集中关注各国宪章以及最高法院宪法律决定的语词,很容易引发包括政治正确的语词之争,遮蔽人们考察那些内在地影响国家构成的核心变量。实施、贯彻和落实宪章还引出了"宪政"(constitutionalism)的概念,其含义大致等于 1948 年中华民国的"行宪"。如今这类源自美国且不断衍生繁殖的概念广泛影响了世界多国,尤其在欧美。宪章/宪法律的视角和话语几乎湮灭了宪章和宪法律视角和话语得以展开的根本前提:一个政治共同体的构成。

这中间的麻烦在欧美当下还不那么显著,尽管学者一直有过其他学术努力。[80] 一旦直面历史中国,我们会发现,这种宪法/宪章/约法,以及宪法律/宪政的视角和话语不仅非常无力,还引发了一些学人的自惭形秽甚至历史虚无主义。然而,"讨论问题,应当从实际出发,不是从定义出发",这是毛泽东的叮嘱;"我们应当想事,而不是想词",这是霍姆斯的告诫。[81] 只有死死盯住历史上各国、各政治体,当然首先是我们最熟悉的历史中国的发生发展,而不是盯着宪制的所谓共识或定义(任何共识或定义——吊诡的是,从定义上看——就注定流变,看看过去四十年来的"小姐""同志"和这二十年来的"公知"!),才能看清那些对于一个国家/政治体构成的难题,进而理解宪制这个概念在不同国家关涉的那些抽象看似乎高度统一的难题。

中国不只是一个政治的国家(state),还是一个统一的多民族国家(the people),一个疆域广大的国家(country)。虽然不可能回到源头,一一考察,但从我们大致了解的西周开始,她的疆域就足够大、人口就足够多、各地文化就足够庞杂。这个国不是,也不可能通过一份众口称

---

[80] 美国学者也有质疑对 constitution 仅限于文本化理解。卢埃林认为文本化理解很怪,主张 constitution 是一个制度。Karl N. Llewellyn, "The Constitution as an Institution", *Columbia Law Reeview*, vol. 34, no. 1 (1934). 却伯提出"看不见的宪法"。Laurence Tribe, *The Invisible Constitution*, Oxford University Press, 2008。还有学者主张,与我的这一努力一致,作一个思想实验,从功能上,而不是从形式上,来界定美国宪法。请看,Ernest A. Young, "The Constitution Outside the Constitution", *The Yale Law Journal*, vol. 117, no. 3 (2007), pp. 408-447.

[81] 毛泽东:《在延安文艺座谈会上的讲话》,载《毛泽东选集》(3),人民出版社 1991 年,第 853 页;Oliver Wendell Holmes, Jr., "Law and the Court", in *The Mind and Faith of Justice Holmes: His Speeches, Essays, Letters and Judicial Opinions*, The Modern Library, 1943, p. 389.

是的契约/约法/宪章来创设或建立。即便有人有此愿景，那也得有些什么制度实践能把各地百姓拢在一起，把他们从各自的村落拽出来，相互能说上话，知道这个世界不只有自个儿村和邻村，一定得知道远方还有些与他们不太相同甚或相当不同的群体。还要以某种方式，至少令他们中有些人有超越自己生活世界的关切，愿意并有能力为此做点什么。当有了这些最初的理解，才勉强算是有了初步的想象的政治利益共同体，即便尚不构成一个经济政治共同体，却有可能进一步想象一个文明（多民族）共同体。就此而言，有时"不打不相识"，要比开立宪大会或约法大会，更接近中国这样的文明共同体构成的历史。

我不是说全然不能把 constitution 理解为国家政治和政权的组织法。可以，但这一定是没有任何实在政治经验，即便读过，还能背诵，但那仍是不理解马基雅维利和霍布斯的现代书生之见。"组织"这个词太轻巧了，这隐含的何止是真理必胜，成竹在胸？还一定是万事俱备，一呼百应。但中国的构成，事实是人类史上任何重要国家/政治体的构成，那都是在没有航标，甚至不知目的港为何方、在何方的，惊涛骇浪中的远航，是一次"光！就有了光"这种近乎无中生有的创造。[82]《大宪章》难道不首先是一次合谋造反？只是一次签约？难道美国建立真就因一个《邦联条例》，而不是一次革命或天翻地覆（revolution）？其实还不止一次，想想 90 年后的南北内战和美国重建，Reconstruction 也是美国的重构（Re-Constitution），尽管在宪法文本上，只是添了三条宪法修正案。

今天确实可以用制宪或立宪或约法来指称一些国家或地区的政府建立或重建。但更要看到，这些国家的构成和发生，更可能源自大国间的约定或妥协。这也不是全部。制宪或立宪能解说今天的伊拉克？能解说那里的库尔德人、什叶派和逊尼派？能解说消失的南斯拉夫，或是生生冒出来的科索沃？能解说克里米亚的来来回回？或能解说眼下（2017年夏）那只剩下成片废墟却倔强存在的叙利亚？一定要记住，制宪这类语词在当今世界的真实功能，往往只是甚至更多是遮蔽和切割、然后掩

---

[82]《摩西五经》，冯象［译注］，生活·读书·新知三联书店 2013 年，第 3 页。

埋、最后遗忘对于这些国家之构成更实在的一些人和事，那些对这些国家更为决定性的内外力量互动。

那些真正伟大的社会契约论者，通常都清晰意识到，一个国家的构成/宪制不是，首先不是，不可能只是一个契约。霍布斯这位社会契约说的创始人明确指出，国家构成方式有两种，首先是军事征服，其次才是社会契约。[83] 即便对后者，他还一再强调，这也是个一旦订立就不容自行退出的契约，[84] 换言之，这仍不是一个契约。可以，也确实有人，就此批评霍布斯专制集权。但这种批评不着边际，是杠精搬来词典找事。霍布斯是用契约作比喻，有助于受众理解；他从来没说国家就是个契约。他在意的是真实的世界和真实的国家，在意的是人的生存后果。想想，如果国家真的只是个契约，这意味着，想翻脸就翻脸，谁都可以自行退出，但那还有国家吗？还有治理吗？一定只是折腾和动乱。一个半世纪后，伯克把这一点说得更明白，也更修辞："社会确实是个契约。……［但］它不仅是生者之间的，也是生者、死者以及未来者之间的，契约。各朝各代的约定不过是永恒社会这一伟大初始契约中的一款……"[85] 换言之，根本就不是契约。我们也才能理解，伯克之后又70年，为什么林肯大打出手，就是不肯放南方各州自主退出合众国；连长霍姆斯三次负伤，美国险些失去她迄今以来最伟大的法学家。仅从契约法或宪法教义学看，既然是"牵手"（united）之国，不想牵手了，干嘛不好合好散呢？《美国宪法》从来也无文字禁止各州退出。而且20世纪末，就有个联邦——苏联，还有捷克斯洛伐克，不都好合好散了吗？（但真的好合好散了吗？看看持续至今的俄乌冲突。）但问题是，那还有美国吗？对于美国，林肯的真正伟大在于，不相信美国是因约而生的。他

---

〔83〕 为什么学者只重复后者呢？如果理由是，学者职业化专业化的要求，甚或"和气生财"，可以接受。但善良的人们也不能完全不提防最坏的可能：利益集团。

〔84〕 Hobbes，前注〔75〕，pp. 228-230。

〔85〕 Edmund Burke, *Reflections on the Revolution in France*, ed. by Frank M. Turner, Yale University Press, 2003, p. 82.

的历史功绩不是拯救了美国，甚至难说重建，而是真正确立了美国。[86]

今天，在世界许多地方，因为有国家继承，或因为大国间的默契，加之与政治经济交通通信语言文字相伴的现代性，立宪约法似乎成为国家构成的最主要工具。但只要有脑子，就会发现，真正至关重要的问题从来不是宪章，而是令宪章正当、合法并持续生效的基础和前提，即宪制。只有当一个国家已实际构成，即没有其他内外政治力量有能力"搅局"，有了对人民、疆域和政事的初步治理，制度大致确定，才可能制定宪章/法，才可能有宪法律学者关注的选举、政府组织和宪法律的司法。80 多年前，美国联邦最高法院就曾明确指出：美国先于《美国宪法》存在，创造美国的并非 13 州的《邦联条例》或《美国宪法》，而是美国成功反抗了英国的革命。[87] 许多研究者讨论美国宪法律问题时也不得不追溯到美国独立战争之前。[88]

回到历史中国，更可以看出，最大的宪制问题一直是，也一定是，如何从多维度构成和整合中国，而不像在疆域相对狭小、文化同质度较高因此治理相对容易的国家。后者的宪制问题几乎就是如何组织一个有权威的政府。

历史中国也考虑政治组织结构和权力配置问题，无论是中央政府，三公九卿，三省六部，还是央地关系，等等。但对于历朝历代，朝廷/政府的组织结构或权力配置都不是目的，也不是第一位重要。战国或三

---

〔86〕大量研究都表明美国内战，并非为解放黑奴，而是为保存联邦。林肯曾一再表明："我在这场斗争中的最高目标是拯救联邦，而不是拯救或摧毁奴隶制。如果我能拯救联邦而不解放任何一个奴隶，我愿意这样做。如果为了拯救联邦需要解放所有的奴隶，我愿意这样做；如果为了拯救联邦，需要解放一部分奴隶而保留另一部分，我也愿意这样做。"桑德堡：《林肯传》，生活·读书·新知三联书店 1978 年，第 257 页（原有的强调）。在著名的葛底斯堡演讲中，林肯也从未提及废奴或解放奴隶，反复提及的只有国家。

也是南北内战之后，欧洲人甚至普通美国人也才认为美国是一个国家。突出证据是，1864 年 12 月，南北内战尚未结束时，美国国会通过宪法第十三修正案，提及合众国的司法管辖时用的还是复数（their），意味着各州。1866 年 6 月，内战结束 14 个月后，美国国会通过宪法第十四修正案，提及合众国司法管辖时就改用了单数（its），意味着只有一个美国。1869 年，美国联邦最高法院在一个判决中，认定合众国为"由众多坚不可摧的州构成的一个坚不可摧的联合体"。*Texas v. White*, 74 U. S. 700, 725 (1869).

〔87〕*United States v. Curtiss-Wright Export Corp.* 299 U. S. 304 (1936).

〔88〕例如，Paul Brest, Sanford Levinson, J. M. Balkin, Akhil Reed Amar, and Reva B. Siegel, *Processes of Constitutional Decisionmaking: Cases and Materials*, 5th ed., Aspen, 2006. 这本宪法律教材讨论的第一个法律争议是《美国宪法》颁布前大陆会议建立的北美银行是否合法。

国或南北朝或五代十国时期，这片土地上也有不少朝廷像模像样，有些还很有规模、实力和创新，有的后来还真就统一了中国。但仅有这样一些地区性朝廷，对这片土地上的百姓没太大意义，甚至意味着更多、更大的灾难：想想长平之战被坑的 40 万赵国士兵，想想那些可能被充当军粮的"两脚羊"。也因此，我们今天或能从另一角度理解元末朱元璋的核心政策之一——无论真假——为什么是"缓称王"。最重要的宪制问题一定是如何构建并能稳住这个超大型的政治经济文化共同体，如何从政治、经济和文化等方面来有效整合这个共同体。朝廷的组织机构始终要服从国家构成，还必须有其他经济、社会和文化条件配合。换言之，历史中国的政治家考虑更多的是如何通过或借助相对简单易行的制度，而不是"以国家强制力为支撑的社会规范"（也即法律），将无数离散但同质的农耕村落整合起来，将因地形地理气候等综合因素造就的异质多样的族群、民族整合起来。极简言之，中国历代宪制都要先创造一个社会文化共同体，在此基础上才可能构建政治共同体。不像西方许多社会的历史，基本以既有社会共同体（如古希腊雅典和斯巴达）或民族共同体（如英格兰或法兰西）为基础建立政治共同体，或是以已有的诸多政治共同体（北美各殖民地或欧洲诸国）为基础来构建联邦化的更大政治共同体（美国和欧盟）。

强调政治文化共同体的实在构成，关注宪制，会冲淡今天中外学人赋予宪法/律或宪政的太强道德意味。这正是本书的追求之一。但弱化道德意味并非弱化宪制的规范意味。"规范的"全然有别于"高大上"，前者只是指必须遵守，不遵守会有糟糕后果。不是所有后果都有道德意味。有关家国天下的宪制，在这一语境下，其实是非道德的（有别于不道德的）。我的意思是，普通人可以用道德话语来评价宪制，表达他们的主观好恶，但宪制关注的不是普通人视角中的道德善恶，它关注的是一个政治经济文化共同体的构成和存活，也包括共同体中的世俗意义上的"坏人"，典型如惩罚和依法惩罚罪犯。这一点，中国古人甚至比今人更明白："天地不仁，以万物为刍狗；圣人不仁，以百姓为刍狗"，以及"大仁不仁""至仁无亲"。[89]

一个持续了近百年的残酷的北魏王位继承制度，或有助于理解何为宪制，理解宪制乃至法律的道德性/非道德性。

北魏是北方游牧民族鲜卑人一支进入中原后建立的王朝，其政治组织架构的权力源自由众多游牧部落构成的部落联盟。在这样的王朝中，核心宪制难题之一是如何平衡各部落对王朝顶层政治的影响力。政治权力在各部落间要公正分配，还必须是"看得见的正义"。

最大麻烦之一来自储君的母亲。北魏皇帝的后妃必定来自某一具体部落。即便只是为不给自己惹麻烦，皇帝也知道为政要公事公办，别让任何后妃影响国家政治。但问题是，无论皇帝确定哪个儿子为储君，生母对储君都显然有影响力。储君继位，无论年幼、年轻或年长，其生母作为太后，进而太后出生的那个部落，就有更多更便利的渠道影响皇帝决策，进而影响王朝政治。这里的宪制麻烦不是太后是否想干政，是否干了政；而是其他部落的人是否疑心太后干政；甚至是，是否有人借以散布太后干政的谣言，蛊惑人心，分裂组成北魏的各部落，动摇北魏王朝的国本。这种因疑心和猜忌引发的政治离心力，很可能打断北魏从部落联邦蜕变为一个依法治理的典型中原王朝的进程，令这个好不容易以部落联盟为基础已初步整合构成的王朝毁于一旦。这个重大宪制风险与北魏皇帝和储君的个人好恶仁善全然无关。

为应对这个麻烦，杜绝任何猜忌，拓跋氏北魏在长达100年间一直坚持一个残忍的宪制措施，即，一旦某王子被立为储君，皇帝就赐死他的母亲。[90]这个制度源自汉武帝临终前的举措，为防止"子幼母壮"，后党干政。当初，这最多只算是有宪制意味的一个便利措施。但在北魏早期，由于北魏王朝的政治构成之必要，这被制度化了。

在大约100年间，"子贵母死"就这样成了北魏的宪制之一。它很

〔89〕《老子校释》，前注〔2〕，第22页；王先谦：《庄子集解》，中华书局1987年，第21、122页。

〔90〕田余庆：《北魏后宫子贵母死之制的形成和演变》，载《拓跋史探》，生活·读书·新知三联书店2003年。

残酷。但残酷从来不等于无知和野蛮。[91] 相反，许多令人感叹的残酷之所以被采用，被坚持，恰恰因为理性选择，是具体历史语境下的必要之法（law of necessity）。这一措施对于北魏的宪制功效在于，但不限于，消除了各部落间的猜忌，保证了稳定的子继父业，避免了以其他方式产生皇帝可能引发的重大政治冲突和意外事变。它全面增强了继位者的政治合法性，减少和弱化了王位继承中一定会有的人事和利益格局变动，稳定了人们的预期，降低了王朝政治的风险，不仅避免了皇室的更是百姓的灾难。对于北魏这个部族国家"走向未来""走向文明"，转型为疆域国家，从族群相对单一的国家转向一个多族群整合和认同的国家，全面有效治理农耕中原，这可谓不得不采用的宪制措施。而这也就是这一宪制措施的规范意味。

本书概要

依据中国历史常识，本研究试图展现历史中国的构成，分析展示其具体的制度功能，建构一种关于中国宪制的理论话语。

仅仅是建构话语，还是试图，这些语词表明的不只是审慎，更是清醒，甚或悲哀？即便再真诚和努力，我也不认为本书的描述、分析和论证真能触及或展示中国得以构成的或宪制的"本质"或"真相"。在一定意义上，我不过是通过一些阅读和理解，重组前人选择性留下的历史记录和理解。这是一个借助历史，又试图超越历史叙述的，关于中国国家构成的理论努力；也是基于中国经验的关于一般宪制理论的一次尝试。我希望提供一种研究宪制问题的立场、视角和进路，甚至是范式，加入目前，不限于中国国内，宪制/法/政/法律研究的学术竞争，但不是学术政治的竞争。

第一章主要借助有关早期中国未必可靠的零星历史记载，更可能是

---

[91] 福柯曾尖锐指出，酷刑的展开，需要一套有关制造痛苦的系统知识支持，还需要震慑效果最大化的政治理性指导。Michel Foucault, *Discipline and Punish: The Birth of the Prison*, trans. by Alan Sheridan, Vintage Books, 1979, ch. 1.

古人事后的感悟或概括，概括讨论夏商周三代政治治理中浮现出来的早期中国的一些宪制麻烦，以及后人记录或抽象的一些制度应对。我努力展示这些麻烦的意义，当时人的理性选择，其中的道理和隐含的利弊，以及这些制度对于后世中国构成和演化的深远意义——"格式化"的意义。

随后两章讨论作为宪制问题的"齐家"。在历史上的农耕中国，齐家其实有关农耕社区的组织构成，不仅有关99%以上的普通中国人的日常生活，也是中国这个政治经济文化共同体的基础。第二章集中讨论父子和兄弟这一纵一横二维关系，如何组织构建了历史中国的村落，大致灵活有效适应了各地情境，省却了若由国家治理所需的许多人力、物力和信息。第三章讨论男女关系，这是前两种关系因此也是村落制度得以持续的关键，但也是从内部颠覆和挑战村落共同体的最大风险源头，需要一套普遍且强硬的基本制度予以约束和规制。

"治国"和"平天下"是历史中国两个不同但相互勾连的重大宪制领域。可以分别讨论，学界有专门的边疆研究。但本书其余各章将这两个领域一并讨论。不仅因为这两个问题相互勾连，也因为历代的国与天下之边界一直流变，只能抽象讨论。借助近现代国家的话语表达，虽不准确，但便于普通读者理解个大概。更重要的是，本书各章都是问题主导，不是论域主导，在各章合并讨论国和天下，结构会更单纯，理论逻辑更明晰。

第四章讨论以往仅因西方宪制或宪法理论不讨论，似乎理所当然或天经地义不得进入现当代宪制研究视野的军事宪制问题。历史中国是由广大区域内各族群、民族甚或文明汇聚而成的，既相互依存，不时也会激烈冲突。至少从战国开始，各诸侯国就都有了特定意义的常备军。军事问题一直是中国宪制中"治国"和"平天下"的核心问题之一。与军事宪制问题直接有关的是第五章讨论的，特别在西周之后，中国作为疆域国家的行政区划问题。疆域大国，无论历史上制度表达如何，封建或郡县或州府，都涉及现代政治学和法学的央地分权。朝廷必须以包括但不止于军事的行政监察手段，来保证对农耕中国各地的有效行政控制和管理（治国），保证对边疆地区的有限影响或治理（平天下）；甚至必须从宪制层面来处理只有在大国才会出现的国内地缘政治问题。

历史中国在经济上也是个多元复合体。但即便游牧民族入主中原，历代王朝也都以中原农耕为经济和财政的基础。小农经济自给自足，相互间缺乏经济交换和合作交往的足够动力，令大国在经济层面的整合面临重大难题。第六章关注国家强加的度量衡统一，这是农耕中国的税收财政的基础，是统一的政治治理和军事行动的前提，还曾深刻、全面且持续重塑了入主中原的游牧民族，促成了民族融合。第七章集中关注历代中央政府如何通过国家干预，推进大国内各地间的经济联系和交流，在松散小农经济基础上进一步从经济上建构和整合历史中国。

勾连、建构和整合各地之间，以及中央与地方的联系，不限于政治、行政和经济，另一重要方面是文化制度。不是经史子集，不是唐诗宋词，而是令这一切特别是政令信息可能交流且便于交流的一些基本制度。这种交流把包括皇帝在内的全国政治文化精英整合起来，进而通过他们把全国各地勾连起来。这是第八章讨论的支持和保证国家上令下达统一治理的文字和官话。

文字和官话更多是政治精英的专用品，是理性组织协调政治精英实行统一治理的重要工具。我本应专章讨论中央政府和地方政府的组织，其内部分工和分权；这显然属于宪制。我只是在某些章节中偶有提及，不系统也不可能准确。这样处理一方面是因为，无论三省六部还是相权或是地方政府制度的史学著作已经很多，历来是中国政治法律制度史的重点，我很难在理论分析上有什么新开发。

我把注意力转向历史中国宪制的三个重要制度因素——臣、君、民——以及相关制度。接着第八章讨论的文化宪制，第九章分析为确保中央集权官僚制有效运行，历史中国创造和发展起来的政治精英参与国家政治治理的选拔制度及其演变。不仅如此，大国的宪制还必须平衡全国各地政治文化精英的政治参与。这后一点，就其功能而言，甚至有些许代议制的意味。

第十章讨论作为制度的皇帝。我努力展示了，皇帝是历史中国这个大国无以替代的基本制度之一，也是国家政治治理的核心制度构成。特别吊诡的是，即便某皇帝本人不是政治精英，抽象的皇帝仍是由中国政治精英构成的官僚制的要件。中国的皇帝制本身隐含了一系列独特于西方君主制的问题，很有理论意味。

第十一章讨论历史中国的百姓，但不是"公民"。因为历史中国，除第九章讨论的源自村落的少数政治文化精英外，没有西方近代民族国家或古希腊或中世纪意大利城邦，自然也就没有以各种形式能动参与国家政治生活的公民。在历史中国，普通人只是国家政治共同体的自在成员，是村落共同体中的自觉成员。在这两个共同体中，普通人都能分享共同体内的分配正义，无需近代西方社会借助公民身份应对的权利义务问题。这非但闪开了可能被公民概念套住的权利话语体系，经此还可能展现历史中国的某些沉寂的经验。

上述宪制实践或措施许多已属于历史，结语却会概括并指出，作为有历史经验根据并因此有可能抽象的理论问题，家、国、天下的问题，以现代形式，仍继续存在于今天的中国，挑战我们的思考。举一反三，历史中国的那些宪制难题和宪制应对，对世界各地，无论古今，也会有某些智识启示，有实践意义，也有规范意义。

除各章正文外，有些相关问题，与理解中国宪制有关，或与本书的研究和写作有关。或长或短，我单独成文。只是为凝聚全书和各章关注点，我将之作为附录附在相关各章之后。

引论后的附录1简单分析讨论古希腊的雅典和斯巴达、英格兰和美利坚合众国建立之际的宪制难题（problems），及其各自的宪制回应。虽与中国不直接相关，希望有助于读者理解中国宪制问题的具体和特殊，有助于中国读者，不只是了解这些政治体的宪制结构，更是理解迫使这些政治体采取的宪制措施予以应对的那些宪制难题。这些简单分析，在一般或比较的层面，有助于理解宪制实践难题与宪法智识问题的区别。

第四章后的附录2探讨，相对于中国宪制从来关注军事问题，在西方，军事问题即便也写进了一些国家的宪章，却为何从未进入其宪法理论话语，至少一直不是个有滋有味的宪制/宪法学术问题？这从另一角度论证了，特定于中国的宪制问题并不因其特殊而缺乏理论和实践意义了。它们值得更多关注。

第八章后的附录 3 是一个类似法律与文学的研究。以唐宋部分政治文化精英的诗词来例证，由于有了文字，以及因文字展开的文史教育，生长于农耕村落的读书人何以在情感、想象和胸怀上确实被塑造成了另一社会阶层，一批可以参与治理中国的政治文化精英。

结语后的附录 4 概括本研究的一些方法论思考。这些问题对于本书的绝大多数读者不重要，但对一些努力依据中国历史经验和材料而有理论追求的研究者或许有所启发。其中最重要的是，我为什么，以及如何，力求将本研究转化为一个理论研究，而不是历史研究。除了可能消除一些细心读者的疑惑外，对广大读者的最大帮助也许是，为何本书书名是《大国宪制》，而不是《历史中国的宪制》？

2017 年 1 月 12 日四稿于北大法学院陈明楼

附录 1
具体的宪制问题与特定的宪制回应
——古希腊雅典与斯巴达，英格兰以及美利坚合众国立宪

引论分析讨论了中国宪制/构成的特殊性以及相应的制度回应，却不是简单强调中国的特殊。正文隐含但未展开，却值得指出的是，其实，人类历史上，起码一切足够重要的国家的宪制，不同程度上，都有其具体的宪制问题，要求相应的宪制应对。中国只是其中一例。真有意义的宪制研究因此不可能脱离具体国情，演绎抽象原则或公式，必须辨识具体国家面临的具体问题，贴着问题"走"——分析。关注中国宪制的特殊性，因此不是为中国宪制遗世独立辩解，恰恰相反，只是例证了如何以社会科学的进路来研究具体的宪制。

这个附录选择讨论了古希腊城邦雅典和斯巴达，近代之前的英格兰，以及最早制定成文宪法的美国。进一步论证，无论有意或无意，它们，即便各有愿景，都针对了或是必须针对本地当时的一些特定而非普世的宪制问题。这些问题很不一样，其共同点仅在于，若不能以某种方式有效应对，这些政治共同体就无法发生或持续存在。因此我抽象称其为宪制问题。

选择这些国家，当然因为我知识有限，也因为我必须自我限定。举一反三，我不想把学术研究变成一本流水账或"XX 大全"。这三者或可用来代表西方世界曾有过的三种典型政治共同体：城邦、近代民族国家以及以联邦形式构成的大国。难免重复一些西方法制史常识，但我希望以更具体细致且语境化的分析，至少让一些读者看见这些常识背后针对的政治体治理的具体难题，那些常常因其一目了然而容易被人忽视或

误解的难题。

古希腊：如何城邦？

西方的宪制传统和宪制研究传统均始于古希腊。在从公元前 8 世纪至公元前 146 年的六个多世纪间，在欧洲南部，以爱琴海为核心，在其边缘陆地，以及海间散落的众多小岛上出现了上千个城邦。[1] 这些城邦先后形成了，又因种种内外因素演变出，各种宪制（也译为政制或政体）结构。[2] 有君主制，最终统治权在国王手中。有贵族或少数人统治的，典型如斯巴达。也有城邦，典型如雅典，有过各种宪制，但在较长一段时间内曾实践了民主制。事实上，几乎每个城邦都因其内部各种政治经济势力的消长，或城邦间的冲突，或希腊文明与其他文明的冲突，以及其他政治经济军事文化重大变量的流变，宪制有所改变。最重要的是，无论受何人或何种赞美或推荐，所有城邦最终都归于灭亡。世界上没有真能"长治久安"的宪制。

古希腊各城邦的宪制实践差异引发了最早的宪制研究。有更思辨和理念的，如柏拉图的传统。也有更经验的考察，如亚里士多德的传统。据说亚氏同其学生以考察记录为基础，编纂和比较研究了古希腊 150 多个城邦的宪制。其中包括 1891 年才发现并流传至今的《雅典政制》。

可以有两种方式切入古希腊城邦的宪制。一是阅读这一时期的代表性学术著作，最主要的是柏拉图和亚里士多德的著作。借此了解——经后世学者概括——古希腊人关心的是，什么样的城邦宪制是最理想的宪制/政体。柏拉图在《理想国》和《政治家》中，亚里士多德则在其最重要的宪制著作《政治学》中，都曾讨论城邦宪制的分类和理想宪制/政体。柏拉图在《政治家》中借埃利亚的陌生人之口，亚里士多德在

---

〔1〕 黄洋：《希腊罗马的城邦政体及其理论》，载王绍光［主编］，《理想政治秩序：中西古今的探求》，生活·读书·新知三联书店 2012 年。

〔2〕 宪制、政制、政体是古希腊词 *politeia* 的不同翻译。可参看，施特劳斯、克罗波西［主编］：《政治哲学史》（第三版），法律出版社 2009 年，第 53 页；王绍光，前注〔1〕，序。

《政治学》中则亲自出面，以统治者的数量为标准，提出了为后代学人长期沿用的宪制分类：一人统治，少数人统治和多数人统治。但每一类宪制又有好/坏（正宗/变态）两种：君主制对僭主制，贵族制对寡头制，平民制（或共和制）对民主制。两人分别提出了判断政体/宪制好坏的标准。柏拉图关心的是，统治者是否具备统治者该有的知识和技艺。[3] 亚里士多德的标准是：统治者是关注城邦的共同利益还是只顾统治者自身利益。[4] 两人提出的标准都无法经验验证。

我有理由不过分关心这些思想家的概括，直接考察古希腊典型城邦的宪制架构。与贯穿本书的基本假定一致，我认为，各城邦的宪制都是为回应本城邦面临的重大问题而采取的制度措施，也有路径依赖，层层累积起来的。不大可能有某个城邦统治者，即便他是杰出的政治家/立法者，会像柏拉图或亚里士多德那样对城邦有系统研究，然后决策，挑选了他心目中的最佳宪制。不是说没有此种愿望，而是当时城邦统治者缺乏这样的能力，更不可能系统获得其他众多城邦的宪制信息，精确不精确且不论，特别是在各城邦宪制的初创时期。可以推断各城邦统治者/立法者对本城邦都有自己的宪制愿景，就像汉初儒家期盼天下为公的大同世界一样。只是，统治者的宪制想象和愿景从来不是塑造宪制的最重要的力量。塑造宪制的最现实最重大力量一定是他们当时必须回应的那些明确且紧迫的城邦难题。统治者/政治家极少可能漫无边际地追求什么"理想国"。今天会有人想象，制宪会议制定一份理想宪章，有某国"一蹴而就"。但那第一是学人，第二那只是想象。在古希腊的任何城邦，可以想见的宪制一定针对了城邦的重大问题，是过往务实应对之累积。

我只讨论斯巴达和雅典的宪制。这是目前材料最丰富的，许多教科书对这两个城邦的宪制及其历史变迁有颇为细致的介绍。[5] 假定这些

---

〔3〕 Plato, *Republic*, trans. by C. D. C. Reeve, Hackett Publishing Company, Inc., 2004, pp. 48ff.

〔4〕 亚里士多德：《政治学》，商务印书馆1965年，第132页以下。

〔5〕 可参看，由嵘［主编］：《外国法制史》，北京大学出版社1992年，第50—60页；顾准：《希腊城邦制度》，中国社会科学出版社1982年；斯科特·戈登：《控制国家——从古代雅典到今天的宪政史》，江苏人民出版社2005年，第82—94、103—105页。

介绍基本精确，我夹叙夹议，尽量挑明容易湮灭在有关宪制描述中的，这两个城邦当时各自面对的具体但根本的难题。

斯巴达城邦宪制经历了从君主制到贵族制的变迁。但真正为后代，包括柏拉图和亚里士多德，关注和激赏的是，公元 7 世纪前期莱库古（Lycurgus，又译为吕库古）立法后形成的贵族制。这一伟大制宪，据普鲁塔克和其他历史记录，是莱库古以政变（革命）完成的。兄长去世后，莱库古本来已继任王位（兄终弟及？），但他主动把王位让给了兄长的遗腹子（子承父业？），自己出国远游去了。但他的侄儿无法有效治国，斯巴达出现了政治混乱和动荡。城邦贵族和普通民众都敬爱莱库古，希望他回国解决政治安定问题。回到斯巴达后，莱库古命令 30 名同伴，手持武器，于拂晓前悄悄进入市场，震慑了反对派，实际控制了城邦。在获得莱库古的人身安全保证后（！），国王表示支持莱库古变法，从而启动和完成了斯巴达最重要的宪制变革。注意，这是革命，而非约法，创造了新宪制。

这一宪制变革的关键是在国王、贵族和人民之间重新分配了城邦权力。具体制度安排大致是：（1）双王制，推选两位权力相等的国王，平时共同主持国家祭祀和处理涉及家族法的案件，战时一人在家主政，一人领兵外出作战（"国之大事，在祀与戎"？）；（2）创建权力中枢元老院，两位国王加 28 位年过 60 的长老共 30 人组成，长老任职终身，若有缺额，从年逾 60 的贵族中补选；以及（3）建立公民大会，由年满 30 岁的斯巴达公民组成，表决通过或否决提案。[6]

在柏拉图和亚里士多德的宪制分类中，斯巴达的宪制属于由少数人统治的贵族制，因为莱库古立法规定："若人民意欲采纳的议案不公，元老和国王有权休会"。这意味着，任何时候，元老院对公民大会的任何决议都有最后决定权。但在古希腊务实的政治家和思想家看来，民主制或君主制或贵族制，其实都不重要，重要的是有效平衡国王、贵族和平民三者的权力，从而确保兼顾全城邦的利益。莱库古创设的宪制被认为满足了这一标准，斯巴达此后保持了长期的政治稳定，柏拉图和亚里

---

〔6〕 关于莱库古变法，可参看，普鲁塔克：《吕库古传》，载《希腊罗马名人传》，商务印书馆 1990 年，第 86 页以下。

士多德等后代思想家均视其为古希腊城邦宪制的典范之一。[7]

长期稳定，这是个后果主义的标准，也是公众实际接受的标准。在我看来，这其实是最重要甚至是唯一的标准，想想"实践是检验真理的唯一标准"。许多读书人对此不满足。下面我试图，事后诸葛亮，从理性和智识层面解说一下，斯巴达的宪制究竟好在何处。

首先，贵族制的宪制安排，即双王制以及30人的长老会，并不只是莱库古的个人偏好。这是在综合研判了斯巴达城邦各方面情况后，莱库古给出的有针对性的制度安排。在当时条件下，如此安排，斯巴达的政治治理才能运转良好。双王制的理由并非，"有效平衡战时内政外交之需要"或"可以相互制约防止滥权"诸如此类从抽象政治或宪法理论很容易演绎出来的理由。最简单、直接且根本的理由是：当时斯巴达由两大家族的四个或五个村庄构成，两位王，两大家族各推一位，方能消除、至少是弱化相互猜忌，建立起码的信任，避免在这种城邦构成条件下，一王制必定引发两大家族你死我活的权力争夺。这种争夺注定斯巴达无法作为一个统一的城邦存在。若有外敌入侵，不团结一致，很难抵抗外力入侵。双王制是化解这一死结的唯一选项。

虽然分类为贵族制，细心的读者会发现，斯巴达宪制其实是长老制。这个差别很关键。这表明，一个人仅仅是贵族进不了元老院，进入政治决策核心，只有当他年过60方有可能。问题因此成了，这个年龄在宪制中有意义吗？有，从来都有，至今各国都有。只需想想各国为什么规定选民的年龄，各国实际投票的选民的年龄结构，以及各国宪法对领导人的年龄要求，就可以了。就斯巴达的宪制而言，与60岁紧密相关的是政治生活经验，以及政治生活需要的其他品格，如慎重、稳妥、冷静甚至保守——老人通常保守，或换一个意思相同的褒义词，稳重。这一规定表明，斯巴达宪制强调参与最终政治决策的人一定要有政治经验和实践理性（政治统治经验更多是个人的，只能通过时间来积累，在

---

〔7〕 柏拉图《理想国》中的理想政体，以斯巴达为范本。亚里士多德《政治学》中谈论现实中比较完备的城邦宪制也首先提到斯巴达（《政治学》，前注〔4〕，第82—92页）。普鲁塔克认为"斯巴达享有的杰出政体与正义"，仅仅凭着它信使的节杖和使者的大氅，就能令整个希腊心悦诚服、欣然从命，就能推翻各国非法的寡头统治与僭主统治，就能仲裁战争、平息叛乱（《希腊罗马名人传》，前注〔6〕，第123页）。

人类早期，这一点则格外显著），而并非贵族的身份、地位或家庭财富，也不是数学、哲学等行当更倚重的纯粹理性或思辨能力。60 岁这一年龄要求，因此，把斯巴达的外观上的贵族制，至少部分地，却很有道理和必要地，转化成为一种强调实践理性的精英制。

长老终身任职的最大好处在于，迫使长老必须对自己的决策负责。这种"产权"制度，迫使每位长老，除非死亡，无法以届满卸任的方式来"卸责"。即便少数元老因年事已高，不想甚至不大有能力负责（这是一种自然"卸任"），将继续任职的那些长老也不会让这些年事已高的长老不负责任——我不能替你"背锅"。这意味着，即便都是贵族，通过终身任职，相互间也有了制约。斯巴达的长老人数不太多，28 人，这一方面意味着每个人都责任足够重大，因此这是一种尊贵的社会地位和身份，但 28 位长老这一数量又使得没有谁能轻易操控多数（他至少得搞定 16 位长老）。28 位，这个数量也不算太多，长老们相互间也可能形成监督。说这一点是因为，下面我们会看到，在雅典类似的执政机构 500 人议事会中，由于人数太多，任职期仅一年，种种弊端就非常显著。

终身制，但 60 岁才能进入元老院，还有其他好处。这就使得即便终身任职，一位元老去世才能替补一位，元老院的政治构成会因为成员次第老去而逐步变化。这既避免了政治决策机构被同一批人长期垄断，导致僵化，也避免了决策者同时大量更替，出现政策断裂性摆动（这在选举制中很容易发生！）。这个 60 岁/终身任职的规定保证和促成了政治决策人员流动，相当程度上又兼顾了政治稳定性和政策连续性。可以做个大大简化的算术推演。假定当时元老们的平均预期寿命为 75 岁。这意味着，60 岁进入元老院，每年平均大约两位元老去世。最多八至十年，有半数以上元老就自然更替了，即便原先观点铁板一块的元老院，这也可能有重大变化了。十年时间在 2500 年前的希腊其实不太长，由于技术条件稳定，古代社会变化不像现代社会这么快。

雅典宪制同样经历了漫长演变，很难简单概括。我力求解说那些明显有现实针对性的宪制安排。

雅典城邦是从部落联合体逐渐演化出来的，早期有 4 个部落，后来改组为 10 个部落。与斯巴达相似，部落社会的结构影响了雅典民主制的安排。雅典的城邦大事由议事会决定，这是最高权力机关公民大会的常设机构。早期议事会由 400 人组成，4 个部落每个部落选出 100 人。后来议事会成员增加到 500 人，10 个部落各自从本部落年满 30 岁的男性公民中抽签产生 50 人，任期一年，且一个人一生担任议员不得超过两次。来自各部落的议事会成员混编成 10 个组轮流执政，每组 50 人执政一个月（雅典历法每年 10 个月，每月 36 天），负责召集公民大会之类的事务；这 50 人中有 36 人，每人可以轮流执政一天。一切年满 20 岁的男性公民，不论穷富，都有权参加公民大会，有发言权和表决权。公民大会的法定人数是 6000 公民，这个数字大约是雅典公民（成年男性）的 10%—15%，是鼎盛期雅典全部人口（约 30 万人）的 2%。陪审法庭由 10 个部落从其 30 岁以上的男性公民中抽签选出并组成，每部落 600 人，共 6000 人（一说是各选 500 人，总数 5000 人）。

早期雅典有 1 名执政官，后来增加到 3 名，再后来增为 9 名。执政官由公民会议抽签产生，轮流执政，处理日常事务，每年一换。约公元前 6 世纪末，雅典首席执政官克利斯提尼改革，创设十将军委员会，每个部落推举 1 人，公民大会举手通过，享有参加五百人会议的特权，可以连选连任，实际取代了每年一换的执政官，成为雅典的最高行政官员。平时十将军权力平等，轮流执掌军事指挥权和城邦军政大权，也掌管城邦外交事务及部分财政事务。

由于民主制在现当代政治意识形态中的地位，雅典民主制受到很多赞扬。但只要稍微留心一下，首先就会发现，这一人类最早的民主宪制，与今天欧美民主制，除了分享民主这个"名"之外，无论在理论渊源还是价值追求上都很少相关甚或交集。并非基于人人平等或普遍人权理念，雅典民主制其实是以奴隶制为基础的；即因家中有奴隶干活，众多成年男子才有闲暇参与城邦民主政治。其次，真正促成和塑造这个民主宪制的，无论是早期的 400 人还是之后的 500 人议事会，无论是十将军委员会，还是陪审团，都是他们身后那隐约可察的氏族部落。换言之，雅典民主制不是因为民主是雅典公民的共同理想，要让每位公民都能自由表达自己的政治意愿，以便有效和正确决策和治理，而主要是为缓和山地农民、海岸富人和城邦贵族间的矛盾。此外，与斯巴达一样，也为避免权力过于集中引发各部落之间的猜忌和纷争。在雅典从氏族社会转变为城邦之际，这一考量与引论中提及的中国北魏"子贵母死"的制度，[8] 就功能而言，完全一致。在当时的雅典，至少在梭伦、克里斯提尼和伯里克利这些政治家和制宪者看来，民主制只是当时雅典最务实可行的宪制，却未必是他们最想采纳的宪制。

当然是猜测，却是有根据的猜测。从所有这些重要机构的人员组成数字中，我感受到的不是这些政治家/立法者对雅典公民的信任，而是雅典公民相互间的深刻不信任。有鉴于此，雅典宪制就必须从外观上有效平衡各部落对城邦政治决策的影响，要让各部落都能看到这种政治力量的平衡（看得见的正义），才能放心和安心。换言之，雅典民主宪制的主旨是保证雅典城邦不至于因各部落间和公民间相互不信任和猜忌而崩溃。这与前面分析的斯巴达的宪制安排原则完全一致。

细心人甚至可以察觉雅典宪制真的是别无选择，迫不得已。因为公民相互间缺乏政治信任，城邦只能以绝对平均主义的、随机抽签的、每人执政一天的方式来解决参政问题。这种宪制安排显然不合理，不理性，不可能有好结果。就一天，你能干什么？但既然就一天，你又什么事不能干？

我不相信雅典人看不出这种制度安排的后果一定糟糕。问题因此成了，他们为什么"明知山有虎，偏向虎山行"？现代意识形态的解说最简单，也最矫情：雅典人坚信民主，信仰民主。但请让我把这个民主制语境化一下，读者会看出其中的机巧。雅典是古希腊的最大城邦，居民30万人，公民4万人，在当时的经济社会条件下，要治理这么大一个城邦，麻烦太大了。居民一多，一定众口难调，相互间缺乏足够利益认同；居民会发现周围陌生人太多了（受限于早期智人生存环境塑造的认知能力，一个成人能熟悉的人通常不会超过250人）。所谓陌生人，就是相互间不知根知底，没法足够信任的人，自然不会有共同体感。这种情况可以解说，为什么，雅典当权者或立法者一次次改革，努力让更多

---

〔8〕 田余庆：《北魏后宫子贵母死之制的形成和演变》，载《拓跋史探》，生活·读书·新知三联书店 2003 年。

公民参与政治决策，以此来增强公民对政治的信任，培养共同体感。城邦不光要求公民参加公民大会，还想让更多公民成为议事会成员。

这种追求可谓费尽苦心，却也是煞费苦心，根本无法改善城邦治理。一旦参政人数太多，每位参政者手中的权力就稀释了，这种没有含金量的权力会令参政者更不负责任，会出现各种各样且日益普遍的"搭便车"。转而，不会有多少公民愿意参加公民大会。支持我的这一猜想和论证的证据可谓比比皆是：（1）公民大会的法定人数是 6000 人——仅仅占全城邦公民 15% 左右；（2）城邦以金钱财富补贴——其实是一种"收买"——公民参加公民大会或参加陪审，其中意味是，公民认为参与这类事务价值不但，不如自己干点私活，甚至闲着无事也比开会强；（3）以抽签方式选出参与执政的公民——抽签表明这是义务，是被迫，而不是权利，不是享受，这表明公民对城邦政治已濒临绝望，大家都不想玩这个游戏了，执政者仍试图挽狂澜于既倒，强制他们参与；以及（4）城邦还补贴公民参加体育盛会或观看文艺表演——试图用更多公民社交来培养公民对城邦的认同和相互认同。

这些民主制度和措施确实令更多公民参与了雅典城邦政治，但问题是，这还是政治治理吗？"无恒产者无恒心"，这么多人决策，每个人一生治"邦"一天，谁还会把治"邦"当回事呢？哪怕事情天大，你熬过这一天，就交差了。苏格拉底审判中，500 人陪审团中，至少有 80 人先已匿名投票认定苏格拉底无罪，但就因苏格拉底死不认错/罪，随后投票居然匿名判他死刑！这就是大家都不负责，没人追究责任，陪审团成员对自己的决策结果无所谓的最有力例证。[9] 在此体制下，就会理解，为什么在公民大会和议事会之外，后来设立了可连选连任的十将军，"有恒产者有恒心"，让他们负责并执掌必须及时处理的有关城邦"军事、外交和国库大权"，保持政治治理的连续性。

为维系古希腊这个最大城邦，雅典试图通过政治参与来培养公民的

---

〔9〕 苏格拉底审判中，500 人陪审团第一次投票以 280 票对 220 票认定苏格拉底有罪；在第二轮有关量刑的投票中，由于苏格拉底拒不认罪，陪审团居然以 360 对 140 判处苏格拉底死刑。这意味着，至少有 80 位认为苏格拉底无罪的陪审员投票判他死刑。请看，斯东：《苏格拉底的审判》，生活·读书·新知三联书店 1998 年。

共同体感，却以牺牲政治治理、公民/统治者不负责任为代价。柏拉图的《法篇》以及亚里士多德的《政治学》中关于城邦最佳人口数量和疆域面积大小的讨论，[10] 都可以支持我的这一判断。后代许多思想家关于民主制适用条件的分析也表明，即便在其鼎盛期，直接民主制也未能使雅典获益。[11] 事实上，就在雅典民主派领袖伯里克利自吹自擂"我们的政治制度不模仿邻人，相反为别人效仿"，认为战争可以"证明雅典比人们想象的还要伟大"后不久，即便人力、财力和军力强于对手几倍，民主制的雅典却完败给贵族/寡头制的斯巴达。[12]

若按统治者数量来划分，斯巴达是贵族/寡头制，雅典是民主制。但上面的叙述表明，这两个城邦的宪制架构颇多相似。雅典的十将军，是公民大会选举的，可以连选连任，这其实是贵族制因素。在斯巴达，同样有代表民主制因素的公民大会，只是不最后拍板，不承担政治责任。莱库古在斯巴达，与梭伦、克里斯提尼和伯里克利等在雅典相似，都是政治强人，推进了变法或宪制变革，属于韦伯笔下的魅力型政治家。[13] 虽然无君主之名，他们都是各自城邦宪制中强有力的君主制因素。

柏拉图和亚里士多德的判断因此是对的：古希腊城邦最重要的宪制问题，其实不是今天中外法学人更津津乐道的一人、少数人还是多数人治理的问题，而是在从氏族部落中演化出来的城邦中，如何形成超越部落的共同体感，让每个公民都以城邦为家。这要求城邦统治者，如亚里

---

〔10〕 柏拉图认为城邦人口，最好是 5040 户。若每家一个奴隶，一家六口人，柏拉图的理想城邦人口大约是 30000 人。请看，Plato, "Laws", in *The Collected Dialogues of Plato*, Princeton University Press, 1961, pp. 1323, 1325. 与柏拉图大致相同，亚里士多德（前注〔4〕，第 356—357 页）认为城邦公民最多不过万人，即不超过万户，城邦疆域应在一个人的目力可及的范围内。

〔11〕 后世除孟德斯鸠和卢梭认为共和制或民主制适合小国外（孟德斯鸠：《论法的精神》（上），商务印书馆 1961 年，第 126 页；卢梭：《社会契约论》，商务印书馆 2003 年，第 83 页），卢梭还很经验地具体谈论了这个理想小国的情形：幅员大小不超出人们才能所及之范围，人们经常相互走动，相互熟悉（《论人类不平等的起源和基础》，商务印书馆 1962 年，第 51 页）；符合这个条件的只能是一个比雅典更小的城邦，更可能是一个斯巴达大小的城邦。

〔12〕 雅典与斯巴达的争霸战，史称伯罗奔尼撒战争，始于公元前 431 年。在这年年底的阵亡将士葬礼上，雅典领袖伯里克利发表了名为《论雅典之所以伟大》的著名演说，极度赞扬雅典的民主。但随后斯巴达军队洗劫了雅典所在的阿提卡地区，前 407 和 405 年又分别大败雅典海军，雅典彻底投降，斯巴达在雅典建立了 30 人的寡头傀儡政权。

〔13〕 可参看，Max Weber, *Economy and Society*, trans. by Ephraim Fischoff et al., University of California Press, 1978, esp. Ch. III, iv. Charismatic Authority, pp. 241ff.

士多德所言，无论人数多少，都要以全城邦利益为重，兼顾城邦全体的利益，还要让城邦公民能看到、理解并相信统治者是为了全城邦利益。这要求城邦统治者和立法者，在城邦宪制设计上，如柏拉图所言，要有政治智慧和治理技艺。两人哲学观不同，两人的应对措施有差别，论证说法更是非常不同，但实际关注的问题非常接近；我认为，可以互补。

我们还可以就此理解这两个城邦统治者采取的一些经济、货币、财政和文化措施的宪制意义：努力促进城邦的政治整合。雅典，人口众多，贸易经商，这带来城邦内部贫富分化显著，阶级矛盾尖锐。要缓和矛盾，自然要求平衡政治利益，让更多公民参与政治。这就解说了为什么雅典宪制集中关注促进、便利甚至强求公民政治参与。在斯巴达立法中，莱库古也注意维护城邦共同体，但他不太强调政治参与，而是通过众多经济、社会和文化措施来防止社会分化，避免贫富差别加大。为消除人民内部的贫富差距，他重新分配了土地；为防止特别是对外贸易很容易带来的急剧贫富分化，莱库古甚至取消了金银货币（"国际"贸易货币），只允许本国流通铁币，这是很有想象力但封闭和保守的货币政策和经济措施；他甚至采取了涉及社会生活方方面面的集体化和公共化措施来强化社区团结和认同，包括婚姻、家庭、食堂、教育、音乐和体育等。斯巴达坚持贵族制，一个重要前提是社会分化不能大，城邦凝聚力才足够强，公民才可能对城邦保持足够认同和信任。

还必须强调，如果从政治国家（state）的构成来看，古希腊城邦制真可谓得天独厚。希腊地区是多山的半岛和群岛，人们集中聚居在沿海地区。由于土地稀少且贫瘠，本地粮食无法自给，一半以上甚至有说3/4的粮食得从诸如埃及或黑海地区进口，同时出口本地产品。[14] 这一地区由此出现了数量众多但规模不大的商业经济聚居地和共同体——"城市"（polis）。在此基础上形成的政治共同体——城邦，何止是顺理成章，简直是浑然天成。也只有在这样的自然地理和社会政治环境中，才能理解亚里士多德当年为什么断言，人生来是城邦的动物，生来是政

---

〔14〕 D. M. Lewis, et al. , eds. , *The Cambridge Ancient History*, *vol. V. The Fifth Century B. C.*, 2nd ed. , Cambridge University Press, 1992, pp. 300-301.

治的动物。[15]

这种断言是古希腊的经验，是古希腊的地理、社会和政治条件挤压和塑造出来的仅属于古希腊的"地方性知识"。对于生活在东亚大陆农耕村落的中国人，亚里士多德的这一断言简直无法理解。在中国，直至今日，仍有相当多的人都认为，人是完全可以不参与政治的，"天塌下来有长子顶着"，政治只是少数喜欢政治且有这类才能的人的事。当然，这里面有个何为政治，如何通约的问题。亚里士多德的断言出现在古希腊，最大约束条件就因为在古希腊"城市"（city）这种经济文化生活共同体与"城邦"（city-state）这种政治共同体几乎完全重合，无论在政治想象上，还是在政治社会构成上。

但我们马上会看到，古希腊的宪制问题并非其他国家必将遭遇的宪制问题。17世纪中期，面对英国内战的惨痛现实，霍布斯，这位伟大思想家，在《利维坦》中，曾沉痛宣告：亚里士多德有关城邦政治、宪制和公民的分析和论述，完全荒谬，自相矛盾和无知。[16]

英国宪制——如何主权国家？

在欧洲中世纪，亚里士多德几乎是真理的化身，但只有意大利北部有一些城邦，更普遍的国家形式是各种等级的封建国。英格兰孤悬于欧洲大陆以外，是个规模超越城邦的大国，其宪制问题显著有别于古希腊城邦。

这个不同不只是，如欧洲古代和中世纪哲人所言，至少古代，大国最适合君主制。也还因为在英格兰这个远比雅典疆域广大、人口众多的岛国上出现的是封建君主制，并非城邦君主制。这个制度源自11世纪的威廉征服。他在英格兰分封土地，授贵族以爵位，建立了封建制。在

---

〔15〕"人类自然是趋向于城邦生活的动物（人类在本性上，也正是一个政治动物）"。亚里士多德，前注〔4〕，第7页。

〔16〕"就自然哲学而言，几乎没有比亚里士多德《形而上学》所言更荒谬，比亚氏《政治学》所言更有悖（repugnant）于政治治理，比亚氏《伦理学》大部分所言更愚蠢（ignorant）的。" Thomas Hobbes, *Leviathan*, Penguin Classics, 1968, p. 687.

封建制下，国王是国家的头，其实只是最大的贵族。从中世纪到近代的英格兰，英国的宪制，一直在回应本国重大政治社会问题，制度不断衍生累积，不仅没有一个可名为"宪法"的文本，也难说有一个一成不变的宪制。[17] 针对不同具体历史事件分别制定的一系列文件，后人将之归结为宪制性文件，主要有 1215 年的《大宪章》，[18] 1628 年的《权利请愿书》，1679 年的《人身保护法》，1689 年的《权利法案》，以及 1701 年的《王位继承法》等。

不一一分析，我这里只简单分析其中的两个文件：1215 年的《大宪章》和 1701 年的《王位继承法》，对于英国的宪制/构成意义。如此选择是因为如今很多中国学者用这两个文件来印证和支持今天占主导地位的宪法律理论和某些宪法律实践。《大宪章》被视为限制国家或政府权力、保护公民权利的历史先声；《王位继承法》简直就成了《法官职位法》——很多学者论及这部法律只讨论此法中有关法官终身任职的条文。[19] 不是说这些解说全都错了，但太以偏概全，刻意凸显后世解说者基于当下认为重要和正确的历史，甚至无视那一目了然的文字，可以说篡改了这两个文件对于当年以及此后英国的宪制意义。[20]

1215 年制定的《大宪章》，起因是，众多贵族强烈不满国王理查（1159—1199 年在位）和约翰（1199—1216 年在位）长期以来超越王权常规的所作所为，愤然起义，迫使国王约翰签订了这一文件，以此来限制王权。特别是其中所谓的"无耻条款"（第 61 条）规定：由 25 名贵族组成的委员会有权随时召开会议否决国王的命令，甚至可以动用武力

---

〔17〕 可参看，Walter Bagehot, *The English Constitution*, Oxford University Press, 2001（original 1873）；Frederic William Maitland, *The Constitutional History of England*, Cambridge University Press, 1908；以及 Albert Venn Dicey, *Introduction to the Study of the Law of the Constitution*, Elibron Classics, 2000（original 1915）.

〔18〕 霍尔特：《大宪章》，北京大学出版社 2010 年。

〔19〕 有关《王位继承法》，请看，龚祥瑞：《比较宪法与行政法》，法律出版社 2003 年，第 38 页；张千帆：《宪法学讲义》，北京大学出版社 2011 年，第 45 页。外国学者也有此倾向，请看，戈登，前注〔5〕，第 329 页。沈宗灵先生的《比较宪法——对八国宪法的比较研究》（北京大学出版社 2002 年，第 24 页）和由嵘先生主编的《外国法制史》（北京大学出版社 1992 年，第 496 页）对《王位继承法》的主要内容和功能有较细致的介绍。

〔20〕 更系统的理论批判，请看，H. Butterfield, *The Whig Interpretation of History*, Norton & Company, 1965.

占据国王的城堡和财产。何止是限制，这简直是胁迫。

中外许多学者称《大宪章》签署是英国宪政的起点。但起义和签署《大宪章》只是个事件，作为标志可以，本身没有宪制意味。真正有宪制意味的问题或许是，如果仅仅是为了维护自家权利，为什么愤怒的贵族起义后，没废除王权，或另立国王，或从贵族中推选某人取而代之？这些贵族当年显然有能力这么做。不能用贵族保守或愚忠来解释。都起兵造反了，还说什么愚忠？也不能用英国人热爱传统或国王来解释，四百年后，英国人为何处死了国王查理一世？只能说"无利不起早"。我推定这些英国贵族都理性，在相关的制度利害上有精细权衡。这些贵族不可能不明白"乱莫大于无天子"的道理。另立他人，无论是从王室中另选，还是从贵族中产生，都有种种不确定性。不仅名不正言不顺，而且，如果是后者，就涉及贵族间关系和利益调整，太容易引发贵族间的争斗。两害相权取其轻，为了每个贵族的自身利益，间接地也成全了英国普通人的利益，贵族们做了个最佳选择，一个保守的选择。由于大宪章的绝大部分内容，据布莱克斯通等人，均源自王国古老的习惯或爱德华国王时的法律，是通常意义上的普通法，[21] 在我看来，1215 版《大宪章》最现实也最深远的宪制意义就是，投鼠忌器，坚持以眼下这位贵族们都厌恶的国王来维系英格兰的和平。换言之，即便讨厌痛恨这位国王约翰，也必须维护王权。就其实际宪制功能而言，这大致相当于一个英国版"挟天子以令诸侯"甚或"尊王攘夷"。

不仅这样才能说得通，也有太多历史证据支持这种解说。当年教皇英诺森三世就反对《大宪章》，认为这损害了国王（有别于国王约翰）的尊严。1215 年的《大宪章》事实上生命短暂，生效了大约 9 周，两个月后，国王约翰就去世了。9 岁的亨利三世继位后，以亨利三世名义统治的辅政大臣咨议会（the council）立马修改了《大宪章》，经教皇认可后，重新发布了有利于王权的 1216 年版《大宪章》，删去了第 61 条等众多条款。亨利三世接着发布了 1217 年版；亲政后，又发布了 1225

---

[21]　麦克奇尼：《大宪章的历史导读》，中国政法大学出版社 2016 年，第 150—151 页。

年版《大宪章》，总条款从 63 条减少到仅剩 37 条。[22] 所谓《大宪章》限制了王权的说法没太多根据，可以说是部分法学家的意淫。贵族们后来也从未因国王屡屡单方面撕毁或改变《大宪章》而采取任何行动，至少未有记载。所有这些，都趋于表明贵族们理解王权对于保证英格兰和平和维护自身预期利益的重要意义。

后世英格兰史也一再表明英国政治家、思想家理解王权对于维系英国的宪制意义。英国内战时期，1649 年处死了查理一世，废除了上院和王权，英国成为共和国。但 1658 年克伦威尔去世后，王权就复辟了，1660 年查理二世回到伦敦登基。1688 年光荣革命废黜了笃信天主教、倒行逆施的詹姆斯二世，英国政治家们仍舍不得王权，特意去欧洲大陆迎回詹姆斯二世的女儿和女婿接任女王和国王，建立了君主立宪制。霍布斯在英国内战时期撰写并出版的《利维坦》更是从理论上系统阐述了为什么，当没有一个人格化的主权者（说穿了，其实就是一位有能力定分止争的国王）时，人类生活一定会陷入悲惨境地。

一直以来，很多学者，包括恩格斯，都曾指出，在中世纪的混乱中，"王权是进步的因素"，代表了秩序，也代表着正在形成的民族国家（nation）。[23] 事实上，正因为有了持续稳定的王权，中世纪的英国才可能逐步演化并构成（constitute）一个主权独立的民族国家。就这一维度而言，1215 年《大宪章》对于英格兰最核心、最基本的宪制意义是，通过字面上限制王权，实际向英国人昭示了王权"神圣"。它表达了社会精英的社会共识：即便某国王恶行种种，投鼠忌器，在规制国王之际，首先必须维护王权的唯一性和合法性。王权是英国在欧洲各国中最早形成民族国家的基础制度之一。

略过英国的其他宪制文件，我转向分析 1701 年的《王位继承法》

---

[22] Theodore F. T. Plucknett, *A Concise History of the Common Law*, 5th ed., Little, Brown and Company, 1956, pp. 22-23. 又请看，Edward Jenks, "The Myth of Magna Carta", 4 *Independent Review* 260 (1904); Max Radin, "The Myth of Magna Carta", *Harvard Law Review* Vol. 60, No. 7, Sep., 1947, 1060-1091; George Burton Adams, *Constitutional History of England*, Henry Holt and Company, 1921, pp. 121-143.

[23] 恩格斯：《论封建制度的瓦解和民族国家的产生》，载《马克思恩格斯全集》（28），人民出版社 2018 年，第 234 页。

这份如今已很少提及的宪制文件。我也仅关注其中很少为当今宪法学者分析理解的有关王位继承者及其配偶的宗教信仰的条款。

名为《王位继承法》，该法的核心却是严格且明确限制了王位继承人的宗教信仰：英国王位继承人及其配偶均不得是天主教徒。若从今天各国宪法强调个人宗教信仰自由或政教分离，或是反对宗教歧视等原则来看，甚或只是从包括婚姻自由的个人自由来看，对国王及其配偶的宗教信仰施加此类限制，非但政治不正确，更重要的是简直令今人无法理解。难道不应谴责当年英国议会（包括下院和上院）的暴虐？！

英国历史会告诉人们，特别是中国人，这份文件尤其是这一条款的宪制意义。前面已提到，却容易为中国读者忽视的一点是，《大宪章》的几个版本曾先后为教皇谴责或认可。这一点在欧洲历史上很重要。在整个中世纪，包括英格兰在内各封建国家不同程度地受制于罗马教廷，国王的合法性必须获得罗马教皇认可。到 17 世纪时，民族国家开始在欧洲浮现，一个必须解决的宪制问题就是博丹和霍布斯等一再强调的，国家主权至高无上。今天反观英伦三岛之所以成为英国的历史，会发现，这一时期英国宪制的核心问题不像古希腊那样，如何以城市共同体为基础构成城邦国家，而是在英伦三岛，如何以诸多由封建贵族治理的小型区域性政治经济社会共同体为基础，构成一个以英王为主权者、政治合法性不再受控于罗马教廷的民族国家。英国宪制的其他方面，包括王权与贵族、平民以及此后与商业阶层的分权，议会至上以及君主立宪制确立，英国人（公民）的权利等重要变革，全都以这一国家主权者的出现为前提。《王位继承法》之所以限制国王和王后的宗教信仰，其最直接、最实在的宪制意义就是，让英国王权彻底摆脱中世纪以来以各种方式一直凌驾于英国和欧洲其他君主国之上的罗马教廷。

这个过程其实更早就开始了。起因甚至很不堪，就因亨利八世闹离婚再娶，这挑战了天主教教义，与罗马教廷闹翻了。在 1529 年到 1536 年间，亨利八世通过一系列议会法案推行宗教改革，把教会的巨量土地财产收归王室，英格兰国王有全权制定教规和任命主教，掌握了教会的最高司法权，由此建立了由英国国家控制的、以英王为最高统治者的英国国教会。英国人从此走出了有教无国的状态，开始有了近代民族国家的意识。

这本可以说已解决了英国国王代表国家主权至高无上的问题。但在英国社会，天主教徒和新教徒冲突激烈，英国国家治理面临巨大难题。如果不能在宪制上彻底解决教派冲突，民众分别凝聚在教派周围，英国就还不是，也很难成为一个政治共同体，宗教冲突会撕裂这个国家的民众。

这个宪制麻烦不限于民间，还围绕着王位和王权。亨利八世死后，玛丽一世继位。信仰天主教的玛丽，反攻倒算，残酷迫害清教徒。她在位五年，数百名清教徒被烧死在火刑柱上，无数清教徒被迫流亡海外。之后伊丽莎白女王统治四十余年，坚持不偏不倚的宗教政策。为避免引发宗教信徒们的猜忌，她不仅从未明确展示自己的宗教信仰，至少部分为避（配偶的）宗教信仰之嫌，她也放弃了婚姻（这是另一种"有国无家"！）。即便这种个人牺牲，她仍无法消弭国内天主教徒和新教徒之间的尖锐对立。激进的天主教徒甚至想谋杀伊丽莎白女王，促使天主教在英国复兴。

更大的麻烦在伊丽莎白之后，相继继位的詹姆斯一世及其子查理一世。詹姆斯一世的妻子信仰天主教。在妻子和母亲的影响下，这两位国王相继迫害清教徒和新教徒，任命天主教徒出任大臣，甚至任命同情天主教的劳德担任全英国新教的主教长，劳德则想用罗马天主教会的仪式来改造英国新教的仪式。这之后，天主教徒詹姆斯二世在位期间，不但迫害清教徒，甚至要求全体英国人皈依天主教；为消灭议会的反对声音，他宣布议会休会。如此倒行逆施，引发了"光荣革命"，詹姆斯二世逃到了法国。议会依据1689年《权利法案》，选择了詹姆斯二世的侄儿/女婿威廉（威廉三世）和女儿/侄媳妇玛丽（玛丽二世）为继位人，共同执政。

但这两位没有后代。更令人担心的是，那些有权利因此可能继位的斯图亚特家族几乎所有成员都是天主教徒。这意味着在威廉三世和玛丽二世之后，英国很可能再次出现天主教徒的国王。国家很可能再次陷入宗教冲突和动荡，光荣革命将前功尽弃。面对这一严峻后果，英国议会只能裸奔了，奔向他们想要的正义，于1701年制定《王位继承法》，以相应条款，确保任何王位继承人及其配偶都必须是英国新教徒。

理解了英国人在这一个半世纪里的惨痛宗教教训，才能看出这一规定对于现代英国的宪制/构成意义（就其功能而言，这就是另一种"子贵母死"！）。它不只是确保了英国国教，从此不再担心英王受控于罗马教廷。[24] 它最重要的功能是保证了英国国内政局稳定，民族政治共同体形成。它令天主教势力先前通过谋杀潜在继承人来操控王位继承的种种阴谋不再有意义，即便阴谋成功，也改变不了结果。宗教不再可能通过国王来影响英国既有政治/宗教格局。这也排除了国王利用宗教势力对抗议会的可能。这一规则对此后英国确立议会至上原则，发展民主制，意义重大。议会制定《王位继承法》，从政治上确定了王位继承人的程序和顺序，另一宪制副产品则是议会至上，体现了议会对王权和宗教势力的制约。[25]

《王位继承法》的另一有宪制意义的尽管非预期的副产品是，促成了大英王国。历史上，英格兰与苏格兰自 1603 年起一直为同一位君主统治，但两国政治上一直分着。1701 年英格兰议会单方面制定《王位继承法》后，苏格兰很不愿意。因为被废英王出自苏格兰斯图亚特家族，而如今，依据先例，由英格兰国王统治苏格兰，苏格兰利益受损。苏格兰为此曾一度试图断绝两国的政治联盟，这也是至今闹腾的苏格兰独立的源头。英格兰以贸易禁运相威胁，迫使苏格兰放弃斯图亚特家族，接受了英格兰选择并强加于苏格兰的君主。数年后，两国议会通过了英格兰、苏格兰《合并条约》，成为一国，苏格兰产生 16 名上院议员、45 名下院议员参加英国议会，两地自由贸易，统一关税。1707 年 5 月 1 日，条约生效。自 1603 年英格兰与苏格兰的君权统一后，如今又有了共同的议会和统一的经济，标志着大英王国真正形成。这被学者认

---

〔24〕 日本也有皇室。由于天主教在日本历史上从未构成，今后也不大可能构成，一种可能通过天皇左右日本政治的势力，日本的《皇室典范》仅规定了王位继承顺序，对天皇的宗教信仰未有任何限制。

〔25〕 I. Naamani Tarkow, "The Significance of the Act of Settlement in the Evolution of English Democracy", *Political Science Quarterly*, vol. 58（4）, 1943, pp. 537-61.

定是光荣革命后大不列颠王国宪制演化的第一座里程碑。[26]

仅看文件，确实，很难看出这个《王位继承法》对于英国曾有过这些宪制意义。许多人，包括宪法学人，往往更多从当下语境，依据他们现有的知识储备，关注和理解他们能理解的该法规定的法官终身任职条款。这些条款也重要，但这些条款缺乏国家构成意义上的重要性。这个遗忘也表明，人类最伟大的宪制成功常常不被历史铭记，因为它已融入历史成为人们日常生活的背景。当一项宪制完成其历史使命之际，也就是它失去生动宪制意义之际！[27]

《美国宪法》——如何联邦？

脱胎并部分继承了英国宪制，1787 年《美国宪法（章）》试图回应的却全然是美国的构成/宪制问题，是此前欧洲世界从未有过的构成/宪制问题。1776 年北美独立的十三州，原是各自独立的英国殖民地，共同抗英令它们联合起来了。独立后，分别成了 13 国（states），与欧洲大陆各国，就格局而言，难说有何区别。若有，也仅在于这 13 国/州同文同种，山水相连，分享了英国政治文化传统，都以庄园种植业为主。但这些分享对这 13 国/州的政治经济交往和整合几乎没什么影响。到1787 年制宪时，这 13 国/州的公民相互很少交往，从纽约去费城，距离

---

[26] John Cannon, and Ralph Griffiths, *The Oxford Illustrated History of the British Monarchy*, Oxford University Press, 1988, pp. 447-448; Elizabeth Wicks, *The Evolution of a Constitution: Eight Key Moments in British Constitutional History*, Hart Publishing, 2006, ch. 2.

[27] 该法令近年曾惹出了一些宪制麻烦，导致修法，其实是修"宪"。2007 年英国王位第十继承人，女皇伊丽莎白二世的长孙菲利普斯与加拿大籍天主教徒凯利订婚。依据《王位继承法》，凯利若不放弃天主教信仰，菲利普斯的王位继承权就会被剥夺。菲利普斯为爱情和婚姻愿意牺牲继承权，没打算挑战这一有宗教歧视之嫌的法律（"Peter Phillips may renounce succession", *Daily Telegraph*, http://www.telegraph.co.uk/news/uknews/1559322/Peter-Phillips-may-renounce-succession.html）。时任首相宪法顾问的雷斯特认为这一禁令有违正义（an injustice），应废除（"Ancient royal marriage law 'should be changed'", *Daily Telegraph*, http://www.telegraph.co.uk/news/uknews/1559425/Ancient-royal-marriage-law-should-be-changed.html）。2011 年英联邦各国首脑一致同意修改《王位继承法》；2013 年 4 月 25 日颁布生效了《2013 年王位继承法》，废除英国君主不得与天主教徒结婚的禁令，且允许该法溯及既往，恢复了菲利普斯的王位继承权（"Succession to the Crown Act 2013", http://www.legislation.gov.uk/ukpga/2013/20/contents/enacted, art. 2, sec. (1) and (2)）。

仅相当于从北京去天津，或从苏州去上海，制度上也得拿护照和签证。各国/州都更重视对欧贸易，相邻各国/州很少贸易往来。

针对北美各"国/州"的这种情况，一些深谋远虑的政治家看到了商业化和工业化的未来，想象并憧憬着大国的优越性，认为当时各国/州必须共同应对的重大和根本问题是，为了各国/州的共同的更大利益，必须通过一种生动有力的宪制，基于英国政治、社会、文化和宗教遗产，将各自独享主权的这13国/州整合起来，"构成一个更完美的联合体"（to form a more perfect Union）。[28] 这个理想大大超出了当时北美众多主要从事种植业的殖民者的想象，包括杰弗逊。依据欧洲的生活经验，他们确实无法想象商业贸易的未来，无法想象在北美大陆创造一个大政治共同体。这个当时约80万平方公里的联合体，就疆域面积而言，将超出当时任何西欧或中欧国家。除中国人外，当时世界上也不曾有哪国人曾长期生活在一个疆域如此辽阔的国家（帝国不算），更没构建（constitute）这样一个大国的政治法律经验。

中国法律人，千万别从自我限制的司法偏好出发，打开《联邦党人文集》后，急急忙忙翻到第78篇（讨论联邦的司法机关），大谈司法独立，宪法司法化或司法审查等。一定得看清这本书的书名是《联邦党人文集》。也别只瞄了一眼《民主在美国》，就想当然地认定托克维尔赞美了美国的民主宪制。这本书还真与今天人们说的美国票选民主无关，托克维尔只算是讨论了他眼中美国的"基层民主"——城镇、教会和民间社团等。事实上，美国宪法创制者始终坚持美国是共和制，《美国宪法》的重点之一其实是要限制民主因素。

而且，当时北美大陆连一个像后来美国这样的国家都还没影，又谈什么作为制度的三权分立？联邦最高法院也没影，又怎么可能司法审查？《美国宪法》制定后，等了16年后，才算创造了司法审查的事件，

---

〔28〕《美国宪法》序言。最早系统阐述美国制宪目的和意义的重要文集则直截（不知是被编印者还是各位作者本人）冠名为《联邦党人文集》（Alexander Hamilton, James Madison, and John Jay, *The Federalist Papers*, Penguin, 1987），反对派的文字后来被汇编为7卷本《反联邦党人全集》（Herbert J. Storing, and Murray Dry, eds., *The Complete Anti-Federalist*, vols. 1-7, University of Chicago Press, 1981）。1787年美国宪法根本没提20世纪下半叶美国司法开始日益关注的公民宪法权利问题，这主要源自宪法颁布四年后通过的前十条宪法修正案以及美国南北内战后生效的三条重要修正案。

还不是制度。[29] 对于当时北美各国/州的政治精英，最重要的宪制问题其实还是个前国家问题，是联邦主义。有了稳定的联邦，才谈得上设计联邦政府，设计联邦政府的三权分立和制衡，想象和规划众议院和参议院的人员构成、总统产生办法以及法院管辖等。我们再次看到，从经验上，而不只是逻辑上，当年美国国父面对的不是什么《美国宪法》问题，而是且只是个宪制问题。

置身这一语境，才能看明白《美国宪法》和《联邦党人文集》说了些什么，为什么这么说。当时所有关于合众国构成/宪制的思考，以及见之于《美国宪法》的条文，都围绕联邦制展开，为了联邦的构成。《美国宪法》序言开宗明义就是，"我们美利坚合众国的人民，为构建一个更完善的联合体"（引者加的着重号）。《美国宪法》中有关国会两院的人员构成，国会权力枚举及此中隐含的限制，总统选举方式，以及联邦法官产生方式和管辖，也全都与，且当时只与联邦的构成有关。

在国会人员构成上，例如，为让各州都满意，就必须让疆土和人口差别很大的各州政治精英都各有所图，至少不吃亏，甚至还占了点便宜。为此，联邦党人不惜"忽悠"。要让人口少的州放心，就"忽悠"大小州一律平等，《美国宪法》规定无论各州疆域大小，人口多少，财富多寡，各州进入联邦参议院的议员相等，且将由各州议会推选。[30] 回过头来，又得安抚那些人口多的大州，别让他们觉得亏大了，拒绝加入。宪法规定联邦众议员名额按各州自由民（公民）数量分配。为避免比例制过于严格令人口太少的州，连一个众议员名额也没有，宪法又规定，即便人口再少，每个州至少也有一名众议员名额。[31] 名额分配还必须考虑——但千万别误读成"为了"——黑奴，而是为了奴隶主。在大量蓄奴的南方各州，当权白人希望，一方面，在计算和分配众议员名额时，把黑奴算作"人"，南方各州因此人口基数更大，就能多分些

---

〔29〕 1803 年的马伯里诉麦迪逊案创造了司法审查，但该案作为司法审查的先例沿用是在1857 年的斯科特案。

〔30〕《美国宪法》第一条，第 3 款。如今参议员已经是各州公民直选，不再由州议会推选。

〔31〕《美国宪法》第一条，第 2 款。

众议员名额，另一方面，南方各州白人统治者又不愿黑奴与自己一样，享有同等选举权。为此，《美国宪法》采纳了 3/5 条款，在计算各州人口总数分配众议员名额时，每位黑奴按 3/5 白人计入各州总人口；但黑人不是自由民（公民），没有选举权，蓄奴州多得的众议员名额将由这些州的白人享用，蓄奴州因此在联邦政治中获得了更大影响力。[32]

出于同样考量，也有同样制度效果的另一重要制度设计，有关总统选举的选举人团制度。[33] 这曾导致美国历史上的总统选举中，不时出现某候选人获得了普选多数票，却输掉选举人票而败选的"奇怪"现象。就因为，美国国父们从一开始就不信任一人一票，为防止选民被政客忽悠，他们力求精英主导。除此之外，催生这一制度的重要原因是要拉拢人口少的小州（以及当年的蓄奴州）加入联邦——选举人团制度令小州（以及蓄奴州）在总统选举中占了更大权重。[34]

也得简单说说联邦制对联邦法官的影响。联邦法官产生的条件是总统提名，参议院认可。[35] 但为什么是代表各州的参议院，而不是代表选民的众议院认可呢？关键是各州都有两名参议员，各州由于自由民的数量差别，众议员数量不同。参议院认可的规定确保了各州对联邦法官（以及其他政府官员）的任命有同等影响力，避免人口大州对联邦政府的人事任免有更大发言权。联邦法院的管辖权更是被严格限定，即必须涉及联邦法律。[36]

不仅如此，汉密尔顿、麦迪逊和杰伊还各自撰文系统论证了，建立联邦，成为大国共和国，对十三州都有好处，不仅有他们这些政治家关心的政治上的好处，[37] 也有各州普通自由民更关心的经济和商业上的好处。[38]

---

〔32〕《美国宪法》第一条，第 2 款。

〔33〕《美国宪法》第二条，第 1 款。

〔34〕《美国宪法》第二条，第 1 款，第 2 句。规定各州选举人人数应与该州应选派往国会的参议员和众议员的总数相等。

〔35〕《美国宪法》第二条，第 2 款，第 2 项。

〔36〕《美国宪法》第三条，第 2 款。

〔37〕汉密尔顿、杰伊、麦迪逊：《联邦党人文集》，商务印书馆 1980 年，第 9、10 篇。

〔38〕《联邦党人文集》，前注〔37〕，第 11（商业）、12（税收和海关）、13（政府费用）篇。

由于核心宪制问题是联邦构成，我们也才能理解，为什么 1787 年《美国宪法》全然不提联邦的公民权利。就因为，如同美国宪法创制者许诺的，公民权利保护完全是各州政府的责任，联邦宪法不干预。[39] 即便如此，来自各州的多数制宪人还是不放心。《美国宪法》制定后两年，这帮人于 1789 年匆忙制定并于 1791 年批准了《权利法案》。其中第十修正案明确规定，只要《美国宪法》未授予联邦、也未禁止各州行使的权力，都将保留给各州或保留给人民行使。不想得罪各州，基于各州构成合众国是这些制宪者的核心关注。

联邦也并非只是美国建国初期的核心宪制问题。此后，《美国宪法》增加了多个修正案，也有多次"制宪时刻"（constitutional moments）重塑了相关宪法条文的解释甚至整个解释框架[40]，但联邦与各州的权力配置问题一直是，至今仍然是，美国宪制中最重要的问题。只是请注意，最重要的不等于最喧嚣的宪制和宪法律问题。

1830 年，来自南卡罗来纳州的参议员海因斯（Haynes）在讲演中主张"自由为先，联邦其次"。很快，来自马萨诸塞州的参议员韦伯斯特在著名的《回答海因斯》讲演中指出，遍布全美并为每个真正美国人内心珍视的情感是——"联邦与自由，永远不可分"。

1857 年，恰恰是令许多中国法律人赞叹不已的美国联邦最高法院的一次司法审查，引发了美国的分裂[41]，接着就把美国送进了南北战

---

[39] Robert Allen Rutland, *The Birth of the Bill of Rights 1776-1791*, Collier Books, 1962, p. 84. 汉密尔顿曾撰文（《联邦党人文集》，前注〔37〕，第84篇）细致分析了，为何《权利法案》是多此一举。批准《美国宪法》不意味美国人民放弃任何权利，一切如常，无需特别保留。《权利法案》本源自国王与臣民的协定，为限制国王专有权，保护臣民不将某些权利交给君主；宪法因此与权利法案不是一回事。明确保护某些公民权利还可能有糟糕的意外效果，即某些权利不受保护，只保护《权利法案》枚举的权利。

[40] 请看，Bruce Ackerman, *We The People*, *The Foundations*, Harvard University Press, 1991; *We the People*, *Transformatins*, Harvard University Press, 1998.

[41] 1857 年美国联邦最高法院斯科特案判决，禁止黑奴的联邦密苏里条约违宪，剥夺了南方公民对奴隶的私有权。这一决定引发了政治争论。南方试图退出合众国，北方不允许，南北方陷入战争。北方军队打败了南方，以枪抵着南方同意并批准了宪法第十三、十四和十五修正案，意味着南方不再退出合众国。有关此案历史和背景，可参看，Don E. Fehrenbacher, "The Dred Scott Case", in *Quarrels That Have Shaped the Constitution*, rev. ed., ed by John A. Garraty, Harper Perennial, 1989, pp. 87-100.

争。1861—1865 年，美国人花费了四年时间以及无数士兵的鲜血打了南北内战。这场战争带来了——却非为了——黑奴的解放；也不是为维护什么三权分立或司法审查或民主制度，只是为了维护联邦制。[42] 这场战争不但决定了当时美国和联邦的存亡，而且决定了此后直到今天美国的基本格局和命运。[43] 只因当时的《美国宪法》和宪法律实践，这些不流血的战争，无法拒绝南方各州主张的自主退出联邦的权利，最后就只能用流血的政治来重构（reconstitute）这个当年制宪者曾期望的"更完美的联邦"。

关于《美国宪法》，还有两点值得指出，并支持上述分析。第一，在美国宪法律实践中，时下中国法律人最为看重的那些案件，无论是言论自由或其他相关的自由权、还是同等保护或正当程序，在 1787 年的《美国宪法》中都没有足够的文本根据，其宪法律的渊源都是此后的宪法修正案，主要是《权利法案》和第十四和十五修正案。1787 年《美国宪法》中真正引发了较多且意义重大宪法律诉讼的是州际贸易条款，这一条款涉及的恰恰是联邦与州的权力配置，这是早期合众国的核心宪制问题。

第二，今天，在一定意义上，《美国宪法》确实已不再是 230 年前的那个文件了，[44] 特别是自 1938 年以来，联邦最高法院开始经将宪法律实践的目光从州际贸易条款转向了广义的民权问题。[45] 即便如此，今天美国一些最重要的有关民权的宪法律争议，自始至终同联邦主义问题纠缠，无论是 1960 年代的种族歧视问题，[46] 还是相关的平权行动

---

〔42〕 林肯曾一再表明，只要保全联邦，他愿意在废奴问题上妥协。请看，桑德堡：《林肯传》，生活·读书·新知三联书店 1978 年，第 257 页。

〔43〕 1980 年代，里根总统任职期间，反对大（联邦）政府的福利国家，强调双重联邦主义（duel federalism）。关于双重联邦主义，可看，Alfred H. Kelly, Winfred A. Harbison, and Herman Belz, *The American Constitution: Its Origins and Development*, 6th ed., Norton & Co., 1987, pp. 207-228.

〔44〕 请看，Cass R. Sunstein, "Constitutionalism after the New Deal", 101 *Harvard Law Review* 421 (1987)；又请看，Ackerman，前注〔40〕。

〔45〕 *United States v. Carolene Products Co.*, 304 U. S. 144 (1938), footnote 4.

〔46〕 *Heart of Atlanta Motel, Inc. v. United States*, 379 U. S. 241 (1964).

（affirmative action），[47] 无论是死刑存废、[48] 人工流产，[49] 还是同性恋问题。[50] 美国联邦政府仍然是依据 1787 年《美国宪法》的基本架构和原则，通过立法和司法，来应对这类当年一直属于各州管辖的问题。[51]

议论

回顾上述三个政治共同体的构成/宪制经验，可以概括地说，也支持了本章的主题，一国宪法回应的是本国的根本问题。

但上面的分析也表明，各国的根本问题，除分享"根本问题"这个语词外，差别巨大，甚至完全不同。只是近代之后，在大西欧，基本都是民族国家，无论在疆域还是人口上——同历史和近现代中国相比——都不算大国；各国自然地理区别不大，经济生产方式颇为相似，交通也很便利；不同程度地分享了古希腊罗马和犹太基督教文化的传统；因此，这些欧洲国家的根本宪制问题确实有时颇为相近，甚至等同。在这种条件下，有时，有些欧洲国家的宪法创制，无需认真研究，甚至无需明白本国根本问题是什么，与邻国是否有、有什么重要区别，找个外国人来，"抄抄"欧洲某国宪法条文和制度实践就成，不会有多大麻烦。卢梭就有此建议和实践。[52] 但在古代，在大国，尤其在各文明国家（civilizations），各自独立且基本隔绝，甚至没地方抄。各国的实在宪制

---

[47] *Regents of Univ. of California v. Bakke*, 438 U. S. 265（1978）.

[48] 美国各州中有三分之二的州保留死刑，其他州废除了死刑。这种中国人看来的"法治不统一"，源自保留或适用死刑是州权，不是联邦权。可参看，Stuart Banner, *The Death Penalty, An American History*, Harvard University Press, 2002.

[49] *Roe v. Wade*, 410 U. S. 113（1973）.

[50] *Bowers v. Hardwick*, 487 U. S. 186（1986）; *Obergefell v. Hodges*, 576 U. S. 28（2015）.

[51] 1964 年美国国会为消除种族歧视颁布了《民权法案》，其根据就是宪法的州际贸易条款。在司法上，美国联邦最高法院则大量依据了司法先例确定的宪法整合原则（doctrine of incorporation, *Gitlow v. New York*, 268 U. S. 652（1925）），要求各州适用最高法院确定的相关法律标准。

[52] "大多数希腊城邦的习惯都是委托异邦人来制订本国法律。近代意大利的共和国每每仿效这种做法；日内瓦共和国也是如此，而且结果很好。"《社会契约论》，商务印书馆 2003 年，第 52 页。卢梭本人也曾为科西嘉（1765 年）和波兰（1772 年）制宪，两篇著作集于，Jean Jacques Rousseau, *Political Writings*, trans. and ed. by Frederick Watkins, University of Wisconsin Press, 1986, pp. 159ff.

必须应对特定时空条件下本地、本国或本文明的根本问题，始终是实践的，哪怕包括了文本解释的实践，却也不只是文本的或文本解释的。

必须承认，有些独特宪制问题可能会因宪制的有效和成功应对，或/和随着社会经济政治文化发展变化而改变甚至消失。前注〔27〕提及的，2013 年英国修改了《王位继承法》，对英王及其配偶的宗教信仰不再设限，就是个典型例证。美国当年引发宪法律诉讼最多的是"州际贸易"条款，二百年来，借助这一条款，联邦政府规制全国经济社会事务的权力全面扩展，已成为美国宪制常规，如今也很少争议了。但仍有许多宪制问题一直纠缠着一些国家。例如英国至今不时冒出苏格兰独立的争议，美国一直有双重联邦主义的问题，中国秦汉之后也一直有央地分权问题。一国可以以某些制度措施应对其宪制难题，却很难将之完全化解和解决。有些宪制问题甚至会超越革命、超越政权更替和政府的组织结构；换言之，超越具体的宪制和宪法。革命导致政权甚至王朝更迭，宪法条文修改，政府组织机构改组包括名称改变，也不等于问题解决了。一些宪制难题变个形式，仍顽强要求宪制的关注和回应。不同政权不同王朝的宪制实践因此表现出连续性和相似性；有些看似非常不同的宪法文本或宪法律条文，分享了共同的实在宪制。但也会有另一种情况，即便字面或政府组织架构完全相同的宪制，由于社会变迁，社会宪制问题也随之实际改变了，引发了相当不同的宪制实践关注，乃至有人认为该国宪制已有重大改变。[53]

研究者必须对各国的具体宪制难题和实践始终保持高度敏感。当然了，首先得对本国的宪制难题和实践保持高度敏感。

2013 年 4 月 20 日二稿于新疆石河子；8 月 25 日定稿于北大法学院。

---

[53] 尽管美国宪法文本基本如一，阿克曼（前注〔40〕）认为美国宪法已经历了数次宪法再造。另一方面，二战后，世界上曾有不少国家以各种方式拷贝美国的司法审查，效果和影响非常有限，甚至是失败的。可参看，亨金·罗森塔尔［编］：《宪政与权利——美国法的域外影响》，生活·读书·新知三联书店 1996 年。

第一章｜宗法封建变迁中的宪制问题

> 五帝三皇神圣事，骗了无涯过客。
>
> ——毛泽东[1]

> 彼封建者，更古圣王尧、舜、禹、汤、文、武而莫能去之。盖非不欲去之也，势不可也。……封建，非圣人意也。
>
> ——柳宗元[2]

上古时期的"中国"——尽管没法称其为中国，有粗略的文字记述，却难说是历史，最多只是口耳相传的传说，甚至是后人的杜撰。即便不是空穴来风，却也是一片混沌，真假难辨。但鉴于无规矩不成方圆，当时这片土地上人类的生活需要，注定会生发演化出一些规矩，也就是今天所说的制度。即便后来人夸张、想象、补充甚至杜撰，这片混沌中，见其首不见其尾，甚至首尾皆不见，也会留下一些制度的痕迹。夏商周，有近 1500 年算是早期中国。有很多问题不清楚，永远不可能都清楚。但可以确定的是：这三朝影响和治理的疆域逐步扩展，各种制度逐渐衍生、发展、创新并更替。西周初年有了"溥天之下，莫非王土；率土之滨，莫非王臣"这样的大国宪制愿景，也不只是愿景，还有实践——分、封、建诸侯的宪制实践。说是"百代都行秦政法"，但要将秦汉制度的逻辑起点追溯到西周，也不是毫无理由和根据。历史分期问题很大程度上是个视角问题，甚至是个定义问题。定义不取决于历史的"本

---

〔1〕 毛泽东：《贺新郎·读史》，载《人民日报》1978 年 9 月 9 日，版 1。
〔2〕 柳宗元：《封建论》，载《柳宗元集》，中华书局 1979 年，第 70 页。

质"，而取决于，或可以取决于，人们关注的问题，甚至人们概括或叙述的便利。

因此，在专题讨论后世中国的宪制问题之前，用单独一章，不考证真假，只是从社会功能层面，分析、讨论有关早期中国那稀薄散乱的风光水影，一些在我看来对后世有长远影响的制度痕迹，构建其发生、演化和置换的可能的道理。着重号是暗示，我给出的说法不一定靠谱；但根据目前对古代社会的了解，从理论逻辑上看，这些道理说得通。这样编织或充实假说也有意义，比零散但无法确知真伪的"史料"更有意思，通过讲道理，将这些"史料"同现代社会科学研究的某些知识勾连起来，或能证伪，或能印证某些假说，启发我们从一系列看似不相关的材料间看到制度关联和互动。即便错了，也是个思想的演练。

基于上述考虑，在可了解加可想象的社会历史语境中，本章试图为夏、商和西周的几个有宪制意义的制度发生和演变提出一种功能性解释：（1）为什么农耕中国最早出现的政治体采取了宗法制？（2）为什么夏商周最高统治权转移会从"兄终弟及"转向"嫡长继承"？或更早的社会统治权力转移制度，会从理论上给人美好感觉的"禅让制"变成令人反感的"家天下"？我分析这两者很可能是同一回事。伴随嫡长继承制，为什么会，甚至必须出现（3）官僚制和（4）分封制？以及（5）为什么会出现周礼和"礼治"？

之所以选择了这些制度，未必因为这些问题真的格外重要。是我只想到这些问题，回头看，觉得对后世中国的构成有久远的制度意义。早期中国完全可能还有些制度有宪制意义，只是我没觉悟和不理解。因此，这一章并非对上古或早期中国宪制的总结，只是一次切入或打开——传统说法是"抛砖引玉"。

不追求解说的真，追求的是解说的理论力量。希望经此，部分想象性重构和理解古代中国人当时面对的有关政治组织治理的根本问题，理解他们的约束条件和资源，他们构建早期中国的制度措施和对策，以及他们的宪制想象和追求。

为什么宗法制？

据今天的考古发现，夏朝控制的范围大约在黄河中下游，主要是今天山西南部和河南。商继承了夏的中原霸权，但扩大了其控制和影响的疆域。由于国家（state）史与文化史未必重叠，夏商的文化区域不等同于夏商的政治管辖区域。夏商的文化疆域或许很大，实际治理的疆域却无从确定。甚至，夏商当时还不是疆域国家，只是些散落各地的较大聚居点；尽管在这些离散的聚居群体之间，据一些学人的看法，已有某种政治联系，构成部落联盟。[3] 西周政治统治区域扩大了，有关分封诸侯有比较多和细致的记录，也有一些现代考古遗址，今天我们可以大致了解西周的疆域，覆盖今天的陕西、山西、河北、河南、湖北、山东、安徽和江苏等地的大部或全部，面积可能超过 100 万平方公里。[4]

但即便统治集团都来自一个部落或部落联盟（甚至必须如此——后面会讨论这一点），其统治地区或群体也不可能仅以血缘为基础。基于血缘的政治统治有限度。超出限度，还想保证大小群体统一行动，就要求，也会出现，更具政治制度性的联系。只是血缘不会完全退场，仍会起一定作用。这种情况下，这个群体，无论是部落还是部落联盟，就有了构成/宪制问题：如何将这个或大或小仍有血缘联系的群体整合成一个有机且生动的政治体。与此相伴或隐含的还有政治治理的合法性等问题。不可能仅诉诸暴力，要让被统治者在日常生活中自然接受统治者的号令，甚至主动诉诸统治者来解决各种纠纷，主要是群体内部的，但也可能某些会涉及特定地域之外的其他群体。被统治者的此类行为本身，标志着统治者及其决策和行动的合法和正当，标志着政治上的整合和征服。

---

[3] "帝尧，……克明俊德，以亲九族。九族既睦，平章百姓。百姓昭明，协和万邦。"《尚书正义》，北京大学出版社 1999 年，第 25—27 页；又请看，刘起釪：《我国古史传说时期综考》，载《古史续辨》，中国社会科学出版社 1991 年，第 2 页。

[4] 谭其骧 [主编]：《中国历史地图集》(1)，中国地图出版社 1982 年，第 15—16 页；又可参看，许倬云：《西周史》，生活·读书·新知三联书店 2001 年，第 201—202 页。

只要想象地置身这一情境，就会发现，一个部落或部落联盟所要面对的宪制"麻烦"非但有别于，更是远大于近现代宪法问题。后者基本是在已大致形成一个民族或人民的区域内，建立一个政府，有效实行治理，有能力排除或限制外来的更高政治势力（如霸主、宗主国或欧洲当年的天主教会）的影响等。在古代的农耕中国，没有民族认同问题，当时的构成/宪制问题通常有关某一区域内众多村落间的临时的或针对特定事项的联合和整合，建立部落或部落联盟。之后才有更大区域的相对稳定持久的组织构成和治理的问题。

有考古证据表明，中国早期国家，并非恩格斯依据西方经验描述的那种打破氏族血缘关系形成的以地缘为基础的国家，更可能是氏族部落征服其他部落后形成国家。地下物证，如陶寺遗址，就指向，当时的统治阶层很可能一直是外来征服者。[5] 后人追记的记录也表明，夏商周三代都是通过部落征服形成的。夏原本是黄河中游的强大部落，东征西战多年建立了部落联盟。多年后，位于黄河下游的商西征打败了夏，建立了殷商。再过数百年，黄河中上游的周东征又打败了殷商。夏、商一直未形成典型的地域国家，即由不同血缘群体的人构成的政治共同体。[6] 军力强大的部落或部落联盟有能力推翻前朝，要求其他族群臣服。但这只是"霸道"，不足以形成长期稳定有序的统治，有效控制疆域内血缘不同的群体间的纠纷。各部落实力一旦消涨，战火就会重起，因此，相互间会更多提防。如何维系各地区、各部落的民众间持久、稳定和可靠的和平？这就要求对这片土地及其民众尽可能予以组织整合，需要宪制。

鉴于古代社会生产力低下，交通不便，商贸鲜见，也没有（无法产

---

〔5〕 "……陶寺遗址可能表明了中国早期国家文明形成中的一个重要的现象：作为凌驾于普通居民之上的国家的统治阶层可能是外来的。"曹兵武：《从陶寺遗存看中国早期国家之形成》，载《中国文物报》2007年1月26日，版7。

〔6〕 据《史记》（中华书局1959年，第108页），有八百个部落（诸侯）参加了周武王伐纣前的盟津之会。又可参看，许倬云：《中国古代社会与国家之关系的变动》，载《文物季刊》，1996年2月，第66—67页。恩格斯认为，国家是在氏族制度瓦解的基础上产生的特殊社会组织，与氏族组织有根本区别。最重要的区别之一是国家按地区划分其国民，按居住地来组织国民，氏族组织则以血缘关系来划分和管理居民。恩格斯：《家庭、私有制和国家的起源》，载《马克思恩格斯选集》（4），人民出版社1995年。

生）一神教，可直接利用或挪用的制度资源几乎只有血缘和亲缘。夏商周三代的宪制，不同程度地，都基于或源自对"家"的想象。三代王朝在很大程度上也都是家——家庭或家族或部落——的逐步展开。尽管具体形式和整合程度不同，三代都采取了宗法制，试图以血缘亲缘为基础，建立并拓展有效政治治理的地域和群体。

但这类努力的着眼点并不在血缘和亲缘。而是通过血缘关系，先把自己族群组织起来，把分散在不同地区的本家族或本部落的人联系起来了；通过通婚亲缘关系，"合两姓之好"，建立更大的村落间的或部落间的联盟，把各地整合起来了。第五节讨论西周把血缘关系上升为"礼制"和国家正统意识形态，也属此种努力。宗法是中国最早用来建构疆域大国的制度，是当时社会历史条件下唯一现实可行的宪制架构。

这种架构的优点很显然，尤其是在同其他群体的竞争中，三代人之间的自然情感足以保持血缘亲缘群体的稳定联系，确保相互支援。三代人大约50年左右的时间，通常足以积累足够政治经验，形成、发展和微调各类具体细致的制度，习惯成自然。只要不发生重大天灾人祸，就有很大概率形成一个稳定的政治共同体了。还可以借助各成员（主要是男性）在血缘群体内的关系位置来分配权力，组织政治层级和系统，宗法关系因此有行政层级和行政法的意味，这有利于统一和协调统治者群体的集体行动，强化早期国家统治，至少在一段时期内，会降低组织制度成本。

宗法制还有一个甚或两个，似乎天经地义，不容易为置身其中者察觉的重大制度收益：当统治者出自同一血缘群体时，即便其成员已经扩展四方，成为部落联盟甚至成为疆域国家时，他们也会有语言以及（如果有的话）文字交流的便利。与村庄和部落不同，跨地域的大型政治共同体之构成要求及时统一的信息传递，要求基于汇集各地准确信息为基础的核心决策。在文字尚未产生或还很不发达的早期中国，统治者来自同一血缘群体，便利了信息的有效交流。[7] 在已出现文字的商周时期，

---

〔7〕 不能低估这一点。即便秦汉之后，精英政治兴起，血缘关系全面退出国家政治，但语言交流的难题一直影响政治核心的构成，有显著的地缘特征。后世历代开国的政治精英往往集中于某地域。以更弱化的形式，近、现代中国革命的国民党，在蒋介石时期，始终以浙江人和黄埔系为核心。一直强调"五湖四海"的中国共产党领导群体，由于种种历史原因，在1940—1950年代也更多南方人。

为保证在更大空间地域内的上情下达、下情上达和政令统一，更要求统治者来自同一个文字共同体。这会是早期国家制度自发偏向宗法制的重要变量。这可以部分解说夏商周三代的更替，都发生在中原地区，都是一个在野的部落或部落联盟取代一个当政的部落或部落联盟。

多说一句，即便确实不同，"社会契约"也需要这样一个前提——想想当年北美十三州的殖民者们的渊源。

从"兄终弟及"到"嫡长继承"

据传，上古时期农耕中国最高政治权利转移采取的是禅让制，从夏禹开始，政德堕落，才沦为"家天下"。[8] 同为家天下，三代的王位转移也有重大变化，尽管并不整齐。夏商两朝的最高政治权利"继承"据说原则上是"兄终弟及"，西周则确立了"传嫡不传庶，传长不传贤"的嫡长继承制，尽管有证据表明西周的继承制仍相当灵活。[9] 但只要有这一变化趋势，就要给出个道理。嫡长继承制意味着，即便王后生的其他儿子品德才能更高，即便嫔妃生的儿子品德才能更高还年长，即便天子本人偏爱其他男性后裔，也能成功操作，却没有法定权利继承王位。为什么？

从已有历史记录看，周之前并非严格的"兄终弟及"。因为"家天下"的标志之一是夏禹将王位传给了儿子启。《史记》的记录表明，殷商时期有不少"兄终弟及"，但主要已是"子承父业"。据此可推定，西周之前，王朝政权转移一直采取双轨制。鉴于周武王起兵革命的重要理由和成功宣传策略之一是，指责商纣王帝辛"离逷其王父母弟""遗

---

〔8〕 古代大同社会"至于禹而德衰，不传于贤，而传于子"。杨伯峻：《孟子译注》，中华书局 1960 年，第 221 页。

〔9〕 "公仪仲子之丧，檀弓免焉，仲子舍其孙而立其子。檀弓曰：'何居？我未之前闻也。'趋而就子服伯子于门右，曰：'仲子舍其孙而立其子，何也？'伯子曰：'仲子亦犹行古之道也。昔者文王舍伯邑考而立武王，微子舍其孙腯而立衍也。夫仲子亦犹行古之道也。'"《礼记正义》，北京大学出版社 1999 年，第 167 页（引者的着重号）。

其王父母弟不用"，[10] 这或许意味着，嫡长继承已是当时商最高权力转移的政治常规（不成文宪法），只是正统意识形态和宪制仍是"兄终弟及"。若情况如此，这大致等于周武王以商纣王"违宪"为由发动革命，商纣王至少部分因"违宪"而众叛亲离，丧失政权。只是取得政权后，西周出尔反尔，随即"修宪"，确立了嫡长继承制。

这些散乱记录中隐含了许多问题。例如为什么大禹把王位传给了儿子，启动了家天下？因为大禹自私？但大禹治水的传说，如8年或13年间"三过家门而不入"之类，[11] 似乎表明大禹很有公心。如果是私心，那么一个人的私心就足以创造制度？如果能，这也意味着这一私心很可能已是当时的社会共识。如果说早期的政治继承制度是兄终弟及，为什么从大禹开始传位给儿子，没传给自己兄弟？他有兄弟吗？甚至值得追问，在当时，何为兄弟？或最挑战当代法律人唯心主义世界观的问题是，政治共同体的最高权力继承和转移制度，为什么在政治伦理上一再"倒退"，从似乎更强调"贤贤"的禅让制开始，居然变成了只讲"亲亲"的刚性嫡长继承？这让坚信制度将不断完善的学人情何以堪？！或者，这还真就是一种"进步"，但在何种意义上？而且，围绕这些判断还有个被忽视的重要前提假定：王位很有价值。是否从来如此？

历史上确有从"兄终弟及"到"嫡长继承"的变化，但没法说这是宗法继承制度自身不断"完善"和"进化"的结果。这一变化表明，宗法制似乎没有一个确定、必然或本质要求的权力转移形式。无论"兄终弟及"还是"嫡长继承"，甚至为后人名为"天下为公"的先前的禅让制，也许与政治道德和制度伦理上的善恶无关或关系不是想象得那么大，而与政治权力继承和转移所实现的制度功能更多相关，与制度有效性更多相关。种种政治继承制度都是特定社会政治经济条件下挤压出来的制度，是制度回应，也是试错，对不同社会历史条件下的政治体治理和稳定有不同的利弊得失。当社会政治经济条件良好且基本稳定时，有

---

〔10〕《史记》，前注〔6〕，第121、122页。又请看："……昏弃厥遗王父母弟不迪。乃惟四方之多罪逋逃，是崇是长，是信是使，是以为大夫卿士。"《尚书正义》，前注〔3〕，第285—286页。

〔11〕例如，"禹疏九河……八年于外，三过其门而不入"。前注〔8〕，《孟子译注》，第124页。"禹……居外十三年，过家门不敢入。"《史记》，前注〔6〕，第51页。

理由相信，嫡长继承制可能是最有利于政治体有效治理和稳定的制度。下面我就试着展示，受社会诸多变量影响，这一制度演变的可能逻辑。

传说的禅让制是在夏之前，当时的部落或部落联邦的首领成天累死累活，[12] 除比普通人政治社会地位更高外，很难说有什么其他收益。普通人估计也没有或很少劳动产品剩余来养活这位王及其家庭，换言之，几乎没有公共财政来支持这个王代表的政治治理，一个最小的政府。在这种艰难世道，为后代学人质疑的"禅让制"，很可能真出现过。后来儒家用"天下为公"的道德话语，解说此种制度实践，有道理。但仅此说不通。更有说服力的或许是韩非的分析：当时没人想干这份吃力不讨好的工作，责任太大，工作太累，个人几乎没什么物质收益。[13] 在这种情况下，禅让制的核心是，在一个血缘群体中，一大家亲人，有些活哪怕再苦再累，也得有人干。夸张点，这好比爹妈情愿为孩子受累。但总让一个人受累，也不成，不大公道。因此，能干的人轮着来，分担点。就发生学原理而言，这与雅典公民抓阄进议事会，每个人执政一天，[14] 基本原理是一致的。将之道德升华，引出了崇拜，却无助于理解。不同的是，传说中早期中国的禅让制，从分类上看，属于君主制，同时也是精英政治。

如果以上假定和推论成立，我还有理由推断，最早的"兄终弟及"或许就是一种特定形式的"禅让"，也是当时的政治常规（"不成文宪法"）。两者甚至很可能是一回事，只是在流传者口中或记述者的笔下，侧重点有所不同；但也可能受社会文化变迁影响，对同一类实践有了不

---

〔12〕 "昔者黄帝始以仁义撄人之心，尧、舜于是乎股无胈，胫无毛，以养天下之形。""昔者禹之湮洪水，决江河而通四夷九州也，名川三百，支川三千，小者无数。禹亲自操橐耜而九杂天下之川。腓无胈，胫无毛，沐甚雨，栉疾风，置万国。禹，大圣也，而形劳天下也如此。"王先谦：《庄子集解》，中华书局1987年，第92、289页。

〔13〕 "夫古之让天子者，是去监门之养而离臣虏之劳也，古传天下而不足多也。今之县令，一日身死，子孙累世絜驾，故人重之。是以人之于让也，轻辞古之天子，难去今之县令者，薄厚之实异也。"王先慎：《韩非子集解》，中华书局2013年，第441页。

〔14〕 可参看，顾准：《希腊城邦制度》，中国社会科学出版社1982年，第131页；又请看，本书引论附录1第一节。在非洲的努尔部落，经济窘迫，几乎没有什么公共政治事务，首领只是个名人，只有仪式性的权威。请看，埃文思-普里查德：《努尔人：对尼罗河畔一个人群的生活方式和政治制度的描述》，华夏出版社2002年，第198—207页。

同的道德评价。早期部落社会中的"兄弟"，可以是亲兄弟，但不必须是。那完全可能是一种"法律拟制"，即政治继任者是部落或部落联盟中同宗同辈的某位年轻男子，是本家兄弟。当部落群体足够大、血缘极为稀薄乃至无所谓时，所谓的"弟"完全可以是一位年轻的晚辈男性。中国人长久以来一直爱"称兄道弟"，[15] 不都是为套近乎，谋私利。无论哪种情况，只要涉及权力转移，就可以称为"禅让"。我干了一段时间，别人接着干。如是同宗同辈，这就是"兄终弟及"的禅让。如果同宗晚辈，那就是"子承父业"，但有别于后世的"嫡长继承"。不论是何种禅让，出于政治上必要的审慎，继承人通常应比国王略为年轻，但很可能会比国王之子略为年长。还很有可能，继承人在较长时间内一直陪伴了国王，不同程度地参与过国王的政治决策。他熟悉和了解了政治，并在政治实践中同相关派系、部落的实力人物建立了稳定的人脉，已有足够政治声望。所有这些都令这位"弟弟"或晚辈年轻人比国王之子更有能力、智慧和魅力，因此更有资格，接手率领这个政治共同体，并保持政治治理的连续性和稳定性，所谓"率由旧章，不愆不忘"。众多利益相关者也熟悉他，对他有稳定的政治预期，他也更容易获得追随者或相关者的支持。

如果上述分析还有点道理，那么，第一"禅让制"就没啥高大上的，只是迫不得已的制度选择。第二，在部落社会或部落联盟中，"禅让制"仍是"家天下"的一种特定形式，尽管当时的"家"全然有别于"天下"。第三，这种"兄终弟及"虽是"禅让"，却也是——下面会解说——从"禅让制"向"传子不传贤"的必要过渡。

当然只是推理，却有根据，因此可能成立。传说中禅让帝位的尧舜等人都活得很久，但在人类早期极端艰难的生存条件下，谈不上什么卫生医疗，加之频繁征战，政治领袖身先士卒，虽无可靠数据，却可以设想，夏商时期人口平均预期寿命一定很低，甚至极低。[16] 在这种条件

---

〔15〕 "四海之内，皆兄弟也——君子何患乎无兄弟也？"杨伯峻：《论语译注》，中华书局1980年，第125页。

〔16〕 有人甚至推断当时人们的预期寿命不到18岁。林万孝：《我国历代人的平均寿命和预期寿命》，载《人口与灾祸》1996年5期。

下，子承父业或嫡长继承事实上很难满足政治治理的需求。

首先，如果当部落或部落联盟的首领/国王特别劳累辛苦，那么出于私心，甚至就因为私心，在位者才不会希望自己孩子早早承担这一政治重任。也未必全是私心，其中也有公心，儿子年龄太小，无法有效承担与这一职位相伴的政治责任，一个重要决策的差错失误就可能令整个部落或部落联盟万劫不复。政治一定要有人生阅历。有数学神童，政治和法律实践上没有神童。但这真的是在位者的公心吗？这不也是另一种私心：毕竟部落里都是自家乡亲，有或深或浅的血缘亲缘关系，能不慎重？

其次，当时的国王也不大可能独断王权转移。部落或部落联盟的普通成员，即便热爱尊敬他们的王，但事关整个部落生死存亡，部落成员不可能盲从国王的决策。他们不可能不考虑后果，接受一个没有足够政治经验和治理能力的新王，即便他是老国王的儿子。这与民主不民主无关，也不必套用权力制衡概念。对于部落成员来说，这只是个简单的利弊权衡问题。

最后，还有个因素迫使部落采取"禅让制"或"兄终弟及"。人类早期，各地政治治理的特点之一都是不得不依靠，甚至主要依靠，统治者的个人智慧和魅力。[17] 当时缺乏足够的劳动剩余，还不可能出现由专业人员组成官僚机构协助决策和治理。人们自然无法察觉独立于个人之外的机构或制度的权威。一旦国王缺位，有效的政治治理要求一个立刻能顶得住的政治领袖。中国上古传说中只见三皇五帝，商周之后才出现傅说、周公之类的人物形象，或可作为间接证据。

据此，早期政治体的最高权力转移，完全可能，主要在同辈或年龄相近的人选间转移，而不是领导人世代更替引发的显著的权力继承。用今天的通俗表达，当时的政治继承问题更多是"备胎"而不是"接班人"问题。两者看着相似，有时也有可能一致，其实很不相同。两者针

---

〔17〕 可参看，Max Weber, *Economy and Society*, trans. by Ephraim Fischoff et al., University of California Press, 1978, esp. Ch. III, iv. Charismatic Authority, pp. 241ff. 世界各早期文明国家也都有许多英明国王的记录，如《圣经》中犹太人的摩西、大卫等。

对的宪制麻烦不同，对继任者的素质和能力要求不同。作为制度，广义的"兄终弟及"比任何形式的"子（无论长、幼、嫡长、贤）承父业"都更能满足当时社会条件下政治权力转移的制度功能需求。多次"兄终弟及"，就可以消除本来需要世代更替才能化解的继承麻烦。广义的兄终弟及因此成了，当时社会条件下，最优的制度选项。广义，只因为，这个兄弟包括同宗不同辈但年龄相近的男子。《史记》中的相关记述，夹杂了种种神话，仍然透露出上述关切。[18]

"兄终弟及"的优点并非绝对、无条件的，而是相对于语境、有约束条件的。条件或语境一旦变了，"兄终弟及"的弊端就显著了。最大弊端是，"兄终弟及"会使统治者更替相对频繁。有理由相信，即便是拟制兄弟之间的年龄差，总体上，也会小于父子之间的年龄差。政治领袖更替频繁对任何政治体都不是好事，不利于社会政治预期稳定，没法长期规划，还可能出现政策摇摆，侵略者也可能乘虚而入，甚至政权崩溃。[19] 中国古人懂这个道理，《尚书》就有"政贵有恒……不惟好易"的命题或告诫。[20] 讲的是，政治治理中，"有恒产者有恒心"同样适用。

另一大麻烦是，当王位不再是一种无法推卸的责任，因社会经济发展，已有或伴随了各种重大收益之际，"兄终弟及"太容易引发围绕权力转移的冲突。在位者若想让儿子继承最高权力，就会拒绝甚至阻碍弟弟，或——当自己在兄弟排行中最小时——由长兄之长子，继承自己此刻据有的王位。内斗是必然的。

---

〔18〕"尧立七十年得舜，二十年而老，令舜摄行天子之政……尧老，使舜摄行天子政……舜得举用事二十年，而尧使摄政。""尧知子丹朱之不肖，不足授天下，于是乃权授舜。……舜子商均亦不肖，舜乃豫荐禹于天。"《史记》，前注〔6〕，第30、38、44页。

〔19〕中外都有这类历史教训。东汉时期许多皇帝寿命太短，因此导致了王朝的政局动荡。请看，赵翼：《东汉诸帝多不永年》《东汉多母后临朝外藩入继》，载《廿二史劄记》，凤凰出版社2008年，第61—63页。国外晚近的一个典型例证是苏联。从1982年11月苏联最高领导人勃列日涅夫病逝，28个月内，先后继任的领导人安德罗波夫（1914—1984）和契尔年科（1911—1985）均仅任职一年多便病逝，54岁戈尔巴乔夫1985年出任苏共和苏联最高领导人，加之其他种种因素，苏联进入多事之秋，各加盟共和国先后退出苏联；1991年，苏联崩溃。

〔20〕《尚书正义》，前注〔3〕，第524页。又请看，"政贵有恒，不求屡易"。《贞观政要》，上海古籍出版社1978年，第84页。

此类经验证据在商周时期已不少见。[21] 从逻辑上推演，"兄终弟及"无论如何也很难坚持三代。一个简单演算就可以看出其隐含的内乱。假定在位国王包括本人有兄弟三人，且各有三个儿子，都信守"兄终弟及"。那么到了第二代就有麻烦了。如果第一代最后继位的小弟死后将王位传给长兄的长子，那么这位小弟的儿子，尤其是幼子，继承王位的概率就接近零；其长子须等待 6 位，其幼子则须等待 8 位，王位继承人一一过世后，才可能继承王位。假定每位继承人平均在位 5 年，就得等第一代最后在位的小弟去世 30 年和 40 年后，他的长子和幼子才可能即位。这还得假定每个继位者都守规矩——这太难了。这也只是理论上的概率。在人的预期寿命很低的年代里，30 年和 40 年几乎等于永远。更何况，一旦王位有利可图，对王位的渴望会驱使某些人铤而走险，"子弑父"和"少凌长"就在所难免。[22]

据《史记》，商代中期，中丁以后，就常有王位纠纷了，"兄终弟及"已不大可能，[23] 殷商由此衰落。武丁继位后，以上天托梦为名，从奴隶中找到了杰出政治家傅说，任命其为相国，才复兴了殷商。[24] 这算得上是一次重大宪制变革。因为傅说与天子武丁没有血缘关系，又是一位异姓政治精英，还来自社会最底层。仅就有文字记载的历史而言，可以说，这开了中国精英政治之先河。但也可以说，从此改变了以家族或部落征服其他部落为基础的国家构成。还是国王世袭，好像什么都没有变，这时的国家却已开始从"家天下"转变为"天下之公器"了。

商纣王帝辛继续了这一宪制变革趋势。一方面，他拒绝任命自家弟弟担任要职，另一方面，他信任、使用和尊重一些逃亡的罪人，任命他

---

〔21〕 例如拓跋氏的北魏原先采用兄终弟及，"易生纠纷，……归根结柢也不利于拓跋社会秩序的稳定。……父死子继制……是拓跋社会发展的客观需要。"田余庆：《拓跋史探》，生活·读书·新知三联书店 2003 年，第 21—22 页。"自成汤至于帝辛三十帝中，以弟继兄者凡十四帝……其以子继父者，亦非兄之子，而多为弟之子。"王国维：《观堂集林（外二种）》，河北教育出版社 2003 年，第 232—233 页。

〔22〕 "臣弑君，子弑父，……其渐久矣！"《史记》，前注〔6〕，第 3298 页。

〔23〕 "自中丁以来，废适而更立诸弟子，弟子或争相代立，比九世乱……"《史记》，前注〔6〕，第 101 页。春秋时吴国曾有过父子兄弟多人先后继位的王位传承与纠纷，最后吴王阖闾在伍子胥帮助下夺位。《史记》，前注〔6〕，第 1461—1465 页。

〔24〕 "武丁夜梦得圣人，名曰说。……于是乃使百工营求之野，得说于傅险中。……得而与之语，果圣人，举以为相，殷国大治。"《史记》，前注〔6〕，第 102 页。

们为卿士大夫，如有特别才能的蜚廉、恶来等。[25] 但这一"违宪"行为或宪制变革，为周武王起兵革命提供了太好的借口，也成功鼓动了商朝贵族反叛。

上述商代政治高层的人事变动或已表明，仍然是权力转移，但现在不得不更多关注防范另一类宪制风险，即"兄终弟及"与"子承父业"双轨制，可能令继承人政治合法性受质疑，内外反对派可能借机挑起政争。为了政治安全和稳定，有必要将政治权力的同代转移（"兄终弟及"）改造为世代更替（"子承父业"）。

这种宪制变革对西周政治统治也有其他好处。西周统治疆域更广，要求政治更稳定；周比商更安定富裕，统治者的预期寿命和在位时间有望提高。[26] 在众多变化了的社会条件下，权衡利弊，嫡长继承制成了更优制度选项。其优点在于：第一，世代交替，父子年龄至少相差15—20岁，从理论上可以推断，这会减少最高政治权力转移的频率，有利于国家政治稳定，也有利于政治领导人积累统治经验，后者还可以视其为某种形式的政治治理专业化和职业化。[27] 第二，嫡长继承的刚性增强了继承人无可替代的合法性，令所有利益相关人的预期始终稳定，这会大大震慑，并有望减少，那些觊觎最高权力的阴谋家，无论是原先有望继承王位的国王之弟，还是国王的其他儿子——即便他们才华横溢。甚至，这也剥夺了国王在王位继承问题上的裁量权。这就是法治！在相当程度上，这也卸去了在王位继承问题上在位国王的责任，有效消除了其他利益相关者对国王和继位者的可能的误解和猜忌。

这些优点，加之夏商时期"兄终弟及"与"子承父业"双轨制实践，都令"嫡长继承"在意识形态层面自然取代了"兄终弟及"，成为权力转移的刚性制度，至少是缺省选项。[28]

---

〔25〕"蜚廉生恶来。恶来有力，蜚廉善走，父子俱以材力事殷纣。"《史记》，前注〔6〕，第174页。但也有记录称"恶来善毁谗"。《史记》，前注〔6〕，第106页。

〔26〕有人猜测周代人们的预期寿命约为20岁，比夏商有所提高。请看，前注〔16〕，林万孝文。

〔27〕在政治高层代际更替中，邓小平曾至少两次（1976年10月10日和次年7月21日）强调，核心领导人的年龄差对于政治制度长期稳定意义重大。请看，《中国共产党社会主义时期文献资料选编》（6），中共中央党校党史教研二室〔选编〕，1987年，第124，146页。

〔28〕又请看，王国维，前注〔21〕。

必须有精英辅佐——官僚制

但天下没有免费的午餐。"嫡长继承"能否取代"兄终弟及",除了嫡长继承本身的制度收益外,还取决于嫡长继承实践可能引发或必须支付的额外代价。嫡长继承也确实隐含了两个无法回避的重大政治麻烦或风险。

首先是,如果政治才能有天赋,且各人天赋不同,就可以推断,与前述"兄终弟及"实践中的"弟弟"相比,嫡长子未必更有政治经验、更明智、更有行政领导和决策能力。也还可以预期,有些嫡长子本人还可能生性不喜爱政治;即便不是因为爱美人,也会有更爱艺术或其它的嫡长子。"兄终弟及"制度下,有多个弟弟可供选择,而且更可能双向选择。换言之,只有那些本人强烈偏好政治的弟弟(如前分析,这个弟弟是广义的,包括宗族中其他年轻人)才会主动加入,也只有那些被证明足够贤能的弟弟才有资格进入"兄终弟及"的队列。这还意味着,只有那些最有政治存活力的弟弟才可能继承王位。兄终弟及因此既隐含了相当程度的政治竞争,也尊重了个人的自我选择,对潜在的继位者,这既是考验,也是培养,是有效率的筛选。相比之下,嫡长继承,为确保王室政治稳定,废除了竞争,独此一家,别无选择。这意味着,嫡长继承的继承人选,一般而言,要比兄终弟及的继承人选,在政治能力上会更弱。这对早期国家会是个严峻考验,前面提过,早期政治更依赖最高领导人个人的远见卓识甚至人格魅力。

但真值得关心的问题不是某个制度是否有欠缺或重大不足,而是能否有其他制度配套来弥补这一欠缺,有效化解难题?换种说法,问题是,在一个制度体系中,"嫡长继承"能否总体上优于"兄终弟及"。可能弥补嫡长继承之弱点的重要配套制度是官僚制,即用一批组织起来的政治精英来辅佐国王治理。

从操作层面看,至少到西周,这已大致可行。只需将原先不离国王左右、参与决策和执行并有望继承王位的广义"兄弟"——有理由相信他们是政治精英——组织起来，再挑选其他有治国才能的人，组建一个官僚系统，来辅佐政治合法性足够但个人能力可能不足的嫡长子治理国家。这种做法商朝就有了，前面曾提及武丁时主政的奴隶傅说、商纣王重用蜚廉、恶来等人，放在历史长河中，可以视为这类宪制的最早尝试，即便尚未形成稳定的制度。

周武王继位后，"太公望为师，周公旦为辅，召公、毕公之徒左右王"，[29] 其实继续了商纣王的宪制变革。姜子牙，不属于周王室血缘群体的一位异姓政治精英，全面参与筹划甚至主谋了推翻殷商建立周朝的重大事项，成了西周最大功臣。[30] 进入西周政治核心的周公、召公和毕公等人，虽然是武王的弟弟，但应注意，武王另外两个更年长的弟弟管叔和蔡叔却未能进入西周政治决策核心。当时的政治远不是，也不可能，"任人唯贤"，却也绝非"任人唯亲"。成王时代继续以"召公为保，周公为师"。周公旦甚至代理政事，直到成王长大成人。通过其实践，周公把商代王室内廷总管的"宰"，变成了类似后世中央政府百官之长的宰相。

一般研究认为，西周已有类似中央政府的官僚政治机构，由政治精英组成，确保政府常规运转。[31] 即便当时政治事务不发达，这种现象仍持续到西周晚期。[32] 官僚政治实践大致定型，成了制度。春秋战国的各诸侯国只是复制、延续并发展了这一宪制实践和传统。

"周公吐哺，天下归心"[33] 的说法则表明，西周统治已不寄托于，也主要不依赖于，国王本人的贤能，而转向依靠政治精英集团的有效合作。在中华文明的政治记忆中，周公旦几乎是第一位众所周知的、以贤能参与治国的伟大政治家，尽管他首先因为是武王之弟才获得了施展其才华的地位和机会。由成王代表的"守成"国王，与以周公代表的贤能忠臣，有效合作，成为后世中国——即便在皇帝制下——历代王朝常

---

〔29〕《史记》，前注〔6〕，第120页。

〔30〕"于是封功臣谋士，而师尚父为首封。"《史记》，前注〔6〕，第127页。

〔31〕李峰：《西周的政体：中国早期的官僚制度和国家》，生活·读书·新知三联书店2010年，第2、43页。

〔32〕不发达的证据之一是，西周早期曾"刑错四十余年而不用"。《史记》，前注〔6〕，第2957页。

〔33〕语出曹操《短歌行》。并参看周公自述，"一沐三捉发，一饭三吐哺"。《史记》，前注〔6〕，第1518页。

规政治的理想和典范。

在统治疆域扩大、农业生产和生活条件有所改善，社会剩余劳动产品增多、国家税收能力增强的经济政治社会条件下，历史塑造的这一周公形象，代表了以社会劳动分工、专业化和职业化为特征的，为优化政治治理而必需的宪制变革。这也是从魅力型政治转向官僚政治，从人治转向文治/法治的核心制度之一。

还得分、封、建！

变"兄终弟及"为"嫡长继承"，即便令社会整体收益巨大，也不意味每个人都获益，或同等获益。若无制度化的利益补偿机制，未获益和获益较少的个体或群体就可能反对、阻挠变革。例如，有些王室子孙，就可能坚持"祖制"，维护宪制秩序，反对嫡长继承。若强行推进，就会激化父子、兄弟、叔侄、后宫外戚乃至王室大臣之间的权力之争，直至杀戮。商纣王可谓前车之鉴。众多个体各自的理性选择，不必然汇成他们共同的或整个社会的理性选择。从"兄终弟及"到"嫡长继承"的宪制变革，事实上任何重大变革，必须回应的另一难题就是，如何有效瓦解，在变革中利益受损，或获益较小，从而有意无意抵制变革的政治力量？起码要无害化处理，最好将之重构（re-constitute），有助于嫡长继承的新宪制，至少能与后者兼容。

这一变革中的利益受损者首先是在位国王。嫡长子可能是，却未必是，国王之最爱。[34] 作为父亲，而不是作为头脑清醒、始终为天下政治安定计的政治家，国王未必愿意将王位以及与王位的政治责任相伴的权势、地位和财富全交给嫡长子一个人。若对相关风险、制度约束缺乏充分理解，只是盲目尊崇祖制，或仅出于生物收益考量或生物本能，国王更可能愿意由众多子女分享权力和财富。国王的这种天性也会获得他

---

[34]　春秋之际，这类废长立幼的故事很多。著名的如"郑伯克段于鄢"（杨伯峻：《春秋左传注》，中华书局 2009 年，第 7、10—14 页）和晋国太子申生被逼自杀，其弟重耳被逼流亡的故事；汉初刘邦也曾有过废长立幼的想法，引发了朝廷内外各种政治力量的角力（《史记》，前注〔6〕，第 1641 页以下，2044—2045 页）。

众多孩子的呼应。即便不爱江山，讨厌政治，不愿承担政治责任，王子们通常也不会拒绝享受财富、地位或权势。

其次受损的是王位的法定继承人嫡长子。嫡长继承制理论上说嫡长子最有利，但这隐含的前提是嫡长子天性偏好权力并承担政治治理责任。问题是，既然至今都有人称"当官要当副的"，那么完全可能会有些嫡长子，不拒绝财富和地位，却生来更爱文学、艺术、手艺、科学，爱美人但不爱江山，甚至可能厌恶政治，畏惧权谋，怕担责任。嫡长继承令嫡长子丧失了这一选项，这是他的损失，却从一开始就增加了他与兄弟们的潜在冲突，也是损失。作为一个人，一个兄弟，会有些嫡长子看重手足情谊，在一定限度内，愿意与兄弟——甚至姐妹，如果允许的话——分享自己法定通盘继承的地位、权力以及与之伴随的巨量财富。兄弟间以某种方式切分与王位相伴的政治权力、地位和财富，或称"封建"，其实有人的自然情感基础。

甚至还有政治必要性。这便是第三点，即便不是国王的每个儿子，至少也会有某个或某些儿子不乐意接受自己在自然法上的"不幸"：自己出生的时间序列，或/和生母的法定地位。其他王子中不仅会有人比嫡长子更渴望权力，其也完全可能生来就比嫡长子更关心也更擅长政治和权谋。如果让嫡长子垄断性继承政治权力及相关利益，其他王子一无所得或所得很少，嫡长继承制就很难推行，更难维系，会催生争夺权力的阴谋更早展开，直至刀兵相见。

为维护王室团结，为消除或至少弱化其他王子基于自我利益，或独自或联手，阴谋攫取王位，便于推行嫡长继承制，就有必要让所有王子能系统和制度化地分享部分政治权力和相关利益。这不仅符合国王和各位王子的利益，也符合嫡长子本人的利益总和。由于避免了高层政治动荡，这也符合国家政治、官僚和天下民众的长远利益。

从这一视角看，"封建"就是这种系统和制度化措施。有研究认为商代已有分封，只是商代与西周的分封有重大区别。[35] 商代分封不见

----

〔35〕 请看，李雪山：《商代分封制度研究》，中国社会科学出版社 2004 年，第 313 页；李的研究结论认为，商代诸侯是军事征服的结果，不见授民，西周分封"授民授疆土"，开拓了疆域；商代诸侯对商王朝依附较弱，西周较强。

"授民",更像是对部落联盟中其他部落的地域人口管辖的确认,有"封"无"分"。西周则有对疆域土地和民众的"分"。还不仅是对诸侯国的"封";还有诸侯国的"建",即出于政治治理的必要性和可行性,在某地创设一些诸侯国。想想异姓功臣姜子牙受封的"齐"。"封"也不只是确认或给个名号,鉴于封号有等级,与"封"相伴,给众多诸侯及其"国"统一确定了等级,有统一规划和配置,这就是对西周国家政权组织结构的系统化和理性化。西周因此与夏商有显著区别:不再是部落联盟,还真就是一个大国。尽管不是中央集权,当时还没法实践,但分、封、建三者是西周中央一体设计规划的,各诸侯国的权力均源自周天子。

据此,有理由认为,或——再退一步——猜测,西周分封制发生的重要政治考量之一(其他因素第五章还会提及)可能是,伴随嫡长继承制确立,必须重组西周王室的血缘群体架构和形态。考虑到西周当年曾以"遗其王父母弟不用"为口实成功鼓动商朝贵族的叛变,西周统治者,明智如周公者,完全可能从西周开国之际,就明白嫡长继承对于具体的个体或群体的利弊得失,也清楚分封之必要。分封建,因此可以说,是为确保从"兄终弟及"转向"嫡长继承"的宪制变革中的一项必备制度,是精心设计的西周宪制配套措施。

这一制度设计也有其他潜在收益,客观上顺应和促进了西周的发展需求。西周统治的疆域已经太辽阔了,是当时人类史上的空前。完全由嫡长继承的天子直接率领官僚体制管理这个正向疆域国家转型的大国,根本不可能。周公"一沐三捉发,一饭三吐哺",就表明当时的官僚体制应对能力实在有限。若回到夏商的宗法(宪)制,搞部落联盟,不仅无法实现当时条件下的更有效治理,政治上也不稳定——夏、商都是被其他部落推翻的。西周必须寻求能相对持久且基本有效治理全部疆域的全新政治架构。[36]

---

〔36〕 有国内外学者认为西周封建制是中国古代国家宪制变化的重要环节。分封制是对全国各地人口的重新编组,各诸侯国君受封的不仅是土地,更经此分领了不同的人群;分封制的要害是,通过族群衍生裂变,组成新族群,变殷商宗族社会为地缘性政治单位,即春秋的列国。许倬云,前注〔4〕,第155页。

　　这就容易理解西周的分、封和建了。在渭水下游和黄河中游，周天子建立了自己直接统治、由嫡长子继承的中央特别行政区——"王畿"。王畿以外的全国土地，被划分为大小不等的无数块，分封给亲族、功臣和那些尚未一统的部落，建立众多同姓诸侯国和少量异姓诸侯国。与周天子做法相似，各诸侯王也将本国中心地区留给自己直接统治，并由嫡长子继承，将其余土地分封给嫡长子以外的亲属——卿大夫，其封地称为"采邑"。在采邑中保留由自己治理且由嫡长子继承的地域后，卿大夫将采邑的其余土地分割给嫡长子以外的亲属——士，称作禄田。西周疆域由"王畿"和众多诸侯国构成；每一诸侯国由众多卿大夫的采邑构成；采邑则由众多禄田构成。这就是，"天子建国，诸侯立家，卿置侧室，大夫有贰宗，士有隶子弟，庶人、工、商，各有分亲，皆有等衰"。[37]

　　全国由此形成了以周王室为中心，向四周辐射，由四周拱卫，统一但等级分明的宗法分封政治结构。其功能远不止确认并确保嫡长子作为合法王位继承者。推广开来，基于每个成员在此血缘群体中的相关位置，也确定了成员之间不变的政治关系。这为整个血缘群体提供了一个稳定的组织结构，为所有成员的行为提供了相应的规范和制度预期，规定了成员间不可改变的政治尊卑从属关系。附着于这些关系的政治规范将规训、防范并希冀杜绝相关者的政治野心，尽可能避免因政治关系不确定而引发统治集团内部的僭越性竞争。鉴于每一代都由周天子的嫡长子承袭国君，众庶子分封诸侯；众诸侯的嫡长子继承诸侯，众多庶子分封卿大夫；大夫的嫡长子继承卿大夫，众多庶子分封士；宗法制将持续再生产这个既定的政治结构，这一宪制。

　　这个等级制度也经此实现了分权治理。一方面，这已经初步实现了"天下王土"的宪制构想；另一方面，这也务实完成了宪制上的层级分权和分治。各诸侯国都有义务尊重周天子，至少得象征性地贡献周天子，必要时还要联动保卫周天子。各诸侯国间也有义务相互保护和支持。依据血缘关系的疆土分封，相关的利益分配，以及政治的等级规

---

〔37〕《春秋左传注》，前注〔34〕，第94页。

定，统治集团成员各有其关切和稳定预期，"有恒产者有恒心"，更少可能觊觎那些制度上不属于自己的权力和利益，这有利于整个国家的政治稳定和统治有效。

上述分析还可以部分解说，为什么，都是广义的宗法制，在夏商，在"兄终弟及"的制度和意识形态主导下，很少有关封建的记录或传说；在确立"嫡长继承"的西周，"分"和"建"的因素却凸显了。将这一点放在国家宪制变迁中来考察，甚至可以说，通过分、封、建，西周开始建构并发生了中国最早的"中央与地方关系"。

作为制度也作为意识形态的周礼

需要并获得了官僚制和分、封、建的制度支持，嫡长继承制得以确立了。但在西周初年，从周礼的创制中似乎可以察觉，并进而推断，有远见的政治家如周公已看到，分封制的潜在弊端。在如此且日渐辽阔的疆域内，长期实践分封制和嫡长继承，天子与各诸侯国国君之间，各诸侯之间，以及在诸侯国内部，血缘关系都会不断稀释。由于交通、交流不便，各诸侯国间不会有多少政治、经济和文化交往和联系，各诸侯国国君之间甚至终身难得见一面。既然相互间没有什么利益交换和依赖，各诸侯国事实是或最终会变成各自独立。很难指望日渐稀薄、最终仅具符号意义的血缘关系能维系周王朝以分、封、建确立的宪制。这个政治共同体既然借助血缘关系紧密得以构成，就完全可能因血缘关系淡化而终结。所谓的宗法亲缘关系变成概念空壳，以宗法血缘为基础的社会就迟早会让位于基于地缘利害和政治竞争的社会。利益交换和竞争肯定会激化诸侯国间的矛盾和冲突，引发激烈的政治军事冲突，诸侯强国觊觎、侵犯、掠夺诸侯弱国的土地、人民、财富、地位和权力，甚至吞并。

这意味着，如不能不断自我重构（re-constitution）当时看来别无选择的宗法封建制，一时作为宪制架构，可行、必要且无可替代，却很难长治久安。人类无法靠努力就炼出长生不老万世太平的仙丹。

但明智、清醒和务实的政治家也知道，这不重要，重要的是经世致用，始终要面对的首先是当下，因为"长期来看，我们都完了"。[38] 每代人只能基于其现有的资源首先回答当代人的问题。重要的不是幻想有什么制度，可以令历史在此终结，只能尽人力建一种在当时看来最可行、并仅在此意义上最好的制度。如果有问题，肯定有问题，那就建立一些辅助或支援制度，组成制度体系；有些问题，只能留待后代，相信他们有能力，通过制度、经验和资源的世代累积，逐步解决。只能如此。这是一种务实、保守但又开放的态度。

西周政治精英希望能发现或创造某种机制，尽可能不断提醒各诸侯国国君他们的共同利益何在，促使他们忠于并服从周天子以及各自的大宗，并相互支持。即便不可能完全消除利益纷争，也一定要弱化这种利益纷争的强度，至少要推迟因利益纷争引发宪制崩溃。以封建宗法制为基础，西周初年伟大政治家周公创造了既是宪制辅助制度，也是国家正统宪制（政法）意识形态的"周礼"，通过定期祭祀西周统治集团的共同远祖，强化周王室血缘群体的内部认同和团结，令"民德归厚"。[39] 因此，"人无礼不生，事无礼不成，国家无礼不宁"，[40] 古代思想家真的很务实，也很明白，创制礼，就是要让贤人乃至普通人遵循规则，好做事，做成事，国家太平，而并非真想培养出什么圣人来。

"礼有五经，莫重于祭"，[41] 因为无论是否自觉，集体祭祀仪式会提醒各国诸侯，提醒卿大夫和各小宗，他们的共同祖先，共同的生物渊源和整体的政治利益，不但会唤起理性的血缘、亲缘和家族意识，有时甚或常常还催生一种准宗教的神圣情感，一种归宿感，一种悲悯感，苍

---

[38] 凯恩斯的名言："用长期来指导当下实在误人子弟。因为长期来看，我们都完了。"原有的着重号。John Maynard Keynes, *A Tract on Monetary Reform*, Promethus Books, 2000（originally 1923），p. 80.

[39]《论语译注》，前注〔15〕，第 6 页。又请看："今后我们的队伍里，不管死了谁……我们都要给他送葬，开追悼会。这要成为一个制度。……用这样的方法，寄托我们的哀思，使整个人民团结起来。"毛泽东：《为人民服务》，载《毛泽东选集》（3），人民出版社 1991 年，第 1005 页。

[40] "故礼之生，为贤人以下至庶民也，非为成圣也，然而亦所以成圣也。""为政不以礼，政不行矣。""礼之于正国家也，如权衡之于轻重也，如绳墨之于曲直也。故人无礼不生，事无礼不成，国家无礼不宁。"梁启雄：《荀子简释》，中华书局 1983 年，第 366、368、371 页。

[41]《礼记正义》，前注〔9〕，第 1345 页。

茫的，天人合一，有利于家族的团结。祭祀也是家族的集体行动，既向外部社会，也向血缘群体内部，展示了这个集团的组织结构，各自在此群体中的权利义务，强化等级意识，并将这种意识特定化。周礼因此为早期中国提供了一种仪式化和可操作的政治哲学和社会哲学，起到了宪制/政法/社会意识形态的作用，与当时的宪制互动且互补。

周公的这一制度和宪制/政法意识形态设计是天才的，不但——至少起初——有较强的规范力量，还会自动执行。但有什么能抵抗时光和利益的侵蚀呢？几代人过后，当年的亲属就如同陌路人，仪式就会变成没有实在意味的套路，曾经饱满的亲情只剩下声音的空壳，没有任何实在力量可以遏制那总是蠢蠢欲动的利益冲动了。春秋时期，礼崩乐坏，"弑君三十六，亡国五十二，诸侯奔走不得保其社稷者不可胜数"，[42]子弑父和少凌长频繁出现，由此可以理解孔子为什么作《春秋》，为什么儒家将"乱臣"同"贼子"相连和并列。[43]

春秋后期，礼乐征伐已经自诸侯出，自大夫出，甚至陪臣执国命。尽管郡县已在某些诸侯国出现，却还只是临时的政治军事措施，未能作为重构整个农耕中国的制度模范进入政治家的视野，也没有出现新的可行且强有力的普遍政治规范。诸如孔子这样的政治家，看到众多诸侯屡屡且肆无忌惮地违反周礼，也只能对着自己喊喊"是可忍也，孰不可忍也"。最多也只能"知其不可而为之"，[44]周游列国，奔走宣扬"非礼勿视，非礼勿听，非礼勿言，非礼勿动。"[45]重大且根本的宪制变化，还要等大约一个世纪，战国时期，各诸侯国开始逐步用郡县制取代分封制。更要等到秦始皇统一中国，全面推行郡县制，中国宪制才算再次重构（re-constitution）。

即便如此，也不能说周公的"周礼"作为制度和意识形态的努力失败了。在未能长治久安的意义上，"周礼"是失败了。但"终结历史"历来是神学家的呓语，不是真有意义的评价制度成败的标准。所有在时

〔42〕《史记》，前注〔6〕，第3297页。
〔43〕 "孔子成《春秋》而乱臣贼子惧。"《孟子译注》，前注〔8〕，第155页。
〔44〕《论语译注》，前注〔15〕，第24、157页。
〔45〕《论语译注》，前注〔15〕，第123页。

间中发生的，都会在时间中消失，不可能有能终结历史的长治久安。务实的底线标准也许是，如果没有"周礼"，周王朝可能持续多久？会更长久吗？这是一个不可能获得的反事实。

务实地看，"周礼"的意义其实已足够深远。即便郡县制确立后，以周礼表现的宗法制也没在中国社会消失，相反，一直在中国社会扮演了重要角色。在国家政治层面，"家国同构"在一定层面上塑造了此后两千年中国人的政治想象。一代代中国人有意将国家政治蒙上家庭的温情脉脉。不但夸张地断言"欲治其国者，先齐其家"，并以忠、孝同义为由，期待"君子之事亲孝，故忠可移于君"，[46] 乃至认定"求忠臣必于孝子之门"，[47] 尽管从历史实践来看，这更多是说说而已，有零星实践，却从来没落实为制度。

"礼"的最重要实践场域也许是在农耕村落社区，国家的最底层。那里"天高皇帝远"，国家无法为之提供正式制度，或无法提供足够的正式制度，基于家庭血缘关系的礼因此成了普通民众生活自觉借助和依赖的基本制度，是组织家族和民间社会的最基本的架构，持续发挥作用。这种农耕社区实践也为历代王朝坚持以儒家为正统政治法律意识形态创造了最广泛、坚实的社会基础。[48]

结语

放眼世界各国，有意无意挪用血缘亲缘关系来想象政治共同体的构成，提供正当性论证，是世界早期政治共同体的普遍现象。柏拉图在《法律篇》、亚里士多德在《政治学》都曾以家庭为模式讨论希腊城邦问题。[49] 近代西方最早的社会契约论者之一洛克，和最早社会契约论

---

[46] 《孝经注疏》，北京大学出版社 1999 年，第 46 页。

[47] 《后汉书》，中华书局 1965 年，第 918 页。

[48] 苏力：《纲常、礼仪、称呼与社会规范——追求对儒家的制度性理解》，载《中国法学》2007 年 5 期。又请看，本书第 2、3 章。

[49] 亚里士多德就称"君王正是家长和村长的发展"。据该书中译者吴寿彭，在语源学上，希腊词"王"源于梵文词"家长"。亚里士多德：《政治学》，商务印书馆 1965 年，第 6 页及注〔3〕。

批评者之一休谟，都曾屡屡用家庭讨论国家。[50] 即便在美国这个显然不源自家庭、部落和氏族的社会，一个殖民和移民的社会，家庭的隐喻也同样弥散并获得普遍接受。19 世纪末 20 世纪初，美国总统老罗斯福就主张美国总统是美国的"大管家"。[51] 用"家"来想象、理解和正当化"国"，不像许多现代中国人曾或仍认为的那样，真是个问题。

尽管在发生学和理论正当化的层面，中国早期国家同家庭的关系确实是剪不断理还乱，但以上分析和梳理表明的其实是，真正推动中国宪制发生、演变和发展的并非家庭血缘亲缘关系自身，而是——无论自觉或不自觉——国家政治治理的可行性和利弊权衡。血缘亲情只是针对接受者的理解力和想象力的漂亮包装，是便于营销的修辞和话术。宗法制的发生和制度化主要因为它为农耕大国的政治治理提供了简单、便利、有效率的宪制架构。

这意味着政治共同体对血缘亲缘关系的"利用"一定是机会主义的。西周初年，西周政治家强烈抨击商纣王"遗其王父母弟不用"，似乎要恢复并坚守"兄终弟及"的宪制，但恰恰是西周彻底废除了"兄终弟及"，确立了"嫡长继承"。这个选择不可能是出于任何更出色的血缘考量。从生物学上看，嫡长与庶幼与其生父并无任何亲疏之别。除王国维依据中国文化传统曾如此断定并坚持外，[52] 没有现代坚实的生物学理由认为，父子之亲要高于兄弟之亲。从经验层面看"亲亲"，同母所生兄弟关系要比实际基于认可的父子关系，更可靠，也更确定。有大量历史文献记录表明，中国古人也都知道，"父子之亲"未必真的高过兄弟之亲。[53] 在此情况下，仍坚持选择子承父业的"嫡长继承"，放

---

〔50〕 如洛克：《政府论》（下篇），商务印书馆 1964 年，第 69 页；休谟：《谈公民自由》，载《休谟政治论文选》，商务印书馆 1993 年，第 59 页。

〔51〕 参见 Alfred H. Kelly, Winfred A. Harbison and Herman Belz, *The American Constitution, Its Origins and Development*, 6th ed., Norton & Company, Inc., 1983, p. 421。

〔52〕 "兄弟之亲本不如父子。"王国维，前注〔21〕，第 233 页。

〔53〕 "古之时，未有三纲六纪，民人但知其母，不知其父"（班固：《白虎通》，中华书局 1985 年，第 21 页）；"昔太古尝无君矣。其民聚生群处，知母不知父，无亲戚兄弟夫妻男女之别，无上下长幼之道"（许维遹：《吕氏春秋集释》，中华书局 2009 年，第 544 页）；"神农之世……民知其母，不知其父"（王先谦：《庄子集解》，前注〔12〕，第 262 页）；"天地设而民生之，当此之时也，民知其母而不知其父"（蒋礼鸿：《商君书锥指》，中华书局 1986 年，第 51 页）。间接的，还看看："古者……未有夫妇妃匹之合，兽处群居，以力相征"（黎翔凤：《管子校注》，中华书局 2004 年，第 568 页）；以及"男女杂游，不媒不聘"（杨伯峻：《列子集释》，中华书局 1979 年，第 164 页）。

弃"兄终弟及"，我判断，就只可能更多鉴于政治考量——在西周社会条件下，"嫡长继承"隐含的政治稳定性和正当性，加之有官僚制和分封制支持，比"兄终弟及"更能"息争"，提供稳定的政治预期和秩序。"盖天下之大利莫如定，其大害莫如争。任天者定，任人者争，定之以天，争乃不生。"[54] 挪用血缘亲属关系服务于国家宪制，因此并非政治被血缘亲缘征服了，甚至都算不上是政治对血缘亲缘的妥协。事实上，不是为血缘，只是为了政治。这一挪用表明的恰恰是，在宪制问题上，政治社会考量压倒了生物性的血缘考量。

必须区分儒家的实践智慧和儒家对制度的正当性解说。后者常有些理论逻辑上的前后不一致，经不起经验验证。本章涉及的早期中国的所有宪制问题，都没法依据，无论是儒家的"亲亲""贤贤"还是"尊尊"，予以逻辑融贯的解释。采纳嫡长继承制，既不符合"亲亲"——没有充分理由表明父子关系比兄弟关系更亲；也不符合"贤贤"——没有理由认定嫡长子一定比或通常比其弟或其他非嫡长子更贤能；也不符合"尊尊"——除如此认定并约定俗成外，有何根据认为嫡长子比国王的弟弟更尊贵，或是比国王更年长的儿子甚或所有非嫡长子更尊贵？制度研究必须"就事论事"，要紧紧盯住具体问题，更多分析制度的利弊，自然地展示制度发生、演变或消亡的理性逻辑，而不是将之硬塞入古人主张的某个原则之中。

本章只探讨了早期中国的几项制度中隐含的、相互勾连和支持的政治制度的理性。这些制度全都为回应古代中国的根本问题，对于夏商周的政制构成具有无可替代的意义，经此也为当时农耕中国的百姓提供了最大可能的第一公共品：和平和秩序。我无法吝啬"宪制"这种称谓，即便在中国西周之际，这大多称之为"礼"。

2013 年 5 月 24 日三稿于新疆石河子大学

---

〔54〕 王国维，前注〔21〕，第 234 页。

|第二章| 齐家：父慈子孝与长幼有序

> 皆曰"天下国家"，天下之本在国，国之本在家……
>
> ——孟子[1]

历史中国的"家"与今天人们通常理解的"家"其实很不同。今天的家是由双亲及其子女构成的核心家庭，是以婚姻为基础、同居共财的最小或最基本的生活单位。在历史上，至少秦汉之后，这样的家通常被称为"户"，或"五口之家"。除了受农耕生产效率的塑造外，在一定程度上，春秋战国之后历代王朝也着意用政治法律塑造"户"。中央集权的国家税赋制度需要全国大致统一公平的赋税单位，五口之家从功能上更能有效回应这一制度需求。[2] 今天，快速工商城市化的社会正侵蚀或重塑中国人传统理解的家，城市中如今一般只是三口之家，丁克家庭也不少，有的还同居但不共财。甚至，不管喜欢不喜欢，先是暗暗地，还会出现同性家庭。因为在任何社会，家庭的功能其实都不仅限于生、育子女，总会伴随其他功能。甚至，只要稍稍留心自古以来中国民间的说法"少年夫妻老来伴"，也能察知其中一二，并感叹古人的洞察和明智。

由此可以理解历史中国的"家"的不同。小农经济可能遇到的各种麻烦，有许多都不是核心家庭（五口之家）

---

[1] 杨伯峻：《孟子译注》，中华书局1960年，第167页。

[2] 商鞅变法前，当时各国小家庭的人口数一般在5—9人之间。商鞅变法规定，"民有二男以上不分异者，倍其赋""令民父子兄弟同室内息者为禁"（《史记》，中华书局1959年，第2230、2232页）。加上奖励耕织，禁止私斗等，促成了小家庭，之后秦统一中国，这就形成了以核心家庭和直系家庭为主的小型家庭，即"户"。请看，王利华：《中国家庭史》（1），广东人民出版社2013年，第220—221页。

能独自应对的，需要更多人合作。除了修路修桥、抗旱抗涝或抗击土匪这类集体行动外，甚至婚丧嫁娶或盖房子这类事情也需要乡亲邻里搭把手。小农们基本无法获得政府的援手。虽有集市，却无法从市场购买服务产品。在疆域辽阔的中国，至少自西周开始，历代王朝不同程度地形成了中央与地方的纵向分权治理。鉴于人力、财力和信息有限，代表皇权的政府无力有效介入中国社会下层和底层。长达数千年间，"皇权不下乡"是基本格局。但小农们仍有许多事要办，只能利用和挪用他们现有的资源来创造有助于履行其他功能的更大群体。不限于同居共财的五口之家，利用亲属关系，他们主要沿着父系脉络来扩大这个"家"，并以聚居来实现和便利群体的组织和交流。

由此出现的"家"其实是家族或宗族（前者是五服之内，后者通常出了五服，尽管两者有时也通用；此后均简称为"族"或"家族"），地理空间上则为村落。常常始于一户人家，若无战乱引发人口四散，慢慢会形成单姓村落。[3] 本章后面，特别是下一章还会分析，单姓村落也是有具体功能的制度之一，不少村庄会着意维系。在组织结构上，这种"家"则为一族，由众多有共同血缘宗法关系的同姓小家庭构成。针对不同需求，各地村落还有了诸如"户""室""房"或"房支"之类概念。[4] 村落/家族意味着这个群体可以长期延续，超越个人和核心家庭的生命周期，成为一个理论上无限长寿的组织体，类似今天的"企业"或"社团"，可以稳定履行，也一直履行着，农耕村落社区的种种政治、经济、宗教等复杂功能。费孝通据此指出，传统中国的"家"其实是一个事业组织。[5]

理解了这个"家"，就可以清楚儒家所谓的"齐家"完全有别于现代社会学研究的以婚姻生育为中心的家庭问题，也不是现代新儒家关注

---

〔3〕我近年曾调查山东沿海地区某乡（镇）下属的全部53个行政村（61个自然村），有16个单姓村，比例超过30%；另有11个两姓村，12个三姓村，7个四姓村，7个四姓以上的村。但所有多姓村，据老人回忆或历史记录，立村之初都是单姓村。

〔4〕家族与宗族之别不在血缘关系的亲疏，而在责任。同一家族的人相互间特定条件下可能要承担政治、经济或法律上的连带责任。同宗不同族的人相互间只有道义联系，没有法律上的连带责任。张国刚：《卷首语》，载《中国家庭史》，前注〔2〕，第2页。

〔5〕费孝通：《乡土中国》，上海人民出版社2007年，第39页；又请看，王玉波：《中国家庭史研究刍议》，载《历史研究》2000年2期，第166—167页。

的什么政治/道德/伦理/心性哲学问题，更不是今天的商界学界合谋编造的古代个人的"成功学"，只是古代农耕中国社会不得不面对的政治学/法学的制度问题。但也不是什么婚姻家庭法问题，而是传统农耕中国最基层村落社区的组织建构和秩序维系问题，大致相当于今天包括村治在内的基层政权建设问题。并非夸张，在不限于儒家的先秦经典中，在后来的中国历史上，"齐家"一直同"治国"和"平天下"并列，是一个重要宪制领域。这个领域内有其自身独特的组织、构成和治理的难题。不只是靠不上政府；还有些难题想靠政府，甚至政府想介入，也无能为力。因为，依法更多用于治国，用于"齐家"常常不那么灵光，有时甚至尴尬。即便今天也如此。夫妻吵架，邻里纠纷，婆媳不和，真上法庭的，总还是少。上了，除可能引发"秋菊的困惑"外，结果也可能是分家单过。但这个领域及其诸多制度应对，对于历史中国的构成，意义重大。它还与"治国"和"平天下"这两大宪制难题勾连且互补，历代政治精英不得不关注，可谓重大的宪制实践问题。[6] 秦汉之后的中央集权实践没改变这一点，[7] 皇权与绅权分治一直是中国宪制的基本格局。[8] 在农耕村落，尤其是同姓村落，所有最重要最麻烦的关系确实可以大致归类为三种家庭关系：父子、兄弟以及包括但不限于夫妻的男女关系。用"齐家"来概括农耕村落的构成难题非常贴切。

本章集中讨论村落组织、结构和治理中的父子和兄弟关系；下一章讨论对于确保农耕村落组织秩序稳定更重要的男女关系。我尽可能重现，为现代社会变迁遮蔽，传统农耕村落必须随时面对的那些特殊、多样和复杂的麻烦，潜在重大风险，据此来理解农耕村落中演化出来的那些堪称精微细致周密的制度措施，自然也就展示了其在特定社会历史语境中的合理性。

经验导向，却不打算陷入过于琐细的"深描"，我构建并分析"理

---

〔6〕《礼记正义》，北京大学出版社 1999 年，第 1592 页。又请看，"天下之本在国，国之本在家，家之本在身。"《孟子译注》，前注〔1〕，第 167 页。

〔7〕 关于从秦至民国历代基层的组织体制变迁沿革的概述，请看，陈小京、伏宁、黄福高：《中国地方政府体制结构》，中国广播电视出版社 2001 年，第 116—118 页。

〔8〕 吴晗、费孝通等：《皇权与绅权》，天津人民出版社 1988 年。

想型"[9] 农耕社区组织和秩序问题。除非有其他注明，本章和下一章都以单姓村落为预设分析相关范例。这一选择有必要，也有理由。许多典型的农耕村落通常始于一个家庭，北方地区的许多地名、村（庄）名都留下了显著的痕迹，受战乱影响相对少的南方村落的宗族更是证明。[10] 因历史变迁，许多单姓村庄后来变成了多姓村落；也有些村庄从一开始就是几家构成；[11] 但分享农耕生产生活方式，"远亲不如近邻"的互动，都会令多姓村落的家族以及家族间的组织秩序维系，与单姓村落相似。对多姓村落可能出现的特殊情况，我会保持适度敏感，对其中我能看出来的、有学理意义的特殊问题会给予适度关注。换言之，本章的写作是问题导向，不是经验描述导向。

农耕社区的组织治理问题

从单个家庭发展成村落后，村落成员之间基本（嫁入该村但尚未繁衍后代的女性除外）都有血缘关系。但一个村落或村中某家族的组织存在不能仅靠血缘。即便有共同的远祖，有家谱记载，世代一多，群体扩大了，血缘关系就会稀薄。一旦资源稀缺，且这肯定会发生，血缘关系就经不起利益的撕扯。各家庭之间，甚至家庭成员之间，利害分歧都会凸显。农耕村落社区的组织成本，相应的集体行动成本，随之增加。一旦组织和集体行动的边际成本超过了其边际收益，无论是同姓村落，或是村中某一家族，就有效生存和集体行动而言，其规模就"太大"了，

---

[9] 有别于"理想的"。关于理想型，请看，Max Weber, *Economy and Society*, trans. by E-phraim Fischoff et al., University of California Press, 1978, pp. 20-21.

[10] 学界的共识是宗族组织影响在南方比在北方更大，因此有所谓"南方重宗族，北方重家族"的说法。王德福：《南北方村落的生成与性质差异》，载《西南石油大学学报》（社科版）2011年6期，第17页。但对北方村落的家谱和碑刻研究表明，大多数村落最初也是由一两户的零星聚落发展而成。在受战乱影响最大的华北地区以多姓村为主，但单姓村落依然可见。一些多姓村落不但仍以姓名村，许多村干脆以立村者的名字命名，也都反映了村落建立之初只有一家一户。请看，黄忠怀：《从聚落到村落：明清华北新兴村落的生长过程》，载《河北学刊》2005年1期。

[11] 秦晖：《传统中华帝国的乡村基层控制：汉唐间的乡村组织》，载《传统十论——本土社会的制度、文化及其变革》，复旦大学出版社2004年，第2—44页。

就会分裂成各自独立的更小群体。只要可能，就会向周边地区拓殖，另建村落安身。

这个"太大"或"太小"容易令人误解：似乎人类群体规模有个统一的最佳标准。无论核心家庭，或大家庭，甚或家族、宗族或村落，都难说是人类生存规模最佳的群体，否则如何解说北上广这样的超级都市？在不同自然条件和科学技术条件下，人类的生产生活方式可能不同，要求不同规模的群体或社区。资源富裕程度，交通通信、人口密度，与其他群体——包括同一文明内部的或不同文明之间的——竞争激烈程度，或为有效抵抗频繁程度不同的自然灾害、猛兽袭击，甚或仅仅是有能力承受某些恶疾肆虐而存活下来，都需要并一定会催生更大（或更小）的群体。[12] 历史中国那些看似浑然天成的村落或村中"家族"，不全是血缘的产物，至少不是血缘独立构建的，而是多种自然和社会力量共同塑造和剪裁的，大致适合了当地民众日常生活，可以视为更多是基于相互需要而形成的社区。

人的天性，诸如男女之爱、亲子之爱，有助于核心家庭的发生和巩固，但很难独立支撑更大的家庭、家族或同姓村落。"以色事人者，色衰而爱弛"，中外的明白人都晓得没有什么制度可能仅建立在爱之上。[13] 要建立足够灵活又有联系广泛、可随时获得可靠支持和支援的群体，一定要超越小家庭，超越不太稳定的血缘联系，建立作为制度的长期稳固的村落社区。这就有了组织问题，随之而来是治理和秩序维系问题。为什么可以——为便于学术研究和理解也应当——把历史中国的"齐家"，即同姓农耕村落或"家族"的组织治理，类比为现代基层社区创造和基层政权建设，道理也在这里。

也必须限定这一类比，否则会遮蔽一些重要差异。果真是基层政权，就没必要提"齐家"了，可以将之便利地归在"治国"麾下。在

---

〔12〕 这与科斯分析企业与市场的逻辑是完全一致的，尽管是两种相当不同的组织。请看，Ronald H. Coase, "The Nature of the Firm," *Economica* 6（1937）：386；周雪光：《组织社会学十讲》，社会科学文献出版社 2003 年，第 2 讲。

〔13〕《史记》，前注〔2〕，第 2507 页。类似的观点，又请看，"以色事人者，能得几时好？"《李白集校注》，上海古籍出版社 1980 年，第 342 页。"没有一种制度可能建立于爱之上"。Friedrich Nietzsche, *The Will to Power*, trans. by Walter Kaufmann and R. J. Hollingdale, Vintage Books, 1967, n. 732, p. 387。

中央集权体制下，这意味着只需遵循王朝制度和法律，执行朝廷命令和指示；它还可以或应当获得国家财政支持，直接由朝廷选任政治精英治理。

历代王朝确实也曾以各种方式，不同程度，关注过农耕村落乃至家庭的组织治理，典型如商鞅变法后的秦。[14] 后代也一直有乡里、什伍或保甲等制度。[15] 但中国一直是大国。受当时生产方式、科学技术和交通通信的限制，更受朝廷可能获取的人力财力有限，除天下太平外，在许多问题上，包括遭遇严重的自然灾害，农人都只能自救或等死，根本指望不上朝廷，也就一直不指望朝廷了。[16] 这可谓"帝力与我何有哉"的源头。[17] "家"因此从来不是一级国家政权，即便有时会代行国家赋予的某些行政责任，如协助征收税赋，也即便有时国家也会赋予乡村治理者某些政治权威，予以各种形式的"津贴"。[18]

"皇权不下乡"的另一重大原因是治理对象太特殊。"治国"处理的基本是公共事务，为天下黎民百姓提供和平，强调公事公办。汉武帝之后历代正统意识形态一直是儒家思想，说是看重家庭，其实更多是说说而已。从中央到地方各级政府的关系总体上是政治的、公共的和一般的，通过官僚制度化治理。农耕村落的组织和治理则有其自身特点，有其政治性和公共性的一面，但更得包容兼顾农耕村落小家庭乃至个人生活方方面面的追求，很地方、很家庭、很个人甚至很私密。村落社区的大量日常事务，涉及的种种关系，不太适合以正式法律制度来维系、规制和调整。无论是否应当如此，"清官难断家务事"，

---

〔14〕 "令民为什伍，而相牧司连坐……民有二男以上不分异者，倍其赋。""令民父子兄弟同室内息者为禁。"《史记》，前注〔2〕，第2230、2232页。秦国县以下基层组织的状况，又可参看，《汉书》，中华书局1962年，第742页。

〔15〕 在县和村落之间，还有半官方性质的乡、里组织。有关介绍，可参看，赵秀玲：《中国乡里制度》，社会科学文献出版社1998年；李开元：《秦崩——从秦始皇到刘邦》，生活·读书·新知三联书店2015年，特别是第2章。

〔16〕 一个典型现代例证是1942年河南灾荒，请看，白修德、贾安娜：《中国的惊雷》，新华出版社1988年，第11章《人吃人的河南灾荒》。

〔17〕 《击壤歌》，载《古诗源》，中华书局1963年，第1页。

〔18〕 典型是汉代的"三老"之类的人物。赵秀玲，前注〔15〕，第74—75页。

一直是历史中国也是世界各国的事实之一。[19] 如果不是自我贬低，自惭形秽，而是将这类说法视为一种客观社会现象，就很有理由说，这就是历史中国对国家与社会，或对公共与私人领域的一种界分，是一种通俗但准确的表达。

也未必是坏事。农耕社区的组织治理并非天生劣势，或只是劣势，也有其优势。由于跨社区的交往很少，那里就很少来自社区外的违法者。偶有外来者，也很容易被村落社区成员发现、辨认和记住，这几乎相当于他/她时时处处受到现代社会的摄像头监控。村落社区中也没啥容易搬走据为己有的高价值财产，偷个鸡还成，其余的就只能摸个狗了。这都与血缘无关。有关的只是在村落社区，村民之间有持续且无法回避的直面交往，这种重复博弈形成利益紧密交织的共同体，形成并保持社会共识，在相当程度上会有效遏制人的机会主义倾向。因关系紧密，私人空间和私隐自然缺失，但这通常仅限于村落，不会像克林顿和莱温斯基那样名满天下。更重要的是，这种缺失也令个人和社会收益：相互知根知底，人们可以更有效自我防范某些风险。[20] 天下好事全占着，处处美好、人人惬意的社会，只会出现在某些法学家的想象中。

农耕村落的组织治理还可以获得，甚至是独享，"治国"中最多只能象征性挪用的一些重要资源。最直接、最典型的是儒家特别看重的父子和兄弟关系。前者用来建立农耕社区的纵向人际关系，大致相当于领导与服从的关系，但覆盖的内容会大大超出治国的政治关系。后者用来建立社区内的横向人际关系，一种同辈间"平等"竞争，但也可以要求协同和支持的关系。儒家将这类资源整合上升为孝子忠臣这类意识形态话语，为后世一再强调。但只要心明眼亮，从经验上看，自西周之后，历朝历代其实一直强调的是精英政治。[21] 无论治国还是平天下，

---

〔19〕 其实，这不仅是历史中国的，而是近乎普世——只要生产生活方式类似。相关的国外的经验研究，可参看，埃里克森：《无需法律的秩序：邻人如何解决纠纷》，中国政法大学出版社 2003 年。

〔20〕 可参看，波斯纳：《正义/司法的经济学》，中国政法大学出版社 2002 年，特别第 6章。

〔21〕 请看本书第 9 章。

"孝"和"悌"的分量一直在减少。想想玄武门之变的李世民，那可是既不孝也不悌。但后世的，包括今天的儒家学人谁真的在意了？也不是虚伪。道理很简单，治国平天下是需要忠诚可靠，但最需要且紧缺的从来都是才能。就算"孝"能转化为"忠"，也没法转化为智慧和才干。此外，中国古人很早就察觉"忠孝不并"，有时只能"亲亲相隐"，有时甚至必须"大义灭亲"。[22]

概括说来，由于大国，由于农耕村落的组织治理的特殊性，由于可利用资源的不同，农耕村落的治理，注定与"治国"非常不同。

"父父子子"与"父为子纲"

首先讨论父子关系。

孔子主张"父父子子"，[23] 父亲要像个父亲样，儿子要像个儿子样。这种事实与规范之间的表述似乎什么都没说。但同义反复不可能是孔子愚蠢。其要害在于，与常规政治治理中可以用"服从指挥"来概括的上下级关系不同，父子关系的多维度和复杂性很难用一两个词来概括，也很难用其他关系来比喻。不同家庭中父子关系的具体表现和规范会有，也应有差别。即便同一家庭，父子关系的具体表现和规范也会随着时间有所变化，关涉和关注的维度也会有所不同。不存在始终如一本质主义的父子关系。不像上下级关系那样单纯，自然也很难用统一、始终如一且贴切的简单准则来规范父子关系。针对父子关系的复杂和流变，孔子看似语焉不详的表述（以及对其他人际关系的概括），反倒是一种出色的规范表达或制度设计。这是以个人的社会角色定位的制度规范。这个角色规范创造了也预留了回旋空间，在传统农耕村落生活中，受具体事件和情境的激发和丰富，会演化出一系列软硬规范，规制和塑

---

〔22〕颜真卿认为："出处事殊，忠孝不并。已为孝子，不得为忠臣；已为忠臣，不得为孝子。"《封氏闻见记校注》，中华书局 2005 年，第 34 页。又请看本章第 5 节对"父子相隐"与"大义灭亲"的分析。后世西方学者也有逻辑相近的论述，请看，黑格尔：《美学》（3 下），商务印书馆 1981 年，第 284—287 页。

〔23〕杨伯峻：《论语译注》，中华书局 1980 年，第 128 页。

造村落中具体的父子关系。

在家庭内，由于体力、智力和社会经验的差别，在很长一段时间内，父子之间其实是领导、教育和指导的关系，甚至是支配与被支配的关系。即便孩子成年了，体力超过了父亲，相对丰富的社会经验及其在社区内积累的社会资本（人脉），也会令父亲在家庭决策中处于支配地位。即便衰老了，父亲基于长期社会经验人生经历提出的建议，在家庭决策中，仍举足轻重。这里还应指出容易为今人忽视的一个时代变量，在传统农耕社会，鉴于当时人们的预期寿命，"人生七十古来稀"，绝大多数父亲作为家庭决策者和领导者通常会定格在中壮年。

将这种父子关系适度转换，就成了纵向的层级关系，可直接用来构建和治理农耕村落社区。"父为子纲"，[24] 作为规范家庭和农村代际关系的核心原则，很有道理。这种层级关系为后代中国的中央集权、官僚科层提供了模板。近现代社会几乎一切政治经济组织的层级关系也脱胎于此（互联网也不可能将组织结构彻底扁平化），它便于组织、管理、决策和执行，令行禁止，展开协调一致的集体行动。

在村落，这一关系模板可直接套用到村落血缘群体中的一切人，无论是数世同堂的大家庭，还是血缘关系稀薄的家族甚或宗族。村落中每个人自小就在这种环境中长大，习以为常，哪怕血缘关系稀薄，出了"五服"，基于习惯的长者之权威通常不会遭遇权力合法性和正当性的质疑，除非"为老不尊"。若采取协商、选举或征服建立纯政治的层级组织则一定遭遇这类问题，一定得以某种方式，花费一些资源来克服这类难题。农耕村落的组织成本因"父父子子"而大为降低，却获得了当时社会条件下组织程度最高的群体力量。

也不是历史中国独有。就我所知，在所有早期文明中，父子兄弟关系都是社会构建更大群体，无论是家族、氏族、部落甚或城邦的基

---

[24] 陈立：《白虎通疏证》，中华书局 1994 年，第 373 页。

本模版。[25] 也有太多学者用父子关系来隐喻、解说、想象和正当化各时代的各种国家了，包括近代政治创造的全然没有血缘关系的殖民或移民国家。[26]

但"父为子纲"只是"纲"，是基本规范，是原则，是常例，不能也没法替代一切。日常生活中，必定，也必须有所变通，否则日常生活无法展开。我们通常想到的典型父子关系其实是核心家庭的父子关系，这种关系其实不会持续太久，最多20年。一旦男孩长大了，成家立业，有了较多社会交往和生活经验，自然会有，也必须有自己的判断。不能指望，明智的父亲甚至不应、也不会指望，有出息的孩子对自己言听计从。严酷复杂的社会生活，以及具体决策所需的具体信息，都要求甚至逼着孩子，不分男女，尽早形成独立的判断力和行动力。也无法设想，在几代同堂的大家庭中，各有妻儿家小的儿子，还会就其小家庭事务，不断请示/打扰其父亲。甚至，即便在古代，偶尔也会有并非基于"生"而是基于"养"而确认的父子关系，出格的如程婴抚养的赵氏孤儿。[27]民间也有"生恩不如养恩"的说法。然而，再多变通，这一父子关系模板和基本规范已经确立，代代相传，为村落的构成、集体行动和治理提供了指南。

甚至，从历史经验上看，在因种种原因父教不能的情况下，这一模板也会被母亲挪用或套用，教育儿子长大成人。典型有孟母教子、欧阳修母亲教子等故事。[28] 儒家定义的父子关系，因此可视为，农耕村落

---

〔25〕例如古希腊的特洛伊城邦。特洛伊城邦的军事架构，很可能也是其政治架构，是国王普里阿摩斯率领着他的，显然更可能是辈分意义上的，50个儿子和12个女婿。荷马：《伊利亚特》，人民文学出版社1994年，第157页。

〔26〕亚里士多德认为"国王就是家长和村长的发展"（Aristotle, *The Politics*, trans. by T. A. Sinclair, Penguin Books, 1981, pp. 56-59）。洛克认为："当不同他人混合，一个家庭的人口也足以自我支撑且整体持续时……政府通常始于父亲；……一个家庭逐步成为一个国家。"（John Locke, *Two Treatises of Government*, Cambridge University Press, 2003, pp. 336, 341.）休谟认为"君主安居于其臣民中，就像父亲生活在自己的孩子中"（David Hume, *Political Essays*, Cambridge University Press, 2003, p. 56）。家庭的隐喻甚至弥散于美国这个政治约法创造的典型殖民国家，美国人至今称华盛顿、杰弗逊等人为"国父"（founding fathers）。

〔27〕《史记》，前注〔2〕，第1782—1785页。

〔28〕张涛：《列女传译注》，山东大学出版社1990年，第38—39页。欧阳修：《泷冈阡表》，载吴楚材、吴调侯〔选〕，《古文观止》，中华书局1959年，第453—455页。

层级关系的缺省设置。

"父慈子孝"

即便缺省，也得设置，因为不会自动发生。父子的生物血缘关系再重要，也不会自动转化为政治社会性的领导和支配关系。中国古人早就敏锐指出"非教不知生之族也"。[29] 换言之，只有社会生活中获得了认知和确认，才能设定并启动这个缺省设置。否则，就没法理解俄狄浦斯王弑父娶母的悲剧，也没法理解社会生活中的各种收养关系。

在真实世界中，真正促成并进而正当化父子间的领导/服从关系的基础其实是养育（一系列社会实践事件），而不是受孕（一个生物事件甚或"意外"）。这就要求我们更关注历史中国的一个更具体的制度规范，儒家的"人义"之一："父慈子孝"。[30] 在村落的日常实践中，这一规范的功能不仅支持和正当化了"父为子纲"，更可能全面增加家庭和农耕社区的福利产出。这或许是影响农耕中国家庭和村落社区最实在、具体且更深远的规范，比"父为子纲"和"父父子子"的实践意义和功能更为重大。

尽管有学人有过此类努力，"慈"和"孝"其实并非父和子的天性。若真是天性，儒家就没必要提这条社会规范了，就只是描述人类行为常规罢了。"男女有别，然后父子亲"，[31] 这个说法更表明儒家清醒意识到，对孩子的亲情是父亲确认亲子关系后的产物；这还隐含了，即便误认也会引出亲情。务实的古人，以儒家为代表，但不限于儒家，也清楚，基于生物利益，父亲通常关心自己的孩子。但古人也敏锐察觉：作为一个不含道德评判的经验命题，父亲通常不如母亲关爱孩子。这类例证是普遍和大量的。历史上时而会有父亲为了他认为更高的某种价值牺牲儿子，如大义灭亲的石碏、赵氏孤儿中的程婴或二十四孝中的郭

---

〔29〕 邬国义、胡果文、李晓路：《国语译注》，上海古籍出版社1994年，第211页。

〔30〕 "何谓人义？父慈，子孝……"《礼记正义》，前注〔6〕，第689页。

〔31〕 《礼记正义》，前注〔6〕，第814—815页。

巨。但我一时还真没想起有这样的母亲。下手最狠的也就是"岳母刺字"了。就这，民间还取笑说那是"岳母"不是亲妈。就社会经验现象而言，慈母是常规，慈父不是。[32] 正因此，中国社会才需要把"父慈"设为规范。

父母的这种行为差别容易被人误解为道德差别。现代社会生物学却能为其提供强有力的解说。道理很简单，就是男性有更多繁衍后代的生物资源。相比之下，女性的这类资源更稀缺；因此，母亲趋于比父亲更关心后代，更专注于照顾好自己的后代。男性，基于繁衍更多后代的自然倾向，即便不是在行动上，就偏好而言，也更"花心"。[33] 这种生物本能趋于推动男子更关心性爱或受孕，却不大关心养育。男性的生物特点也使男子可能且很容易卸责，把将养育后代的责任推给已怀孕或已生下孩子的女性。

既然是生物特性，因此很难遣责男性。更重要的是，遣责不会带来改善。只是若放任男子的这一天性，女性就不得不承担太多，甚至独自承担，养育后代的责任。[34] 女性当然也可以中止怀孕，甚或抛弃孩子，借此抗击男性的卸责。这类事有过，也不罕见。但这会浪费农耕时代非常有限的各类资源，包括女性相对有限的生育资源。总体来看，既伤害女性，也不利于人类有效繁衍后代。

换个视角，从村落的制度构成来看，问题则是，一个不关爱后代、成天不着家的父亲怎么可能有权威，有正当性和合法性，要求儿子服从？他何以获得儿子的认可，以及基于尊重的服从？仅凭着父亲在一段时间内体力更强，使用暴力？

由此可见，儒家把"父慈"设置为规范意义重大。而且，这并非，

---

〔32〕 民间的说法是"严父慈母"。又请看，"慈母有败子"（王先慎：《韩非子集解》，中华书局 2013 年，第 458 页）；"为人母者，不患不慈，患于知爱而不知教也……'慈母败子'……自古及今，若是者多矣，不可悉数"（司马光：《温公家范》，天津古籍出版社 1995 年，第 43 页）。演化心理学给出的一个强有力解释，请看：Robert Trivers, "Parental Investment and Reproductive Success", *Natural Selection and Social Theory*, Oxford UniversityPress, 2002, pp. 57-109.

〔33〕 参看，波斯纳：《性与理性》，中国政法大学出版社 2002 年，第 118—119 页；又请看，Robert Wright, *The Moral Animal：Why We Are the Way We Are：The New Science of Evolutionary Psychology*, Vintage, 1994, pp. 172-176.

〔34〕 费孝通，前注〔5〕，第 438—444 页。

或至少不只是，一条道德规范，它更是一个家庭和村落的构成规范。它的实际社会效果是，第一，由于"父慈""顾家"，这就大大减轻了女性的养育责任，直接改善了女性的生活状况。第二，由于社会生存的竞争，总体而言，那些坚持实践"父慈"的家庭会有更多更健康并长大成人的后代。第三，"父慈"也令他更有权威和正当性有效领导孩子，并在这一过程中向后代有效传递社会生活经验和生产技能。第四，"父慈"通常也会成为女儿择偶的，或父母为女儿择偶的，基本标准，过滤潜在的"渣男"。还有其他，我就不一一列举了。总而言之"父慈"是农耕社会家庭制度的核心规范之一。

既然是规范，也就是说，不能指望，每位父亲都会自觉努力、彻底落实这一规范。这一社会规范，对身为父亲或通常将成为父亲的男子的行为，只会有边际性影响。"齐家"因此有了主干，对整个村落乃至整个农耕社会就有深远影响。这既增加了妻子的福利，也有助于后裔的成长和教育。"父慈"实际成了由包括家法、族规和社会舆论等农耕社区制度保证实施的不成文法。同世界各地的经验相比，历史中国男子的典型形象一直是家中顶梁柱，坚忍，甚至还有点木讷。这或许首先应归因于农耕生存条件的逼迫，可以说是经济制度对人类基因的筛选。但在这之外，或许有少部分可归功于儒家对农耕社会普通人日常经验的总结、教诲以及相关的制度规训。

这一规范看似与男子天性不一致，但换个角度看，其实有足够的人性基础。它诉诸的是男子的包容性利他（inclusive altruism）——关注自己的后代繁衍。这大大减少了为落实这一规范所需求的社会制裁或其他激励机制。减少了，却仍有一些。其中很重要的一种激励"父慈"的社会规范和社会机制，就是儒家父子关系规范中的另一部分："子孝"。父亲可以期待自己的孩子关爱自己，不只是付出，也会有实在的回报。这里诉诸的已不只是基于生物本能的包容利他，而是有强烈功利意味的互惠利他（reciprocal altruism），尽管限于代际。

这种功利的互惠利他同样有助于社会/社区秩序的构建。考虑到互惠，第一，"父慈子孝"就可以超越亲子关系，突破血缘关系，"生恩不如养恩"，扩展到过继、收养、领养甚至"捡来的"孩子。有些有程度不同的血缘关系，有些则完全没有。第二，强调了互惠，支持并要求"子孝"的根据就不再是"父精母血"这种生物渊源，而是"养育"这一社会互动。这就为国家和社会主动规范父慈子孝提供了切入点，直至为社会干预提供了理由。为避免此处节外生枝，第五节再讨论这一点。但仅此，也已透露了，在"父慈子孝"的亲情包装下，儒家真是太务实了，太政治了，甚至太"狡猾"了，它关注的其实是社会的公共政策考量，是"人义"而并非"人性"。

从经验上看，"子孝"包括了赡养父母和听话——孔子说的"无违"。[35] 但即便亲子之间，服从和听话也不是孩子天性。幼儿通常依恋父母，听话。青春期开始后，亲子之情就不足以保证孩子自发孝敬和服从父母了。不少社会学研究表明赡养老人并非人类本能。[36] 中国民间广泛流传的"养儿方知父母恩""可怜天下父母心"，甚或孔子本人的无心流露，[37] 一定程度上，都印证了这一点。从社会生物学原理看，由于"自私的基因"，所有生物天生更"关心"后代的成长，而不是长辈的生活。这种人性/生物性无可厚非，一定程度上也符合长辈的最大生物利益，因为"不孝有三，无后为大"。[38]

但这种天性引出一个社会问题，养老。若生活资料非常充分，还能指望，在赡养层面，成年的孩子保证年老的父母有饭吃。但在传统农耕社会，生活资料稀缺是常态，[39] 可以想见，物种繁衍的天性注定人们趋于关心下一代，忽视老一辈。在缺乏市场和货币的农耕社会，粮食很难长期保存，即便年轻时有能力，也无法，囤积大量粮食或其他财富供

---

〔35〕《论语译注》，前注〔23〕，第13页。但孔子随后解释，"无违"指不违反礼节。

〔36〕例如，"匈奴俗贱老"，以及中行说对这一习俗的解说。请看，《史记》，前注〔2〕，第2899页。遗弃或杀死老人的习俗在古代日本、因纽特人、印第安人和玻利维亚以及世界其他地域和民族中曾普遍存在。请看，Nancy R. Hooyman and H. Asuman Kiyak, *Social Gerontology: A Multidisciplinary Perspective*, 7th ed., Pearson, 2005, p. 46.

〔37〕《论语》中也留有可视为孔子歧视老人的痕迹。他骂原壤"老而不死是为贼"；孔子也还告诫，即便君子，"及其老也……戒之在得"。《论语译注》，前注〔23〕，第159，176页。后代则习惯沿用了孔子的"老贼"说法。注意，孔子针对特定人的前一句话并不影响我的抽象和概括。贼的常规含义是不公道地侵占了他人创造的本不属于自己的生活资料，但这其实是丧失劳动能力的老人之必需。

〔38〕《孟子译注》，前注〔1〕，第182页。

〔39〕"今也制民之产，仰不足以事父母，俯不足以畜妻子，乐岁终身苦，凶年不免于死亡。"《孟子译注》，前注〔1〕，第17页。

自己老来消费。农耕社区也不可能社会化养老。在这种情况下，若不以某种或强或弱的制度要求儿子（女儿因外嫁而只能豁免）为父母提供基本生活资料，老人生活注定悲惨，或沦落为其所在村落的负担。看到并理解了这种前景，即便包容利他仍能推动男子成为"慈父"，代际间的互惠利他也会削弱他的这一本能，消解此类冲动。结果会是一种恶循环。

这或许可以解说，为什么在春秋战国时期，儒家就明确把"老有所终"视为一个普遍的社会问题。他们提出了包括"老有所终"在内的纲领性目标，[40] 却无法在社会层面付诸制度实践，因为当时国家没有实力来落实和保证。儒家只能说教，依靠家庭和家族，借助村落社区舆论形成微弱的社会压力。"子孝"应运而生，作为由宗法和社会舆论保证执行的农耕社区规范/不成文法；后世则成为国家宪制/政法意识形态。朝廷宣示要以国法强行推进，[41] 但由于种种社会条件制约，一直很难落实，几乎没有落实。这一点第五节再讨论。

在历史中国的农耕社区，除了是对"父慈"的制度性回报外，"子孝"对于家庭和家族的统一集体行动也很重要。孩子要听从父/母长辈的教育、指示、训练，服从父母对"家"中的大事安排；"其为人也孝……而好犯上者，鲜矣"，[42] 儒家并未将"孝"与"顺"简单等同，但在民间，孝顺常常直接相联。流行说法是"孝顺孝顺，孝就是顺"或"三（或百）孝不如一顺"等。从中或许可以看出，儒家与民间都关心"齐家"中的父子关系，关注点却有精细的分别。儒家的关注略显高大上，有关整个人类社会理想——"老有所终"，还希望有助于国家政治治理，将"孝"融入制度礼节。民间则更多关注家庭和社区的组织、秩序和制度的实在效果：和睦。

但在没有其他制度资源可供村落或家族调遣的社会条件下，如此强调孝和顺，何止是可以理解呢？实在是太有道理了！

---

〔40〕"大道之行也……使老有所终，壮有所用，幼有所长，矜寡孤独废疾者皆有所养……"《礼记正义》，前注〔6〕，第658页。又请看，《孟子译注》，前注〔1〕，第5、16页。

〔41〕《唐律》规定违反"善事父母"的行为，构成"十恶"中第七项不孝罪。《唐律疏议》，中华书局1983年，第12—14页。

〔42〕《论语译注》，前注〔23〕，第2页。

"兄良弟弟"？其实是"长幼有序"！

我转而讨论兄弟关系。抽象来看，这有关农耕村落中同辈男子间的关系，是村落组织架构的横向关系，关涉同辈人的竞争、协作、合作和利益分配。

首先需要界定一下同辈。与现代特别是城市人的理解不同，在历史中国农耕村落中，同辈基本不是个以年龄测度的概念，而是血缘群体中（特别是在五服之内）的代际概念。在有家谱文化的村落或家族，每代/同辈男子的名字中总会分享某个字或某个偏旁部首。在村落中，同年龄段的男子可能，却未必同辈。因为养育一个后代往往需要数年时间，也没有便利可靠的避孕手段，农耕家庭的生育常常陆陆续续，也伴随婴幼儿死亡的高风险，同一家庭的兄弟姐妹年龄差别也颇大，不时会有"长兄如父"或"长姐（嫂）如母"的现象。这种状况持续几代，就会导致同辈人年龄差别很大。中国农耕村落组织秩序一直坚持"父为子纲"，首先关注垂直化父子辈分层级，然后才是横向的兄弟长幼关系。

针对兄弟，儒家提出的基本规范是"兄良弟弟"。[43] 与"父父子子"相似，这也是一个有关个人制度角色的原规范，发生的原因同样是，在农耕村落中，很难抽象出一个本质主义的可贯穿始终的兄弟关系。想想，若父/母双双早逝后，"长兄如父""长嫂如母"的社会实践。"兄良弟弟"当然不错，但这一规范太笼统，要求兄弟和睦相处，却没指示兄弟间如何具体和睦相处。从理论上看，和睦相处对任何关系都很重要，有什么理由特别强调兄弟间的和睦相处呢？在现代流动性很大的社会，兄弟常常天各一方，和睦不和睦，问题都不大。

这条原规范针对的就是流动性很小甚至没有的农耕村落。在这里，前辈从日常生活经验中敏锐察觉到，在同辈男性之间，分享了共同基因，在对外竞争中，趋于相互支持，"凡今之人，莫如兄弟"；[44] 但在

---

〔43〕"何谓人义？……兄良、弟弟。"前注〔6〕，《礼记正义》，第689页。

〔44〕程俊英、蒋见元：《诗经注析》，中华书局1991年，第448页。

村落内部，同辈兄弟却有竞争。这种竞争会令整个群体获益，但若不加约束和节制，竞争过度，非但会令竞争的收益耗散，还可能威胁家/村落社区；非但损害那些只能由家庭/社区合作生产的福利，严重时，甚至会有人引狼入室，借助外力来获取竞争优势。这类悲剧是普世的，自古以来在中外各种群体和各个层级中，屡见不鲜。[45] 不是消除竞争，而是如何平衡同辈人之间的竞争与协作，最大化最优化对外竞争，是任何大小群体无法回避的实践难题，必须精心拿捏。"兄弟阋于墙"很常见，但"外御其务（侮）"，实在太难；弄不好就会祸起萧墙。[46]

因此，何为"兄良"，何为"弟弟（悌）"，其实不那么重要；后注〔49〕和〔50〕，以及相关正文也表明，有时，究竟谁为兄，谁为弟，都不重要。从先秦诸子的强调来看，从后世农耕村落的实践来看，真正重要的其实是同辈人之间的"长幼有序"。[47] 有了序，就可以按同辈男性的年龄确定他们在家庭/社区中的位置，承担相应的责任，享有相应的权益。"长幼有序"因此既是家庭/村落的组织结构原则，也是在家庭成员/村落成员中有序和公正分配各种资源/福利的准据之一，其功用是弱化和缓和农耕社区内同辈男性间的竞争。这一原则令每个男性对自己在家庭/社区中的责任和受益数量甚至种类都有确定的预期。"长兄如父"，当父亲早逝的情况下，哥哥有承担抚养弟妹的道义责任。家中若只能供一人读书，父母更可能选择让弟弟上学，让哥哥早早参加生产劳动并当家。甚至至今在中国农村，通例（今天已有例外）是，如果哥哥还没娶媳妇，弟弟有了女友，即便可以在外悄悄结婚，却没理由要求父母提前安排他的婚事。"长幼有序"限制了甚至排除了竞争，尤其是那种无法均分的利益（如爵位）。一定程度上，会增强，而不是弱化，家

---

〔45〕 中国春秋战国时期这类例证不可胜数。外国著名的如俄狄浦斯王的孪生子之间为争夺王位双双死去，以及莎士比亚笔下为争夺嫡长子权位以种种手段陷害甚至谋杀自己兄长的埃德蒙。请看，索福克勒斯：《安提戈涅》，载《埃斯库罗斯悲剧三种·索福克勒斯悲剧四种》（《罗念生全集》（2）），上海人民出版社 2004 年；以及，《李尔王》，载《莎士比亚全集》（9），人民文学出版社 1978 年。

〔46〕《诗经注析》，前注〔44〕，第 450 页；以及，杨伯峻：《春秋左传注》，中华书局 2009 年，第 424 页。又请看，"有国有家者，不患寡而患不均，不患贫而患不安……吾恐季孙之忧，不在颛臾，而在萧墙之内也。"《论语译注》，前注〔23〕，第 172 页。

〔47〕 请看，"长幼有叙"。《孟子译注》，前注〔1〕，第 125 页。

庭/社区的凝聚力，进而增强集体的对外竞争力，增进全体家庭/村落成员的总福利。

"长幼有序"也为社会上其他利益相关人的决策和行动提供了稳定预期。荀子曾指出，"长幼有序"有便利社会行动、节省交易费用的重大功用，"事业捷成而有所休"。[48] 在中国社会，除非情况特别，父母通常注意培养长子的决策和领导能力，也会更早向长子介绍相关的人脉关系。兄长会早早明白自己的更多与责任相关的地位，更早参与家庭决策，学习相关的知识。当父亲不在（无论是去世还是外出）时，他知道首先是自己，而不是任何其他人，甚至不是母亲，要出头露面，当家作主。家庭教育也会让弟弟早早清楚，在哪些问题上，自己必须谦让、服从哥哥。长幼有序也有助于维系良好代际关系，在许多问题上断然且有效地支持和正当化父/母亲的决策。想想上面提及的，长子未婚，次子想结婚，父/母亲断然拒绝，无需给出任何理由，也无人质疑。这可谓全社会公认的缺省设置，是约定俗成的正当程序，不基于个人权利，却有充分理由说它正当、合理和有效。

不限于家庭/社区，长幼有序也便利了同陌生人的交往或交易，避免因意外事件导致社会交往混乱或失序。设想父亲意外去世，留下的债务或债权该由谁继承？长幼有序原则为债权债务关系的继承提供了明确序列。利益相关人很自然也便捷标定了债务继承人，新的偿债人及其他潜在偿债人的序列，确定了自己交易的新对象。这有助于保证社会交往和交易的安全和继续，有利于促成其他交易的开展。即便有争议，也很容易诉诸衙门/法院来解决。在这类问题上，官府遵循的原则同样是长幼有序。这也是家族作为"事业"超越小家庭的优点。

由于"长幼有序"对于家庭、村落社区内乃至更大社会的制度功能，乃至在历史中国（至今仍然如此），即便双胞胎，包括"女双"或"龙凤胎"，但尤其是"男双"，只要一出生，就会——完全是人为且专断地——确定其长幼。之后父母就开始依据兄友弟悌（相应的姐妹或兄妹的规矩）来规训他们。这种人为和专断突出表现为确定孪生子长幼的

---

[48] 梁启雄：《荀子简释》，中华书局1983年，第341页。

标准。在当今中国，普遍认为孪生子中先出生者为长，但在历史中国也曾长期认为后出生者为长，为此还曾有过辩论。[49] 日本也曾长期坚持宋儒"后出生者为长"的主张。然而，这与儒家或传统其实关系不大。[50] 重要的是社会生活要求尽早且统一地确定长幼，经此来确定产权、分配责任，便利交易。确定孪生子长幼的标准并非其出生先后，也不是其他"本质"上的长幼。中国人只是用具体时空中的所谓"自然序列"来简单化、标准化，也正当化某一具体的长幼序列。

要把这种一人为序列变成特定社会中人们的天经地义或理所当然，却不是自然或天然。"长幼有序"的前提其实是父/母对于子/女的权威，以及子女对父母决策的服从。这或有助于从另一角度理解为何要"父为子纲"？纲举才能目张！

同辈人以年龄长幼来组织农耕村落社区，维系秩序，这与后世儒家在"治国"领域倡导"贤贤"或"尚贤"原则[51]也不必定冲突。首先"尚贤"和"长幼有序"（"亲亲"）分别针对了是不同的社会制度领域。"尚贤"主要用于政治共同体治理，处理的是典型的政治关系，"惟仁者宜在高位"，有关政治上的领导与服从。若历史传说为真，那么从商武丁任用奴隶傅说为宰相开始，"贤贤"就开始成为治国的核心原则之一。即便看似更强调"亲亲"，分封诸侯的西周也同样"尚贤"。姜子牙是例证之一。还有周公越过了其兄长管叔鲜、蔡叔度进入了政治决策的中心，成为西周早期最核心的政治人物。后代王朝也一直继承了这一精英政治的传统。相比之下，"长幼有序"主要用于处理"家事"，用于家族（在相当程度内，也包括皇室家事）和农耕村落的组织治理，

---

〔49〕 "今时人家双生男女，或以后生者为长，谓受胎在前；或以先生者为长，谓先后当有序。……乃知长幼之次，自商、周以来不同如此。"洪迈：《容斋随笔》，中华书局 2005 年，第 221 页。

〔50〕 因为人类学调查发现，黑龙江下游的赫哲族以及库页岛上的尼夫赫人，与儒家传统无关，也坚持后出生者为长。张松：《黑龙江下游及库页岛诸民族中的孪生子崇拜》，载《黑龙江民族丛刊》2006 年 6 期，第 122 页。

〔51〕 "举直错诸枉，则民服；举枉错诸直，则民不服""举直错诸枉，能使枉者直""举逸民"。《论语译注》，前注〔23〕，第 19、131、208 页。"其人存，则其政举；其人亡，则其政息……故为政在人。"《礼记正义》，前注〔6〕，第 1440 页。"劳心者治人，劳力者治于人""惟仁者宜在高位"。《孟子译注》，前注〔1〕，第 124、162 页。"贤能不待次而举""欲立功名，则莫若尚贤使能矣"。《荀子简释》，前注〔48〕，第 99、102 页。

虽然有政治治理的功能，可供政治挪用，但其针对的主要是有血缘关系的同辈人。只有在特定条件下，如"长兄如父"，以及在继位皇帝与其弟兄之间，长幼才有了领导与服从的意味。

但也得承认，"贤贤"与"亲亲"的区分不绝对，会有交错和重叠。世界上有许多事就是交错重叠的。同姓农耕村落也不可能全然无视个人能力对于家族宗法或村落组织的贡献。从后代的实践来看，村落家族的族长并不必定由族内辈分最高且年龄最长的人担任，有所损益，或是"于族内择齿德俱尊立为族长"，或"公举族中之贤者以辅之"。[52]但最突出的例证也许是，历代王朝，皇位继承通常被认为是皇帝家事，理论上不上朝政讨论。但鉴于皇位继承政治利害关系重大，必然是国事、天下事。为确保政治稳定和皇位继承顺利和合法，"长幼有序"仍是皇位继承的核心考量之一，嫡长继承因此是皇位继承的缺省选项。有关这一点第十章会再论。

社会和国家视野中的"齐家"

以上分析讨论表明，"齐家"是历史中国一个独到的重大制度领域，有关中国社会最基础的农耕村落，与治国和平天下也相互勾连和支持。村落秩序总体上一定以国家和天下太平安定为前提，因为覆巢之下无完卵。规范和治理父子、兄弟以及下一章讨论的男女关系，其起点和着眼点虽然是为确保家/村落的井然有序，客观上，却支援和巩固了更大疆域的政治共同体构成。

村落治理有序本身就是整个社会和平和安定的一部分，为国家政治治理创造了有利条件，节省了村落对国家正式法律制度的需求。即便皇权不下乡，也无后顾之忧。"家"与村落社区的规训、教育对全社会和治国有正外在性，其中的道理就是："其为人也孝弟，而好犯上者，鲜

〔52〕 转引自，冯尔康：《清代宗族族长述论》，载《江海学刊》2008 年 5 期，第 144 页；以及，陈瑞：《清代徽州族长的权力简论》，载《安徽史学》2008 年 4 期，第 95 页。

矣；不好犯上，而好作乱者，未之有也。"[53]

通过解释性的意义扩展和原则推广，后世儒家把父子关系延展到政治上的君臣关系（"在家尽孝，在国尽忠"），形成了鼓励政治精英积极有为的"修齐治平"的思路。[54] 即便在政治实践上，这一思路似乎并不那么成功，[55] 却为历史中国提供了一个大约持续了2500年的宪制/政法理论范式，或宪制/政法意识形态。通过类比、比喻、拟制、象征和转借，家庭关系的一些原则被推广或移植或挪用到一些后来才出现的，或才有必要应对的，无血缘亲缘的关系，一些陌生人关系。例如，父子关系/师生关系（"一日为师，终身为父"），把兄弟关系转换为与朋友/同僚/甚至一切陌生人相处的准则。[56] 属于"家"和村落普通人的日常生活规范，因此变成了历史上农耕中国社会生活的，有时甚至是某些政治生活的原则和规范。

一旦超越了家/村落社区，这些规范在社会政治生活中就有了新的制度意义。在其他地方我曾讨论过，若是当年古希腊对孪生子有长幼有序的规矩和制度实践，底比斯国王俄狄浦斯出走后，他留下的孪生子，也许就不会为继承王位互不相让，刀兵相见，王位继承的重大危机或许可以避免（只是或许，因为有李世民；但也别忘了李世民的鲜卑血统和文化），至少多一分可能化解，整个城邦乃至其他个体的悲剧也就多一分可能避免。[57]

正因为"齐家"对"治国"的意义，在后世中国，只要可能，朝

---

[53]《论语译注》，前注〔23〕，第2页。

[54] "古之欲明明德于天下者，先治其国；欲治其国者，先齐其家；欲齐其家者，先修其身；欲修其身者，先正其心；欲正其心者，先诚其意；欲诚其意者，先致其知，致知在格物。物格而后知至，知至而后意诚，意诚而后心正，心正而后身修，身修而后家齐，家齐而后国治，国治而后天下平。"《礼记正义》，前注〔6〕，第1592页。

[55] 有许多证据表明用于"治国"，这种模式并不成功。后代可以说唯一"死磕"儒家经典的王莽，结局是彻底失败。可参看，朱永嘉：《商鞅变法与王莽改制》，中国长安出版社2013年。中国实际是"百代都行秦政法"。毛泽东：《七律·读〈封建论〉呈郭老》，载《建国以来毛泽东文稿》(13)，中央文献出版社1998年，第361页。

[56] 最宏大的如，"四海之内皆兄弟也"。《论语译注》，前注〔23〕，第125页。又如，对陌生人要求："年长以倍，则父事之。十年以长，则兄事之。五年以长，则肩随之。"《礼记正义》，前注〔6〕，第28页。

[57] 苏力：《自然法、家庭伦理和女权主义？——〈安提戈涅〉重新解读及其方法论意义》，载《法制与社会发展》2005年6期。

廷都会以各种可行的方式支持"齐家"。最突出的，自《北齐律》之后，"不孝"被列入十项重罪。在《唐律》中成为"十恶"大罪之一。

中国法律史家习惯用儒家经典言说以及历史上儒家的正统地位，来解说这一历史变化。但这一解说是有问题的。不错，儒家经典《礼记》强调了"子孝"，但它首先强调的是"父慈"！为什么历史中国的行政司法实践——就我有限的阅读——从没听说法律制裁过"父不慈"。相反，在一直不知儒家为何物的欧美，反倒长期有"遗弃罪"（abandonment and desertion），惩罚已婚男子遗弃妻子和孩子，可谓欧美版的"父不慈"。儒家先贤的经典和权威教训是"不孝"进入"十恶"的原因或动力，这一说法至少可疑。

在我看来，制度往往因经典而被言说，却很少因经典而发生，更不大可能仅因经典而延续。这是马克思开创，并为尼采、霍姆斯和福柯等拓展的知识考古和谱系学阐明并一再强调的。从经典文本回到农耕中国的社会历史语境中，才能理解本来由村落社区压力保证执行的习惯法"子孝"，为何在后代王朝会变成一种宣示性法律义务[58]；也才能理解，为什么儒家的首要教诲"父慈"却一直停留为没有牙齿的社会规范。

我认为这更可能是历代王朝，考虑到自然律，同时针对农耕村落治理的现实可能性和有效性，做出的智慧且精巧的制度安排。要理解其中的智慧和精巧，理解历史语境中这一制度的正当性和合理性，需要关注或钻研的不是儒家经典或后学阐释，而是父子关系的自然特点，以及这

---

〔58〕 仅就历史记录而言，由于不告不理，历史上对"不孝"的正式制度制裁，也不多见。众多法律史著作中有关"不孝罪"多是抽象概括的法律，很少给出生动且令人信服的判例。那些以"不孝"之名被记载和关注的有数判例，既奇怪，也牵强。一案是寡母与道士通奸，诬告儿子"不孝"，孝子宁肯伏法被杀，也拒绝透露寡母丑闻。多亏地方主官，基于情理判断分析，又巧妙设计，才发现了此案真相（《新唐书》，中华书局1975年，第4461页）。二是，有富家子以怀疑酒中有毒为名，与妻子一同诬告父母下毒（桂万荣：《棠阴比事选》，群众出版社1980年，第40页）。三是，媳妇因小事在公婆面前训斥狗，惊动了其丈夫/孝子。儿子认为此乃不孝敬父母之举，提出休妻。审理此案的主官认为，媳妇虽有不敬，但儿子小题大做，未许休妻（《白居易集》，中华书局1979年，第1394—1395页）。这三个案子若说是惩罚"不孝"，实在牵强。案一其实是母亲因奸情试图以不孝之名杀子；案二是儿子媳妇诬告母亲案，也算不孝，但"也算"本身就打了折扣；案三更可能是丈夫想以"不孝"之名休妻。

我只查到明代有一个判例。请看，钱春：《一起依子骂母律绞犯壹名朱寿儿》，载《湖湘五略》卷1，辽宁省图书馆藏万历四十二年刻本，第29—30页；收入《四库全书存目丛书·史部六五》，齐鲁书社1996年，第659—660页。

种自然特点在传统农耕社会中的可能后果。

前面已提到，基因自我繁衍的天性令人们天然趋于关心自己的下一代，而不是相反。这意味着，即便不如母亲慈爱，父亲通常还是会关爱自己的孩子，这种关爱程度通常会大大超过孩子对父母的关爱。换言之，基于繁衍后代的生物本能，"父慈"有一定的自然激励，"子孝"则几乎完全没有。其次，还可以将"父慈子孝"视为一个双务合约。从这一视角看，"老无所养"是一个可能的威胁，一个潜在的成本，这会迫使部分本可能不太关心孩子的父亲，为了自己老有所养的未来利益，关心自己的孩子。相比之下，孩子一旦长大成人，就没有类似的、且足够大的未来利害考量，[59] 促使他去关爱已先期履行了"父慈"责任的父亲。第三，尽管很难考察并确认儿子长大成人有多少归功于"父慈"，但儿子长大成人，就在眼前，这就是初步证据（prima facie），足以令国家、社会和村落假定或推断父亲已大致履行了"父慈"的义务。在这种情况下，儿子不孝，不履行"子孝"义务，会令先期履行的父亲处于绝对不利的位置，还无法获得救济。国家因此有理由甚至必须干预、防范和矫正这种不公。第四，从全社会公共政策来看，若不适度介入和干预，放任儿子不孝，这会向全社会正在履行或愿意履行"父慈"义务的男子发出一个信号："好人没好报"。这或者会弱化本来通常就比母亲更弱的基于生物性的父慈，或会为未履行"父慈"的男子提供了不履行的口实。第五，这转而会加重母亲独自抚养孩子的责任。第六，缺乏"父慈"，一些本来可能存活的孩子更难健康存活并长大，这对整个社会和国家都是不利的。

这令国家至少有三个实用主义理由干预"子不孝"，而谢绝干预"父不慈"。第一，就父慈子孝这一社会规范的执行而言，"父慈"有两种自我执行动机。生物性父爱除外，另一重要因素是，应先期履行的父亲如未履行"父慈"，这就会弱化靠后履行的"子孝"义务，儿子会获得了一种类似现代民法的"先履行抗辩权"。历史中国农村当然没有这

---

[59] 仍有些许风险威胁，来自他自己的后代。如果儿子不孝顺父亲，前者的儿子就可能"学坏"，长大后也不孝顺。这一点在中国农村流传相当广泛，民间称为"报应"。这是舆论压力，也是民间意识形态。

类概念，但没这个概念、没这个词不意味着社会中就没有与之功能类似的道理、说法和社区互动机制。有的。这就是中国民间常说的"报应"（deserts）。如果父亲年轻时没有正当理由地不关爱自己的孩子（"父不慈"），老来，儿子不养他（"子不孝"），民间会认为，这就是父亲该遭的"报应"。但对于"子不孝"，这两种自我执行的动力都缺乏。尤其是，如果父亲已先期履行了"父慈"义务，他就亏大了。在这种情况下，考虑到历史中国国家财力人力有限，公权力仅选择干预"子不孝"，不干预"父不慈"，这种选择性执法不仅公道、合理而且明智。

这个明智还与信息费用相关。任何合理化正当化的外部干预，都必须有足够数量和足够可靠的信息。在古代农村，一般说来，国家很难有足够证据认定并惩罚"父不慈"：孩子可能幼小无力抱怨，不敢抱怨；有些没得到足够"父慈"关爱的孩子很可能就没能活下来，无法取证。惩罚不慈的父亲还常常会加重孩子的困境，更无法得到父爱和父慈。现代社会就常常遭遇这类令人尴尬的经验。相比之下，查证"不孝"容易多了，只要孩子已长大成人，通常足以表明或是可以推定父亲已履行了自己的先期义务，轮到儿子履行了；而他没履行。

最后一个理由是国家干预不孝的公共政策意义，这不仅维护了父亲的权益，事实上这也是维护了母亲的权益；更是向全社会宣扬了"以孝治天下"。这是历代王朝的基本民生政策之一。

从更开阔的学术视野看，社会中还有其他防范机制存在，令国家也有理由不必用法律强行干预"父不慈"。由于直接的利害关系，利害关系人会预先强化筛选待婚男性。在历史中国，这一责任主要由待婚女子的父母及其近亲属来履行。主要方式是以婚姻"六礼"如"考察生辰八字""相亲"等程序来直接间接考察待婚男子本人及其父母的人品、家风和门风。这种考察不一定准确，但也不会全是空穴来风。关爱后代若是天性就可能自然遗传，若是家庭文化则可能耳濡目染为后代继承。

在这种视角下，我们还可以从另一角度理解，民间通婚为什么关注甚至强调"郎才（财）"或彩礼。从功能上看，这就是为避免或减轻筛选考察失误的一种"保险"，一种不得已而求其次的家庭财政保险。

如果"父慈"有可遗传的先天因素，那么长期来看，关爱后代的男子会有更多后代长大成人，而天性不关爱后代的男子趋于更少甚至没有后代。人类的繁衍趋于有利于那些天性关爱孩子的男性。这个世界其实不只是"人在做，天在看"，天其实也在悄悄做。

综合以上种种社会机制，就可以看出，后世历代王朝把"不孝"定为重罪，却从未在法律上强求"父慈"，实在是一项非常明智的制度设计，既深刻洞察了人性，又有深厚的社会关切。这是一种借助自然的"损有余而补不足"的制度。

还值得注意的是，若把"父慈""子孝"视为一个双务合同，隐含其中的双向权利义务履行间隔长达20年甚或30年，这意味着这个合同风险巨大。要确保这样的合同切实履行，另一不可或缺的制度前提是，一个长期稳定有序、社会流动性很小且高度同质的农耕村落，由此才能确保双方长期博弈，由此社区才能创造并保持足够强大的社会舆论压力，保证"天网恢恢，疏而不漏"。若在流动性很大的现代社会，即便是商业社会，这个选择性执法的制度设计和实践都会很不保险，甚至很偏颇。只是放在历史中国农耕村落语境，综合考察，就可以看出，这种制度不只趋于在社会制度层面实践跨世代（而不是个体间）的公平，而且，基于对人性和农村语境等因素的深刻洞察和综合考量，也大大节省了执法成本。

"治国"与"齐家"毕竟是不同领域。因此，一定会有规范的冲突。但并非总是"齐家"向"治国"妥协。在一些边际问题上，"治国"也会向"齐家"有所妥协。典型例子是在偷羊的问题上孔子曾断言"父为子隐，子为父隐，直在其中"。[60] 但不应将此理解为孔子不懂或不顾人间的基本是非对错。在孔子看来，诸如偷羊这类不当和不公行为并不严重威胁社会的公正，父子或亲人间的相互包庇，这种情感从社会角度看虽然不好却很自然。由于家和父子关系对于农耕村落秩序甚至对诸侯国都太重要了，有必要维护这种有利于家庭的自然情感。权衡起来，这要比维护相对抽象的社会公正更重要，至少就当时而言，会是如此。孔子的这个判断客观上更多维护了"家"。但我们应当看清楚的

---

[60] 《论语译注》，前注〔23〕，第139页。

是，令孔子做出这一"偏颇"判断的并非有关"家"的意识形态，而是对两种同样珍贵的社会利益的权衡，对不同利益的边际考量。毕竟，孔子面对的只是"偷羊"，不是"江洋大盗"或"窃国大盗"。用法学理论话语来说，孔子做出的不是个教义学判断，而是一个集中关注经验后果的实用主义判断，一个本质上是法经济学的判断，[61] 其思考无论深度还是精细度都远远超过今天宪法行政法学者特别爱捣饬的"比例原则"。

并非夸大其词。证据是，一旦遇到涉及面更广的重大利益时，儒家就强调，"齐家"一定要服从"治国"。无论"家"有什么特点，也无论多么关注"家"的利益，有何等亲密的血缘关系，在国家宪制/政法上都必须受限制。当涉及社会国家重大问题和根本利益时，无论如何，"齐家"不得与"治国"抵牾，直至要求并坚持"大义灭亲"。尤其是承担重大政治责任的政治精英必须，也应当，牺牲亲情，维护重大的国家政体利益。最典型的例证就是《左传》记录的有关"大义灭亲"的那个历史事件。[62]

2015 年 9 月 14 日定稿于北大法学院陈明楼

---

〔61〕 这并非偶然。孔子一贯主张，为政者要"赦小过"。《论语译注》，前注〔23〕，第 133 页。

〔62〕 故事梗概如下：卫国老臣石碏之子石厚，与深得宠爱的卫庄公之子州吁搅在一起，干了许多坏事。州吁杀了继位君主，夺了君位。为除掉祸害，石碏派人联络陈国，要求陈国抓捕并处死路经陈国的州吁和儿子石厚。卫人在陈国协助下诛杀首恶州吁。石碏认为，石厚唆使并协助州吁犯罪，罪恶严重，不能徇私情，舍大义，从轻惩处石厚，遂派家臣到陈国，将石厚杀死。史家左丘明赞美石碏"大义灭亲"。《春秋左传注》，前注〔46〕，第 30—38 页。

|第三章| 齐家：男女有别

> 男女有别，然后父子亲；父子亲，然后义生。
>
> —— 《礼记正义》[1]

问题或麻烦

父子和兄弟关系，一纵一横，以"齐家"为名，在村落组织构成中作用无可替代。但这两种关系的致命缺陷是无法自我再生产。两种关系的再生产都必须依赖，完全依赖，男女之间的关系。因此，尽管传统农村的构成和治理一直不依赖男女关系，儒家经典甚至贬斥女性——"唯女子与小人为难养也"，努力将之边缘化，[2] 但村落的发生、延续和演变，以及本章集中关注的村落构成之稳定，却完全取决于男女关系。

是男女，而不只是夫妻关系。所有夫妻关系均源自男女，男女关系却远不止夫妻。同父子兄弟关系相比，男女间关系实在是复杂多变。父子兄弟关系几乎全是生物给定的——偶尔的过继（收养本家兄弟的男孩）也有血缘关系。毫无血缘关系的收养在传统农耕村落很难发生，罕有所闻；尽管在古希腊，时有此类传说。男女关系中有生物给定的，

---

〔1〕《礼记正义》，北京大学出版社 1999 年，第 814—815 页。

〔2〕杨伯峻：《论语译注》，中华书局 1980 年，第 191 页；虽有"在家从父，出嫁从夫，夫死从子"（《仪礼注疏》，北京大学出版社 1999 年，第 556 页）的教训，但在社会层面，尤其是"夫死从子"，这几乎从未严格遵循。在教子方面，中国社会历来认为母亲比父亲重要，因孩子幼年时，总是母亲照看。

如兄妹或姐弟，如母子或父女。但惹出麻烦、风险重大的更多是（也有例外，如俄狄浦斯王弑父娶母）那些没有或仅有极稀薄血缘联系的男女。这类男女，从生物学上看，通常适宜结为夫妻，繁衍健壮的后代。还可以"合两姓之好"，在农耕时期，构建超越村落的更大地域社群。这一功能也会被充分利用，有意无意地，化解或缓和家族或宗族或村落间的世仇；典型如莎士比亚的《罗密欧与朱丽叶》。历史中国通过民族间的"和亲"来缓和冲突，建立政治同盟。[3] 本章讨论农耕村落构成和治理，也得靠男女关系才能持续再生产村落构成的经（父子关系）和纬（兄弟关系）。

男女关系因此是人类各种自然关系中最具创造力的关系。只是没人许诺，也没人能保证，创造就一定是改善、发展或进步。真实世界中的创造从来都是永久、全面、彻底改变原有的格局。换种说法，创造几乎等于颠覆。创造性越大，颠覆性越强。一种改变究竟是创造还是颠覆，没有标准定义，取决于卷入其中的评判者的立场和视角，取决于他们的相关利益盘算和得失。绝大多数人趋于保守，过日子，可期待利益足够大且确定除外，人们通常希望保持既得利益。有鉴于此，越具创造性的男女关系，对其中至少一方甚或双方风险就越大。这类风险还会外溢，牵连他人，甚至成为社会灾难。人世间许多男女的情爱何止是动人？那可真的是"一顾倾人城，再顾倾人国"；甚至明知倾城与倾国，仍有人义无反顾，就因为"佳人难再得"。[4] 这也还真的普世，中外都有些"冲冠一怒为红颜"的历史传说。[5]

即便成了夫妻，双方当初也真的强烈希望"执子之手，与子偕老""从一而终"，这种关系也不因个人或双方意愿就能锚定。是有渣男或渣女，但离婚或外遇通常并不真因为他/她当初没打定主意，或是看错了人。由于生物进化的必要和必然，从生物学上看，人——男子尤为显

---

[3] 华立：《清代的满蒙联姻》，载《民族研究》1983 年 2 期。

[4] 李延年：《歌一首》，载《古诗源》，中华书局 1963 年，第 49 页。

[5] 为了褒姒的一笑，周幽王烽火戏诸侯，导致西周灭亡、平王东迁（《史记》，中华书局 1959 年，第 147—149 页）；吴三桂"冲冠一怒为红颜"促成了清军入山海关（吴伟业：《圆圆曲》，载《吴伟业诗选译》，巴蜀书社 1991 年，第 40 页）。海伦与帕里斯的爱情至今活在荷马史诗中，特洛伊城邦则在 3000 多年前就灰飞烟灭了（荷马：《伊利亚特》，人民文学出版社 1994 年）。

著——天性趋于多性伴侣或多元性感的（poly-erotic）。在夫妻之外，无论男女，尤其是现代社会，都可能有红颜或蓝颜知己，尽管这不必定等于或导向出轨，也尽管女性通常比男性对异性更挑剔。[6] 人的这种自然倾向意味着，夫妻可能成为陌路人，是社会制度上的夫妻，同床异梦甚至不同床也异梦。"和你一起慢慢变老"，并不是人世间最浪漫的事，那只是恋爱中的人"能想到（的）最浪漫的事"。[7] 这首歌的词作者无意中透露了人类的无奈。更何况，"浪漫"的基本含义之一就是不确定，不现实，甚或不靠谱。[8]

真不是有意贬低爱情和婚姻。只是必须看清这点，才能从社会角度理解男女关系的复杂、重大、紧要和关键，需要以制度管控；也才可能从一开始就洞悉，即便建立了相关制度，也不可能彻底补救的那些致命局限。换言之，别指望有什么一劳永逸或长治久安，或格林童话结尾处屡见不鲜的"从此过着幸福的生活"。就本章而言，不仅要充分理解男女关系对于村落发生和延续的意义，还要理解潜藏其中的对村落秩序的重大威胁，理解那些看起来天经地义或很不合理的村落制度中包含的对此类风险的防范。

首先，既然是本能，又总伴随着强烈情感，这种关系就很难，有时甚至就是拒绝，接受理性的教诲和制度的规训。孔子在《论语》中曾两次强调"吾未见好德如好色者也"！[9] 再想想那些毒誓："我欲与君相知……/山无陵/江水为竭/冬雷震震/夏雨雪/天地合/乃敢与君绝。"[10] 其次，此类风险一旦发生，其波及的范围和程度，无人可以预料，不仅难以预防，而且无法有效止损。许多不知情的人，全然无辜的人，包括当事人的至亲，都可能玉石俱焚。私奔路上，美狄亚毫不手软

---

〔6〕 这不仅是社会学和社会生物学的研究结论（参看，Richard A. Posner, *Sex and Reason*, Harvard University Press, 1992, pp. 89-91；费孝通：《乡土中国·生育制度》，北京大学出版社1998年，第143页）；中国民间也经常提及特别是男性"吃着碗里看着锅里"（《金瓶梅词话》，岳麓书社1995年，第2121页；《红楼梦》，人民文学出版社1982年，第213页）。

〔7〕 姚若龙：《最浪漫的事》，1994年。

〔8〕 "浪漫的核心是不确定/不靠谱。" Oscar Wilde, *The Importance of Being Earnest*, Broadview Press, 2009, p. 72.

〔9〕 《论语译注》，前注〔2〕，第93，164页。

〔10〕 《上邪》，载《古诗源》，前注〔4〕，第70页。

地杀死了自己的弟弟，将之切成碎块，一路洒落，以迟滞父亲的追赶。也是这个美狄亚，为惩罚丈夫伊阿宋的负心，毫不手软地毒死了自己两个稚子。[11] 当然，现实生活中的男女关系通常并不如此激烈，不敢惊天动地。制度主要用来应对常规，但也必须防备冷不丁从哪儿冒出来的另类和极端。

男女关系与父子兄弟关系对于村落的构成和秩序都很重要，但各自的社会功能和意义非常不同。在村落中，父子兄弟关系几乎一直是稳定建构的，男女关系则既是创造的，也可能是颠覆的，因此需要防范。应对男女关系的最基本原则是"男女有别"。[12]

这一原则首先会促成稳定的婚姻家庭关系，是建设性的。如果没有严格的男女有别，就更多"发乎情"，却无法"止乎礼义"[13]。没有现代避孕手段，仅仅发乎情的性爱很容易带来生育，却很难令男子确信亲子关系。"孩子是自己的好"。若无法确信是自己的孩子，男子即便有能力，也很难慈爱和抚养与自己血缘关系可疑的孩子；且不论机会主义的男子还会以此为借口逃避责任。父子关系不确定，就很难有夫妻关系；有了，也很难稳定。在主要靠体力获得食物的农耕时代，可以说，男子通过向女子稳定提供生活必需品和安全保护，换取女子繁殖和养育他们的共同后代。这是双方长期——通常终身——的合作。如果女性不能令男子确信孩子是他的，男子就不大可能长期稳定地为该女子和孩子提供生活必需品和安全。这种情况，在农耕时代，对女性和孩子都极为不利。正是看到了"性产权"中的利害关系，也针对古代众所周知的社会现实，[14]《礼记》把男女有别的功能和后果说得非常明白："男女

---

〔11〕 欧里庇得斯：《美狄亚》，载《欧里庇得斯悲剧六种》（《罗念生全集》(3)），上海人民出版社 2007 年。

〔12〕《礼记正义》，前注〔1〕，第 814 页。

〔13〕《毛诗正义》，北京大学出版社 1999 年，第 15 页。

〔14〕 "古之时，未有三纲六纪，民人但知其母，不知其父"（班固：《白虎通》，中华书局 1985 年，第 21 页）；"昔太古尝无君矣。其民聚生群处，知母不知父，无亲戚兄弟夫妻男女之别，无上下长幼之道"（许维遹：《吕氏春秋集释》，中华书局 2009 年，第 544 页）；"神农之世，……民知其母，不知其父"（王先谦：《庄子集解》，中华书局 1987 年，第 262 页）；以及"天地设而民生之，当此之时也，民知其母而不知其父"（蒋礼鸿：《商君书锥指》，中华书局 1986 年，第 51 页）。

有别，然后父子亲；父子亲，然后义生"。[15] "男女有别"是保持家庭稳定的根本，是男子对妻子和孩子之"义（务）"发生的前提，是"齐家"的起点。

"男女有别"的实践重点是防范男女间的乱伦风险。这里的乱伦，指的是从社会后果看应避免发生的两性关系。大致可分为两类。一是生物性乱伦，即血缘上近亲男女间的性爱，因为这更可能生育不健康的后代。二是社会组织层面的"乱伦"，即社会出于秩序考量不允许的性爱。性爱不仅会改变男女双方的关系，连带着，很可能部分甚或全面改变他们各自嵌入的社会关系网络。如果是在一个人际关系紧密且必须确定的群体如农耕村落中，后果可能很严重很糟糕。但恰恰在这种抬头不见低头见的群体中，即便严加防范，无论从理论逻辑上还是经验研究都表明，这两类乱伦都更容易发生。[16] 一旦发生，受害人不限于行为人双方，还会牵连许多不知情者和彻底的无辜者，破坏甚至摧毁以父子兄弟为纵横架构的村落组织秩序，导致秩序紊乱，成为群体的灾难。换言之，最后要由整个村落社群来埋单。

本章集中分析讨论农耕中国村落为防范男女关系中的风险而形成的一些根本制度和原则，其发生的根据、功能及其实践的逻辑和局限。

"同姓不婚"，防范生物性乱伦

先讨论生物性乱伦的风险防范。

在历史中国，定居中原的农耕者很早就发现近亲结婚不利于繁衍，会导致后代在智力和体能上的衰退。[17] 尽管有外国学者认为，从小一

---

〔15〕 这个"义"特指丈夫对妻子的义务。"何谓人义……夫义、妇听"；"男帅女，女从男，夫妇之义由此始也"。《礼记正义》，前注〔1〕，第689、814—815页。
〔16〕 "若整个家庭生活在一个地方，失去地理分布的多样性，乱伦的风险会更大。" Posner，前注〔6〕，第89页。实证研究也表明在人际关系紧密的农村，要比人员高度流动的城市，更多乱伦。请看，Posner，前注〔6〕，第126页及其注〔29〕引证的文献。
〔17〕 "男女同姓，其生不蕃"，杨伯峻：《春秋左传注》，中华书局2009年，第408页。"同姓不婚，恶不殖也""娶妻避其同姓"。徐元诰：《国语集解》，中华书局2002年，第330、337页。

起生活的近亲属，相互间会天生"性厌恶"，足以防止乱伦。[18] 但从日常经验看，这个说法不大可能成立。[19] 中国古人的长期实践表明他们完全理解这一风险，因此建立了一套制度，尽可能避免血缘关系太近的人结婚生育。

首先是以制度化或规则的方式严格区分哪些人可以结婚，哪些人不能。这就是用来"别婚姻"的逐渐演变确立的姓氏制度。[20] 其中也包括，为落实"同姓不婚"，展开的日常教育和严格规训，中国古人清楚知道"非教不知生之族也"。[21] 演化定型后的姓氏制度，以父系为中心，儿女随父姓——借此展示父系的血缘。除后面提及但社会中鲜见的"入赘"外，后世通常无视母系的血缘。

若严格按照现代生物学逻辑，这种防止近亲结婚的制度不尽合理。"同姓不婚"，一刀切，会禁止血缘关系极稀薄（出了五服）的同姓男女结婚，还会禁止完全没有血缘关系的同姓男女结婚——因为历史上，有许多人，如进入中原地区的游牧民族，出于各种原因采用了某姓氏。更不合理的是，这种"同姓不婚"完全无视母系近亲；如禁止姑表兄妹/姐弟结婚，却允许姨表兄妹/姐弟结婚。这种同姓不婚中隐含了一些以男性为中心的判断，但未必是价值判断，更可能是当时条件下难免的错误的生物学猜测：姑表是不能容忍的近亲（"姑舅亲，辈辈亲，打断骨头连着筋"），而姨表则不是近亲（"两姨亲，不算亲，死了姨姨断了亲"）。

---

〔18〕 Edward Alexander Westermarck, *The History of Human Marriage*, 5th ed. , MacMillan, 1921, p. 80.

〔19〕 Shor Eran and Simchai Dalit, "Incest Avoidance, the Incest Taboo, and Social Cohesion: Revisiting Westermarck and the Case of the Israeli Kibbutzim", *American Journal of Sociology* 2009 May; 114 (6): 1803-1842. 日常经验是，恋爱中的青年男女往往会互称哥哥妹妹来表达感情——这意味着哥哥妹妹的称谓不能拉开，相反会拉近，恋爱或性爱双方的心理和情感距离。也有实证，拒绝任何现代工业文明的北美阿米什人，坚守简朴避世的生活，其社区自然对外极度封闭。近年来屡屡曝光，阿米什社区内兄妹乱伦、性侵频发，甚至怀孕生子。Sarah Mcclure, "The Amish Keep to Themselves. And They're Hiding a Horrifying Secret", *Cosmopolitan*, January 14, 2020.

〔20〕 "……姓可呼为氏，氏不可呼为姓。姓所以别婚姻……氏同姓不同者，婚姻互通，姓同氏不同，婚姻不可通……三代之后，姓氏合而为一"。郑樵：《通志二十略》，中华书局 1995 年，第 1—2 页。

〔21〕 邬国义/等：《国语译注》，上海古籍出版社 1994 年，第 211 页；《国语》，中华书局 2013 年，第 272 页。

社会生活中的道理很少是一面倒的。从生物学和社会学角度看不尽合理的这个一刀切，从社会实践层面看，却是当时更务实可行的制度，即便不是"最"或唯一。关键变量是婚配对象的搜寻费用。若在社会实践层面全面追溯男女双方父母的血缘谱系，一定会急剧减少潜在的可婚配对象总数。在交通通信不便的农耕区域，如此实践甚至可能令婚配不可能。这种双系血缘追溯的复杂程度很快就会超出普通人的信息处理能力，在没有文字来记录——即便有文字也不可能普遍记录——血缘谱系复杂的农耕社会，这种追溯不可能落实。[22] 仅关注父系姓氏，一刀切，反而简单易行，便于人们选择确定婚配对象；也便于监督防范单姓村落内少男少女的爱情冲动——后面会更细讨论这一点。

其次是外婚制，即要求农耕村落成员一律同他姓村落的成员成婚。除能"合两姓之好"外，这一规则可确保某些父系近亲不结婚。但在农耕中国，有考古证据表明，与外婚制相伴的是女性从夫居。[23] 即，除因没有兄弟不得已而招婿入赘外，女性婚后一律移居丈夫的村庄，仅携带作为嫁妆的个人"浮财"同行。

农耕中国普遍采纳从夫居的外婚制，绝非偶然，不可能仅仅因为男权。最简单的论证是，如果男性真的如女权者指控的那么恣意、任性和霸道，农耕中国的婚姻格局反倒应该是既有从夫居也有从妻居。统一且普遍的从夫居，这当然没顾及女性婚后对居住地的选择。但不应以偏概全，从夫居同样限制了男性，也没顾及男性婚后对居住地的选择。更合理的解释会是，一定有其他什么重大制度考量，迫使或促使农耕社会，

---

〔22〕 相关的经验证据是，藏族用骨系概念来"别婚姻"，避免父系和母系的近亲结婚。实践上却不可行。请看，苏力：《藏区的一妻多夫制》，载《法律和社会科学》第13卷第2辑，法律出版社2014年，第11—13页。

〔23〕 对距今5300年的河南双槐树遗址的考古发现：当地男性基因稳定一致，女性基因来源则广泛复杂（《"河洛古国"掀起盖头，黄帝时代的都邑找到了？》，载《新华每日电讯》2020年5月8日，版9）。这种制度不大可能只因人的天性，而更可能是理性选择。在农耕中国这是普世的。在古希腊，特洛伊军队的组织构成——国王普里阿摩斯率领着50个儿子和12个女婿——则表明，基于世界各地包括特洛伊人生育的后代中男女比例通常大致相当，特洛伊当时正趋于形成，但尚未确立女性从夫居的制度。

在中国为人们了解的另一特例是云南泸沽湖摩梭人的走婚制。有关的研究很多，可参看，Cai, Hua, *A Society Without Fathers or Husbands: The Na of China*, Zone Books, 2001；Shih, Chuan-kang, *Quest for Harmony: The Moso Traditions of Sexual Union & Family Life*, Stanford University Press, 2010。但摩梭人并非一个从妻居的社会，只是一个"无父的社会"。

或是权衡长期利弊后选择了，或是制度竞争演化确定了，从成本收益上看，更为理性的从夫居制。

从夫居毫无疑问对女性有种种不利。她们均孤身一人嫁入陌生村庄，适应那里的一切，为此一定支付了更多代价。但就稳定农耕时代人们的村落社区而言，从夫居比从妻居，或比极为罕见的走婚制，整体来看，对村落所有成员都有更大的制度收益。从夫居的女性不仅自己取得了这些收益，村落其他成员的收益也会通过种种渠道转化为她们的福利。理由之一是，在历史上各种生产/再生产关系下，年轻女性的特点（所谓的社会性别，gender）使她们通常比年轻男性更能也更快适应陌生社会环境。[24] 陌生社会或社区普遍更愿意接纳女性，而不是男性。更简单、直接但野蛮的证据是，在村落、部落或文明的残酷冲突中，胜利者会屠杀失败方的全部成年甚至少年男性，但接纳失败方的全部年轻女性。这种现象也广泛见于动物界。

作为制度，从夫居的优势可能在于，至少从理论分析上看，从夫居的村落会比从妻居的村落更少可能因外人的进入，冲击、改变甚至颠覆本社区原有的组织结构。如采取从妻居，村落只能按母女姊妹这两个维度组织和治理。因从妻居而加入该村的男子们相互间，因没有任何血缘关系，其竞争一定比从夫居村落中女子们相互间的竞争更为激烈。他们相互间——除非以暴力——很难形成领导和服从关系，也不大可能"妻为夫纲"，按各自妻子在该村落的血缘关系位置来界定男子在村落中的坐标位置。还得考虑到，在两性关系上，男子通常比女子更主动，更进取，有更频繁的性冲动；不仅天性比女性更"花心"，也比女性有追逐更多异性的自然倾向，以及在大致同一时段令更多女子受孕的能力。这意味着男性更少可能被诸如"妻为夫纲"的制度有效规训，更少可能守住制度为他们规定的"本分"。换言之，在从妻居的制度下，男性更可能趋向广义的即社会文化层面的乱伦，不但会追求妻子的同辈姊妹，

---

[24] 这类研究很多。如改革开放以来，相对于男性，女性迁移人口增加更多，这或表明女性对陌生环境适应力更强，和/或陌生环境更欢迎女性迁移者。相关研究，可参看，胡宏伟、曹杨、吕伟：《心理压力、城市适应、倾诉渠道与性别差异——女性并不比男性新生代农民工心理问题更严重》，载《青年研究》2011 年 3 期；张文新、朱良：《近十年来中国人口迁移研究及其评价》，载《人文地理》2004 年 2 期。

还可能追求妻子的有生育能力的女性长辈或晚辈。这都趋于激发男性间更亢奋激烈的冲突。这一定会摧毁一夫一妻制，最终导致部分强壮男性的一夫多妻制。这种激烈竞争令农耕村落无法构成，集体行动成本急剧增加，甚至不可能有集体行动。从繁衍后代角度来看，这也趋于减少人类繁衍上的基因多样性。

相比之下，鉴于女性生理特点以及相应的社会行为格局，从夫居虽然无法彻底消除女性相互间的竞争和冲突，却会全面弱化从妻居的上述类型的风险。这可以解说为什么世界各地，在传统农耕村落，普遍采纳的是从夫居制。虽有从妻居的现象（典型是"入赘"），[25] 却不构成普遍制度，只是从夫居的补充。摩梭人的走婚制：让外来男性参加农耕村落的家庭关系再生产过程，却拒绝他们加入村落现有的政治、社会和家庭组织。走婚其实是让男子一直游离于母系村落的社会组织制度之外。其结果就是研究者概括的"有父的生育"和"无父的家庭"。

统一的从夫居制度还有其他重要功能。一是可以减少甚至避免家庭内围绕财产分配和继承的纷争。绝大多数农耕家庭的财产，如土地、房屋、家具等，即便父辈勤劳一生，通常也很难增加。在这一约束条件下，若女性婚后继续在本村生活，而其夫无法携土地房屋等财产加入，她势必参与家庭财产（特别是不动产，如土地和房屋）的分配和继承。她的兄弟可能继承的土地等财产因此减少了，这就会引发一系列家庭纷争。而从夫居，每个女性仅以"嫁妆"名义从娘家分得少量"浮财"，不参与其娘家土地房屋家具等大宗财产的分配，这就大大减少、全面弱化了这类财产纷争。

二是会减少传统农耕村落之间的矛盾。如果女性因本村富裕不愿外嫁，本村还允许她招婿入赘，另一直接后果是她出生的村庄的人口会更快增多，穷村人口则会出现净流失。这种现象最后会拉平富村穷村的人均财产和富裕程度，但各村人口数量的相对增减会改变各村在当地的竞争力和影响力。人口减少、实力弱化的村落会强烈不信任，甚至敌视，那些人口净增的村落。为保证力量的自然平衡，各村都趋于坚持女性从

---

[25] 章立明：《从妻居并非母权制的遗孑——西双版纳傣泐从妻居再研究》，载《思想战线》2004 年 5 期。

夫居的原则。从长时段和更大地域空间看，这是激励也是迫使村民开拓适合农耕垦殖的新区域，有利于农耕文明的扩散。

三是有利于维系同姓村落的构成和秩序稳定。从夫居，加上孩子随父姓，可以保证单姓村落的延续。若不坚持本村女儿外嫁并从夫居，随父姓的结果会是，单姓村落很快变成多姓村落。这就没法继续用血缘模板和规范来组织和治理该村落了，村落组织和集体行动的成本会迅速增加。例如，在单姓村落中，因为"同姓不婚"，禁止一切少男少女令人可疑的交往，无需具体甄别，信息费用会很低。但在多姓村落中，同样实行"同姓不婚"，监督和甄别的费用立马激增，无法设专人负责，此类甄别就变得不可能，成本太高了。

事实上，即便是多姓村落，通常也趋于统一采取从夫居外婚制，即无论有无血缘、亲缘关系，是否同宗同族，一律禁止本村少男少女的可疑交往和婚姻。这一规则从生物学上看很没道理，太暴虐。但从社会学角度看仍有道理。其中重要的一点或许是，同村即便异姓男女婚后，夫妻间难免冲突，也难免向各自父母抱怨，即便不抱怨，各自父母也容易察觉，这就会把两家人卷进来。另一方面，尽管小夫妻俩关系良好，其各自家庭的其他成员之间，既然在同村，就难免有磕碰，也会反过来影响这对小夫妻的关系。农耕村落至今流行"嫁出去的姑娘泼出去的水"或"眼不见，心不烦"之类的说法，其深层道理之一就在此。这算不上一条社会规范，却是一则有道理的告诫。其中的道理，并不是，至少很少仅因为，父母偏心，歧视女儿。

我没打算彻底分析枚举，只是以上述分析表明，从夫居、外婚制甚或单姓村落本身都是些实践"男女有别"的制度，承载着便利和有效构成、组织和维系农耕村落社区的功能。无论此类制度最初在某个或某些村庄的发生是无意或有意，只是在社会历史的语境中，就因其实际功用，这些制度被筛选出来了，有些则显然因相关者感悟和理解了，刻意完善并坚持下来了。[26]

---

[26] 全国首批"历史文化名村"，湖南省岳阳县张谷英村，是明朝张谷英建立的，如今600多户，始终保持单姓。据说张与刘万辅和李千金在当地分别建立了世代相互通婚的三个单姓村庄。

当一个家庭没有儿子，只有女儿，只能招女婿上门，即"入赘"，就体现了这类追求和努力。入赘与农耕村落的婚姻常态有两点显著区别。第一从妻居。这容易理解，为赡养无子（男性劳动力）的老人，也能有效继承和使用土地房屋等财产。更重要但曾令我长期不解的是第二点，婚后生的孩子随母姓，不随父姓。这是什么道理？民间习惯说法是，为继续这一家的"香火"，要有个后人来祭祀先人。这个道理似是而非，不令人信服。我看不出祭祀或扫墓与祭祀者的姓有何相关。虽然民间说法是"不改姓就不能进祠堂，只有本族的人才能参加祭祖"。但这只是个证成（justification），并非解释。会不会，前人立这个规矩，就为坐地起价，好有个说法，逼着入赘者的后裔必须随母姓？为了什么？在普遍随父姓的社会中，即便后裔随母姓，对该家族来说，这位改姓者仍是"赝品"。因为在传统农耕中国，姓的社会功能是为了"别婚姻"。"香火说"也就一说而已。

逼迫入赘者的后代改随母姓，在我看来，最重要的功能就是努力保持单姓村落。这样一来，入赘者的后裔就可以，也必须，继续按"同姓不婚"的老规矩娶妻或外嫁。这就大大弱化了"入赘"对单姓村落基本制度的冲击，至少没触动该村落既有的且一直有效的组织架构、秩序和一整套民间规矩。其实，如果只关心入赘者的后裔作为生物个体的基因组合，入赘者的后裔与该村其他同辈家庭的孩子没啥差别，都只有50%源自该村这一辈的某个个体。农耕村落对入赘者后代的姓，以此种"拟制"予以凑合或将就，表明该村落共同体关心的并非某人的姓之真假，来自父系还是母系，它关心的，一是该村落共同体成员的实在福利，即这位无子的村民家庭中要有男性劳动力，保证给这位村民养老送终，不必增加其他村民/家族成员的负担；二是要确保既有制度实践继续稳定和有效。因此，宁可接受有限的以假乱真，或称"法律拟制"（fiction），务实应对一个偶发的例外。

因为坚持单姓村落会有很多制度收益。其中之一，前面已提及，是可以简单有效监管防范少男少女的爱慕和冲动导致不伦之恋。"同姓不婚"的言辞教育和规训不可能彻底征服基于生物本能的情感发生和性冲动。而且，在理论上仍算一"家"人的同姓村落中，如果较真，也并非所有同姓村民真的都不宜婚配，有些同姓村民早已出了五服，理论上完全可以婚配。在两小无猜青梅竹马的环境下，本来用来提醒并防范少男少女不伦之恋的"哥哥""妹妹"之类的称谓，不仅会失去警示功能，反而可能激发更亲密的情感，被挪用掩盖这种情感。想想吧，大观园内的林妹妹和宝姐姐的称谓，何尝制约过宝玉与黛玉和宝钗间的情感纠葛？同姓农耕村落只能严格监管同姓少男少女间的日常交往，尤其在有便利避孕品出现的现代之前。

监管制度之一是隔离。在女孩稍大之后，许多家庭会将女孩关在家里，学习对她的未来家庭生活极为重要的技能之一——针线活[27]。"大门不出，二门不迈"，这既避免了她们受本村男性的诱惑；也减少了，仅因她们的在场，对本村男性的诱惑。[28]

一个不易察觉但必须提出来的监管隔离制度是早婚，不分对男还是对女。我先前的文章中曾分析过预期寿命太短可能是引发农耕时代人们早婚的主要因素。[29] 在此，我补充且强调促成早婚的更重要的因素，或许是，防范——无论单姓或多姓——村落中，少男少女容易发生却很难监管防范的情爱和性冲动。这也许不是当初早婚制度设计者的出发点，只是早婚制度的客观效果。但从功能主义视角来看，制度的功能往往是该制度在历史中得到延续或被取代的"原因"。

为了更有针对性，农耕社区对男女也予以区别对待。中国古人早已察觉男子更容易"吃着碗里，看着锅里"，即便已婚，甚至三妻四妾，也不能令他们停止追逐其他女性，包括本家族的有血缘关系的女性。就有效防范而言，农耕村落最终确立的核心防范措施是，及早将女孩嫁出去。这可以杜绝本家族近亲间的情爱或性爱，并把其他类型的男女性爱

---

〔27〕 "女孩子过了12岁，一般都耽在家中，和母亲共同操持家务和缫丝，不再和孩子们在一起了。"费孝通：《江村经济——中国农民的生活》，商务印书馆2001年，第49页。

〔28〕 隔离男女并不限于历史的农耕中国。在古希腊同样强调分隔男女及各自活动区域，防止婚前和婚外性关系。请看，David Cohen, *Law, Sexuality and Society: The Enforcement of Morality in Classical Athens*, Cambridge University Press, 1994, ch. 4.

〔29〕 苏力：《语境论——一种法律制度研究的进路和方法》，载《中外法学》2000年1期。

风险监管也都彻底转移出去了。这或许是为什么，不仅在中国，而是世界多国，一直有"女大不中留"的说法和实践。[30] 至少在现代之前，这确实是个必须以制度严加防范的普世麻烦。

"授受不亲"，严防社会性和政治性乱伦

同姓不婚、外婚、从夫居、早婚等制度解决了农耕村落中男女关系的一些麻烦，但男女关系的难题不止步于婚姻。男女关系威胁农耕村落的风险，并不随着婚姻而消解甚或弱化，反倒可能因婚姻以更深刻的方式全面展开了。因此"男女有别"也是婚后的基本原则，是界定"性产权"的基本制度。

根本问题是，前面提到的，就人类的生物倾向而言，是多偶的。只要有所交往，非但爱慕之心会无中生有，不请自来，而且只要没有社会后果即外在性，没有制度约束，无论男女都不会拒绝同多个异性的情爱或性爱。只是在现实社会中，这种倾向一旦见之于行动，即便仅有所流露，即便无意，也会以某种方式影响他人，引出实在的社会后果，改变直接相关人之间既有的社会关系，甚至会波及整个群体内各成员之间的关系定位，随后相应地改变了可适用的社会规范。年轻老师与学生恋爱，不仅会改变两人之间原先必须庄重但适度疏离的师生关系为更奔放而亲密的关系，更重要的是，在传统中国，他们不同辈（"一日为师，终身为父"）变成了同辈，甚至会改变这位老师与该学生同班所有其他学生的关系——他们全都成了该老师的同辈。相应的规范就会改变，这个群体——如果仍以某种方式存续的话——的内在组织结构也就改变了。例如，之前其他同学若拿这位年轻老师——无论男女——开涮，会

---

〔30〕 如，王实甫：《西厢记》，人民文学出版社 1954 年，第 119 页。又见于其他元曲剧作，如《潇湘雨》《墙头马上》《窦娥冤》《李逵负荆》和《碧桃花》，载臧晋叔〔编〕，《元曲选》，中华书局 1958 年，第 249、347、1502、1520、1686 页。

英文俚语有 "Daughters and dead fish are no keeping wares"（死鱼非存货，女大不可留）以及 "Marry your son when you will, your daughter when you can"（娶媳不忙，嫁女宜速）的说法。法国有著名芭蕾舞剧《女大不中留》（Jean Dauberval, *La Fille Mal Gardée*, 1789）。又请看，刘素静：《巴西人婚恋撷趣》，载《当代世界》2005 年 8 期，第 49 页。

被认为不合礼数，现在则属正常。

在高度原子化的都市社会陌生人群体中，人类这种倾向的影响，无论波及范围和冲击力度，会大大弱化，因此显得很"宽容"。也不会有人愿意管这类不影响自己的"私事"或"私情"。只有名人的这类事会成为"八卦"流传。但在无论单姓还是多姓的传统农耕村落中，特别在"家族"中，若有一对男女的关系改变了，就会影响巨大，不是私事，不可能只是私事。

麻烦远不是婚姻破裂或小家庭解体，后果往往波及整个村落社区，牵扯一批人，甚至殃及诸多彻底的无辜者。我曾从这一视角分析过俄狄浦斯王的故事。[31] 尽管不知情，因此俄氏无任何主观过错，但他弑父娶母的真相一旦显露，就彻底颠覆了他与家庭、家族乃至他所在的底比斯城邦（一个放大了的村庄）内众多个体间的人伦关系，改变了他以及城邦其他成员借助父子兄弟这个坐标系得以确定的各自名分，改变了他们相互间既有的复杂财产关系、社会关系直至政治关系。在政治、社会和文化的意义上，俄氏自己身份的改变，立刻摧毁了这个农耕城邦借助父子兄弟关系形成的秩序。[32] 要恢复这一秩序，就必须拔掉俄狄浦斯这根"刺"。俄氏只能自我流放，因他的出现而遭破坏的那些关系才可能恢复。但有些关系，即便俄氏自我流放也无法恢复。俄狄浦斯王的母亲/妻子，全然不知情，完全无辜，却只能以自杀来彻底了断她与他人再也无法理清的关系。即便如此，俄狄浦斯王与其母生育的子女，他们与底比斯城邦其他成员的关系仍始终不确定，也必须以某种方式离开，无论是流放还是死亡，或是终身独守痛苦。

俄狄浦斯的故事是个偶然，来自异国。但故事中隐含或提出的那些麻烦，在任何血缘群体和熟人社区，却是普遍的，永恒的。想想，在传统村落中，外婚制加从夫居，众多年轻女性进入一个陌生村落，在此生活一辈子，通常有 30 年处于生育期。除了自己生育的男性后裔外，她

---

〔31〕 社会和人际关系上的悲剧，最突出反映在索福克勒斯的《安提戈涅》（《罗念生全集》（2），上海人民出版社 2007 年）。详细的分析，请看，苏力：《自然法、家庭伦理和女权主义？——〈安提戈涅〉重新解读及其方法论意义》，载《法制与社会发展》2005 年 6 期。

〔32〕 政治上的动乱，典型的例证如俄狄浦斯王的底比斯城邦的故事（《俄狄浦斯王》，载《罗念生全集》（2），前注〔31〕），以及前注〔5〕提及的特洛伊的故事。

们与该村其他男子没有血缘关系。换言之，从生物学上看，都可以有性爱。仅从优生学角度考量，她们也没有必要从一而终，"嫁鸡随鸡，嫁狗随狗"。她们也会自然感到该村某些男子很有魅力。村中其他成年男子，无论已婚未婚，自然也会感到这些嫁入本村的女性很迷人。她/他们的这种自然情感，即便导致了性爱，即便在婚外，即便违反了成婚时的海誓山盟，既不构成生物学意义的乱伦，也没违反"同姓不婚"（性爱和繁衍后代）的禁忌。

也完全可能出现。在农耕村落，即便人们婚后恪守男女有别的原则，在日常生产生活中，也很难像对少男少女那样监管严格和彻底。已婚男女对性爱也不再那么朦胧无知，甚至已激起了更强性欲。村中众多男性与先后嫁入的众多女性相互进入对方视野，即便无心，即便无意，也能相互吸引，无论是否同龄，是否同辈，是否同一社会阶层，对方年长年幼、已婚未婚，与自己家人/亲人有无血缘关系，或自己是否知道有无这类关系，都不具有决定意义。真正有决定意义的是两性的情投意合，即便是一时冲动。想想《雷雨》中的周萍与繁漪，想想俄狄浦斯王。甚至会"除了母子血缘之外，亲属关系混乱暧昧"。[33]

因此才能理解，即便社会不接受、不认可，有各种制裁，相当严厉，每个社会生活群体中照样会出现各种被界定为不伦的情爱。从古至今，何曾中断？以《红楼梦》为例：诗书传家、按理说知书达礼的荣国府和宁国府内，照样是"偷狗戏鸡，爬灰的爬灰，养小叔子的养小叔子""除了那两个石头狮子干净，只怕连猫儿狗儿都不干净"。[34]

这有，但至少不全是，个人的道德伦理或品格问题。仍以《红楼梦》为例。私通儿媳秦可卿的贾珍当然人品很糟；但自称"见了女儿我便清爽，见了男子便觉浊臭逼人"[35] 的贾宝玉，在太虚幻境中的春梦对象是其侄媳妇秦可卿。也不光是意淫。除了与林黛玉和薛宝钗无休止的情感纠葛外，与花袭人以及——书中隐约透露的——与碧痕、麝

---

〔33〕 这发生在 19 世纪初，密西西比河两岸种棉花的黑人聚居地。博尔赫斯：《恶棍列传》，上海译文出版社 2017 年，第 6 页。引者的着重号。

〔34〕 曹雪芹，前注〔6〕，第 119、944 页。

〔35〕 曹雪芹，前注〔6〕，第 28—29 页。

月、鸳鸯等丫头的性爱或情爱关系，表明贾宝玉几乎是见一个爱一个。是的，贾府中许多男子的行为更糟，但仅就多情而言，贾宝玉毫不逊色。引发这类情感纠葛的触媒是日常交往。注意，人是视觉动物。在本来狭小的农耕村落，日复一日，抬头不见低头见，躲过了初一躲不过十五，这类风险很难避免。

甚至这"毛病"——若算毛病的话——并不只是男子才有。养小叔子的王熙凤就不说了（我们还知道喜欢武松的潘金莲）。贾母也说偷鸡摸狗是"从小儿世人都打这么过的"（引者的着重号）。守身如玉的刚烈女子晴雯临死前也后悔，与其担了个虚名，还不如自己"当日也另有个道理"[36]

这些情感就算违规，却不反常。即便真惹出了什么，至少有许多，也并非生物性上的乱伦。《圣经》允许"兄终弟及"的婚姻。[37] 匈奴和中国北部游牧民族也有"妻后母，娶寡嫂"的习俗。[38] 在成为唐高宗的皇后之前，武则天就是唐太宗的"才人"。在成为唐玄宗的宠妃之前，杨玉环本是玄宗的儿媳。不好听，但"脏唐臭汉"也是中华文明的一部分。现代都市生活中，更不可思议的男女关系或情爱，无论婚前、婚后还是婚外，可以有、应当有甚至必须有社会道德伦理底线和政治法律评判，但大多不是生物意义的乱伦。也不应令人意外——因为创造就是指，至少有时是指，令人目瞪口呆，不可思议！

麻烦在于环境。在局促狭小的传统农耕村落，即便不真乱伦，也乱伦——乱了政治社会文化层面的"伦"。嫁入村落的女性，不仅通过婚姻与该村某一男子建立了夫妻关系，她还因这一婚姻承继了她丈夫在这个家族和村落中的种种关系。除非不育，她还可能创造一系列新的关系。中国人至今仍不时抱怨：结婚不是同某一个人结，而是同一大家人结。这话一点不错。若婚姻仅关涉两人，这个婚姻非但可以归零，随时归零，也很容易归零，同他人重启也无妨无碍。这一点古人，无论中

---

〔36〕 曹雪芹，前注〔6〕，第609、1109页。

〔37〕《摩西五经》，冯象〔译注〕，生活·读书·新知三联书店2013年，第79—80页。

〔38〕"父死，妻其后母；兄弟死，尽取其妻妻之"；"父子兄弟死，娶其妻妻之"。《史记》，前注〔5〕，第2900页。

外，很早都很清楚；因此有"兄弟如手足，妻子（或丈夫）如衣服"之类的说法。[39] 真不是歧视女性（或男性），这恰恰指出了婚姻关系与父子母子兄弟兄妹关系全然不同。

但在农耕村落中，特别是同姓村落，任何婚外情爱或性爱一定会惹出很多麻烦，甚至大麻烦。嫁入某村后，一位女性，若同本村本家族的任何其他男子关系暧昧了，不仅她原有的夫妻关系因此晦暗不明了，更重要的是，由于该男子必定是她丈夫的本家长辈、同辈或晚辈，因此变得晦暗不明的就还有该女子与本村家族的所有其他人的关系，甚至牵扯到该村男男女女所有人相互间的辈分或长幼关系。从理论上看，她当然可以，从生物学上看甚至很容易，将因婚姻而承继的一切社会关系一键清零，"只不过是从头再来"——只要她离开这个村子。但麻烦是，她通常只能继续待在这个村里，她何以可能在制度层面清零，然后重启与该村所有其他人的关系？所有这些关系都深嵌于农耕村落血缘亲缘和社会交往中了，何止是剪不断、理还乱？[40]

一旦真将所有亲疏、嫌疑、同异、是非的区别全部清零，每对男女，无论长幼辈分，只要愿意都可以通过性爱结成最亲密关系，那么围绕进入该村的每个女性，该村所有男子相互间的关系就会变成无情争夺配偶的竞争关系，伴随着无法规训的生物本能和激情。如果叔侄兄弟父子甚至爷孙为争夺女性清零了他们相互间既有的关系，就如费孝通指出的，剩下的就是一堆构造相似、行为相近的个人集合体，既没有家庭，也没有村落社区了。[41] 没了这一切，还说什么家族村落构成、组织和治理？还能指望相互支持，还有什么协调统一的行动，还怎么展开成功

---

[39] 罗贯中：《三国演义》，人民文学出版社 1973 年，1997 年 4 刷，第 124 页。又请看，安提戈涅的"丈夫死了，我可以再找一个；孩子丢了，我可以靠别的男人再生一个；但如今，我的父母已埋葬在地下，再也不能有一个弟弟生出来"。索福克勒斯，前注〔31〕，第 319 页。

[40]《雷雨》中，周萍与后母繁漪相爱，繁漪愿意为了周萍而将原来的一切关系清零——"我也不是周朴园的妻子"，但周萍的难题正如他剧中的台词：你繁漪可以"不是〔我〕父亲的妻子，我自己还承认我是我父亲的儿子"。曹禺：《雷雨·日出》，人民文学出版社 2010 年，第 68 页。

[41] 费孝通，前注〔6〕，第 143 页。

的外部竞争？[42]

要考虑的甚至不只是性爱本身。在近代之前，一旦有性爱，生育几乎不可避免。有了生育，就会有一系列新问题，一定殃及无辜。同一位女子，先后与不同辈的两位男子性爱，生育两个男孩。这两个男孩相互间的关系，相对于其母，是确定的，是兄弟。但在这个社区中，这两个男孩的关系很难确定。他们与这一家族甚至该村所有成员的关系则游移不定。想想，即便血缘关系很远乃至无血缘关系，鳏夫公公娶了守寡儿媳，生下孩子是什么辈分？这个孩子与儿媳守寡前生的孩子，以及与整个村落和家族中所有他人的关系又如何定位？俄狄浦斯王弑父娶母生育的两对孪生儿女，在得知真相后，他/她们与生身父母，与其他亲友，与底比斯城邦中每个人的关系都无法确定了。他/她们失去了在社区中定位自己的生物和社会坐标。[43]

理解了这些，就可以理解，在历史中国，那些仅就生物层面看不乱伦，今天甚至可以辩称"优生"的男女情爱，在关系紧密的血缘亲缘甚至地域群体中，在传统农耕村落中，为什么会被定为"乱伦"——文化、社会和政治层面的乱伦。乱伦者不得不为此支付所谓"孽债"：她/他的至亲将终身遭受巨大精神折磨和社会苦难，这类折磨苦难通常又会被社会定义为"乱伦者"的"报应"。与此类似，在西方，任何跨越了不被许可的代际间的情爱和性爱一直被定义为"污染"（pollution），受害的不仅是乱伦者，还包括村落中其他毫不知情的人，一些彻底的无辜者。

不能低估这种风险的概率。若无有效防范，这会是大概率事件，每个村落迟早会发生，甚至不时发生。年复一年，源源不断，一批批年轻女性离开自己出生的村落，嫁入并长期生活在陌生村落，那里不仅已有许多进取的男子，还有许多男孩不断变成进取的男子。数十年间，他/她们一直生活在这个狭窄局促的社会空间，既没有时空距离可供遗

---

〔42〕 当年，就因希腊联军统帅阿伽门农夺走了他心爱的女俘，勇冠三军的希腊战将阿喀琉斯愤而退出战斗，特洛伊人乘机大破希腊联军，阿喀琉斯的同性恋好友帕特罗克洛斯因此被特洛伊大将赫克托尔杀死。《伊利亚特》，前注〔5〕，卷16。

〔43〕 苏力：《纲常、礼仪、称呼与秩序建构——追求对儒家的制度性理解》，载《中国法学》2007年5期，第40页。

忘——再说一次，人是视觉动物，还没有现代都市生活的云流风散来冲淡，太容易日久生情。一次不经意的"授受相亲"就可能点燃两情相悦的干柴烈火，然后就是一堆麻烦，甚至是无法收拾的悲剧。[44]

着实不是教条，不是不食人间烟火，而是把人性看得太透了，甚至很可能就是——恕我"渎圣"——曾经沧海，是过来人，儒家和孟子才会主张今人看来不可思议的苛刻规范："男女授受不亲"。[45] 其核心就是要确保，无论婚前婚后，社会都要尽一切可能减少异性间的交往，尤其要防范那些偶然、细微却可能激发无法自控之情感的肢体接触。

"夫为妻纲"，规训与制裁

经此，我们也就能从另一角度理解上一章的关注：为什么，历史中国，以儒家为代表，强调社区中父子、兄弟关系的神圣和至上。除了父慈子孝和长幼有序交织构成同姓农耕村落的基本组织架构外，也还因为，只有附着于这个以男性关系为本位的组织架构，每个女性才能落实自己在村落中的相应位置和角色，无论是作为终将外嫁的本村女儿/姐妹，还是经婚姻嫁入某村的女子——作为妻子/母亲。

我们还可以看出，由于外婚制加从夫居，也由于婚姻本身的特性，在传统村落中，所有女性的位置都不是持久确定的。尤其是经婚姻嫁入某村的女子，她们在村落中的位置完全取决于其婚姻关系。因此可以理解，在农耕中国，儒家为什么强调"夫为妻纲"；[46] 民间的类似说法是"嫁鸡随鸡，嫁狗随狗"。其组织社会学的意义就是，女性全面、无条

---

〔44〕 关于男女意外或偶尔"授受相亲"引发各种社会后果的文学描写和实例很多。陈忠实：《白鹿原》，人民文学出版社 1993 年，第 130—131 页。又请看，《公公上错媳妇床，生个儿子当孙子》，https://special.scol.com.cn/09guangan/gaga/20100113/2010113154640.htm，2020 年 6 月 8 日最后访问。

〔45〕 杨伯峻：《孟子译注》，中华书局 1960 年，第 177 页。又请看，"男女不杂坐，不同椸枷，不同巾栉，不亲授。嫂叔不通问，诸母不漱裳。外言不入于梱，内言不出于梱。女子许嫁，缨，非有大故，不入其门。姑、姊、妹、女子子，已嫁而反，兄弟弗与同席而坐，弗与同器而食。"《礼记正义》，前注〔1〕，第 51 页。

〔46〕 "出乎大门而先，男帅女，女从男，夫妇之义由此始也。妇人，从人者也。幼从父兄，嫁从夫，夫死从子。"《礼记正义》，前注〔1〕，第 815 页。

件承继其丈夫的一切社会关系，并以这一继受的关系网络来界定女性婚后与村内其他男子及其家人的关系，安分守己，自觉遵守相应义务。每个人，包括男子，都"非礼勿视，非礼勿听，非礼勿言，非礼勿动"，[47] 维护村落组织秩序，才能有效防范因男女关系不确定或流变给村落社区带来的风险。

但制度从来不只是抽象的规范，一定要有实在力量保证规范获得足够程度的遵守。这首先要有监督机制，尽可能及时提醒、告诫每个人他/她在农耕村落社区中的位置，与其他人的关系定位，以便他/她恪守自己的角色，遵循相应的规范。还得能及时察觉并辨别某些违规者；紧随其后，还须有种种惩戒机制，对严重违规者必须惩罚，借此向村落乃至更大社区充分展示规范制度作为社会强制力量的在场。否则，规范就会沦为说教。

从这一视角看，儒家的一些论述，诸如"三纲五常"等，一直是历史中国主流政治法律意识形态。在农耕村落社区，有乡村私塾的讲授，有民间精英的示范，或有退休官员的告诫，但这些教诲的实际影响可能相当有限。制度一定是实践的，"随风潜入夜，润物细无声"，以"寻常看不见"的方式规范人们的日常生活，但也必须"偶尔露峥嵘"。

农耕村落有大量此类制度的日常实践，世代相传，表现为民俗。如许多农村家族保持的家谱和祠堂，这几乎是构成和维系农耕村落的成文法；尽管按照现代法律理论和规范分类，这被归类为"习惯法""不成文法"。还有祭拜祖先以及婚丧嫁娶等一系列重要社区活动，向全社区展示每个成年男性在这个同姓农耕村落中的关系位置，他们各自的序列、座位、方位。这种展示和宣示还往往同有娱乐意味的村落活动混在一起。"寓教于乐"，这些活动仍是有针对性的微观的和具体的制度实践。参与者虽然不自觉，却在参与这类村落社区活动的过程中，明确和界定了自己与村落其他成员之间的关系和角色。这类活动的最重要社会功能不仅是强化社区认同，更是对参与其中的每个个体（通常更多是男性，因为婚后女性往往承继其丈夫的）相互关系的制度化展示、重申和

---

[47]《论语译注》，前注〔2〕，第123页。

强调，将他一次次嵌入这个具体的"家族"中。这类公共活动强化了每个人的自身角色记忆，是对他思想和身体的制度规训；同时也建立和强化了该村落各成员对其他每个男子的角色记忆和行为期待。[48]

另一个几乎无处不在、无时不在因此普遍有效的制度实践是中国农耕村落中的称谓。[49] 在日常生活中，所有村民相逢，无论男女，都必须依亲属关系规定的称谓（已婚女性则完全接受其丈夫的亲属关系）主动——以示尊重——称呼自己的长辈和同辈的年长者，且辈分永远优于年龄。原则上每次相逢，都必须称呼，不可省略，也不能用其他人称代词置换亲属关系称谓。小孩刚开始咿呀学语时，长辈，尤其是母亲，就有责任教他们"学会叫人"。学会以合适的亲属称谓，严格按照公认（"法定"）的顺序和序列，自觉主动称呼长辈和同辈长者，是每个人自小接受的、比读书识字更重要的基本素质教育。

这类称谓中隐含了称谓双方稳定的"权利义务"。[50] 在农耕社区中，这种称呼最重要的实践功能不是，如同在现代都市，一种友好表示，而是对称谓双方各自角色、相互关系以及相应权利义务的一次提醒、自省和主张。是对双方亲属关系性质的一个实证表述，也是对两者的关系的一次规范塑造，是对双方言行的伦理边界的一次重新勘验、检测和加固，也是借助称谓对双方的一次相互规训。[51] 这是农耕村落成员相互间权利义务关系的体贴入微的制度实践。这是一个自我执行和相互监督执行的机制。村落社区每个成员的全部视听感官构成了一个无时不在、无处不在的注视、监督和规制人际关系和内部秩序的上帝。这远比福柯笔下的圆形监狱更为森严，也更有效。[52] 问题是，必须如此。

---

[48] 苏力，前注〔43〕，第45页。

[49] 苏力，前注〔43〕，第44—45页。

[50] 费孝通：《附录：关于中国亲属称谓的一点说明》，载《江村经济——中国农民的生活》，商务印书馆2001年，第240页；Radcliff-Brown, *Structure and Function in Primitive Society*, Free Press, 1965, pp. 63ff.

[51] 这种例证在社会中比比皆是。在中国一个人婚后必须改变对姻亲的称谓，就是对相关关系的重新界定。事实上，女性常常会下意识地以改变或拒绝改变称谓来激发或抵抗男性的欲求，文学作品中的范例，可参看，陈忠实，前注〔44〕，第133页（女性长辈主动改换称谓，也要求对方男性晚辈改变称谓），第255—256页（女性晚辈被男性长辈要求改变称谓）。

[52] 请看，Michel Foucault, *Discipline and Punish, the Birth of Prison*, trans. By Alan Sheridan, Vintage Books, 1977.

否则，就可能是灾难。

上面三段文字是对我昔日研究的一个重述，侧重的是风险防范。但农耕村落也有种种惩罚机制，往往由族权或夫权或父权来行使。有关这类惩罚措施和机制，许多文献，包括文学作品，都有过描述，其运行原理与其他民间制裁机制并无特别显著的差别，除了下一节的批判性透视外，这里不多讨论。

值得讨论的一个制度是"私奔"，它指的是某些不伦之恋者双双选择自我流放，永远离开他/她或他们原先居住的农耕村落。这是一种特别有意思的制度，但不易进入现代法学人的法眼。只有在历史的大视野中，才能看出，这是历史中国农耕村落为应对不伦之恋，除习惯法的法定惩罚外，创造的一个制度，也是一个紧急出口。就其功能而言，私奔与古希腊的俄狄浦斯王得知自己的罪孽后自残双目，自我流放，功能相似。在历史中国，许多农耕村落，对各种形式的不伦之恋，一方面明示了非常严苛的惩罚，如"沉潭"之类的。[53] 但从功能上看，明示严厉惩罚的实际效果之一，似乎是，在我看来，其实是，敦促或迫使违规者提前准备，自我流放。甚至有迹象表明，只要不严重损害他人或村落社区的实在利益，社会舆论非但不痛斥"私奔"，相反默许甚至鼓励此类"私奔"。"远涉江湖，变更姓名于千里之外，可得尽终世之情也"。[54] 以这样的文字来谈论私奔，还有什么道德谴责？这几乎是赞美，简直令人向往。也确实，中国民间一直有不少有关私奔的美谈。[55] 我当然不认为这是出于什么爱心、宽容或什么普世价值。从全社会的成本收益上

---

〔53〕 沈从文的短篇《萧萧》讲到，主人公萧萧 12 岁时被嫁给两岁的丈夫，15 岁那年，被家中长工花狗诱奸，怀了孕。花狗逃走了。夫家将怀着孕的萧萧交给萧萧家族的人处理。而在湘西民间处理这类事的规矩是，如果家族的人要面子，就将萧萧沉潭淹死；若舍不得，则任由夫家把萧萧卖给任何他人作"二路亲"，收的钱就算赔偿夫家的损失（《沈从文小说选集》，人民文学出版社 1957 年，第 7—21 页）。又请看前注〔44〕《白鹿原》中田小娥以及相关者的命运或遭遇。

〔54〕 冯梦龙：《张舜美灯宵得丽女》，载《喻世明言》，人民文学出版社 1958 年，第 352 页。又请看《雷雨》中母亲鲁侍萍曾考虑让不知情的乱伦者周萍和四凤兄妹出走，"最好越走越远，不要回头，今天离开，你们无论生死，永远也不许见我"（曹禺，前注〔40〕，第 166 页），由她自己承担由她引发的所有罪过。

〔55〕 众所周知的，如卓文君与司马相如（《史记》，前注〔5〕，第 3000—3001 页），唐代传奇《虬髯客》和《王宙》中李靖与红拂女以及王宙与张倩娘等的故事（《太平广记》，中华书局 1961 年，第 1445—1448、2831—2832 页）。

看，这或许是让社会减少无谓损失，恢复因不伦之恋受损的家庭、村落社区秩序的最佳选项。是最现实的"多赢"。是一种自发的"得饶人时且饶人"。因为私奔者，无论男女，即便逃离了"家族"或村落的惩罚，也会因为永远离开他/她原先生活的社区，必定经历额外的艰难，也算受到了惩罚。这也算是一种疏而不漏的恢恢天网。

批判性透视和反思

以上三节梳理、分析和讨论的"别男女"机制，会同上一章讨论的规制父子兄弟关系的规范和制度实践，对于历史中国农耕村落的构成、组织和治理大致是有效的。这一判断不来自文中展示的，农耕中国村落语境下这些制度的理论逻辑和功能分析，最强有力的证据其实是，在现代之前，除非战乱或灾荒，在皇权不下乡的条件下，除了较为罕见的打官司外，历史中国的农耕村落总体上自发保持了长期的和平和安宁。

这丝毫不意味着我接受"忠厚传家久，诗书继世长"，相信"父父子子""兄友弟悌"和"男女授受不亲"这类教诲很神奇，真有效。我不认为，即便有人真诚相信，儒家伦理是另一种足以救世的普世价值。否则，就会严重低估以陈独秀、鲁迅等为代表的新文化运动的意义，严重低估中国共产党领导完成的现代中国革命的必要和伟大，更无法理解新中国建立以来中国社会变革的深远历史意义。也因此，有必要，从另一角度——这里集中围绕男女关系——针对传统农耕村落的组织、构成和秩序问题，做些批判的理性分析。

即便同姓村落或家族中，一定会有欺男霸女的恶棍或恶霸；我不讨论。这类坏人坏事在哪都有，永远会有，不能指望农耕村落本身能消除解决。自然，我也就不会苛求传统农村如同桃花源。我想指出的是，即便如今有人提倡所谓"乡贤"，[56] 也必须清醒意识到，由于农耕村落建

---

[56] 张颐武：《重视现代乡贤》，载《人民日报》2015 年 9 月 30 日，版 7；黄海：《重视"软约束""软治理"，用新乡贤文化推动乡村治理现代化》，载《人民日报》2015 年 9 月 30 日，版 7。

立在真实和想象的血缘亲缘基础上，就可以且应当预期，历史中国的农村的教化、规训和制裁一定趋于高度偏袒。它一定更多维护本村社区的秩序，照顾本村成员的利益，更多维护以父子兄弟关系为框架的组织制度，更多维护族权、父权和夫权。具体说来，即便本村成员行为显然违规，但只要不严重危及本村秩序，相关的监督制裁机制就可能睁一只眼闭一只眼；当本村人和外人的行为同时违规时，或当本村核心制度构成者即男性与附着者即女性，或尊贵者（父、兄或丈夫）与卑贱者（子、弟或妻）的行为同时违规时，这个监督制裁机制会趋于牺牲后者的利益，更注意维护前者的利益，维护本村的整体秩序利益。这种区别对待或歧视最集中最典型地表现在男女关系上。

仍举《红楼梦》中的例子。料理荣府家务的二爷贾琏，与"鲍二家的"私通，被妻子王熙凤抓获。贾母笑着劝王熙凤，这不是"什么要紧的事"；她也屡屡骂贾琏"下流种子"，但那只因贾琏有失身份，"成日家偷鸡摸狗"，不管"脏的臭的，都拉了你屋里去"。[57] 换言之，如果不是鸡狗，只要干净和香的，就没啥关系了。贾母的长子贾赦年纪一大把了，儿子、孙子、侄子满堂，却还"左一个小老婆右一个小老婆"的，甚至看上了贾母的贴身丫头鸳鸯，执意要纳她做妾。贾母气得发抖，但她骂贾赦"放着身子不保养，官儿也不好生作去"，接着还允诺"他要什么人，我这里有钱，叫他只管一万八千的买，就只这个丫头不能。"[58] 重要的是身体，是作官，是贾母身边的丫头。

一旦危及"家"（村落）的根本秩序，"齐家"措施就相当野蛮、血腥，偶尔露出的就不是峥嵘，而是狰狞了。无论冒犯者有意还是无心，哪怕根本不曾冒犯，只是可能冒犯，觉得他或她冒犯了。冰清玉洁的晴雯，只因模样长得好，经常和贾宝玉说说笑笑，哪怕她曾拒绝宝玉的性诱惑，却还是被宝玉的妈、所谓"好善的"王夫人认定是勾引宝玉的狐狸精，病了"四五日水米不曾沾牙"，被下令从炕上拉下来，撵出贾府，最后悲惨死去。[59] 诸如此类的事并非特例，也不限于上层

---

〔57〕曹雪芹，前注〔6〕，第608—609、612页。
〔58〕曹雪芹，前注〔6〕，第631、646页。
〔59〕曹雪芹，前注〔6〕，第1102、1113页。

社会。

社会生物学研究表明，由于男女的生物生理特点和社会地位，在情爱问题上女性趋于相对被动，且更为挑剔，而男子更积极主动，甚至强求，自控弱，不管"脏的臭的，都拉了屋里去"。针对男女的行为特点，因此力度相同的惩戒，对男性和女性的规训效果会不同。规训女性确实比规训男性更容易，效果也更显著。若仅就有效防范不伦之恋这一公共政策而言，基于科斯定理，要求女性自重，有一定道理，因为那会更有效。问题是，在历史中国的社会舆论和社会实践中，在这类事情上，无论怎样，受谴责和惩罚最多最严厉的永远都是女性。[60] 男性常常被纵容和宽容。这就成了歧视。"见一个爱一个"的贾宝玉不但昔日被称为富有褒义的"多情种子"，到了现代也常被视为反对封建礼教、实践男女平等的先进。[61]

用文学的例子，只是为便利读者把握和理解。这里说的人物和故事都是虚构的，但我分析的这类社会现象和内里逻辑并非虚构。自西周以来，"淫乱"从来都是丈夫休妻的合法理由。唐代之后，这甚至进了历代王朝的法典。还毫无例外，即不受"三不去"的限制。[62] 对作为丈夫的男子，平常只有相敬如宾的要求，富贵后，只要"夫义"，即"糟糠之妻不下堂"，行为似乎就很高尚了。[63] 对于家庭生活中成年男子的角色，儒家只要求父亲像个父亲的样（"父父"），或只是"父慈"。当然，能做到这一点也能大大减轻妻子抚养教育后代的责任。另一虽常被

---

〔60〕 如民间广泛流传的"红颜祸水"论，或始自《左传》（《春秋左传注》，前注〔17〕，第1492—1493页）到元稹（《莺莺传》《太平广记》，前注〔55〕，第4012—4017页）的"尤物"说。在《红楼梦》中，秦可卿、鲍二家的，以及冰清玉洁却被骂为狐狸精的晴雯，三个人都死了。当与贾琏私通的鲍二家的上吊后，荣国府当家人王熙凤的反应是，"死了罢了，有什么大惊小怪的！"曹雪芹，前注〔6〕，第614页。懵懂无知的萧萧（前注〔53〕），不可思议地幸运活下来了，也许仅因小说作者笔下留情。

〔61〕 "贾宝玉……的叛逆性……特别突出地表现在他对于少女们的爱悦、同情、尊重和一往情深，也即是对于封建礼教和封建社会的男尊女卑的观念的大胆的违背上。"何其芳：《论〈红楼梦〉》，载《何其芳文集》（5），人民文学出版社1983年，第208页。

〔62〕 "妇有七去：不顺父母，去。无子，去。淫，去。妒，去。有恶疾，去。多言，去。窃盗，去。不顺父母，为其逆德也。无子，为其绝世也。淫，为其乱族也。妒，为其乱家也。有恶疾，为其不可与共粢盛也。口多言，为其离亲也。盗窃，为其反义也。妇有三不去：有所取，无所归，不去。与更三年丧，不去。前贫贱后富贵，不去。"王聘珍：《大戴礼记解诂》，中华书局1983年，第255页。

〔63〕《春秋左传注》，前注〔17〕，第501页；《后汉书》，中华书局1965年，第905页。

当做文学作品，但很真实的，是元稹的自供状《莺莺传》。始乱终弃不说，元稹还美化自己，说什么好男儿当不被美色所诱，要进得去出得来，不堕凌云志等等。这种话，确实如王朔所言，"只怕莺莺看了要落泪"。[64]

不只是歧视女性，歧视下层女性，这个农耕社区的治理也歧视和压迫经其他渠道进入村落或家族的其他男性，甚至成了制度。一个重要的民间风俗是，农耕社区普遍歧视并以各种方式打压入赘的女婿。不仅这个"赘"字的本义是多余，显然贬义，而且在各地农村都限制和剥夺了入赘者的各种"权利"或权益。[65]

但我拒绝仅从道德启蒙层面来理解这类歧视，将之视为纯然的"邪恶"。社会生物学可能为这种歧视和排外提供某种或部分解说。这就是，由于经济社会地位是男性性吸引力的重要构成要素，因此歧视和打压入赘者，作为一种社会制度实践，其功能之一也许就为有效防范和弱化入赘男子对于同姓村落/家族中各种既有男女关系的威胁，有助于维系整个村落社区的秩序。这里关心的不是入赘者的后代，因为即便改随母姓，在民间的血缘想象中，他的后代仍不属于本村血缘群体。歧视入赘者的更为必要的理由或许是，同姓村落/家族内的文化层面的乱伦禁忌对这个外姓男子已全然不适用。换言之，入赘男子对该村或该家族的任何女性，无论已婚还是未婚，无论本家族待嫁的还是外村嫁进来的，从理论上看，都更有性诱惑力，也更少性禁忌和性禁忌自觉。入赘男子对农耕村落/家族的组织秩序构成更大威胁，这个重大风险必须以"歧视"打压的做法予以有效控制。

但"人算不如天算"，历史中国农耕村落的构成、组织和实践，包括为维系秩序正常运转的制度制裁，我说了，只是大致有效。它们全部加总也不可能保持农耕村落的持久稳定与和谐。那些看起来好像足以"长治久安"的制度设计，与人类长生不老的期冀一样，注定是些神

---

〔64〕 王朔：《序〈他们曾使我空虚〉》，载《随笔集》，云南人民出版社 2003 年，第 3 页。

〔65〕 请看，钱锺书：《管锥编》（3），中华书局 1986 年，第 898 页。相关的历史研究，可参看，郭松义：《从赘婿地位看入赘婚的家庭关系——以清代为例》，载《清史研究》2002 年 4 期，第 6—7 页；李云根：《宋代入赘婚略论》，载《江西社会科学》2012 年 8 期，第 112 页。

话——制度的神话。天灾人祸、外战内患或社会的自然变迁这类不可控力就不说了。想想多少同姓村落因战乱，因水陆交通，因商业发展，甚或因驻军而消失了。即便留下了如李村或张庄或王家屯这类村名，后人看到的也只是历史冰川的些许擦痕。即便和平时期，历史上，在王公贵族甚至皇家父子兄弟关系上，子弑父少凌长的现象也是历来不断，[66] 在村落、家族中，"父慈子孝""长幼有序"或"男女有别"也从来无法完全落实。

仅就男女有别而言，潜在的威胁更是防不胜防。不仅有前面提及的，明确却相对容易防范的入赘者，也来自以各种方式飘过或穿过村落的各类男子——多情的文人墨客，[67] 强悍的长工短工。[68] 有时甚至"只是因为在人群中多看了你一眼"。[69] 无论既遂或未遂，各类一见钟情或始乱终弃的故事，从来是中外文学作品的永恒主题之一。

但制度的这种宿命不也就应当是个神话？只有当总有人突破规范，并受到惩戒之际，这才表现了人性（抑或兽性？）的生动，才表现出其强健的创造力，证明了社会的活力，也证明了规范和制度的真实和生动，迫使制度变革和创造。[70] 农耕村落的秩序永远深嵌于具体生动的历史社会语境中。

---

[66] "《春秋》之中，弑君三十六，亡国五十二，诸侯奔走不得保其社稷者不可胜数。""臣弑君，子弑父，非一旦一夕之故也，其渐久矣。"《史记》，前注〔5〕，第 3297—3298 页。秦汉之后的历代帝王家也屡屡出现父子相争、兄弟相残的现象——想想隋炀帝、唐太宗、宋太宗和明成祖这些典型的父子、兄弟、叔侄权力争夺的例子。

[67] 除《莺莺传》（《太平广记》，前注〔55〕，第 4012—4017 页）中始乱终弃的张生以及西汉时的司马相如（《史记》，前注〔5〕，第 3000—3001 页）外，在古诗文中，有此类未遂或既遂情感的人，既不罕见，也从未断档。例如，"人面不知何处去，桃花依旧笑春风"（崔护：《题都城南庄》），"不见去年人，泪湿青衫袖"（欧阳修：《生查子·元夕》），"笑渐不闻声渐悄，多情却被无情恼"（苏轼：《蝶恋花·春景》）。

[68] 除《萧萧》（前注〔53〕）中的长工花狗外，还有冯德英《苦菜花》（解放军文艺出版社 1958 年）中的长工王长锁，陈忠实的《白鹿原》（前注〔44〕）中的短工黑娃。外国的，与此类似但有所不同的有，勃朗特《呼啸山庄》（上海译文出版社 1986 年）中主人恩肖收养的弃儿希斯克利夫，以及劳伦斯的《查泰莱夫人的情人》（人民文学出版社 2004 年）中的看林人梅勒斯。

[69] 《传奇》，刘兵/词，李健/曲，2003 年。

[70] 关于这一点，可参看，涂尔干：《社会分工论》，生活·读书·新知三联书店 2000 年。

结语

以"齐家"之名，上述两章概括了，作为历史中国百姓最基本的生活共同体，国家的最底层基础，农耕村落的构成、组织、治理所面对的现实难题，进而从功能层面，论证了诸如"父为子纲""长幼有序""夫为妻纲"以及"男女授受不亲"等制度原则发生和持续存在的社会机理。虽引用了儒家话语，但我更想清楚地展示，历史中国农耕村落之所以如此构成，秩序之所以如此维系，并不是某个人或某个学派的智慧，更可能源自农耕村落面对的巨大内部压力。它面对的是"皇权不下乡"的环境，农耕村落的人们在历史中试错，采取了种种应对措施，逐渐形成了这些原则，累积成了制度。

从这种构成/宪制的角度，来透视和讨论"齐家"，当然是受了"齐家治国平天下"这一话语的启发。但我的分析其实表明："齐家"并非"治国"的铺垫，"治国"也并非"齐家"的自然拓展。这两个领域并不直接相通，也不当然重叠。我是社会问题和社会实践导向的，不是话语导向的。引发我关注的不是儒家的应对，以及其中牵强的逻辑组合，而是借儒家应对得以展示的，历史中国农耕村落/家族面对的那一系列难题和风险。这些难题，并非只有儒家看到了，关注了，讨论了。父子、兄弟和夫妻这三种关系构成的"六亲"，也为道家、法家，以及——以略有变化的形式——为杂家视为社会秩序的关键。[71] 因此，在我看来，是传统农耕社会的实践催生了早期儒家凝练地表达了这些规

---

〔71〕"六亲不和，有孝慈"。朱谦之：《老子校释》，中华书局1984年，第72页。"论人者又必以六戚……父、母、兄、弟、妻、子"。许维遹：《吕氏春秋集释》，中华书局2009年，第77—78页。

范，而不是相反。[72]

也因此，才有必要在历史中国农耕村落语境中理解"齐家"的制度设计和运作，理解并展示它的独具一格，自成一类，以及会同此后各章的分析所展示的，中国宪制的独具一格。坚持社会科学的研究进路，这一努力完全拒绝近代强调"内圣外王"的新儒家传统，一种思辨的道德哲学和政治哲学传统。拒绝的根本理由是社会实践，而不是个人的学术好恶。因为若恪守儒家的经典解说，从格物致知修身开始，那么"齐家"就只是传统士人/政治家修行奋斗与他投身社会政治实践的一个关键连接点，是志士仁人通过社会实践追求实现个人抱负和政治理想的出发点。这可以是一条理解和解说儒家思想的路，对于儒家的志士仁人有意义。但因此会失去，我在这里展示的"齐家"的宪制意义，以及在学术上的社科经验研究的意义。

这个努力也拒绝了，尽管不是为了拒绝，用西方的宪制/国家/政治/社会甚或家庭理论来切割或兼并历史中国的"齐家"，使其可有可无，或聊胜于无，将之变成某种特定学术视角下历史中国文明的一个窗饰，或一件供后人参观凭吊的文物。只有从社会机理展开的分析，才能恢复作为一种政治理论和制度实践的儒家的生动和强健，即便不拒绝，至少也会警惕，新儒家的哲学伦理解说。在我看来，那只是一种令儒家"去势"的所谓学术。我不喜欢规范性和伦理性"齐家"话语。那或可以算是学术或思想，却不是我喜欢的、源自可分享的社会经验的并能进入现代社会实践的社会科学的理论。

讨论齐家时，我有意省略了农耕村落组织和秩序维系的其他方面，一些在日常生活中也很重要的关系。我没讨论其实一直困扰农耕村落的诸如婆媳、妯娌和姑嫂等关系；我只是在脚注中提及飘过村庄，却可能带来骚动甚至动荡的各类外来人；我也没讨论农村的耕作生产，集市贸

---

[72] 许多学者都持这种观点。清代，章学诚认为，古代的礼不过是"贤智学于圣人，圣人学于百姓"，集大成者是周公，而不是孔子（《文史通义校注》（上），中华书局1985年，第141页）；近代刘师培（《古政原始论》，载《刘申叔遗书》，江苏古籍出版社1997年，第683页）也认为"上古之时，礼源于俗"。又请看，匡亚明：《孔子评传》，南京大学出版社1990年，第352页；李泽厚：《中国古代思想史论》，人民出版社1986年，第11页；以及，李安宅：《〈仪礼〉与〈礼记〉之社会学的研究》，上海人民出版社2005年，第3页。

易；没有讨论婚丧嫁娶等其他重要制度。省略无法避免，甚至必须。本章关注的重点就是农耕社区最基本的组织和结构中的一个维度，可能通过村落制度予以适度防控的内部重大风险之一。

甚至，有了这些省略才更可能表明，进而有效凸显，历史中国的"齐家"问题不是一个社会学问题，不仅仅有关村落生活共同体的构成，更有关社会秩序的维系，也有关国家底层制度的建立。因此，它才是，更多是，政治学和法学问题，是实打实的重大宪制问题。

2015 年 9 月 21 日定稿于北大法学院陈明楼

|第四章| 宪制的军事塑造

国之大事，在祀与戎。

——《左传》[1]

须知政权是由枪杆子中取得的。

——毛泽东[2]

以下各章转向讨论中国宪制的"治国"和"平天下"问题。

本章讨论塑造一国宪制的军事和战争问题。这个题目可能会令一些法律人不爽，因为时下流行的规范研究或经验研究，都不把军事视为宪制问题。原因之一会是，如今各国法学人一直生长在校园学界，没能力讨论这类问题。也因为军事塑造宪制，这命题似乎就政治不正确；要讨论，似乎也只能讨论宪制塑造军事。但这两种说法其实是一回事。究竟可否将军事及相关问题作为宪制问题来讨论，关键不在于它"先天"或"本质上"是或不是宪制问题，而在于军事政治实践在某一国是否足够重要，必须将之纳入宪制考量，其中有多少以及多大道理。与有没有人或有多少人研究这个问题全然无关。过度在意所谓的前人学术传统，或老盯着外国人，不是先看和想实在的事，不仅是图学术便利，有时就是意识形态，另一译名是"意缔牢结"。

这里说的"塑造"有两种意义。其一很简单，几乎普世，这就是枪杆子里面出政权，用武力来创造和保卫一个

---

[1] 杨伯峻：《春秋左传注》，中华书局 2009 年，第 861 页。
[2] "八七"会议上的发言（1927 年 8 月 7 日），逄先知［主编］：《毛泽东年谱：1893—1949》（上），中央文献出版社 2002 年，第 208 页。一个广为人知的转述是"枪杆子里出政权"。

国家的土地与人民，制度与文化。有法学家可能不喜欢这一点，这降低了法学家和规范分析的地位。但在政治社会理论和实践上，这就是个硬邦邦的事实。没有军事，可能就没有，或可以全然忽略某一法学家群体和他们的规范分析。另一种塑造则与历史中国显著有关。历史中国是以农耕区为核心构成的多文明共存的大国，军事对于历代王朝构成和存续持久重要。历史中国必须在宪制层面对军事问题予以系统考量和应对。需要确定军事国防国策，在政治经济财政上支持和整合军事事务，还必须有能力应对与军事相关的一系列制度问题，包括军政分权、军政制衡等显然的宪制问题。

但我没打算用宪制的实力政治（realpolitik）来平衡一下时下流行的规范宪法学，尽管在我看来有此必要。我会贴着中国经验，在中国历史社会语境中，讨论军事问题对于中国宪制/构成的具体塑造。这也包括有些昔日的军事实践，如长城，即便时过境迁，它今天已不再有宪制意义。但贴近不只是说事，我关注的是背后的"理"，努力展示其超出历史中国的意义，也就是其规范意义。

第一节，从众所周知的国内国际经验展现，军事对于一国（建国）或一代王朝（开国）的一般意义，因为建国或开国是国家宪制/构成的前提。随后五节专论军事对于农耕中国的宪制/构成意义。第二节讨论军事问题在历代王朝从"武功"转到"文治"中的意义。第三节讨论和平时期如何有效规训一国的常备军事力量，平衡军政力量。第四节从理论层面探讨军事对于中国捍卫中原农耕文明，抵抗北方游牧民族南侵的制度意义。第五、六节则借长城为例，从其功能和历史经验两个层面解说这一军事工程对于保卫、巩固和凝聚中国的宪制意义。结语之后，我还粗略讨论为什么，军事，这一有关国家存亡的宪制问题，会从当代欧美的宪制研究中消失，作为本章附录。

作为宪制问题的军事

引论中已有分析，历史中国的自给自足的小农经济，并不需要，也就不会自发形成大国。但为治理黄淮地区，也为防范和遏制农耕区与游牧区之间的文明冲突，必须在以华北平原为中心的广大农耕区，建立起有强大动员、协调、治理和整合能力的国家和政府。问题因此成了，由谁来，以及如何提供这个制度？

从后世经验来看，直到现代之前，在中国这样的农耕大国，唯一选项是，一个地域的政治精英集团，[3] 更多来自中原农耕地区，但也曾有来自游牧渔猎地区，凭着他们对各地民众基本利益期待（"天下太平不打仗"）的直觉把握，利用天时地利，传承夏商周"封建制"、尤其是秦汉之后郡县制这类关于大国宪制的想象，充分借助历代累积的宪制实践效果，以"攥沙成团"的强力意志和军事政治实力，战胜与之竞争的任何其他地域性政治军事集团，首先在中原华北地区，最终则必须在更大地区完成政治军事统一，为这一区域的民众提供基本的和平和秩序，赢得他们的接受或"归顺"。就这样，几乎是硬生生地，近乎无中生有地，将遍布这片广袤土地上的无数农耕村落和其他众多族群，组合成（constitute）一个巨大的政治文化共同体。有了以军事力量建立和保证的统一为前提，才可能考虑和施展其他政治、经济、文化和社会措施，逐渐创造、形成并拓展更广泛、更基本的文化和政治认同和共识，在不断的王朝更替中，持续创造并累积这个后人称为"中国"或"华夏"的跨越广袤时空的文明。这就是为什么，不仅通常称先秦时期王朝更替为"汤武革命"，后世历代王朝的创立，人们也总称其为"打天下"。废封建、建郡县这样的宪制变革之前提是秦军以强大武力统一六国。

这也并非中国独有。睁眼看世界，历史从正反两个方面不断告诫世人：军事有关立国，有关建国和开国。

---

〔3〕 在自夏商周以来约4000年的建国政治实践中，政治精英集团一直是地域性的。中国共产党领导的革命是唯一的例外，尽管由于大革命的原因，中共领导核心曾长期以南方人为主，但借助马克思列宁主义的政治意识形态，强调天下穷人是一家，同时也充分利用了20世纪初中国开始逐步发展起来的现代交通通信手段，中共完成了对全中国各地政治精英的有效组织和动员。相比之下，尽管处于同一时代，组织和政治纲领上与中共也有过类似，近现代中国的另一个全国性政党，国民党，即便在其政治军事行动能力最强大的时期（蒋介石主政时期），其政治力量也从来不是全国性的，而是更强调地方或职业，主要依靠了江浙地方的精英、黄埔系以及大家族之间的联姻。

有两个众所周知，却也因此常常为今天中国法学人熟视无睹，甚至有意误解的例子。

首先是以色列。公元一世纪起，犹太人就流离失所，离开了巴勒斯坦地区，但一直保持着犹太文化，有强烈的民族认同。19世纪末开始大批犹太人移居巴勒斯坦地区。1947年联合国大会决议在该地区分别建两个国，犹太人的国（以色列）和阿拉伯人的国。犹太人当即宣布建国（state）以色列，阿方则拒绝了该决议。中东战争随即爆发。结果是，以色列不仅有效控制了联合国决议中规定的以方土地，还占领了联合国决议规定的阿方的大部分土地。虽然此后多次战争，以色列国在周边险恶的敌对环境中存活下来了。固然有美国鼎力相助，但也因以色列拥有相对于周边国家最强大的军力。在与周边中东各国的全部战争和军事冲突中，以色列保持全胜。尽管从未公开宣布，它还以很特别的方式，让世界各国都确信，它拥有核武器。[4] 为确保自己在中东地区核垄断，以色列空军还曾先发制人，穿越多国高空，长途奔袭，摧毁了伊拉克的核设施。[5] 而当年联大决议建立的阿拉伯国，直到1988年才在它国首都（阿尔及尔）宣布建立，这个没有自己实际管辖之国土的"国家"名为巴勒斯坦。尽管此后与以色列谈判签署了和平协议，巴勒斯坦建立了民族（national，也可译为全国）权力机构，甚至制定并颁布了可供宪法学者钻研的宪章——《巴勒斯坦基本法》，但巴勒斯坦至今算不上一个主权国家。相反，以色列至今没有一部《宪章》，只有一系列宪法性文件。其中最重要的是《法律和行政法令》，以独立一章，也仅有一条，规定了以色列国的"临时政府有权建立陆海空三军，军队有权为保卫国家采取一切合法的和必要的行动。"[6]

另一是美国。有关这个国家开国和建国，太容易令人误解，特别容易令宪法学人误解。有位终身研究美国的中国学者，居然把独立战争与

---

〔4〕 Avner Cohen, *Israel and the Bomb*, Columbia University Press, 1998, pp. 337-338.

〔5〕 黄山伐：《1981：谁毁了萨达姆核反应堆》，载《时代教育》2008年15期。

〔6〕 姜士林/等［主编］：《世界宪法全书》，青岛出版社1997年，第571页。

美国建国割裂,[7] 居然说美国是"一个谈出来的国家"。[8] 其实,80多年前,美国联邦最高法院的一个著名判例就把这一点说得很清楚:美国所以成为一个主权国家,拥有主权权力,不是因为1787年的《美国宪法》,而是因为革命,合众国(州)成功反抗了大不列颠;"美国的诞生先于《美国宪法》"。[9] 即便美国制宪后,仍有一系列对外战争。1812年,美国主动进攻英国在北美加拿大的各殖民地。这场人称"第二次独立战争"为美国赢得了国际声望,增强了其国内的凝聚力。[10] 随后是1846年至1848年与墨西哥的战争。规模不大,但战后美国获得了230万平方千米土地(含"购地"),成为横跨大西洋和太平洋的疆域大国。[11]

值得注意的是,作为宪制问题的军事或战争问题,很难有严格的对外或对内之分。美国人的独立战争,对当年合众国/州的殖民者而言是独立,似乎是"对外"。但对大英帝国,那就是一场"叛乱",一场"内战"。它改变了英国的疆域构成。而对英国,这也不是第一次内战,想想《大宪章》的来历。这其实是通例(更多内容,请看本书附录2)。甚至对于美国宪制,最重要的军事和战争也并非独立战争,或上面提及的那些对外战争,而是1861年至1865年的美国内战。林肯在其就职演说中称,"我确信,从一般法律和宪法的角度来看,各州组成的联邦是永久性的""任何一个州都不能单凭自己的动议合法退出联邦"。[12] 但,

---

〔7〕 独立战争始于1775年的莱克星顿之战,大体结束于1781年9月约克镇的英军向法美联军投降。1782年11月30日,英美签署《巴黎和约》草案。和约规定英王承认合众国为自主独立国家,确认美疆界北至五大湖,西到密西西比河,南至佛罗里达北界(北纬31度)。

〔8〕 "美国这个国家本身是谈出来的,不是打出来的。"资中筠:《美国十讲》,广西师范大学出版社2013年,第7页。资中筠曾担任中国社会科学院美国研究所所长。

〔9〕 *United States v. Curtiss-Wright Export Corp.* 299 U. S. 304 (1936). 更早的宣言:"美国从来不是一个纯人为和专断的联合体……必要的战争确认并巩固了它。" *Texas v. White*, 74 U. S. 700, 724-725 (1869)。

〔10〕 这场战争的另一结果是另一北美国家加拿大的构成和发生。在此次战争中,美国北部的英语和法语两大殖民地居民联手抗击美军,使美国向北扩张不能,50年后,这两块殖民地建立了加拿大联邦。这可谓本文论题的另一例证。关于这场战争,可参看, Donald R. Hickey, *The War of 1812: A Forgotten Conflict*, University of Illinois Press, 1989.

〔11〕 "Mexican-American War", https://en.wikipedia.org/wiki/Mexican%E2%80%93American_War, 2024年3月21日最后访问。

〔12〕 桑德堡:《林肯传》,生活·读书·新知三联书店1978年,第156、157页。引者加着重号,并改"坚信"为"确信"。

确信本身不会变成确实。令林肯的确信成为确实的，甚至不是其政治决断，而是北方军队在战场上的胜利。南方各州在北方军队枪口逼迫下"重建"（re-construction），那其实也是美国的重构（re-constitution）。在南北战争前，欧洲人一般不认为，美国人甚至美国立法机构也不认为，美国是一个统一主权的国家，联邦当时只被视为各州间的契约组合。南北战争改变了欧洲人的这一观点，也改变了美国人对自己（联邦）的理解，创造了一个统一主权、统一政治制度和统一立国精神的新美国。美国联邦最高法院此后才判定，美国当年制宪要建立的是一个"由不可摧毁的各州组成的一个不可摧毁的联合体"（引者的着重号）。[13] 内战后通过的宪法第14条修正案，标志着二元联邦主义开始终结，对美国宪政法治的发展影响深远。否则，美利坚合众国就不是今天我们看到的这个合众国。

中外的大国和小国，以及昨日和当今的经验都真切地强调："枪杆子里面出政权"！

千万别误解了这个"出"。它不是指常规宪制条件下的政府换届，权力程序性交接，甚或修宪。诸如总统大选或首相更替之类的，就更别往这儿凑了。甚至军事政变之类的事件也未必够格。因为，无论是否合法，合法性多大，那都是更换领导人或政府而已。前提没变，已经有个"国"在那儿了。从这一特定视角看，大选与政变可以合并同类项。甚至全民公投，如科索沃独立，也得到一些国家承认；或加入了联合国，如巴勒斯坦（作为观察员国），也未必能当真。因为，凡是以他人承认为前提的建国，都悬，都得顺着承认者的意愿，至少不严重违反其利益。承认，其实就是源自欧洲的一近代法律概念。小国在意，大国向来不在意，[14] 几乎就一鸡肋。想想，1972年美国总统尼克松跨越太平洋访华，中美两国领导人可谓相谈甚欢，但美国正式承认中国却是近七年后！谁在意啦？

---

〔13〕 *Texas v. White*, 74 U. S. 700, 725（1869）.

〔14〕 "一国是否确实自主存在，这完全取决于其内容，取决于其宪制（constitution）及其［当下］情形。……拿破仑说过：'法兰西共和国无需他人承认，正如太阳无需他人承认一样。'" G. W. F. Hegel, *Elements of the Philosophy of Right*, trans. by H. B. Nisbet, Cambridge University Press, 1991, p. 367.

所谓"出",是指开国或建国,指作为一个实体的政治共同体的创造和构成(constitution),也即该国宪制(constitution)的发生,无论他国是否承认。是主权的从无到有,无中生有,常常因此而"时间开始了"(胡风诗)——在历史中国,每个朝代的纪元都始于此刻。并非一纸当时看似重要的文件,而是后来的一系列事件。这个政治实体的存亡,会筛选并确定哪些文件或事件真的重要。想想吧,也算浸透了当年民国宪法学者的心血,也曾令某些民国宪法学者由衷欢呼或热泪夺眶,甚或撰文或编写了教材分析阐述其优点和特点,1948 年开始施行,其实为一年后中华民国送终的,那部《中华民国宪法》。[15]

军事对于大国或重要国家尤为重要。是的,国家无论大小一律平等。但那只是在国际法上,在原则上。在更实在的层面,可套用奥威尔的说法,则是"有些国家更平等",想想"五常"。圣马力诺或斐济或巴哈马群岛等国可以没有军事宪制问题。也还有不少国家的安全、统一、独立或领土完整无力自塑。平时还正儿八经像个国家,一涉及稍显重大的问题,就得先请示对自己关系重大的某个大国,看人眼色。真不只属于过去。甚至很难成为历史,即便有人坚信应当翻过这页历史。但之所以应当,就因为还没,甚至就不会。1994 年,乌克兰独立后放弃了核武器,是它的选择,还是它的别无选择?2014 年,60 年前苏联下令划归乌克兰的克里米亚,以"公投"形式,回到俄罗斯,乌克兰能如何?日本是今天世界上有数的经济大国,二战后美国为日本制定了和平宪法,没有交战权,主权不完整。这些年日本一直忙着,请示美国,如何成为"正常国家"。这隐含的是:没有自主交战权就不是正常国家。

任何国家都不是某种价值或理念的产物,纯人为和专断的,而必定是在具体时空中逐渐呈现的政治体。即便有某种崇高价值或理念,也必

---

〔15〕《中华民国宪法》1946 年通过,次年施行;1948 年 3 月选出首届总统与副总统。一个月后,通过并颁布施行的《动员戡乱时期临时条款》(以下简称"戡乱条款"),冻结了部分宪法条款。1949 年,中华人民共和国建立。即便在我国台湾地区,在 1950 年之后,到 1988 年蒋经国去世、甚或 1991 年废止"戡乱条款"之前,真正起宪制功能的"宪法"也是"戡乱条款"。台湾的政治经济改革、经济起飞、政治相对清廉和专业化,反倒是在实行"戡乱条款"的四十多年间。

须附着于实在的政治、经济、社会和文化制度，附着于政治精英和精英政治（官僚政治）。在"文治"或"法治"的背后，必须有些看似"野蛮"却足够强大、明智的，且垄断性拥有的制度性暴力，包括军力。[16]当然不是唯一因素，但军力会决定一个族群、一个民族、一个国家或一个文明能否在某区域内发生、存活和延续，会在多大区域内传播，能存在多久。从事后诸葛的眼光来看，历史中国在这块土地上的一些重大军事活动，包括长城这样的军事防卫工程，都是一些重要的国家构成力量，将这片土地和土地上的人民逐渐拢在一起，有了，塑造了，今天我们称之为中国的这个文明/国家。

从武功到文治

"一切武装的先知都胜利了，一切没有武装的先知都失败了。"[17]在中国历史上，所有重要王朝的建立首先都得"打天下"，除非"得位不正"。军事是开国、统一并为国家治理奠定基本格局和疆域范围的最重要手段。

但军事并非牛顿的上帝，第一次推动后就悄然隐退了。马上不足以治天下，[18] 但这不意味着半部论语就可以治天下。"夺取政权要靠枪杆子、笔杆子，巩固政权也要靠这两杆子"，这话没错。[19] 是的，要有法治，也即文治！但"以法为教"从来也不只是苦口婆心，道德感化，甚或率先垂范，以身作则，更多是以国家强制力为后盾的规训。何止汉朝，事实上是中国历代，也许短命的王莽新朝除外，如汉代政治家所

---

〔16〕 这几乎就是法律和法治的定义蕴含的。细致的分析和研究，请看，Max Weber, *Economy and Society*, trans. by Ephraim Fischoff et al., University of California Press, 1978, esp. ch. X；以及，Michel Foucault, *Discipline and Punish, the Birth of Prison*, trans. by Alan Sheridan, Vintage Books, 1978.

〔17〕 Niccolo Machiavelli, *The Prince and The Discourses*, Random House, 1950, p. 22.

〔18〕 "居马上得之，宁可以马上治之乎？且汤武逆取而以顺守之，文武并用，长久之术也。""天下安，注意相；天下乱，注意将。"《史记》，中华书局1959年，第2699、2670页。

〔19〕 社论：《无产阶级文化大革命万岁》，载《红旗》1966年8期，第6页。

言，均是"文武并用"[20]、"霸王道杂之"[21]。或如后代总结的，宽猛相济，德主刑辅。

从历史中国的宪制实践看，革命/新王朝建立后，首先遇到的宪制难题之一，仍更多关涉军事。即如何实现全国工作重点转移，由"武功"向"文治"（法治）稳妥转变。这一转变会改变该政权自身的诸多特质，如从军功主导到文官主导，带来治理规则的深刻变化。由于历代王朝更替一直主要是在中原通过军事手段完成，要治理的始终是这个农耕大国，不是城邦，不是欧洲中世纪封建王国，也不是现代民族国家，这个工作重点转移的难题格外典型。从古到今，中国历朝历代一次次"复盘"这个宪制难题。不像世界历史上那些即便长期、却只是一次性存在的国家，中国这片土地上一直有此难题。由于涉及大国和较长期的王朝，这个转变一定要有效平衡各种力量。这就决定了这个转变有关国家根本，是宪制性难题。

重要问题之一是，继续以攻城略地擅长征战的将领来治理他们攻占的地区，还是尽快用中央政府授权、统一听命于中央、更擅长文治的行政官员来治理？频繁战事塑造了前者的行事风格往往是临机决断，便宜行事，甚至"君命有所不受"[22]。建国后，则必须加强中央政府的政治控制，特别是在这个地形复杂、交通通信皆不便的农耕大国。如何借助攻占各地的既有军事指挥机构和人员在全国建立文官政府系统，及时以行政管理全面置换军事管制，令整个国家权力运作"出将入相"，实现根本转变，让这个多年以军事征战为中心、已形成相应制度文化的政治军事精英集团成功转向一个能充分吸纳全国政治文化精英参与治理全国的文官政权？这个转变是一个过程，该何时开始？又该如何平和的次第展开，不出差错？

可以，也应当，争取军事将领们的理解和接受。但太不容易。这个转移对国家统一的政治治理有利，更多对天下苍生有利，对打天下的将帅则未必有利，甚至就是不利。打天下需要的军事才能和知识都太专用

---

[20] 《史记》，前注〔18〕。
[21] 《汉书》，中华书局 1962 年，第 277 页。
[22] 骈宇骞/等［译注］：《孙子兵法·孙膑兵法》，中华书局 2006 年，第 54 页。

了，很难，甚至无法，有效转移，用于治国。这意味着至少有些将帅，不能坐天下，得坐冷板凳，在王朝政治决策中的权重会大幅降低。他们会郁闷，不满。如何防止其严重干扰王朝政治的转型，不至于影响和平时期王朝宪制的确立？如何让在军中一直享有崇拜威望、说一不二的、那整整一代甚至两代将帅都能，或自觉或被迫，放弃他们于征战中养成的凭实力说话，用实力解决政治分歧的思维和行动习惯（是行动，而不只是言辞）？当国家最高政治权力从第一代向第二代转移之际，当有足够政治驾驭能力（善于"将将"）的开国皇帝去世后，中央政府顶层是否会出现权力真空，谁能有效控制那第一代，甚至同样是从血火中拼杀出来的第二代，将帅？

"杯酒释兵权"当然理想，但这更可能是后世的一个传说。[23] 与之相近的只有东汉光武帝逐步"退功臣而进文吏"。[24] 在很大程度上，这还得归功于刘秀的特殊身份和条件。除是汉室宗亲外，建立东汉时刘秀还很年轻（29 岁），在位时间很长（33 年），有足够资历和时间从容"退"和"进"。唐太宗也是凭借自身身份、军功、年轻（当政时不到30 岁）且在位较久（23 年），成功完成了从武功到文治的转换。但别忘了，唐太宗可是名副其实的"乱臣贼子"。唐开国八年后，和平时期，李世民借助自己的军事集团，政变，杀死了兄长/太子，逼退父/皇，夺得皇位。在农民起义中建立的汉王朝和明王朝，皇帝开国时年龄虽不算太大（刘邦 54 岁或 45 岁，朱元璋 40 岁），从武功转文治就更麻烦，更残酷。如果只是将这两个王朝开国初年的政治实践理解为"兔死狗烹"，看似深刻，实则肤浅。这涉及新王朝如何尽快完成从武功到文治的转换："打天下"的先例必须戛然而止，随即开始一个循法而治的文治/法治传统。如果开国皇帝在位期间不完成这一转型，"人亡政息""二世而亡"（典型如秦和隋），未能创造大一统的文治新王朝，就是未能为天下苍生提供他们最渴望的太平，这个政治精英集团

---

〔23〕 顾吉辰：《关于宋初"杯酒释兵权"的几个问题》，载《中州学刊》1993 年 3 期。
〔24〕《后汉书》，中华书局 1965 年，第 85 页。

就难说成功开国了。[25]

即便完成了这个转型，"文治"的重要问题仍包括军事问题。即便不再是核心问题，军事仍是中国宪制难题之一。因为历史中国一直有一个可勉强称为"常备军"——和平时期由国家财政支持的职业化军队——的问题。虽始于战国之际，秦汉之后，即便和平时期，历代王朝也保持一支足够强大的军队。[26] 难说严格职业的，但必须常备；其中有些确实是训练精良，常备不懈，枕戈待旦。军事问题成为历代王朝在规划国之大事之际，必须系统考虑和应对的常规问题之一。[27] 这与欧洲历史反差鲜明。[28] 直到 18 世纪后期，欧洲主权国家出现后，斯密才

〔25〕 在欧洲，也有此类历史事件。但不像在中国历史上，中原王朝的反复重建引发了对这一常规宪制问题的系统讨论，欧洲对这类问题一直停留于对历史偶然事件的分析。马其顿帝国和罗马帝国，在军事上，都曾疆域广阔，可谓"武功"辉煌。马其顿帝国在征服地区也设立了行省，由总督和军事长官分别治理民政和军事，另设财政官负责本省赋税，实行了军政财三权分离。这也是中国历代王朝初期必须完成的变革。但马其顿帝国中央政权对各地控制太弱，整个帝国没有相对统一的经济和社会文化基础，原有的政治中心对整个帝国而言在地理上位置太偏，很难保证对其征服的遥远东部波斯、印度等地行使足够政治军事经济控制。马其顿帝国只是一个军事行政联合体，内部缺乏政治、经济和文化的整合。公元前 323 年亚历山大病故后，"人亡政息"，众多各据一方的部将开始混战，帝国分裂为几个独立王国。古罗马帝国同样如此，开国皇帝奥古斯都（屋大维）在位 40 年被后世视为罗马的"黄金时代"，他设计的元首制也坚持了三个世纪（公元前 27 年—公元 284 年），也算为罗马帝国奠定了基础。但细看其皇位更替，罗马帝国的这份霸业在中国人看来几乎得算是"二世而亡"。继承奥古斯都的提比略（Tiberius，在位 23 年）死后，近卫军即拥立了卡里古拉为帝，这是罗马史上第一次由军队拥立皇帝。四年后，这支近卫军杀死卡里古拉，再拥立其叔叔克劳狄乌斯即位。这还是在罗马帝国凝聚力持续增强的时期。"三世纪危机"中，罗马帝国甚至一度几乎是每年一帝。从中国历史的视角来看，马其顿和罗马帝国在宪制层面均未完成从武功转为文治，没有解决新王朝创建后必须完成的至少是两个最基本的分权，从上到下各层级的政、军、财的分权，以及央地分权。
〔26〕 中国专业化与职业化的常备军是在战国时期持久战争中逐渐形成的。请看，《中国军事史》编写组：《中国历代军事制度》，解放军出版社 2006 年，第 70—71 页。
〔27〕 这一点也可以解说中国，在春秋战国时期，就有了军事学的系统理论思考，催生了诸如《孙子兵法》这样的军事专著。在西方，在 19 世纪德国克劳塞维茨的《战争论》之前，一直没出现过系统的军事专著，只有亲历者以战场记录的形式留下了一些军事学思考。
〔28〕 基于欧洲历史，马克思和列宁都认为，官吏和常备军是资产阶级社会特有的中央集权国家的两个基本机构（马克思：《路易·波拿巴的雾月十八日》，载《马克思恩格斯选集》（1），人民出版社 1995 年，第 675 页；列宁：《国家与革命》，人民出版社 2015 年，第 30—31 页）。近现代之前，虽然欧洲战事频繁，但受制于封建制，欧洲各国没有统一的税收、财政和官僚制度来支撑常备军。国王只能征召臣民组成"民兵"，或用金钱购买雇佣军，应对战事。这客观上限制了王权。甚至如孟德斯鸠、斯密、杰弗逊等学者或政治家均视常备军为"自由的天敌"。英美的一些宪法文件就留下此类痕迹。如英国 1689 年《权利法案》规定：若无国会同意，和平时期不得保有常备军。1787 年美国制宪过程中，有关各州或合众国常备军争议很大。请看，汉密尔顿：《联邦党人文集》，商务印书馆 1980 年，第 8、24、25 篇。即便最后通过的《美国宪法》授权建立陆军和海军，也限制"征集并装备陆上军队"的军费"拨款期限不得超过两年。"

开始强调，军事上的劳动分工有职业化、专业化、组织纪律性强以及与之相伴的更强战斗力等好处，在欧洲民族国家形成的过程中，作为现代化标志之一，常备军才成为欧美各国国防的必备。[29]

并非因为中国"早熟"，或中国人好战。最主要的推动力是，"天下危，注意将"。农耕大国的国家统一、政治社会稳定需要一支能随时投入战斗、有效完成相关军事、政治以及其他任务的军队。不仅要防范与北部和西部游牧族群的冲突，还要防范因自然地理差异、空间距离、各地生产和社会组织方式差异而引发的分裂和地方割据。遇到天灾人祸，政府救灾赈灾也需要更多可调度的人力资源，否则引发社会动荡，也可能导致王朝更迭。为应对所有这类突发事件，历代王朝有必要保持一支足够强大的军队，保证社会治安，防止社会动荡，一旦发生，力争坚决、迅速荡平。

在中国历代政府的制度配置中，军事一直占据重要地位。"三公"中有太尉，六部中有兵部——不是现代的国防部，绝非偶然。太多历史经验告诉后人，没有强大实力做后盾，就会出现地方尾大不掉，出现战乱。这不只是中央政府或统治者的麻烦，而一定是整个国家和社会的灾难，是民不聊生。中央政府想妥协求和也不得。想当年，汉景帝为求和，杀了忠心耿耿倡导削藩维护中央政权的晁错，主动清君侧，仍无法满足叫嚷"清君侧"的叛军的要求。只能出兵。周亚夫率领大军，三个月，平定了"七国之乱"。唐朝平定安史之乱，清初平"三藩"，清后期镇压太平天国起义，都离不开军队。

农耕中国历代王朝保有一支时刻准备打仗的军队，这是宪制之必需。

兵制，军权管控和制衡

由此则引发了一系列同样必须在宪制层面有效应对的问题。如：

---

〔29〕 请看，斯密：《国民财富的性质和原因的研究》（下），商务印书馆1974年，第262—263页；《联邦党人文集》，前注〔28〕，第126页；以及 Weber，前注〔16〕，第1150—1156页。

财政上如何维系这支军队？从理论上看，为保证军队对中央政府的政治忠诚，确保"礼乐征伐自天子出"，也避免军队扰民或干政，军队最好是"吃皇粮"。但在农耕大国，要通过全国公平税赋，确保以统一的中央财政持续维系一支大军，难度很大。即便政府有决心，也有能力，要全国调配运送粮草辎重，支撑驻扎地域广阔分散的常备军，成本也太高。如果财政分权，任由各地军事首长自行征税，本地招兵，就会导致军队私人化，引出军阀割据的重大政治和宪制风险。

这种情况在中国历史上一直都有。"烽火戏诸侯"虽是戏说，但从周幽王起初"举烽火，诸侯悉至"到"其后不信，诸侯益亦不至"，[30]就反映天子缺乏或是丧失了对各地诸侯军力控制指挥权，或是反映了戏说者对这一问题的自觉和清醒。"春秋无义战"就成必然。唐代"安史之乱"的重要原因之一是中央政府无力养兵，让各地军事首长在其辖区内筹钱招兵。招募的军队与中央朝廷无关，成了节度使的私人军队。为便于其筹钱，还赋予了节度使民政和行政权，人事权和监察权。各地军政合一，这就有了"安史之乱"，以及此后的藩镇割据。

或可以实行军队屯田，屯垦戍边也是美谈。军队闲时耕作，既可以补充军费亏空，还节省了部分粮草给养和劳力。但问题是，军队从事生产，一定会弱化军事训练，松弛军纪，涣散人心，瓦解斗志。更重要的是，这必定促成将帅逐利，最终败坏军队。

也因此，与时俱进，历史中国先后尝试了多种"常备军"制度，史称"兵制"。如北魏开始到唐代实行的寓兵于农的府兵制。府兵由家庭财产较多的农家子弟组成，由专门机构管理，平时在家耕作劳动，农闲接受军训，或是定期赴军营轮流服役一段时间。士兵自备兵器、粮食、日用品，遇有战事，奉命出征，战后则返回原来所属的地区。国家无需承担军饷，维系这样的军队的费用很低。[31] 又有魏晋的"士家制"或明朝的"卫所制"，大致是从全国总人口中划出一部分家庭专为军籍。官方为这些家庭提供土地耕种，还可能发放军饷。每户必须提供一名壮

---

〔30〕《史记》，前注〔18〕，第147—148页。
〔31〕请看，谷霁光：《府兵制度考释》，中华书局2011年。

丁，父死子继，兄终弟及，世代当兵，这一义务不得解除。[32]

对士兵个体及其家庭来说，这些制度要求是不同的。府兵制下，若无战事，士兵只是定期服役。在士家制或卫所制下，士兵则终身服役。但无论兵制如何，国家都保有固定和稳定的军营和军事管理组织，使军队作为一个组织总是存在，士兵则常常流动；因此有了"铁打的营盘流水的兵"的说法。这也是前面我用"勉强"概括历史中国的军队为常备军的理由。但无论哪种兵制，这种常备军都嵌在这个农耕大国的语境。遇上战事，若规模不大，通常调用现有军队就足以对付。一旦战争规模很大，国家则会以现有军队为基础临时扩军。

还有其他问题，也是大问题：如何保证国家对军队始终保持有效的制度化控制。其中最重要的是分权。王朝建立后，无论是任用有行政能力的军事将领治理一地，在中央政府的统一法制下，将他们逐步转化为行政官员，还是任用典型文职官员替代攻城略地执掌当地军政大权的将领，中央政府都必须尽快将战争年代统帅一路大军的军事将领手中执掌的军、政、财权以及人事任免权逐步剥离和分立。因此，在和平年代，一个人可以文韬武略，文武双全；但任职上他只能"出将入相"，不允许两权并握，以确保权力制衡。有些权力（如人事任免权或军队调动权），为保证国家的政令统一和政治安全，则完全收归朝廷。但出于大国治理的必要性和有效性，至少在某些地方，也不得不给地方军政长官留下临机应变的有限军权。即便如此，各地方的军权、政权、财权，通常也由官员分掌和制衡。这是制度，对事不对人。除非紧急情况，通常不允许封疆大吏或驻守一地的军事将领同时掌握一地军政大权，即不允许任何人拥有足以威胁国家政治统一和安全的能力。

在这种刚性的制度和制度实践背后，至少在中央政府和执掌大权的官员和将领之间，在历代王朝的政治精英中，必须形成一些长期恪守，未必一一成文但必须默契的政治文化共识。这也是宪制共识、传统和制度实践。即便如此，率军在外的将领，会不会把"君命有所不受"的"有所"实践成了，或担心被朝廷误解为或认定为，"常常"？

---

[32] 可参看，高敏：《魏晋南北朝兵制研究》，大象出版社 1998 年；以及，顾诚：《谈明代的卫籍》，载《隐匿的疆土：卫所制度与明帝国》，光明日报出版社 2012 年。

改朝换代后要应对的有宪制意义的军事问题还包括，在和平环境下，没有实战考验，如何保证军队始终保持足够战斗力，召之即来，来之能战，战之能胜，能有效应对各类军事需求。这个问题同样复杂，微妙，甚至棘手，需要精细的宪制安排。这既涉及和平时期如何有效训练战斗军队；也涉及，在长期没有或极少实战考验条件下，如何选拔政治忠诚且能打胜仗的优秀甚至杰出将帅；还涉及，即便两者皆备，又如何处理这支能打仗的军队与能指挥的将领间的关系（最佳配置）等。如果规训太多、太严，且缺乏实战考验，军队会不会变得过于温顺？不惹事、不出事，很听话，政治上省心，但这样的军队能打仗吗？别等战事来临，还得重新组织军队。[33] 但如果军队骁勇强悍，舍我其谁，朝廷则很难驾驭。如果军队拥立其将领，就会是政治灾难。

将领尤其是高级将领的选拔也是个难题。军事指挥需要的是实践理性，纸上谈兵不靠谱，会成悲剧。但在没有或极少战争考验和筛选条件下，一国又何以可能可靠地选拔能打胜仗且政治忠诚的杰出将帅？这两种最重要的素质甚至外观上很容易冲突。一位能力杰出的将领更可能与众不同，坦陈直言，或当机立断，容易给人留下骄横、独断、不听调遣的印象，也容易给竞争甚或嫉妒的同侪留下种种口实。最糟的或许是，在和平时期，将帅的能力通常没法以实实在在的后果来验证，所有替代性检验标识都不够准确，非但可能出错，甚至可以造假。

即便军队和将领都很出色，两者如何组合也很微妙，也必须在宪制层面处理。如果将领与军队关系密切，上下同心，军令如山，说一不二，这当然会大大增强军队的战斗力。但会不会由此引发政治事变呢？赵匡胤不就黄袍加身了吗？他还只是那一时期这一系列将领中的最后一人。这也并非中国独有，罗马帝国也曾有过这样的"传统"。[34] 但如果将领同军队分离，由文官招兵练兵，临战才任命军事统帅，听从文官指

〔33〕 典型如，但不仅是，清代八旗子弟。请看，刘庆、魏鸿：《八旗军由盛转衰的历史教训》，载《军事历史研究》2004 年 1 期。有关明朝军队的蜕变，请看，顾诚：《明代后期军事》，载同前注〔32〕，第 101—102 页。

〔34〕 罗马军队曾屡屡拥立皇帝，Edward Gibbon, *The History of the Decline and Fall of the Roman Empire*, vol. 1, Fred De Fau & Company, 1906, vol. 1, pp. 214-222; vol. 2, pp. 49-55.

派，政治上保险了，但代价会是军队战斗力的下降，会牺牲更多士兵。[35]

这都是推论，但麻烦并非源自推论。在中国历史上，凸显这些难题的例证甚至悲剧实在太多了。想想周亚夫。细柳营中，他带兵练兵的杰出表现，令皇帝坚信他是当朝独一无二最杰出的军事统帅，特意将周留给下任皇帝应对王朝的军政（宪制）危机，由此成就了周亚夫平定"七国之乱"的军事伟业，其实也是政治伟业。但也正因为周亚夫在军中无人出其右的军事才华和个人魅力，以及即便对当朝皇帝也坚守制度的耿直和忠贞，虽然他转任文职，甚至辞了官，考虑权力代际转移安全的皇帝还是不能安心：新皇帝能否驾驭周亚夫。就此而言，周亚夫的人格品质和军事才能从一开始既注定了他的成就，也注定了他最终的悲剧。[36]

与今天许多人对于历史中国的印象或想象相反，为维护国家统一和确保政治安定，尽管没有什么系统的三权分立论述（但需要吗？如果历代都做了，还都做到了），中国历代王朝一直注重从中央到地方的军、政、财、监察、人事等各种权力的相互制衡；是常规，是制度，而非例外或偶然。除下一章讨论行政区划设置中以犬牙相入来实现地区间的相互制衡外，若在一地，只有在应对特别危机之际，或在边陲重镇，才会暂时或临时允许地方首长或封疆大吏集军政大权于一身。基本体制是，一直强调军政分权，且通常文官高于武官。

制衡军权的相关制度也很多，包括：政区与军区的区划交叉但不重合；对军队实行双重或多重领导；以地方行政主官兼职地方军事主官或"监军"等。即便为应对紧急事项而特许临时高度集权，在接受了惨痛历史教训后，后世无论中央政府，或是忠于朝廷的政治精英，也一直高

---

[35] 明代孙承宗就曾批评："以将用兵，而以文官招练；以将临阵，而以文官指发；以武略备边，而日增置文官于幕；以边任经、抚，而日问战守于朝；此极弊也。"他建议："今天下当重将权，择一沉雄有气略者，授之节钺，得自辟置偏裨以下，勿使文吏用小见沾沾陵其上。"《明史》，中华书局1974年，第6466页。

[36] 周亚夫率军驻扎细柳防备匈奴侵扰。汉文帝亲自慰劳军队，到细柳营，被军队挡住称："将军有令：'在军中，只听将军的命令，不听天子的命令'"。转任丞相后，在重大问题上，周亚夫坚持依法办事，不理会皇帝的个人意旨；因刚直不阿，辞职后，仍蒙冤下狱，绝食自尽。《史记》，前注〔18〕，第2074—2079页。

度警惕，自觉防止这类"权变"成为定制，不经意中改变了国家的宪制分权，酿出分裂割据和战乱的大祸。近代的一个典型范例是，手握重兵同时担任两江总督，督办苏、皖、浙、赣四省军务，节制四省巡抚、提镇的曾国藩，在平定太平天国后，随即急流勇退，除留下脱胎于湘军、事实已分立的长江水师和李鸿章部（淮军）、左宗棠部（楚军）外，主动裁撤了自己亲手创建和领导的湘军——一支事实上的私人武装。

治国与平天下

对军事的宪制规训和整合是手段，规训的目的是，在"文治"架构下，更有效地以军事来维护国家安全，实现政治治理，包括"治国"（主要指农耕区），但更重要的是"平天下"（非农耕区或半农耕区）。事实上，对常备军的最大需求不来自历代王朝——无论是农耕民族还是入主中原的北方民族——对农耕区的统治，更多来自，为在军事上有效应对先后驰骋于北方草原的那些强悍游牧民族。[37]

引论已讨论过这个威胁。在中国历史上，北方的游牧民族，曾从多个方向南下进入，侵入生产力水平更高、经济繁荣、军力强大的中原王朝，建立各种地方割据政权，也曾建立为后世承认为中华正统的全国性政权。两汉之际严尤就强调，"匈奴为害，所从来久矣！……后世周、秦、汉……皆未有得上策者也"。[38]"将军白发征夫泪"，历代中原王朝的最大威胁一直来自北方草原。这种状况一直持续到 19 世纪中期，中国的最主要战略威胁开始来自东方海上。[39]

在农耕与游牧的文明冲突中，从历史经验来看，小农们如果不能在

---

〔37〕 请看，麦金德：《历史的地理枢纽》，商务印书馆 2010 年；杉山正明：《游牧民的世界史》，中华工商联合出版社 2014 年。

〔38〕《汉书》，前注〔21〕，第 3824 页。

〔39〕 这只是就近现代中国面对的国际格局一般而言。若仅从地理上看，近现代中国经历或面对的几次重大威胁，仍来自中国北方：1930—1940 年代的日本侵华战争（首先占领了东北），1950 年代初的朝鲜战争，以及 1969—1980 年代苏联陈兵百万于中苏中蒙边境。

更广阔和大纵深的区域内充分组织起来，就注定无力同游牧文明争锋。[40] 逐水草而生的游牧民族总人口并不多，其自然形成的生活群体却一定大于村落，任一部落内作为潜在征战者的成年男子，就数量而言，也多于任一农耕村落。游牧生产生活方式决定了游牧民没有多少盆盆罐罐，无需固守土地，也会促使其群体内部组织程度的纪律性更高，有更强的集体行动能力。农耕生产方式使农人财富积淀在持续耕作的土地上，他们世代定居，除非遇上重大自然灾害或战乱，故土难离。农耕村落也不可能大，无法或很难建立便利的跨地域社会联系，村落间很难统一协调行动。这一反差意味着游牧部落可以选择对己方最有利的时间地点，以其最便利的方式，精准突袭其选定的任何村落或地区。各农耕村落无法有效应对，几乎只能等着别人来打。游牧民族流动，也不便农耕民族获得和积累有关游牧群体活动轨迹的准确信息。游牧部落有天生的骑兵，流动性大，便于迅速集中兵力，突击突袭，打得赢就打，打不赢就走。农耕民族缺少优良战马，主要是步兵，难与游牧民族的骑兵争锋。在两大文明的竞争中，游牧民族生产生活的种种特点，都有助于转化成组织化的战斗力，转化为战役和战斗上的机动、灵活和隐秘，塑造一支与生俱来更高效更强大的军队。[41]

两个文明在北中国还有极漫长、广阔的相邻区域——若以秦长城计，西始临洮，东至辽东，号称万里。其间有不易穿越的崇山峻岭关河要道，但也有许多便于交通来往的地带。若仅设防一地甚或数地，等于不设防。游牧骑兵可以轻松绕道南下。若要全面、统一、协同设防，就必须有一个中央集权的政府，有及时可靠的信息和通讯，有一支统一指挥、反应迅速、协调行动、能打胜仗的军队。由于万里边陲，也需要大量兵力，以及繁重的后勤保障。农耕生产、生活方式不会自然催生这样的政府和军队，这样的情报通信指挥系统，这样的后勤保障体系。甚至

---

〔40〕 这个麻烦并不限于中国。"对于农民来说，尽管在人数上占有很大优势，但是由于他们的部队没有严格的纪律性，而且那些战士又没有经过训练，因此农民也无法长期抵御武装牧人的冲击。但是他们不会逃走，因为他们是土生土长的……已习惯于从事有规律的劳动。他们留在那里，听凭胜利者的征服和控制。"奥本海：《论国家》，商务印书馆1994年，第23页。

〔41〕 蒙古人和满人在进入中原之前，军力都只有10万左右。请看，史卫民：《元代军队的兵员体制与编制系统》，载《蒙古史研究》（3），内蒙古大学出版社1989年，第65页；李新达：《入关前的八旗兵数问题》，载《清史论丛》（3），中华书局1982年。

全面设防也未必真能有效：如果游牧骑兵选择对其最有利的时间和地点，集中优势兵力，全力进攻他们认定防守薄弱的地段，突破几乎是必然。从地形上看，在太行山以东地区，只要越过华北北部山区，黄河以北就是一马平川；过了黄河，直到长江边，除少数丘陵和水网地带外，也基本是一马平川。

别无选择，农耕文明要存活下去，就必须直面并根据农耕社区的这种显然不利的经济社会组织条件，以军事政治手段先构建并维系一个大国，以中央集权的政治、高度理性化的行政以及相应的经济、财政手段来支持一支人数足够多、实力足够强的常备军，在几乎一马平川的中原以北，在从东到西的广阔地带，通过军事斗争以及以军事为后盾的其他手段，全面抗衡北方游牧民族，甚至与之展开对攻。

这场军事竞争持续了数千年，胜利者不全是中原农耕区。不少北部游牧民族都曾进入中原建立了王朝，如北魏，辽，金，元，清；即便唐王朝，其"源流［也］出于夷狄"。[42] 但游牧民族建立的这些王朝后来均务实继受了与中原农耕更协调一致的文明，继承了中原历代王朝建立和发展的典章制度，分享了传统中国的"天下观"。换言之，一旦其实际控制治理的区域内包括了典型的农耕区，这些王朝的统治者就不得不回应"平天下"的问题。

典型例证是清王朝在平定治理蒙、疆、藏、青海等地区时的军事考量和动作。由于与（东）蒙古族生活方式和风俗习惯相近，在统一蒙古察哈尔、土默特、科尔沁三大部后，满族重视联姻，满蒙一家，充分利用蒙古族服务其军事统一中国并巩固统治的目标。入主中原后，清代统治者，对影响中国西北和西南边疆地区的其他蒙古部族，在长达70多年间，多次采取军事行动。康熙三次亲征自天山北麓入侵喀尔喀蒙古的准噶尔部，历经八年，击败了噶尔丹。又拉拢青海和硕特蒙古联军入藏，成功驱逐了侵入西藏的准噶尔军队。雍正年间，年羹尧平定了和硕特蒙古首领罗卜藏丹津的青海叛乱。乾隆中期，清军再先后出师天山南北，平定准噶尔贵族以及大小和卓的反清势力。从此清王朝开始直接统

---

〔42〕《陈寅恪史学论文选集》，上海古籍出版社1992年，第551页以下。

治准噶尔蒙古，不再采取先前的、对内外蒙古分而治之的策略。[43]

由此可见，在"平天下"中，军事扮演的角色，远比在"齐家"和"治国"中更为显著和重要。在历代中国，社会底层的农耕者看不见，也很难理解，其他或许更重要的宪制问题，对他们来说，最直接相关的宪制问题，一直是在一个稳定的广阔疆域内建立相对统一的政治统治。有一个足够强有力的中央政府，一支强有力的军队，足以捍卫农耕区的和平和安宁，捍卫农耕文明。否则中原地区就会出现"马边悬男头，马后载妇女"！[44] 这当然不意味着仅有强大军事实力，就能"平天下"。平天下需要多方面的政治文化整合，有关边疆治理，但必须有军事力量为后盾。以下两节则以长城为典型，具体讨论中国北方的军事防卫对于历史中国的宪制意义。

宪制视野中的长城——功能分析

长城是一个军事防御设施，是古代中国的伟大工程，这很直观。本节试图展示，在农耕与游牧文明在东亚大陆自然地理条件下的漫长竞争中，长城对于历史中国和中华文明的构成/宪制功能。[45]

要具有宪制层面的意义，一项制度或措施或工程或战略就必须有关一个国家或王朝的创建或立国，应对的必须是这个国家或王朝的长期和根本问题，至少是"齐家""治国"和"平天下"之一，对这些问题影响深远。或是改变了原有的基本格局，如西周的分封制，有别于夏商的部落联盟制。或从此开创了新可能，如与秦汉郡县制相伴而来的种种创新。由于其重大，有时甚至不能简单以一时的成败论英雄。孔子在世时

---

〔43〕 牛海桢：《简论清代蒙古族地区的盟旗制度》，载《甘肃联合大学学报》（社科版）2005 年 2 期；刘锦：《青海和硕特部蒙古与康熙末期"驱准保藏"》，载《西北民族大学学报》（哲社版）2015 年 5 期；牛海桢、李晓英：《简论清朝初年对青海蒙古的政策》，载《兰州大学学报》（社科版）2007 年 2 期。又请看，马汝珩、马大正〔主编〕：《清代的边疆政策》，中国社会科学出版社 1994 年。

〔44〕 蔡文姬：《悲愤诗》，载《古诗源》，中华书局 1963 年，第 63 页。

〔45〕 有关长城的诸多知识性介绍，主要参考了，罗哲文：《长城》，清华大学出版社 2008 年；以及，景爱：《长城》，学苑出版社 2008 年。

很失败，但他主张的"君臣父子"等原则最终成为传统中国的纲常
（宪法基本原则）。秦虽然二世而亡，却"百代都行秦政法"。[46]

若从宪制层面看长城，关注的问题就不是，至少不能只是，"但使
龙城飞将在，不教胡马度阴山"，能否有个别杰出将领替代长城的功能。
但也不能只是孟姜女式的视角："边城多健少，内舍多寡妇……君独不
见长城下，死人骸骨相撑拄。"[47] 至少应考虑，诸如：（1）长城是否改
变了，或在多大程度上改变了，农耕民族同游牧民族竞争的比较优势；
（2）长城及其配套设施，如何强化了边陲防御，优化了边陲以及全国
各地的军力配置，由此减少了历代王朝，若无长城，百姓必须额外负担
的赋税、兵役和劳役；（3）是否避免了农耕文明为游牧民族征服，甚
或，一定程度上，拓展了中原农耕文明控制和影响的疆域；以及
（4）特别重要的，有没有其他可行的措施或制度替代，可以更有效率
地实现上述追求。这需要细致分析。

首先，长城从根本上削弱了北方游牧民族南下中原本来拥有的战略
战术上的机动优势。秦修建长城为后代确立了"因地形，用制险塞"[48]
的基本原则，于两山峡谷处或河流转折处修建关城隘口。即便在无险可
依的平川，也修在往来必经之地。这节约了人力和建筑材料，起到了
"一夫当关，万夫莫开"的效果。修建于高山之巅的长城往往还不只一
道墙，通常有两道甚至几道。在长城西段地势较为平坦的河套地区，以
及北京北面军事地位极为重要的居庸关、山海关、雁门关一带，最多处
甚至有 10 多重城墙。

城墙只能徒手攀越；有些地段，即使无人防守，也已难以通过。马
匹因此从游牧民族军事行动的利器变成了负担。游牧民族侵入中原的难
度加大了，起码迟滞了其入侵速度。即便侵入后，这个障碍也会横亘于
其归途。游牧民族集中优势兵力，可以突破或越过一处或几处关隘，但
劫掠财富后，如何再次安全越过长城，撤回大漠草原？掠夺财富越多，

〔46〕 《七律·读〈封建论〉呈郭老》，载《建国以来毛泽东文稿》（13），中央文献出版社
1998 年，第 361 页。
〔47〕 陈琳：《饮马长城窟行》，载《古诗源》，前注〔44〕，第 129 页。
〔48〕 《史记》，前注〔18〕，第 2565 页。

撤回就越不易。无论是血战后撤回，或减少掠夺，甚或放弃部分已劫掠的物资，加快北撤，这都改变了游牧民族侵入中原的成本收益。至少在常规年代，长城的存在自然弱化了游牧民族侵入中原的利益驱动。两大文明竞争的基本格局因此有所改变。

长城还提升了中原的军事实力。长城总是选定修建于有险可守的地段。进攻者远道而来，还得在其对手选定的、注定对其相对不利的地带发动进攻，这增加了其进攻的风险以及后勤保障的难度。守军以逸待劳，居高临下，大大降低了人力和物资消耗；通常还能获得安全稳定的后勤保障。

长城不只是一道墙，而是个立体防御体系。除了关隘、堡寨、墩台外，在重点守备地区，长城高墙向四方山岭逶迤延展，在某些区段甚至如蛛网四通八达。有预警区、前沿哨所，城墙内有军营、哨营、兵站、仓库。无论在前方，还是后方并伸向内地，都配套建设了烽燧（烽火台）和驿传。这强化了长城守军的防御，使得中原王朝在一定防区内可灵活机动配置军力。

与长城配套但突前于长城修建的烽燧，从这一视角看，其功能相当于冷兵器时代的长程雷达、早期预警系统和军用通信系统。烽燧通常建在视野宽广的山巅或高地上，建在平坦地区的也高达三丈。登高望远，烽燧值班士兵有能力提前发现入侵者的动向。以光（白天烟，夜间火）的形式，昼夜接力数千里，确保将一些最紧要的军情信息迅速传递给相邻各处驻军，及时报告各级军政首长直至中央政府。

在某些地形复杂艰险的地区，长城还是便于兵力和物资流通的通道。看到了烽烟报警，驻守长城邻近各军营的军队，在确保本防区无敌军进攻的前提下，即便在高山峻岭间或荒原大漠上，也可以沿着长城顶端的通道（有时宽达数米），更快聚集，增援某地。就此而言，一定区域内的长城，以及长城通向后方的大路，如秦直道，在古代中国构成了功能类似今天的高铁或直升机这样的军力配置系统。一定程度上，这还可能改变了边陲守卫的方式，改守线为守点，即在重要关隘、关口、要塞军队集中驻守，其余地方则派兵巡逻。军力配置的效率提高了，戍边士兵的生存生活条件也会有所改善。

在秦代，作为长城配套设施之一，建设有从咸阳向北直达九原郡（今包头附近）全长 700 多公里、宽 20 米以上的秦直道。[49] 这为全国军力在战略上更有效也更俭省的配置提供了可能，即将强大的机动兵团留在后方，作为国家的战略总预备队。人马辎重的快速机动，既可迅速增援受攻击的长城守军，也可以分兵，从不同关口出关，直接穿插到敌军后方，实行战略合围。

值得强调的是，在实行合围之际，无论敌方是否越过长城，长城的城墙，只要足够高大，随即成为中原军队设定的包围圈一部分。无需四面合围，这时只要从两个方向挤压被围的敌军，可大大节省合围敌军所必需的军队。中原军队实行远距离、大规模战略合围的部署协调因此会变得简单、快捷和隐秘，还能更有效隐藏并实现自己的战略意图。

作为战略防御系统设施的长城还可用作战术和战役上的进攻。可借长城掩护重兵集结，准备和发起突如其来的进攻。长城内守军大规模出城突击时，也不必时时担心自己后方被敌方包抄。相反敌军若想切断长城守军出击的后路，事先就会嘀咕：若出击部队回师，会同留守长城的守军，很容易将自己"包饺子"。长城还可以为进攻部队提供安全的轮休，稳定的后勤保障。即便出征或出击不利败退了，也可以期待长城守军的接应，不必太多担心敌骑兵前插合围。一旦撤回长城，依据长城，则立刻可以据险组织反击。[50]

由于长城改善了军事通信和交通，提高了守军的战略机动性，中原王朝为保证北方安全必须部署的军队便可大大减少，消耗的人、财、物也会相应减少。想想，有了秦直道机动，将 30 万秦军部署于咸阳城周边，而不是长年驻守长城沿线，仅此一点，每年可节省多少运送粮草辎重的劳役！

弱化了对手，强化了自己，长城客观上就拓展了中原的农耕文化

---

〔49〕 国家文物局秦直道研究课题组、旬邑县博物馆：《旬邑县秦直道遗址考察报告》，载《文博》2006 年 3 期。

〔50〕 翻看《史记》会发现，卫青、霍去病每次出击都始于长城一线，休养补充时也会以长城为掩护；飞将军李广几次远征的出发地，无论雁门、上郡、代郡或右北平等，也都在长城一线。

区。尽管不会有人在长城以外地区长期耕牧、定居，但沿着城墙以内，通常可以指望安全耕作和定居，至少也会有商旅。即便农耕区并未因长城有多大拓展，对游牧文明活动范围的挤压却很大。由于长城为守军带来了合围的便利和隐蔽，这就会令靠近长城城墙北侧或西侧游牧的群体始终面对一种很难消除的风险，迫使他们的行动总体上必须尽量北撤。这就有了贾谊简洁但至今令人怦然心动的文字，"蒙恬北筑长城而守藩篱，却匈奴七百余里，胡人不敢南下而牧马"；[51] 有了"是后匈奴远遁，而幕南无［匈奴的］王庭""建塞徼、起亭燧、筑外城、设屯戍以守之，然后边境得用少安。"[52] 长城的存在就此改变了农耕区与游牧区的边界。

太容易被今人忽视的一点是，与许多现代军事措施装备技术不一样，长城是一种农耕文明的垄断品或专用技术。它只能为中原王朝防卫北方游牧民族所用，无法为对手使用或复制。相关的所有建造技术知识是公开的，长城却只能为农耕民族利用。即便游牧民族占领了长城，但其生产生活方式也注定了他们无法利用长城、烽燧来守卫和预警农耕民族的军队。除非放弃游牧，学会农耕，他们不值得学习建造长城的相关技术知识。甚至，在入主中原之后，北方游牧或其他民族才能真正理解长城对于治理这个大国的军事和政治用途，也会修建或利用长城来防范其他北方游牧民族，甚至当初的盟友。[53]

正因为对于中原百姓和政权，乃至对于中华文明，有着深刻、广泛和持久的效用，长城才会在历史中逐渐在北部边陲耸起，并通过了农耕

---

〔51〕《史记》，前注〔18〕，第 1963 页（着重号为引者所加）。

〔52〕《汉书》，前注〔21〕，第 3770、3803 页（着重号为引者所加）。

〔53〕 为防范柔然南下侵入，入主中原的北魏鲜卑族王朝先后三次修建长城。其修筑的长城防线与秦汉长城防线也基本一致。吴洪琳：《高闾的务边思想及策略》，载《中国边疆史地研究》2016 年 4 期，第 4—6 页。又有清朝，请看，宁侠：《康熙"本朝不设边防，以蒙古部落为之屏藩"辨》，载《阴山学刊》2012 年 2 期，第 19—22 页。

时代的时间检验。[54] 有证据表明，事实上，每一代中原王朝的决策者，在修建长城之前，对本朝其他可能的替代的成本收益，都有过仔细比较和整体盘算。[55]

宪制视野中的长城——经验与教训

不能只从理论上分析，还应考察历史中国从正反两面提供的惊心动魄的经验教训。因为曾有不止一个人称，长城纯粹是个神话，因为从其第一天建设，在军事上，长城就毫无用处。[56] 我必须打其脸。

正面的。简单说来，至少从汉武帝时期公元前 133 年马邑设伏或公元前 119 年漠北大捷开始，漠南就基本没有匈奴势力了。到公元前 53 年，汉宣帝时期，匈奴单于投诚，亲自到长安朝见汉宣帝，北方此后再

---

[54] 战国时，"赵武灵王……筑长城，自代并阴山下，至高阙为塞"（大约在公元前 306 年—前 300 年间）；"秦昭王时……秦有陇西、北地、上郡，筑长城以拒胡。"（时间大约在公元前 272 年）；"燕亦筑长城，自造阳至襄平，置上谷、渔阳、右北平、辽西、辽东郡以拒胡"（约公元前 254 年）。秦统一六国后，拆除了各国间相互防卫的城墙，保留、拓展并勾连了各国防范北方游牧民族的城墙，因此有了长城。《史记》，前注〔18〕，第 2885—2886 页。

[55] 例如汉文帝时晁错的分析，请看，《汉书》，前注〔21〕，第 2278 页。又请看，北魏孝文帝时，高闾分析筑长城，"其利有五：罢游防之苦，其利一也；北部放牧，无抄掠之患，其利二也；登城观敌，以逸待劳，其利三也；省境防之虞，息无时之备，其利四也；岁常游运，永得不匮，其利五也。"《魏书》，中华书局 1974 年，第 1202 页。明代的余子俊对长城有更细致的经济学分析。巡抚延绥时，余子俊力主蒙古骑兵最便于南侵的延安至庆阳一线，依据山形重建长城。为说服皇帝和反对者，余子俊比较了两种可能的防卫措施的成本收益。一是发兵征讨，聚集延绥、准备征讨河套敌寇的士兵军马有 8 万，如冬季敌寇不败北离去，每年 154 万粮草，加上 825 万运费，总计 979 万两银子。二是在次年春夏交替替驮粗累马疲乏之际开工修建长城，征用陕西运粮百姓 5 万人，供给食物，两个月就能完工，仅需 300 万个工作日。据历史学家吴思计算，每日工价三分银子，才 9 万两银子，不足延绥镇每年军费开支的 1%；劳工还因此得了工钱。最后，余子俊征用军兵 4 万人，不到 3 个月，就完成了东起清水营（在今陕西省府谷县），西至花马池（今陕西定边县城西北），绵延 1770 里的长城。城墙内的土地，分区屯垦，每年可收获粮食 6 万多石。八年后，蒙古部族入侵延绥河西清水营一线，明军大胜——"军民得安耕牧焉"。《明史》，前注〔35〕，第 4736—4737 页；吴思：《明长城的投资与收益："战、守、和"及抢劫的政治经济学》，载《历史学家茶座》(3)，山东人民出版社 2006 年。

[56] Arthur Waldron, *The Great Wall of China: From History to Myth*, Cambridge University Press, 1990, p. 226. 稍收敛但类似的说法是，"其实在历史中，长城几乎没有发挥过实际功效。"杉山正明，前注〔37〕，第 26—28 页。一个严格限定的准确概括是："一旦中原王朝失去军事实力，长城就形同虚设"（着重号为引者增加）。葛剑雄：《长城的价值》，载《往事和近事》，生活·读书·新知三联书店 1996 年，第 35 页。

没有什么有威胁的战事了。公元 89 年东汉窦宪奉旨远征匈奴，帮南匈奴去打北匈奴，北匈奴失败后向西远徙，东汉的匈奴威胁最后解除。尽管此后中国北方各民族的关系并非和谐，中原地区也有战乱，但从漠北大捷到西晋"八王之乱"引出五胡十六国，中国北方至少有 400 余年基本安定，未受游牧民族南侵影响。

中原农耕区的深重灾难是在西晋灭亡后的南北朝时期。起因是中原王朝的内乱，加剧这个灾难的是北方游牧民族内迁，中原王朝却无法利用长城予以抗拒。西汉的沉重军事打击先是导致了匈奴分裂，部分匈奴以及北方的其他游牧民族（所谓五胡：匈奴、鲜卑、羯、氐、羌等）归顺中原，被西汉安置于长城周边地区。东汉还特意让南匈奴定居于长城以南的边境八郡，在当地建立宫廷；又从内地移民到此，设立了代表朝廷的卫护机构。[57] 与汉人杂居的匈奴人由此向中原迁徙，逐渐扩展开来，广泛定居于关中及泾渭流域。这一政策本来为了增强中原农耕文化的影响，促进民族融合。但要实现这一目标，前提条件是中原王朝长期保持政治稳定，军事、经济和文化上长期保持强大实力。

这个前提缺失了。东汉末年，黄巾起义，三国战乱，中原地区人口锐减。西晋统一后不久发生"八王之乱"，持续了 10 余年，中原王朝极度孱弱，政治统治名存实亡。中原王朝无力依靠长城抗击和隔离游牧民族南侵，更谈不上以强大政治军事压力为后盾促使南迁胡人实现民族融合。先是内迁的胡人造反，接着其他北方游牧民族乘机南侵。南匈奴灭了西晋后，在中原地区建立了中国历史上第一个少数民族王朝。之后各民族在中原及周边地区曾先后建立过数十个强弱不等、大小各异的"国"，其中存在时间较长、有较大影响力的有十多个。中原地区开始了长达 130 多年的分裂、割据和战乱，中原百姓极度悲惨，大量被杀或南逃江南，华北地区人口丧失了 90%，汉族几近亡种灭族。

中原地区另一大动荡时期是五代十国。这是唐朝后期藩镇割据的延续和恶果，而藩镇割据至少部分或间接与唐放弃以长城应对北方游牧民

---

[57] 《后汉书》，前注〔24〕，第 2945 页。

族的战略决策有关。唐太宗和高宗时期，唐军先后打败并灭了东西突厥，又打败了西部的吐谷浑。由于国力强大，加之唐王室本身有游牧民族鲜卑的血统，唐代的北方边陲政策是兼容各边疆民族，放弃了修筑并倚重长城应对众多北方游牧民族不时侵扰的战略。这一决策增加了游牧民族的军事优势，弱化了唐朝防卫农耕区域的能力。作为弥补，唐睿宗时（公元 711 年）开始在北方边陲地区设立和扩充了防戍军镇，设置了长驻且专任的节度使，统率当地军、民、财三政。这违反了和平时期军政分权这一传统中国的政治教训和制度。没有长城，却需要协调漫长边陲各区域间的军事防御，唐便以一镇节度使兼任其他两镇甚至三镇的节度使，使边陲地区的军政权力进一步集中。没了长城，北方边陲驻军也得增加，这引发军费和粮草供应的紧张。为缓解军费压力，唐实行了募兵制，军队财政由各节度使自行筹措解决。边防军因此私人化了。所有这些在没有长城条件下针对北方游牧民族的制度和措施，累积起来，导致边镇军事将领权力膨胀。

安禄山一人就身兼河东、范阳、平卢三镇节度使，管辖区从如今辽宁的朝阳到山西大同，下属十数万日益私人化的军队，占当时全国藩镇总兵力的三分之一，手中还握着地方行政和财政大权，尾大不掉，终于酿成了"安史之乱"。"安史之乱"平息后，藩镇势力自此兴盛起来，河北三镇事实上已成割据。黄巢起义后，部分实力雄厚的藩镇先后被封为王，实际已成高度自主的王国。唐亡后，藩镇纷纷自立，其中地处华北军力强盛的政权控制了中原，形成五代王朝。其中至少三代，即后唐、后晋和后汉，是由西突厥的沙陀族建立。北方另一游牧政权契丹也趁中原内乱南侵，建立了辽国。

但这些还只是中原农耕区所受威胁和苦难的序幕。公元 936 年，五代十国中后唐的石敬瑭认契丹皇帝为父，出卖了从山海关直到雁门关以西（今北京、天津以及山西、河北北部）的燕云十六州，换取契丹支持其称帝。这一事件影响了随后中国政治格局长达 400 多年。这十六州地处太行山东部、北部和西北，地形险要，易守难攻，是历史上北方少数民族进入中原的必经之路，失去了它们，中原王朝的粮食主产地华北平原完全暴露在北方游牧民族眼前。

北宋统一中原后，曾试图以武力收复燕云之地，均告失败。宋因此成为中国历史上唯一无法获得长城庇护的汉族中原王朝。整个华北无险可守，积弱的宋朝一直为边患困扰。统治中国东北和华北的辽（契丹）和金（女真）军队先（1004 年）后（1127 年）南下，穿过华北平原，或威胁，或攻占了北宋首都开封，宋徽、钦二帝被金国俘虏。宋朝廷只能渡江南迁杭州，建立了南宋。[58] 金朝后期，燕云十六州为蒙古占领。之后，蒙古大军南下，灭亡金朝，建立元朝，又灭南宋，中原又一次全面为北方民族统治。直到 1368 年，明太祖派徐达、常遇春北伐，相继攻克今北京、大同等地，控制了燕云十六州，控制了沿前朝长城的北方边陲要地。

从大历史视角看，如果说秦汉正面例证了长城对于维护中原农耕文明的制度意义，那么从唐睿宗设节度使开始的长达 650 年的历史，可以说是一个自然实验：在冷兵器时代，不依赖长城，能否以可接受的成本来结构和整合以农耕区为核心的中国。结果无情，战乱迭起，死人无数。元初中原人口损失 80%。

如果仅看王朝更迭和中原战乱，长城确实未能令中原王朝逃脱因游牧民族南下引发的政权更替，中原民众未能逃过一次次劫难。但对长城制度功能的这种看似后果主义的理解是偏颇的，甚至是非后果主义的。世界上本来就没有一种绝对保险的制度，长城实现其功能当然需要其他制度的配合，即中原王朝的有效治理。长城不可能替代其他。真正值得政治家/法律人关切的，其实是天下无数生命脆弱且短暂的苍生"好死不如赖活着"的卑微视角。应当将一些不曾发生但完全可能发生的，有关人和事的想象，纳入对制度功能的评判考量。不曾发生不等于本来就不会发生，很可能只是因某种对策、某个制度甚或某个人的努力避免了其发

---

〔58〕 失去燕云十六州对中原王朝的影响，顾祖禹引前人称："河北一路，为天下根本。燕蓟之北，有松亭关、古北口、居庸关，此中原险要，所恃以隔绝中外也。……燕蓟不收，则河北不固。河北不固，则河南不可高枕而卧。澶渊之役，寇准欲邀契丹称臣，且献幽蓟地。曰如此可保百年无事，不然数十年后，戎且生心矣。真宗不从。及女真取燕山，遂成靖康之祸。"《读史方舆纪要》，中华书局 2005 年，第 436—437 页。

生。恰当的思考一定要界定，并考虑，或曰"脑补"，那些"不在场"的因素。[59] 评判长城的底线因此不是，不修长城，会少了多少"将军白发征夫泪"，少了多少"悔教夫婿觅封侯"，会有多少农民安居故土"你耕田来我织布，我挑水来你浇园"，他们个人和家庭乃至整个农耕区民众的幸福指数会增加多少。而是，若不修长城，无人戍边，这些"被"幸福的农民，会有多少人，有多大可能，会额外地，甚或成为"两脚羊"。[60]

再宏观点，如果没有长城，这个中华农耕文明会是何种形态，何种规模？甚或，后代还一定有这个堪称辉煌灿烂，至今令我们自豪的中华文明吗？任何文明都不可能脱离许许多多具体的人、事、物单独存在或持续。若无长城，这个号称人类持续了最久的华夏文明，并非不可能，如同比中华文明更古老的苏美尔文明或古埃及文明和古印度文明那样，被后起的或周边的其他文明灭了。这种历史事件在世界各地其实比比皆是。马其顿征服之后，古希腊城邦便永远消失了。继承希腊文化的罗马人，曾被驰骋奔突于欧洲大地的阿提拉军队横扫。这些被称为"上帝之鞭"令欧洲人胆战心惊的匈人，据说只是被卫青、霍去病特别是窦宪击败而西窜的匈奴后裔。[61]

长城保护的是农耕文明，但必须注意，修建并利用长城的，并不只是中原农耕民族！后代许多入主中原的原北方游牧民族政权及其继承者，如北魏、东魏、北齐和北周，为防护柔然、突厥和契丹南下，也曾多次大规模修缮甚或重建长城。[62] 即便未修长城，也不意味着他们就

---

[59] 福柯称"谱系学甚至必须界定这些事件不在场的那些时候，即它们一直未能实现的时刻"。Michel Foucault, "Nietzsche, Genealogy, History", *The Foucault Reader*, ed. by Paul Rabinow, Pantheon House, 1984. 这类努力，又请看，Niall Ferguson, ed., *Virtual History: Alternatives and Counterfactuals*, Basic Books, 1999.

[60] "自靖康丙午岁（公元1126年），金狄乱华，六七年间，山东、京西、淮南等路，荆榛千里，斗米至数十千，且不可得。……人肉之价，贱于犬豕，肥壮者一枚不过十五千，全躯暴以为腊。登州范温，率忠义之人，绍兴癸丑岁泛海到钱唐，有持至行犹食者。老瘦男子谓之'烧把火'，妇人少艾者名为'不羡羊'，小儿呼为'和骨烂'，又通目为'两脚羊'。"庄绰：《鸡肋编》，中华书局1983年，第43页。

[61] 请看，吉本：《罗马帝国衰亡史》（2），吉林出版集团有限责任公司2008年，第363—370页。这个说法有人质疑，晚近体质人类学的基因测试表明匈人与匈奴并非同类。中国学者的研究，可看，刘衍钢：《古典学视野中的"匈"与"匈奴"》，载《古代文明》2010年1期。

[62] 罗哲文，前注[45]，第58—60页。

放弃了长城的军事用途，或低估长城的军事价值。清朝是来自东北的畜牧渔猎民族，有牢固的满蒙联姻。康熙甚至明确说过"本朝不设边防，以蒙古部落为之屏藩"，[63] 但鉴于"塞外蒙古多与中国抗衡，溯自汉、唐、宋，至明，历代俱被其害"，[64] 康雍乾时期，在东起辽东，西迄甘凉的明长城沿线，清一直部署驻扎了重兵，构建了针对北方的完备防御体系，其严加防控的对象恰恰是满族的政治盟友，曾入主中原建立元朝的蒙古人。[65]

如果长城对于历史中国的构成，对于中华文明的生长发展，意义如此，还怎么能说其可有可无？有些决策及其实践，仅因其对国家影响深刻和久远，可谓牵一发而动全身，就注定是宪制的，甚至无论其成败，也无论其被归类为军事、政治、经济、民族、社会甚或文化。长城就是其一。

结语

本章仅想把军事带入宪制研究者的视野，指出其对中国宪制或明或暗潜移默化的塑造力，从而恢复军事在宪制研究中的应有位置。我没想也不会夸大其作用。万里长城即便对于农耕中国有宪制意义，历史中国仍经历了一次次劫难。但这和民主、自由或航母很厉害，美国也没躲过9·11一样。不能因为有过劫难，就结论说：军事不重要，或今天已经不重要了，不必纳入宪制考量了。我从来没打算用军事替代或置换其他，包括恰当、明智且有分寸的自由、民主、人权或宪政的实践（有别于那种作为高分贝噪声的政治正确）。但如果没有以军事为后盾的主权，剩下的就会是一些高大上的口号引发的空气振动，甚至只是直接被人无视的恳求或乞讨。

由于历史和现实的考量，军事问题也一直体现在当代中国宪法制度

---

[63] 《清实录·圣祖仁皇帝实录》（3），中华书局 1985 年影印本，第 700 页。
[64] 《清实录·圣祖仁皇帝实录》（2），中华书局 1985 年影印本，第 931 页。
[65] 宁侠，前注〔53〕，第 19—21 页。

中。1949 年中华人民共和国建立之际，中央政府之所以称政务院，而不是后来的国务院，最重要的原因或理由就因其下属机构不含国防部，当时军事领导权属于分立的人民革命军事委员会。[66] 尽管新中国首任总理周恩来本人一直参与军委领导甚至长期主持日常工作，后来的国务院下属机构也包括了国防部，但行政与军事分权的先例就这样在新中国之初就确立了。[67]

另一个有关军事的当代中国宪制事件距今仅 30 多年。1980 年代中期，中英香港回归谈判中，核心问题之一是中国是否在港驻军。中方立场是 "北京除了派军队以外，不向香港特区政府派出干部"。[68] 在外交部报告中，邓小平曾亲笔批示："在港驻军一条必须坚持，不能让步。" 一次全国人大会议期间，一位不熟悉相关情况的领导同志，不经意间，对香港记者说了 "也可以不驻军" 之类的话，随即引发邓小平震怒，特意对媒体声明：驻军是主权的象征，香港必须驻军。[69]

也不只有关宪制实践，理解军事宪制问题也有助于学人拓展宪法研究的视野和领域，有学术和学理意义。例如，关于长城的功能分析，或许会令我们重新理解中国以及世界各主要国家的一些重大的军事举措、工程和战略。在这一视角内，1950—1960 年代中国的 "两弹一星"，其功能就一定不再局限于武器装备制造或科技发展进步，它更有关中国国家的战略安全，有关中国的国际地位和实在的发言权，令中国主张的独立自主的外交政策变得真实可信。[70] 尽管几乎今天无人提及，有人情

---

〔66〕 "关于政务院的名称，原来有人主张用国务院，但国务院包括军事，不太合适"。董必武：《中华人民共和国中央人民政府组织法的草拟经过及其基本内容》（1949 年 9 月 22 日），载《董必武选集》，人民出版社 1985 年，第 247 页。

〔67〕 可参看，陈斯喜、刘松山：《宪法确立国家中央军事委员会的经过》，载《法学》2001 年 2 期。公众偶尔也可察知这一制度的实践。一个当代例证是，汶川地震时，时任总理温家宝指令部队去某地救灾，也就因既定宪制，他指挥不动。

〔68〕 邓小平：《一个国家，两种制度》，载《邓小平文选》（3），人民出版社 1993 年，第58 页。

〔69〕 宗道一/等 ［编著］：《周南口述：遥想当年羽扇纶巾》，齐鲁书社 2007 年，第 285—287 页。

〔70〕 "如果六十年代以来中国没有原子弹、氢弹，没有发射卫星，中国就不能叫有重要影响的大国，就没有现在这样的国际地位。这些东西反映一个民族的能力，也是一个民族、一个国家兴旺发达的标志。" 邓小平：《中国必须在世界高科技领域占有一席之地》，载《邓小平文选》（3），前注〔68〕，第 279 页。

愿忘记，甚或有人还要努力忘记："两弹一星"和核潜艇事实上为 1978 年之后中国的全面改革开放提供了最重要的战略安全保障。这增强了民族自信心，也增强了国家凝聚力，对于作为中国人民政治共同体的心理建构非常重要——这其实是另一层面的宪制建设。

"兵者，国之大事，死生之地，存亡之道，不可不察也"！[71]

2013 年 12 月 9 日二稿于拉萨藏大政法学院；
2014 年 1 月 2 日三稿、7 月 27 日四稿于北大法学院

---

[71] 骈宇骞/等 [译注]：《孙子兵法·孙膑兵法》，中华书局 2006 年，第 3 页。

附录 2
不该，却被遗忘的

中国并非异端。不仅，与孔子同时期，古希腊的赫拉克里特就指出"战争是万物之父和万事之主"，[1] 而且在此后西方世界，也许因为缺乏大一统的协调机制，战争也远比中国频繁，包括 20 世纪的两次世界大战。在其国家学说和宪制实践中，军事/暴力一直占据核心地位，只要想想近现代西方从霍布斯到韦伯的国家的定义。[2] 只是由于当代欧美国家国力和军力格外强大，弱化了西方宪制研究者在其学术话语中关注这一问题的紧迫和必要。但时下欧美的宪法和宪法律话语居然全然不提各国制度中最组织化系统化的军事问题，这仍令人不可思议。[3] 最值得追问的也许是，除法学人对军事无知、更擅长话语和文字外，会不会也还有其他看不见的变量？

从来重大的宪制实践意义

回顾古希腊历史，会发现，当时所有城邦，固然是多种政治力量塑

---

〔1〕 *The Art and Thought of Heraclitus*, trans. by Charles H. Kahn, Cambridge University Press, 1979, p. 67.

〔2〕 韦伯认为，只要行动者以合法垄断的暴力保障了秩序并持续有效运作，这种强制性政治组织就应称为"国家"。Max Weber, *Economy and Society*, trans. by Ephraim Fischoff et al., University of California Press, 1978, p. 54. 新近的研究则认为，17 世纪欧洲的战事紧急促成了〔西方〕现代国家机构的出现，在现代国家形成中作用重大。格雷林：《天才时代：17 世纪的乱世与现代世界观的创立》，中信出版集团 2019 年，特别是第二部分以及第 18 章。

〔3〕 在政治学或国际政治研究中，一直有学人关注战争与国家发生的关系。可参看，Samuel Huntington, *The Soldier and the State: The Theory and Politics of Civil-Military Relations*, Harvard University Press, 1957; Charles Tilly, *Coercion, Capital and European States: AD 990-1992*, Wiley-Blackwell, 1990, Chs. 3, 6, 7.

造和构成的，但无论怎么看，都必须有，有时甚至主要得靠，军事力量的塑造，特别是捍卫城邦。说句太看低宪制的话，当时再怎么了不起的城邦，无论其政体/宪制属于什么类型，符合当时哲人的定义，一仗打胜，就赢得辉煌，引来制度和相关话语的膜拜者。一仗败了，就灰头土脸，甚至从此被历史抹去。历史无情，就这样"成者王侯败者寇"。

古希腊时期，有50年的希波战争（公元前499—前449年），希腊联军捍卫了希腊众多城邦的独立及安全。此后数百年间，希腊持续称霸东地中海，影响力空前。希腊联军的盟主雅典的民主政治获得发展；另一核心城邦斯巴达也英名远扬。但在同斯巴达的伯罗奔尼撒联盟争夺霸权的战争（前431—404年）中，雅典的提洛同盟失败了，斯巴达的贵族政体/宪制随后在希腊地区流行起来。并非趋炎附势的柏拉图、亚里士多德等，也真诚赞美斯巴达。[4] 但在公元前371年开始的留克特拉会战中，底比斯终结了斯巴达的霸权，宣告了底比斯在希腊霸权的兴起。公元前338年，马其顿的腓力二世在喀罗尼亚战役一举战胜了底比斯与雅典的希腊联军，次年，在科林斯召集的全希腊会议（斯巴达未参加）上，他接受了希腊各城邦的臣服，从此轰轰烈烈、后世还算大名鼎鼎的希腊城邦政治就名存实亡，无疾而终了。马其顿帝国兴起了，但紧接着，"二世而亡"。

罗马从共和国向帝国的政体/宪制变革也与军事直接关联，这一次重要的不是战争，而是将帅、军队和军权。当年，在卢比孔河畔，面对罗马共和国宪制规定："任何将帅不得率军渡河，否则即为叛国"，沉吟许久后，罗马大将凯撒留下了"渡河是人间悲剧；不渡我自身不保"的名言，率军渡河，标志性地启动了，其实只是推动了，罗马从共和国向帝国的宪制转变。"公无渡河！公竟渡河！堕河而死。当奈公何！"凯撒本人虽然不久后被刺身死，其养子屋大维成为罗马帝国第一位皇

---

[4] 柏拉图的《理想国》中的理想政体以斯巴达为范本；亚里士多德中谈论现实中比较完备的城邦宪制首先提到的也是斯巴达（《政治学》，商务印书馆1965年，第82—92页）；普鲁塔克认为"斯巴达享有的杰出政体与正义"是"巨大的财富"（《希腊罗马名人传》，商务印书馆1990年，第123页）。

帝，史家却一直视凯撒为罗马帝国奠基者和无冕之王。[5]

在近代欧洲各大国中，即便号称变革最温和的英国，也无一不涉及军事。《大宪章》并非自发生成，它追随英国贵族的起兵而来。更有英国内战，国王被处死，建立了共和国。之后王权复辟，克伦威尔被鞭尸。法国大革命的恐怖和血腥就不说了，尽管颁布了《人权宣言》，却留下了太多与人权相关的嘲讽或悲剧。[6]但宪法学人最该记取的或许是，近现代以来法国实施最久的是1875年的第三共和国宪法，但在依宪治国65年后，并未能给法国带来法学家轻诺的长治久安；1940年，法国"一战"民族英雄贝当元帅率军向德军投降。相反，"二战"胜利，法国，作为战胜国，先后于1945年和1958年颁布了第四和持续至今的第五共和国宪法。

在普鲁士"铁血宰相"俾斯麦领导下，三次自上而下的王朝战争，先击败丹麦，将荷尔斯泰因划归普鲁士统治，再击败奥地利统一德国，最后击败法国，进军巴黎。在法国凡尔赛宫中，普鲁士国王威廉一世登基，宣布了德意志帝国成立，从此有了现代德国，以及与之相伴的《德意志帝国宪法》。俾斯麦完美践行了自己的著名陈述："当今重大问题的决定，不靠演说和多数人的决议……靠的是铁和血。"[7]

二战胜利后，实力政治声名狼藉。20世纪下半叶和21世纪，欧美宪法话语改变了，但宪制实践并没有实在和根本的改变。冷战时期塑造欧洲和平基本格局的，其实是两大军事政治集团"北约"和"华约"的实力抗衡，而不是什么自由、民主和人权。至少部分是美苏的军备竞赛拖垮了苏联，欧洲军事平衡打破了。随后有了中东欧众多国家的宪制变化，包括苏联自身的解体和苏联加盟共和国的独立，众多东欧国家的分裂或政体变更，当然也包括德国的统一，南斯拉夫的消失，欧盟的创立及其向东拓展，以及打破欧洲战后和平的最重要标志——科索沃战争。欧洲过去几十年来的全部宪制变化和变革，与这些国家先后颁布的

〔5〕普鲁塔克：《亚历山大》《凯撒》，载《希腊罗马名人传》（2），吉林出版集团有限责任公司2009年，第1195页以下。

〔6〕可参看，雨果：《九三年》，人民文学出版社1978年；狄更斯：《双城记》，上海译文出版社1983年。

〔7〕帕麦尔：《俾斯麦传》，商务印书馆1982年，第98页（引用对译文做了调整）。

宪章或宪法性法律，或设立宪法法院，基本无关。直接相关的只是 20
世纪末，苏联崩溃，引发欧洲政治军事实力变化与政治军事经济集团的
重组。

相应的变化也出现在近现代的东亚。无论是朝鲜半岛的演变，还是
蒙古的独立，台湾的被割让和回归中国，日本二战前后的宪制及其当下
日本政府谋求的修宪，但特别是中华人民共和国的创建和她的和平崛
起，虽然有宪法性文件相随，但从根本上看，哪个文件不是这一地区相
关各国以及外部势力的实力对峙、变化的产物？其中毫无疑问包括了，
甚至首先是，军事实力。

曾经生动的学术意味

尽管今天颇为寂寞，但在近现代民族国家发生过程中，在欧美政治
学和法学学术中，军事问题其实曾吸引许多政治家/法律人的关注。马
基雅维利《君主论》中曾以相当篇幅讨论了"新君主"，其实说的大致
等于历史中国的"开国君主"，以及这些君主必须以军事力量应对开国
或建国的问题。在另一名著《李维史论》中，马基雅维利一再引用历
史，从各个侧面，来论证军事和军备对于国家的意义。他强调建立和保
持军队是国家统治者必须独自承担的责任;[8] 又指出，只有强大的武
力，才可能避免外国侵略，获得你渴望的妥协，没有军力支持，再谦
卑，对国家也是有害无益[9] 其实就是一句话："弱国无外交"。

孟德斯鸠曾分析罗马衰亡的两个重要原因。其一是军队的私人化：
罗马军团长期驻守其占领地，远离罗马，将领自然容易尾大不掉。而血
战沙场的士兵因其生命直接系于军事指挥官，他们自然更信赖和支持直
接指挥他们的杰出军事统帅。时间一长，他们就不再是共和国的士兵，
而是军事统帅的士兵了。罗马军团的统帅，如凯撒，因此就成了罗马共

---

〔8〕 马基雅维利：《君主论·李维史论》，吉林出版集团有限责任公司 2011 年，第 210—
211 页。

〔9〕 马基雅维利，前注〔8〕，第 365—366 页。

和国的敌人。其二是，罗马法本只是用来、也只适合治理共和国的，后来面对的却是一个帝国。在孟德斯鸠看来，罗马法只是用来造就一个伟大民族的，却无力治理这个伟大民族。[10] 这可谓是孟德斯鸠版的"马上得天下，焉能马上治之"，却也指出了大国与小国所需的宪制和法律不同，甚至你可以从中嗅到一缕区分"治国"与"平天下"的意味。

英国历史学家吉本，在分析罗马共和国的衰落时，同样提出了罗马军队的问题。一是"在他们征服的行省，罗马将军是总督，甚至是君主，上马领军，下马管民，不仅拥有司法权和财政权，还集行政和立法大权于一身。"[11] 这提出了分权问题，但应注意，隐含其中的却不是近现代欧洲洛克的立法、行政/司法与外交或孟德斯鸠的立法、行政与司法之分，反倒与中国历史上的政/军/财分权相近。说到底，是如何以"文治/法治"规训"武功"的问题。吉本细致讨论的另一问题是，罗马军队中出身社会底层但野心勃勃的军事将领，一次次利用自己统领的禁卫军黄袍加身。[12] 这不就是五代十国之后屡屡出现，直到宋太祖才予以暂时了结的问题吗？却也是如何以"文治/法治"规训"武功"的问题。

问题体现在罗马将领身上，关键却是罗马疆域扩张，空间距离加大，以及各地的文化混杂差异增大，都注定弱化政治中心对各地的政治军事控制，间接增强了直接指挥军队的军事统帅的实际权力。帝国的政治治理本该有新的有关政治军事的宪制。孟德斯鸠或吉本都看出了罗马的困窘，却给不出答案。或许也没太大必要。因为欧洲似乎一直都没形成一个长期稳定的宪制格局，思想家因此就没法借助前代的宪制遗产来"复盘"。但也是从孟德斯鸠指出的罗马帝国的困窘中，我才理解了，当作为统一大国兴起时，秦汉时期那几乎已成龙配套的必要且伟大的制

---

〔10〕 孟德斯鸠：《罗马盛衰原因论》，商务印书馆 1962 年，第 48—49、51—52 页。又请看，"罗马的历史可以当作一个绝好的例证，它说明，要建立一个大帝国，只能以依靠军事力量的个人独裁为基础，并以有效的官僚机构来维持和平与秩序……"霍布豪斯：《自由主义》，商务印书馆 1996 年，第 4 页。

〔11〕 吉本：《罗马帝国衰亡史》（1），吉林出版集团有限责任公司 2008 年，第 53 页（引者对译文作了调整）。

〔12〕 "马克西明登基以后，没有一位君王可以高枕无忧安坐帝位。每一个边疆的蛮族农人，都想登上权势熏人而又危险无比的宝座。"吉本，前注〔11〕，第 138 页。

度创新：废封建，建郡县，修驰道，建长城，书同文，车同轨，统一货币，统一度量衡，举秀才孝廉等，包括军事体制和军备，也包括军政权力的调配。值得注意的是，在时间上，秦朝创立（公元前 221 年）比罗马帝国建立（公元前 27 年）早出了整整两个世纪！

除了有关宣战权外，今天基本不见美国宪法律学者讨论军事宪制问题。但在近代欧美各国中，针对本国情况，在宪制层面专门讨论军队和军事问题并有细致安排的，就我的有限阅读而言，最突出的居然是，被中国宪法学人丢在一旁的，美国联邦党人。有必要重温一下这些被遗忘的问题，或许还应考察一下作为问题的这一遗忘。

在近现代之前，欧洲各国一直没有常备军。但这并非欧洲人更爱和平，在很大程度上，这是欧洲中世纪封建制的结果。[13] 一方面，绝大多数封建君主的税收、财政制度能力有限，养不起常备军；另一方面，封建领主也趋于视大国君主的常备军为自由的天敌。[14] 这一传统在后世欧美国家的一些重要宪法性文件中，在美国制宪的讨论中，都有显著痕迹。[15]

美国制宪的辩论中，杰弗逊坚决反对常备军，认为这很容易成为侵犯各州（小国）自由的工具。[16] 汉密尔顿承认欧洲大陆的常备军对自由有害，也很费钱，[17] 却坚决主张美国建立常备军。他的理由是，有

---

〔13〕 欧洲早期的帝国，马其顿、迦太基以及罗马的一些临时组建的军队，因长期征战，斯密认为，几乎就是最早的"常备军"。斯密：《国民财富的性质和原因的研究》（下），商务印书馆 1974 年，第 262—268 页。

〔14〕 众多学者因此趋于拒绝常备军。孟德斯鸠认为"只有大国才能有军队。"孟德斯鸠，前注〔10〕，第 12 页。斯密指出，有共和主义思想的人"往往耽心常备军会危及自由"，斯密，前注〔13〕，第 269 页〕，若王权有争议，常备军会威胁人民的自由。斯密：《亚当·斯密关于法律、警察、岁入及军备的演讲》，商务印书馆 1962 年，第 269 页。戴雪认为英国"政治家往往深信常备军的制度极有害于英吉利人民之自由"。《英宪精义》，中国法制出版社 2001 年，第 332 页。

〔15〕 英国 1685 年詹姆斯二世时建立了常备军，随后，英格兰议会在 1689 年《权利法案》第 6 条明确规定：若无国会同意，和平时期不得保有常备军。1787 年《美国宪法》（第一条，第 8 款）授权国会有权招募陆军，但限制军费"拨款期限不得超过两年"；此前北美十三州都只有民兵，但打赢了对英国的独立战争。因此才有美国宪法第二修正案规定"人民持有并携带武器的权利不可受侵害"，就因"民兵对各自由州的安全很必要"。

〔16〕 Thomas Jefferson, *Political Writings*, eds. by Joyce Appleby and Terence Ball, Cambridge University Press, 1999, p. 113。

〔17〕 汉密尔顿、杰伊、麦迪逊：《联邦党人文集》，商务印书馆 1980 年，第 35 页。

了常备军，欧洲历史上常见的，因敌军突袭，小国被征服的现象就不会发生，也不会因战事临时征兵影响生产劳作。很有道理。令我印象深刻的是，在讨论常备军问题时，汉密尔顿强烈和准确的时空感。他不断指出合众国有别于历史上或当时的欧洲各国：大国，要持续应对"野蛮的"印第安人，各州（state）疆域相对狭窄（其中罗得岛州仅有约4000平方千米，面积比北京密云区大不太多）等。[18]

但最令我感叹和佩服的是汉密尔顿关于由谁，联邦，还是各州，来控制常备军的分析和论证。先定后审，结论其实早就有了，联邦党人当然主张由联邦政府控制。这在情理之中。令人不可思议的是汉密尔顿用来支持这一主张的根据和理由：最好由那些最受猜忌的人来掌控军队，不要由人们放心的人来掌控（这几乎相当于主张：让最贪财的人来管钱，让最好色的男子担任中学女生的班主任）！由于当时人们更相信更实在也一直管着他们的州政府，不信任也不可能信任当时还只是想象中的联邦政府，因此，汉密尔顿认为，由联邦政府来掌控军队最合适。[19]

这个有悖日常经验的论证逻辑令我很怀疑汉密尔顿的政治诚实。但对政治家来说，重要的是做事，做成事，做成利［美］国利民的事。至少部分因为这个看来很替各州和民众着想的分析，汉密尔顿成功忽悠了各州接受了他的主张：建立一个联邦政府，由联邦政府，而不是各州政府，掌控国家的常规军。这避免了国家的常备军分别为各州控制，特别是避免了当各州利益不一致时，常备军被各州政客、野心家（也即历史中国的割据势力）用作分裂国家的工具。

我质疑汉密尔顿的政治诚实，却不能不佩服汉密尔顿的政治智慧和深谋远虑，赞赏他为实现这一深谋远虑的不诚实却杰出的修辞。这一军权的宪制配置没能令美国避免南北内战，却有效避免了各州用各自的常备军打内战这一最坏后果。而且，内战是在美国制宪75年后，汉密尔顿已离世60年。这表明对军事问题（以及其他重大问题）的宪制层面的谋划和应对必须是，夸张一点，"不谋万世者，不足谋一时；不谋全

---

〔18〕《联邦党人文集》，前注〔17〕，第8、9、24篇。
〔19〕《联邦党人文集》，前注〔17〕，第124页。

局者，不足谋一域。"[20] 汉密尔顿几乎做到了。

为什么被遗忘？——只是猜想

如果军事对于创造和维护一国宪制，对于一个国家的构成、存在以及维系和平，意义重大，在学术话语中也曾生猛，在今天欧美有关国家发生的政治学话语中也有不少关注，[21] 那么，问题来了，在当代欧美各国宪制和宪法律话语中，它为何几乎完全缺失？曾经生动重大的军事宪制问题考量，因何，且如何，淡出了宪法学人的视野？这不是一个容易的问题，我也没打算给出确定的回答。但有几点值得关注，有政治意义，也有学术意味——即便不是宪法学的意味。

一个很容易上手，有点道理，但不太令人信服的遗忘机制也许与作为当代西方政治意识形态重要构成部分的宪政话语（有别于宪制实践）有关，与热衷这套话语的法律人有关。这种主流意识形态话语，就要有意淡化甚至遗忘军事实力，高歌民主、自由和权利，期望当今世界特别是发展中国家的民众相信，一国的良好宪制与其可诉诸的军事实力无关，只与20世纪中期才算真正兴起的言论自由、正当程序和同等保护等宪法律话语有关。淡忘或遗忘军事和军备，不但会提高欧美大国和强国的政治、制度和伦理上的合法性，还可以误导发展中国家，放弃武装斗争，弱化甚至放弃国防。这是一种"不战以屈人之兵"的战略。

这种话语已多次生效。戈尔巴乔夫就曾多次抱怨，美国和其他西方国家不讲信用，违反了他们关于"北约一厘米也不会向东推进"的承诺。[22] 但除了证明他太傻太天真外，这种抱怨有意义吗？另一例证是利比亚。在西方威胁利诱下，还有他留学英国获博士学位的"坑爹"

---

〔20〕 陈澹然：《迁都建藩议》，载陈靖［主编］，《枞阳文选》，合肥工业大学出版社 2017 年，第 160 页。

〔21〕 典型如以蒂利为代表的战争动力学，请看，前注〔3〕。

〔22〕《戈尔巴乔夫指责西方没有遵守北约不东扩的承诺》，https://www.chinanews.com.cn/gj/gjrw/news/2009/04-03/1631112.shtml，2018 年 6 月 18 日最后访问。

儿子的劝说,卡扎菲自诩"明智"地放弃了核武和化武,[23] 数年后,曾同他握手言欢的法国总统萨科齐下令发动军事打击,协助反对派推翻了卡扎菲政权,卡扎菲本人被捕后被虐杀。利比亚至今分裂动荡。[24]

不谈军事也与法律人的专长和偏好有关。法律人都更擅长文字、演说、修辞和话术,喜欢"法眼看世界"。如果全社会都相信言辞立国,契约建国,相信"谈出来的美国",法律人自然就有理由顾盼自雄,舍我其谁,改"法治"为"法律人之治",至少在和平时期。[25] 真不是调侃,这是理性人假定的必然结论。换言之,法律学人愿意如此切割、加工和演绎一个无需军事和武力的宪制天下和法律世界,不因其虚伪,反见其真诚——但真诚信仰不保证其所信为真,真诚的愚蠢仍是愚蠢。这也就解说了那些视野更开阔、心肠更硬的法律人,典型如有过军旅生涯、多次受伤的战斗英雄霍姆斯,从来更强调"法律人/政治家";"从没想诚实,只是诚实而已"的波斯纳则主张"超越法律"。[26]

但我也不接受这种准阴谋论或无知论——因为这工程太宏伟了。一个更深层次的社会遗忘机制,与本书的理论思路一致,可能与——相对于历史中国——欧美各国自然地理和国家特点有关。换言之,与欧美各国的"国情"有关。要点前面也已提及:一是持久的生存竞争引发的军事入侵,二是大国。

我已论及,为防范北方游牧民族的南侵,中国中原地区必须建立起一个中央集权的足够强大的王朝,始终保持一支有战斗力的"常备军"。"忘战必危"写入了历史中国的血脉。如果农耕和游牧之间的生

---

〔23〕《卡扎菲称放弃发展违禁武器是"明智之举"》,http://news. sina. com. cn/w/2003-12-20/09411387184s. shtml,2018 年 6 月 18 日最后访问。

〔24〕《美国关闭驻利比亚大使馆撤离所有人员 被指撒下烂摊子不管》,http://www. guanch a. cn/Third-World/2014_ 07_ 28_ 250754. shtml,2023 年 3 月 31 日最后访问。

〔25〕 Mary Ann Glendon, *A Nation under Lawyers*: *How the Crisis in the Legal Profession is Transforming American Society*, Harvard University Press, 1994;Walter K. Olson, *The Rule of Lawyers*: *How the New Litigation Elite Threatens America's Rule of Law*, Truman Tally Books, 2004.

〔26〕 Oliver Wendell Holmes, Jr., "The Use of Law School", in *The Essential Holmes*, ed. by Richard A. Posner, University of Chicago Press, 1992, p. 225. "法律上的伟大所隐含的就是要超越法律。"波斯纳:《法理学问题》,中国政法大学出版社 2002 年,第 564 页。

存竞争是促使国家发生并保持常备军之原动力的话，[27] 那么欧洲的自然地理条件，三面临海，更适合商贸和耕作，就欧洲整体而言，就不大容易出现农耕者与游牧者之间大规模的持续竞争。摧毁罗马帝国的匈人，并非欧洲本地产品。换言之，欧洲几乎从一开始就无强烈需求：高度中央集权的王朝，强大的常备军抵抗游牧民族。从经验上看，除了罗马共和国后期和帝国早期外，欧洲早期地中海沿岸城邦以及中世纪的封建各国，都不像历史中国那样一直保有一支军队。其实历史上欧洲战事其实也挺"勤"，真需要军队时，在近代之前，各国或组织民兵，或使用雇佣军，或向邻国求援；战事一过，民兵解甲归田，雇佣军或援军就被打发。如果军队总是临时的，军队和军事就只是个临时问题，无需宪制长期和特别的关注。军事很难驻留于政治家的视野中。

也有例外，欧洲国家中，也曾有军队或军事影响了一国政治的。如罗马共和国末期凯撒统率的罗马军团，或是英国克伦威尔统率的护国军，就曾改变本国的政治/宪制实践。但例外需要的，或唤起的，只是随机应变的"打发"，不必须由宪制应对。

这也是北美大陆的历史状况。美国成文宪法更关注州和联邦的权力配置，包括因汉密尔顿的说服，设置了常备军。但孤悬海外，没有任何邻国或势力能实在地威胁美国。除内部分裂人口稀少的加拿大外，还有谁？印第安人？对不起，他们是任由美国或加拿大等国殖民者剥夺的客体。战争或国家安全一直不是美国真实的重大宪制问题。因此，托克维尔认为，仅靠法律比较完备，美国就保住了联邦，没毁于大战，根本原因在于美国从来就没遭遇过恐怖的大战；美国的万幸不是其有部联邦宪法，而是它身处无需担心战争的地理位置。[28] 在稿本中，托克维尔还曾写道：如果位于主权不统一的欧洲，置身咄咄逼人的强国之间，美国联邦的弱点就一目了然。[29]

---

[27] 可参看，"农民和牧人之间、劳动者和掠夺者之间、低地和牧场的草原之间的矛盾，……是一切历史的推动力，是产生一切国家的原因。"奥本海：《论国家》，商务印书馆1994年，第24页。

[28] Alexis de Tocqueville, *Democracy in America*, trans. by James T. Schleifer, Liberty Fund, 2010, pp. 275-276.

[29] Tocqueville, 前注［28］, p. 275.

相比之下，在历史中国，总是在中原建国和开国，秦汉之后总是中央集权，永远是农耕大国，永远有来自北方的威胁，所有这些稳定变量迫使并塑造了中国人对军事问题的长期关注和制度应对。另一个特别的条件是，3000年来一直以统一的文字保留了大量历史记录和文献，供政治精英（有别于现代学人）系统反思，有助于他们把相关军事的难题转换成历代中国政治和宪制的常规问题，激发人们系统思考，并予以系统的制度应对。

与中国形成强烈反差的第二点是，欧洲各国一直更多是小国。近代英德法意在经济、政治甚或军事上都是欧洲甚至世界的大国，但仅就疆域和人口而言，也就相当于中国的一个中等省。从中世纪到近代，欧洲人一直认为"只有大国才能有军队"。[30] 这种说法在现代之前很有道理。国家不大，缺乏战略纵深，军事和军备对于维护一国主权和安全的意义会急剧下降，无论何种宪制/政体，即便全民皆兵，也很难抵抗强邻的入侵或突袭。[31] 古希腊从希波战争到马其顿征服期间，依次在爱琴海地区称霸的雅典、斯巴达、底比斯和马其顿，基本都是打赢一仗，就称雄希腊世界。到了现代，军事行动日益迅速，战争立体化，欧洲的所谓大国，除英国孤身海上外，都失去了有军事国防意义的战略纵深。若无核武器，今天的所谓大国与"小国"在国防上已经差别无多。想想，二战时期，在德国的闪电战下，法国这个大国40天投降，波兰36天、挪威63天、比利时19天、荷兰5天、南斯拉夫11天、希腊56天投降，丹麦和卢森堡均1天被攻占，这些时间差别有多大意义？

当军事对于国防的实际意义下降后，就可以理解，为什么欧洲各国的国家安全更多系于外交，战略结盟和纵横捭阖；如今，还得加上核武器，以及特定条件下首先使用核武器的核战略。一旦理解了近现代以来军事对欧洲各国的实际意义，也就能理解为什么是在18世纪末，康德开始提议欧洲各国逐步放弃常备军以求世界（其实只是"欧洲世界"

---

〔30〕 孟德斯鸠，前注〔10〕，第12页。
〔31〕 "没有什么人类智慧可能令一小国，无论民主还是君主，撑过强邻的持久嫉妒。" Thomas Hobbes, *Leviathan*, Penguin Classics, 1968, p. 311.

而已）的永久和平。[32] 也可以理解，为什么，近现代以来，欧洲最小的一些国家先后宣布放弃常备军；稍大点的，如瑞士、奥地利、芬兰以及比利时和卢森堡则宣布或曾宣布，永久中立。即便欧洲大国，打不过了，投降，也是传统，不丢人。这种种情况都表明军事如今对于许多欧洲国家和民众真没太大宪制意义了。

但这个判断仍可能有错！错在以单个欧洲国家作为分析单位。过去70多年来，在欧洲，真实的分析单位不再是单个国家，而是国家集团。二战后，西欧国家获得了欧洲历史上最长期的和平。但这与各国减少军备无关，与各国人民的和平愿望强弱无关（又有哪个国家和地区的人民不渴望和平？伊拉克、阿富汗、叙利亚、巴勒斯坦和以色列的人民和平愿望也很强烈，事实上可能更强烈），而是"大树底下好乘凉"。在欧洲，有一个美国主导的军力强大的北约。这个军事组织在维系欧洲和平上有，也必须有相当大的外在性，受其影响的不只是那些加入北约的国家，而是几乎所有欧洲国家，无论是否参加了北约，都受其影响。南斯拉夫哪去了？想想被打击的塞尔维亚，以及由此获得分离的科索沃，都曾以不同方式"受惠"于北约，尽管它们都不是北约国家。北约的军事存在已成为所有欧洲国家实在宪制（effective constitution）的重要组成部分。包括俄罗斯对北约的军事宪制应对，也包括乌克兰对北约的幻想和指望。天塌下来，有长子顶着。欧洲各国宪法学人还需要，或怎样，讨论这个超出本国宪制、无法控制甚至很难理解的军事和军备问题呢？有绝对的宪制理由，令他们把本国军事宪制问题排除在各自的宪制/宪法/宪政研究视野之外。

若换一个视角看，无论是放弃常备军，还是宣布永久中立，或各国军事上合纵连横，或是臣服强邻求得保护，这不还是各国鉴于本国国情对军事问题的可行的宪制安排，是以特定形式对军事问题的宪制回应？

继续沿着这一思路，或许会发现，在一些发展中国家，几乎已成常规的军人干政，在当代巴基斯坦、泰国和土耳其屡屡出现的军事政变和

---

[32] "常备军应该逐渐地全部加以废除。"他给的理由是军备竞赛使和平比一场短期战争的费用更高。康德：《永久和平论——一部哲学的规划》，载《历史理性批判文集》，商务印书馆1990年，第99—100页。

军政权，以及自 1952 年独立以来埃及领导人一直来自军方，放在这些国家政治社会变革的长期实践中看，有理由视这些现象为各自国家的宪制常规（constitutional convention）之一，也算是基于或针对这些国家国情的一种宪制安排。经此，一国的军事武装集团，作为该国重要政治力量之一，通常也是该国政治社会精英集团之一，得以为该国的实在宪制（effective constitution）包容。[33] 当一国的常规政治"死机"时，便由这个精英集团按下制度"重启"键。从规范宪法学视角看，这太糟了，军人干政。但对于这些国家的经济、社会甚至政治发展来说，这个重启键未必真的那么糟糕。[34]

但大国没有此类选项。没有军事实力，称大国，这种说法听起来就是矛盾修辞。[35] 即便军事在欧洲各国国内的宪制话语层面淡出了，这个幽灵还是以各种形式在欧洲徘徊。随着欧盟诞生，一些欧洲大国政治家不时有建立"欧洲军"的想法。特朗普总统也要求北约的欧洲盟国大幅增加国防开支。从前门送走的各国的军事问题，兜了个圈，便从欧盟这个"大国"宪制实践的后门，以军费形式，回来了。尽管困难重

---

〔33〕尽管没有法律学者赞同，但一些务实的政治学者，一直坚持了这一源自古希腊的法学/政治学研究传统。典型如，亨廷顿：《变化社会中的政治秩序》，上海人民出版社 2008 年。亨廷顿书中（第 194—214 页）赞扬朴正熙等军人领袖的业绩，认为他们是"政治制度的建筑大师""在许多国家，军人把握的政治创新机会，可能是促成制度化政治，不走上极权主义的最后契机"（着重号为引者所加，引者对正文有所调整）。又如，凯末尔开创的政治传统，是允许土耳其军队发动军事政变，来确保国家政治生活世俗化和国家现代化，让土耳其军队充当监国。可参看，魏本立：《试论土耳其军队在国家政治和社会经济生活中的地位与作用》，载《西亚北非》1989 年 6 期；周亦奇：《政治转型中的军人：军队特性与政变结果》，载《国际安全研究》2015 年 1 期。

〔34〕埃及军事强人塞西 2013 年发动政变，推翻了代表宗教政党的民选总统穆尔西。随后，一向强调"民主"的美国和欧盟也予以默许。2014 年军事政变后，泰国 2016 年公投高票通过新宪法，表明泰国人支持军方在国家政治生活中常态化地扮演重要角色。

注意，尽管今天看来反常，常常受世界舆论谴责，有时甚至是假惺惺的。但军事政变后的宪制/政体，即便在古希腊、罗马时期，也从来不必然异端，即不必定是变态政体。按照柏拉图或亚里士多德的标准，只要追求整个国家/城邦的利益，这类政治实践以及随后出现的政权，仍属于常规宪制/政体。典型如莱库古，通过政变，在斯巴达实现了宪制/政体变革（普鲁塔克，前注〔5〕，第 83 页以下），受到了柏拉图和亚里士多德等高度赞扬。又如前注〔5〕提及，罗马共和国末期的杰出政治家凯撒，率军渡过卢比孔河，也属政变，引发了罗马共和国宪制转向帝国。但凯撒一直受史家赞扬。

〔35〕法国《世界报》曾报道，北约秘书长罗伯逊曾称没有军事能力的欧洲就是只纸老虎。转引自，高华：《欧盟独立防务：开端、问题和前景》，载《世界经济与政治》2002 年 7 期，第 46 页。

重，但只要美国国力继续衰落，组建"欧洲军"就很有可能和必要。[36] 那时，相关的军事问题就会跳上欧盟以及欧洲众多国家的会议桌，重塑欧盟和各国的宪制。

还要指出，军事问题在这些国家的宪制话语层面淡出，不是问题，对西方学人的本国宪制研究也不是问题，对于政治经济军事实力足够强大的美国或欧盟更不是问题，除非有一天他们也成了戈尔巴乔夫。而且，宪制层面军事难题的严肃思考，与任何其他真正的宪制问题思考一样，不可能指望人人有能力参与。有些宪制问题，甚至注定是政治家的事，即便法学人也无力替代。

我只是关心，中国学人，在讨论中国宪制问题时，如果习惯了并照搬这种缺乏军事考量的宪制研究视野和话语，首先过滤军事对历史中国的宪制塑造，过滤掉那些军事宪制应对的难题，无法理解也没能力在宪制层面理解和讨论一些必须直面的军事问题，会不会养成那种"外国人今天没谈的就不重要""我不懂的就不是学问"的心态，令这一章和这一附录很尴尬且另类。这也不是问题，这只是学术上的纠结而已。但如果这个主要有关实践而非学术的问题，在这个民族的视野真的全然淡出了，结果会如何？"天下虽安，忘战必危"！[37]

2013 年 12 月 9 日二稿于拉萨藏大政法学院；

2014 年 1 月 2 日三稿、7 月 27 日四稿于北大法学院

---

〔36〕 孙海潮：《建"欧洲军"难迈三道坎》，载《环球时报》2018 年 11 月 17 日，版 7；海宁：《"欧洲军"成军前景莫测》，载《解放军报》2021 年 11 月 18 日，版 11；林源：《欧盟加快"欧洲军"组建步伐》，载《中国国防报》2021 年 11 月 29 日，版 4。

〔37〕 "司马法曰：'国虽大，好战必亡；天下虽安，忘战必危。'《易》曰：'君子以除戎器，戒不虞。'夫兵不可玩，玩则无威；兵不可废，废则召寇。昔吴王夫差好战而亡，徐偃王无武亦灭。故明王之制国也，上不玩兵，下不废武。《易》曰：'存不忘亡，是以身安而国家可保也。'"向宗鲁：《说苑校证》，中华书局 1987 年，第 365 页。

无限江山，别时容易见时难。

——李煜

夫国大而政小者，国从其政；国小而政大者，国益大。
大而不为者复小；强而不理者复弱；众而不理者复寡……

——《管子》[1]

大国的疆域构成

疆域是现代国家的核心要素之一。[2] 历史上的各种
"国"不都看重疆域。古希腊的城邦，以及游牧民族的
"国"，从名称上看，就显然没以疆域为基础。后世的帝国
可能疆土辽阔，但更关心霸权，也不那么在意稳定的疆域。
农耕中国的早期，人口稀少，土地不稀缺，也缺乏有效控
制的可能，同样没法关注疆域。尽管夏的核心区至少也有
今日一省之地，商在武丁时期影响力已到达长江流域，但
学者一般认为，夏、商两朝都不是疆域国家，而是部落联
盟，以都城和分布于周边的众多"据点"构成，不是地域
管辖，不是基于领土的统治。到了西周，开始强调疆域管
控了。最典型的标识就是我多次引证的 3000 年前的两句

---

[1] 黎翔凤：《管子校注》，中华书局 2004 年，第 471 页。
[2] "只有当国家对其主权范围内的疆域实施统一的行政控制时，国家（nation）才存
在。"吉登斯：《民族—国家与暴力》，生活·读书·新知三联书店 1998 年，第 144 页（译文根
据英文做了调整）。

诗："溥天之下，莫非王土；率土之滨，莫非王臣。"〔3〕这未必是，甚至就不是，西周的宪制现实，但它表明，西周开始追求对疆域/领土的层级化统一控制，从概念上提出了一种中央集权的行政体制。

因为农耕，土地问题，以及扩展开来的疆域问题，就很重要。不仅必须有足够的土地，而且一定要有稳定的疆界——不仅对于一家一户，而且对于位于中原地区的西周诸侯国。"有恒产者有恒心"，只有稳定的收获预期，民众才会努力耕种，诸侯国才有动力管理和捍卫土地疆界，减少有关土地和土地收获的争议，节省交易费用。重要还因为，以黄淮平原为中心，包括周边地区，构成疆域大国，集中这片辽阔土地上的人财物，在广阔的北部边陲，同游牧民族展开竞争。上一章说了，以军事强力来统一并构建疆域大国，"开国"，是宪制难题。接着，如何以"文治"来有效管控，最初主要靠军力拢在一起的各地，将之整合为一体，是实践上另一棘手的宪制难题。

"齐家"，如第二章所示，可以提供，也确实提供了，一些制度想象，却很难更多。真实的制度不可能仅仅来自一些便利的（其真实意味是——偷懒的）比喻或想象，无论是"家"，还是"［社会］契约"，甚至不可能如"城邦"或"部落"这类政治体的简单扩展或放大。实在的国家制度，必须，也只能，在实践中摸索创造，不断试错，让时间的激流冲刷，筛选出具体的疆域国家制度，不是独有的制度，也是有独到之处的制度。

疆域大国注定比小国的治理更难。可以想象疆域大国面对的麻烦数量不同，复杂程度不同，某些麻烦的性质也不同，解决的难度、应对的措施自然就得不同，有时还会根本不同。有些措施分别应对还合适，放在一起就互不对付不兼容了。大国和小国的宪制因此必定不同，即便都称为宪制。都是家庭，四世同堂与新婚家庭，"相濡以沫"与"资产重组"，一夫多妻与一妻多夫，其内部的制度结构，必须应对和注意的麻烦，潜在的纠纷及可能的纠纷爆发点都一定不同。针对城邦人口多少，亚里士多德曾说过，众口难调，人口因此不能多，人越多就越难以为之

---

〔3〕 程俊英、蒋见元：《诗经注析》，中华书局1991年，第643页。

制定规则，保证秩序；甚至，只有神才可能。[4] 他说的是人口。但在疆域上，也是如此。鉴于土地产出有限，典型农耕社会的人口通常与其疆域正相关；即便游牧社会，没法说疆域，但其活动或流动范围同样与土地面积正相关。

不是歧视疆域小国。从知识谱系学的视角看，有关制度的智慧和知识都是具体时空条件下挤压出来的。中国古人早就告诫过，小国自有其精细复杂的制度和智慧，值得大国参考，有时还得用心体谅。[5] 想想古希腊雅典公/市民的政治参与和民主。但有时，大国也很难真切体会，挤在大国间的小国的鼠首两端。即便能体会，也很难挪用小国的经验、智慧和制度。但问题是，治理新加坡或瑙鲁或汤加会比治理中国或美国或印度更难？制度更复杂？大有大的难处，或各有各的难处，意味的只是，在国家治理上，不可能有什么"放之四海而皆准"的宪制。

总体而言，治理小国会容易些。有些问题就不会发生。小国会更少甚至可能就没有什么地方割据或分裂的风险。小国可能就一级至多两级政府，因此可以没有中央与地方关系问题。治理从理论上会更少信息不畅、失真或行政"强弩之末势不能穿鲁缟"的问题。疆域辽阔则更可能隐含复杂地形和气候，山川隔绝，不同生产生活方式，更多文化族群，方言甚或文字不同，意味着民族和族群差异、猜忌和冲突等问题。在其他条件相当的前提下，疆域大国中可能出现的这些因素，都会挑战疆域大国统一政治治理的可能性和有效性。即便统治者和政治精英都清醒、明智，也没法消除，最多只能以制度措施弱化和管控，那些固有的难题。大国一定会有某种方式的纵向分权，多层级政府，有各种形式的

---

〔4〕亚里士多德：《政治学》，商务印书馆 1965 年，第 354 页。极端理念主义的柏拉图认为，一个城邦最适当的人口数应努力保证在 5040 户上下，并因此主张计划生育控制人口。按照这个数字，若是"五口之家"，则城邦人口大约为 25000 人，若是加上奴隶和外邦人，那也就大致也不超过 4 万人。关于城邦人口数量，请看，Plato, "Law", *The Collected Dialogues of Plato*, ed. by Edith Hamilton and Huntington Cairns, Princeton University Press, 1961, pp. 1323, 1325, 1329, 1330.

〔5〕"惟仁者为能以大事小……惟智者为能以小事大。……以小事大者，畏天者也。……畏天者保其国。"杨伯峻：《孟子译注》，中华书局 1960 年，第 30 页。"国小而不处卑，力少而不畏强，无礼而侮大邻，贪愎而拙交者，可亡也。"王先慎：《韩非子集解》，中华书局 2013 年，第 110—111 页。但又请看霍布斯的分析："没有什么人类智慧可能令一小国，无论民主还是君主，撑过强邻的持久嫉妒。"Thomas Hobbes, *Leviathan*, Penguin Classics, 1968, p. 311.

央地关系。包括中央集权以及各种联邦制甚至松散的邦联，但也包括中国历史上的藩国甚至"敌国"（其含义并不一定是敌对，而是其国力足够强大，有能力抗衡或"匹敌"）。地理空间距离和行政层级都会影响信息的收集和传递，影响决策，也影响决策的实施，导致实施中的政策扭曲变形。还必须考虑生产方式，诸如农耕或工商，对疆域大国之构成和维系带来的不同难题。辽阔、富饶的土地，只是能容纳更多人口，但即便文化相同，也绝不意味自动和睦相处或认同，成为一个抽象的人民或国度（the people）。小农经济社会，自给自足，"民至老死不相往来"，各地容易相安无事，大一统，但同各地相互依赖的商贸社会相比，一旦分裂，也容易形成地方割据。[6]

所有这些，当然不止这些，约束条件都要求疆域大国必须有一套功能出色的制度，首先有效规制中央与地方关系。否则，疆域越广阔，就意味着越多的冲突，越可能爆发战事。中原大地就曾有过长达数百年"无义战"的"春秋"，以及随后那更令人心惊胆战的"战国"。

在历史中国，还有"平天下"问题。东亚大陆上各地地理气候多样，促成了更适应当地的不同文明。各地文明一旦拓展，外溢互动，不必定是文明间的互补和融合，也会有甚至常常是文明间的冲突和战争。西周时，戎狄蛮夷就进入了中原王朝的视野，有了"国"与"天下"的区分。[7] 西周之后，历代王朝，除必须治理以中原为核心的农耕区外，还必须为农耕区域与周边民族的相处提供一个制度框架，要有个制度愿景或努力方向。受制于社会历史条件，这种追求有时是宣示性的，实践中非常灵活，只能灵活。只是，如果今天回头来看统一多民族中国的历史形成，一定要借助一个概念的话，可以用"央地关系"来概括

---

〔6〕 关于这一点，除历史上的证据外，典型的现代例证之一是1927—1937年中国共产党领导的工农革命，通过武装割据在全国各地建立的红色政权。毛泽东对此现象与中国20世纪初小农经济的依存关系曾有鞭辟入里的分析；虽以政治革命话语表达，其分析具有一般的理论意义。请看，毛泽东：《中国的红色政权为什么能够存在?》《星星之火，可以燎原》《井冈山的斗争》，均载《毛泽东选集》（1），人民出版社1991年。

〔7〕 可参看，葛剑雄：《中国历代疆域的变迁》，商务印书馆1997年；顾颉刚、史念海：《中国疆域沿革史》，商务印书馆1999年。

和理解历史上中原王朝与周边地区的关系。不准确，有时还容易令人误解。[8] 但概括就不是为了精准。[9]

说到疆域或领土，首先会想到土地，但并非仅此。不只是地球表层的一片土地，一个地理区域，疆域概念中一直隐含有一个非肉身的"天子"／"皇帝"，抽象的"主权者"或统治者。它不仅对这一区域的土地、土地上的人与物及各种关系，主张排他的权利，通常——在历史中国——也能有效排他地行使权力。但在大国，由于疆域辽阔，主权者还必须通过更精细、多维度的行政区划界分和调整，通过政治代理，来实现主权对具体的人、事和种种关系的实在影响、控制和有效整合，确保这个政治共同体的持续稳定。[10]

本章集中关注农耕中国的行政区划问题，即如何通过界分、勾连、制衡而展开、追求和实现国家构成和整合。说是行政区划，但这里的行政远不止现代的"行政"；在显著的行政区划之外还有其他相关事务的区划，如中国人熟知的，军事和监察，以及民族事务等。但也只能约定俗成，不再继续同语词较劲。我只希望展示，历史中国的此类政治实践中曾有的，容易被人遗忘甚或有意忽略的，一些宪制考量。

下一节首先讨论西周的分封制。虽然主要借助了血缘想象，这可以说是疆域大国层级性行政区划的最早宪制努力，是当时唯一可行的选项。有理由将视同一种广义央地关系予以分析。事实上这一制度也为后来的郡县制实践和演化创造了条件。也必须看到，后世王朝，在某些时段，在某些区域，也曾实践过各种有限的分封，作为大国的区域性制度选项；只是，随着政治社会变迁，各种分封制，或因为成本收益分析被否弃，或干脆被严酷的历史经验教训淘汰了。

---

〔8〕 有学者，很有根据地，拒绝用中央地方关系来概括西周的封建制。其中最重要的理由是，一旦天子将土地分给诸侯之后，或是诸侯将采邑分给卿大夫之后，这些土地或采邑就与天子或诸侯无关了；因此周代"不存在任何形式的行政区划和地方政府，并无所谓中央与地方的行政关系"。请看，周振鹤：《中国地方行政制度史》，上海人民出版社 2005 年，第 9—14 页。

〔9〕 "概括大要乃傻子所为；洞察隐微方值得称许。" William Blake, *The Complete Poetry and Prose of William Blake*, ed. by David V. Erdman, Random House, 1988, p. 641.

〔10〕 关于疆域（territoriality）及其功能的细致理论辨析，虽有点拗口，可看看，Robert D. Sack, "Human Territoriality: A Theory", *Annals of the Association of American Geographers*, vol. 73, no. 1, (1983), p. 55.

第三节以郡县制为典型集中讨论农耕中国中央集权制度的一些特点。第四节讨论在中央集权制度设计中的地缘政治考量，其所体现的政治制衡，与中国复杂的自然地理状况直接相关，是防范国家分裂和地方割据的重要措施，蕴含了，在西方宪制传统中无法看到、也从无系统阐述的，独特的中国宪制实践和制度智慧。第五、六节则关注中央政权治理和整合边疆民族地区的一些长期策略及其变化。

西周的分封制

后世中国人通常视秦汉郡县制塑造了中央集权的层级化体制，但通过行政区划来构建统一的疆域大国体制的最早努力，必须追溯到西周的分封制。尽管西周的分封制以春秋战国的乱局结束，这却不是评价西周宪制优劣利弊的标准。毕竟，此前传说中五帝统治的地盘都很小，夏、商也只是部落国家或部落联盟国家。只是从西周开始，由于分、封、建的宪制措施，构建了政治多层级治理的大国，即便当时还没有非常确定的行政管辖区划界分。其次，若以平王东迁为界，分封制还是为西周提供了 276 年相对稳定的政治秩序。[11] 不算两汉和两宋，这大致与后世中国的主要朝代如唐（289 年）、明（276 年）和清（276 年）相等。法律人可以这么希望，如此努力，甚至就为鼓励自己和别人，心里还是得有个数：天下没有不散的筵席，没有哪种制度可能长治久安，终结历史。

西周封建制对于中国疆域构成的贡献不可低估。第一，西周疆域更为辽阔，覆盖了 100 万平方千米以上的地区；[12] 人口也更多，盛期人数一般推算为 1000 万。[13] 西周当时就是大国，疆域和人口均远胜 3000 年

---

〔11〕"周有天下，其治三百余岁，成、康其隆也，刑错四十余年而不用。"《史记》，中华书局 1959 年，第 2957 页。

〔12〕谭其骧［主编］：《中国历史地图集》（1），中国地图出版社 1982 年，第 15—16 页；又可参看，许倬云：《西周史》，生活·读书·新知三联书店 2001 年，第 201—202 页。

〔13〕庞卓恒：《关于西周的劳动生产方式、生产率和人口估测》，载《天津师大学报》1998 年 5 期，第 48 页；晋皇甫谧的《帝王世纪》称周成王时期，周的人口为 13714923 人。

后建国之初的合众国。[14]

第二，五帝之际据说已有分封，但"诸侯或朝或否，天子不能制。"[15] 夏、商两朝，据史家，只有封，没有分，也没建，是部落国家或部落联盟国家。"商王分封的诸侯爵称，尚无等级的划分"[16]，若确实，这或表明统治者缺乏此种宪制和政治自觉，或尚无政经实力如此格式化国家。这意味着政治理性化不足，各封国未经制度予以系统整合。西周则把土地和民众"分"给子、弟、功臣，又"建"立各诸侯国，各国间也有等级区分。这意味着，西周的政治治理已由部落社会对成员的普遍管辖，转向基于地域的普遍管辖[17] 所有财富和权威的最终来源是周天子。"分"和"建"是周天子积极行使其独占的政治权力，不像夏、商仅能也只配消极承认原有部落或诸侯的实力。"建"诸侯国则是创造一种新的、层级化的政治单位或实体，以此强化了周天子与各诸侯国的关系，即广义的央地关系。等级分封，虽还不是科层，却是一个理性设计的制度体系[18] 西周分封了部分功臣，建立了一些异姓诸侯国，这是对政治精英的能力和忠诚的奖励，也可以视为精英制的尝试。[19] 西周对异姓诸侯也适用"周礼"，这看起来是把宗法原则延伸到异姓诸侯国。反过来看，这也可以视为"周礼"的"脱血缘化"。突破了宗法，这是例外。但当时若有宪法教义学家，也可以批评说，这违背了西周的"宪制"/"法治"，也即礼制；只是此后的历史表明，这其实是伟大的先例。其伟大不在于突破了宗法礼制，而在于经此，宗法政

---

〔14〕 按汉密尔顿和麦迪逊使用的欧洲标准（《联邦党人文集》，商务印书馆1980年，第9、10篇），美国是当时西方世界最大的国，因此有了大国宪制的问题。当时美国人口仅为300万上下，疆域约80万平方千米。

〔15〕《史记》，前注〔11〕，第236页。

〔16〕 李雪山：《商代分封制度研究》，中国社会科学出版社2004年，第56页。

〔17〕"分封制度是人口的再编组，每一个封君受封的不仅是土地，更重要的是分领了不同的人群"。前注〔12〕，许倬云，第155页。

〔18〕"西周早期不见封建制度的五等爵位号，并非意味着西周没有层级的位序……严整的封建等级化及其礼仪，在西周中叶以后已逐渐发展成形。""这种层级隶属关系的向下延伸，不仅只是个人与个人之间建立主从关系，封建的主从与宗族的关系也是相重叠的。"许倬云，前注〔12〕，第167、175页。

〔19〕 据说西周"立七十一国，姬姓独居五十三人。"梁启雄：《荀子简释》，中华书局1983年，第78页。《左传》称西周"其兄弟之国者十有五人，姬姓之国者四十人"。杨伯峻：《春秋左传注》，中华书局2009年，第1494—1495页。

治向精英政治（meritocracy）迈出了关键一步。

周王是诸侯之君，是天子，不像夏、商两朝国王仅为诸侯之长。"分""封""建"三者反映了西周初年政治顶层的政治自觉，对西周国家体制的新理解，对治理家/国/天下的新想象和新建构。这表明，周朝有一定政治经济实力，可以贯彻落实塑造天子/主权者对国家的宪制想象。西周"分/封/建"因此就是constitute，是主动、自觉、清醒的政治和宪制实践。这更像是主权者（一个统治集团）通过集体政治决断，按照预先的设想和规划，组织、创建一个包括民众、疆域和治理者三要素，很现代的国家，而不是一个古代国家。在中国宪制史上，西周可以说是，承先启后，为农耕中国创造了最早的领土国家政治架构。

但承前启后的另一含义就是"前不着村，后不着店"，两头都不靠。周初各诸侯国还不是疆界划分明晰的国。周天子直接统治的地区（王畿），以及各诸侯国，都有国、野之分，王或诸侯居住的都城及其近郊为"国"，居住其内的是"国人"，郊外为"野"，其外的则是"野人"。国野之区分表明西周初期还不是完全的领土国家，其政治治理的核心架构和力量仍较多基于血缘，部分基于亲缘。周天子和各诸侯的直接统治仍局限于国/野层面的那个"国"。许多诸侯国的边界尚未实在。[20]

但这一宪制架构已为向领土国家转型准备了条件。春秋时，各诸侯国的国/野区分已逐渐消失。"［国之］礼失而求诸野"，就表明"国"之政治文化对野有强大影响。[21] 另一证据是依据后世历史和考古研究发现编撰的《中国历史地图集》展示：燕赵秦等国的北部或西部疆界一直不明确，但军事政治竞争令它们之间的或与中原各国的边界犬牙交错。[22] 这意味着各诸侯国对本国疆土的统治力强化了。战国时孟子答滕文公问时称，自己谈论的国、野，只是历史回忆的大略。[23] 这些都意味着当时的农耕中国，即便尚未统一，却已完成了向领土国家的

---

〔20〕 周振鹤，前注〔8〕，第226—228页。
〔21〕《汉书》，中华书局1962年，第1746页。
〔22〕《中国历史地图集》(1)，前注〔12〕，第33—34页。
〔23〕《孟子译注》，前注〔5〕，第119页。

转型。[24]

阅读有限，我不知道，在公元前 11 世纪时，其他古代文明是否如西周这样，治理着 100 多万平方千米的大国，有如此的宪制想象和制度实践，乃至有后来的演化创造。如果没有，或不如此精致，就有理由说，这是人类历史上最早实践的大国必须有的纵向政治分权，是人类创造的最早的一种"央地关系"。在城邦国家，或是在中世纪欧洲的封建王国不需要也不会发生这种因天子"分"和"建"而发生的分权，在诸如马其顿帝国或罗马帝国则因无法，也就不曾制度性实践过这类分权。西周的这一制度毕竟持续了数百年，再不完美，却也是当时实践的宪制。

但真的，"没有一种制度可能建立在爱之上"。[25] 即便是血缘亲情，也难以保证周礼的持续实践。周公的天才制度设计，"礼治"意识形态，架不住时光啃噬，架不住利益对血缘的侵蚀。不但宗法名义上的兄弟、叔侄间相互竞争，从不和、内斗直至战争、谋杀、篡权，还引发了其他人凭实力争夺种种利益，甚至篡权。春秋战国时期，乱臣贼子比比皆是，[26] "礼崩乐坏"，没人把"违宪"当回事，宗法分封制无法继续了。这个农耕中国的宪制，最显著和最关键的是央地关系，必须重构。这或许是上古以来继夏"家天下"和西周"分封建"之后，中国历史上又一次"大变局"。

诸多思想家提出了宪制变革建议。儒家的基本思路是"率由旧章，不愆不忘"，大致就是今天法律人说的"遵循先例"，试图以先例成规来遏制过于泛滥的政治现实主义（*real politik*），借想象中的美好西周，他们提出了自己理想国家的核心宪政原则："天下有道，则礼乐征伐自天子出"。[27] 关键两点：全国政令法制统一，以及统一源自天子/中央政府。这是，却不只是，重复"周礼"。

更务实（pragmatic）的法家，一方面提出与儒家相似的全国法治统

---

〔24〕 周振鹤，前注〔8〕，第 228 页。

〔25〕 Friedrich Nietzsche, *The Will to Power*, Vintage Books, 1967, n. 732, p. 387.

〔26〕 "《春秋》之中，弑君三十六，亡国五十二，诸侯奔走不得保其社稷者不可胜数。"《史记》，前注〔11〕，第 3297 页。

〔27〕 杨伯峻：《论语译注》，中华书局 1980 年，第 174 页。

一的原则，但最重要的是，总结西周分封诸侯的合理性，及其政治实践中的教训，他们精要地指出了大国政治治理中必须直面中央与地方的分权，提出"事在四方，要在中央。圣人执要，四方来效"。[28] 其中隐含了后来变得日益重要和显著的古代中国的另一重要宪制原则，全国参与的精英政治。尽管还得数百年后，因其他相应制度成龙配套，这一理念才得以开始制度化实践。[29] 杂家的概括则格外简明扼要，一听就懂，"乱莫大于无天子"。认为"天下必有天子，所以一之也，天子必执一，所以抟之也。一则治，两则乱"；以及"一则治，异则乱；一则安，异则危"。[30] 最核心的，就是重建国家主权者独一无二的政治权威，以及通过国家建设来保证对天下（注意，不仅是"国"——农耕区）的实际控制力和震慑力。

郡县制和中央集权

不仅有思想的回应，面对现实，来得更早、更实在也更具体的其实是制度本身，或称新制度的萌芽。到春秋末期，因为必需，已经开始了一些有宪制意义的变革，尽管只有回头看才能看清其中的意义。秦、晋、楚都不再将新开拓的疆域分封给大夫治理，为适应政治军事管控的需要，各国建立了一些新的地方政治单位，郡和县，各诸侯国君主直接任命有权威更有能力的官员直接治理。

起初也许只是应急，是对特定区域的权宜之计。到战国时，各主要诸侯国的疆域已大大拓展，无论因兼并周边弱小诸侯国，还是拓荒殖民。在新获得的疆域很难继续实践封建制了，因为各国诸侯不可能允许耗费大量人力物力征服或拓展的疆域独立自主，他们希望将新拓疆域和人民整合成自己直接有效治理的诸侯国的一部分，成为其国力的一部分。为不再失去这些新疆域，他还必须同原来的控制者或他国觊觎者展

---

〔28〕《韩非子集解》，前注〔5〕，第 44 页。
〔29〕 请看本书第 8、9 章。
〔30〕 许维遹：《吕氏春秋集释》，中华书局 2009 年，第 296、469、468 页。

开军事斗争，有时还可能反复争夺，镇压可能的反抗和骚动。所有这些都要求从制度层面全面强化对这些新获区域的政治军事控制，必须派信得过和有能力的人去掌管当地军政事务。

战国时期各诸侯国之间的政治军事激烈竞争促成了郡县制变革。务实的政治实践迫使各国必须重构本国政制，必须高度理性化和科层化，加强中央集权，强化中央对地方直接有效的统治。为有效汲取人力和财力，对人力和土地必须建立初步的量化管理，"编户齐民"。只有有能力统一、协调和迅速有效地动员和调配本国的所有人力物力资源，才可能持续有效展开大规模战争，无论是进攻还是防卫。[31]

推动诸侯国改革宪制的另一重要因素是，战国时有些诸侯国的君主原是该国的大夫或重臣，有了政治实力后，他们或是会同其他大夫或重臣瓜分了某诸侯国，或是自行取而代之。前一类如赵魏韩三家分晋，后一类如齐国。有篡权经历的新君主不会允许自己的卿大夫、权臣或重臣重复昨天的故事，不允许潜在政治势力威胁自己统治。篡权经历也令他洞悉原体制的弊端，他会重新结构制度，调整权力配置，巩固中央集权。

无论是权宜之计的累积成了常规，还是精心考量后的重新设计，或只是简单模仿了他国的做法，甚或仅因那些未实行郡县制的诸侯国先后被灭了，反正是，郡县制逐渐成为各国通用的制度。郡县首长由各国君主派出，获得的是君王可随时撤销、有任期的政治授权；选任标准不再是血缘，甚至不仅是政治忠诚，还必须有能力，且用人所长。所有这些也成了制度对君主的要求，塑造了君主，他必须知人善任，才能实现对各地的有效掌控。在这一时期的数百年的持续制度竞争和变革中，相对于分封制，毋庸置疑，郡县制强化了各国君主的有效统治，有助于政治经济军事动员和竞争。政治治理的效率和俭省促使郡县制取代了看似温情脉脉的宗法制。

秦王朝建立后郡县制在全国推行，成为后世中国最持久的宪制之一。但在统一之初，或基于有理由的尊重历史（遵循先例），或因周礼

---

〔31〕 赵鼎新：《东周战争与儒法国家的诞生》，华东师范大学出版社 2006 年，第 7 章。

作为政法宪制意识形态影响深厚，秦国众多政治家曾考虑或主张分封诸侯，一度还曾裹挟了秦始皇。在众多并非愚蠢更非保守的政治家心目中，郡县制虽然有用有效，至少当初只是战国时各国政治竞争的权宜之计，一旦新王朝建立，自然就应恢复"行宪"，回到宗法分封的正统。传统是一种因不被人特意关注才变得格外强大的保守力量。封建制，作为宪制实践，其实早已无可奈何花落去，但作为意识形态，作为习惯，作为传统，其影响力仍然巨大，几乎规定了当时所有政治家的宪制想象，成为他们的默认设置，对封建制的一再失败和显著弊端熟视无睹。只有李斯，极为理性，对封建制的糟糕后果非常清楚，基于就在各位政治精英眼前发生的历史，以显而易见的逻辑推理，尖锐指出，如果分封，迟早天下大乱，引发分封国间的战争，令秦的统一变得毫无意义。滴血封喉，这一击击中了决心为天下谋万世，一切从我做起，从现在做起的始皇帝嬴政的心思。李斯的远见卓识和后果主义令秦始皇决定实行郡县制，分天下为 36 郡。[32]

秦始皇和李斯都不是好政治家，但无疑是伟大的政治家。他们创造的这一体制此后在中国一直延续，一个仅此就足以称其伟大的体制。但伟大在时间中成长，以成功而不是逻辑为乳汁喂养。除了持久的成功，制度的伟大没有其他鉴别标准。但秦王朝短命，"二世而亡"，这令其后相当一个时期内，（务实的）政治家们很难相信郡县制真的优越。秦末农民起义后出现的政权，无论楚还是汉，无论是政治家还是高级将领，不同程度地，都选择了，或是不得不选择，分封制，尽管出于自身利益和经验，他们的倾向性并不一致。[33]

为巩固亲手建立的政权，防止身后烽烟四起，天下大乱，务实明智的汉高祖刘邦在世时，包括通过吕后，将先后投诚自己（叛将！），因功封王，最有组织指挥能力和军事才华的顶级将领韩信、彭越和英布一一剿灭，也废了长沙王除外的其他异姓王；立下规矩，"非刘氏而王，

---

〔32〕《史记》，前注〔11〕，第 220、238—239 页。秦代初年是三十六郡，后来北伐匈奴，南征百越后，再增加五郡，共四十一郡。直至秦亡为止，共置五十四郡。后晓荣：《秦代政区地理》，社会科学文献出版社 2009 年，第 114—115 页。

〔33〕《史记》，前注〔11〕，第 376、2042、2612、2621 页。

天下共击之"。[34] 分封刘氏诸王也加入了巩固中央集权的措施，包括中央派出重要官员到诸王国参与实际治理。但"刘氏"二字表明，刘邦的宪制观念仍然传统，他似乎还是相信血缘宗法比郡县架构更有助于巩固和维系汉王朝。

不撞南墙头不回，不到黄河心不死！这就有了中国古代一次长达近半个世纪的宪制实验、论战，以及相应的"修宪"实践。贾谊、晁错和主父偃等先于公元前 172 年、前 155 年和前 127 年左右分别向中央政府提出宪制改革建议，包括"众建诸侯而少其力"、削藩和推恩令等。[35] 目的就一个，削弱诸侯王的政治经济实力，逐步弱化直至全面剥夺诸侯王对其属国的政治经济掌控，以中央委派的官员，代表皇权，最终完全取代诸侯对诸侯国的统治。

不仅美国的，而且中国古代的宪政经验都告诫后人：有关宪制的论战，不可能仅仅是论，或止于论，有时必须有"战"，不得不"战"。[36] 同政治实践相比，即便最伟大的宪制/宪法话语也非常赢弱。在持续近半个世纪的修宪过程中，汉朝廷本想借"削藩"来防止战乱，这一宪制变革却引来了，至少是提前了，战乱。"七国之乱"的反叛者甚至有了借口，"清君侧"，名正言顺，想以另一方式修宪。中央政府的政治退让和妥协，包括将削藩的主谋，晁错，身着朝服，匆忙腰斩街头，却也无济于事。当宪制话语和政治权谋均无法购得和平时，就只能用战争来夺取和平。"战争是流血的政治"。同宪制变革胜利站在一起的不是法治女神雅典娜，而是名将周亚夫，不是什么抽象的宪政价值或共识，而是实实在在的强大政治、经济和军事实力。

是这场征战，而不是这场论战，打败了各地割据势力。战乱时"有

---

〔34〕《史记》，前注〔11〕，第 400 页，参见同书第 801 页。

〔35〕"故文帝采贾生之议分齐、赵，景帝用晁错之计削吴、楚。武帝施主父之册，下推恩之令，使诸侯王得分户邑以封子弟，不行黜陟，而藩国自析。"《汉书》，前注〔21〕，第 2237、1906、2300、2802、170、395 页。

〔36〕 关于美国南北内战前林肯与道格拉斯有关黑奴制的著名宪法论战，请看，Harry V. Jaffa, *Crisis of the House Divided: An Interpretation of the Issues in the Lincoln-Douglas Debates*, University of Chicago Press, 2009；以及此后更为著名的最高法院在司法判决中的论战，*Dred Scott v. Sandford*, 60 U. S. 393（1857）。又请参看，Don E. Fehrenbacher, "The Dred Sctt Case…", in *Quarrels that Have Shaped the Constitution*, Harper & Row, 1987.

叛国而无叛郡"，从正反两面证明了郡县与封建的利弊优劣，粉碎了汉初政治家对封建的最后一丝迷信。[37] 坚持和强化中央集权，没指望开万世太平，但在当时条件下，这一宪制实践更能防范因宪制架构缺陷导致内战和分裂。当汉武帝行"推恩令"，进而"罢黜百家，独尊儒术"[38]，统一意识形态，筹建精英政治体制，[39] 终于在国家政权结构上，汉承秦制，完成了中国宪制的这一伟大转变。

郡县制特点是各级行政首长均由皇权/中央政府直接并随时任免，其全部权力来自中央授权；职位不世袭，不能转让；实行科举制后，异地为官日渐严格，且不得一地长期任职；[40] 由地方主官从本地人中挑选任用"吏"，因此官与吏，既是互补，也为制衡。受限于方言和交通不便，异地为官制度甚至令各地行政主官，很难扰民，也没啥动力同地方豪绅勾结。只要不是同时掌控了当地军权、财权和人事任免权，即便封疆大吏，也闹不出大动静来。更重要的或许是，在交通通信不发达的古代，一旦远离家乡任职，在当地无亲无友，做不到明察秋毫，当地百姓也容易相信官员会秉公办案。即便决策差错，也容易获得民众谅解。当有必要整治当地豪强时，真想做点事的官员，也会少些人情顾忌。这对于政治治理非常重要，因为"民无信不立"。[41]

此外，历朝历代，中央政府还会通过考察、上计（统计报告工作）、

---

〔37〕 西汉封建之初，"郡邑居半，时则有叛国而无叛郡，秦制之得，亦以明矣"。《柳宗元集》，中华书局1979年，第72页。汉景帝未废异姓王，只是限制了其权力，诸侯王不得自行设置任免重要官员，汉武帝更"作左官之律，设附益之法，诸侯惟得衣食租税，不与政事"。《汉书》，前注〔21〕，第395页。

〔38〕 这是近代至今通行的概括。史书记为"罢黜百家，表章《六经》"或"推明孔氏，抑黜百家"。《汉书》，前注〔21〕，第212、2525页。

〔39〕 请看本书第9章第3节。

〔40〕 汉代地方"郡、县长官一定要用他郡人"。严耕望：《中国政治制度史纲》，上海古籍出版社2013年，第83页。明初《大明令》规定"凡流官注拟，并须回避本贯"。《皇明制书》，社会科学文献出版社2013年，第4页。并请看，"南北更调已定为常例"，《明太祖实录》卷70，台湾"中研院"史语所1962年（影印本），第1299页。

〔41〕《论语译注》，前注〔27〕，第126页。郡县制"异地为官"当然也有种种弊端。梁启超（《梁启超全集》，北京出版社1999年，第178、244页）、谭嗣同（《谭嗣同全集》下，中华书局1981年，第427、438—439页）都曾批判了异地为官的制度，强调地方"绅权"。但其最大弊端可能并非梁启超指出的，人生地不熟，无法有效"理其饮食、讼狱之事"，而是因任期太短，官员无心也无力造福地方。白居易任职杭州刺史两年、苏东坡任杭州知州两年，留下的显著政绩只是，仅从工程量上看，今天很不起眼的"白堤"和"苏堤"。

监察甚至特务系统来加强对地方政权的控制。例如，在汉代，中央派郡监或刺史监察郡，各郡县也会派官员监督县或乡。这种考察和监察制度使中央政令能比较畅通地贯彻到基层，保证了国家政令的统一，有利于政治安定和经济发展。可以说，在中央集权体制下，历代王朝的各级地方政府，实行的大致是一种特定的三权（行政、军政和监察）分立和制衡。

封建制的分裂风险大大弱化了，但这不意味着郡县制或类似的中央集权宪制架构，可以彻底消除分裂的危险甚或现实。不可能有无需政治远见和实践智慧，仅照章办事就能确保长治久安的制度；更不可能有什么制度，兵来将挡，水来土掩，可以有效应对一切天灾人祸。中央政府若统治经验不足，或缺乏远见，或政治操作失当，或是朝廷内争权夺利、钩心斗角，对地方官员失控，或是边疆民族入侵，甚或严重灾荒引发了民众造反，那么无论什么制度也无法避免分裂割据和战乱局面的出现。人算不如天算，治国从来不是一个可以仅仅依据制度，即便是宪制，就旱涝保收的事业。[42]

然而，尽管秦汉之后中国也多次分裂，但每次分裂后，总会有新的政治力量重建国家的统一，在总结前朝经验教训的基础上，进一步重构和完善这个中央集权的大国宪制。尽管后世王朝未必称郡，先后改设州、府、道、省等，但宪制架构和基本原则始终是秦汉模式，即所谓"百代都行秦政法"。

地缘政治与行政区划

一国疆域并非一片均质、平整的土地，尤其是疆域大国，常常有地

---

〔42〕 例如，西汉创立的刺史制度本意是用低等级官员监察地方高官，但东汉后期时，改刺史为州牧，成为郡守、县令之上的一级行政长官，统掌一州的军、政、监察大权，终于导致东汉末期的军阀割据和战乱。又如唐期，为抵抗北方游牧各族入侵，在边陲扩充军镇，设立了节度使统管一方军事，但后来为协调防区的指挥和军备，节度使权力步步扩张，囊括边州所有军、政、财、监大权；又因边防各地的联动，唐还常任命一人兼管数镇；朝廷内的争权以及皇帝的猜忌，更是导致任用文化程度很低的胡人出任节度使；最终引发了安史之乱。

形、地貌、海拔以及相关气候差异，是由多种复杂局部构成的更大立体空间。并非所有有关国家的理论话语，包括宪制话语，都要考虑这类因素。但历史中国的政治精英，从来无法从简化的世界或更简化的规范出发，他们面对的并非抽象的疆域，而是——中文表达很恰当也很准确——"江山"或"河山"。他们必须针对也基于这片土地的种种特点来提炼、思考和应对国家治理的基本问题。其中有些变量，会长期、稳定但深远地影响国家构成。"以一代之方舆，发四千余年之形势"，并非夸大其词。[43]

至少从西周开始，一些通常只是当今国际政治中才关注的地缘政治考量，[44] 就已进入中国政治家、思想家和军事家的视野，有了"夫国必依山川""天时不如地利"之类的论断，[45] 尽管当时他们关心的几乎只是中原农耕地区内部的问题。之后的地缘政治实践则有，战国之际纵横家的纵横捭阖。无论主张合纵还是连横，无论维护或推进的是何方利益，他们的政治建议和谋划都不只是抽象的理性算计，总是立足于本国和邻国的，与政治、经济和军事相关的多种地理要素展开。秦所以得以统一六国，重要的一点就是，时人知晓，后人概括的，秦在地理上"据天下之上游，制天下之命者也"以及"山川四塞，形势甲于天下"。[46] 秦统一后，许多重大政治军事经济举措，建长城，修驰道，或南征时修灵渠，都伴随了地缘政治考量，努力追求，也确实取得了显著的地缘政治效果。[47]

---

〔43〕 顾祖禹：《凡例》，载《读史方舆纪要》，中华书局 2005 年，第 1—2 页。

〔44〕 地缘政治通常用来讨论国际问题，集中关注各国的，以及各国间相对空间位置的，地理特点对国际实力政治可能具有的寓意；被纳入分析讨论的要素包括各国的地理位置和相对位置、疆域大小、地形、人口数量、气候、自然资源、国内冲突以及经济技术发展程度等要素。瑞典政治地理学家哲伦（Rudolf Kjellén, 1864—1922）最早在一篇论文中提出这个概念。但同时期（19 世纪末 20 世纪初）欧洲许多学者也提出了类似思想和观点，如麦金德（《历史的地理枢纽》，商务印书馆 2010 年）、马汉（《海军战略》，商务印书馆 1994 年；《海权论》，中国言实出版社 1997 年）以及德国的拉采尔等。促成这一学科发生的知识/权力机制则是近代欧洲的国际政治空间，地缘政治中的行动者始终是国家。但地理因素，特别是气候、地形、可耕地以及海洋通道，对政治的影响，在西方政治思想史上传统久远；至少可以追溯到亚里士多德。

〔45〕 徐元诰：《国语集解》，中华书局 2002 年，第 27 页；《孟子译注》，前注〔5〕，第 86 页。

〔46〕 顾祖禹，前注〔43〕，第 2449、2500 页。又请看，赵鼎新，前注〔31〕，第 142 页。

〔47〕 最突出的一点就是蒙恬北筑长城"却匈奴七百余里，胡人不敢南下而牧马"（《史记》，前注〔11〕，第 1963 页），这大大扩展了秦实际控制或影响的疆域。

地缘政治也一直是后世中国宪制实践中的重要维度之一。至少规范上，历朝皇帝、宰相和百官都"不可不"了解和熟悉各地或本地的地理、地形以及物产，这关系到有效管理全国各级政府，联络四方外藩；有关地方和中央的强弱，边疆与内地的轻重，边陲军力配置，国家赋税来源，重要军用物资产地，行政疆界纠结，以及各地风土人情等。[48]所有这些地缘因素都可能与国家政治考量勾连，渗入王朝的宪制设计和实践。无论是封建还是郡县，都摆脱不了地缘政治考量。[49]

如首都的位置。这显然不是城邦或封建小国会有的问题，疆域大国，例如，起码有两个可作为首都的政治经济中心区。这不仅有关"治国"，也有关"平天下"。从经验上看，历史王朝，割据政权或偏安政权除外，一直会将首都定位于中原北部，如早期的西安或洛阳，或后来的北京。力求位于或靠近当时经济更发达、交通相对便利的中原地区。这便于中央政府组织协调应对全国性的重大政治军事事件，也便于从临近区域，安全便利地，获得人力、粮食和物资补给。早期王朝定都的核心考量是，借助渭水和黄河从军事和政治上控制东方和南方各地；[50]后来则更强调有效应对北方游牧民族的潜在军事威胁。

由于东晋之后，中国经济重心南移，中原钱粮不足以支撑政府和军

---

[48] "天子内抚万国，外莅四夷，枝干强弱之分，边腹重轻之势，不可以不知也。宰相佐天子以经邦，凡边方利病之处，兵戎措置之宜，皆不可以不知也。百司庶府为天子综理民物，则财赋之所出，军国之所资，皆不可以不知也。监司守令受天子民社之寄，则疆域之盘错、山泽之薮慝，与夫畎桑水泉之利、民情风俗之理，皆不可以不知也。四民行役往来，凡水陆之所经、险夷趋避之实，皆不可以不知也。世乱则由此而佐折冲，锄强暴；时平则以此而经邦国，理人民；皆将于吾书有取焉耳。"顾祖禹：《总叙三》，前注〔43〕，第18页。历代但凡能据有今陕西中北部和甘肃地带的，通常居于强势，因为骑兵强大，民风勇武。严耕望：《战国时代列国民风与生计》，载《严耕望史学论文选集》（上），中华书局2006年，第93页。

[49] "天下之形势，视乎山川，山川之包络，关乎都邑""天地位而山川奠，山川奠而州域分，形势出于其间焉"。顾祖禹：《凡例》，前注〔43〕，第1页。着重号为引者所加。

[50] 汉初，围绕定都关中还是洛阳，曾有过辩论。影响最后决定的是一系列地缘政治考量，包括首都的政治军事安全、经济资源获取之便捷、战略纵深以及便于对统一不久的东南各地的有效军事控制：

> 刘敬说高帝曰："都关中。"上疑之。左右大臣皆山东人，多劝上都雒阳："雒阳东有成皋，西有殽黾，倍河，向伊雒，其固亦足恃。"留侯曰："雒阳虽有此固，其中小，不过数百里，田地薄，四面受敌，此非用武之国也。夫关中左殽函，右陇蜀，沃野千里，南有巴蜀之饶，北有胡苑之利，阻三面而守，独以一面东制诸侯。诸侯安定，河渭漕挽天下，西给京师；诸侯有变，顺流而下，足以委输。此所谓金城千里，天府之国也，刘敬说是也。"于是高帝即日驾，西都关中（《史记》，前注〔11〕，第2043—2044页）。

队的费用。但历代王朝，只要不是偏安一隅，即便从江南转运粮食物资到北方成本很高，仍选择定都中原北部。就因为北方边陲稳定，对于王朝的生存，确保对全国军事政治的有效控制，意义重大。隋朝不惜耗费巨大人财物力，修建大运河，确保源源不断从江南获得财政、粮食和物资支持，很大程度永久改变了农耕中国的地缘政治结构。从地缘政治学视角看，这是充分利用地理位置，优化中央政府对各地的政治、军事、经济控制力和影响力，防范各类潜在的政治军事威胁。

甚至地方割据势力定都，也不得不考量地缘政治。众人熟知的典型是《隆中对》。基于了然在胸的全国各地政治和自然地理条件，诸葛亮预判了天下大势，确定了刘备进军西南，定都成都，控制成都平原，然后北伐中原谋取大业的基本战略方针。[51] 虽然最终失败了，这一基于地缘的长期战略规划仍获得后人高度评价，这是当时寄人门下的刘备可能割据一方的唯一选择。

历代中央政府一直注意通过地缘来制衡和弱化不利中央集权和国家安定的政治军事风险。西汉削藩仍是典型例证。西汉初年，刘邦希冀借刘氏诸王来屏藩朝廷。但南方一些诸侯王经济实力强大后，直接威胁中央集权。汉朝庭先是"众建诸侯而少其力"，力求将较大诸侯国的疆域逐步瓜分，"地尽而止"。[52] 接着又刻意找"茬"，借机废除或削弱一些诸侯国。[53] 鉴于大诸侯国"连城数十，地方千里"，即便无反叛之心，就因其有实力威胁中央集权，汉武帝下令，逼迫各诸侯国分封子弟，分成若干侯国，辖地仅数县，自然无力犯上作乱。还将侯国的行政隶属划给各郡。[54] 既弱化了诸侯国的管辖，又扩大了中央政府的管辖，才彻底解决一直困扰汉朝廷的诸侯国问题。

但改变行政区划的措施不可能频繁使用，甚至不应频繁使用。行政区划变动太多会有种种麻烦。"推恩"细分诸侯国等于增加了行政管理层级，行政层级多了，就会有"强弩之末势不能穿鲁缟"的问题。中央

---

〔51〕《三国志》，中华书局1959年，第912—913页。

〔52〕《汉书》，前注〔21〕，第2237页。

〔53〕"请诸侯之罪过，削其地，收其枝郡。"《史记》，前注〔11〕，第2747页。

〔54〕"令诸侯以私恩自裂地分其子弟，而汉为定制封号，辄别属汉郡。"《汉书》，前注〔21〕，第2425、2802页。

政令在传达过程中也容易扭曲，无法落实。层级多，各级行政区划必然小，但一定会有某些问题跨行政区域，各级政府可能均无力应对那些该由本级政府应对的问题。若由上级政府统一协调，则失去这一行政层级的意义。若任由地方政府自行合作，又可能以另一方式增大分裂割据风险。有效的层级治理体制需要稳定的行政区划和行政层级，这有利于地方官员针对本地情况采取对策，紧要时独断专行，既调动了地方官员的积极性和创造性，也便于问责。这都表明应当有，甚至必须有，制度化的纵向分权。[55]

但行政区划固定不变也会引发一些事先很难设想到的风险。某些行政区域距首都或政治军事中心地遥远，难以控制；或地形复杂，交通不便，易守难攻；或某地位于交通枢纽，随着经济发展，人口迁徙，实力增强，成为全国的经济重心，足以挑战中央。有这类地缘条件支持，一旦地方政治军事人物野心萌发，就很难克服。为防范这类风险，除任期制外，地缘因素也进入历代中国政治高层的视野，融入中国日常政治/宪制实践。这就是尽可能利用山川地形来强化相邻行政单位（包括诸侯）的相互制衡，从地理上弱化地方分裂割据的潜能。

秦汉之后的中国长期坚持"山川形便""犬牙相入（制）"[56] 这两条行政区划的基本原则。前一原则强调行政区划尊重自然地理形成的地方区域。自然地理会塑造区域性经济社会共同体，界定本地居民的经济社会文化权益，就此而言，尊重自然地理构建的自然区域，会减少各区域民众间的利益冲突，俭省政治治理。但也正因为地理条件对区域政治经济文化的塑造力，为维护全国政治统一和有效治理，防止军事割据甚至分裂，才必须有后一原则。并且，行政控制优先于自然地理。因为一旦出现地方分裂割据，风险会波及相邻地区，甚至全国。行政区划因此不能只图行政治理的一时便利，还要有长远眼光和风险意识。尽可能用行政区划上的"犬牙相入"来打破"山川形便"，让各行政区相互掐着一些"兵家必争之地"，甚或是以互不隶属的行政管辖和军事管辖共同

---

〔55〕 关于大国治理中，必须有中央和地方"两个积极性"，请看，毛泽东：《论十大关系》，载《毛泽东文集》(7)，人民出版社1999年，第31—34页。

〔56〕 周振鹤，前注〔8〕，第7章。

驻守某些战略要地，全力避免因地理地形便利了分裂割据。[57] 行政区划上的"犬牙相入"原则，在军事地理学上，被称为"非军事原则。"[58]

最早实践的犬牙相入可追溯到秦朝。为有效控制秦军最后征服、距秦王朝政治中心最远、交通最艰难的岭南地区，秦将位于南岭以南的桂阳县（今广东连州市）划归长沙郡（主要辖境在今湖南大部），又将位于南岭之北的镡城（位于今湖南怀化境内）划归岭南的象郡（主要辖境在今广西等地）。这种不顾自然地理的行政区划乍看非常荒唐。但在一个不应也不可能出错的地方，出了"错"，还无法理解，那就需要努力理解。最简单的解释就是，这是精心的制度设计：就是要通过犬牙相入的行政管辖，打破可能因南岭引发的地方割据。事实上，秦灭亡近百年后，汉武帝才腾出手，平定自秦末开始割据自立的南越国。部分凭借了秦看似荒谬的政区设置，汉军短时间就进入了岭南象郡，统一了岭南。[59]

在行政区划上，历朝历代此类实践屡见不鲜，乃至后代中国人视其为天经地义，理所当然。例如，作为行政区的河南省，自明代确立后，一直不只位于黄河以南，总会兼有黄河以北之地，甚至令人不解地如一刃深入河北。长江沿岸的行政区划也从来不划江而治，总会跨越两岸，即便南北两岸经济文化差别甚大。如此划定行政区的目的之一就是要防止潜在势力以黄河、长江这类农耕时代的天堑形成割据。

"犬牙相入"，不只用于山地，也用于平原；不只用于郡县，也用于诸侯国（在汉朝）。不但汉族统治者用于边陲，"羁縻"少数民族；边疆民族入主中原后，也以同样的原则来防范可能威胁其统治的汉族或其他民族。甚至有证据表明，也很有道理，入主中原的边疆民族统治者比汉族统治者，统治能力弱的统治者会比强的统治者，在划分行政区域

---

〔57〕 典型如明朝："国朝以颍州属凤阳，颍州卫属河南；以汉中府隶陕西，瞿塘等卫隶湖广；山西磁州千户所，在河南界中；直隶宁山卫蒲州守御所，在山西境内；湖广五开卫、贵州黎平府，同治一城；湖广镇远卫、贵州镇远府，同治一城。似此者不可胜举，亦犬牙相制之意。"焦竑：《焦氏笔乘》，中华书局 2008 年，第 445 页。

〔58〕 胡阿祥、彭安玉、郭黎安：《兵家必争之地》，海南出版社 2007 年，第 63 页。

〔59〕 周振鹤，前注〔8〕，第 236—238 页。

时，更重视地缘政治考量。

典型例证是元代的行省划分——蒙古族既是作为边疆民族入主中原，其治理能力也远弱于另一入主中原的边疆民族满族。元代划省，一反汉州、唐道、宋路的划分方法，完全无视与行政区划历来密切相关的几条最重要的山川边界——秦岭、淮河、南岭、太行山。这导致元代的任何行省在地理和文化上都不自成一体。陕西行省越过秦岭而有汉中盆地，湖广行省不但覆盖湖南、湖北，还越过南岭直达广西，江西行省也同样越过南岭直至广东，河南江北行省跨越了黄河淮河两条大河；中书省直辖区横跨太行山东西两侧，兼有山西高原、华北平原和山东丘陵三种不同地理区域；江浙行省则从江南平原一直向南延伸至福建山地。只有四川行省稍成四塞之国，但其北面的汉中已划给了陕西，秦岭不再构成屏障，四川也就没有割据的地理条件了。[60]

其实元代的行省划分还有另一面，也同样符合地缘政治的逻辑，即在不便其军事政治力量展开的区域（长江以南）比在便于其力量展开的区域（长江以北），更重视地缘上的"犬牙相入"。最典型的体现是，有别于此后明清两朝的河南省跨越黄河，元代的河南江北行省，位于秦岭以东，几乎是严格以黄河南岸和长江北岸为界，直抵黄海。该行省几乎全是平原地区，中间有淮河横贯东西，且淮河的众多支流均南北走向，很便于军队从黄河南岸、穿越淮河，直达长江北岸，控制长江中下游。甚至也便利了跨越长江天堑，因为"守江必守淮"。

这只是在农耕区，清代更是从地缘政治角度，全面强化了对蒙古和西藏的治理和管控。这属于"平天下"的范畴，本章第六节再讨论。

对行政区划的充分利用，也见之于微观。一个极细的个案是，在广东与福建，也是东海与南海，交界处，有一面积仅130平方千米的南澳岛。该岛历史上对控制闽粤两省交界处广阔海域极具战略意义。近代之前，该岛的行政归属一直变来变去。秦汉时南澳属南越，即今广东；从南北朝的梁朝起，包括此后唐、宋，南澳岛一直划给福建。明、清两代则从行政上将南澳同时分属福建、广东两省。而且，在军事上，岛上先

---

[60] 周振鹤，前注〔8〕，第241页。

后设了副总兵和总兵，麾下有两个营，分别隶属广东和福建。闽粤界不仅横贯南澳岛，也从总兵府大堂正中切开。

只有从地缘政治的角度，结合历代不同的军事政治风险，方可解开以上叙述中的种种困惑。该岛行政归属的来回调整，为的是有效防范距王朝政治中心遥远且多山的闽、粤地区独立。秦控制了南越之地，对闽越未有实在控制，[61] 出于政治军事考虑，秦汉将扼守闽越咽喉的南澳划归南海郡，削弱了闽越。南北朝以后，政治经济文化中心开始向东南方向转移，闽越比广东更便于中央政府有效管控，南澳岛就成为政治军事上制衡广东的战略据点。到了明代，情况有了重要变化，由于倭寇和荷兰人，海防变得日益重要。[62] 南澳易攻难守，曾几度为海盗控制，成为倭寇巢穴。[63] 为剿灭倭寇，除采取其他措施外，根据海防需要，明王朝从行政和军事区划上对南澳岛做了重要调整。为便于跨省界的军事行动，剿灭在两省间来回流窜的倭寇，后为抵抗"红毛"（荷兰人），"合［闽越］二省之力，而设兼制之权"，万历三年（1575 年）明王朝将南澳岛划归福建广东两省分辖，南澳岛上设立了副总兵，广东、福建各驻守一个营的军队。清代沿袭了分辖之制，又将副总兵升格为总兵，"兵制之善，盖从古所未有也"。[64] 这一制度一直延续到民国三年（1914 年）。这表明，精细的地缘政治考量，用于对内，也用于对外。

地理地形或行政区划的犬牙交错本身并不形成制衡。与之配套的还须有人事考量，才能借助行政区划中的地理因素来增强或弱化某些可能性，追求可欲的后果。尤其在那些"一夫当关，万夫莫开"的地方，一

---

［61］ 统一六国后，秦始皇开始拓展岭南的百越之地，为此派出大军，于前 214 年完成平定岭南（主要是今广东和广西），设立了南海、桂林和象三郡。秦始皇也曾向闽越派出军队，在今福建区域设置了闽中郡。但由于闽中远离中原，地处偏远，山高路险，且越人强悍，难于统治。虽是秦王朝的四十郡之一，闽中郡建制不同，中央政府未派守尉令长到闽中来，只是废去闽越王的王位，但让其继续统治该地，中央在闽越未有实际统治。

［62］ "古有边防而无海防，海之有防自明始也。"《南澳志》，清道光 21 年［1841］，卷 8 海防，第 1 页，http:read. nlc. cn/allSearch/seanchDatail? searchType = 1002&showType = 1&index Name = data_ 403&fld = 31200108117。该书也以《乾隆南澳志》之名被影印，收入《中国地方志集成·广东府县志辑》第 27 册，上海书店出版社 2003 年；引文见影印本第 447 页。

［63］《南澳志》，前注［62］，卷 3 建置，第 2—3 页；影印本第 394 页。关于南澳岛的军事地理，又请看，顾祖禹，前注［43］，第 4564—4565、4588、4723—4724 页。

［64］《南澳志》，前注［62］，卷 3 建置，第 3—18 页，卷 8 海防第 2 页；影印本第 394—402、447 页。

旦人事上乱了，"所守或匪亲，化为狼与豺"（李白诗）。若广东湖南两地的行政或军事首长相互隶属，或是父子或兄弟或挚友或同乡，官员间私人关系超过了各自对国家/朝廷的政治忠诚，行政区划犬牙交错的意义就丧失了。在疆域辽阔、地形复杂、各地政治经济文化发展不平衡的农耕大国，人算不如天算，再深入细致周密的制衡也只能弱化，不可能消除，分裂的风险。一旦中央政府自身力量不足，当初看来很合理、智慧和保险的制度安排，无论有关行政区划（例如秦在遥远的岭南设立了南海郡、桂林郡、象郡三郡），还是有关军、政、监察主官的配置（典型如前述汉代的刺史，或唐代的节度使兼任），都可能导致分裂。在南澳岛上，重要的并非是否真需要两个营的兵力，只是要有互不隶属的两个营的兵力。它们在某些节点上相互配合，在另一些节点上则相互制约。地缘政治并不只是地缘，首先是政治。

尽管如此，在中央集权制度下，行政区划间长期稳定的犬牙相入确实有制度效果。对事不对人，因此是制度，对任何地方的行政长官都有效。无论何时何地，只要有潜在政治风险浮现，中央政府无需调整行政区划，只需重新调配相邻行政区的行政长官或/和军事首长，在相邻行政区域内重新部署军力，就足以实现政治军事的制衡和震慑。

南澳岛因此也例证了另一种在西学传统中，就我的有限阅读，未有讨论的无形的权力犬牙相入。这种权力制衡在中国相当普遍，颇为久远。如军事区划、行政区划与监察区划长期分立，地域交叉，有所重叠但不重合。在明代，对一系列战略要地，其行政与军事管辖一向分属两省，军事与行政得以相互制约。[65] 又如双重领导。[66] 在特定时期，也会调整行政区划（无论是应急的，还是永久性的），或在一些地方或区域内实行政治军事主官相互兼职等。

犬牙相入原则也有经济意义，平衡不同行政区域的经济实力，促使各地相互制衡和相互牵制，避免各地政治文化精英的相互猜忌，从而有

---

〔65〕焦竑，前注〔57〕。

〔66〕双重领导的最早的理论根据是《礼记》，"大国三卿，皆命于天子……次国三卿，二卿命于天子，一卿命于其君……小国二卿，皆命于其君"（《礼记正义》，北京大学出版社1999年，第350页）。实践上，则可以追溯到汉初中央向各诸侯国派驻的相国，相国既要听命于其服务的诸侯王，但更必须听命于中央，中央政府则借此来压缩和钳制可能做大的地方割据势力。

助于全国的政治平衡。[67] 由于政治安全对于农耕中国长期以来更为重要，因此历史上曾多次出现，仅从经济建设上看，不很合理甚至很不合理的行政区划。[68]

还须指出，只有在一个地理地形地貌非常复杂的传统农耕大国中，这种地缘政治考量才有必要，有巩固国家统一防止分裂的宪制意义。在小国，或是一马平川的大国，甚或在工商经济发达交通便利的现代大国，在任何山川地形都很容易穿越克服的时代，在有强大空军或空降兵的国家或时代，这种地缘政治考量的宪制意义会衰减。只要将中国与美国或欧洲的地形图比较一下，将今天的中国行政区划图同美国行政区划图比较一下，就可以看出历史中国行政区划的特殊。通过地缘政治考量和安排，中国政治精英，针对这个农耕大国及其与地理地形相关的复杂经济、社会和文化因素，把有关中国的统一治理的一些重大宪制考量成功转化为一些行政管理技术问题。

作为边陲的天下

古代国家与现代民族国家间的一个重要区别是，前者有边陲（frontier），却没有今天民族国家间精确划定的国界。[69] 边陲是一个区域，是个地理概念，却不只有地理意义。边陲不仅仅指某地区距离国家政治中心遥远，通常也可能是某特定经济生产方式（如农耕）、与之相应的社会组织和文化的边缘区。源自主权者（朝廷/天子）的政治军事文化力量投射，到此已经严重弱化。政治治理的空间距离和行政层级都令政治中心的影响在此不太确定，无法及时有效应对各种政治和非政治（但有政治后果）力量的挑战或竞争。竞争者可能是当地小型政权，但也可能来自另一有足够强大政治军事实力、同样控制了辽阔疆域的大型政权。

---

[67] 周振鹤，前注〔8〕，第10章。
[68] 谭其骧：《我国行政区划改革设想》，载《长水集》（续编），人民出版社2011年，第54—55页。
[69] 吉登斯，前注〔2〕，第98页。

如果是后者，政治竞争和军事争夺的背后则有经济、文化甚或文明的竞争，如农耕与游牧的文明竞争。边陲是两个甚或多个政治力量竞争政治管控的区域，是谁都可能，却还没实现垄断性政治管控的地带。

历史中国，在以中原为核心的农耕区外，一直存在这样的边陲地带。这些地带对中原农耕文明既是威胁，却也是中原文明可能拓展的地带。至少从西周开始，历朝杰出政治家、思想家有关中国的宪制思考，都不会仅关注中原农耕文明，还必须关注中原以外无论农耕还是非农耕的民族，关注中原地区与其他地区间的冲突和交往。西周因此有了"治国"与"平天下"这种高度抽象的概括。尽管春秋时期，"中国"在地域上还颇为局促，集中于华北（黄淮海）平原；有些地方曾是"天下"，后来才被纳入秦、楚、吴、越。

历史中国关于"国"与"天下"的想象有两个基本点。一是"华夷之辨"，[70] 即承认因经济生产方式和地域文化导致华夷之间的族裔差别很难调和。基于这种分歧，即便军事打败了广义的夷（夷狄戎蛮），也不可能即刻改变其制度文化，保证其政治忠诚。但肆意杀戮也不是中原政治文明即"为民父母"的正当治理手段。[71] 适当的治理方式，就当时而言，只能是分治，"一国两制"。[72] 但华夷的区别也不是本质主义的，与种族无关，是地域经济社会文化的。即所谓"居楚而楚，居越而越，居夏而夏"。[73] 这意味着，制度文化有可能改变。据此有了第二点，坚持"以夏变夷"。[74] 不搞文化相对主义，或文化多元，坚持以综合实力为后盾，在可能的条件下，努力拓展中原农耕政治秩序和文明。这也是汉代主父偃的建议——"广中国"。[75]

"平天下"少不了上一章讨论的军事问题，但对中原王朝来说，最重要且必须长期应对的是，边陲地区的政治治理。历史上有太多例子了，征服者一死，他创造的帝国就消失于其征服的广袤土地上。马其顿

---

〔70〕 "夷狄之有君，不如诸夏之亡也。"《论语译注》，前注〔27〕，第 24 页。

〔71〕 "非我族类，其心必异。"《春秋左传注》，前注〔19〕，第 818 页。"得其地不足以为利也，遇其民不可役而守也。胜必杀之，非民父母也。"《史记》，前注〔11〕，第 2954 页。

〔72〕 "裔不谋夏，夷不乱华。"《春秋左传注》，前注〔19〕，第 1578 页。

〔73〕 梁启雄：《荀子简释》，中华书局 1983 年，第 96 页。

〔74〕 "吾闻用夏变夷者，未闻变于夷者也。"《孟子译注》，前注〔5〕，第 125 页。

〔75〕 "广中国，灭胡之本也。"《史记》，前注〔11〕，第 2961 页。

帝国如此，大蒙古国（蒙古帝国）也是如此。因此，要理解历史中国的疆域构成，不能仅关注中原农耕区的行政区划制度和实践，还必须关注和理解历代王朝，包括入主中原的北方民族建立的王朝，在边陲地区实行的一些特殊行政区划管理制度。边陲地区实践的制度与中原地区统一实行的制度不同，功能却一致。不仅为维护中原王朝的中央集权，而且，在边陲地区具体制度的持久作用下，边陲的各民族、族群与农耕民族逐渐融合，汇成中华民族，原来的边陲可能因此不再是边陲。就此而言，这些乍一看边缘、辅助、非常规的地方性制度，也属于历史中国的宪制。它们不只有关历代王朝对边疆地区的治理，从长时段来看，也有关制度创造和功能拓展，对差异区域逐步实现宪制整合。就本书而言，"国"和"天下"是理解历史中国发展的理论概念，[76] 不像在西周时，只是对特定区域的界分。

历史中国各朝国力和疆域差别显著，每一朝在边陲与之竞争的政治军事对手也不相同。由于是大国，边陲各地的地理自然条件差异也很大，对手很不同，因此早就有夷狄蛮戎之别。南疆与北疆差别极为显著，东北与西北的问题也相当不同；各代边陲治理的制度架构相应地变化繁多。研究者对历史中国的边陲治理架构的分类和概括不同，各有其道理。[77] 若基于中央政府对边陲地区的信任、管控和整合程度，可以将边陲地区分为三类。

第一类是中央政府已建立有效管控的边陲地区，往往以半军管方式治理。例如，汉代，在北方边陲地区各郡设立了名为一郡主管军政事务的副职——部都尉，实际与太守分疆而治，以近似"军管"的方式统一强化边防，防御匈奴。这为此后改设为常规行政区，"郡"，创造了必

---

[76] 受国/天下的启发，很多现代学者都提出了与之相近的概念体系。费正清在讨论古代中国的世界秩序体系时，指出古代中国由三层组成，即中国文化圈、亚洲内陆游牧半游牧民族的朝贡部落或政权，以及外夷；他还将古代中国的藩属国划分为内藩和外藩，在一定条件下外藩也可能转变为内藩。请看，费正清［编］：《中国的世界秩序：传统中国的对外关系》，中国社会科学出版社 2010 年，第 2、8 页。该书中杨联陞的论文《从历史看中国的世界秩序》中也借用了"中国"与天下的区分，还借用了内服和外服的区分（第 18—20 页）。

[77] 周振鹤将边陲的行政制度大致分为两类，一是中央政府在边陲直接设置的军管型特殊地方行政制度，二是在少数民族地区设置的羁縻州县或土司等特殊行政体制（周振鹤，前注［8］，第 12、13 章）；李大龙（《汉唐藩属体制研究》，中国社会科学出版社 2006 年）认为汉唐时期的边疆治理体制是一种三层次或四层次的藩属体制。

要条件。汉代还设有武职官员，属国都尉，专职管理和安置投降汉朝廷的少数民族。此官职后来演变成与郡同级的、专门管理少数民族的行政"特区"。汉、唐的都护府则是一种军事行政区。汉代的西域都护府同郡同级，其下辖不是中原的县，而是以军事监护方式管理的西域数十个小国。唐前期在天山南北分设了安西大都护府和北庭都护府。前者以军事监护形式管理天山以南各"国"；后者在天山以北下辖县，与内地州县相当。唐还把都护府制度推广到其他地区：在辽东朝鲜设立安东都护府，在北方设立单于大都护府和安北大都护府，在今越南中北部设立安南都护府，在西南则设立保宁都护府。其中单于、安北和安南都护府之下均辖县，与中原地区的行政体制相当一致。[78]

第二类是与历代中央政府有比较紧密的政治经济文化联系的一些边疆民族政权。有学者以藩、属概括此类政权。[79] 从晚近概念上看，"藩"（内藩）与中央政府的关系通常更紧密，"属"（外藩）的关系则较远。但在漫长历史上，何为藩，何为属，并不固定，也不很稳定，会随着各种因素流变。在清代，"藩"就是理藩院下属的蒙古、新疆和西藏等地。当初清朝对这些地区的控制程度与内地差别很大，但进入近代之后，这些地区均已成为现代中国疆域不可分割的组成部分。"属"指历史上与中原王朝长期保持朝贡关系的附属国，如朝鲜、安南和缅甸等。这些附属国在近代之前，长期与中央政府关系很近；有些地区的行政制度甚至与中原完全一致，可以说是当时的中原王朝也即"国"之一部，而非"天下"之一部。只是近代以后，由于各种国际势力的介入和国际局势变化，成为独立的民族国家。

第三类是与中原王朝没有臣属关系的边疆民族政权，历史上通常称之为"敌国"；其含义并非敌对，甚至无贬义，为力敌或匹敌之意。[80]但严格说来，其中有许多不还构成现代意义上的"国"，只能算作势力（power）。它们是游牧群体，有其流动/控制的地域，却没有稳定的国土

---

〔78〕 周振鹤，前注〔8〕，第12、13章。

〔79〕 李大龙，前注〔77〕，《序论》，第1—3页。

〔80〕 杨联陞，前注〔76〕，第18页；李大龙，前注〔77〕，第329—333页。

或疆域。从概念上看，这类政权或势力与历史上的中原政权没有宪制层面的联系；甚至不能算是中原政权的边陲。

但这是拘泥于本质主义理解的分类。在漫长历史上，东亚北方的广阔大陆上各种势力兴衰消长，没有哪个王朝或政权或势力总是强大，各王朝或政权或势力的边陲一直流变。不仅诸如匈奴、突厥、西羌这些曾非常强大的"敌国"，在中原政权强大时，都曾有一部或全部臣服，成了中原王朝的藩属；而且，中央政府也曾在这些政权当年管辖或控制的地区设立过近似军管的特殊政区，令其成为中原之边陲。[81] 有些一度曾颇为强大的"敌国"，如位于云南的南诏国，以及继承南诏疆界的大理国，被蒙元征服后，到了明清，改土归流，就成了中原政权直接管控的行省。

历史并非单向度的。在特定历史时期，也曾有强大的边疆政权先后兴起，中原农耕王朝不得不暂时，有的甚至长期，以各种方式，包括割让土地，"臣服"这些"敌国"。原先为中原政权长期实控的边陲区域，某些早已建立郡县或州府、就行政体制而言已完全进入中原核心区的区域，也会被兴起的边疆政权或势力控制。[82] 不仅不同朝代有差别，甚至在某一朝，也变化不定。如羁縻州通常算是唐朝疆土，其行政首长由当地部落头领世袭，而仍须经朝廷任命；但谭其骧指出，唐代有些羁縻州只是虚名，有些与朝廷的关系前后有变，某些位于边陲的正式州也会被降格为羁縻州。[83] 更有些从来为中原王朝管辖的地区，如幽云十六州，被割让给边疆政权，成了中原政权或偏安王朝的"故国"，在渴望"驾长车踏破贺兰山缺"或"尚思为国戍轮台"的政治文化精英的梦中，一次次铁马冰河，一次次吹角连营。

---

〔81〕 参看，周振鹤，前注〔8〕，第12、13章。

〔82〕 如当年汉武帝灭了卫氏朝鲜后，就在朝鲜半岛北部大同江流域设立了郡县进行治理。后高句丽兴起，虽然名义上仍属中原王朝的地方政权，其独立性日益增强，成为与中原中央政权互不隶属的"敌国"；隋朝和初唐曾多次征讨，或战败，或不胜。直到公元668年唐王朝灭了高句丽，在当地设立了安东都护府，确立了这一时期中国对朝鲜半岛的羁縻统治。

〔83〕 谭其骧：《唐代羁縻州述论》，载同前注〔68〕，第150—161页。

"羁縻" 与 "改土归流"

虽然也常以军事行政区直接管控边陲区域，历代中原王朝应对边陲，无论是边疆政权还是地方势力，基本制度和方略是"羁縻"。[84] "羁"是以军事压力予以控制，"縻"则是以经济利益予以拉拢，硬软兼施。遵循的原则大致是《礼记》的"修其教，不易其俗；齐其政，不易其宜。"[85] 在明清之前，中原王朝更多强调边陲各地因俗而治，保留其部族组织，尽量避免介入部族内部事务。封赏部族首领，中原王朝获得柔性的甚或象征性的控制。具体治理则任由部族首领因地制宜，便利行事。可以说这是高度的地方自治。

采取"羁縻"的根本原因是中原王朝，无论是中原农耕民族，还是入主中原的游牧民族，受限于自身政治、财政、技术和文化约束，无力以中央集权的常规体制治理边陲，只能创设替代性制度。当年南征平定孟获后，是否留下官员和军队驻守当地，诸葛亮就算过细账，认为不置官，不驻军，对蜀国最为有利。既减少了蜀国财政负担，也会增加双方的信任；在基本政治架构确定的前提下，双方都安宁。[86] 对边疆民族或部落地区统而不治，或只有名义上的统治，这种古代"一国两制"甚至"多制"的实践，承认了各地方各民族的差别，至少一段时间内，可以维系更大疆域内的安定和平，既有利于中原农耕区的经济社会安定和发展，也有利于各民族间的交流，为民族融合创造了条件。

唐代边疆地区极为辽阔，针对东北、西北、西南和岭南的众多边疆民族，唐王朝以各民族部落分布的范围为基础，建立的羁縻府、州、县各级行政区达800多个。由中央任命各部族首领担任各级羁縻行政区的

---

[84] 杨联陞，前注〔76〕，第26—28页。又可参看，方铁：《论羁縻治策向土官土司制度的演变》，载《中国边疆史地研究》2011年2期。

[85] 《礼记正义》，前注〔66〕，第398页。

[86] "若留外人，则当留兵，兵留则无所食，一不易也。加夷新伤破，父兄死丧，留外人而无兵者，必成祸患，二不易也。又夷累有废杀之罪，自嫌衅重，若留外人，终不相信，三不易也。今吾欲使不留兵，不运粮，而纲纪粗定，夷、汉粗安故耳。"《三国志》，前注〔51〕，第921页裴松之注引《汉晋春秋》。

长官，且世袭。羁縻府、州户籍通常不上报户部，不承担赋税。[87] 宋朝，失去了北部边疆，在西南部分地区仍因袭唐制，设置了羁縻州、县。明代在东北、西北和川青藏等边陲地区设置羁縻卫、所，与唐宋的羁縻府、州性质相似。[88]

介于宋、明之间的元朝。它在西南边疆各部族治理上，基于与羁縻府、州相同的原则和设计，创立了土司制度。[89] 但其羁縻的对象不只是西南地区的部落首领。由于元是北方游牧民族入主中原，对中原既有制度文化吸纳不足，本民族缺乏足够政治人才，却也不放心任用大量汉人治理偏远的西南边疆。土司制度，在蒙古统治者眼中，也是"以夷制夷（汉）"保证政权稳定的宪制之一。算得上是另一种羁縻。

清朝疆域极为广大，继承了前朝复杂的甚至更艰难的边陲治理问题。满族建立的后金原是位于中原东北的一个地方政权，建立清朝入主中原后，在整个大清疆域内，有太多民族聚居地，实行着土司制或类似制度。[90] 此外，从漠南、漠北到西北以及青藏地区，还有多个强大的地方政权，是蒙古族独立建立或是蒙藏联合建立的，有的力量还超过满族。[91] 在建立清朝的过程中，为充分利用蒙古族的人力物力，满族强调满蒙联姻，关系密切。[92] 入主中原的清朝廷深知"蒙古生性强悍，世为中国之患"，[93] 很担心这一政治盟友。除继续满蒙联姻予以安抚外，清王朝在蒙古族势力强大的北部和西北边疆地区的基本方略就是全

---

[87] "唐兴，初未暇于四夷，自太宗平突厥，西北诸蕃及蛮夷稍稍内属，即其部落列置州县。其大者为都督府，以其首领为都督、刺史，皆得世袭。"《新唐书》，中华书局1975年，第1119页。又请看，谭其骧，前注〔83〕。

[88] 马大正 [主编]：《中国边疆经略史》，中州古籍出版社2000年，第182—193、219页。

[89] 又请看，张中奎：《改土归流与苗疆再造：清代"新疆六厅"的王化进程及其社会文化变迁》，中国社会科学出版社2012年，第57—59页。

[90] 如在西南地区的多民族聚居地，清继续实行土司制度；在西藏以外的川、滇、甘、青等地的藏区也实行了土司制度；针对其他各地、各民族的情况，还实行了其他多种形式的制度，包括在新疆的汉族聚居区、台湾以及海南实行郡县制。马大正，前注〔88〕，第260页。

[91] 魏源：《圣武记》，中华书局1984年，第96页。

[92] 华立：《清代的满蒙联姻》，载《民族研究》1983年2期。又请看，"有清一代，出嫁蒙古的300余名公主、宗女，全部聘与王公及其子弟，这些王公额驸与皇室之女繁衍了庞大的贵族阶层。"王静芳：《清代满蒙联姻的三个阶段及其特点》，载《内蒙古大学学报》（社科版）2000年6月增刊，第44页。

[93] 昭梿：《啸亭杂录》，中华书局1980年，第17页。

力弱化蒙古，[94] 不让它成为边患；与此同时，也希望用蒙古部落来护卫大清的北方边陲。[95]

清王朝充分运用了军事手段，无情镇压准噶尔、青海等地反叛的蒙古贵族。也利用明长城，从东北到甘肃，一路重兵，防范漠南漠北的蒙古部落。[96] 在思想文化上，清朝大力弘扬喇嘛黄教，"以黄教柔驯蒙古"。[97] 通过免除喇嘛兵役、赋税和差役，鼓励蒙古男子出家当喇嘛，减少了蒙古族人口。

清朝最有影响的羁縻措施仍是地缘政治的。清朝先在漠南（内蒙古），后在漠北（外蒙古），建立了盟旗制度：划定各旗疆界，严禁外蒙古牧民越过本旗游牧。[98] 分封旗长"札萨克"，管理一旗军事、行政和司法，但要接受理藩院和将军、都统的监督。旗长由蒙古的王、贝勒、贝子等贵族充任。他们在各自的旗地内仍为领主，但相互间无统属关系，统一归理藩院领导，从清廷领取丰厚俸禄和赏赐，成为半官僚。旗由此成为清治理蒙古地区的一级地方政权：原先以部落为单位在草原上游荡的牧民，被固定在以旗为单位的地域内。部落间无法流动，就不可能产生庞大群体，出现全蒙古的政治首领，形成统一全蒙古的政权或政治势力。清廷由此彻底消除了蒙古诸部联合，对清朝统治可能构成的威胁，长期稳定了北部边疆。[99]

明、清两朝统治者也清楚羁縻制度隐含的麻烦。允许边陲地区的政治职位世袭，这种宪制层面的妥协，只能换来各地上层贵族一时的政治忠诚，不可能稳定可靠。一旦中央政府控制力不足，或有其他力介入，或地方势力做大，边陲地方就会尾大不掉，乃至地方割据。这不仅影响

---

[94] "然蒙古衰弱，中国之利也。"魏源，前注［91］，第 500 页。

[95]《清实录·圣祖仁皇帝实录》(3)，中华书局 1985 年影印本，第 700 页。

[96] 宁侠：《康熙"本朝不设边防，以蒙古部落为之屏藩"辨》，载《阴山学刊》2012 年 2 期，第 19—22 页。

[97] 魏源，前注［91］，第 500 页。

[98] "外藩蒙古越境游牧者：王罚马十匹，贝勒、贝子、公七匹，台吉五匹，庶人罚牛一头。""康熙元年题准：各部蒙古不得越旗畋猎。"《钦定大清会典事例·理藩院》，中国藏学出版社 2006 年，第 237、238 页。

[99] 卢明辉：《略析清代前期治理蒙古的几项重要政策》，载《内蒙古社会科学》(文史哲版) 1991 年 4 期；牛海桢：《简论清代蒙古族地区的盟旗制度》，载《甘肃联合大学学报》(社科版) 2005 年 2 期。

边疆，也影响内地。

即便边疆上层保持忠诚，长远来看，诸如土司之类的世袭制也不利于边陲地区的经济社会发展和政治安定。世袭固化了边陲地区贵族上层的政治、经济和社会地位，社会缺乏流动性，民众无法从中获益。这不仅与——第10章讨论——中国的精英政治传统冲突，更重要的是，对世袭贵族的约束只来自遥远的朝廷，来自"羁"（威胁）和"縻"（利诱），在当地，在本部族内，他不受任何制约。这阻碍了华夏文明在边陲地区的传播，不利于民族融合，不利于国家的政治、文化和社会心理的整合。

妥协难免，但不能作为追求，不能压倒，只能服从，西周以来"溥天之下，莫非王土"的宪制目标。从历史经验来看，无论哪个民族入主中原，要想天下太平，都必须坚持弱化地方势力，修改完善地方自治的具体实践，将之逐步纳入常规行政区划，完成国家的宪制整合，促进中华民族共同体的形成和巩固。

明清两代的"改土归流"，即以中央任命的定期轮换的地方官，置换元朝设立的世袭土司，可谓此类宪制追求的典范。在西南地区，明朝先是按照土司管辖区域的大小，设立土知府、土知州、土知县三种文官职务，从名称上，把分立的土司系统同明朝官员系统"接轨"，弱化地方色彩，促进全国行政和官制的统一。但由于治理西南边陲的需要，也由于漠北蒙古的压力，明朝未能在西南地区大规模推进"改土归流"。[100] 清朝继续了这一事业，并在清雍正年间达到高潮。就现有研究来看，各地"改土归流"的关注并不单一，效果却都是强化清朝对西南地区的控制。为推进改土归流，清政府甚至多次在西南边陲民族地区开战。直到辛亥革命之际，"改土归流"也没结束。[101] 但在"改土归流"的实践中，清朝统治者发现，受限于西南各地艰险的自然地理条件，不宜一味匆忙"改土归流"。[102] 但在"改土归流"的地区，后来的

---

〔100〕 张中奎，前注〔89〕，第56页。

〔101〕 张中奎，前注〔89〕，特别是第四章。

〔102〕 曾于清末任四川总督的赵尔巽（其弟赵尔丰则曾先后任川滇边务大臣和驻藏大臣）主持修纂的《清史稿》（中华书局1977年，第10230、14205页）两次引述雍正朝云贵总督鄂尔泰的奏言："论者谓〔澜沧〕江外宜土不宜流，江内宜流不宜土。"

调查表明，确实深刻改变了当地政治经济社会结构。[103]

除西南边疆外，清代在西北和青藏地区进行了与"改土归流"类似的变革。康雍乾三代数十年间攻打西北准噶尔蒙古（漠西蒙古）。击败准噶尔蒙古后，因分而治之不成，乾隆皇帝再次派兵严厉镇压，彻底灭了准噶尔。紧接着，清军进军天山以南地区，打败了大、小和卓领导的伊斯兰教叛军，将天山南北彻底归入清朝版图。清还改造了南疆的与土司制度类似的"伯克"制，废除伯克世袭，令各级伯克互不隶属；还在新疆设伊犁将军，实行军府制，修筑城堡，驻扎军队，巡查边界，移民屯垦。种种措施强化了清王朝对西北边陲的直接统治，实现了与西南地区"改土归流"相同的战略目标。

乾隆年间，廓尔喀部落（今尼泊尔）军队两次入侵西藏地区，占领了后藏，威胁拉萨。应达赖喇嘛和班禅额尔德尼的相继求援，清军两次入藏作战，收复失地，打过喜马拉雅山，兵临廓尔喀首都，令廓尔喀国王臣服。乾隆帝指示入藏清军将领撤兵时"必当妥立章程，以期永远遵循"。这就有了1793年的《钦定藏内善后章程》，除规定中央政府驻藏大臣与达赖喇嘛地位平等外，又确定了"金瓶掣签"认定达赖、班禅的转世灵童的制度，由此巩固了对西藏的主权管辖。[104] 鉴于此前西藏一直通行尼泊尔铸造的银币，而内地通行的货币为银锭和铜币，为继续"中外一统，同轨同文，官铸制钱"的秦汉传统，巩固国家统一，应清中央政府要求，经率军入藏的福康安努力，清人在西藏按内地货币格式，铸造正面有汉文背面有藏文"乾隆通宝"字样的银币。[105] 清代的边疆努力大致确定了近现代中国的疆域版图。

---

〔103〕 1956 年对四川甘孜藏区的考察发现，"'改流'地区的总的特点是：农业和手工业的生产技术稍稍比土制恢复地区进步……；领主制已被废除；土地在名义上收归国有，农民的依附关系减弱了，农民多数已变成半农奴性质的半自由农民，只有少数仍然是农奴；租佃关系比较盛行，典当、抵押和买卖土地的现象已普遍发生，土地逐渐集中，已经产生了一批地主，富农经济也有了萌芽；这类地区没有双重政权，但基层政权仍控制在寺院、权贵和上层喇嘛手中"。四川省编辑组、《中国少数民族社会历史调查资料丛刊》修订编辑委员会：《四川省甘孜州藏族社会历史调查》，民族出版社 2009 年，第 12 页。

〔104〕 恰白·次旦平措、诺章·吴坚、平措次仁：《西藏通史简编》，五洲传播出版社 2000 年，第 233—241 页（引者的着重号）。

〔105〕 张克武：《福康安在处理西藏事务中的若干经济思想》，载《西藏研究》1985 年 1 期，第 24—25 页。

结语

自夏商以来，经秦汉唐，虽有乱世，有偏安，历史中国的疆域总体上是稳定扩展的。尽管唐以后，中国疆域的扩展主要是蒙古和女真等北方民族入主中原，带来了多民族融合。但元和清，特别是清，一直继承了历代王朝形成的基本制度，坚持了长期以来中原王朝的边疆治理思路，不断增强中央政府对各地方的权威，削弱限制各地贵族势力，坚决打击破坏和威胁国家统一的地方力量，既强调制度效果的长期累积，也重视审时度势，与时俱进，在行政区划和官员任用上适时且坚定不移地推进改革，统一全国基本制度或制度原则。若以疆域和制度实践的稳定扩展为标准，从西周到明清，与时俱进，无论是起初的封建制，还是（尤其是）秦汉之后的郡县制，无论在中原核心区还是在周边的"天下"，历史中国在央地关系上的宪制实践总体是成功的。

因此，必须充分理解"百代都行秦政法"的意义。这既不是历代帝王"家天下"的个人私欲或野心体现，更不能被视为中国人数千年来缺乏制度创新和想象力的结果。当找不到一个制度长期持续的其他解说时，最简单的解说就是，这个制度对于一系列稳定约束条件下的历史中国来说已是最佳或最不坏，没有其他制度总体上可能与之争锋，无可替代。只要中原朝廷政策不出大错，其他基础性约束条件（气候、灾异或外部政治势力）大致稳定，在农耕经济基础上，中央集权宪制架构，相应的行政区域制度实践，从理论上看可以，从结果上看也确实，为中国提供了未必连续但长时期的和平，促成了在当时技术条件下农耕大国可能达到的高度经济社会繁荣。

历史中国的中央集权宪制一直不断调整和完善，不但经历了郡、州、路、省这些行政区名称与级别的变迁，各地行政区划也有永久或临时的调整，有从中央到地方各级政府的军、政、监察、人事和财权的分分合合，微观调整，相互制衡。也许是，尽管不可能只是，因为有了这些精细的制度调整完善，一个突出的制度现象是，自北宋重建和完善中央集权制之后，后世中国再没出现过因央地关系失衡引发的内乱或割据，导致王朝更替；只有边疆民族南下或其他社会动荡（元末和明末农民起义）引出的改朝换代。

特别值得一提的是清朝，由一个相当小的边疆民族治理中国。但即便到了清末，外患内乱严重，扫平太平天国后，汉族官员已拥有几乎完全私人化的军队（湘军和淮军），执掌了东南最富裕几省的政治军事大权，但在辛亥革命前，清政府仍能有效控制地方。孙中山等近代革命者曾以"驱除鞑虏"这类"民族大义"来挑拨拉拢汉族地方大员，[106] 但汉族封疆大吏并未借机割据各地。之所以如此，不大可能只是对清皇室的愚忠，更可能因超越了狭隘的满汉族群意识，事实上有了一种源自"家国天下"传统、后来才得以抽象和概括的中华民族的意识。超越了个人政治雄心（野心），这些封疆大吏对这个文明历久弥新的中央集权宪制保持了政治忠诚和人格忠诚。当然，也必须承认，这个制度本身也创造了足够的制约，包括制度的以及与制度相伴的宪制意识形态的制约。

传统中国的一些藩属国，如朝鲜、安南和缅甸，近代之后纷纷分离，成为独立国家；还有藩属如琉球，后来且至今为日本控制。但这不能，至少不能全部归因于清朝边陲治理政策和制度实践错了。最根本的，其实是19世纪中期之后，中国面临了"数千年未有之大变局"。列强兴起，带来了东亚地区各国和各种政治力量对比的改变，清政府首先无力，然后无能，有效应对全球变革对中国宪制的挑战。晚清失去的不止这些藩属国，还有大片国土，如台湾；最终还失去了对这片土地的统治。但这与疆域或边疆治理很难说有关，而是与国家实力的衰落直接相关。若把什么问题都升格到民主宪政的理念万金油上去，这一步就迈得太大了！

反思郡县制对封建制的胜利，有助于我们理解近代以来中国必须面对的宪制变革。秦汉郡县制的胜利，并不意味西周封建制，在绝对意义上，失败了，或是个从一开始就不应发生的错误。春秋时期各诸侯国间的连年征战，只表明封建制不再能为当时这块土地上的民众创造和平、

---

[106] 可参看，黎澍：《孙中山上书李鸿章事迹考辨》，载《历史研究》1988 年 3 期。

稳定和秩序了，必须创造新宪制了。即便如此，仍必须承认，"郁郁乎文哉"，西周其实是早期中国，在当时经济文化科技条件下，的一个制度巅峰。其"众建诸侯"，或许还应包括迫使诸多小邦国接受周朝分封，不仅推动了周统治区域内各民族或部落的融合，更重要的是，这就是"旧邦新造"的宪制创新。"以道观之"，完全可以说，西周封建制代表了，当时中原地区的政治精英，除以军事强力外，建立当时可行的、政治统一（"齐政"）的疆域大国的一个宪制努力。西周封建制因此就是当时最可行的宪制。这就如同，即便欧盟未必是欧盟各国最理想的宪制，英国已退出欧盟，甚或哪天欧盟彻底散架，欧盟可能仍是时下欧洲最可行的宪制。

即便周朝散了架，"礼崩乐坏"，也不能仅用失败来概括。"礼失而求诸野"，"周礼"还是留下了农耕大国的宪制轮廓或底色，促成了秦汉的大国宪制想象，便利了大国宪制的实践。春秋战国时期，各地政治精英们纷纷"应聘"各诸侯国，就隐含了政治经济文化层面的全国交流，隐含了虽然有许多异形字却大致统一的文字，以及超越本地方言、可为大多数政治文化精英口头交流的"雅言"。没有这些，秦朝统一文字就不可能，"以吏为师"和"以法为教"[107]很难推行。即便封建制崩溃了，基于封建制并支持封建制实践的"周礼"，在秦汉之后，经过改造，作为纲常伦理，无论在民间农耕村落，还是在国家日常政治生活中，一直扮演了一种规范性宪法理论（normative constitutional theory）和主流政治法律意识形态的角色，同样无法忽视。

评判宪制的标准，因此，不是它是否符合某个看上去很美的愿景，能否永生或能终结历史，因此"普世"，而是在一个较长期的特定历史时段，在当时的经济社会各种条件约束下，这个制度是否充分利用了当时可能想象和获得的一切资源，促成了一个国家尤其是大国的发生和长成；且只有它在那里，无可替代！

结束本章的仍是一个纯学术质疑：为什么地缘政治考量和实践，在当代中国宪法学术话语中缺失了？这一实践对历史中国曾影响久远且重大，相关的思考和表达，即便散乱，也源远流长，在中国史学界至今影

---

[107]　《韩非子集解》，前注〔5〕，第149页。

响广泛。但这些传统一直没能进入当代中国的学术性宪制研究，未引发宪法学者的关注。这本身是个很值得拷问的学术问题。最主要的原因或许在于，塑造现当代中国宪法学话语和想象力的主要是来自西方的宪法学术。由于欧洲以及后来北美的地形和地理，欧美历史上的国家形态（小国，复合制国家），在欧美国内，除古代还曾有过一些——相对于古代中国——非常浅层的政治地理学分析讨论外，后世可以说已不太有人关注。[108] 在自19世纪以来这个一直由欧美列强主导的世界中，在已成为显著的"边界权力集装箱"的欧美各国，[109] 似乎也没有太大必要在国内的地域构成上，系统思考地缘政治问题了。美国中西部各州的齐整边界或许就是一个例证。换言之，对于欧美，只有国际地缘政治问题。这当然是个匆忙的断言，或只是个猜想，但这仍有宪制理论有必要吸纳中国经验的意味，尽管它首先挑战的是当代中国法学人的学术理论自信。

2013年11月24日三稿于拉萨藏大政法学院302室

2014年8月18日四稿于北大法学院

---

[108] 有关地理要素对国家宪制的影响，西方的最早论述散见于柏拉图、亚里士多德、西塞罗和孟德斯鸠等的著作。柏拉图在《法律篇》中曾将地理作为城邦宪制问题的核心考量之一（《法篇》，载《柏拉图全集》（3），人民出版社2003年，第460—463、496页），认为建立城邦，选址要考虑有利于实现立法者目的的种种有利条件，城邦应位于疆域中心，不能太靠近海，疆域应足以维持一定数量有节制的人的生活，人口则应足以自卫，当邻国受侵略时还能援助邻国。亚里士多德在《政治学》（前注[4]，第356—360页）指出，城邦的地理环境应令敌军难于进入，而居民容易外出；城邦中心城市应当是全邦军事中心，便于派兵援助周边，同时也是便于运输和集散粮食和物资的商业中心。西塞罗在《国家篇》（商务印书馆1999年，第58—60页）中谈到，尽管建城于海滨便于出兵海外，但罗马共和国创始人的远见卓识之一就是，若要长居久安，统治广阔地域，还是别在海滨建城，因为沿海城市会有多种无法预见的危险。海上来犯之敌可能在你尚未察觉时就已到来，不易防范；沿海城市还特别容易腐败，容易受外来语言、风俗习惯和外来生活方式的影响，增加了制度维系的难度。

[109] 吉登斯，前注[2]，第145页（引者对译文有调整）。

|第六章| 度量衡的宪制塑造力

> 统一信仰，统一度量衡，统一钱币，整个世界就会和谐整合。
>
> ——〔法〕米勒爵士（1789年）[1]

> 我制定了和平，爱，一体的法律，怜悯，同情，宽恕的法律，让它们各择其居，古老且无限……一套度量衡，一位国王，一个上帝，一部法律。
>
> ——〔英〕布莱克（1794年）[2]

军事和政治是建构并保证国家统一和有效治理的最强有力手段，但两者都需要财力支撑。政治治理本身就包括，甚或主要意味着，国家治理者在其有效控制的疆域内以当时最便利、公平和有效的方式获得足够的人、财、物。从社会中持续系统公平汲取人财物的能力，以及这种能力与时俱进的拓展、深化或变革，直接决定了国家治理，包括民心归顺和国家整合。税收财政从来是一国构成的重要维度之一。

本章集中讨论度量衡，因为这是农耕中国税收财政的根本；却也因度量衡曾深刻、全面且持久塑造了历史中国治理的其他关键制度。

---

〔1〕 1789年法国议会议员米勒爵士（Sir John Riggs Miller）的话。转引自，Ken Alder, *The Measure of All Things: The Seven-Year Odyssey and Hidden Error That Transformed the World*, Free Press, 2002, p. 241.

〔2〕 William Blake, "The First Book of Urizen", *The Complete Poems*, 3rd, Routledge, 2007, p. 254.

为什么度量衡？不是货币？

统一度量衡和统一货币历来被认为是秦统一后采取的最重要、最核心的两项经济措施。从后世中国来看，徭役（力役）或其他实物税除外，钱粮一直是历代王朝税收和财政支出的最主要的形式，尤其是粮。然而现代学人，不仅是法学人，一直都更看重货币，对度量衡则真的是一笔带过。[3] 本书不讨论货币统一，却集中讨论度量衡统一，为什么？得给个说法。

很简单，就因为历史中国的政治家/行动者一直更关注度量衡。无论秦统一之前或之后，度量衡都属于秦国最核心的政治举措。统一量衡度是商鞅二次变法（前 350 年）最重要的措施之一。不仅改西周的百步为亩为 240 步为亩，[4] 他更是督造了一批制作精良准确的标准量衡器，包括传世至今的商鞅铜方升。[5] 秦国第一次铸造和发行货币则是在公元前 336 年，那是商鞅被车裂两年后，距商鞅二次变法已 14 年。[6] 统

---

〔3〕 民国时期法律史家陈顾远在经济制度上（《中国法制史》，上海商务印书馆 1935 年，第 323—379 页）关注了赋税、商业、货币等，但未提及度量衡；30 年后，陈的新著（《中国法制史概要》，三民书局 1964 年，第 2 编《各论》第 6 章）继续了这一格局；林剑鸣的专著《秦史稿》（上海人民出版社 1981 年，第 372—378 页）中把秦统一后并未落实的货币统一放在得以落实的度量衡统一之前讨论；《中国法制通史》（第二卷：战国·秦汉）（徐世虹〔主编〕：法律出版社 1999 年）以一节文字讨论了秦货币，而度量衡只在《市场贸易管理》节下占了一个小标题的篇幅。张晋藩和曾宪义各自主编的《中国法制史》教材（高等教育出版社 2007 年；北京大学出版社 2000 年）对秦统一度量衡都仅寥寥数语，对统一货币则介绍较多。

也并非法学界的一家之见，经济学家也如此。李剑农（《中国古代经济史稿》（上），武汉大学出版社 2011 年，第 6、14 章）以两章篇幅讨论了货币和货币经济，未提及度量衡；傅筑夫（《中国封建社会经济史》(2)，人民出版社 1982 年）以两章讨论了秦汉时期货币和相关问题，也没谈度量衡；侯家驹（《中国经济史》（上），新星出版社 2008 年）有专节讨论了秦汉的货币金融，却只有寥寥数字提及统一度量衡节省了交易成本和制度成本；钱穆（《中国经济史》，叶龙〔记录整理〕，北京联合出版公司 2014 年，第 36—37 页）仅用 8 行字就跨越了从李悝经商鞅到秦始皇的度量衡制度变革。

〔4〕 孙楷：《秦会要订补》，中华书局 1959 年，第 272 页。

〔5〕 丘光明、邱隆、杨平：《中国科学技术史》（度量衡卷），科学出版社 2001 年，第 165—166 页。

〔6〕《史记》，中华书局 1959 年，第 289 页。有证据表明，此前秦国也已使用货币，但使用的很可能是其他诸侯国的货币。请看，彭信威：《中国货币史》，上海人民出版社 1958 年，第 47 页。

一六国当年（前221年），秦始皇即颁令，"一法度、衡石、丈尺"，是与建郡县、书同文、称皇帝等并列的第一批决策。[7] 秦王朝铸造并发行钱币则是在秦始皇去世当年（前210年），胡亥继位之后。[8] 这事很可能是秦始皇身前谋划决定的。但比统一度量衡晚了11年。把玩这些决策的时间节点，我结论认为，就统一度量衡和统一货币的相对轻重与缓急而言，商鞅、秦孝公和秦始皇的判断一致。

同样的问题，这三位政治家与前面提及的当代学人，判断却截然相反。难道是这三位秦国政治家没学过经济学或金融学或财政学，不理解货币在国家经济政治社会生活中的意义。但相距百余年，面对相近的天下大势，他们都判断有误？不能排除。但我更情愿首先考虑，这会不会是"英雄所见略同"？这正是本章论题。分析讨论的根据不是抽象的经济学理论或货币理论，相关的名人名言，甚至不是两者在当今中国和世界的重要性，而是进入历史和农耕中国，务实考察度量衡和货币当时在宪制层面的相对意义。

重视货币统一更多是现代市场经济塑造的现代人的立场和视角的产物。虽也说"钱不是万能的"，但欲扬先抑，强调的其实是"没有钱万万不能"。美元作为世界货币，欧元区实践及围绕欧元的种种"折腾"，包括蒙代尔因欧元获诺贝尔经济学奖，都趋于凸显货币在现代社会的意义。而已潜入今人的日常生活的度量衡，不容易引发人们的关注和理解，更容易遮蔽它其实无时无处不在的基础性社会功能。

日常社会生活经验很便于我们辨识两者的相对重要性。哪怕盖间像样的房子，缝件得体的衣服，或公道分配紧缺的食物，都离不开度量衡。古代军备，无论刀枪甚或羽箭，若无度量衡，就没法想象。[9] 货币当然也重要，在今天或未来也日益显要。但从发生学上看，必定度量衡在先。没有货币，仍有"抱布贸丝""投桃报李"，[10] 却从来少不了

---

〔7〕《史记》（前注〔6〕，第239页）和后世出土权器（石枢砚：《河北省围场县又发现两件秦代铁权》，《文物》，1979年12期，第92页）均证明秦始皇26年"一法度、衡石、丈尺"。

〔8〕司马迁将这一年的大事依次排列：秦皇巡游琅邪、意外去世、胡亥继位、蒙恬被杀、胡亥等取道九原回咸阳等，"复行钱"是当年最后一件大事。《史记》，前注〔6〕，第758页。

〔9〕闻人军：《考工记译注》，上海古籍出版社1993年，第122—124、127、129、132—134页。

〔10〕程俊英、蒋见元：《诗经注析》，中华书局1991年，第170，862页。

度量，想想当初的"百里奚，五羊皮"，或"自行束脩以上，吾未尝无海焉"。[11]

这只是一般性推论。以下各节则以历史中国的经验材料为根据，从理论和实践层面分析和论证度量衡，相对于货币，更多经由政治渠道而非市场渠道，对于历史中国的宪制意义。第二、三和四节从三个层面分别考察，度量衡对于中国从封建到中央集权的制度演变和发展中扮演的关键角色：改造土地制度，创造赋税制度；实践俸禄制，创造理性的官僚科层制；以及对官员的绩效考核和监察。第五节分析展示，即便金属货币的统一，也必须制度性地全面依赖度量衡统一。第六节则从宏观视角考察游牧民族，入主中原，治理农耕区后，经历的政治制度变迁，进一步展示度量衡对于历史中国农耕文明，以及族群和文明融合，无可替代的宪制意义。最后是结语。

转向正文前，我还得简单界定一下度量衡，初步指明其特点和寓意。

度量衡指人们日常生活中用作标准测度长度、容积和重量的器物（如尺、斗、秤）。这源自人们日常生活测度各种量的需求。早期的度量标准取自人体某些部位或是日常具体物；[12] 粗略，但够用就行。出于需要，但更取决于便利，日常生活中，人们从古至今还常常转借使用度量衡。[13]

人类早期在各小群体内会自发形成统一的度量衡。当不同群体相

---

〔11〕《琴歌》，载《古诗源》，中华书局 1963 年，第 10 页；并请看《史记》，前注〔6〕，第 186 页；杨伯峻：《论语译注》，中华书局 1980 年，第 67 页。

〔12〕如大禹"身为度，称以出"，《史记》，前注〔6〕，第 51 页。"布指知寸，布手知尺、舒肘知寻"，王聘珍：《大戴礼记解诂》，中华书局 1983 年，第 5 页。"一手之盛谓之溢，两手谓之掬。"胡承珙：《小尔雅义证》，黄山书社 2011 年，第 149 页。国外亦有例证：英尺起源自脚长（foot）。

〔13〕度量衡单位转借的现象历史久远，也是世界现象；且无必定之规，往往取决于何种测度更便利。由此也可知其定义之专断。有以度审容的记载："量者……用度数审其容"，也有以量代衡的记载："一龠容千二百黍，重十二铢，两之为两，二十四铢为两，十六两为斤。"《汉书》，中华书局 1962 年，第 967、969 页。由于缺乏测量能力，历史中国的耕种地面积往往根据土地产量（体量或重量）来推测估算。何炳棣：《中国历代土地数字考实》，中华书局 2017 年。也并非只是在古代中国，当代国际贸易中也有类似例证，如，销售石油的通用单位是容积单位"桶"而不是重量单位"吨"；英语国家计算粮食也常用容积单位（蒲式耳）而不用重量单位（千克、吨）。

遇，度量衡有冲突，引发所谓"统一"问题。但这世界上没有什么事先存在的有关度量衡的"真理"，我指的是各地的度量衡都必须符合，或最终将汇聚于此。度量衡标准是专断的，是人们在社会交往中形成的常规，可理解为一种"约定"，仅为便利人类社会交往。虽不好听，但说到底，度量衡统一其实是个"强权即'真'"的决断，大致以人多势众为标准，没有绝对意义上的"是非"。

度量衡是一种技术科学，[14] 与社会经济生活紧密相关。但作为公器，它更是古今任何政治体——包括但不限于现代国家——组织构成的基础制度之一。其实践重要性随着人类群体扩大、组织程度提高而增大；但现代人常常不察觉其重要，甚或不察觉其存在。

度量衡从定义上看就是群体的；与语言一样，不可能私有。[15] 统一因此是度量衡的应有之义。若非标记特定政治决策和行动，本章只简称度量衡，不再加"统一"二字。

从井田制到赋税制

农业是历史中国文明的起点和基础。齐家治国平天下，历代王朝一直以小农经济为基础。但要在此基础上建立起码的政治统治和治理，提供和平治安这些最基本的公共品，至关重要的条件之一是，统治者必须有手段和能力从其治理区域内的民众手中获得一定量的财政资源。[16] 与工商业社会不同，农业社会统治者基本无法征收商品税，一种最终由商品消费者支付的间接税，只能从农民那里征收各种直接税。

对农民征收各种直接税，无论是西周诸侯向天子（或卿向诸侯）缴纳的"贡"，还是秦汉之后普遍实行的"田赋"，实际征收的都是农民

---

〔14〕 丘光明，前注〔5〕，第6页。

〔15〕 关于私人语言之不可能，请看，维特根斯坦：《哲学研究》，商务印书馆1996年，第1部分特别是第298节。

〔16〕 "古之有天下者，必有赋税之用……三代因之。"郑樵：《通志二十略》，中华书局1995年，第1379页。

生产的实物，主要是粮食和丝麻，但也有兽皮、茶叶等各地土特产。[17]
明朝"一条鞭法"后，各种赋税劳役理论上一律以银两计，但位处北
方的朝廷和军队的需求，迫使政府在东中部各省征收的仍是实物，即漕
粮。[18] 甚至早期的工商税收，收取的有相当部分也是各类实物。[19] 正
因为农业中国的实物税收，令度量衡在税收中扮演了关键角色，成为塑
造中国农业土地和经济制度的核心变量或前提条件之一。

所谓关键，不是说统治者经此才能获得赋税，而是度量衡统一，令
税收公平和有效，更容易也更可能从统治区内潜在税赋者手中获取赋
税。这不否认国家会以，且必须以，垄断拥有的强制力为后盾。但后盾
就是说统治者要避免赤膊上阵，应尽可能争取被统治者某种程度的认可
和接受。统治必有强迫，但两者不全等。偶尔使用暴力，更有威慑力，
统治更能持续。

国家税收至少要注意两点。一是税收适度。不能竭泽而渔，杀鸡取
卵。非但要让农民能活下去，还要能激发其生产积极性；无论比例制或
分成制都可行。二是税收要公道。公道是个社会标准，源自人生来就有
的攀比或嫉妒心，高大上的说法是"人生来平等"。[20] 但夏商周时代中
国疆域就已经很辽阔，各地地理气候水利条件差别很大，自然灾害无法
预测，因此无论依据什么标准，全国各地税收若真的统一反倒不合理，
也不必要。当时交通不便，民众分属各自血缘群体和村落（两者常常重
合），也不可能有社会阶层这种更超越的群体概念。普通人只同邻人攀
比，通常不会同远方他人攀比。因此，税收的实践难题是，如何让相互
知情的亲属邻里间，有时或许包括部分相邻村庄间，相信政府税收公平
合理，既无歧视，也不专横，愿意接受且自觉执行。这就要求有相对精

---

〔17〕 请看，孙翊刚：《中国赋税史》，中国税务出版社 2007 年，第 35—37 页（田赋）、第
42—43 页（贡）。

〔18〕 孙翊刚，前注〔17〕，第 197—198、213—214 页。

〔19〕 孙翊刚，前注〔17〕，第 39—40 页。

〔20〕 "对渴望平等的热情，我不抱敬意，在我看来，那只是一种理念化的嫉妒——我不贬
低嫉妒，但无法合法听命于它。" "From Holmes to Laski, May 12, 1927", in *Holmes-Laski Letters*:
The Correspondence of Mr. Justice Holmes and Harold J. Laski, 1916-1935, vol. 2, Harvard University
Press, 1953, p. 942. 又请看，Helmut Schoeck, *Envy*: *A Theory of Social Behaviour*, trans. by Michael
Glenny and Betty Ross, Harcourt, Brace & World, 1969; John Rawls, *A Theory of Justice*, rev, ed.,
Harvard University Press, 1999, pp. 464-474。在基督教传统中，嫉妒是人类原罪之一。

确的测度手段或工具，无论是度或量或衡，来保证税收的适度和公道。

通常理解的税收得更靠后些。在农业社会，与税收公平最先有关的是可耕地的合理分配。如果土地占有严重不均，就会引发一系列不全属于税收，但与税收相关的问题。（1）无论人多地少，或是地少人多，都是生产要素配置的不效率，会降低全社会的产出。（2）若贫富严重不均，无地者或少地者就可能成为佃户，对地主有更多人身依赖。以及，（3）大量失地农民流动可能引发社会安定问题。因此，在历史中国，在唐朝实行两税法之前，无论在人寡地广的西周，还是在人口大量死亡或流失的改朝换代后，有关税收公平的基础工作之一就是向民众统一并公道地分配土地。"度"的意义浮现了，用"度"来分配土地，确认土地产权，定分止争，激励农耕。这个有关王朝统治的合法性和正当性的麻烦，一直在农耕中国的社会实践层面活跃着。要有效回应这个问题，重要的不是，至少不只是，提出"天下大同"的政治愿景，将之确立为志士仁人的道德追求，最需要的其实是便利可行的度量衡。由此或可以理解西周甚或更早的井田制，也更能理解后来的土地制度变迁。

假定古人对井田的描述基本确实，即当时在王畿或诸侯国，每900亩地构成一"囲"，八户人家各耕种周边的100亩，合作耕种中央的100亩公田用作纳税。[21]对这样分配和利用土地的一种合理解说是，当时仅有"度"能比较精确。从各方面看，这是唯一选项，也是最佳选项。用当时人人可获得的最简单、直观并可靠的土地丈量技术，避免和解决了一系列经济、政治、社会和税收上的麻烦，减少了扯皮。

"六尺为步，步百为亩"，[22]借此分配土地，足以保证血缘群体内每户人家占有土地相同，经得起任何人反复验证。土地毗邻还保证各家土地肥沃和灌溉条件差别不太大。即便没有（我认为不可能有）八户人家土地轮耕，[23]也足以确保每户的起步时贫富差别很小，机会均等，

---

〔21〕后人对井田制的想象性描述，可参看，杨伯峻：《孟子译注》，中华书局1960年，第119页；《礼记正义》，北京大学出版社1999年，第335、393—394页；《春秋穀梁传注疏》，北京大学出版社1999年，第204—205页；以及《汉书》，前注〔13〕，第1119页。

〔22〕《汉书》，前注〔13〕，第1119页。

〔23〕《汉书》，前注〔13〕，1119页；《春秋公羊传注疏》，北京大学出版社1999年，第360页（何休注"三年一换土"）。

不会输在起跑线上。每"囲"有1/9的公田由八家共同耕作，即便没有统一标准的量衡器（只有在金属冶炼和手工制造业发达后，才可能普遍使用），也可以实践传说中的"九一"或"什一"税，"公田藉而不税"。[24] 井田制的最大实践优点在于用"度"这种人类最容易也最早获得的计量，替代了当时人类无法获得尽管理论上更精确的计量："量"（容积）或"衡"（重量）。用"度"就解决了粮食税收的公平和效率问题，无需区分土地税还是人头税。

公平分配土地和公平纳税有政治收益。它消除了邻居间的猜忌，也令负责推行井田制（以及后面谈及的类似土地制度）也即分配土地的诸侯\卿大夫，除礼制等级上的"大宗"身份外，还因公平获得了一份政治权威。一项重要副产品是，从商周（春秋）更看重血缘的家国共同体，向战国秦汉的政治共同体的递进演化、发展或转型。

井田制的土地资源分配是平均的，却不是平均主义的，其中隐含了劳动激励和缩小贫富差别等积极的公共政策考量。每户都有100亩地，但谁家精耕细作，出力大，流汗多，收成就会更好，获益会略多。但每户也只有100亩地，不许买卖，[25] 即便再努力，各户间也只有累积的财富差别，不可能有突发性巨富。这避免了贫富悬殊。这种土地制度，从经济学一般原理看，会牺牲部分效率。但从组织理论和社会学理论上看，趋于增强农村血缘群体的共同体感，这又是收益。从整个社会管理的交易费用经济学视角看，至少一定时期内，未必真的降低了全社会的经济产出和福利产出，甚至可能是综合福利产出最大化的；至少对那些社群利益偏好者会如此。由此才能理解，尽管已明显不合时宜，孟子仍坚持"建步立亩，正其经界"的井田制是政治治理的根本，是"仁政"（孟子的理想政治）的起点。他说得很清楚：井田制既可以防止各户税收"谷禄不平"，也可以防止"暴君汙吏"横征暴敛。[26]

但从宏观和长期来看，井田制不可能在各地持久广泛推行。不可

---

[24] 《孟子译注》，前注〔21〕，第118、119页；《礼记正义》，前注〔21〕，第393页。

[25] "田里不鬻。"前注〔21〕，《礼记正义》，第397页。

[26] "夫仁政，必自经界始。经界不正，井地不钧，谷禄不平。是故暴君汙吏必慢其经界。"《孟子译注》，前注〔21〕，第118页。"理民之道，地著为本；故必建步立亩，正其经界。"《汉书》，前注〔13〕，第1119页。

能，不是因为其制度用意，而在于其社会实践后果。

首先，按户均分土地不能最有效配置相关生产要素。各户劳动力数量、劳动技能以及勤劳程度都不同。从理论上看，有人家可能劳动力相对过剩，也有人家土地相对过剩。[27] 这就可以解说，一旦农业生产力水平提高，就会出现土地买卖。后世各朝无论怎样努力，也无法抑制土地买卖和兼并，导致唐中期之后，各朝均不再平分土地了。这也可以解说，到了铁犁牛耕日益普遍的战国时期，魏国李悝变法的核心主张之一是"尽地力之教"，[28] 其寓意就是，地力未能充分利用。

井田制也无法面对人口和小家庭（户）的增加。若坚持平均授田，就一定要有充分的且井田化的土地储备；还得不断把新增家庭迁到预留的或新开发的井田上。实行土地轮耕很不务实。它无法产出井田制允诺的社区感——"死徙无出乡，乡田同井，出入相友，守望相助，疾病相扶持，则百姓亲睦"；[29] 也不利于耕作者自觉加大投入，无论是平整土地、兴修水利或施肥；这有悖于"有恒产者有恒心"的初衷。[30]

但最大问题是，井田制（或类似的土地制度）只适合黄河中下游或关中等平原地区。后世朱熹曾尖锐指出：从地理条件上看，天下能实行井田制的地方太少了；若西安位于山谷之间，或洛阳一带河流众多，怎么实行井田制？[31] 当年西周分封诸侯甚或平王东迁时，周的"天下"还不太广阔，主要集中在中原和关中，人口也不多，这个麻烦还没显现出来。周天子还可能，综合考虑各地自然地理情况，兼顾井田制要求，来分封诸侯。[32] 但有迹象表明，严格的井田制很可能从来就是个愿景。商代

---

〔27〕 作为一个经验问题，五口之家，耕种百亩土地，在没有广泛实行牛耕铁犁的战国之前，很可能是土地相对过剩。文献中透露有这类证据。"维莠骄骄""维莠桀桀"，《诗经注析》，前注〔10〕，第277—278页。又请看，"田在草间，功成而不收"。徐元诰：《国语集解》，中华书局2002年，第66页。

〔28〕 《汉书》，前注〔12〕，第1124页。

〔29〕 《孟子译注》，前注〔21〕，第119页。

〔30〕 《孟子译注》，前注〔21〕，第117页。

〔31〕 《朱子全书》（17），朱杰人／等〔编〕，上海古籍出版社、安徽教育出版社2002年，第2928—2929页。

〔32〕 "凡居民，量地以制邑，度地以居民。地邑民居，必参相得也。"《礼记正义》，前注〔21〕，第401页；《商君书》中描述的诸侯封国的原则是，方圆百里，域内良田约占4/10，薄田2/10，山地1/10，湖泽1/10，山谷河流1/10，城镇道路1/10，约能养活五万农民。请看，蒋礼鸿：《商君书锥指》，中华书局1986年，第86—87页。

甲骨文"田"字曾分别写作"囲""畊""畊""田""畊",甚至写作很不规则的"區""畊"或"畊"。[33] 如果今人对这些甲骨文解读为真,那就表明,利益权衡迫使殷商时代的人,不得不打破规矩,根据地形地貌来微调井田的格局。这个口子只要一开,后来就必然会"开阡陌封疆"。另一证据是,战国时魏国分给每户耕地 100 亩,但因邺地"田恶"(灌溉条件差),每户就分给耕地 200 亩。[34] 由此甚至可以推断,井田制追求的未必是八户一囲的数量齐整,土地划分的视觉方正,而更可能是大家都能看见也能验证的土地公正分配,以及在此基础上的税收公平和便利。

这两个例子也意味,只要相关约束条件改变,井田制就必须放弃。如人口增多,即便中原地区,可井田化的大片平整土地资源也日渐稀少、枯竭。[35] 传说中三年一轮换的井田制不可行了,公元前 645 年,位于中原的晋国就放弃了土地定期调整。[36] 在远离中原的如秦、楚等国,可以猜想,从一开始就很难全面严格实行井田制。秦疆域广阔,关中平原土地平整肥沃,但据称秦国的庄稼田不到其疆域的 1/5,秦必然是人地不相称。[37] 活人不可能也不应让制度给憋死。没有井田,普通人会找其他活路,也能找到。除经商、从事手工业外,发展农耕技术,用牛耕铁器取代人力耒耜的"耦耕",[38] 兴修水利增加灌溉等,都是活路。[39] 各诸侯国还会激励农民在既有土地上加大投入增加产出,"尽地

---

[33] 陈梦家:《殷虚卜辞综述》,中华书局 1988 年,第 537 页;郭沫若:《殷契粹编》,科学出版社 1965 年,第 263、264、336 页;高明、涂白奎:《古文字类编》(增订本),上海古籍出版社 2008 年,第 838 页。"畊",仅见于,史建群:"井田与井田制度",《农业考古》,1989 年 1 期,第 134 页。此外,甲骨文中大量出现"畊""畊"以及类似的字(王宇信/等:《甲骨文精萃选读》,语文出版社 1989 年,处处),编著者统一解为"埶";但也有人不无道理地猜测这是商代不规则的田,即所谓"地"。请看,华强:《殷商甲骨文本训》,黄山书社 2015 年,第 84 页。

[34] 许维遹:《吕氏春秋集释》,中华书局 2009 年,第 416 页。又有:"民受田,上田夫百亩,中田夫二百亩,下田夫三百亩。"《通志二十略》,前注〔16〕,第 1366 页。

[35] 战国时商鞅笔下局促于中原腹地的韩、魏两国就是这种状况:人多地少,为节省土地,民众改井田制下的散居为聚居,有一半人住在山坡上和湖泽低洼处。请看,《商君书锥指》,前注〔32〕,第 88 页。

[36] 杨伯峻:《春秋左传注》,中华书局 2009 年,第 361 页。商鞅变法后,秦也不再易田,"自在其田,不复易居",请看,《汉书》(孟康注),前注〔13〕,第 1642 页。

[37] 《商君书锥指》,前注〔32〕,第 87 页。

[38] 请看,梁永勉〔主编〕:《中国农业科学技术史稿》,农业出版社 1989 年,第 62—63、97、103 页。

[39] 梁永勉,前注〔38〕,第 104—116 页。

力之教"，或开垦那些无法井田化的荒地。这就注定了井田，以及类似的土地制度，与之相伴的九一税或与之近似的什一税，必定会退出历史舞台。

学界一般认为公元前 594 年鲁国"初税亩"是最早的替代。鲁国位于黄河下游平原地带，"初税亩"或许意味着鲁国已无荒地开垦，只能以税亩制激励农民在现有土地上增加投入和产出。本来少有大片平整土地的诸侯国则会向荒山荒地进军。铁器牛耕令开荒也更容易——降低了生产成本，同时增加了耕作丘陵、山冈、沼泽、盐碱地甚至经营河流湖泊的产出，这一降一增，先前无利可图的荒地就变得有利可图，无论对农民，还是间接对各诸侯国。公元前 548 年，楚国的蒍掩，除在沃土上划定井田外（"井衍沃"），就正式登记了那些无法井田化却有潜在经济收益的地段。[40] 问题是，在这些地界，如何征税？"度"显然不合用。

新的税收尝试早已启动，一直进行。在境内地形比中原略为复杂的齐国，管仲当政时（约公元前 680 年），为保证农民预期稳定（"民不移"），就开始"相地而衰征"。[41] 有很多荒山野岭供开垦的楚、秦，先后采取了按粮食产出征税的"量入修赋"（公元前 548 年）[42] 和"初租禾"（公元前 408 年）。[43] 这一努力方向正确。但若无客观简便统一的标准量器或衡器，无论"相地"还是"衰征"，无论"量入"还是"修赋"，就一定太多主观裁量。即便征税者无私，力求公正，也很难令纳税人信服。更难免有官员上下其手，中饱私囊，[44] 直至令人哀叹"苛政猛于虎"。[45] 由此才能理解，春秋时期，一直重视仁义道德的孔子同样强调统一度量衡这种技术性工具。[46] 最简单的解释是，他理解也希望以全新的税收计量手段和标准器物来实现看得见的公平。无论是精确测度不规则土地，按土地面积征税（"税亩"），或转而用统一精确的标

---

[40]《春秋左传注》，前注〔36〕，第 758、1107 页。

[41]《国语集解》，前注〔27〕，第 227 页；梁启雄：《荀子简释》，中华书局 1983 年，第 107 页。

[42]《春秋左传注》，前注〔36〕，第 1107 页；

[43]《史记》，前注〔6〕，第 708 页。

[44] 王先谦：《韩非子集解》，中华书局 2013 年，第 329 页。

[45]《礼记正义》，前注〔21〕，第 310 页。

[46] "谨权量，审法度……"《论语译注》，前注〔11〕，第 208 页。

准量衡器，按各家粮食收成来征税（"租禾"），或是，后世通常按标准赋税单位——"户"或"丁"——用量衡器征税。税收的合理和公正不仅有关农民的生产积极性，有证据表明，也直接有关农民的政治支持。[47]

若上述分析逻辑上成立，就可以推断，商鞅变法中，学人更多关注的"开阡陌封疆"这半句话或许不是那么重要，因为这更早就是各国的实然；真正重要的或许是下半句"而赋税平"[48]（引者的着重号）。上述分析表明，自井田或类似制度开始后，每次土地赋税制度改革，都不能只关心统治者税入增加，还必须让百姓有所获益并认为公平。在史家笔下，商鞅二次变法，与"开阡陌封疆"并列的是"平斗桶、权衡、丈尺"（着重号引者添加）。[49] 丈尺排在最后，明明白白，这是统一量衡度而不是度量衡。因为若无量衡统一，新垦土地就无法有效纳入秦国的税收系统。秦统一后，秦始皇诏书上写的是"度量则（衡）""皆明壹之"，[50] 但《史记》中记述的顺序一直是量衡在先，度在后。[51] 截至20世纪90年代，研究者统计传世及出土的秦国（战国末期）、秦代的度量衡三器，仅有1件战国晚期可疑的秦木质"度器"，而有量器18件，权59件。[52] 这都印证了"量衡"统一是重点。

量衡器统一的意义不止步于土地税收。它也为各地的货物贸易提供了统一便利的测度标准；为手工业、制造业提供了制作标准，有利于行

---

〔47〕 "相地而衰征，则民不移。"《国语集解》，前注〔27〕，第227页。"相地而衰政，理道之远近而致贡，通流财物粟米，无有滞留，使相归移也。四海之内若一家。"《荀子简释》，前注〔41〕，第107页。又请看，前注〔26〕所引孟子和《汉书》的说法。支持这一论断的反面典型事件是，春秋时齐国卿大夫田氏用小斗收税，大斗借粮，令齐之民"归之如流水"，最后成功篡夺齐国政权。《春秋左传注》，前注〔36〕，第1235—1236页；《史记》，前注〔6〕，第1881页。

〔48〕《史记》，前注〔6〕，第2232页。

〔49〕《史记》，前注〔6〕，第2232页。又请看，"夫商君为孝公平权衡、正度量、调轻重"。何建章：《战国策注释》，中华书局1990年，第205页。

〔50〕 秦始皇诏书刻在出土量衡器上，请看，丘光明，前注〔5〕，第174页及其注〔2〕；并参见前注〔7〕。

〔51〕 "一法度、衡石、丈尺。"《史记》，前注〔6〕，第239页（引者的着重号）。

〔52〕 丘光明，前注〔5〕，第178、179、189页，并参考丘光明［编著］：《中国历代度量衡考》，科学出版社1992年，第8—9、188—205、348—397页。

业发展；对兵器制造和军队建设同样影响重大和深远。[53]

社会需求与度量衡的实在关系一定更复杂，超过以上概括的单向因果关系。但从理论逻辑上看，相关出土文物也支持：在从西周到春秋战国的土地税收制度，乃至整个经济制度的历史变革中，量衡器扮演了核心角色，无可替代。

俸禄制与官僚制

商鞅变法时，与"量衡度统一"相伴的，除"开阡陌封疆而赋税平"外，还有"集小乡邑聚为县，置令、丞，凡三十一县"。[54] 历史似乎不愿留下孤证，秦朝统一度量衡时，也伴随有"分天下以为三十六郡，郡置守、尉、监"的记录。[55] 这意味着，或提醒我们，度量衡的制度影响力不止步于土地税收财政，或许还渗入了国家体制、政府组织、人员构成直至政治决策方式。

这一节就为删去这个"或许"。老套路，还是首先从理论层面分析展开，并伴以历史中国的经验证据。我集中关注：（1）伴随税收增加，中央集权增强与国家财政的发生；（2）以量衡器计算俸禄，支持了官僚制的建立；（3）有利有弊，中央集权官僚制会引出之前较少至少不成系统的官员贪渎问题，度量衡是遏制贪渎的制度要素之一。

由于上一节提及的度量衡难题，从各方面看商周都不可能有，也确实没有，全国性税收。也不会有像模像样的国家财政，无法生产必要的社会公共品。财政就决定了西周的"溥天之下，莫非王土"更多是主权宣言或宪制愿景，实际治理只能"封建"。周天子在王畿，诸侯在

---

〔53〕 "为器同物者，其大小、短长、广亵亦必等。"《睡虎地秦墓竹简》，文物出版社1990年，释文、注释第43页。战国时《考工记》中称有武器长度的规定，所有兵器长度均不宜超过身高三倍，否则非但无法使用，还会危及持武器的人。请看，《考工记译注》，前注〔9〕，第129页。对出土的秦代铜镞的抽样测试发现各项数据的最大差值为0.55毫米，最小差值仅为0.02毫米。陕西省考古研究所始皇陵秦俑坑考古发掘队：《秦始皇陵兵马俑坑一号坑发掘报告1974—1984（上）》，文物出版社1988年，第307页。

〔54〕 《史记》，前注〔6〕，第2232页。

〔55〕 《史记》，前注〔6〕，第239页。

各自"国"内，享有可视同"税"的田赋或劳役，收获诸侯和卿大夫定期缴纳的与税性质相似的"贡"。但周天子与各诸侯国在财政上必定分离。甚至，西周早期，周天子和诸侯都没法区分公共财政与私人财政，[56]"家""国"一体。如被后人视为最早的西周官员，典型如"宰""膳夫"等，有研究称，是从王室服务人员演变而来，虽有任命，也是世袭。[57] 有研究甚至认为，即便春秋时期，诸侯国还不是纯粹政治机构，更像放大的家庭。[58]

有可能，量衡的发展和完善改变了这种状况。量衡器令统治者有了技术手段，因此会更渴望，在更大区域客观公平稳定有效地统一征收更多赋税。税入增加意味着统治者手中掌握的财政资源增多，政治治理能力，包括向社会底层渗透的能力，随之增强，其控制影响的疆域范围也随之扩大。但仅有这种欲望，有新制度的想象，甚至即便有了有助于实现这一想象的量衡器，还不够，还必须有人，才能建立统一的税收财政体制，才能有一个自上而下令行禁止的科层化治理体系。然后才能同旧制度竞争，最终以新制度的长期成功有效，彻底淘汰旧体制，确定自身的合法性和正当性。

这是中国历史上一次有宪制意义的变革，是制度范式变革，有别于常规的王朝更替，也有别于今天的修宪（constitutional amendment）。这个变革一方面要废除西周以来已实践数百年的分封和世卿世禄，另一方面则要汇集更多数量的政治精英，按照中央集权的制度愿景以及相应原则组织起来。不但要建立各司其职、责权明确、相互分工协作且有所制衡的政府机构，还要在这个疆域人口大国建立政府层级，长出"腿"来，即有地方政府和官员。一方面确保持续稳定的税收财政，另一方面

---

〔56〕 这是学界的通说，如，周春英［主编］：《中国财税史》，高等教育出版社2014年，第23页。也有学人认为西周中期已开始有"王产"与国家财产的分别，但相关证据和论证颇弱，甚至牵强。李峰：《西周的政体：中国早期的官僚制度和国家》，生活·读书·新知三联书店2010年，第72—74页。

〔57〕 可参看，许倬云：《西周史》，生活·读书·新知三联书店2001年，第7章；杨宽：《西周中央政权机构剖析》，载《先秦史十讲》，复旦大学出版社2006年；以及，李峰，前注〔56〕，第73—74页。

〔58〕 许倬云：《中国古代社会史论：春秋战国时期的社会流动》，广西师范大学出版社2006年，第94页。

依据统一法令行政和治理，有效整合小农经济条件下注定高度离散的地方政治经济文化。首先在中原核心区域确立中央集权，但对周边乃至边陲也能发散强大的政治文化影响力。历史表明，战国之后，后世历代王朝，官和吏总数都比西周急剧增加；[59] 也有证据表明，税收是地方中下层官员最核心的两项工作之一。[60]

要创造这个层级化官僚体系，按照统一标准选拔并予以政治任命固然重要，第九章再讨论。但"兵马未动，粮草先行"，其前提是新体制能养活这批官僚，以相对体面的生活和一定的社会地位，来购得他们的忠诚、敬业且称职的服务。这一次，任劳任怨，度量衡再次促成并稳定支持了此前封建制下不存在的两项基本制度。

一是俸禄制，这是组织科层化的官员报酬制度。

在封建制下，在一定意义上，周天子对诸侯和家臣、诸侯对卿和家臣的贡献和服务，也支付了报酬，即分封的国，或分给他们的井田。[61] 但与俸禄制相比，以分封和井田作为报酬是不得已，缺点显著。前一种报酬是一次性支付，此后就全是先期支付了，因此支付者手中没有调控手段，这种激励效果因此会不断且急速递减，甚至视为理所当，"本来就是我的"。额外赏赐作为激励也不可行。因为即便天子，或一方诸侯，手中的也都不可能有源源不断的巨量财富，无论是土地还是金钱。赏赐也还有个数额问题，换言之，只有赏赐数额相对于受赏人的已有财富还足够大，才构成激励。当诸侯、卿或家臣获得的报酬日益增多的时候，些微赏赐就只有象征或符号作用，缺乏激励效果。赏赐还太个人化，即使赏赐者仔细盘算的决定，也容易被人误解，甚至被人有意误解为恣意

---

〔59〕 商鞅二次变法以及秦统一后，地方政府设置有重大变革。到西汉末年，伴随着统治治理的疆域扩大和人口增多等等因素，《汉书》（前注〔13〕，第 743 页）记载全国官吏有 12 万余人；有人甚至估计在 35 万到 50 万上下（芬纳：《统治史》（1），华东师范大学出版社 2014 年，第 530 页）。

〔60〕 至少在清代如此："州县幕友其名有五……其事各有所司，而刑名、钱谷实总其要。" 汪辉祖：《佐治药言》，收入《皇朝经世文编》，载《近代中国史料丛刊》第 74 辑，文海出版社有限公司 1972 年，第 934—935 页。又请看，瞿同祖：《清代地方政府》，法律出版社 2003 年，第 7—8 章。

〔61〕 郭沫若：《奴隶制时代》，载《郭沫若全集》（历史编卷 3），人民出版社 1984 年，第 28—30 页。

且专断，引发未获赏赐者不满。若为避免恣意专断，将赏赐制度化，又会变成臣属的信赖利益，激励效果也会逐渐降低。甚至会蜕变为一种反向激励，即不给赏赐，就不好好给你干活，甚至捣乱。

相比之下，俸禄制是更好的报酬支付方式。它改变了官员报酬的支付方式：从一次性支付（分封）转向持续分期支付，无论是年俸还是月俸或两者并用，也无论支付的是实物或金钱或两者混合。每一次支付不仅是对官员已履行的服务和忠诚的报偿，从功能上看，它也可以算是一次告诫，重申和提醒着君主代表的国家与官员的政治"合约"。在大一统的农耕中国，官员的技能专长是一种别无它用的专用人力资本;[62]若因任何过错甚或差错被罚俸、降职、免职或撤职，失去的或减少的俸禄以及其他附带收益，对官员都构成惩罚激励。[63] 他可以不"摧眉折腰事权贵"，却很难"不为五斗米折腰"。

但要让俸禄制成为制度实践，离不开统一的量衡。有了标准的量衡器，才可能统一、公平且源源不断地从各地获得税收，成为一种遍及全国的制度。同样借助标准的量衡器，统治者才能将税收获得的实物财富（主要是粮食），以管理学角度看效用最大化的系统方式，分配给每个官员。始于战国，一直持续到秦汉隋唐等朝，官员的法定俸禄，有时也发钱，标准定制一直是预先确定统一的以"石"计数的粮食。唐中期后，随着社会钱币银两流通增加，俸禄部分甚或主要支付钱或银两，但仍不得不支付实物或以实物折抵。[64] 量衡保证了对每位官员的每一次支付都恒定准确。只有在支付粮食显然无效率之际，才会采取如封爵或

---

〔62〕 相关分析，请看本书第 9 章第 2 节以及第 10 章第 3 节。

〔63〕 俸禄制的收益其实不止俸禄本身。与俸禄体系相伴的还有国家赋予并获得社会认可的每个官员的社会地位和品级。这个系统理论上对任何人开放。但进入该系统的官员，包括最底层乃至退休的官员，相对于当时社会的普通人，仍然有符号的却很实在的优越感，因为在没有世袭贵族的中国社会中，社会规范是"富不及贵"，贵不是可以用财富购买的收益。所有这些收益都趋于成为购买各层级官员服务和忠诚的价格。

〔64〕 中唐后，俸禄中的年禄发给粮食，月俸开始以钱计，但由于财政紧张仍常常以实物折抵。明初的俸禄定制是实物——米，随后商业发达，俸禄支付开始大量以钱、钞折抵；清代的俸禄制度理论上是"钱米兼支"，实际支付的则主要是银两。请看，黄惠贤、陈锋：《中国俸禄制度史》（修订版），武汉大学出版社 2012 年，第 201—209、369、482 页。

授田等部分替代性和补充性支付。[65]

　　量衡，至少理论上，支持保证了官职的法定俸禄与其在朝廷中的等级、制度角色和贡献大致对应。由此构成一个总体上公平合理且透明的体系，也是一个限制皇权以及公共财政恣意任性的制度。[66] 一旦运作起来，这个系统本身也有额外的激励，借助了人性中的自我优越感。即，一旦置身俸禄体制，除非临近退休或位极人臣外，从理论上看，任何官员都可能因（1）自身等级高于他人，（2）同侪间的持续竞争，以及/或(3) 有更高等级的目标召唤，而继续努力。

　　理解了俸禄制的好处，君主也更有理由改变统治方式：不再分封诸侯，而是在其疆域内，普遍征税，以国家财政来统一购买政治文化精英服务，组织专业分工的官僚机构统一治理，这就是第9章讨论的精英政治和官僚制。例如，就财政而言，战国时，秦、赵和魏等国开始分设，秦汉继续保持，"治粟内史"和"少府"两个财政机构。前者征收土地租税，用于政府开支，支付官员俸禄、军粮和军费；后者征收人头税、手工业和商业税，专供王室和宗室使用。后世制度屡有变迁，机构名称和职能变化巨大（大农、司农、户部），但公共财政部门在整个政府体制中地位日益重要。相比之下，此前专门服务君王的"少府"，逐渐不

---

　　[65] 一种形式是封爵制，如汉武帝时期，卫青、霍去病仍受封万户侯。之所以采取这种形式，一是朝廷支付困难，但即便朝廷有能力支付巨量粮食，对双方也是不效率的。相比之下，食封户是更理性的选择：它不但缓和朝廷因连年征战而紧张的财政，而且大大降低转移支付实物（粮食）的交易费用，以及大量粮食积存，容易变质导致浪费巨大。但后世随着政府治理能力强化了，或货币支付能力增强了，封爵制就名存实亡了。唐初食实封者还可以从封地直接获得收入；但到唐玄宗时就加以改革，由朝廷代为向封户收取封爵者应得的封物，然后封爵者从朝廷那里领取。李林甫/等：《唐六典》，中华书局1992年，第37页；韩国磐：《唐代的食封制度》，载《中国史研究》1982年4期。这防止了封爵者自行征封时可能对百姓的盘剥，也改变了政府/封爵者/封户三者间的政治关系，虽说领取的是封物，但这与官员领取俸给已差不多了。宋代也仅实封才有意义，每户每月折合钱25文，随官俸一同发给（阎步克：《中国古代官阶制度引论》，北京大学出版社2010年，第386—387页）。明清两朝，明初封爵有赐田，但很快就"还田给禄米"，大致是朝廷按爵位等级给封爵者发给俸银禄米，只是更优厚些。黄惠贤，前注〔64〕，第418—419、422—424、515页。

　　另一个例子东汉末年首先在京官中出现，此后两晋、南北朝、唐、宋、元各朝也都不同程度采取的职田（或禄田、公田）制度，即对在任官员，除给予粮食或银钱俸禄外，还按官职高低给予一定数量的土地，任官员雇人耕作，收获的利益构成官员的额外收入。离任时，职田必须移交下任官员。职田的制度收益是减少了从各地征收粮食，随后再向全国各地官员转运的"折腾"及其成本。黄惠贤，前注〔64〕，第90—94、122—123、208—209、244—248、339—345页。

　　[66] 丘光明，前注〔5〕，第192页。黄惠贤，前注〔64〕，第23、27—28页。

再作为朝廷（外朝或外廷）机构，其职能大多转由内廷宦官掌管。[67]

监察与考课

因度量衡才可能，否则很难推行实践的另一重要制度实践，是历史中国独有的监察考课制。这回应的是，从正面看，如何定期系统公平考察官僚的工作绩效，特别是那些可量化的工作业绩，如税收等；从反面看，这有关有效遏制和防范中央集权官僚制下会更多出现的贪渎。

在分封制下，由于财力有限，天子或诸侯没有能力购买大量官员从事公共事务管理，只有一些家臣类人物管理自家地界内的事。从理论上看，这些家臣也可能侵占其主人——天子或诸侯——的财富，但可能性很低。因为关系距离和世官制，也因家臣就在天子或诸侯眼皮子底下，世代相传；但还因为实物税收，很难藏匿。更重要的是，如果没有公共财政，这种非法侵占，只是对天子或诸侯本人的"不忠"，却不构成贪污——国家官员利用职务之便侵占公共财物。

中央集权的科层官僚制会引发贪渎问题，经济学上称为代理问题。无论是税收、转运、分配、支付或使用，从中央到地方各级官员依照各自法定职责和工作程序，在远离皇帝和上级官员监督的各地岗位上，往往长期独自面对大量纳税人，经手数量空前的公共财物，诱惑极大，上下其手的机会也很多，贪渎必然会出现。贪渎公共财物也比侵占他人私有财产更少心理和行为上的障碍。公共财物更容易被想象为无主财产；公共财物通常也比私人财产数量更多，因此，侵占数量相同，侵占公共财物更容易为侵占者视为"九牛一毛""微不足道"；经手公共财物的官员众多，都是出于职责并无直接个人利益，更可能出现疏于管理的代理问题；更多的管理、分配、使用过程也更容易出现其他疏漏，催生贪

---

[67] 秦汉时，少府是同大司农并列的九卿之一；汉武帝的重大调整之一是将少府掌管的某些税收和相应机构转移给了大司农（《汉书》，前注〔13〕，第1165—1166页）。随着三省六部制的出现，大司农的财政权转向尚书台，后代少府类机构，无论有无，大都不再是行政机构，其职能由内廷宦官掌管。

渎的诱惑。政府定期支付的俸禄以及当官的其他附带收益，以及贪腐被查获、受惩罚的概率，均不足以令官员抗拒贪渎的诱惑。官员选拔制不可能杜绝这类人进入官僚队伍；选拔筛选了更多读书识字精明能干的人，节操却未必更高。经验和研究表明，由于更善于想象，日常生活中，聪明的读书人往往比普通人更容易极化，这意味着，其中一部分人有可能节操更低。[68]

中央集权官僚政治因此面对着一个新挑战：即便无法杜绝，也必须以制度方式遏制官员，借职务之便，以公务为名，掠夺国家财富，必须尽可能压缩官员贪污、侵占或挪用国家财富公共财物的可能。只有将官员贪渎控制在，从整个社会治理的成本收益上看，可接受的（justified）程度内，中央集权官僚制才可能因其总体制度绩效，彻底取代和终结分封制。在历史中国，"明主治吏"即治官，一直被认为是治国的核心。[69]诸如"忠君""爱民""贫贱不能移"等意识形态规训固然重要，但应对贪渎更实在见效的措施是监督和问责，这就是监察和考课制度。两者都需要度量衡的支持。

有了法定税收比例或额度，有了统一标准的量衡器，无论征收粮食还是钱币，官员贪污的难度立即大大增加，核查监督则容易多了。首先这不便官员私自多征税。即便多征了，如明清的"火耗"，也有统一的法定依据，较难化公为私。[70]严重贪渎一定会引发百姓抱怨，地方精英则可能，更有根据地，诉诸上级官员甚至中央政府。这对官员贪污滥权都构成制约。由此更能理解，秦朝"一法度、权衡、丈尺"，将度量衡与法律并列。更典型的例证是，与秦律（可能的）范本《法经》相

---

[68]　中国历史上的说法是"仗义半从屠狗辈，负心多是读书人"。对此现象的理论分析与解说，请看，波斯纳：《道德和法律理论的疑问》，中国政法大学出版社 2001 年，第 8 页（引者调整了译文），以及相关文献引证。但这只是一方面，社会生活中，那些信念最坚定、最能拒绝利益诱惑的人通常也是读书人。

[69]　"明主治吏不治民。"《韩非子集解》，前注〔44〕，第 329 页。

[70]　典型的例子是明代"一条鞭法"后，税收除了法定数量的银两外，还另征火耗银约20%。清雍正年间，火耗列入正税，留在地方备用。参看，萧国亮：《雍正帝与耗羡归公的财政改革》，载《社会科学辑刊》1985 年 3 期。

比，[71] 秦朝的法律条文和司法实践多出了挪用公物公款的犯罪，比照强盗论罪惩罚。[72] 比照的意味是，此前秦国无这类制定法，很可能就因先前无此必要。到汉代，"监守自盗"则第一次被确定为独立罪名。[73]

不仅有事后的惩罚，更重要的是贯穿行政过程的预防和问责。由于官员增多，职责重大，自秦开始，一直持续到明清，历代都有一批专事监察弹劾官员的官员，构成了一个相对独立，有时甚至允许根据传闻流言启动调查和弹劾的监察系统，[74] 其最重要的职责之一就是反贪肃贪。

度量衡也用来考核官员工作业绩。在中国这样的农耕大国，要保证中央集权官僚制有效运转，重要条件之一是，基于相对准确的信息，能有效比较各位官员的工作业绩，给予相应奖惩，激励他们在天高地远的地方也努力工作。出土秦简表明，有太多法律细致全面规定了官员管理国家各类财产的职责、职权划分甚至工作程序，大量通过度量衡予以量化考核，包括责罚。[75] 就目前已知的文献来看，这些法律都是史无前例的，因为在秦律模仿的《法经》篇目（及其可疑的佚文）中都没有这类法律的痕迹。汉代《九章律》增加了户、兴、厩三篇，似乎都"抄袭"了秦律。

中央集权制的秦汉也注重考察各地行政主官，方式是，从商鞅变法时，就开始推行下级行政长官向上级乃至朝廷定期报告工作的"上计"制度，保证朝廷"胸中有数"。[76] 史书记录，后世各地出土的简牍，表

---

〔71〕西周法律，参看，蒲坚：《中国法制通史》（1），法律出版社 1999 年，第 217—219 页；关于李悝《法经》可能的内容梗概，可参看，董说：《七国考》，中华书局 1956 年，第 366—367 页。

〔72〕"府中公金钱私贷用之，与盗同法。"《睡虎地秦墓竹简》，前注〔53〕，释文、注释第 101 页。

〔73〕"守县官财物而即盗之……皆弃市。"《汉书》，前注〔13〕，第 1099 页。

〔74〕"风闻奏事。"请看，周一良：《魏晋南北朝史札记》，中华书局 1985 年，第 273—275 页。

〔75〕如，称量经手物资不足数，官员必须将不足数记录在案；粮仓官员调任或卸任，需一一核实粮食数量后，方可交接；依据仓储发霉不可食用的粮食数量，惩罚官员，等等。请看，《睡虎地秦墓竹简》，前注〔53〕，释文、注释第 69—72、25—27、57—58、35 页。

〔76〕"强国知十三数：竟内仓、口之数，壮男、壮女之数，老、弱之数，官、士之数，以言语取食者之数，利民之数，马、牛、刍藁之数。不知国十三数，地虽利，民虽众，国愈弱至削。"《商君书锥指》，前注〔32〕，第 34 页。《睡虎地秦墓秦简》（前注〔53〕，释文、注释第 28 页）印证了这一点，并表明每年都要上计。

明汉代沿袭了这一制度。每年年末，县令将辖区内诸如户口、垦田、粮食、税收等量化指标上报郡国，郡国汇总后，上报朝廷。[77] 发现可疑之处，皇帝会要求御史审查各地上报材料，不会任其以假乱真。[78] 也有记录表明，履职绩效出色的官员获得了晋升。[79]

在官员法定责任中，也包括量衡器的监管校正。《睡虎地秦简》中至少有 8 条与此直接相关，涉及各县和政府相关部门，每年定期校定衡量器一次，即便未使用的也必须校准，衡量误差超出规定、遗失秤砣会有法定处罚，仓库要预备衡量器，不外借，损失后定时向上级报告，注销并获得补充等。[80] 到了汉代，在显然是儒家学人编造的夏商周甚至更早的历史中，度量衡甚至被列入先代各朝头等重要的制度和实践。[81] 编造的是历史，表达的却是编造者的政治愿景，体现了汉朝政治精英对度量衡制度的当代理解，直接影响当时的政治治理实践。

度量衡与货币统一

从理论和实践上看，度量衡对秦统一后的其他重要措施，如"车同轨"和统一货币，同样影响深远。对后者的影响更为持久和深远；因为统一货币同时涉及度量衡三要素，难度更大。对"车同轨"的影响仅

---

[77] "秋冬集课，上计于所属郡国"，李贤等注引胡广："秋冬岁尽，各计县户口垦田、钱谷入出、盗贼多少，上其集簿。丞尉以下，岁诣其郡，课校其功。"《后汉书》，中华书局 1965 年，第 3623 页。1993 年江苏连云港出土的汉代木牍则证明了"上计"制度，木牍记载了当地的户口、田亩以及其他相关信息。请看，葛剑雄：《中国人口史》（1），复旦大学出版社 2002 年，第 234—237 页。又请看，于振波：《简牍所见——汉代考绩制度探讨》，北京大学历史学硕士论文 1993 年。

[78] 《汉书》，前注〔13〕，第 273 页。

[79] 《汉书》，前注〔13〕，第 3631、3845 页。

[80] 《睡虎地秦墓竹简》，前注〔53〕，第 43、59、62、63、69—70、71、127 页。今人对现有的 18 件秦代量器的实测发现，只有两件超出了秦律法定误差允许范围，但这 18 件量器的平均误差仍在法定范围内。请看，丘光明，前注〔5〕，第 185 页。

[81] 黄帝"设五量"（《大戴礼记解诂》，前注〔12〕，第 118 页）；舜"同律度量衡"（《尚书正义》，北京大学出版社 1999 年，第 60 页），大禹"审铨衡，平斗斛"（袁康、吴平：《越绝书》，上海古籍出版社 1985 年，第 57 页）；以及周公"六年……颁度量，而天下大服"（《礼记正义》，前注〔21〕，第 934 页）。甚至称西周就有专人负责并监督度量衡的行政执法（《周礼注疏》，北京大学出版社 1999 年，第 183、375、882—883、1005—1006 页）。

有关轨距，仅涉及"度"。车同轨更多对秦军车兵运动意义重大，理论上是便利了交通运输，由于当时车辆不可能多，其实践意义未必超过秦修建的驰道、直道或连接中原、四川与云南的五尺道本身。而且，至今世界各国，除火车或高铁外，车均不同轨。因此，这一节仅讨论度量衡作为技术标准和工艺条件，对于统一货币的贡献或意义。

度量衡所以对统一货币重要，与古代货币的特点有关。与现代国家在一张纸上印一个数字，以国家信用保证（主要在国内）流通的纸币不同，与正在发生并开始试行流通的电子货币（在很大程度上或就是一个电子信号）不同，也与据说商代广泛流行的"贝"不同，战国时期，各诸侯国间流通的都是种类、形式多样的实物货币，特别是金属货币。[82] 一个重要因素很可能是，各诸侯国间，更像今天国际社会，没有一个强大公权力保证，无法强制推行，货币的统一。为交易安全，商人趋于以自身价值较高，且可作为一般等价物的商品为货币。

要能充当一般等价物，这种商品必须因其自身价值而被广泛接受，体积小、价值大，便于携带和流通，不易变质腐蚀，质地均匀因此便于分割。这些苛刻条件令许多在特定时空或针对特定支付曾充当货币的商品，如牲畜、兽皮、粮食、玉石、龟贝逐渐退出竞争。最终胜出的，在世界各国的大宗交易中，都是贵金属，主要是金与银。中国历史的大趋势也如此。只是黄金产量很少，价值很高，不可能用作日常流通。白银问题类似。事实是，直到明朝中期后，随着中国银量增加，加上外贸顺差，美洲白银大量流入，[83] 白银才开始用作流通。即便如此，在明清小说如《水浒传》《金瓶梅》中，日常生活中人们也只是用碎银子付账。

不像商业发达的社会，在农耕中国，对于普通民众，商品交换更多

---

〔82〕 汉字和考古都有证据令一些学者认定"贝"曾在商代或西周初年用作货币。彭信威未直接否认，却对此流露出怀疑（前注〔6〕，第7—12页）；他认为，到春秋战国时期，贝币大概已不再流通了（前注〔6〕，第20页）。黄锡全认为贝币到战国逐渐衰弱，"至秦始皇统一后才正式退出历史舞台"（《先秦货币通论》，紫禁城出版社2001年，第24页）。

〔83〕 明代中后期的1550年代至清代中后期的1800年代，中国因丝绸、瓷器和茶叶等保持巨额贸易顺差达两个半世纪之久，这期间世界白银产量为137 000吨，其中至少有一半流向中国。请看，Andre Gunder Frank, *ReOrient: Global Economy in the Asian Age*, University of California Press, 1998, p. 149。

是本地的和小额的，用贵金属作为货币并不方便流通。自战国开始，民间日常流通的主要是相对贱的金属。长期广泛流通的是铜钱，甚至曾铸过铁钱。[84] 只是战国时各国分别铸钱，甚至私人铸钱，各地铜币差别巨大。从形状看，秦用圆钱，其他诸侯国则用布币、刀币、铜贝、鬼脸钱或蚁鼻钱。即便同为刀币和布币，各国或各地铸造的轻重大小差别也很大。[85] 结果是，某地区或某诸侯国的货币越是统一，全国货币就越不统一，也越难统一。

秦汉统一货币因此意义重大。据《史记》和《汉书》记载，秦统一货币的具体措施主要有：废除原六国使用的布币、刀币、铜贝，不准已退出流通的龟贝、珠玉、银锡等作为货币进入市场；把秦的货币形式推广全国，改先前圆形圆孔的铜币为圆形方孔；法定货币分两种，上币为黄金，下币为铜币；规定铜币重量为半两。[86] 秦始皇去世后，秦开始发行钱币，推进货币统一。但由于秦末大乱，从《史记》《汉书》的记载以及后世出土的铜钱或其他文献看，秦并未完成《史记》中记录的货币统一。[87] "汉承秦制"，实际统一货币是在汉代；汉武帝时统一铸造的五铢钱影响非常深远。

对统一铸造金属货币有决定性影响的因素之一是度量衡。这既与钱的重量（衡）有关，如"秦半两"（十二铢），"汉五铢"；也与钱的尺寸大小（度）有关。要满足这两个基本要求，一系列铸钱技术问题均离不开度量衡。如铸钱的模子，就有容积（量）问题。更重大的技术问题是铜锡配比。纯铜（红铜）质地太软，不宜铸钱；必须加一定比例的锡或铅，炼出青铜，降低了铜的熔点，质地也坚硬耐磨，才适合铸钱。铜锡配比就涉及量衡。[88]

---

[84] 彭信威，前注〔6〕，第192—193页。

[85] 彭信威，前注〔6〕，第22—45页。

[86] 《史记》，前注〔6〕，第1442页。

[87] "各随时而轻重无常"。《史记》，前注〔6〕，第1442页；《汉书》，前注〔13〕，第1152页；彭信威，前注〔6〕，第47—50页。《睡虎地秦墓竹简》中的《金布律》（前注〔53〕，释文、注释第35—42页）还证明秦代符合标准的织布也用作货币。

[88] 《考工记》中记录了不同比例的铜锡混合物可作不同用途。在谈及制作量器时，作者还强调了一定要称出所需数量的铜和锡，然后按工艺制作。请看，《考工记译注》，前注〔9〕，第122、123页。

出土秦简还表明，除金和铜外，秦代用作货币的一直有织布。用作货币，布就必须符合法定的长和宽，这涉及度。[89] 还涉及布与钱的交换比价。[90]

麻烦远不止规定统一的货币或货币原料的技术标准，更涉及在这个交通不便的农耕大国如何保证作为产品的货币统一。秦汉疆域辽阔，铜矿分布各地，各地矿石品质注定不同；朝廷与铜矿产地和铸币地相距遥远，各铜矿产地、冶炼地和铸币地相互间也可能交通不便，很难在日常冶炼铸造铜币层面统一全国的技术标准。也不可能将所有矿石或冶炼出来的铜先运到京城或某地，统一冶炼和/或铸币。铜矿开采、矿石冶炼以及钱币铸造只能分散于全国各地。又如何保证各地织出的布，作为货币，标准统一。秦汉货币统一，技术实施非常艰难。

从现代货币理论、甚至不少国家和地区的历史来看，货币铸造发行未必需要政府统一推进。[91] 后世中国也曾多次论争，货币是否应由政府统一铸造。明代市场的神奇之手，与明初法律规定相悖，成功淘汰纸钞，令银两成了明朝实际流通的货币。[92] 即便如此，仍不能简单相信斯密用作比喻的那个"看不见的手"，因为这只手的前提是有一个统一且生动的市场。在秦汉统一中国之际，这是痴人说梦。若没有一个生动的统一市场时，各地商贸也难说会自发趋向货币统一。自古以来商贸一直比中国更发达的环地中海地区，或是现代甚或今天的欧洲，都是例证。

---

〔89〕 "布袤八尺，幅广二尺五寸。布恶，其广袤不如式者，不行。"《睡虎地秦墓竹简》，前注〔53〕，释文、注释第 36 页。

〔90〕 "钱十一当一布"。《睡虎地秦墓竹简》，前注〔53〕，释文、注释第 36 页。

〔91〕 哈耶克：《货币的非国家化》，新星出版社 2007 年。在实践上，战国时期各国货币也不是各诸侯国统一铸造或监制的；港币很长时间也一直由私人银行发行，今天香港是在金融管理局监管下由三家发钞银行发行 20 港元及以上的港币。

〔92〕 明初朝廷曾严令禁用金银交易，典章中只有"钞法"（纸币）和"钱法"（铜币），没有"银法"。但铜材短缺，铜钱不敷使用，纸币又因发行过量回笼不足不断贬值最终退出流通。由此引发国内大量开采银矿，更引发了美洲白银通过世界贸易大量流入中国。隆庆元年朝廷诏令允许买卖货物"银钱兼使"，到万历年间，张居正推行"一条鞭法"，以白银收税，标志着白银货币化的最终完成。可参看，万明：《明代白银货币化的初步考察》，载《中国经济史研究》2003 年 2 期，第 39—51 页；《明代白银货币化与明朝兴衰》，载《明史研究论丛》第 6 辑，黄山书社 2004 年，第 395—413 页。但这时与秦汉的历史条件已有重大变化，不仅度量衡制度已经确立，而且作为统一的政治文化共同体的历史中国的核心区域已大致稳定，甚至明王朝也已经建立 200 多年了。

秦汉时期的经验也支持这一点，若仅发布有关货币铸造的统一的度量衡标准，而无法以国家强制力确保依据统一的度量衡标准铸币，钱币就断然不可能统一。出于私利，不仅会有私铸者，私铸者还会偷工减料制作恶币，不可能实现钱币的重量、尺寸和成色的统一。结果一定是"奸钱日繁，正钱日亡"，劣币淘汰优币。[93] 汉初，无需开矿冶炼，许多私铸者只是将原法定重12铢的秦半两剪去外围一圈，将剪下的铜积攒起来，另铸所谓的秦半两，到后来，市场流通的秦半两，有些甚至仅有3铢重！这会直接影响政府财政、商业贸易以及至少部分百姓的生活。

此外，即便各地都有标准的度量衡器，在汉初，下令由产铜地政府依据法定量衡标准铸造货币，还有今天无法设想的政治风险。富产铜矿的诸侯国（或地方政府）很可能控制了货币发行，实际控制了中央银行，严重威胁国家财政，轻则尾大不掉，重则天下大乱。汉初吴楚七国之乱，政治因素除外，最重要的经济因素就是吴地产铜，吴国铸造的钱遍布天下，它有足够实力同中央政府抗衡。[94]

秦汉统一货币，与后世中国统一货币，以及与欧元区统一货币，即便经济政治意义相近，实施的政治难度和技术难度仍不可同日而语。最重要的不是有关钱币的技术标准，而是，秦汉朝廷必须以国家行政能力、政治强力和技术能力，按照法定度量衡要求，保证：（1）法定货币的重量足秤；（2）货币的金属成色相近，即便无法等同；甚至（3）禁止不合标准的货币在各地民间（不知情）自然流通。即便朝廷努力了，由于原料和工艺技术原因，各地铸造的货币仍不可能完全统一。出土秦简表明，中央政府还必须，（4）以国家行政力量确保基本达标的法定货币流通。[95] 甚至必须，（5）精心设计出很容易为普通人辨识，进而能有效防止伪造和破坏的法定货币造型和尺寸。一个典型例证是，为防止

---

[93] 阎振益、钟夏：《新书校注》，中华书局2000年，第167页；又请看，《汉书》，前注[13]，第1155页。
[94] "吴、邓钱布天下"。王利器：《盐铁论校注》（定本），中华书局1992年，第57页。
[95] "钱善不善，杂实之。……百姓市用钱，美恶杂之，勿敢异"；"贾市居列者及官府之吏毋敢择行钱、布。择行钱、布者，列伍长弗告，吏循之不谨，皆有罪。"《睡虎地秦墓竹简》，前注[53]，释文、注释第35、36页。

有人剪铜钱另铸,汲取了战国时燕、赵、齐等国刀币的轮廓设计,武帝时铸造的五铢钱统一增加了轮廓。这一硬币造型,为此后历代,一直延续至今![96] 仅此,就足以称之为伟大。

所有这些措施,除表明货币统一在技术层面必须依赖度量衡外,也表明统一货币还——间接地——离不开度量衡促成的中央集权官僚制。秦始皇首先关注度量衡,再关注货币,因此,不是率性或兴之所至,也非决策失误。恰恰表明,秦统一后针对农耕中国政治经济社会现实,决策高度理性。它努力理解并遵循了相关制度演化发生的先后顺序,不指望"水到渠成",却也力求循序渐进,事半功倍。这是一个既务实进取,又理想远大的经典决策范例。由于秦始皇外去世,这一决策未能在秦成功落实,是由后人完成的。但这更证明了,对于历史中国的构成,这是个必须如此也只能如此的决策。而且,这还只是一项决策吗?这是一个必须前赴后继的事业![97]

政治理性化以及对游牧文明的规训

度量衡制度,在农耕中国,先后促成或相继引发了历史中国政治社会组织和体制的一系列重大甚至根本性变革,却不能将中国的构成更多归结为度量衡的影响。任何制度变迁都由众多因素或条件促成,不可能有任何单一的原因,众多因素都是必要条件,合在一起才是充分条件,很难说出个主次。本章没打算夸大度量衡的作用。

然而这一制度的宪制意义,不可低估。这首先表现为秦汉之后历代王朝的政治组织大同小异,即所谓"百代都行秦政法"。尽管中央和地方政府的组织、官制和名称变化巨大,但从大历史的视野看,有了稳定税收的支持,秦汉之后,历朝历代坚持皇帝(有时甚至是象征性地)

---

〔96〕 彭信威,前注〔6〕,第68—69页。

〔97〕 后世的典型例证是在西藏。清朝早期,西藏一直通行尼泊尔铸造的银币。1791年至1793年清中央政府坚持"中外一统,同轨同文,官铸制钱"的传统,巩固国家统一,要求并允许在西藏开始按内地货币格式,统一铸造正面汉文背面藏文"乾隆通宝"字样的银币。张克武:《福康安在处理西藏事务中的若干经济思想》,载《西藏研究》1985年1期,第24—25页。

总统下的政、军、监察的制衡治理，在不断演进的全国性政治精英选拔制度基础上，形成了以俸禄制支持、政治精英组成的各级政府，形成组织化、职业化和官僚化的"文治"，也即法治。这种最后经皇权整合的治理形式，在组织内部要求并通过各层级和各方面合作，有效分解政治治理的权力，不在其位不谋其政，各守其职，最大程度地排除了组织管理中的不稳定因素，大大提高了组织活动的效率。[98]

度量衡以及此后的货币统一还进一步推动了，在当时政治、经济和科技条件下的量化治理。典型例证之一是国家预算编制。西汉的《礼记》假借殷周两朝强调：国家年度预算，应在年终岁末五谷入库后方能编制。也不是简单根据每年的收成量入为出，它要求统治者有长远眼光，以30年收入的平均数为依据，编制预算。[99] 这一预算原则当然不适合现代工商社会，它不懂需求也会刺激经济。但在一个更多"靠天吃饭"且"天不变道亦不变"的农耕时代，这或许是比较靠谱的预算编制原则，高度理性，强调的是稳定且可掌控的预期。到了唐代，杨炎提出了"量出以制入"的财税原则，尽管后世争议很大，但与现代国家的预算原则很近似，即一方面力求保证国家财政支出的需求，同时也力求遏制过度征税。[100] 这仍离不开度量衡。

理性治理还表现为，以做事和做成事为目标，尽可能运用度量衡，或以度量衡为基础衍生的其他计量单位，减少和遏制因精确信息无法获得而出现的权力专断、横暴乃至腐败。出土秦简表明，身高曾多次用作替代性测度指标，判断被告是否成年，是否承担相关法律责任，或用来计算口粮分配。[101] 用于刑事司法，这看起来不可思议甚至荒诞；但应考虑当时没有，也不可能有，系统可靠的年龄记录；[102] 这至少是最理

---

〔98〕 关于组织化和制度化的法治，可参看，Max Weber, *Economy and Society*, trans. by E-phraim Fischoff et al. , University Of California Press, 1978, ch. XI.

〔99〕《礼记正义》，前注〔21〕，第376页。

〔100〕 胡寄窗：《中国经济思想史》（中），上海财经大学出版社1998年，第404—405页。又请看，李剑农：《中国古代经济史稿》（中），前注〔3〕，第697页；侯家驹：《中国经济史》（下），前注〔3〕，第517页。

〔101〕《睡虎地秦墓竹简》，前注〔53〕，释文、注释第95、109、130页。

〔102〕 秦国在公元前231年开始登记男子的年龄。《史记》，前注〔6〕，第232页。

性的替代刑事责任年龄标准之替代。事实上，这种做法至今在各国，仍以某种方式，在某些领域内沿用，例如以身高而不是年龄来确定乘坐公交或火车是否必须购票。这类度量衡实践非但有道理，简直是太有创意了，隐含的是理性、智慧和文明，而不是愚昧。因为度量衡，历史中国的治理对会计也早早就提出了相当严格的法律要求，规定了法律责任。[103]

度量衡的广泛使用大大促进了后代政治治理的数目字（量化）管理传统。一个典型证据是，为行政上的便利和准确，钱日益被用作计量单位，广泛用于测度各种实在和抽象的东西，如货物和劳役，[104] 包括用来测度违法犯罪的严重性和计算惩罚。[105] 这预示了后世中国与度量衡相关的又一次重大税收制度变革，即1800年后张居正的"一条鞭法"。

量化管理促成并要求丈量土地，地籍登记，以及与之相关的户口统计。要在地形如此复杂的农耕大国，将一块块贫瘠程度不同的零碎土地，乃至山林薮泽盐碱地，都予以粗略但并非完全不靠谱的丈量、记录并系统保存，用作长期征税的根据，度量衡之重要就可想而知。秦统一后（公元前216年）"使黔首自实田"，[106] 命令所有地主和自耕农，按照各自实际占有土地数目以及人丁数目，向中央政府如实呈报，以此作为征收田租的根据。这类土地调查和人口统计，曾在后世主要王朝多次重复，主要依据农民自行申报，各地官府会核实、汇总上报。

这类数据的可靠性当然令人质疑。[107] 事实上，就如不能指望个人或企业申报的收入会如实精确一样，不可能指望农民会如实精确申报土地！即便皇帝和朝廷下令严格核查，严惩"度田不实"官员，也不可能

---

〔103〕《睡虎地秦墓竹简》，前注〔53〕，释文、注释第75—76页。

〔104〕《睡虎地秦墓竹简》，前注〔53〕，释文、注释第36—37、41—42页。

〔105〕《睡虎地秦墓竹简》，前注〔53〕，释文、注释第51—52、71页。

〔106〕《史记》，前注〔6〕，第251页《史记集解》引徐广注。

〔107〕 如明代"鱼鳞册"就只是用作纳税单位的土地数量，而并非各地真实的土地面积。何炳棣：《南宋至今土地数字的考释和评价（上）》，载《中国社会科学》1985年2期，第133页以下。但，又请看，顾诚：《明前期耕地数新探》，载《中国社会科学》1986年4期，第193—213页。

有太多改善。[108] 建立制度需要决心，但从来不只取决于决心。在历史中国辽阔疆域和复杂地形上，没有便利可靠科学的测量手段，也缺乏技术人才，就靠各地几位官员，即便勤勉努力，也不可能精确测量土地。仅交通不便，就足以令各州县官不可能全面核查"千里之州"或"百里之县"。几乎从"上计"一开始实践，皇帝就知道，许多统计数字就是用来应付考核问责的具文。[109]

但还是坚持了"上计"，还是展开了各种测度和统计！真的只是自欺欺人，或如有学者沉痛批评的，是历史中国政治治理习惯以道德替代技术和法律？[110] 非也。上述分析恰恰表明：可用作管理的数目字并非"就在那里"，唾手可得。历史中国未能实现近代西欧开始的那种量化管理，并非因为中国的政治精英缺乏智力或眼力，缺乏知识勇气或自由意志去争取或获取这些数字。从百步为亩的井田制，到借助量衡器的"相地而衰征"，再到按"户"或"口"或"丁"的赋税征收，直到明后期统一以货币计的"一条鞭法"，农耕中国的历史表明，种种可用数字计的税收单位（如地亩）或测度单位（如斗、石）等，都必须先在这个农耕大国无中生有地创造出来，然后才可能逐步推广使用。必须借助的不只是当时可能获得的科学和技术，还必须借助此前的那更不数字化的政治治理和权力，甚至只能靠"专制"来推动！度量衡的统一重申了对强有力的中央集权的需要。

再换一个视角，即便那些不实或不准确的数字，也并非真的只是具文。在历史中国的政治治理的长河中，它仍展示了其理性甚至公正的一面。基于农民或地主自行申报的——肯定会少报——土地数字，仍可为这一代甚或此后几代王朝的"文治"（理性治理）提供基础。特别是在

---

〔108〕 东汉初年，因"天下垦田多不以实自占"，汉光武帝曾下诏命令各地核查土地数量，还以度田不实，杀了些高官，但最后也只能不了了之。请看，司马光：《资治通鉴》，中华书局1956年，第1386—1387页；《后汉书》，前注〔77〕，第66页。宋代也多次清丈土地，典型如宋神宗时王安石的方田均税法，用了13年时间，据说在京东、河北、陕西、河东等五路之地清丈了近250万顷田地，占当时全国征税田亩的54%，但仍然无法完成全国性土地清丈（《邓广铭全集》（1），河北教育出版社2005年，第186—188页）。

〔109〕 汉宣帝在诏书中说："上计簿，具文而已，务为欺谩，以避其课。"《汉书》，前注〔13〕，第273页。

〔110〕 最典型的是黄仁宇在其一系列著作中语焉不详地批评历史中国不重视数目字管理。如，黄仁宇：《万历十五年》，生活·读书·新知三联书店1997年，第268、274—277页。

王朝更迭的战乱后，首先需要尽快全面或局部重建理性的政治治理。没有哪个朝代会等待，可以等候，所有土地或户口或产量都测度、核实清楚后，才开始推进文治。更何况这些数字在这个农耕大国注定耗时漫长的调查过程中会一直变，严格说来，是测不准的。因此，这些不可靠数字在政治治理中的最重要的理性功能之一，其实是作为一个基本依据，拒绝和抵制专断、任性之税收，这对国家税收和财政就是一种制度约束。不理想，甚至可以说它不公平，但这就是当时社会科技条件下可能有的最理性的税收根据和财政约束。接受这种治理的收益，不只是节省了大规模全面清丈田土户婚耗费的人力财力，减轻了政府的也是百姓的负担，其最大收益在于避免了制度倒退——政治治理的野蛮、暴虐、专断和恣意。

绝不是夸张。历史曾有多次令人痛心疾首的证据。历史上北方游牧民族曾多次或长或短入主中原。由于生产方式不同，在进入中原之际，甚至在王朝建立初期，新统治者或不习惯，或无法，实践农耕地区的税赋制，也无法借助官僚政治。在起码数十年间，新统治者往往会对农耕地区沿袭游牧文明的治理方式。南北朝时，拓跋氏统一北方建立北魏后，没有基于农业的税收支持，对北魏官员一概不发俸禄，任由军队掳掠，官员自行搜刮百姓，掳掠和贪赃受贿是北魏文武百官收入的正当来源和常态。朝廷甚至直接用掳掠来的人口和财物，按等级赏赐官员。这种状况持续了整整一个世纪。直到孝文帝时期，受中原农耕文明和文治传统影响，顶住了内部的种种反对，实行均田，"课有常准，赋有恒分"，有财力推行俸禄制，同时严惩贪赃，才完成了影响深远的北魏政治转型。[111] 这一变革促成了民族和文明融合，为后来的隋唐中国大一统奠定了基础。

元朝也经历过类似的制度变迁。进入中原农耕区后，由于没有农耕，没有赋税制的财政支持，没有后勤保障，蒙古帝国（1206 年建立）的统治者只能任由军人掠夺、文官搜刮。甚至定都于今北京并改国号"大元"（1271 年）后，元朝也只对朝廷和北方地区不参加征战的官员

---

[111] 赵翼：《后魏百官无禄》，载《廿二史劄记》，凤凰出版社 2008 年，第 205—206 页。《魏书》，中华书局 1974 年，第 1180 页；黄惠贤，前注〔64〕，第 107—120 页。

发放俸禄，对许多州县主官和军人仍是任其搜刮抢掠。直到 1320 年，元朝才基于赋税制确立和完善了俸禄制。这时距其被推翻不到半个世纪了。[112]

度量衡为历朝历代沿袭，促成了农耕对入主中原的游牧民族政权的制度和文化同化，这种跨越时空的力量无法声称度量衡"普世"，却足以证明度量衡对于农耕中国的宪制意义。这一定会令一些法律人抓狂：因为，度量衡和货币的统一不仅全然是统治者专断强加，更是他们的无中生有。想想尺、斗、升的界定，还能想象有比这更典型的专制的——仅就专制这个词的本义来说。又怎能把度量衡或"孔方兄"同宪制、宪政或宪法这些"高大上"概念并列，声称前者孕育了后者·？

有必要进一步阐发度量衡和货币统一在其他维度上的制度寓意，以及为什么只能以"专制"方式推进和实现。度量衡和货币的统一首先大大便利了·全国性交易，这对于农耕中国的政治经济社会文化整合的意义无需多言。度量衡和货币统一的另一效果是，大大便利了陌生人之间的交易，减少了若无这两个统一更可能出现的大量交易纠纷。度量衡也必然，如前提及的，约束、限制尤其是规范了朝廷和官员的税收权。这意味着大大降低了交易纠纷对司法的需求（事后救济）。这还意味着降低了——否则的话——政府监管税收、贸易或换汇的必要和相应开支，大大降低了否则会很猖獗的政府官员滥用监管权寻租的数量和概率。这转而意味着降低了历代王朝本可能不得不支付的高昂治吏成本。

在这个意义上，度量衡与货币统一直观上是高度中央集权甚至专制的，其副产品却是自由主义经济学人趋于赞美的相对而言更小的政府，小到即便明清时期，州县官的最主要职责也只是刑名和税收。即便政府如此小，历史中国政治上有过多次分裂和割据，却从未出现仅因度量衡或货币的地方保护主义。我不笼统认为这种小政府一定是好事。回顾历史，就可以看到，追随自由交易而来的常常是土地兼并，甚至"富者田连仟伯，贫者亡立锥之地"，以及王朝更替的动乱。

---

〔112〕 韩儒林：《元朝史》，人民出版社 1986 年，第 213—218 页；黄惠贤，前注〔64〕，第 325—329 页。

从纯技术层面看，统一度量衡以及以此为基础的统一货币，其实是政府强制推行的农耕中国最早的标准化措施，这是全国统一的市场自由交易不可或缺的基础建设。甚至比治安和国防这类所谓的"公共品"更纯粹。治安和国防其实是俱乐部公共品，统一的度量衡和货币则是彻底的公共品，即无论多少人使用，都不会减少或弱化他人的可能使用。相反，使用者越多，使用范围越广，市场越大，每个使用者从中获益越多，这个制度的潜力越大，越有利于更广阔甚或更多不同文化的区域整合，创造更大区域的和平。

结语

对于中国这样的农耕大国，统一度量衡以及货币，意义更大。因为历代王朝很难提供更多其他公共品。和平当然非常重要，但那往往只是普通人的日常生活背景。除非经历过乱世，广大农民很难时时自觉或理解王朝提供的这一公共品。能在和平年代切实勾连家庭、村庄与国和天下的，几乎只有以度量衡支持的税收。农民们更多从皇粮中才能感受皇权，进而理解这个国家。若以秦为起点，这则始于 2200 多年前；当时秦的疆域约 350 万平方千米，面积是时下（2014 年）欧元区 17 国面积总和（约 220 万平方千米）的 1.6 倍，人口约 4000 万，只有欧元区人口的 1/8。[113] 但恰恰因此，鉴于度量衡和货币的公共品特点，鉴于历史中国疆域内黄河、长江和秦岭、南岭——地形远比欧洲艰险复杂，以及鉴于远远无法同日而语的交通、通讯和信息传播条件，可以想象秦汉统一度量衡和货币的难度，有多少代中国人，包括我们，一直从中获益。

还有一点值得特别关注，有关学人爱说的"真理"。本章第一节就已挑明，任何度量衡的起点都是，只能是，也必须是，专断的。那可真相当于"光，于是有了光"。以道观之，米制或英制没有差别，斗升与加仑皆为刍狗。很是挑战坚信"真理"的法学人的是，至少在度量衡

---

[113] 关于秦的人口总数，请看，葛剑雄，前注〔77〕，第 300—301，304 页。

问题上，我们居然就是看不到也找不出一个必须与之对应的客观"真理"，也无法想象通过思想市场的自由竞争最终聚合于或筛选出某个作为真理的度量衡，同样无法通过罗尔斯无知帷幕后的反思让人们得出某个关于度量衡的"重叠共识"。自由竞争了数百年的欧洲至今度量衡仍不统一。然而，即便哪一天英国也采用了米制，可以说这说那，但谁能说英制就错了？[114] 正因为度量衡的这一特点，秦汉王朝以某地通行的度量衡和货币为标准强行统一这个农耕大国，就比任何个人或机构，甚至比中央政府以其他方式，包括民主方式，可能提供的度量衡更可行，更现实，也更有效，直接或间接地，令更多人更早更多获益，并经此深远持久地构成和整合了这个中国。这不就是宪制意义？

这不意味每个国家的度量衡统一都有宪制意义；就此而言，这世界上似乎还真就没哪个具体的制度是"普世的"！度量衡和货币的统一对一国有无宪制意义，本章的分析隐含的是，很大程度上，取决于一国的疆域大小、人口多少以及这个国或文明存续时间的长短，且这三者缺一不可。对于小国，无论是古代的雅典或斯巴达，或今日的瑙鲁或汤加或斐济，即便新加坡或卢森堡，无论其度量衡或货币统一不统一，都是象征意义大于宪制意义。换言之，宪制意义不大。不是歧视。因为小国本来就很难出现度量衡或货币不统一；出现了也更少可能引发国家分裂或地方割据或军阀混战；分裂、割据、混战了，受影响的民众也较少。这一点至今适用。对于今日欧盟，例如，统一货币的构成/宪制意义就很重大。就此而言，制度的意义，宪制的意义，其实全然不像很多法学人真诚相信或主张的，是文本或雄辩的或阐释或规范的。本章的结论很俗：宪制的意义是实用主义的、后果主义的。甚至，与本章主题一致，还应能在经验层面予以度量。

2016 年 3 月 11 日三稿于北大法学院陈明楼

---

[114] 欧洲的一些国家 1875 年签订了旨在"确保国际度量衡标准在全球各地的统一"的《米制公约》，成立了国际计量局，将近一个半世纪了，英国和爱尔兰至今仍自行其是。

|第七章| 经济的构成与整合

> 天下熙熙，皆为利来；天下壤壤，皆为利往。
>
> ——司马迁[1]

问题

从社会视角看，经济交往，除令各方互利外，还有构建共同体的宪制意义。利益的交往和交换会使许多全然陌生的人走到一起，即便——事实是尽管——你争我夺，钩心斗角，也必须相互合作，互利共赢。更重要的是，任何经济交往中都必定伴随了社会、文化甚或政治的因素，无论交易者或当事人是否追求或自觉，也有社会和文化的整合功能。"丝绸之路"在今人记忆中，甚至主要不是商旅或货品，而是文化的交流。北京秀水街当年的摊贩，也许仅初中文化，为招徕顾客，也学会了流利的"亲哥利希"。如果说偶然一次交易还可能依仗个人智力和强力，包括欺骗和暴力；成规模且持久的交易则一定需要并形成制度，正式的或/和非正式的，有相对稳定的格局，融合并整合不同群体、不同地方的人们。经济往来因此对大国构成/宪制的影响如水滴石穿，潜移默化，持久而深远。"经世济民"非但不亚于"武功"，而且，很对不起自由主义经济学，就是对全社会普通人的一种"文治"或规训。换言之，并

---

[1]《史记》，中华书局 1959 年，第 3256 页。

非只是自由。

对于国家来说，经济不限于财政税收。在中国，历代王朝，只要可能或必要，朝廷就会直接间接从事多种经济事务，包括对经济的管理规制。有许多做法，非但历代坚持和继续，更因其对于结构、整合和巩固历史中国的功能无可替代，既是政治的，却也完全可以称之为经济的宪制。

但何为经济宪制呢？鉴于历史中国的经验，本章不看重很多人有理由看重、至今不时引发意识形态争论的所有制形式，也不关注用作区分文明形态的一国占主导地位的经济活动——如农耕、游牧或工商。不是否认所有制或文明形态重要。引论就分析了游牧与农耕的文明冲突更可能最早促成农耕地区形成疆域国家，但我尚未察觉这对疆域国家有更特别的制度构成意义。即便有些经济制度持久且稳定支持某国最基本也最重要经济活动，就本书关注的问题来看，也算不上是该国的经济宪制。想想那些靠旅游，或靠卖石油或鸟粪，活得也挺自在的国家，难道相关经济制度与该国宪制相关？

不是挖苦，我只想借此揭开从定义出发可能引出谬误，进而更经验地拷问历代中国有哪些经济制度算得上宪制，即促成并稳定了这个文明大国。一般说来，对一朝一代的政治经济军事强盛和社会安定不可或缺的经济制度，可以说有宪制意义。若是开风气之先，为后世延续，则肯定是。春秋时鲁国"初税亩"，战国时商鞅奖励耕织的众多制度，秦始皇统一货币和统一度量衡等，汉代盐铁官营，唐代"租庸调"，宋代"熙宁变法"，明朝张居正的"一条鞭法"，清雍正的摊丁入亩，乃至晚清的"洋务运动"等都有候选资格。甚至也不能仅以成败论英雄，无论时人或后人的褒贬。有些被今日学者视为弊政的，如所谓"黄宗羲定律"，即因杂税太多而并税、并税后又引发新的杂税丛生现象。若置于一个王朝数百年的大历史视野中，这种所谓"不完全财政"，不论你喜欢与否，仍可以说是农耕中国演化出来的非正式制度之一。[2] 若从国家及其治理制度长期演化的学理看，而不是从纳税人的短期制度预期或

---

〔2〕周雪光：《从"黄宗羲定律"到帝国的逻辑：中国国家治理逻辑的历史线索》，载《开放时代》2014 年 4 期，第 108 页以下。

儒家"仁政"来看，这一制度实践的意义难说糟糕。这种现象或制度是必然的，甚至必须。其发生伴随着农耕中国的经济发展，推动着国家能力扩展，重塑历史中国的国家制度。只要不把制度或宪制过度神化，视其为人类努力追求的美好制度的起点或历史终点，那么，仅因"不完全财政"的反复出现，其隐含的政治社会功能，也可以考虑其宪制候选资格。"黄宗羲定律"有可能是任何长时段存续之国家税收制度演变的规律，想想，怎么可能"天不变道亦不变"，制度一劳永逸？美国当年建国时只有关税和消费税，没个人/企业所得税之类的。但后来呢？非但美国联邦最高法院，甚至刚性成文宪法，都得让步。[3]

若着眼于对国家构成/宪制的贡献，有些经济制度或举措，如赋税本身，对每一朝代、对每个国家都重要，却难说对历史中国的构成特别紧要。下一节还会分析为什么土地私有制对于古代中国未必有宪制意义，小农经济却有。上一章讨论的度量衡，由于其塑造了农耕中国赋税制度和历朝政治，减少了税收的专断和任性，则足以称为宪制。有些措施即便对某一朝的生死存亡意义重大，对于历史中国却有可能无关紧要，至少在我这里，不算宪制。如王莽的"托古改制"，你说"修宪"都成；但"作死"不能算宪制意义吧？宪制意义起码得能令一个王朝或一个政治共同体存活下去。清雍正年间田文镜在河南推行"官绅一体当差纳粮"，成败不论，就社会意义而言，也算重大。说不定哪天，还可能有哪位中国学者会论证这体现了法律面前人人平等的普世价值，符合美国宪法第14修正案（1868年）的同等保护，是民权运动的先驱，等等。然并卵。这与历史中国的构成，与国家统一、民族融合或疆域拓展无关，至少极为牵强。此外，我也不想把这个论题攒成一本重要经济制度的流水账，必须大量省略。我甚至省略了商鞅变法的"奖励耕织"

[3] 美国南北内战时期，为支持内战，北方的联邦政府制定了所得税法，但战后被废止；1894年，为应对联邦财政危机，美国国会制定个人所得税法，但次年美国联邦最高法院两次判定该法违宪（*Pollock v. Farmers' Loan and Trust Company*, 157 U.S. 429（1895）；*Pollock v. Frarmers' Loan and Trust Company*, 158 U.S. 601（1895））。1913年，美国为征收所得税制定了宪法修正案，赋予国会征收个人所得税的权力；这也开征了作为法人的企业所得税。1921年后，各州也开始对企业开征零售销售税。请看，Alfred H. Kelly, Winfred A. Harbison, and Herman Belz, *The American Constitution: Its Origins and Development*, 6th ed., W.W. Norton & Co., 1987, pp. 411-414.

等。因为，套用孟德斯鸠对罗马法的评论，那更多是用来创造一代中国——强秦——的制度，却算不上整合构成历史中国的制度。[4]

本章集中关注历代王朝对有关全国的经济事务之干预。也别着急开骂，这只是本章焦点，不是本章论点。我知道"若不能证明结果好（good），国家干预就很坏（evil）"[5]。这个标准看似自由主义，其实是实用主义和功能主义的。我将集中论证，为什么中国历代王朝会坚持干预某些具有全国意义的经济事务，促成和便利人、财、物和信息在农耕大国各地的流动和配置。即便从一时一地来看，或仅从经济层面看，这种干预未必效率或合理，但历史地看，却有利于这个农耕大国的构成和安定。这些国家干预，与国家强加的度量衡统一很相似，为整个历史中国提供了公共品，并因此，具有宪制意义。

但要理解这一点，首先要理解历史中国的小农经济及其特点。因为它——

既是历史中国的宪制基础，也是其宪制难题

引论已对小农经济有不少描述，不仅有关小农经济的特点，更有关小农经济对大国的制度需求；以及为何小农经济，不像工商经济，趋于形成更大疆域内的交流，构成更大的国。这里进一步分析在大国语境下小农经济的其他特点，有关作为大国的中国的发生和构成。

小农经济在历史中国是中原及周边农耕区最普遍和最基本的经济形态。但这未必是春秋战国时期诸如"初税亩"这类土地私有制变革的产物。根据是，一直为儒家赞扬的井田制，由八户耕作一"囲"，虽有血缘氏族的"公有制"痕迹，[6] 具体耕作和收获仍是一家一户的。[7]

---

〔4〕孟德斯鸠：《罗马盛衰原因论》，商务印书馆1962年，第48—49、51—52页。

〔5〕Oliver Wendell Holmes, Jr., *The Common Law*, Harvard University Press, 2009, p. 88.

〔6〕"夫世禄，滕固行之矣。《诗》云：'雨我公田，遂及我私。'惟助为有公田。由此观之，虽周亦助也。"杨伯峻：《孟子译注》，中华书局1960年，第118页。

〔7〕"方里而井，井九百亩。其中为公田，八家皆私百亩，同养公田。公事毕，然后敢治私事。"《孟子译注》，前注〔6〕，第119页。"乃经土地而井牧其田野，九夫为井，四井为邑，四邑为丘，四丘为甸，四甸为县，四县为都，以任地事而令贡赋，凡税敛之事。"《周礼注疏》，北京大学出版社1999年，第279页。

至少在此，所有制的意义不那么重要。促成普遍的小农经济的最重要变量可能是生产效率。精耕细作的小农家庭，在历史中国，一直是产出最高和最有效率的农耕企业。小农经济不仅最大化了土地与各种资源要素组合产出的农耕作物，还最大化了小农家庭可能产出的其他各种社会福利，包括"父慈子孝""兄友弟悌""夫义妇节"等。[8]费孝通说中国的"家"是个"事业"，道理就在此。[9]由于效率，小农经济不仅在中原和周边地区是最基本的经济组织形态，而且向北部西部周边，尤其是在整个南方扩散开来，尽管这些地区的地理、地形和气候与黄河中下游地区、华北平原差别已很大。

社会基本生产生活单位的"大同"有利于中原政治文明的发生和分享，也影响了疆域大国的中国构成。只能，也比较容易，以军事力量来统一近乎一盘散沙的小农，创设一代王朝。第二、三章也已谈及，由于均面临父子、兄弟和男女（夫妇）三大问题，遍布各地的小农村落结构超越了各地的地理、地形、气候和作物。家族/村落社区成了中国的最基层组织，既可以化解大量内在纠纷，也可以应对部分村落或家族间的纠纷，无需国家正式制度过多介入。这种家/国分权与互补，令大国治理俭省且理性，就是小农经济对中国的宪制贡献。

小农经济也从其他方面便利并塑造了一国政治制度。例如，小农的"五口之家"便利了以"户"为基本单位来分配和征收赋税徭役。这不仅有关政治治理的便利和效率，更重要的是这有关村落内和村落之间的"均"（公平），间接地，也就有关"安"——社会安定。在一个各地地理、经济、社会等条件差别巨大，发展注定不平衡的疆域大国内，国家不可能获得可全国比较的大量精细可靠的信息。借助小农的"户"，每代王朝就可能令全国各地根本无法量化比较税赋负担的小农家庭承担起，至少从当地看来，基本公道的税赋。尤其是在量衡统一制作和普遍使用之前，很难想象，有什么比"户"更基础的制度可以有效实践赋税公平。即便在量衡统一之后，按小农家庭来摊派劳役兵役，也比按各家耕地面积、可能或实际的财富收入，或劳动力（成年男子）数量摊

---

[8] 请看本书第2、3章。
[9] 费孝通：《乡土中国》，上海人民出版社2007年，第39页。

派，更务实可行，公平直观。以五口之家为基准单位，国家税赋劳役摊派也能有个底线，这甚至不只是相对公平，而是必须如此。[10] 否则，在中国这样的农耕大国分派赋税徭役更难。即便官员本人清廉，即便政府奉行亲民或休养生息的政策，在民众眼里也仍是任性和专断。兼顾了当时当地的公正和便利，更容易取信于民，这就提高了国家治理的效率。

若同欧洲中世纪的农村比较，中国小农经济的另一特点是，虽然严重受家族血缘群体的"家法"或"门风"约束，可以说中国农民个体"不自由"，但相比起来，在经济、政治和社会地位上，中国农民显然比欧洲中世纪封建领主制或农奴制或庄园制中的农民或农奴更自由、更独立。最显著的证据是，古代农耕中国，较之现代之前的欧洲，社会流动性更高。[11] 当然，生于斯死于斯的小农不享有"迁徙自由"；但故土难离，对小农而言，"背井离乡"的自由更多意味着灾难或惩罚。同欧洲中世纪相比，魏晋时期除外，历史中国没有持久的豪门贵族，这弱化了地方割据的可能，便利了中央集权的政治整合和治理。同欧洲相比，中国明显更少战乱，尤其在中原核心地区。[12]

如果以上描述成立，当初鲁国"初税亩"的最大意义，就未必是土地产权私有，鼓励了农耕。从制度经济学视角看，[13] 会同李悝、商鞅变法时奖励耕织、鼓励小家庭的措施，初税亩的最大贡献或许是创造了小农家庭，这种当时最有效率的"企业"。这是内在于农耕中国的一种制度结构。在当时的科技、社会和自然地理条件下，它经济上生动有力，产出高效，在社会组织和意识形态上，与历代中原王朝的政治治理

---

〔10〕 因此，才能理解古人为何屡屡用五口之家来讨论国家财政税收问题。"今一夫挟五口，治田百亩，岁收亩一石半，为粟百五十石，除十一之税十五石，余百三十五石"（李悝）；"今农夫五口之家，其服役者不下二人，其能耕者不过百亩，百亩之收不过百石"（晁错）。均见于，《汉书》，中华书局1962年，第1125、1132页。

〔11〕 Ping-ti Ho, *The Ladder of Success in Imperial China: Aspects of Social Mobility, 1368-1911*, Columbia University Press, 1964, pp. 112-114.

〔12〕 请比较，"List of conflicts in Europe", https://en.wikipedia.org/wiki/List_of_conflicts_in_Europe, "List of Chinese wars and battles", https://en.wikipedia.org/wiki/List_of_Chinese_wars_and_battles, 2020年3月14日最后访问。中国军事史编写组的战争统计为3806次。请看，《中国历代战争年表》，解放军出版社2003年，上册第1页，下册第1页。

〔13〕 科斯：《论生产的制度结构》，生活·读书·新知三联书店上海分店1994年。

也颇为默契。

由此可以理解在唐中期采取"两税法"之前，历代为什么一直强调抑制土地兼并。土地兼并会形成大地产主，但由于科学技术有限，大地产不会引发农业的革命或进步，只会引发租佃，农业生产效率不可能有多少提高，甚至就不会提高。兼并让大批自耕农破产，他们也不可能转移到其他产业中去，只能变成佃农。变成佃农后，地租率提高，加之高利贷，农民就可能逃亡或沦为奴婢。基于"户"的国家税源会随之减少。若把缺失的税赋强加在其他农民身上，会导致其他农民破产。因此，尽管抑制土地兼并，不符合市场经济"交相利"的原则，但其最大制度好处就是保护了自给自足的小农，降低了因农民失地可能引发的社会动荡，也保证了国家的税赋之源。"重农抑商"长期作为国策，因此，不大可能因为朝廷担心商人"富可敌国"，或官商勾结政治腐败，最不可能因为儒家"重义轻利"。核心考量是现实的政治：商业吞噬大量自给自足的小农，引发社会分层分化，社会贫富差别悬殊，激化社会矛盾，引发社会动荡，导致王朝更替。就此而言，抑制兼并和重农抑商，是历史中国巩固王朝经济基础的基本方略。

尽管有这种种好处，同商业贸易经济相比，自给自足的小农经济无论作为经济制度，还是作为社会的组织制度和文化制度，都不趋向，事实是很不利于，统一的疆域大国的构成。甚至无数小农自身就没法想象一个大国。老子的"小国寡民"与儒家的"天下大同"，[14] 看似差别巨大，其实一致。后者不过是把无数同质的小农家庭和村落社区，摊大饼似地一路展开，却无法有机整合、构成一个政治社会文化的想象共同体。这种状况既无力抵御外敌，也很难应对内部分裂，为小农经济提供长期的和平与安定。这就是历史中国小农经济的制度悖论：小农经济要求有中央集权的疆域大国的制度支持，但小农经济自身并不自然趋向形成这样的疆域大国。

---

〔14〕 "大道之行也，天下为公，选贤与能，讲信修睦。故人不独亲其亲，不独子其子，使老有所终，壮有所用，幼有所长，矜寡孤独废疾者，皆有所养。男有分，女有归。货恶其弃于地也，不必藏于己；力恶其不出于身也，不必为己。是故谋闭而不兴，盗窃乱贼而不作，故外户而不闭，是谓大同。"《礼记正义》，北京大学出版社 1999 年，第 658—659 页。

　　理解了这一点，就可以理解，历代中国王朝为何会采取一些重大的经济措施和制度来弱化或平衡或对冲小农经济不利大国构成的弱点。一些自由主义经济学家说，只有"自生自发的秩序"才好，才会演化出不断"扩展的秩序"。[15] 这个命题是悖谬的。若真矫情起来，政府和政府干预难道不是从社会内部自生自发出来的？难道历史错了？只要必须，且能力和财力许可，中国历代王朝都曾不同程度地或以不同规模规划、组织、实施了一些有关国计民生的重大经济活动，甚至以举国之力，前赴后继地，长期投资建设那些在当时的想象中，具有全国性战略意义的国家工程。这些实践或制度措施有些显然是"功在当代，利在千秋"。甚至何止千秋——想想都江堰，或上一章讨论的度量衡，那可都是两千秋以上了！当然，有些建设项目对当时某些甚至一代民众直接收益很少，更多是苦难，甚至很多苦难，如修长城对于传说中孟姜女似的人物。有些即便后人以同情理解的态度看，也断然错了，纯粹是劳民伤财，如王莽变法的某些措施。但无论利弊如何，是否符合一些宪法学者或经济学者的理想或规范，就整体而言，历代王朝介入和干预经济往往出于对农耕中国整体的深刻关切。许多措施在经济层面，确实是构成历史中国或有助于构成疆域大国的"必要之法"或"无奈之举"（law of necessity），这其实同一个意思。因为许多时候，决策都涉及一个关键变量："长期看来，我们都完了"。[16] 人类常常等不及一个更有效率的市场：他们首先得活到那一刻。迫在眉睫的问题，因此是，如何熬过眼下这一刻。

国家主导的超级基础建设

　　在历史中国，最突出的国家干预是国家主导的大型建设工程。这几乎是历史中国的宪制传统。早有西方学者注意到中国政治的这一特点，

---

　　[15] 请看，Friedrich A. Hayek, *Law, Legislation, and Liberty*, 3 vols. University Chicago Press, 1973, 1976, 1979.

　　[16] John Maynard Keynes, *A Tract on Monetary Reform*, Promethus Books, 2000, p. 80.

典型例证是在中国流行甚广并接受的魏特夫的东方专制主义理论：大国的水利建设要求并导致了东方专制主义。[17] 这个理论的结论我认为错了，理论抽象概括有误。换种表达，会发现，其所言不过是，统治者必须集中关注并有能力解决那些超越当时普通人想象力和行动力的跨地域重大问题。黄河是条大河，影响面很广，统治者必须动员广大区域内众多民众协作治理。在传统农耕社会，影响广泛的决策，以及决策的推进，只能专断、独断和决断。这与专制或民主无关，仅与黄河治理的决策和实施的成本有关。只有当有替代性决策和推进方式时，才能用专制和民主这对或这类概念来定性某一决策及其实施。

而且，粗略看来，在包括古希腊、罗马在内的各古代文明中，历史中国在工程建设上是唯一早早显示了国家主义传统的文明。就拿古代各大文明的所谓建筑奇观为例，从金字塔到巴比伦空中花园，从古罗马竞技场到泰姬陵，尽管恢宏壮观，令人赞叹，谁能看出这些伟大建筑对于当时当地普通民众的民生有什么实用价值？即便最实用的亚历山大灯塔，也只是令东地中海周边地区的贸易商和部分民众——仍然是少数人——获益。古罗马城的市政道路建设，有令人叹为观止的下水道系统，那也只是令罗马市民获益。这怎么能同如大禹治水或万里长城或大运河这样的工程建设相比？这些工程一直有助于历史中国的构成和拓展，有益于至少几十万甚至上百万平方公里内世世代代的广大民众。想想吧，名列"世界文化遗产"，将近 2300 年的都江堰至今灌溉着土地近千万亩。这算"文化"？这还是"遗产"？它以自己的生动存在，修改了"文化遗产"的定义。

也不是古代中国统治者更关心民众，即便儒家确实有民贵君轻的教诲。我记得周幽王"烽火戏诸侯"的传说，记得秦始皇陵，以及"汉皇多年思倾国"。但在全球历史中，似乎只有古代中国的一些王朝特别关注这类超级工程建设。但塑造这类关注的，不全是甚或主要不是个人因素，而是社会因素。农耕大国的治理压力迫使中国统治者必须关注和应对那些在小国——即便同样农耕立国——不会发生、无法想象的国计

---

[17] Karl A. Wittfogel, *Oriental Despotism: A Comparative Study of Total Power*, Yale University Press, 1967.

民生问题。但也不能因此低估了中国古人的追求和努力，惊人的想象力和执行力，惊人的吃苦耐劳。若仅看地形，印度次大陆人民，若要防御自公元前 15 世纪雅利安人开始的一次次外族入侵，只需封住西北部的开伯尔山口（Khyber Pass），从中亚进入次大陆的唯一通道。其工程量，不会超过一个山海关。但次大陆住民数千年就不曾有过哪怕一次尝试。[18]

先说治黄。在中国，这从来都是国家挑头、也只能由国家挑头的建设项目，是跨地域的大型水利工程。动因并非这里是中华文明的故乡，这说法几乎是循环定义。其实就因为这里的土地气候都适宜大面积农耕，黄河旱涝或可能与之相伴的蝗灾对农耕威胁太大，威胁百姓衣食，也威胁王朝财政税收乃至国力。因此，从大禹治水的传说开始，水利一直是后世历代中央和地方政府的核心关注之一。[19] 春秋时期的管仲强调："善为国者，必先除其五害……五害之属，水最为大。"[20] 他筹划齐桓公做的大事之一就是与黄河中下游各诸侯订立盟约，修水利，防水患，别以邻为壑。[21] 西汉之后，中央政府专设"都水使者""河堤谒者"等官职，沿黄河各郡县首长都有防守河堤之责，中央也有高层级专职官员负责黄河的统一和大规模治理。[22] 汉武帝甚至曾亲率臣僚到现场参加黄河堵口。[23] 更大规模的治理，如东汉王景修汴渠，动用劳工数十万，修建了从郑州荥阳直达山东黄河入海口长达千余里的黄河大堤，稳定了决口长达 58 年的黄河河床；河、汴分流，黄泛区重新变成了良田。[24] 此后八百年间，黄河没有大的改道，这就是当地及周边人民的福祉。

中国历代，各地方，只要可能，都会推进诸如此类的区域或地区性

---

〔18〕 苏力：《何为制度？因何发生（或未发生）？——从开伯尔山口看长城》，载《比较法研究》2018 年 6 期。

〔19〕 清代尚书慕天颜曾称："兴水利，而后有农功；有农功，而后裕国。"转引自，冀朝鼎：《中国历史上的基本经济区与水利事业的发展》，中国社会科学出版社 1981 年，第 7 页。

〔20〕 黎翔凤：《管子校注》，中华书局 2004 年，第 1054 页。

〔21〕《管子校注》，前注〔20〕，第 365 页。

〔22〕 郑肇经：《中国水利史》，上海书店 1984 年（影印，原版中华书局 1939 年），第 325页以下。

〔23〕《史记》，前注〔1〕，第 1409—1413 页。

〔24〕《后汉书》，中华书局 1965 年，第 2464—2465 页。

水利工程。仅在战国时期，司马迁记载过的就有，东周时魏国西门豹在当时黄河的支流漳河上修筑了引漳十二渠，灌溉农田；公元前 256 年前后秦国蜀郡太守李冰，吸取前人治水经验，在岷江经山谷河道进入成都平原处修建了都江堰水利工程，将岷江水一分为二，既为洪减灾又引水灌溉，成都平原由此成为天府之国；以及公元前 246 年秦在关中平原兴建了郑国渠，引泾河水灌溉 4 万多顷低洼盐碱地。这些水利工程，惠及当地百姓，特别是强大了秦，促成了秦王朝的统一。[25]

从这一视角看，第五章谈及的长城，首先是军事工程，却也是国家主导的有政治经济社会战略意义的建设项目。其直接经济功能是为中原无数小农家庭和村落提供了安居乐业的稳定预期。效益不限于此，长城也拓展了秦汉两朝有效控制和利用的疆域，稳定并拓展了农耕文明。[26]长城的附属设施，或广义的长城，即西北地区的亭障烽燧，对于打通与中亚欧洲的经济贸易文化联系的丝绸之路，促成西域成为历史中国的重要组成部分，意义深远。[27] 修建和戍边长城伴有大规模人员流动、迁徙和大规模经济流转，这有利于国家的政治经济文化整合。[28] 长城大大减少了边陲驻军，减少了后勤补给的需求。节省的军费开支，转而也减轻了若无长城全国各地农耕社区必须支付的兵役、劳役和赋税。这些节省的资源，通过个人或国家，会转而投入其他经济收益回报更高的社会活动。有更多成年男性能够专注农耕生产，这几乎是小农经济最主要的生产力。增产的甚至不只是谷粟桑麻这类物质财富，更有无数家庭和整个社会的福利——想想杜甫的《新婚别》！想想"可怜无定河边骨，犹是春闺梦里人"，或"忽见陌头杨柳色，悔教夫婿觅封侯"！

---

〔25〕 "于是关中为沃野，无凶年，秦以富强，卒并诸侯。"《史记》，前注〔1〕，第 1408 页。

〔26〕 "蒙恬北筑长城而守藩篱，却匈奴七百余里，胡人不敢南下而牧马"。《史记》，前注〔1〕，第 1963 页。"建塞徼、起亭燧、筑外城、设屯戍以守之，然后边境得用少安。"《汉书》，前注〔10〕，第 3803 页。

〔27〕 关于长城附属设施，请看，景爱：《长城》，学苑出版社 2008 年，特别是第 3 章；关于这类设施对商旅的作用，请看，罗哲文：《长城》，清华大学出版社 2008 年，第 57—58、79 页。

〔28〕 有关长城的成本收益，汉晁错的分析，请看，《汉书》，前注〔10〕，第 2278—2289 页；北魏高闾的分析，请看，《魏书》，中华书局 1974 年，第 1202 页；明余子俊的分析，请看，《明史》，中华书局 1974 年，第 4736—4737 页。并请参考本书第四章第五节。

政府主导的利国利民的重大基础建设还有交通和通信设施。作为交通通道的长城以及相伴的烽燧就属于这一类。这类基础设施建设往往因军事而启动，但其制度功能和历史意义从来不限于军事。这类工程建设勾连了中国各地交流，对于中国这样交通不便、"蜀道难于上青天"的大陆农耕大国非常重要，促进了经济发展。"要想富，先修路"是中国的历史经验。秦富国强兵统一六国的核心措施之一是交通。公元前3世纪，秦先是开发了四川，修筑了跨越秦岭的栈道，令汉中和巴蜀，在经济政治上都成为秦国的一部分。统一全国后，秦王朝还陆续修建了以咸阳为中心"东穷燕齐，南极吴楚"的重要驰道，[29] 在西南地区重修了原有的五尺道，[30] 在华南地区则修筑了攀越五岭的新道。[31] 以咸阳为中心四通八达的交通网络把全国各地从政治上和经济上联系在了一起。

这些工程，就功能而言，大致相当于今天的"高铁"。显然有，甚至首先出于，政治军事考量。据说李斯认罪时说，修驰道就为让皇帝巡视各地，耀武扬威，满足其虚荣心。[32] 但这种说法不能当真。且不说任何时候乘车远行颠簸劳顿，且当时的车辆没有机械减震装置，出游远行那只能是痛苦。而且，"锦衣夜行"或"威加海内兮归故乡"的说法，也表明，当时的人都已明白，也只有在熟人故人中，虚荣心才能满足。出游远行，向陌生人招摇，这岂止毫无意义，简直就是愚蠢。这只可能是小人的得志忘形，不可能是秦皇或李斯的追求。秦始皇统一后在位十一年六次出巡的首要追求只可能为了政治治理。这是统治者的职责，也是时事之必需，目标和功能都是国家的政治整合，凝聚民众的政治文化认同。[33] 对于刚刚统一的中国，这一"格式化"非常必要。

但驰道最重要和最常见的功用之一，很可能是公文信息的传递，这

---

〔29〕《汉书》，前注〔10〕，第2328页。

〔30〕段渝：《五尺道的开通及其相关问题》，载《四川师范大学学报》（社科版）2013年4期，第156页以下。

〔31〕余天炽：《秦通南越"新道"考》，载《华南师院学报》（哲社版）1980年2期，第104页以下。

〔32〕"治驰道，兴游观，以见主之得意。"《史记》，前注〔1〕，第2561页。

〔33〕直至今日，这类活动对于任何国家也是不可缺少的。全球电视转播的美国总统就职典礼就不说了，过去数十年间英国就曾全球电视直播查尔斯王子与戴安娜公主的婚礼，所谓"人民的王妃"戴安娜的隆重葬礼，威廉王子和凯特王妃的婚礼以及他们的长子在伦敦圣玛丽医院的出生。

有利于"文治",全国政令法治统一,上情下达和下情上达,强化中央对各地方的控制和治理。大国治理若要获得与小国治理相当的统一和有效,当然要注意,却真不能"如烹小鲜"。国家治理一定要求政令畅通,更快、更有效并统一地跨越辽阔疆域,各地的重要信息及时准确汇集到中央决策部门。节省政治调度、资源分配和信息交流的时间就是节省政治治理的资源,就是建立中央的政治权威,增强中央的政治、经济和文化整合力。驰道拓展了中央政府治理的疆域空间,强化了治理力度。

从长时段看,驰道更重要的功能是长途转运和调配大量军队,以及各类重要军民用物资。否则很难解说,秦始皇的专车轨宽仅合 1.38 米,史称驰道最宽处竟有约 70 米,今人考古认定也在 10 米上下。北达九原的直道当然是为便于向北部长城派兵,运送粮草辎重。但即便当初设计建设完全出于军事考量,初衷也从来无法垄断或决定其日后的用途。可以想象,至少在和平时期,驰道等道路的实际功能一定主要是,便利地区间贸易流通。巴蜀五尺道在汉代的实际用途就是商贸。[34] 在边疆地区,汉代地方政府的"主要行政措施惟道路之维持与控制,以利政令之推行,物资之集散,祈渐达成民族文化之融和耳"。[35]

还有水路运输。就持续大规模转运粮食等物资而言,水路一向比陆路更经济,更效率,更比早期海运安全。利用人工开凿的跨越南北的河流,则能突破中国东西走向的山川众多对南北地区间政治经济文化交流的限制。为保证远征南越数十万大军的粮食供应,秦始皇下令在今广西兴安与湖南的交界处开凿了沟通湘江和漓江,联系长江和珠江两大水系的运河——灵渠,成为中原和岭南间唯一的水上交通要道。[36] 魏晋南北朝之后,中国的经济重心南移,军事政治中心却仍在北方,为保证物资财政供给,隋代开挖了对后世中国南北东西交通确保物资供应具有持久战略意义的大运河。

---

〔34〕 "秦时常頞,略通五尺道……秦灭。及汉兴,……巴蜀民或窃出商贾,取其筰马、僰僮、髦牛,以此巴蜀殷富。"《史记》,前注〔1〕,第 2993 页。

〔35〕 严耕望:《唐代交通图考》(1),上海古籍出版社 2007 年,《序言》第 1 页。

〔36〕 这为目前通说。最早记录见于,何宁:《淮南子集释》,中华书局 1998 年,第 1289 页。但也有人质疑,如,李玮:《灵渠考略》,载《西安社会科学》2010 年 4 期,第 82—83 页。

只能枚举，这些例子却大致呈现了历史中国的国家方略，即统治者基于全国政治考量，由中央或地方政府主导，推动一些对全国有战略意义的基础建设，其意义和实际效果常常深远：有助于勾连这片广袤复杂的土地，形成持久广泛有效的政治、经济、社会和文化联系。

这些基本建设都属于，若无国家决策、主导和推动，根本不可能由农耕中国的小农或富商集体合作或独自建设的工程。不仅因为，在农耕中国，富可敌国的商贾也很难有如此巨量的资金，也难有必要的技术和组织动员的支持，但最重要的可能是，他不可能有相关的知识、信息以及如此深厚的利益关切，催生深厚的家国情怀，以及如此宏大的国和天下的关切和想象。这类想象、情怀和关切都不可能生而知之，甚至不可能凭个体的聪明直观获得；只可能或更多附着于大国治理者的政治职责，需要政治见识和来自各地信息来充实，更需要强大的国家动员能力和财政支持。

重要资源的全国配置

不只是基本建设。自秦汉之后，历代王朝，只要历时比较久的，往往直接参与基本生产资料和重要生活资料在全国各地的分配和调度，无论是针对地区，还是直接针对"户"。

首先是土地分配。这里仅以秦汉的"名田制"以及北魏到唐前期的"均田制"为例。

为奖励耕战，秦除按户籍计口授田外，又按军功大小授予爵位和数量不等的土地。爵位只能降等继承，与爵位挂钩的田宅等不能世代袭用。汉基本承袭了秦制，只是按户籍和军功所授田宅数量有不同。秦汉所授土地完全私有，可以自由买卖。这一土地制度促成了秦一统六国，也为汉初的"文景之治"奠定了基础。但土地私有带来了土地买卖和兼并。汉武帝时，鉴于"富者田连仟伯，贫者亡立锥之地"，董仲舒主张"限民名田，以澹不足".[37] 汉武帝也曾采取措施打击地主豪强，却无法阻止土地兼并。事实上，兼并与反兼在后世中国一直持续长达千年。

均田制是北魏至唐朝前期实行的一项持续近三百年的按人口分配土地的制度。除对皇室、贵族、勋臣和官员按等级分配土地和奴婢外，该制度最重要部分是对农民实行计口授田；授田，先贫后富，先无后少；被授田者死后需将部分土地还给官府；耕作一定年限后部分土地归耕种者所有，但限制民户出卖土地。均田制肯定了土地所有权和占有权，减少了田产纠纷，有利于无主荒田的开垦，对农业生产的恢复和发展起了积极作用。均田制及与之相联的租调量也有所减轻，加之其他制度，均有利于农民摆脱豪强大族的控制，自耕小农户数大增。这保证了国家的赋役来源，增强了中央集权。这是中国历史上重要的土地制度之一。但到了唐中叶，一方面，人口增多，政府掌控的可用于授田的土地日益稀少，无地可授了；另一方面，社会生产力提高和商品经济发展，土地兼并盛行。到唐德宗时期，两税法颁布，标志着均田制的瓦解。

这两种土地制度，与上一章提及的井田制相同，都没尊重自生自发的私有产权，均是由王朝创设的土地制度。即便两者最后都因土地兼并和土地稀缺瓦解了，但在当时历史语境下，却是朝廷（state）很现实、很务实也很成功的制度尝试，扶持了小农经济和村落社区。

例如，促使名田制创设的最重要因素就是秦国的自然地理和人口。秦国位于中原以西，便于向人口稀少的西部和南部扩张，其控制的疆域比当时中原各诸侯国更辽阔，荒地也多，因此有足够土地和荒地用于奖励耕战。其次，与秦国的战略目标也有关。要富国强兵，统一东方，也必须奖励耕战。若不是奖励农耕，并按军功分配土地给民众，秦国很难短期内富强起来，秦国西部和南部的开发也会更晚。通过计口授田，奖励耕战，秦王朝把原来仅限于关中的农耕文明向西向南拓展，不但增强了秦的国力，对于秦汉王朝的建立和巩固都意义巨大。人类的经济活动其实是为了活着，更多人更好活着，而不是为了抵达，或为证明自由竞

[37]《汉书》，前注〔10〕，第1137页。

争能够抵达，市场完美均衡的那一瞬。

北魏隋唐的均田制有类似的促进经济、政治和社会发展意义。实行均田制的最重要历史背景是，此前五胡十六国的战乱，导致中国北方汉族居民大量南迁，大量土地成为无主荒地，或被北方游牧民族征服者占据，用作牧场。未南迁的贫苦民户，往往依附世族，以求在战乱中自保。大量土地和劳动力为世族地主掌控，这不利于中原农业的恢复。在此情况下，鲜卑族建立的北魏政权，若想长期有效统治中原，除学习中原文化外，最重要的就是，因地制宜，在中原地区全面重建小农经济，实行以土地为根据的赋税制度，全面增加朝廷财力。均田制是鼓励农耕的最重要措施。而且，由于此前长期战乱，至少一段时间内，中国北方也有大量无主土地，可供北魏隋唐王朝分配给农民。直到经济发展、人口增长后，土地兼并才导致均田制无法继续。迫使唐颁布两税法，朝廷从此不抑兼并，只从土地上收税。[38] 在我看来，这没有什么对错，只是面对现实与时俱进的政治经济政策调整。

另一全国性资源调配是中央政府基于各类政治考量，组织实施了大规模经济移民。

秦始皇统一六国后采取的重要措施之一就是，"徙天下豪富于咸阳十二万户",[39] 被迫迁徙者以距离国家政治中心咸阳最远，各诸侯国中实力最强，最后为秦统一的齐楚两地的富豪为主。[40] 众多研究者都指出，这一移民首先有关国家的政治安全。秦王朝担心六国旧贵族图谋复辟，再现割据，将分散于各地的六国贵族均迁徙到王朝的政治经济中心，便于监管，也斩断了他们与原居住地方势力的联系。从经济上看，这么多富豪贵族集中于秦国首都，会大大促进咸阳的经济、文化发展，客观上则打压了原东方六国首都或其他重要经济文化中心的发展，咸阳从此就不再只是全国的政治中心，也一举成为全国首屈一指的经济文化中心。这有利于中央对全国各地方的治理。从社会层面看，这种迁

---

〔38〕 "兼并者不复追正，贫弱者不复田业，姑定额取税而已，始与孟子之论悖"。马端临：《文献通考》卷3《田赋三》，中华书局1986年影印本，第46页。

〔39〕《史记》，前注〔1〕，第239页。

〔40〕 田余庆：《说张楚——关于"亡秦必楚"问题的探讨》，载《秦汉魏晋史探微》（重订本），中华书局2011年，第23页。

徙本身也是经济文化交流，有整合政治经济文化的效果。

为促进一些重要地区的农耕经济开发，秦汉时期也曾多次大量移民，[41] 同样有深厚的政治考量，有关国家统一或边陲巩固。最典型的是，秦汉两朝对西北河套平原的开发。这一地区位于农耕文明和游牧文明的交界地带，地势平坦，土地肥沃，既适宜农耕，也适宜放牧。只是在农耕与游牧的文明竞争中，平原地区的自然地理条件对农耕民族不利。在这一地区长期活动的一度主要是匈奴人。

秦统一之后，蒙恬率 30 万大军将匈奴逐出河套，随即开始向这一地区大量移民。[42] 但果然如李斯预见的，仅在军事上击败匈奴，占领河套地区，还不够，既没法耕种土地获利，也没法改变匈奴人的生产生活习惯，赢得他们归顺和忠诚。[43] 秦末天下大乱，众多移民纷纷返乡，随后匈奴重新占据了河套地区。[44] 汉武帝采纳了主父偃的后来证明真正重要的建议，"广中国"，在此地区努力推广中原农耕文明以及与之配套的政治社会制度。[45] 派卫青反击匈奴，重新占领河套后，汉朝决定全面系统开发河套成为农耕区，建立配套的政治秩序和制度，令匈奴不再可能在此地继续游牧。

具体措施是，首先设置了朔方、五原、西河等郡，下设县，建筑或修复城池，作为地区开发的居民点和中心。更重要的是从内地大规模移民，增加河套地区的农业劳动力。为保证移民，朝廷制定了比较完备同时有经济吸引力的移民措施：不仅为移民提供迁徙的衣食费用，还为移民建房屋、分土地、置医巫、解决衣食等。为保证边疆地区安全，汉还

---

〔41〕（秦始皇 28 年）"徙黔首三万户琅邪台下"；（秦始皇 33 年）"发诸尝通亡人、赘婿、贾人略取陆梁地，为桂林、象郡、南海，以适遣戍"；"徙谪，实之初县"；（秦始皇 34 年）"适治狱吏不直者，筑长城及南越地"；（秦始皇 35 年）"徙三万家丽邑，五万家云阳"；（秦始皇 36 年）"迁北河榆中三万家"。《史记》，前注〔1〕，第 244、253、256、259 页。

〔42〕"始皇乃使将军蒙恬发兵三十万人北击胡，略取河南地……西北斥逐匈奴。自榆中并河以东，属之阴山，以为［四〕十四县，城河上为塞。"几年后又"迁北河榆中三万家"。《史记》，前注〔1〕，第 252—253、259 页。

〔43〕"得其地不足以为利也，遇其民不可役而守也。胜必杀之，非民父母也。"《史记》，前注〔1〕，第 2954 页。

〔44〕"十余年而蒙恬死，诸侯畔秦，中国扰乱，诸秦所徙适戍边者皆复去，于是匈奴得宽，复稍度河南与中国界于故塞。"《史记》，前注〔1〕，第 2887—2888 页。

〔45〕"广中国，灭胡之本也。"《史记》，前注〔1〕，第 2961 页。

在此长期驻军，保护当地民众。为减轻国家财政负担，充分利用戍边将士的劳动力，西汉多次大规模军事屯田；统一安置归顺的匈奴；针对河套地区少雨干旱，汉朝在此地区兴修水利，发展农业灌溉。这些系统性政策措施，从根本上变河套地区从游牧区为农耕区，成为重要粮食产地。[46]

具有宪制意义的另一重要跨地域资源调配制度是前面提及的，始于秦，终于清末，历时2000多年的漕运。这是中央政府通过水路（以及陆路）向北方京城和边陲大规模运输粮食和其他重要物资的制度。[47]

只要不是偏安一隅，中国历代主要王朝的京城均位于农耕区北部，即便北宋定都也是尽可能靠北，黄河南岸的开封，几乎是无险可守。目的都是能及时应对北方游牧民族可能的威胁。这导致中国北方既有庞大的官僚机构，又有大量驻军。中央政府不仅必须准备应对北部边陲的战争，还必须掌握足够粮食和物资便于调拨或赈灾各地，确保中央政府对全国的掌控。但在秦汉时期，富庶的关中地区生产的粮食，就已无法满足首都以及北部长城驻军的需要，必须从黄河中下游粮产区调运粮食和物资，一直持续到唐代。[48] 路途遥远，地形复杂，交通运输不便，尤其是向西和向北的陆路运输成本极高。秦汉时，据称从今天的山东运粮到内蒙古的巴彦淖尔一带，路途消耗的粮食占比竟超过95%。[49] 因此有必要开发运费相对低的水运即漕运。当时，主要是将黄淮流域的粮食和物资经黄河西运，经渭河，运到关中。汉代定都关中的重要地理条件之一，就是有漕运之便。[50]

两晋南北朝时期战乱，北方人口大量流失，中国经济中心逐步南

---

[46] 据主父偃在《谏伐匈奴书》所言，秦代蒙恬所戍之地本来"地固泽卤，不生五谷"（《史记》，前注〔1〕，第2954页），不足以供给三十万戍卒的兵粮，必须仰赖内地补给。但汉元帝时期，呼韩邪单于上书朝廷要求救济，朝廷直接下诏从武帝时移民开发设立的云中和五原两郡调拨粮食二万斛给呼韩邪单于。《汉书》，前注〔10〕，第3800页。

[47]《说文解字》解漕本义为水路运粮；但在中国历史上，作为制度的漕运，则包括了水路和陆路运输、转运和联运粮食和其他重要物资。

[48] 史念海：《三门峡与古代漕运》，载《河山集》，生活·读书·新知三联书店1963年，第232页以下。

[49] "又使天下蜚刍挽粟，起于黄、腄、琅邪负海之郡，转输北河，率三十钟而致一石。"《史记》，前注〔1〕，第2954页。

[50] "夫关中……河渭漕挽天下，西给京师"。《史记》，前注〔1〕，第2044页。

移。但中国的政治治理军事战备的重心仍然在北方，由此促使隋代开凿了大运河，改变了后代漕运的走向，即主要从江南向华北调运转运粮食和物资。[51] 这种状况一直持续到近代修建铁路。漕运因此一直有关"国计"，为历代中央政府高度重视。从隋开始，历代均设专门机构和高官负责漕运。明清两代漕运总督品级甚至高达正二品或从一品。漕运对中国国家和社会的直观影响是经济财政的。但同长城一样，漕运最重要的功能更是政治的和军事的，它从财政上保证了中央政府对全国的治理，有效支援了北方军备。"三代而上，不闻有漕；漕之兴，封建之废也。"[52] 研究漕运的学者一致认为，漕运的出现和长期坚持就因为这是农耕大国中央集权统治和维护大国统一的必需。

均输平准，盐铁官营

还不仅仅是基础经济建设或全国范围的物资调配，在许多重要朝代，朝廷/中央政府亲自披挂上阵，做了许多今天的经济学家认为本应甚或只能由市场做的事。其中最重要且影响深远的制度是西汉桑弘羊创造了一系列由国家主导的商业贸易措施：均输和平准，以及国家对盐铁的垄断经营。

均输和平准是汉武帝时期为打击匈奴、兴修水利等采取的经济调控措施。仅就《史记》中不多的记录来看，均输针对的核心问题是如何统一调度并有效利用各地向朝廷贡献的物产。这些物产是国家征收的实物税，从政治和经济视角来看，必须缴纳；即便并非急需，甚至微不足

---

〔51〕 概括说来，秦汉两朝全国的经济重心在北方，以关中和山东最为发达，漕粮多半取给于这两个地区，并经由横贯中原的黄河和渭水，漕运方向因此大都由东向西。自南北朝之后，中国的经济中心南移，因此隋代开凿了大运河。但唐的京城在长安，宋京城在中原，边防军备也偏向北方或中原北部，因此唐宋的漕运重心移到南方，但漕运方向改变为东南、西北向。元朝定都大都，但京城用粮依赖江南，为便利漕运，又进一步开凿运河，形成今天的南北向连结了中国东部的五条主要河流的大运河，而以北京为首都的元明清三朝都可以很容易将江南盛产的大量粮食转运到粮食相对稀缺并且（主要在明代）大量驻军以抵抗游牧民族入侵的中国北方。请看，吴琦：《漕运发展的阶段性分析》，载《武汉教育学院学报》（哲社版）1988 年 4 期，第72—77 页。

〔52〕 周之龙：《漕河说》，载《明经世文编》(6)，中华书局 1962 年，第 5259 页。

道，也要缴纳，这是国家制度的实践，也是行政体系的实践，是宪制对各地官吏和民众的规训。但问题是实物，不是钱，如何缴纳，如何运输，如何储存，如何调度，特别是如何有效使用，很麻烦。考虑到秦朝短暂，以及汉初的休养生息，可以说，这个经济治理的问题，也是直到汉武帝进一步加强中央集权后才在这个农耕大国充分凸显出来。若将实物全都运到京城，由中央政府统一调度，运输成本必定激增。各地交纳的物产未必是京城所需，有些则一定大大超过京城需求。如粮食丝麻，即便汇集京城后，也要随即转运全国各地需要的地方。但也不能因为很麻烦，就轻易允许各地便利行事，由各郡国自行商定，转运贩卖。不是实践上不行，而是政治上不合适，这会破坏宪制：不利于确立中央权威，不利于正在开始建立的统一的中央税收和财政制度；任由地方官员便利行事，容易令官员忘记了自己的政治责任，不易形成与郡县制相配套的中央对各地的经济管控，不利于大国内各郡县之间的相互制衡。长期生活在稳定的现代国家制度条件下今天的经济学人，在评价均输平准制度时很容易忽视这些重要的宪制考量，但在平定"七国之乱"后44年，汉武帝当政中期，有理由猜测这会是朝廷的首要考量。随后，才是经济考量，即如何避免当时各地交通、通讯和信息不畅通，导致一些地方物资短缺或过剩，物品转运甚至不抵其运费，财富未能充分利用等问题。[53]

桑弘羊建议在全国推行均输：设置大农部丞，分别掌管各郡国的农业和官营工商业，在县一级设置由大农部丞领导的均输官，负责将本地多余物品运往其他地区，高价出售。[54] 其要点就在于，基于朝廷更可能掌握的各地需求信息，由中央政府从宏观层面统一协调、调度和管理全国的物资转运和贸易。这一设计，在理论上，会降低各地贡纳的成本，减少郡国向朝廷输送贡物的人力和物力浪费，有效调剂各地的需求，促进了商业的有效流通，自然也还有平抑物价的效果。政府甚至可

---

[53] "诸官各自市，相与争，物故腾跃，而天下赋输或不偿其僦费"。《史记》，前注〔1〕，第1441页。

[54] 桑弘羊推行均输法的具体做法是："诸当所输于官者，皆令输其土地所饶，平其所在时价，官更于他处卖之，输者既便而官有利。"《史记》，前注〔1〕，第1433页《史记集解》引孟康说。

以从转运贩卖中获利。[55] 有记载表明，推行均输法及其它配套措施后，很快就有了成效，各地粮仓以及边防都有了充足的粮食。[56] 后代如宋代王安石变法，也曾依据这一原则颁布了均输法。[57]

为配合均输的推行，桑弘羊还创立了一项新的财经制度——"平准"（由国家控制全国的物资和买卖，以平衡物价）。他在京城长安设立了一个专门机构，由平准令掌管。以各地均输的物品和工官生产的车船、器具为后盾，均输官征收或收购物资，运到京城，存于专门仓库，专人负责，当京城某商品涨价太多时，大农诸官就以平价向市场抛售，使物价下降；反之，如某种商品价格过低，就大量买进，促使物价回升。[58] 这不仅平抑了物价，特别是粮食价格，从平准中政府还能获得差价，补贴财政收入。司马迁对均输和平准曾给予极高的评价："民不益赋而天下用饶。"[59]

平准法也常为后代仿效，尽管做法不全相同，是后代王朝为稳定和调节市场价格的重要措施。如唐代刘晏就用平准来"制万物低昂，常操天下赢赀，以佐军兴。虽擎兵数十年，敛不及民而用度足。"[60] 北宋王安石变法颁行的市易法也是平准的一种。

有关均输和平准，在汉代就一直有争议。[61] 批评者主要关注的问题是，有些执法官员依据这两个法令刁难欺负百姓，给农民造成了更大

---

〔55〕"故盐铁、均输，所以通委财而调缓急。""往者，郡国诸侯，各以其方物贡输，往来烦杂，物多苦恶，或不偿其费；故郡国置输官以相给运，而便远方之贡，故曰均输。"王利器：《盐铁论校注》，中华书局 1992 年，第 3、4 页。

〔56〕"一岁之中，太仓、甘泉仓满。边余谷。诸物均输帛五百万匹"。《史记》，前注〔1〕，第 1441 页。

〔57〕"均输法者，以发运之职改为均输，假以钱货，凡上供之物，皆得徙贵就贱，用近易远，预知在京仓库所当办者，得以便宜蓄买。""均输之法，所以通天下之货，制为轻重敛散之术，使输者既便，而有无得以懋迁焉。"《宋史》，中华书局 1977 年，第 10544、4556 页。

〔58〕"置平准于京师，都受天下委输。召工官治车诸器，皆仰给大农。大农之诸官尽笼天下之货物，贵即卖之，贱则买之。如此，富商大贾无所牟大利，则反本，而万物不得腾踊。"《史记》，前注〔1〕，第 1441 页。

〔59〕《史记》，前注〔1〕，第 1441 页。

〔60〕《新唐书》，中华书局 1975 年，第 4806 页。

〔61〕"今释其所有，责其所无，百姓贱卖货物以便上求……行奸卖平，农民重苦，女工再税，未见输之均也。县官猥发，阖门擅市，则万物并收；万物并收，则物腾跃；腾跃，则商贾牟利；自市，则吏容奸。豪吏富商积货储物，以待其急，轻贾奸吏收贱以取贵，未见准之平也。"《盐铁论校注》，前注〔55〕，第 4—5 页。

负担和痛苦。也有官员营私舞弊，官商勾结。这些问题无疑存在，肯定会发生，当然值得关切，需要应对。但也必须承认，这类问题不可能杜绝，除非是政府不设官，不做任何事。这一点老子早就说透了，"法令滋彰，盗贼多有"，或如董仲舒说的"法出而奸生，令下而诈起"。[62]但这不是鼓吹法治虚无主义，只是提醒政治行动者在关心法治的收益之际，也会关注法治的成本。因此，从国家治理的角度来看，真正值得关心的其实不是此类做法是否无弊尽利，而是（1）总体而言，是利大于弊，还是弊大于利；或（2）在当时条件下，这有无替代，或是必要之法；或（3）放在历史发展中来看，这些努力对于人类来说是否是有益和必要的尝试。如果这事该做，之后才有"所任非其人"（西学中的"代理"）问题。

从上述原则来看，均输和平准，这两项制度就是这个农耕疆域大国必需的，是内生的制度；但也是汉武时期伴随这个大国发展的制度创新。既是必要之法，也是无奈之举。它们都有关经济事务，但首先基于政治考量，有关大国宪制架构和社会安定。

因为在疆域大国，受制于各地自然、地理和气候条件，物产必然不同，各地农业年成也不同，互通有无是必需也是自然。大国内既少可能各地同时出现灾荒，却又可预料每年总会有些地方出现灾荒。应对措施，古人总结，"丰年补败，不外求而上下皆足"。[63] 这是个体的、村落的或区域的，主要靠自力更生，注重本地的粮食物资储备和调剂。另一措施则是大国各地粮食物资的互通有无。后一方式从理论上看更好，即把大国本身视为一个保险机制，一个风险分担机制。此外，东亚大陆这片土地的自然地理、气候的差异，各地的自然资源会令各地物产不同或成本不同，互通有无，拾遗补阙，更容易形成规模经济，增加全社会财富和福利。典型如游牧民族从农耕区进口其必需的粮食、丝麻和茶

---

〔62〕 朱谦之：《老子校释》，中华书局 1984 年，第 232 页；《汉书》，前注〔10〕，第 2504 页。

〔63〕《春秋穀梁传注疏》，北京大学出版社 1999 年，第 97 页。又请看，"夫天地之大计，三年耕而余一年之食，率九年而有三年之畜，十八年而有六年之积，二十七年而有九年之储；虽涝旱灾害之殃，民莫困穷流亡也。……故有仁君明王，其取下有节，自养有度"。何宁：《淮南子集释》，中华书局 1998 年，第 684—685 页。

叶；又如盐铁铜等物产也都固定的产地。从理论上看，逐利者会按价格反映的各地对相关物产的需求生产、收购和转运产品，将物品出售给出价最高也即理论上最需要的一方。

但要令大国本身成为一个可靠的风险分担机制是有条件的，这就是各地方必须构成一个紧密的利益共同体，至少是各地的统治者或精英想象他们属于同一共同体。否则就可能出问题，甚至可能用作阴谋。春秋时各诸侯国之间，由于相互竞争，曾几次出现故意创造或利用相邻诸侯国的粮食紧张来实现本国最佳战略目标。据说，越国受灾，曾谦卑地向吴国借粮，也借到了；不出三年，吴国遭灾向越国借粮时，越王不借，反而趁机攻打吴国，活捉吴王夫差。[64] 齐国也曾有意用价格诱导鲁、梁民众大量种植桑麻，不种粮食，随后操控粮食市场，导致 60% 的鲁、梁百姓投奔了齐国；鲁、梁两国国君也只好归顺齐国。[65] 这表明，只有政令统一的大国，形成利益紧密相关的政治经济共同体，互通有无这一理论上的优势才会成为现实。秦汉的全国政治统一，为各地粮食物资互通有无的普遍实践提供了最重要的制度条件。

另一因素是信息的。与欧洲特别是地中海周边地区相比，中国海上贸易可行性很低，风险更大，只能更多倚重陆路贸易，运输成本很高。"不知有汉无论魏晋"如果是真实的，其意味就是小农生产者通常不关心，也无法了解外部世界，包括各地的物品需求。在"交通只能靠走，通讯只能靠吼"的环境下，农耕者不会有多大意愿，也不大可能及时了解相关信息。即便政府信息公开，识字问题和信息传输问题也让分散在各村落的民众无从了解。即便了解，也可能无所适从。运输的距离、路况（甚至无"路"）、商旅风险、语言不通或度量衡不统一等难题，其他各种不确定，对普通私人从事远距离生意都近乎禁止性成本。小农无法通过个体或合作努力获得信息和有价值的帮助，降低风险概率，太多不确定性甚至令他根本无法计算潜在的成本收益，无法决策。

上述分析假定小农还想了解外面的情况，想做生意，但这个假定其实不现实。更可能的是，小农从一开始就不想了解，没想过远方，因为

---

[64] 许维遹：《吕氏春秋集释》，中华书局 2009 年，第 332—333 页。
[65] 《管子校注》，前注〔20〕，第 1514—1515 页。

小农很少剩余产品，如果家中每年剩余300或500斤粮食，或多养了一头猪或几只羊，20只鸡，甚或更少，他值得去四处寻找或选择什么更有利可图的市场吗？最有利可图的市场是本地集市，那是他最了解、风险最低、最便捷的市场。小农时代，尤其早期，除河流上下游地区外，民间的贸易注定是地方的或区域的。丝绸之路，只是相对于当时的常规贸易来说，其跨越的地域令人吃惊。还难说那是因为货物贸易，还是因为其他。即便有国家力量介入，即便在中国国力最强大时，丝绸之路的商旅也从未抵达比方说西欧或北欧，甚至从未持续稳定地进入当年的吐蕃今日的西藏。

相比之下，在古代中国，借助政务公文和通信系统，朝廷会比商人更能获得各地物资需求以及价格等信息，更有能力，为了实现某些长期的战略意图，也更有动力，统一大规模安全转运调配必要的粮食物资。由政府主导均输平准，从理论上看，会是当时朝廷的最合理选项。

另一个变量是，无论均输还是平准，或是为救灾展开的调剂转运，即便伴随了盈利的想法和努力，这两项制度的主要追求都不是货币收益，而是政治社会收益。如果由普通人或私商来经营，他们通常趋于追求自我的，而不会是社会的，更大甚至最大收益。那也许会提高商业效率，却可能以其他成本或风险为代价。尤其是在古代，"天高皇帝远"，国家正式法律无力为这类跨地域的私人交易提供可靠法律保障，民间社会规范的制裁是地方的，通常仅足以支撑本地交易。当社会要求尽可能降低风险时，由政府直接出马或主导，会是更好的选择。[66] 此类例证至今在世界各国都不少。[67]

也因此，一旦社会需要，在历史中国，就不仅有政府对市场的宏观

---

[66] "……山东被灾，齐、赵大饥，赖均输之畜，仓廪之积，战士以奉，饥民以赈。故均输之物，府库之财，非所以贾万民而专奉兵师之用，亦所以赈圆乏而备水旱之灾也。"《盐铁论校注》，前注〔55〕，第27页。

[67] 中国三大移动通信网络都是国有，因此到2016年11月中国移动的4G网络全国覆盖率已达99.7%，甚至包括了珠穆朗玛峰区域。黄海峰：《中国移动4G基站数达到143万，全球第一》，通信世界网，http://zhuanti.cww.net.cn/tech/html//2016/11/2/20161129546747.htm，2024年3月21日最后访问。相比之下，英国截止到2016年初，手机信号覆盖率2G为93%，3G为88%，4G为46%。王楚：《移动通信：城乡网络覆盖差别大》，载《人民邮电报》2016年2月17日，版6。

调控，政府还会垄断一些高利润行业，禁止或严格限制民间进入。最突出的例子是盐铁官营。最早是公元前 7 世纪末，管仲向齐桓公提出的"官山海"。[68] 最突出的是在汉武帝时代，由于连年征讨匈奴，加之水利建设，支出大增；又由于土地兼并，许多百姓流离失所，国家财政收入减少，国库亏空，债台高筑。另一方面是商人尤其是盐铁商人巨富，他们一味追求获利，不顾及国家安危。[69] 为增加政府财政收入，满足空前庞大的政府战争开支，汉代开放了此前应属于皇帝私产的山海，通过盐铁官营来补贴国家财政亏空。[70] 中央政府设有盐铁丞，总管全国盐铁经营，地方各郡县则设盐官或铁官负责盐铁产销。盐铁专卖，特别是盐，其收入此后一直是历代政府的重要财源。[71]

　　盐铁专营在历史上引发了重大争论。[72] 许多人大谈农本商末，重本抑末，不能让百姓太向钱看等，颇为迂腐。指出的问题也是真的，但许多问题属于，只要有人干事就一定会出现的问题。除官营事业通常有的弊病外，对盐铁专营的最大批评是"与民争利"。[73] 这个说法太多似是而非。首先很难设想，废除了盐铁专卖，获利者就会是普通民众？真正的获利者一定是更为商业利润导向的富商大贾。朝廷不与这些特定的"民"争此利，是否对当时的中国好处更大？这不能简单假定或推断，是必须具体追究的问题。起码，当时若不开始盐铁官营，继续遵从旧（宪）制，"山海"可能就一直是皇家私产，不可能，或很少为社会所用。恰恰因为专营，盐铁，才从皇家私产这一祖制，变成了此后国家和社会财富的来源，成为国家税收的最主要来源。更不用说，当时农耕中国正在北方同匈奴激战，若无盐铁专卖的国家财政支持，汉王朝根本无

---

〔68〕"管子对曰：'唯官山海为可耳。'"《管子校注》，前注〔20〕，第 1246 页。

〔69〕"富商大贾或蹛财役贫，转毂百数，废居居邑，封君皆低首仰给。冶铸煮盐，财或累万金，而不佐国家之急，黎民重困。"《史记》，前注〔1〕，第 1425 页。

〔70〕"山海，天地之藏也，皆宜属少府，陛下不私，以属大农佐赋。"《史记》，前注〔1〕，第 1429 页。

〔71〕曾仰丰：《中国盐政史》，上海书店 1984 年（影印，原版商务印书馆 1937 年），第一章。事实上直到 2016 年中国才放开食盐定价，但仍坚持食盐专营。请看，《国家发展改革委关于放开食盐价格有关事项的通知》（发改价格〔2016〕2032 号）。

〔72〕《盐铁论校注》，前注〔55〕。

〔73〕"今郡国有盐、铁、酒榷，均输，与民争利"。《盐铁论校注》，前注〔55〕，第 1 页。

力继续这场战争，[74] 更别说收复河套地区，打通河西走廊，沟通西域，开辟丝绸之路这类对后世中国意义极为深远的行动。也就不可能真正巩固中央集权的政治体制，抑制富商大贾和地主豪强对经济的控制，彻底消除和化解地方割据势力的威胁。[75]

结语：算经济账，也算政治账

没打算描述历史中国的整体经济制度，以上四节只想凸显国家主导、规划、调控甚至直接从事某些经济活动或事务，这一直是小农经济的中国得以构成、延续和拓展最重要最基本经济制度之一。无论从原教旨主义自由派经济学视角观察和评判，政府代表国家对经济活动的这类干预在经济学理论上有多少弊端，有多少不是，如何有悖市场经济"规律"，但只要尊重中国的历史经验，上述分析则表明，这些干预对于历史中国在经济和政治层面的国家构成都实在太重大了，几乎无可替代。

不可能历史中国一直错了。即便错了，用尼采的话来说，那也一定为历史的焙烤硬化成真理了。要感受并理解中国经济的这一特点，必须走出今天许多学人以近代欧洲国家以及 18 世纪美国自然地理环境为背景塑造的那种市场经济的想象，必须理解中国作为农耕大国一直必须面对的问题。中国历代王朝之所以主导、规划、调控或专营的这些经济建设或活动，不仅有经济学上的道理，[76] 而且，用先前的一种说法是，不能只算"经济账"，还要算"政治账"。不仅要考虑国家干预经济对

---

[74] "是时财匮，战士颇不得禄矣。"《史记》，前注〔1〕，第 1428 页。"边用度不足，故兴盐铁……以佐助边费。"《盐铁论校注》，前注〔55〕，第 2 页。

[75] "吴王专山泽之饶，薄赋其民，赈赡穷乏，以成私威。私威积而逆节之心作。夫不蚤绝其源而忧其末，若决吕梁，沛然，其所伤必多矣。太公曰：'一家害百家，百家害诸侯，诸侯害天下，王法禁之。'今放民于权利，罢盐铁以资暴强，遂其贪心，众邪群聚，私门成党，则强御日以不制，而并兼之徒奸形成也。"《盐铁论校注》，前注〔55〕，第 67 页。

[76] 鉴于良好的路、桥、运河、港口会令任何国家的商业大为便利，斯密认为，君主或国家要承担的三项基本义务之一就是"建立并维持这些会令整个社会（a great society）最大程度获益的公共机关和公共工程"。他还特别强调这种工作"不能指望个人或少数人"，因为他们会入不敷出。Adam Smith, *An Inquiry into the Nature and Causes of the Wealth of Nations*: v. 2, 1982, Liberty Fund Inc., pp. 296-297.

农耕中国经济社会发展的长远和战略意义，而且要考虑对这个国家政治文化整合和安宁的基础意义。历史中国的政治精英和政府，必须以天生局促狭隘的小农经济为基础，克服高山大川以及空间辽阔的隔阻，把众多政治经济文化发展不平衡甚至不同质的区域构成一个大国。

经济利益交换和流动是重要的自然黏合剂。疆域大国各地的不同物产，从理论上看也更有贸易流通交换的可能和必要。[77] 但小农的自发经济交换更多局限于个体生活必需品，如盐铁、丝绸、茶叶等。那些持久有利于国家之构成，有利于各地或某地的民众的经济活动，则注定不会有普通人承担，因为缺乏相关的信息、知识、同情心、同理心和想象力，因为没有足够的经济实力，因为必须有超大规模的集体行动，或是因为很难令一个人或一些人在其有限生命期获得足够的回报。确实有，也必须尊重自生自发的秩序，但大量事实表明，越是大规模的重要公共品，即便是俱乐部公共品，在农耕时代，越不大可能寄希望私人提供，换言之，越不可能自生自发。

因此，即便看到了"天下熙熙，皆为利来；天下壤壤，皆为利往"，懂得经济活动和建设必须倚重个人对利益的追求，即便国家愿意鼓励甚至激励民众展开对于大国构成极为重要的经济贸易活动和建设，在历史中国，仍旧是不可能。即便世代定居运河流域，只要看不到，不理解这个国，谁能想到修建运河对整个中国南北贸易和交通的好处？谁会关心这条河对于国家南北政治经济文化整合的好处？事实上，这条运河，从春秋时期起算，先后的开挖，全都是地方政府（诸侯）或中央政府推动的。除了以举国之力，谁能有如此巨额资金？即便有人"富可敌国"，若没有一个强有力的机构统一协调和组织，又如何施工？如何保证各地分别开挖的运河一一对接？如何获得开挖运河必需的水文、地质、测量、工程建设等各方面的知识和信息，以及相关专门人才。所有这些都不是小农个体、家庭或村落甚至富商巨贾可能提供的。只有政

---

〔77〕 在古希腊时期，只同非希腊人的交易才构成真正的贸易，其他社区内外的物品交换只是礼物交换，只为传递和获得一些对交换者可能有用的其他信息。Moses I. Finley, *The Ancient Economy*, University of California Press, 1973. 又请看，波斯纳：《正义/司法的经济学》，中国政法大学出版社 2002 年，第 138—139 页。

府，中央政府，以及在某些时期的地方诸侯（如开挖运河前身邗沟的吴国），或某些经济活动中地方政府（如修建都江堰的蜀太守李冰父子），由于其政治治理的责任和权力，可以将相关资源整合起来，寻求、征集政治文化技术精英参与。由于政治精英在治国实践中开阔了视野，才可能从国家或至少是地区的视角，意识到哪些事业对于国计（民生？）至关重要；可以凭借政府的层级行政网络，以行政支持和保证社会组织动员甚至强制力，调动地方、区域甚或全国的人力物力，承担对于国家或某区域有重大意义的经济活动和经济建设。

　　甚至，虽说是"天下熙熙，皆为利来；天下壤壤，皆为利往"，吊诡的是，要真能推动跨地域的这种事业，一个重要前提是，必须让所有追求自我利益的相关者相信，这个推动者，无论是国家还是一个组织起来的群体或个人，倡议和采取行动，绝非出于狭隘的个人私利。甚至，也只有有了这一前提，许多有能力且利益相关人才更可能参加，甚至能"认栽"，即哪怕行动失败了或不可能当即见效并获益。如果没有这一前提，只要获益者大大超出了村落社区，即便不需要太多科学技术知识、规模也不很大的公益事业也很难出现或推进。一个典型例证是，在江西，沟通鄱阳湖两岸的钱公桥。[78] 尽管秦朝就此设了郡，汉初建了县，但百姓往来两岸一直是，丰水期靠船，枯水期只能蹚水踏泥通过。直到1800多年后，明末崇祯年间，为官此地的浙江宁波人钱启忠带头捐俸，提议集资修桥，获得了民众响应，耗时共一年多建成了丰水期没入湖水，枯水期行人可步行通过含石堤和两岸道路等总长近3千米（879丈），木石混用的跨湖桥梁。但如果提议和推动者不是这位籍贯外地的政府官员，不久会离任且终将叶落归根，因此他个人不可能从中获利（名声除外），若是当地某人（除非他个人捐款全资兴建）提议和推动，也未必能获得两岸民众响应。最关键的是官员的公信力，他是当地民众的父母官，而不是（某一乡的）乡贤。

　　受自由主义经济学的影响，许多今人趋于接受不干预经济学，认为"政府不解决问题，而是问题所在"，认为政府干预经济会破坏市场规

---

〔78〕《都昌县志》，成文出版社有限公司1989年（影印同治本），第178、1266—1267页。

则，破坏产权制度，不利于国家的经济繁荣和秩序。有可能如此。但这种情况更可能在由频频选举产生政府的现代国家凸显，选举政治一定导致国家治理上的"无恒产者无恒心"。在农耕中国，由于皇帝制，政治高层没法最终不承担责任。[79] 就此而言，皇帝有时就是国家政治的人质。会有因教条主义决策错误的，也有因贪官污吏无法贯彻的，甚至有因决策错误导致王朝更替的（如王莽），但总体看来，历代王朝的那些重要经济干预，即便有种种不足，却大致是当时情境下可以接受的合理选择之一，尽管后人可以事后诸葛亮，争辩其是否最佳。

事实上，有许多政府对经济生活的干预措施就是对产权的重新界定，创造了新的经济繁荣和社会发展。第四节讨论的秦王朝名田制或北魏隋唐的均田制就是在确认农民对荒地的产权；历代修长城也可以视为对农耕区和游牧区的一种产权界定和保障；盐铁官营哪怕有种种弊端，也把皇家私产从此变成了国家税收重要来源；以及，上一章讨论的秦王朝专断统一了度量衡和货币令中国至今获益，而自生自发的市场经济至今未能创造一个无需换算英制/米制、无需换算欧元/英镑/克朗等货币以及无需申根协定的欧盟。注意，即便算上也曾是欧盟一员的英国，欧盟的全部面积也还不到今日中国的一半，最多与当年的秦王朝疆域相当。

有必要为专断辩护。这个词今天很贬义，似乎意味着不理性，不讲道理。但世界上其实没有，只是在充满意识形态偏见的人心中才有，好词和坏词之分。专断有时就是洞察了世道人心的理性明智的决断。愿意讲并能讲清道理固然是理性，但政治理性的核心从来都不是讲道理，不是说服人，而是审时度势做成事。[80] 为说明这一点，很值得从历史中剥离出一个没人提及的细节，秦统一货币的决策，在此展示湮灭于历史中的政治/经济的理性。这一决策是秦统一中国后一系列重大决策中的

〔79〕 斯密（前注〔76〕）关于公共机构和工程建设是君主或国家的义务，也隐含了这一点。之所以这是君主或国家的义务，而不是政府的义务，就因为君主或国家没有任期，而政府有任期。

〔80〕 这类分析讨论和告诫其实太多了，邓小平的"不争论"就是一例。又请看欧克肖特：《政治中的理性主义》，上海译文出版社2003年，第1、3章。

最后一项；秦始皇去世后才推行。[81] 为什么在秦王朝的日程安排中，统一货币如此靠后？

将秦统一六国后采取的重大措施按年份排序，从中或许能看出些什么：

> 统一六国（前221）
>
> 称皇帝（前221）
>
> 建郡县（前221）
>
> 统一度量衡（前221）
>
> 统一文字（约前221）
>
> 徙天下豪富12万于咸阳（前221）
>
> 大规模修建通向东方各国的驰道（前220始）
>
> 开始并总共六次外出巡视各地（前220—前210）
>
> 大规模向各地移民多次（前219—前211）
>
> 征岭南并修灵渠（约前219—前214）
>
> "使黔首自实田"（前216）
>
> 拆除原关东六国建造的城郭及堤防（前215）
>
> 北击匈奴（前215—前213）
>
> 修长城（约前213）
>
> 焚《诗》《书》、百家语（前213）
>
> 坑方士、术士"犯禁者四百六十余人"（前212）
>
> 修秦直道（前212）
>
> 统一货币（前210）

从这一日程表可以看出，新王朝建立后，秦始皇首先关注加强中央集权，包括政令法度（量衡）的统一，咸阳成为全国政治中心；他将天下富豪大量移民咸阳，令咸阳成为全国的经济中心。但中心只有通过对各地的影响力才能兑现，因此，秦王朝随即加强了通向全国各地的交通通信，并巡视各地，也还多次大规模移民——将中央的信息和形象向各地传播。这之后，秦才开始货币的统一。

---

[81] 始皇帝三十七年，"复行钱"。《史记》，前注〔1〕，第758页。

仅从抽象的宪制或政治理论看，统一度量衡或车同轨或各地移民等事项都不如统一货币重要。但对于治国来说，核心问题不是抽象地权衡哪件事更重要，而必须考虑在刚刚统一的这个农耕中国哪件事更重要，以及如何明智地统筹安排事项议程，令其相辅相成，事半功倍，最好是水到渠成。最重要的首先是中央政府的权威及其运作，有了中央政府才可能有效治理和整合全国各地。因此，皇帝制、郡县制、承载政令公文的文字统一、政府统一公正税赋确保政府财政的度量衡，一定首当其冲。移民、车同轨、巡视各地、修驰道以及度田则是中央政府权威和管控能力的实践。若不是秦皇出巡，登泰山，登之罘，登琅琊，东临碣石，何以令一个远在苏北的亭长刘邦感叹"大丈夫当如此也"？前者是"治国"的措施，刘邦的感叹则是治国效果之一。征岭南、修灵渠、击匈奴、修长城和直道则更多属于"平天下"的范畴。

在这之后，秦朝才开始统一货币。事实是，才有必要关注货币的统一。因为秦统一的是个农耕大国，而非工商大国。货币仅对很少一部分国人重要。若仅有或主要是农耕，那么不仅货币统一，甚至货币本身，对于这个王朝或整个社会也不大需要，甚至不重要。[82]

而且，上一章也讲了，如果度量衡全国不统一，统一货币的法令很容易成为一纸空文。因为若一生局促于本乡本土，百姓就不大可能使用货币；若用，也可以且更可能使用各诸侯国发行的旧币；秦王朝还无力查禁。只有地域空间的大转变，才会令百姓感到货币和货币统一对于他们自己的意义。秦统一后，将12万户天下豪富迁移到咸阳，还有其他移民，征调修驰道、修长城的劳工，以及派出大量军队北伐匈奴南征百越，所有这些活动都会增加货币的需求和流通。无论其主观追求或有无统一规划，秦王朝的这些措施，客观上，都会在更大区域内促成一种有关货币的社会需求和共识。我有理由猜测，这么多重大政治决策的日程序列，并非随机，这属于一个推进国家政治经济文化统一和整合的理性规划。

---

[82] 一个间接证据是，由于休养生息，自汉初经文景之治"至武帝之初七十年间，国家亡事……京师之钱累百巨万，贯朽而不可校。"《汉书》，前注〔10〕，第1135页。货币无法流通的状况，只是在汉武帝当政之后才改变，治水、赈灾，但尤其是养兵，连年征战，打击匈奴，才出现了国库空虚；汉武帝因此起用桑弘羊执掌全国财政，实行盐铁专卖等政策，才使国家财政状况好转，支持了汉武帝的内外政策。

有了秦王朝的这一日程作对比，才可以不过分地说，尽管蒙代尔1999 年因欧元而荣获诺贝尔经济学奖，但欧洲统一货币的路径从一开始就缺陷重大，甚至致命。欧元甚至欧盟如今遭遇的困境绝非偶然。其中最重要的是，想绕过主权或财政主权，欧元区国家想从货币切入推进欧洲统一，说得好，是寄希望于侥幸，说得不好，简直是异想天开。欧元区各成员国让渡了货币主权，却保留财政主权；有统一的货币政策，却没有统一的财政政策，没有一个超国家的财政监督和必要的制裁机制。可以想见，一旦遇上风险，这个体制很难延续。尤其在民主制下，各国领导人必须以某种方式回应本国民众当下的呼声，政治领导人更少可能以壮士断腕的改革来压缩政府开支；甚至选举制也为政府和政治领导人解脱责任提供了紧急出口。最坏结果只是这届政府下台，这也算是"负责"，却不是"埋单"。此后的欧债危机只是把，且还会把，欧元区国家试图回避的主权问题一次次摆在欧元区各国面前。[83]

也许应原谅欧洲的政治家当年不可能预见这一切？这种辩解仍然太无力了，不仅有秦统一货币的先例，也因为拿破仑早就指出过欧洲主权统一要先于欧洲货币和度量衡统一。[84] 政治家的责任并非给本国民众灌输普世价值的道德血液，他们必须目光远大，必须在民众还未不能，在有些问题上甚至根本不可能，理解其理想之际，仍能有效推进能令本国甚至更多民众真正获益的政治理想，让民众最终因长期获益而不知不觉接受这一已成为政治现实的理想！

2013 年 12 月 9 日二稿于拉萨藏大政法学院；

2014 年 1 月 2 日三稿于北大法学院

---

〔83〕 "我们还不知道欧元能否存活下去呢……欧洲缺乏美国那样的统一性，这是关键的差异所在。如果有一天，欧元区可以建立像美国那样的联邦制度，那么欧元就可能比美元更加强大。"《专访伦敦金融城政府政策与资源委员会主席傅思途（下）》，载《第一财经日报》2012年 3 月 28 日，https://www.yicai.com/news/1572679.html，最后访问时间：2024 年 1 月 9 日。引者加的着重号。

〔84〕 "我们要有一部欧洲法典，一个欧洲最高法院，货币统一，度量衡统一，整个欧洲推行统一的法律。我想让欧洲各民族合众为一。" Emil Ludwig, *Napoleon*, trans. by Eden and Cedar Paul, George Allen & Unwin Ltd., pp. 382-383. 注意，由于时代变迁，欧洲当时工业制造业以及商业贸易都已很发达，因此可以理解拿破仑把统一货币置于统一度量衡之前。

言之无文，行而不远。

——孔子[1]

原来人抱团成了一个民族，说的是同样的语言！……才起头，就造这个，将来只怕没有他们做不成的事了。快，让我们下去搅乱他们的语言，叫他们一个听不懂一个！

——《圣经》[2]

问题

自秦以后，中国历代王朝都由"武功"开创，即便"得位不正"，也得以武力为后盾；但中国历史上，从来都是"文治"——中央集权体制下的统一治理——高于"武功"。所谓"文治"，不仅是依据成文法典和祖制（宪法惯例）治理，而且非常近似韦伯后来说的"官僚制""以官僚专业人员支持的合法权威"[3]。在历史中国，抽象而言，最接近现代"法治"概念的其实是"文治"。

读书与识字的宪制意义因此呈现。其意不在于对任何社会都非常重要的一般信息交流，无论是音信传递、知识普及或文化积淀。对于农耕大国无数生于斯、长于斯、

[1] 杨伯峻：《春秋左传注》，中华书局 2009 年，第 1106 页。

[2]《创世记》11：6—11：7，见《摩西五经》，冯象［译注］，生活·读书·新知三联书店 2013 年，第 21 页。

[3] Max Weber, *Economy and Society*, trans. by Ephraim Fischoff et al., University of California Press, 1978, pp. 217-223, 954-956, 973-978.

死于斯——村落社区——的农人来说，读书识字真没有太多实在意义。[4] 重要的是朝廷/中央政府与全国各地各级政府间的信息交流，这有关国家的政治治理。细看，甚至不仅如此。

这与中国的构成有关。许多国家，无论古代的城邦还是近代欧洲民族国家乃至如美国这样的联邦，基本都是以社会文化共同体为基础构成政治共同体/国家，然后通过国家的各种正式制度安排及其产出的公共品来增强这个共同体的政治文化凝聚力。换言之，当这些国家发生时，作为国家之基础的那个社会文化共同体基本已经构成并存在。共同体成员在日常文化交流上没有难以逾越的麻烦。即便还没有统一的文字，各地语音有差别，但在政治文化精英之间，语言已基本统一。拼音文字传统，语言与文字的联系也更紧密。例如近代德国统一之前，马丁·路德所以能用大众语言翻译《圣经》，由此创造了德文，最重要的前提是已经有了一个大致分享了语音、语法的语言文化区。英国人殖民北美，后来建立邦联时都是英国殖民地，通用英文，还能活下去的原住民（在所谓的"保留地"内的）被排斥在外。一旦有一个现实的政治文化共同体为基础，民族国家或联邦的构成/宪制问题就简单多了，就可以直奔国家（state）的政治制度构成或安排而去了。[5] 中国自西周之后，就是个超大型的疆域国家，也是一个农耕为主体的国家，几乎所有民众终

〔4〕请看，费孝通：《文字下乡》，载《乡土中国》，上海人民出版社 2007 年，第 12—17 页。

〔5〕例如，亚里士多德就认为人天生是政治的也即城邦的动物（Aristotle, *The Politics*, rev. ed. , trans. by T. A. Singlair, rev. and Re-presented by Trevor J. Saunders, Penguin Books, 1981, p. 60.），省略了城邦这个共同体发生和构成的问题。近代以来最典型的原型理论则是"社会契约论"，无论是霍布斯还是洛克，都预设了一个最低限的社会共同体的存在，人们不仅生活在一个无法相互回避、资源相对稀少的地域空间，更重要的是人们还能用相互理解的语言交流，以社会契约方式来建立国家等；这只能在某种共同体中才可能发生，最多只能是一个小型的村落或部落共同体。现代版的社会契约论，罗尔斯的正义理论也提出"正义的环境"，其实以一个近似某西方社会作为其理论演绎的预设前提（请看，John Rawls, *A Theory of Justice*, Harvard University Press, p. 126）；罗尔斯在为自己辩解时也认为，作为公平的正义所唯一要加以考虑的，就是辨识那些包含在一个民主社会的政治制度解释传统中的基本直觉观念（John Rawls, "Kantian Constructivism in Moral Theory," and "Justice as Fairness: Political not Metaphysical," in *Collected Papers*, ed. by Samuel Freeman, Harvard University Press, 1999, pp. 305, 389）。着重号为引者所加。

也有学者强调宪法研究要有历史感，将"前宪法"的社会政治实践及相关文本纳入宪法视野。例如，Paul Brest, Sanford Levinson, J. M. Balkin, Akhil Reed Amar and Reva B. Siegel, *Processes of Constitutional Decisionmaking: Cases and Materials*, 5th ed. , Aspen, 2006, 特别是其序言。

生生活在无数高度离散的农耕村落共同体中。基于农耕，加之地理条件相近或相邻，民众创造和分享相近的经济生产和村落组织方式，似乎很容易形成一个共同体，但自给自足、交通不便以及高山大川造成"民至老死不相往来"，注定在这片广袤土地上塑造多个族群甚至多个民族，很难构成一个社会文化共同体。要以经济文化联系很弱的众多农耕社区为基础，建立和构成一个统一国家，就必须借助其他经纬的交织。在历史中国，可以说自西周蹒跚起步，到秦汉形成定制，即依靠政治文化精英/官僚展开中央集权的层级化政治治理，在治理的过程中进一步构建和整合这个政治共同体。读书识字因此在历史中国的构成和治理中一直意义特别重大。这要求，尤其是在政治治理层面，所有重要的上情下达或下情上达，必须统一信息编码，包括语言，但尤其是文字，要尽可能消除误解，减少交流的杂音，保证信息畅通。这是大国治理的必需。

对于历史中国，这个问题甚至有更复杂深刻的一个维度，涉及一个各类疆域小国不容易看到或看清的问题。治理不可能是某一个或几个人的事，一定要组织起来，有分工协同合作。但既然治理的是一个大国，参与治理的具体个体，至少理论上，就不应全来自某一地；只要可行，就应当尽可能来自众多具体的地域和村落共同体。这个应当也不是为了抽象的代议民主，只是为有效汇集各地的注定不同但重要的信息和利益诉求，纳入治理决策，变成明智可行的应对措施。

但生存环境影响人，天南海北，区域和村落的生活会塑造各地人的自然关切、理解力和想象力，在此基础上他们的视野和政治社会理想不仅有差异，更可能是局促的。若无一定的文化教育启发和制度规训，人们注定比较狭隘，只看到自己家的一亩三分地。尤其在农耕时代，在不可能远足的青少年时代，人们能理解"家"（村落），却很难理解和想象"国"和"天下"。能超出自家，还能关注其出生/居住/生活的社区，能想到山那边或河对岸，那就算心胸开阔了。村落/家族生活培养出来的他们的"自然正义"感或足以令他兼顾村落甚或周边其他村落民众的共同利益。如能参与全国政治治理，他们或许能代表地方，做到"以家为家，以乡为乡"，却很难做到，甚至肯定做不到"以国为国，以天下为天下""以天下为己任"。〔6〕是有人终身目光短浅，却无人生来胸怀远大。只是要治理中国这个注定各地发展不平衡的疆域大国，一定要有些政治文化精英有更大的胸怀和更开阔的视野。问题因此是，在历史中国村落社区的狭窄环境下，如何借助一些基本但重要的制度，打造出一代代，在政治理想、情感和想象力等各方面都不限于本乡本土，首先忠于并属于这个国家和文明，即所谓"有国无家"的政治精英？

本章集中关注，在历史中国，基于村落社区培养塑造这种精英的重要机制，"书同文"和"官话"。前者有关识字，后者主要有关读书或古代读书人（士）之间的言语交流。我分析论证两者的宪制意义。但与现代公民个体受教育权这类宪法律权利话语无关，我也不关心"知识改变（某人）命运"之类的轶事，我关注的是，为什么读书识字对于整个中国的构成和治理很重要？这或许有助于读者区分宪章/宪法律与宪制。

书同文

许多研究都一再指出文字的出现与政治无法分离。文字是政治中心通过代理人对更大区域展开规则统一的治理（法治/文治）之必备。〔7〕历史中国甲骨文和金文的记录支持了这一点。此类文字记录的无论是祭祀、战争、自然灾害还是异常天象，不仅当时被视为国家大事，有些至

---

〔6〕 前两句出自《管子》（黎翔凤：《管子校注》，中华书局 2004 年，第 16 页）；后一句是朱熹对范仲淹的称赞（《朱子全书》（18），朱杰人/等 [编]，上海古籍出版社、安徽教育出版社 2002 年，第 4023 页）。

〔7〕 "最早的文字就是庙堂性的，一直到目前还不是我们乡下人的东西"。费孝通，前注〔4〕，第 22 页。又请看，Arthur Sigismund Diamond, *Primitive Law, Past and Present*, Methuen, 1971, p. 39；Jack Goody, ed., *Literacy in Traditional Societies*, Cambridge University Press, 1975, pp. 1-2, 27-36；and Anthony Giddens, *The Nation-State and Violence*, University of California Press, 1987, pp. 41-42.

今仍是。商、周王朝的疆域已相当辽阔，[8] 其基本制度为分封，可以说是特定的分权治理，但仍还有些政治事务，如平乱，或合作抵抗北方游牧民族入侵，甚或大河流域治理，在周天子与诸侯国之际，在诸侯国之间，甚或在诸侯与卿大夫之间，就需要通过文字或类似符号编码来传递信息，沟通交流，协调行动，确保大事"礼乐征伐自天子出"。春秋战国时期各国间的大规模战争，各国内日渐强化、精细化的基层治理，也需要跨越空间和时间的统一政令，需要可据以问责的规则或命令。虽不能说有文字的国家都会成为大国，但只要是治理疆域大国，就不能不借助文字。迄今为止，没有文字的社会全都是，也只能是，部落社会。

文字有利于法令和制度的统一，令行禁止，建立因专业化而更有效率的精英官僚统治；也有利于超越时空汇集各地甚至众人的政治经验；通过存档，文字还可以让先辈智慧和见识走出历史，走进当下，再创辉煌。春秋以降，文字在各诸侯国显著且广泛下移，既包括孔子广招学生——礼（其实也是法）下庶人，也包括各国先后颁布成文法。[9]

文字是用来克服时空距离的，但空间和时间也都会塑造或扭曲文字。就此而言，疆域大国文字不仅更难统一，也更难保持统一。小国通常就一个政治经济中心，文字使用基本集中并垄断于庙堂，很容易统一。大国疆域辽阔，交流通讯不便，受制于各地经济社会发展要素有别，容易、一定会甚至有必要出现多个政治经济文化中心。当文字下移，为聚集于各经济文化中心的政治文化精英日常使用，就容易形成各自分别发展的学派，包括文字共同体，若无制度规制和约束，很可能渐行渐远。

与一切文字相同，汉字也会因社会需求或日常使用而演变和创造。而任何创造和演变，如汉字的假借、新造、合成等，都首先以各地的约

---

〔8〕 由于当时没有国界，什么是"国土"，什么才算是国家有效控制的疆域，争议很多。可参看，葛剑雄：《中国历代疆域的变迁》，商务印书馆 1997 年；以及许倬云：《西周史》，生活·读书·新知三联书店 2001 年，第 12，14—15 页。商、周文化的疆域已大于近现代德、英、法三国本土的疆域，也大于美国独立战争后 13 州疆域总和。

〔9〕 著名的有公元前 536 年，郑国"铸刑书于鼎，以为国之常法"（《春秋左传注》，前注〔1〕，第 1274 页杜预注），一般认为这是中国历史上第一次正式公布成文法的活动。又有公元前 513 年，晋国赵鞅把前任执政范宣子所编刑书铸于鼎上，公之于众（《春秋左传注》，前注〔1〕，第 1504 页）。

定俗成为基础。许多意外事故，如书写错误，文字记录残损，在各地相对隔绝的条件下，都可能首先在本地"谬种流传"，之后却独立修成正果。

借助文字推进治理，治理对文字也会提出更高要求。为便于联络通讯和文档保存，便于学习、书写和记忆，结合中国经验来看，文字就一定不能像甲骨文或钟鼎文那么艰难、复杂甚至典雅，字形一定要尽可能简单，却区别显著，书写一定要尽可能便捷。汉字，在书写的年代，一直有自发简化（包括俭省笔画，或借用笔画少的同音字等）的趋势。但各地的汉字自发简化不可能不约而同。如果缺乏足够交流，无法相互影响和制衡，各地分别简化的长期后果就一定是：各区域内文字交流更便捷和广泛，但区域间交流不便了，甚至无法交流。[10]

文字不统一有深厚的社会意味。为跨地域交流，人们就得学习更多异形字，学习汉字的时间成本、经济成本和注意力难度都会增加。汉字作为文化也更难下移，文化精英的培养成本增加，社会中下层更难掌握文字。由于读书识字通常是各类社会精英的标配，这意味着政治治理等重要事业、职业甚或行当更可能被有更多时间和渠道学习汉字的社会阶层垄断，意味着社会流动性降低。从当今中国的外语高考经验就可以了解，农村孩子通常比大城市的孩子、知识阶层的孩子更少可能精通英语，更别说了解多门外语了。

为保证文字的全国有效交流，因此，就要求有某个权威机制不时集中统一校正，甚或在文字共同体中自发"创造"一些权威，让离散的人们各自自觉校正，确保文字标准化。还可能直接诉诸暴力，典型如焚书坑儒。[11] 就因为，农耕社会的经济条件和"安居乐业"，意味着不可能自发形成一个全国性的文字标准化机制。一旦各地精英各自使用衍生

---

〔10〕 据郭沫若，西周和东周时期留下的官方文字，金文，各地大体一致。但东周后期的民间文字就有了区域性不同。郭沫若：《古代文字之辩证的发展》，载《考古学报》1972 年 1 期，第 9—10 页。

〔11〕 "非博士官所职，天下敢有藏《诗》《书》、百家语者，悉诣守、尉杂烧之。"《史记》，中华书局 1959 年，第 255 页。另一次有记载的焚书是明初在云南。唐代，南诏国用汉字和汉字偏旁创立了僰文，后为大理国延续使用，长达六百多年。明初平定云南后，明军将"在官之典册，在野之简编，全付之一烬"。师范：《滇系》（七之六"典故"），成文出版社 1968 年影印本，第 504 页。

的异形字，分分合合，可能形成地方文化认同，全国的政治文化统一就很难维系。

当秦统一中国建立空前的中央集权统治后，由于官僚制变得日益重要，这个问题变得格外重大和迫切。在封建时代，各诸侯国分治，诸侯继而分封卿大夫，地域相对小，一人统治，或在各位家臣支持辅助下的统治，还有可能。但秦汉已疆域极为辽阔，是中央集权，也可称其"专制"，确实制度上是皇帝最后说了算，却不可能真的仅由皇帝一人统治。历史中国的中央集权体制一定是，只能是，也确实一直是，官僚制。必须有众多政治精英，组成从中央到地方层级分明的官僚机构。政治也必须高度理性化。不仅是形式的，即要规范官僚机构和统一各地和各层级的政府，有统一法典和政令。不仅要重视组织法，也要重视程序。重视各种各样的法律文件和法律公文。只有这样才可能"令行禁止"，才可能"循名责实"（问责），才可能有实践的而不是概念的中央集权统治。[12] 但生动的治理并非逻辑！关键甚至必须是实质理性的。所有层级的决策都一定要有针对性，针对了真实具体的问题或事件，必须基于可能获得的足够充分、可靠、具体甚至细致的信息。而在大国，在昔日，除极少数决策可能亲临现场外，近乎全部决策，基于文字的下情上达，和上策下达。

由此才可以理解，秦朝确定的"书同文"，对于疆域辽阔的农耕中国的政治治理，是一项宪制，很重要，很根本。也不限于对秦王朝，事实上是对整个后世中国的历代王朝都如此。可以说，因为有了"书同文"，才有了夏、商以来从部落国家的"华夏"向疆域国家的"中国"的转变，才使得依据成文法令统一治理各地方，令"率土之滨，莫非王臣"这一西周的制度愿景可能成为真实。从中央到各级地方政府不仅可依法问责下层官员，法律因此成为中央"治吏"的工具；当"书同文"携带法律规则进一步向民间渗透后，若官员适用规则显然不公且利益重大，必要时，民众就可能直接诉诸皇权，反制不法官员，出现"告御

---

〔12〕 在秦王朝建立 2100 多年后，韦伯（前注〔3〕，p. 957）曾专门论述构建依靠职业官僚展开的法治的过程中，公文的重要性。

状"或"京控"。[13] 古代中国的"文治"，至少有很大部分，且在相当程度上，就是法治。法治常常无法不经由"文治"。

据历史记录，书同文首先是统一文字，即统一校正在各诸侯国和各地形成的有差异的汉字，予以标准化。这废除了诸多区域性的异体字。其次，实际上更重要，全面废除典型的青铜器文字大篆，以秦国文字为基础，参照六国文字，以小篆作为官方文字。实际操作中，据现有考古发现，则大量使用简化的、书写更便利也更效率的隶书作为标准的公文文字。[14] 与统一度量衡一道，书同文可谓古代中国最重要的国家标准之一。

但最重要的是第三，在统一文字过程中，并以此为基础，培养了一个能熟练使用标准文字并有效交流（主要有关军国政法大事）的专业职业群体——官和吏。通过他们，也附着于他们，文字的统一才成为一个生生不息的机制。战乱时，这些专业人士分别潜伏于民间，一旦进入和平时期，他们就会附着于新的政权，组织起来，不断自我衍生和扩展。这个生命力顽强的群体和机制，会用自己不断生产的文字产品最终收编各地的异形文字。如果没有这些专业人士，即便一个个汉字作为分别的符号一直存在，却没有了一个可借以传达意义的汉字系统了。单个的汉字就会如同那些如今无法辨认或只能猜测的散乱的甲骨文，就如同中东那些流传至今的楔形文字。由于已不能系统传递意义，它们如今已很难说是文字，最多也只是死去的文字。

虽然秦始皇大力推动了书同文。但在此之前的殷周，不敢说其全力追求了，但有些做法显然有"书同文"功能。最典型的或许就是西周和东周青铜器上的官方文字"金文"或称"钟鼎文"，据郭沫若，"无分南北东西，大体上是一致的"[15]。这种一致在当时很难说是天然的。一方面，这表明两周官方，无论世事沧桑，仍在其可能掌控的青铜器制

---

〔13〕 后代的政法实践表明，只要案件重大，冤屈者也会行使这种"自然权利"。Cf. Jonathan K. Ocko, "I'll Take It All the Way to Beijing: Capital Appeals in the Qing", *The Journal of Asian Studies*, vol. 47/2, 1988, pp. 291-315.

〔14〕 "秦始皇帝改革文字的更大功绩，是在采用了隶书。"郭沫若，前注〔10〕，第10页。"在秦代，隶书实际上已经动摇了小篆的统治地位。……秦王朝实际上是以隶书统一了全国文字。"裘锡圭：《文字学概要》，商务印书馆1988年，第72页。

〔15〕 郭沫若，前注〔10〕，第9页。

作上，不流俗，自觉坚守也是保守文字的统一。在另一层面，客观上，这也会让那些至少见过周王青铜器及器上金文的各国诸侯、卿大夫，甚或为某些破落贵族和平民庶人，如，显然见过世面才可能抱怨"觚（一种青铜酒器——引者）不觚"的孔子及其学生，了解什么标准文字提供了一个可能。不可能消除，却可能制约各地文字的差异化。

沿着这一思路，除关注秦"书同文"以及后世王朝的类似努力外，还应注意，魏晋之后，无论在朝还是在野，历代众多文人士大夫逐渐围绕书法开始形成并分享一些看似与"书同文"无关的雅好。今天从书同文的维度看，无论书写者的意图如何，仅就社会功能而言，这可以说是标准化的文字，以所谓的书法艺术形式，渗入政治文化精英日常文字书写，促成和创造了文字书法共同体，成为确保"书同文"最重要的微观社会机制。

但这并非一个简单的文化艺术事件，涉及了政治和权力，尽管未必是为了政治和权力，甚至只是为了文化和艺术。这要创造和筛选一些被共同体赋予了近似宗教神秘性的经典书法作品，如《兰亭序》《祭侄文稿》等。而这公认的经典书法作品，当然要满足某些书法艺术的标准，但必须看到，也有一系列文字书写艺术之外的因素参与了标准的塑造和经典范本的筛选。例如，书写者本人必须政治社会文化地位足够重要和显赫，即便不是最显赫，甚至不能是也不可能是最显赫的。因为书写的文本本身必须是书写者本人的确实感而发，既记事，亦抒情，其事重要且自然，其情真挚且饱满，足以进入"文学"。文本和书写还必须是即兴的，因此独一无二，不可复制，也超越了书写者个体，可能引发读书人的某种精神共鸣，有类似宗教的感召力。此外，为便于各地文字书写者自觉追随模仿，还要创造便于广泛和持久流传的各种统一的标准化承载体，首先是碑刻，足以持久穿越，然后是拓片，可以跨越空间。最后，还必须有某种准仪式化的文字书写实践，如个人反复读帖、临帖，对书写品的自我欣赏，或同人间的相互欣赏和交流，不仅为强化情感和身体记忆，也为从共同体的惺惺相惜中获得精神满足。

以上分析，不一定都对，也可能有遗漏，但从促进书同文的实践层面看，就是要在读书人书写者的共同体中创造一个自我执行机制，促使每个读书人自我对标，自觉规训，自觉纠正，自觉贴近那被这个共同体专断设定为，只能出现在此前，不可能出现在此刻和未来，因此只能不断接近永远不可能逾越的经典的文字书写。[16] 只有基于这种无条件的崇拜，才可能从社会中源源不断地涌现这个书同文的共同体，勾连各地和每一代的书写者，既是制衡，也是传承。在中国这样的疆域大国内，在漫长历史中，在高度离散的书写者之间，生发了一个以书法实践的文字共同体。独立又协同培养了下一代读书人和书写者，继续着这个汉字共同体。进而把文字书写从交流工具上升为一种艺术，创造一种近似宗教的神圣感和精神升华，在满足自己的同时，于不知不觉中，履行了政治文化共同体所需要"书同文"。

就此而言，对于历史中国，书法真还就是当时条件下一种有关文字统一、有关治国的"法"。在意的不是个别人的读书写字，甚或全民的文化教育普及。它在意的是，在从中央到地方各级政府的主官及其主要幕僚，军队主要将领和/或至少他们的主要参军，以及全国各地准备参与且有能力参与国家政治的社会精英（士）之间，甚至在世代之间，如何建立一个可借助文字交流的共同体，跨越时空有效交流，在交流中不断相互熟悉、相互依赖、相互认同且相互信任。有了这个诉诸文字交流的网状共同体，就能逐级贯彻中央政府的政令法律，逐级报告、汇总并存储全国各地的有关政治治理的重要信息，有效删减信息交流和存储中的错误或杂音。在世代"文治"实践中，他们才可能形成并共享一种，对于中华文明的而不是对某个皇帝或王朝的，政治文化忠诚和职业伦理，他们会分享相近的价值判断、工作程序和制度环境，成为一个以政治治理和管理为天职的职业化、专业化的政治文化精英共同体。

有了这个职业化、专业化并且科层化的群体，有了官僚体制，即便秦及此后历朝历代从宪制上看都是皇帝制，也确实常常是皇帝（尤其是雄才大略的皇帝）一言九鼎，但任何国务决策事实上都会有，从制度上

---

〔16〕《兰亭序》临摹者甚至照样复制王羲之书写中的涂抹、修改和添加。"喜爱［经典］很可能带有迷信成分……经典不是必须有某种优点的书，而是世世代代的人出于不同理由、以先期的热情和神秘的忠诚阅读的书。"博尔赫斯：《探讨别集》，上海译文出版社 2015 年，第271、273 页（引文略有调整）。

也才可能有，更多政治精英参与。这种参与主要不是，也可以不是，通过会商、讨论或其他面对面的交流形式，而是可以通过各类书面文件，参与者因此可以是来自全国各地的和不同阶层的难以有效交流口语的读书人。一些政治文化精英也才可能，就皇帝关注的，或他认为皇帝应当关注的国家大事，直接上书皇帝朝廷。这不仅拓展、开放了"言路"和思路，也便于皇帝破格发现人才。[17] 这就可以对冲、弱化，必要时甚至突破科层官僚政治可能带来的僵化、隔阻甚至人身依赖，即韦伯说的"铁笼"。中国的皇帝，因此，也就不大可能真的如今天中国读书人趋于想象的那样，个人独裁。其实那更可能是中世纪晚期和近代早期欧洲的，没有文官制度支持和辅助的，面对各地封建贵族的，绝对主义君主的形象。而且，即便是皇帝最后说了算，"天下之事无小大皆决于上"，也绝非皇帝个人"贪于权势"，蛮横霸道，而是责任制的要求。这与战场上只能由指挥员下令进攻或撤退一样。换言之，是制度不允许，而并非物理上不能由，他人替代。事实上，无论有待皇帝决策的问题，即所谓议事日程，还是支撑决策的众多信息，为解决问题的资源筹措，以及决策的最后执行和落实，都要求且一定有分散于各地、各层级的精英的参与。有了文字，才有了公文，才有了智慧和才华的汇聚。至少相当一部分，可通过文字实现，不再依赖人员在特定时空的高度集中。

另一方面，即便众多官僚分散于从中央到地方的各层级，遍布于天涯海角，这个共同体的存在就能维系中央集权体制的运转。长时段看，这个体制的长期运转还必定增强整个社会的政治文化凝聚力：庙堂文化、书写文化不断向下渗透，会吸引民间投资，即鼓励民众读书，包括贫寒子弟。读书多了，他们不仅会更关心外面的世界，也更能理解朝廷或中央的政治，在某些甚或众多事务上，他们会成为国家与民众之间信息传递的中介，节省了官员/政府与普通民众信息交流的费用，形成皇权与绅权共治互补的格局。[18] 有了统一的文字，有了执行贯彻政令公

---

〔17〕 典型例证之一是，虽有卫青几次举荐，主父偃均未获得汉武帝关注。主父偃独自上书汉武帝，当天就获得汉武帝召见，被任命为郎中。主父偃建议，以"推恩"方式弱化各诸侯国的力量，在诸如河套地区发展农耕来推"广中国"，都获得武帝的重视。一年内，他四次升迁。《史记》，前注〔11〕，第 2953、2960、2961 页。

〔18〕 费孝通：《论"知识阶级"》，载《皇权与绅权》，天津人民出版社 1988 年。

文的官吏，"礼乐征伐自天子出"的政治愿景，就在一代代王朝的持续实践中成为现实，更可能创建一个和平理性的，依据法令，由政治文化精英实际治理的，疆域人口均史无前例的统一大国。这当中少不了书同文的制度塑造。

由此，我们或许能从另一角度理解，秦当年为什么会那么强调"以吏为师"（这个"吏"当是泛指，甚至主要指各地官员）。[19]也许不全因为法家文化的影响。完全可能，在那个知识下移还不久的时代，秦王朝必须征用所有读书识字的人为官为吏，才可能建立一个起码是更多通过公文来运转的农耕大国的中央集权政府体系；这或许与1980年代初中国干部队伍的"知识化"很类似。"刘项原来不读书"（唐人章碣诗），也许不是因为秦始皇的焚书坑儒，或许只因当时的读书人，包括那些擅长"忽悠"的方士术士，几乎全都被纳入了秦的公文化的官僚体制。

作为副产品，书同文还必定促使政治的另一种转变：深思熟虑的政治，或韦伯所谓的理性（rational）政治。随着文字交流增多，会促使各层级官员注意力持续高度集中，精细阅读、反复琢磨、认真体味，讲究精细入微的文字表达以及与之相伴的文字理解力。这种能力有利于人们超越具体时空，理解和分享来自不同地区、不同时期的源自不同个体身体力行的经验，令前人和他人的直接经验成为阅读者的间接经验。这会创造历史感、归宿感和认同感，会大大推进中国文明，不仅是政治的，也包括文学的。[20]

所有这一切，也包括借助文字才成为现实的诗文创作、社交和跨时空流传，又会转化为一种政治文化的软实力，令读书人一旦进入这个传统就很难抗拒。文字本身对读者不会有吸引力，文字的吸引力主要源自记述者以文字记录和表达的事件，具体人物的思想、作为和情感。若没有孔孟老庄，没有《春秋》《诗经》，纵有相关的全部汉字也不足以构成春秋战国时代的中国文明，自然也不会有中国文明的魅力。正如没有《伊利亚特》和《奥德赛》，没有柏拉图和亚里士多德的著述，仅有希

---

[19] "若欲有学法令，以吏为师。"《史记》，前注〔11〕，第255页。
[20] 可参看，苏力：《修辞学的政法家门》，载《开放时代》2011年2期，第2节。

腊字母和语词，甚或一堆纸草碎片，也不可能有普通人能感知并时而为之着迷的古希腊文明。

通过文字承载的文明，不仅会吸引读书人个体，间接地，还会吸引偏远、边远、遥远地区的不识字的人们。文字因此一直是历史中国政治、社会和文化整合的一种特定表现形式。它甚至会吸引中华文明以外的人们。中国文明对东亚以及东南亚的不少地区之所以影响深刻，当然有商业贸易的因素，但留下最多痕迹的，其实是文字作品。

有了书同文，也才可能有后来各种以书面方式选拔政治文化精英的制度，无论是唐代以诗文，[21] 甚或元代以戏曲，[22] 无论是策论还是八股。特别是，下一章讨论的足以冠之伟大的科举制度。

"语同音"的意义

书同文重要，回头看来，这只是中国文化宪制的一部分，更多是其中可以主要以国家正式制度启动并保证的一部分。但在现代之前，历代朝廷努力过，却一直无法以正式制度有效处理应对的另一重大文化宪制难题是语言。它与文字关系紧密，使用者更多，由于无法附着于物质实体，一直只能口耳相传，因此很容易变化且杂乱。

"起初，天下只有一唇一音，一门语言。"[23] 这对早期中国也可能适用。夏商据说都位于中原某区域，是以部落或部落联盟为架构的"国家"，西周分封子弟，可以推定，这三代王朝的统治阶层大致分享了相近甚或同一语言。尤其是西周，中原各国分享了孔子提及的"雅言"。[24] 但随着群体扩大，统治疆域的拓展，会出现更多新群体或次生政治实体，散布在虽非隔绝但注定交往不多的各区域，众多随机因素会

---

〔21〕"上御勤政楼试四科制举人，策外加诗赋各一首。制举加诗赋，自此始也。"《旧唐书》，中华书局 1975 年，第 229 页。

〔22〕臧晋叔：《元曲选序》《序二》，载氏编《元曲选》（1），中华书局 1958 年，第 3 页。

〔23〕《创世记》11：1。《摩西五经》，前注〔2〕，第 20 页。

〔24〕"子所雅言，《诗》、《书》、执礼，皆雅言也。"杨伯峻：《论语译注》，中华书局 1980 年，第 71 页。

引发语音分歧和变异，然后各自发展，一定导致原初语言共同体的开裂或分叉。如果相互间缺乏足够的交流、影响、制衡或校正，时间一久，次生的语言共同体之间就可能决裂。

口语会影响文字，对拼音文字甚至有决定性影响。即便"书同文"，只要交通通信不便，就无法保证各地民众语言尤其是语音趋同，无法长期一致。甚至有理由认为，由于是表意文字，"书同文"会令政府和读书人惰性更大，更多依赖文字，不易感受到甚或就是不在意民间的语音变化，口语与文字标准读音之间分歧扩大，形成文化隔阻。[25] 语音对拼音文字有决定性影响，但也会促使表意文字创造。如汉字"冇"，有理由推断，会是粤地先有了这个语音（很可能源自"没有"），当地读书人再按对"有"的会意创造出来的。统一的文字若随着各地语音变化独立发展，甚至创造，久而久之，不仅无法保证书同文，各地间既有的文字和文化联系也会受侵蚀、被分解。

在现代，一个较大区域的人们，即便口语不统一，仅凭中央政府的政治强力和经济吸引力，借助不同地区间商业和人员的来往，还有可能构成一个多民族国家，但这也会留下分离主义的温床。在民众交流严重不便的古代，小农经济条件下，国家政治经济文化中心的辐射力非常有限，口语的差异太容易累积，引出大麻烦。单靠书同文，很难想象可以长期维系一个大型政治文化共同体。

典型例证是罗马帝国。罗马帝国全盛时，随着疆域扩大，罗马当地方言和文字，即拉丁语和拉丁文，随罗马军队传到了各省，在欧洲广大地区普遍使用。不久后，罗马帝国开始衰落，疆域收缩，帝国崩溃。拉丁文仍为欧洲广大地区的知识人使用，却与罗马各地的拉丁语开始脱节。此后，拉丁文，作为书面语，持续为欧洲的政治、宗教和文化精英使用，长达千年；至今不少专业领域仍多有使用。但另一方面，仅几百年后，在原罗马帝国核心地区的地中海北岸各地，相距并不远，海陆交通便利，商业往来颇为频繁，只因使用拉丁语的政治共同体破碎了，各地的拉丁语自行演化出本地方言。而读音一变，表音文字的字母拼写也

---

[25] 周振鹤、游汝杰：《方言与中国文化》，上海人民出版社 2006 年，第 77 页。

随之改变了。这些地区先是出现了不同语言的，然后不同文字的，直至不同文化的共同体，即各有自己的语言文字的"民族"（nation）。当其他政治经济社会条件合适时，近现代之后，这地界就出现了一系列各自独立的民族国家（nation-state）。[26]

汉字是表意文字，与语音无直接联系，文字很大程度上独立于读音。即便长时期的口音变化与累积，即便各地对同一汉字读音差别巨大，汉字也不会改变。尽管汉字有"形音义"三大属性，20世纪也有过长期真诚的拼音化努力，但当代计算机汉字编码研究者多年后由衷感叹：字形才是汉字的"王道"，是汉字文化的根。[27] 这一特点有利于汉字长期不依赖读音而独立发展。完全不分享读音但分享汉字的人也可以用汉字交流。在一定限度内，这甚至有助于形成并保守一个有别于"汉语圈"的"汉字圈"，一个共同体感更弱的文字共同体。

但也只是保守。汉字的这一特点无法抵挡更持久、根本和整体的政治经济力量撕扯。东亚各国历史上曾长期分享汉字和其他相关制度文化，至今，至少部分中日韩学人仍可能仅凭借汉字书写进行某些交流。但这仅构成了"汉字圈"。日本从未与中国构成一个政治和文化共同体。朝鲜半岛，临近中国东部发达地区，汉朝在此设立四郡，曾长期广泛使用汉字，与历史中国的政治经济文化关系一直非常密切。但近代以来，先有日本侵略殖民，再有冷战等外来政治经济强权介入，二战后，朝韩分别建国。这表明"书同文"的保守力有限。

古代中国政治家不可能了解这些后世才发生的经验实例，但他们仍能直观感受、把握并理解语音问题对于古代中国的重大政治意味。疆域广袤，地形复杂，无数离散且自给自足的农耕村落，交通不便，人员交流很少。自古以来，中原地区除外，中国其他各地都有方言，甚至翻一座山，过一道河，就语言不通了。对于局促于给定时空的农耕社会个体

---

〔26〕 可参看，信德麟［编著］：《拉丁语和希腊语》，外语教学与研究出版社2007年，第13—14、17—19页。托克维尔考察美国时认为语言可能是把人们联合起来的最有力和最持久的纽带。托克维尔：《论美国的民主》（上），商务印书馆1988年，第32页。

〔27〕 "秦始皇朱元璋怎么读'黄河'两个字？中国各地对'黄河'有多少种方言发音？天知道！可是这两个字从古到今一直没变。"王永民：《汉字编码研究应用40年巡礼》，载《中国发明与专利》2018年12期，第12页。

而言，"不可以语于冰"或"不可以语于海"不是问题；但对于农耕大国的构成、整合和治理，保证长期和平和统一，方言语音分裂就是个难以应对的政治麻烦。

安居乐业是农耕社会生活常态，有助于形成稳定的小型村落，却无力创造如秦汉王朝这样疆域辽阔的政治文化共同体。安居乐业还更可能引发一系列不利于大国治理的语言文字麻烦。第一，农耕社区更多通过口语交流，无需文字。第二，各地分离独立的安居乐业一定导致各地方言。以及第三，农耕村落居民的社会认同习惯于、也更多以方言为基础，不以全国通用文字为基础。农耕中国有众多次生语言共同体，普通民众通常只有地方认同，有"家"无"国"，自然不知何为"国家认同"。方言会增加全国各地经济政治文化交流的成本，增加各地经济政治文化整合的难度，会削弱甚至抵消"书同文"对"大一统"的塑造力。一旦内外政治经济文化条件合适，某些方言共同体就可能从历史"中国"分裂出去。

为促使中国政治文化构成和整合，在"书同文"之外，就不能不关注更生动易变且更难规范统一的日常语言。在古代农耕社会，统一语音注定不可能。即便可能，也未必需要。因为除非天灾人祸，安居乐业的普通农人终其一生也很难遭遇语言不通的问题。商人会，但商人很少。只有读书人，作为历史中国最有影响的社会群体和阶层，读了点书，识几个字，知道有外面的世界，有了不同于绝大多数普通农人的关于个人与家、国、天下的想象，有理想或愿景或中国梦。如果年龄、身体和家庭财力条件许可，他可能追逐理想，投身政治，在秦汉之后制度化的"异地为官"体制下，可能长期但次第任职于一些语音完全陌生的地区。只有这时，更多对于他们履行政务职责，方言带来的语言不通才成为重大困扰。[28] 这包括同任职各地的百姓的语言信息交流不便，也包括作为政治文化精英集团的一员同其他成员，直至皇帝，之间的口语交

---

〔28〕 例如，韩愈被贬岭南阳山（今广东阳山县，2017 年仍是广东的三个国家级贫困县之一），当地仅有小吏十余户，"皆鸟言"，无法交流，只能在地上写字，告诉他们按期缴纳税赋。《韩昌黎文集校注》，上海古籍出版社 1986 年，第 266 页。又有柳宗元任职柳州，与当地"峒氓"语言不通，听审案件得辗转翻译，很是困扰（"愁向公庭问重译"）。《柳宗元集》，中华书局 1979 年，第 1169 页。

流障碍，还会有其它政治弊端。[29]

同当地百姓的交流，可以借助当地的"吏"，他们可能是当地考不成科举的读书人，但通官话。就后者而言，既然都是读书人，也可以借助文字交流。但借助文字交流很不方便，效率低，难有深入、细致和复杂的交流。更微妙的是，同日本或韩国学人借助汉字交流学术的经验令我感悟，即便可行，借助文字交流唤起的更多会是交流双方的文化差异，未必是双方的文化认同。

更大问题有关国家政治治理和整合。如果一位广州读书人，读了很多书，懂很多道理，还很能做事，就是无法同粤语区以外的人口语交流；即便在广东境内，也无法同比方说潮州或韶关人或客家人交流，那么他的政治前途不可能十分辉煌。即便他才华横溢，远见卓识，皇帝如何同他充分、准确、直率和有效的交流，通过翻译？通过双重翻译？可怜夜半虚前席，如何私聊那些最机密紧要的军国大事？进入朝廷，他又如何同来自全国各地的朝廷大员交流？即便都是人才，也都愿意合作，又如何将一个个来自各地的人才，组织成一个日常交流更有效的政府？相互间无法直接交流，朝廷又如何商讨议政？如何保证效率？

这个思想实验只想指出：如果没有一种各地读书人分享的口语，秦汉以来的中央集权制就很难运行，就可能从一开始就止步于愿景。中央政府不大可能通过政治文化精英的全国流动任职来促成各地的相互影响、牵制和融合，无法尽快促成地方政治精英转变为全国性政治精英，农耕大国各地的政治经济文化整合就只能想想而已。

这不仅是这个国家的损失，也是读书人自己的损失。没有可广泛交流的口语意味着，即便读书认字，博古通今，学富五车，你也不比他人更有能力参与全国（包括中央和地方）的政治治理。方言会挡住各地政治文化精英进入朝廷，进入从中央到地方各级政府的路，不可能成为这个国家或朝廷的精英，会逼着这些政治文化精英退回故乡，蜷缩于故乡。

---

[29] 清雍正帝就曾抱怨"朕每引见大小臣工，凡陈奏履历之时，惟有福建、广东两省之人，仍系乡音，不可通晓"，但他真正担心的是政治治理："官民上下语言不通，必致吏胥从中代为传述，于是添饰假借，百弊丛生，而事理之贻误者多矣。"中国第一历史档案馆 [编]：《雍正朝汉文谕旨汇编》(7)，广西师范大学出版社 1999 年，第 287 页。

　　而在故乡农村，读书识字作为专有资产，几乎无用武之地。[30] 人们就更没理由投资于读书识字了。还不如从一开始就融入本地方言文化共同体，其乐融融。即便识字，也只会关心本地事务，而不是有全国意义的政治、经济、军事、文化和社会事务，不会关心全国山川地形，风土人情。当没有真实或可想象的利益时，人们很难对家乡以外的地方有真实深刻的关切，很难产生家国情怀。"以国为国，以天下为天下"的前提是一个人因其深厚的关切而能富有情感地想象并构建这个"国"和"天下"。

　　麻烦却会留给这个国家。只能"以家为家，以乡为乡"的读书人不可能胸怀祖国和天下，不可能"先天下之忧而忧，后天下之乐而乐"。即便他再聪明能干，也只是一位本地的或地方的精英，而不是一位籍贯广东或山西或四川的中国的精英。

　　更大危险是，一些因方言而理想受阻的读书人，恰恰因为其潜质和能力，更有可能试图，以现有文字为基础，创造一种与本地方言一致的文字；或另起炉灶，独立创造与本地语音一致的语言。一旦依据本地语音创造了新文字，这意味着，这些本来可能的中国语言文字文化的传承者，已成为实在的中国语言文字文化的分裂者。如果他从政，结果会是，这些本可能是中国政治文化的整合者，反倒成了中国政治文化的分裂者。这是推理，但中外历史上这类例证并不少。古今中外，最早、最坚定的政治和文化分裂者或反叛者，从来不是文盲，一定是读书人，且常常是现行体制下失落的读书人。[31] 政治文化分裂能否成功，最终也得靠读书人。欧洲的一个典型是，同罗马天主教会决裂的是精通拉丁文的牧师马丁·路德，他以当时的德语方言翻译了《圣经》，统一了并在一定意义上创造了标准的德语和德文，促进了德国政治和社会文化的繁荣，为德国的最终统一提供了必不可少的条件。[32]

---

　　〔30〕 参看，费孝通：《文字下乡》《再论文字下乡》，前注〔4〕。

　　〔31〕 西汉文帝时的中行说，因被迫陪送公主到匈奴和亲，心生怨恨，转而投靠匈奴，成为单于的重要谋臣。他竭力劝说匈奴不要羡慕汉朝的衣服食物，增强了匈奴对自身文化的自信，还教给匈奴人统计方法，便利其核算记录人口和牲畜。请看，《史记》，前注〔11〕，第2898—2900页。

　　〔32〕 侯素琴：《马丁·路德与现代德语》，载《上海理工大学学报》（社科版）2006年2期，第53—55页。

上述分析说明了，在这片地形地理高度复杂，各地经济交流不便的多民族、多族群生活的土地上，要塑造一个"中国"，要在政治文化层面构建这个"中国"，"书同文"除外，还必须有"语同音"，必须借助"语同音"。

但最大量的普通人在农村终其一生，就可行性和效率考虑，古代中国只需建立一个主要与政治文化精英有关的最低限的语言共同体即可。这个语言共同体要支持并能有效兼容"书同文"的文字共同体，只为有效勾连各地的政治文化精英，因为只有他们才会走出故乡，遭遇语言不通。仅就人数而言，这不是个很大的语言共同体。它需要国家的政治统一来支撑，却无法由国家直接维系。必须在整个中国的社会生活中创造一个机制，保证这一小型语言共同体能持续的自我再生产。

这就要求从宪制角度来透视和理解古代中国演化发展出来的"官话"；[33] 这实在是又一个无愧于"伟大"的宪制。为促成，进而确保有效和统一的政治治理，中国的政治文化精英，以各种方式和途径，有意无意地追求了，以汉字为基础，基本为政治文化精英用于口头交流、有别于任何方言的通用语言。尽管汉字语音一直流变，分歧，但不同历史阶段以各种方式保证的语音标准化努力，还是为各地的读书人口头交流确定了努力方向。在历史的生存竞争和淘汰中，这个"官话"居然活下来了，不可思议地，顽强地。

但即便自明清至民国，据音韵学研究，也有多种广义官话，且各自为政。[34] 若从语音或音韵学视角看，或以今天标准统一的普通话来衡量，各种"蓝青官话"（蓝青，不纯也）语音差别很大。若仅从语音判断，甚至可以说蓝青官话都是方言。但这个视角误会了官话的实践性的宪制功能和社会意义。从社会视角看，官话追求的并非语音的统一或相近，而是语用（pragmatic）和功能，即语言交流双方能听懂，能有效交流。

---

〔33〕 注意，虽源自明清的官话，这里说的"官话"是一个学术概念，泛指可能为中国政治文化精英分享的口语。它包括春秋时期以中原音为标准或基础的雅言、通语，也包括后世历代王朝的各地"官话"。

〔34〕 李荣：《官话方言的分区》，载《方言》1985 年 1 期。

甚至无需交流一切。有关饮食、风土人情、家长里短等高度地方性的现象，对中国的统一治理无关紧要，无法以官话交流，并无大碍。用官话交流的首先是且主要是政府公务，古代中国的重大政治、社会、历史和文化事件和相应文献。[35] 两位从未相逢但政治文化背景相似的读书人不期而遇，借助官话，即便口音浓重，连蒙带猜，猜出一些重要字音，就能相互口头交流。如果是官员，无论是异地为官还是齐聚京城，则可能讨论、争论他们职责必须关注的国事和官事。

也因此，历史中国的官话一直并不统一，至少不标准，[36] 主要是"官"的话；与需要服从官员调遣的"吏"，以及与走南闯北的"商"也有关。尽管如此，却还是可以推断，官话同"文字"联系会更紧密，与本地的俗务俗事联系松弱。它不大可能是对各地方言俚语的规范化和标准化语音表达，而与中华文明的经典文献，甚至可能与"文言文"关系更密切。换言之，官话更多用于，也便于讨论有关政治、礼法等问题。会与政治文化精英分享的知识传统联系紧密，更多同经史子集、诗书礼乐这些"士人必备"相联系；肯定不只是儒家，也包括了诸子百家。这也意味着，官话同那些成文的经典知识，以及相关论题联系更紧。扩展开来，即便超出各类经典文本，更适合以官话讨论的，也会是不同时期政治文化精英均可能面对的共通问题，如修齐治平之类的，或时政的分析、决策和施行。同经典文本的紧密联系，受其制约，容易塑造历史中国政治文化精英的"信而好古"。但真正的动力不会是抽象的文化保守"主义"，更可能是，借助汉字和官话交流的知识从一开始就是古典的和精英的，是"天不变道亦不变"的，而不是民间或世俗的。[37]

不一定可靠，仍可以从这一点来理解历史中国的私塾或家庭教育风

---

〔35〕 最早的权威证据是《论语》称，孔子在涉及《诗》《书》和礼尚往来时，都用雅言（前注〔24〕）。并请看，张玉来：《明清时代汉语官话的社会使用状况》，载《语言教学与研究》2010 年 1 期，第 90—93 页（"官话只是行政和商业用语"）。

〔36〕 张玉来（前注〔35〕，第 90、92 页）称明清时"官话没有绝对的标准"并且"社会上所讲官话很少是标准的"。

〔37〕 至少在明清之前，读书人很少关注传奇、小说、戏曲或其他消闲"文学"。即便关注，也只是业余。长期的关注者，基本都是当时政治文化精英圈外的读书人，那些不被时人视为精英的失意者，如关汉卿、施耐庵等人。

格。如私塾先生很少解说文义,却从来强调朗读诵读。[38] 这个传统至今延续。中国小学有早读课,老师要求学生集体高声朗读课文,有时还要求背诵。[39] 但并没有可靠的经验证据表明或支持,朗读有助于记忆。史上流传的种种"过目不忘"的轶事,也包括该成语本身,都表明重要的其实是过目,而非诵读。[40] 中国小学算术也要求学生记住一些数学公式,我个人的回忆是,乘法口诀除外,老师从不要求学生朗读和背诵公式。合乎情理的猜测,或许是,语文朗读只为便利老师监督、发现并及时校正学生的语音。朗读和朗诵也被挪用于中国的外语教学,同样因为便于校正语音的功能。这也可以解说美国小学英文课不设早读。甚或,还可以推断其他表音文字国家,在其母语基础教学中,不会有中国小学语文教育的类似课程设置,以及语音监督和校正。

诵读还有正外在性,可能有助于规范汉字读音的社会记忆和社会校正。在没有其他技术手段有效记录、保存和传承准确的汉字读音的社会中,诵读会使汉字的官话读音,在社区或家庭中,留下些许社会记忆,口耳相传,于无形中影响后代或旁人。[41] 如果当年我舅舅每天早晨大声朗读"有朋自远方来,不亦乐(yue)乎",20年后,我读作"不亦乐(le)乎",我母亲,即便不识字,也会纠正我。借助了这些无心的行动者,在时空高度离散的条件下,这个汉字的官话发音就跨越了有限的时间和空间,这一传承完全独立于相关个体各自的活动,也独立于他们的个人主观追求甚或自觉。

---

〔38〕 "私塾的读书程序是先背诵后理解。在'开讲'时,我能了解的很少……"朱光潜:《从我怎样学国文说起》,载《朱光潜学术文化随笔》,中国青年出版社1998年,第245页。

〔39〕 依据中国教育部制定的标准,小学生语文教育分三学段,对阅读的要求分别是"学习用/用/能用""普通话正确、流利、有感情地朗读课文"(着重号为引者所加),然后才是"默读"。请看,《全日制义务教育语文课程标准》(实验稿),北京师范大学出版社2001年,第5、7、9页;以及《义务教育语文课程标准》(2011版),北京师范大学出版社2011年,第8、10、12页。有研究表明,民族地区农村小学生朗读水平整体较低,教师的普通话和朗读水平也低。韦芳、石柳苹:《民族地区农村小学语文朗读教学的现状与对策——基于广西大化县、罗城县4所农村小学的调查分析》,载《教育与教学研究》2014年4期,第20页。

〔40〕 著名如三国时魏国的王粲,与人同行,看完(所谓"读")路旁碑文,"背而诵之,不失一字"。王粲看了别人的棋后也能当即复盘。陈寿:《三国志》,中华书局1959年,第599页。

〔41〕 朱光潜回忆称自己没正式读过《诗经》,只因家里有人常读,听多了,能成诵大半,是他最熟的经书之一。他因此觉得"韵文入人之深","读书用目有时不如用耳"。《朱光潜学术文化随笔》,前注〔36〕,第245页。

官话的形成和维系——一个谜与一个猜想

但仍有一个无法解说的难题：在如此辽阔疆域内，没有电视、广播和录音设备，即便只是在读书人中，广泛使用但不很统一的口语格局，当初是如何发生和形成的？只有在这之后，才有官话的维系和拓展问题。即便政府的强力推行不可或缺，那也只可能是在官话成形之后。而且，对官话语音的严格监督和校正，很难，效果也有限，甚至不可能，因为成本太高。

要想从经验层面追溯官话的起源，已不可能。本节则依据现有的相关历史记录，以思想实验的方式，粗略勾勒一个理论上或许成立，但不可能验证的，关于官话发生和维系的制度框架。抛砖引玉，希望能激发学人对这个问题的关注和研究。

我把官话起源的前提设定为：在一个足够广阔的区域内，最初曾有一个人口数量足够庞大的群体，因血缘亲缘，已分享了一种口语，即便有口音，在许多基本方面仍高度相似。这个群体，同周边其他群体相比，经济社会发展水平相对优越，甚至就是占统治地位的群体。其语言非但对该群体自身有凝聚力，对周边其他群体也有经济文化吸引力和政治支配力。该群体的活动已初步构成了一个活跃且足以自我再生产和不断拓展的语言共同体。

这个给定的起点，在经验上，可以落实到华夏民族长期生活、耕作、争夺乃至厮杀的黄河中下游地区。可以想象，夏、商和周三代都会以本部族语言作为本朝"官话"。在直到春秋时期的1500多年间，这三代治理的区域也大致重叠交错，令三代的"官话"即便有所损益，也有较多重合。回头来看，其中影响最深远的重要措施或许是，通过分、封、建，西周天子将大量子弟和少量功臣封为诸侯，[42] 诸侯王带着他

---

[42] 据说西周"立七十一国，姬姓独居五十三人"（梁启雄：《荀子简释》，中华书局1983年，第78页）；《左传》则称西周"其兄弟之国者十有五人，姬姓之国者四十人"（《春秋左传注》，前注〔1〕，第1494—1495页）。

的百姓，前往封地，建立诸侯国。即便周天子当时并无"语同音"的明确意图和追求，这一实践客观上，第一，等于将西周统治者分享的日常语言的语音定为官方语言和语音；第二，经分、封、建，这种语言和语音在地域空间上短期内扩展开来，成为人口数量最多且占支配地位的语言和语音群体。生存地域的多样性，以及更大程度的分散，令这个群体更容易持续，也令这个群体使用的语言和语音更容易存活下来，并影响、塑造甚至改造其周边其他受支配者群体的方言。

有不少间接证据支持这个设想和推断。春秋时期齐桓公所以能"九合诸侯，一匡天下"，战国时纵横家苏秦、张仪游说六国国君合纵连横，以及春秋战国时众多政治精英如孙武、伍子胥、吴起、商鞅等直接参与"他国"核心政治决策并当政，都表明在中原地区，甚至西到关中汉中，南到长江南岸的楚国和吴越，确实已有了一个可以借助口语日常交流的语言、语音的共同体，至少在各国诸侯以及他们身边的政治精英群体中。

但这个语言和语音共同体肯定不稳定。因为，即便就在这一地区，就有黄河、淮河和长江，还有太行、秦岭、大别山，等重大的自然地理隔阻。漫长岁月会把同源的语言群体塑造成不同的语音群体，也会反噬或重塑政治精英们的语音（只要比较一下英国和印度两国政治精英的英语发音，这还是在近现代）。必须有些重大社会事件，令散落在其他地区的读书人，在此后的岁月中，同中原地区一直保持足够的语音联系。

其中最重要的或许是，中原地区必须一直保有足够政治、经济和文化成就，创造和保证自己的政治文化辐射力，吸引各地读书人自发、自觉、自愿对标中原语音，随时发现并矫正自己的语音"偏差"。历史情况也大致如此。从秦到北宋大约 1300 年间，除东晋和南朝不到 300 年间定都江南南京外，历代王朝，包括北朝各国，一直定都长安或洛阳或开封或大同——广义的中原。[43] 长期稳定的政治经济文化中心，有助于维系这一语言共同体基本稳定，甚至可能借助中央政权的政治影响力在周边地带，有限扩展和巩固这一语言和语音共同体。

---

〔43〕 可参看，林焘：《从官话、国语到普通话》，载《语文建设》1998 年 10 期，第 6 页。

还必须发现、借助甚至有意强化汉语发音的某些保守特点，来抵抗各地方言"侵蚀"，尽量避免语音流变分殊。这需要形成一系列有关汉语发音和保存发音记录的微观制度，自组织成为一个语言/语音的持续再生产系统，便于高度离散的读书人可不时诉诸这个系统来校正自己的汉字读音，并因此加入这个，在近代之前从原理上看，只可能口耳相传的汉语言/语音传统。当各地读书人都自我追求和塑造自己的官话能力之际，他们也不知不觉拓展了官话使用的地理空间。

在古代农耕中国，要满足上述诸多条件，从理论上看，完全不可能。但真实有时比想象更神奇，也更坚定。鉴于中国一直有广义的官话传统，即便我无法再现其因果关系，却可以根据官话的流传结果断言，古代中国就是跨越了北国千山，南方万水，创造了官话生长维系的社会基础，也创造了一个至今没人能说清，也无法令人信服地予以重构的，[44] 复杂的官话自我持续和再生产机制。[45]

在如此久远和辽阔的时空中，古代中国形成且还能维系官话"语同音"，首先或应归功于汉字的表意特点。这使汉语有可能构建不单纯依赖语音的汉字地理文化共同体，有可能建立跨越古今、持续生动的汉字历史文化共同体。即便各地汉字发音有别，仍可以在较长时间内，基于"书同文"而维系政治共同体。表意特点大大弱化了方言对汉字的可能影响。汉字的语音完全抽象了，因为它勾连和涵盖了各具体地方对汉字

---

[44]　有关雅言、通语或官话的发生及其方方面面，有许多具体研究。例如，李世瑜［编著］:《天津的方言俚语》，天津古籍出版社 2004 年；徐通锵:《历史语言学》，商务印书馆 1991 年（特别是第 10、11 章）；耿振生［主编］:《近代官话语音研究》，语文出版社 2007 年；以及钱曾怡［主编］:《汉语官话方言研究》，齐鲁书社 2010 年；等等。太多的实证研究集中关注各地语音的差异辨析和流变推断，就我有限阅读而言，未发现有学者直接探讨官话的形成机制。众多研究皆表明有多种因素，多种社会、政治和文化机制，有意无意地创造和促成了官话，维系了中国的广阔地域内政治文化精英最低限度的口语交流。

[45]　这些分散、功能相辅的创造和促成官话的社会、政治和文化机制是否足以称为一个制度？没有证据表明中国古人在这方面，如当年决策"书同文"时，有明晰的宪制意识。但从社会学和政治学上看，一系列社会机制和实践是否构成一个制度，关键并不是创制者和/或行动者本人或集体有清晰明确的主观意图。即便创制者和行动者的主观追求是其他，只要客观上形成了一种格局，有稳定持久的社会效果，人们就可以视其为制度。最典型的是市场:市场的创造不源自任何个人的主观追求，不源自对市场带来的自由、平等和效用等的渴望或想象，人们仅仅为交换产品（包括货币），不经意间就创造了市场这个伟大的制度。

的发音，却无须等同于某一具体地方的语音，[46] 各地甚至各时代的发音仍能交集于共同的汉字，这使得汉字的读音超越了具体时空。即便某些汉字的特定读音在一些地域方言中消失了，甚或即便某一天从所有方言中消失，这些汉字仍在，依然广泛使用，依然生动。最典型的例证是，今天北方各地方言中均无入声，普通话也没有入声，但当年的那些入声汉字仍然存在，仍广泛使用。

其次，汉字语音是抽象的，由此派生的优点是，这大大弱化了各地精英对陌生语音的本能反感。日常生活中，一个人可能反感上海话或广东话甚至北京话，却不大可能反感不属于任何具体地方的官话或普通话。有时似乎有人反感普通话，其实只是反感说普通话的那个或那些具体的人，因为这些人用普通话来有意标榜自己属于或不属于某个地域或阶层的文化共同体。我们偶尔也会反感有些人，日常会话，毫无必要地夹杂了些许英文单词。并非讨厌英文，我们只是讨厌此人的做派。

再次，历史累积的汉语文字典籍会赋予汉字文化共同体某种神秘、庄严和崇高的文化影响力。这是一种真正的软实力，在很大程度上，天然压抑了那些以方言创造文化认同的地方主义或分离主义冲动，令其全然无效，甚至自惭形秽。[47] 它比表音文字更能抵抗语音共同体中容易出现的地方化，进而有人试图据此创造民族文字的倾向。

另一个或许有利于创造和维系汉语语言共同体的特点是汉字的构造机制。《说文解字》概括汉字的构造方式有六种：指事、象形、形声、

---

[46] 即便作为中古汉语标准的《切韵》系统，据王力先生，也不代表某一时一地的语音，甚至不代表当时（隋代）的首都（长安）的实际语音，只代表了一种被认为文学语言的语音系统，纯然属于书面语言，是当时人们写诗押韵必须遵循的。王力：《汉语史稿》（上），中华书局 1980 年，第 49、54 页。

[47] 如果没有伟大的原创文字作品，一种文字就很难有文化吸引力和凝聚力。这就是为什么尽管许多民族早就有了自己的文字语言，却总是直到出现伟大作者和作品后，方才成为有文化影响力的文字语言。如莎士比亚之于英文；马丁·路德之于德文；普希金之于俄文；以及鲁迅和毛泽东等之于现代汉语。相比之下，尽管柴门霍夫创造世界语超过 130 年了，也有不少个人和组织努力推广，但由于没有嵌入一个重要的历史文化传统，至今没有博尔赫斯说的那种令人着迷反复阅读的经典作品，没有坚定的受众。同样的道理，尽管有"台独"人士试图编造独特的台湾文化和历史，但仅仅讲几句或在普通话中插入几句闽南话，或把"古今中外"改为"古今'台'外"、把"中肯"说成"台肯"，没有公认的、甚至必须是伟大的"台语"文本，其结果就一定悲催，是个笑话，暴露了其在文化上的自惭形秽。人的本能心理需求是希望自己属于或至少是能加入一个伟大的传统，这可以解说民间的重修家谱现象，也可以解说尼采、福柯的知识谱系学的犀利。

会意、转注和假借。后代学者研究发现，其中以形声造字最多，占了汉字总数的80%以上。[48] 这意味着，理论上讲，一个人只要认识并能基本准确读出大约1000多个常用汉字，就可能通过"见字读半边"或"认字认半边"（这里的"认"应理解为"读"），连估带猜，即便会出错，就有可能读出其他陌生汉字的音。加上会意，假借，会更多。这个特点既有利于教书，也便于自学，实践上便利了读书人发音。抽象来看，甚至可以视作为整体的汉字为汉字发音信息的一个互存互记系统。在一定限度内，这降低了众多同音字发音对口耳相传的依赖。这个特点，使基于汉字发音的官话，在读书人中容易通行，也使汉字支撑的官话语音比那些没有或无法以文字支撑的方言语音更容易被社会长期记忆，不易失落。

但汉字为什么会有这些几乎有点神秘的特点？偶然、意外甚或万幸？此种解说简单且直接，很难排除。但这种解说，既可能低估了汉字，也可能是特定形式的拒绝深入思考。不是目的论，却也应想到会不会有以下可能，即这些以及其他尚待发现和理解的汉字特点本身，就是汉字在其漫长历史进化中得以在中国存活和持续的特点（在进化论的理论框架中，无法说这是优点）。换言之，汉字的这些特点与汉语言、文字和文化共同体发生的其他条件更兼容。在这个疆域大国复杂多元的社会语言生态环境中，能竞争存活下来的语言文字必须具备这些特点；或只有具备这些特点的语言文字方才能也才适合维系这个大国的文明。这只是个猜想。可以存疑，但不能仅因其还是猜测就直接彻底拒绝。

将进化论带入汉语言文字的考察不为多学科研究考察的名号，只因仅关注语言或文字自身不足以解说官话。官话的形成和演变必定与讲官话的人口、其社会生活基本条件的变化，甚或与迫使人口流动的各种灾难有关。在漫长岁月里和辽阔疆域内，许多幸运，但更多可能是不幸，可能勾连、牵制甚至遏制了各地语言发展/蜕变为无法交流的方言，或强迫了某些语言融合。

首先是中国历朝历代的社会动荡造成大规模人口迁徙。无论因北方

---

[48] 《说文解字》共收汉字10516个（含重文），其中形声字为8545个。张世禄、杨剑桥：《音韵学入门》，复旦大学出版社2009年，第7页，注〔2〕。

游牧民族进入中原，还是改朝换代、逐鹿中原的战乱，或是中原地区的严酷灾荒，历代中国人口迁徙的基本格局一直是自北向南，由东向西，包括西南。北方大批民众流离失所，失去一切，只剩下生命以及乡音带到，种植在，山高水长的南方。[49] 每一批北人南迁，都将北方语音同生根于南方的语音再次勾连，影响和约束当地语音的演化，甚至自成一家，如客家方言。[50]

其次是历朝为完成各种政治军事经济建设项目而实施的永久或暂时的移民。这包括为打击各国贵族地方豪强的强制移民；为建设长城、宫殿、陵墓、道路、水利建设等工程从各地强征的劳工；为抵抗和反击北方游牧民族全国征兵；以及在北部边陲和各军事重镇长期驻军如卫所等。[51] 所有这些事由，都会促成更大区域内各种方言的相互影响、混合和融合，直接间接地，会影响各地和许多人的语音。[52]

不能高估人口迁徙对官话的影响。人口迁徙造成的语音影响会更多止步于社会层面，受其影响的主要是普通人，最多间接影响政治文化精英。人口迁徙带入的外来变量，是各地语言演变发展躲不过去的，但在传统农耕中国，语言发展的基本动力必定是本地的社会生活。

应当纳入官话的生态系统考量的还有官员和商人。不少官员退休后，回家乡，会开办私塾。[53] 生生不息，周而复始，这等于各级政府源源不断派人，用官话这一外部标准语音，指导和矫正着本地启蒙的经典朗读，沟通了当地口音和朝廷官话。这会挤压各地官话可能出现的语音分歧，至少将分歧保持在有效交流能容忍的限度内。商业活动也会增加对通用语即官话的需求。南来北往的商人，要同大量陌生人交易，他

---

〔49〕 "洎乎永嘉乱起，人士南流，则东晋南朝之士族阶级，无分侨旧，悉用北音，自不足怪矣。"陈寅恪：《从史实论切韵》，载《陈寅恪史学论文选集》，上海古籍出版社1992年，第274—275页。

〔50〕 关于北方社会动荡对"客家"的影响，请看，罗香林：《客家研究导论》，上海文艺出版社1992年影印本（原版希山书藏1933年），特别是第2章。

〔51〕 例如，有研究表明，明初燕王朱棣在北京、天津一带成边，带来了不少家乡地区的人，他们成为在天津居住的最大和强势群体，江淮方言成为强势语言，进而影响到今天的天津话。请看，李世瑜：《天津的方言俚语》，天津古籍出版社2004年。

〔52〕 可参看，鲍江：《云南的官话方言从何而来》，载《文史月刊》2011年2期。

〔53〕 可参看，费孝通，前注〔4〕，第295—303页。

们不可能学会各地方言，一定会主动借助官话交往。[54]

其他社会文化事件，或也曾有利于促进中原语音的标准化。元代盛行的杂剧和散曲就曾促成北京话（大都话）在民间流传。[55] 由此还可推断，从唐中叶开始，随着城市人口增加，在民间叙事基础上陆续产生的话本说唱，也当会针对都市受众，有类似的语音调整。

还有些更纯粹的文化措施和微观文化制度影响。这首先需要各地的政治文化精英构成一个勾连各地语音的语言共同体。一旦共同体形成，其内在机制可以自我运转、自我矫正和变异，也不断自我再生产，通常就较少需要，有时也能抵抗外部干预。典型是，每个古代读书人，接受了基本文字和读音训练即"小学"后，理论上就可以通过汉字的相互标注，借助汉字系统和诗文作品结构中存储的读音信息，在完全隔断的时空中，也能自主重现某些陌生汉字的官话读音，或与官话相近的读音。这就是"师傅领进门，修行在个人"。

还可以从这一角度来重新理解历史中国的一些典型文化现象。如，自古以来中国诗歌韵文一直发达，几乎是一枝独秀，[56] 读书人不管本人是否真心喜欢，都习惯于吟诗作和；写文章一直强调抑扬顿挫，朗朗上口，便于吟诵（朗读）。这些文化现象要求，双声词除外，诗歌韵文中，相邻和相近的字，读音和声调必须差异显著，才会有节奏；律诗中几乎对每个字都要求合辙押韵，以确保朗朗入口；为保证文句合辙押韵，甚至允许变动一句话的文字顺序，直至后人费解。[57] 这当然可能是，却不可能只是，追求听觉上的音韵效果，毫无其他社会功能。同

---

〔54〕 清人高静亭自小到过苏皖、浙江、河南、两湖，又在京城长住过。他发现，民间经过水陆大码头的商人会说官话，尽管他们同街坊一起说土话，一句都听不懂。在京城里，听不懂街人的乡谈，但街人到店里买东西，就满嘴官话，带着南方或北方的口音。高静亭：《论官话能通行》，载《正音撮要》，北京大学出版社2018年，第4页。

〔55〕 "元曲中的常用词至今在北方官话区仍然十分活跃。"刘金勤：《元曲词语方言今证》，载《语文知识》2012年4期，第41页以下。

〔56〕 "先秦的散文也往往带着韵语""从汉以后的情况看来，诗歌往往比散文更接近口语"，王力，前注〔45〕，第21、24页。"研究汉语语音史，韵文最为重要。"向熹：《简明汉语史》，高等教育出版社1993年，第9页。

〔57〕 典型如《诗经·小雅·节南山》改"无殆小人"为"无小人殆"，又有《墨子·非乐上》改"饮食于野"为"野于饮食"，两者都是为了与上文或下文叶韵。郭在贻：《训诂学》（修订本），中华书局2005年，第11—12页。又如，杜甫《秋兴》之八的名句"香稻啄余鹦鹉粒，碧梧栖老凤凰枝"，解说之一就为符合格律。

"语同音"联系起来，中国古代诗文的此类特点或有助于察知或理解深藏于这类语言表达中的其他信息。包括语音信息。

诗文中的这类当初的追求，后来的规矩，首先能避免因同音字、形声字太多可能引发的文字拗口和绕口（极端如赵元任的《施氏食狮史》，可视解，但不可听解），让已成书面语的文言，无法彻底切断，仍必须保持，同日常语言特别是语音的联系。更重要的是，长期出声吟诵经典，在熟练掌握——不只是熟知——这些不易为人察知的中文规则后，老道的读者，在阅读诗词韵文时，遇到处于特定位置的个别或少量陌生字，无需借助他人或他物，连估带猜，也能"猜出"或重构其读音和/或声调。[58] 其效果既有助于识字，也有助于校音。这就是民谚"熟读唐诗三百首，不会吟诗也会吟"[59] 的机巧。与"见字读半边"的功能相似，这也是深藏于文本系统和结构中、无需甚至无法面授的另一信息传递机制。设想，在完全不了解中原语音的偏远地区，就因是韵文，一个读书人很容易就能猜出，杜牧"远上寒山石径斜"这句中，"斜"读如"霞"。而通过他在韵文或散文中使用，或讲解，这个字的读音就会在当地读书人群体中扎根并传开。

其他已知机制是汉代训诂学者创造的多种汉字标音法。"直音法"用同音汉字注音。"读若法"以相似字音打比方，让读者猜出生字的正确读音。这与借助韵文猜测生字读音相似。"譬况法"力求描述某个汉字如何发音，如发长音或短音。这些方法都用读者可能熟悉的常用汉字给陌生汉字注音。《说文解字》就采用了这种方法。[60] 这表明，至少东汉时期，这类读音标注就已是帮助读书人生字发音的常规方法了。

但最重要、最有意义的发现，也许是公元 3 世纪三国时期经学家孙炎发现并系统阐述的，反切。他撰写了《尔雅音义》，开始系统使用反切音来标注不认识的汉字读音。这种方法预设读者已知两个汉字的读音，取前一字的声母，取后一字的韵母和声调，为一个不知其读音的汉字注音。声母、韵母以及声调的重新组合构成了这个"陌生"汉字的

---

〔58〕 如王力对白居易《琵琶行》韵脚读音的分析。王力，前注〔45〕，第21—22 页。
〔59〕 蘅塘退士：《原序》，载《唐诗三百首》，中华书局 1959 年，第 3 页。
〔60〕 许慎：《说文解字》，中华书局 1963 年。

读音，如以"扶严反"来标注汉字"凡"，以"直氏反"来注明汉字"豸"的读音。在近代中国引入并采用外国音标和外国字母注音之前，这是历史中国自主创造的、最主要且长期使用的注音方法，一种系统、便利和俭省的拼音方法。

到了隋代，八位著名学者商定了审音原则，由陆法言执笔，于公元601年编成《切韵》五卷，成为现今可考的最早韵书。语言学界通常强调它对后世音韵学的重大影响，完全正确。但从促成政治文化精英"语同音"的角度看，它代表了民间启动并创造，最终获得官方认可、支持和推广的，有关汉字读音的一种标准化制度。

"官话"的政治塑造和利用

仍不能低估政治的直接塑造。既然语音对于统一有效治理农耕大国如此重要，那么中国历代王朝统治者，无论是否清醒意识，或仅仅出于便利，也一直会以各种方式和途径，追求以汉字和北方（中原）读音为基础，维系这种主要为政治文化精英使用的通用语言。这会是创造和维系官话的制度能动。

最早的官方制度之一可能是西周开始建立的官学体系。从"语同音"的视角看，重要的不是官学传授的内容，而是各地学生通过各种渠道进入官府共同接受教育这一事件本身。这个过程一定会塑造以汉字基本语法结构并以某地（如首都咸阳）语音为基础的一般语言能力，也培养年轻学子相互间对各地方言语音的直觉和敏感。这类经验伴随学子会以不同途径影响后世中国的政治文化整合。

影响更深远的很可能是两汉的努力。汉武帝时期，"推明孔氏，抑黜百家，立学校之官"[61]，由国家主导文化教育，选拔政治精英；设立五经博士，京城创办太学，为博士官设弟子，由各郡国推举人选，人数从最初五十人，发展到二百人、千人以至更多。东汉末年桓帝时，博士

---

[61]《汉书》，中华书局1962年，第2525页。

弟子甚至达三万多人。[62] 学习一段时间后，有统一考试，通过考试的儒生会被派到全国各地任官。这其实是最早的文官考试制度。通常说，这确立了儒学在后世中国政法意识形态中的主导地位；其实，汉武帝以及其他汉代皇帝似乎不那么看重儒生。[63] 我更情愿从社会治理的角度来看这种今人所谓的"独尊儒术"。一方面是下一章再讨论的，独尊儒术，特别是南宋朱熹编定《四书》后，为后世历代各地预备入仕的读书人划定了考试范围，规定了标准教材，为政府考察选拔官员，尤其是为后来全国统一的科举考试、包括明清八股取士，奠定了基础。

另一方面，两汉太学最重要的功能产品也许是"语同音"，这对后世"官话"之发生，建立官僚制统一治理的意义简直无法估量。从全国各地招收这么多年轻学生，集中在京城太学，针对"核心课程"经典文本，多年关注、诵读并铭记其中每个汉字的语音，这岂不是一种"语同音"的身体规训？何止是强化大脑对声音的记忆，这也是强化声带、听觉的神经和肌肉的记忆。这会有效降低，即便无法消除，分散各地的阅读一定会出现且加剧的语音分歧。诵读经典文本，当然有关其内容，但未必仅因其内容，重要的或许还有，甚或更是，对经典文本的每个汉字标准读音的指导、校正和规训。

若不是进入《诗经》，再进入太学，有了持续稳定的众多读者/消费者/传承者/传播者，再由他们引领分散在全国的读书人，令《诗经》成为他们自愿消费且能享用的畅销品，即便"关关雎鸠，在河之洲"的文字不消失，其读音也可能早就湮灭了。因为如果它无法附着于一个人数足够大、分布足够广的语言群体，就很可能因为一次区域性灾难而灭失，而绝灭。只要想想"尴尬"，至少在南宋还读作"监介"，如今普通话读作"gāngà"。显然，这是官话收留了曾漂泊苏南的游子"尴尬"。[64] 再想想中东的那些据说已被辨认、破译，却注定暗哑的众多楔

---

[62] 《汉书》，前注〔60〕，第3596页。《后汉书》，中华书局1965年，第2547页。

[63] 例如，汉武帝重用的汲黯等学的就是黄老之术，张汤、杜周等人的思想脉络也不明晰。又请看，"汉家自有制度，本以霸王道杂之，奈何纯任德教，用周政乎！且俗儒不达时宜，好是古非今，使人眩于名实，不知所守，何足委任？"《汉书》，前注〔60〕，第277页。

[64] 《说文解字》，前注〔59〕，第214页。又请看，"间界，今通作'尴尬'。"《辞源》（修订本），商务印书馆1979年，第76页。

形文字。有了太学，有了溪流般流向并渗向四方的年轻学子，朝廷便为这些经典及其语音创造了一个更大的、似乎生生不息的标准文字和语音的市场。在一种比喻的意义上还可以说，就为这些经典的标准读音在更大时空中购买了"保险"，即便更大从来也不等于消除风险。经由这个市场，本来仅同经典文字相伴的那些汉字语音，可以在更大时空中附着于世代读书人口耳相传，录音并播放，附着于其他并非经典作品的文字。他们/它们就此而言都成了传播这些文字和读音的载体和渠道，渗入社会，发散于各地。分散于各地的世代读书人，只要被前人引入了这个文字语音市场的门，就可能借助这个相对稳定但永远生动的传统来自我校正汉字的读音。

这也还只是"语同音"宪制效果的开头。在京城太学学习期满后，太学生参加考试，其中少数优秀者出任公职；较差的，则返回故乡，可以并常常担任吏员。[65] 因此，太学统一教学和考试的宪制意义，就不限于人们明显可见的效果，即根据学业来选拔优秀学生出任政府公职，创造了下一节讨论的精英政治。一个不容易令人瞩目但更重要的宪制产品是，多年的集体学习和生活交流，既有文化语言的融合，也逐渐规训统一了太学学生（未来的官和吏）的口语交流能力。这是多元文化的疆域大国文治至为必要却从来稀缺的文化公共品，更是国家治理能力。从人类文化史上看，这就是历史中国多元一体文化的融合模式，有别于现代美、加、澳等国文化的殖民或移植模式。

这还为后世历朝历代始终实践"异地为官"，[66] 确保中央集权、消除地方割据、打击地方豪强，遏制官员腐败，创造了成功配套的人才和制度条件。在此之前，要想在全国统一实践跨地域"异地为官"，虽然很有道理，却无法实践。最大问题之一是，在这个疆域大国，异地为官，官员可能完全听不懂任职地的方言，无法了解民情。甚至无法听

---

〔65〕 钱穆：《国史新论》，生活·读书·新知三联书店2001年，第145—146、243—245页。

〔66〕 我曾到访四川昭化。自公元前316年秦在此设县，直到民国的2200多年间，史籍县志中有其籍贯记录的县令200余人，没有一位当地人！最近的一位，还是在秦统一六国之前，也来自今天的陕西，翻过了秦岭。后世的县令，远的甚至来今天的辽宁、上海（松江）和广西等地。

讼，不能履行古代基层官员的最基本的职责，成为"睁眼瞎"。异地任职制度还令官员不可能学会也没有动力去学一门三年后即无用的方言。弥补沟通交流缺陷的唯一可能就是，上一段提及的，那些因考试成绩较差，被官场淘汰的太学生。他们毕竟见过世面，受过初步训练，懂得官话，也懂得本地方言。若从中选任一些吏员，作为官民之间的中介，就可能化解了这一困境。在汉代刘向就认定"天下之患，莫深于狱，败法乱政……莫甚乎治狱之吏"。[67] 但他也以东海孝妇的实例证明，忠于职守的本地吏掾，可能为不了解民情的"流官"司法行政，提供关键信息，避免重大错误，后世谓之积"阴德"。[68] 还有一点制度功能是，吏作为官民交流之翻译不可或缺，这不仅显著增加了官绅勾结的成本，也增加了其政治风险，无名小吏对流官也构成一种制约。未必能消除，至少也挤压了绅权收买官员侵蚀皇权的空间。

由此也可看出汉代太学的宪制意义。是否精心设计和规划不重要，政治实践的功能，已足以认定太学是汉代宪制实践的重要组成部分。这也令我们能更深刻理解，汉代为什么坚持"郡、县长官一定要用他郡人"，同时又坚持"其属吏一定要用本郡本县人"；既要求属吏"须绝对服从长官命令"，又不允许郡县长官"任用私人"。[69]

若目光更犀利一点，除了事功之外，自秦汉开始，且为后世基本继续的这种官吏曹掾的配置，就有其他制度追求（目的论），或客观功能（后果论）。这就是今天法律人爱说的，但过度强调主观设计，而不是关注其结构功能的，"权力制衡"或"把权力关进制度的笼子"。异地为官，举目无亲无朋，民众就不大可能怀疑官员偏袒。即便官员做不到客观公正，甚至错了，"乱点鸳鸯谱"，民众也不会怀疑他有意偏私，最多抱怨他昏庸而已。由于在当地无亲无故无其他牵挂，也由于任期制免除了他的后顾之忧，至少会有部分流官，即便为了"为官一任造福一方"的清誉甚或虚名，也敢于打击土豪劣绅。这些主客观因素都有利于"皇权"，即有利于建立和巩固政治治理的权威性和合法性。

---

[67] 刘向：《说苑校证》，中华书局 1987 年，第 104 页。
[68] 前注［66］，第 109 页。
[69] 严耕望，《中国政治制度史纲》，上海古籍出版社 2013 年，第 83 页。引者的着重号。

以上只是以汉代太学制度为基础对异地为官作了分析。尽管两汉之后制度有变，曹魏开始尝试"察举制"（九品中正制），隋唐之后一直实行科举制，但中央集权的基本制度没变，官、吏区别的基本制度还有所深化。州县官员全都来自朝廷吏部任命，异地任职，大致三年一任；各地衙门的吏员则由官员聘用本地人。这些本地人大多读过书，通官话，只是考不中科举。他们熟悉当地民情，也熟悉衙门公务，许多吏非但终身任职，有些甚至是世代为吏。后代因此有"铁打的衙门流水的官"之说。这意味着，以上关于官吏互相制衡的逻辑分析仍然有效。

但必须看到，鉴于官话的重要功能，以及官员，甚至吏员，在农耕中国的重要社会地位，这也会令各地方的农家后生感知官话在政治治理上的重要性，理解官话对于实现自己出人头地光宗耀祖的重要性。一旦同国家权力、同政治参与联系起来了，官话对各地青年才俊的吸引力就不限于"文化"，更多了政治制度的维度。[70] 历史上，隋、唐都是开国后不久，朝廷一声令下，在如此辽阔的农耕大国中就建立了、推行了遍及全国的科举制度。这并非理所当然。[71] 就因为，在这一声令下之前，就已经有了秦始皇的"书同文"，有汉武帝"罢黜百家，独尊儒术"，建立太学，开始了并逐渐渗入社会的、与"官话"相关的一系列教育。读书识字在古代中国只是"小学"，但正是靠着"小学"，这个农耕中国社会"格式化"了，为中央集权的文明大国奠定了基础。

还有几件事值得一提。就为证明历代王朝都懂得上述道理，因此始终如一，坚守前朝的"语同音"实践。实可谓"率由旧章，不愆不忘"。

前面已经提到过，"官话"一直是以中原或北方音为标准的，因为中原主要王朝的开创都是自北向南，且定都北方。如此确定官话是顺理成章。明朝是个例外，是由南向北创建的。明初定都南京，皇帝朱元璋也出生于南方（南直隶）。但在令编纂《洪武正韵》时，不是唯我独

---

〔70〕"不工于官话者……英雄得用武之地竟为钝器所阻，甚至仕途不通、冤情莫诉……""一个人学官话来做甚么的呢？头一件，预备自己将来出身做官……其次，就做大客商，或开行店，或往外省走水，要做一个麻俐的客商……"高静亭，前注〔53〕，第 1、21—22 页。

〔71〕试想，若今天欧盟采取这类措施，政治正确就会令其不能。不仅因为欧盟各国语言和文字各异，各国也都有其不容替代的经典。

尊，他坚持以"中原雅音"为准，巩固了其作为共同语基础的地位。这一决定绝不可能因为朱元璋，当年敢于起兵反抗元朝，这时突然想起了，并遵循了，"率由（元朝的）旧章，不愆不忘"。虽无力论证，我却可以推断这一决策背后有他对大明王朝宪制统一的考量。

少数民族入主中原后也曾如此。著名如北魏孝文帝，主张摒弃北方各游牧部落的语言，统一以中原语音为正音。他要求 30 岁以下的官员必须学会，否则降爵黜官。[72] 鉴于广东、福建籍中下层官员乡音太重，"官民上下语言不通"，直接影响政令推行，清雍正皇帝下旨，在福建、广东推行官话。要求当地出身的官员必须"言语明白，使人通晓"；八年后，凡举人、秀才、贡生、监生、童生不懂官话的一律不准参加考试。[73] 官府在福建省城四门设立"正音书馆"，教当地人说官话。这些举措虽未能在广东和福建坚持下去，但满族统治者的语言政策还是取得了文化统一的效果。有人后来还出版了专供广东人学习官话的手册。[74] 清末，除了皇帝外，其余王公大臣，甚至太后，都不大懂满语满文了。[75]

上述例证表明，统治者放弃了推行本地或本民族的语言，坚持用北方话作为官话，不是因为宽容或文化多元等抽象价值，而只是或更多是出于对国家统一的政治和宪制考量。

"士"的塑造

称"书同文"和"语同音"为宪制，不仅因为其政治文化信息交流和治理功能。历史地看，它们共同创造了中国社会的一个相对独立的群体和阶层，一个政治文化精英共同体，这就是"士"。《切韵》问世

---

〔72〕 "今欲断诸北语，一从正音。年三十以上，习性已久，容或不可卒革。三十以下，见在朝廷之人，语音不听仍旧。若有故为，当降爵黜官。"《魏书》，中华书局 1974 年，第 536 页。

〔73〕 中国第一历史档案馆〔编〕，前注〔29〕。又请看，俞正燮：《癸巳存稿》，辽宁教育出版社 2003 年，第 269 页。

〔74〕 如，高静亭，前注〔54〕；莎彝尊：《正音咀华》，北京大学出版社 2018 年。

〔75〕 刘体智：《异辞录》，中华书局 1988 年，第 232 页。

则意味着，以"书同文"为基础的政治文化精英共同体形成800年后，随着语音维度的加入，这个共同体进一步强化了。读书人在此后中国政治生活中将发挥更大的作用。下一章讨论他们的政治参与，这一节则讨论，"书同文"和"语同音"如何改变了读书人，将分散于各地的他们构成了一个历史文化的共同体。

学习官方指定的儒家经典以及经史子集，不但勾连了各地读书人，也勾连了古今读书人——主要是却不仅仅是儒家知识分子。在文化层面，这就创造了一个由多世代读书人紧密交织的，包括文字、语音和音韵在内的"社会契约"，一个文化制度和传统，一个薪火相传保守文化的群体。

凭借习得的这套文字和语言，即便未进入朝廷，当不了官，众多读书人在理论上也可以通过文字与各地、各级政府官员以及其他读书人进行交流。可谓"莫愁前路无知己，天下何人不识君"。即便素不相识，也可以通过"官话"面对面交流。即便，如前分析，仅借助文字，尤其是仅借助官话，可能交流和讨论的知识和知识类型，至少在元明清之前，相当有限，但用文字和官话交流的这类知识对于古代中国政治文化的构成和维系非常重要；对于隋唐之后政治文化精英的全国选拔更为重要。

最重要的或许是，借助文字和官话交流和讨论的知识和问题注定更多有关家、国和天下。读书识字，从一开始，就潜移默化塑造了潜在的政治文化精英的眼界，确定他们的从业目标，不是在家记账做生意，不是用文字记录当地的民歌酸曲、志怪传说。"学而优则仕"在后世的真实意味并非在本地当官，出人头地，光宗耀祖，而是参与全国政治，他乡为官，精忠报国，"治国平天下"，直至衣锦还乡。文字和官话会塑造，也确实塑造了，许多读书人，不只是作为个体，而是一个群体，成为中国历代政治可以且必须依赖的精英，尽管这之后还有科举制的筛选和官僚制的历练。

除增强了读书人同国和天下的情感联系，对以皇帝和朝廷代表的事业的精神向往外，文字和语言还把读书人同各自故乡的民众百姓和地方文化适度隔离了。另一方面，在文化心态上，通过文字，分散在不同时空的众多政治文化精英，得以相遇、相知了，甚至整合了。他们加入了，也汇成了，历史中国的文化长河。

因为，文字和官话的使用，注定会在读书人之间，开发出在其故乡很难独自发生，其故乡父老乡亲也很难分享的新的文化、情感和关注；也会发生只能通过文字和官话在政治文化精英间交流的情感内容和全新表达方式。会有"铁马冰河入梦来"的家国情怀，也有"为赋新词强说愁"的"小资"情调。可以"举杯邀明月"，也会"把酒问青天"，甚至会"对影成三人"。有对文字的体味，也有对音韵的敏感。"不恨古人吾不见，恨古人、不见吾狂耳。知我者，二三子。"这类超越朝代也超越村落、地域的读书人之间的，包括与古人的，甚或顾影自怜的思想情感的激发、表达和交流，重塑了他们的精神生活，理解力和欣赏力，直觉和想象，令他们在文化上成为一个独特且无形的共同体，显著有别于他们触目可见的农耕村落。他们一定程度上独立于也外在于各自的故乡父老了。这是一种文化制度上的分分合合，令他们从自在个体逐渐成为自觉且自为的阶层，有相互认同，有政治文化追求。他们被普通民众视为社会中的一个独立阶层，一个独特群体，甚至一个独立的社会阶级——"士"。[76]

由于他们在传统中国的社会流动性，在中国政治社会文化中作为整体起到的骨干作用，也由于与故乡父老不可能彻底切断联系，这些读书人因此是庙堂与江湖的联系，是政治高层与社会底层的联系。他们相互间的联系和认同，在很大程度上，也就代表了中国各地间的联系和认同。通过创造这个阶层，"书同文"与"官话"强化了中国的政治文化构成，整合了中国政治和文明。

值得说明的是，读书人之间的这种整合和联系，并不意味着，更不等于他们的利益相同，并总是一致。读书人之间常常你争我夺，动物凶猛；但即便有，甚或恰恰因为矛盾、冲突和竞争，"不打不成交"，以特定方式勾连了他们，构成着中国，无意间促成了中国政治和文化的整合。

一旦形成了这个文化共同体，读书人也为自身建立了一个时空更为

---

[76] "文字造下了〔传统中国的〕阶级。"费孝通，前注〔4〕，第104页以下。

广阔的文字语言产品的生产和消费市场。他们在消费这个传统的同时，也持续生产着这个传统，在继承这个传统之际，也拓展着这个传统。他们不再仅属于养育他们的某个具体的村落或地域，他们更多属于这个国家，属于这个以农耕文明为基础的国家。"先天下之忧而忧，后天下之乐而乐"，不只是对读书人的一种规范要求，其实也是他们、至少其中一部分人的日常生活方式，成为他们无怨无悔地想象和表达这个世界的方式。

这个读书人共同体的形成，这个文字语言市场的扩大，以及读书人作为社会地位优越的一个阶层，会强化他们对潜藏于这片广阔疆域的众多农耕社区和其他族群中的政治文化精英的吸引力和凝聚力。各地的，甚至包括一些外国的，精英也都可能以各种方式学习、模仿并践行，如诗文书画，音韵节律，加入这个共同体，力求获得这个共同体的认可和褒奖，以成为这个文明和国家的政治文化精英而自豪。它令熟悉文字和官话的各地文化精英，不同程度上，都希望且有望参与全国政治，无论以推举、"察举"还是科举的方式，成为这个大国的政治精英，承担治理家乡村落之外其他地方乃至整个中国的政治责任。这是只有读书人才能享用的选项，也是只有天下太平他们才可能真实享用的选项。这一切从一开始就会开阔并格式化一代代政治文化精英关于个人、社会、国家和天下的视野和愿景，塑造他们的事业心，塑造他们的政治想象和责任感，塑造他们的中国梦。本章的附录3就是个例证，有关唐宋政治文化精英的情感想象中的中国疆域。

随着有利于文字和官话的社会政治生态发展，文字和官话的市场会不断扩大。这个共同体越大，语言文字的市场也越大，这个传统也越稳定。在其他条件稳定的条件下，这个共同体就越有能力自我再生产和拓展，更少需要国家大规模干预或支持。典型例证之一是，自秦始皇之后，后世就再没有过秦那种规模和强力的"书同文"政府行动。另一例证则是，由于官员异地任职制，到了隋唐，中央政府只是设立了基于汉字和官话的全国性人才科举选拔机制，就足以让各地不满足独善其身还想兼济天下的读书人自觉学习官话。

一旦在文化上创造了这个不属于地方，而属于整个中国的群体、阶层甚或阶级，就必定会改变中国的政治治理。中央和各级地方政府在相当程度上可以弱化曾经对豪门世家的依赖，转而更多，且放心地，依靠这个借助文字和官话从农耕社会中逐渐自我剥离出来的政治文化精英阶层。朝廷政治法律制度的穿透力会因这个群体的出现而逐步强化。这就注定了曾显著于魏晋的世族门阀制度一去不复返，[77] 但也意味着正在到来的全国性精英选拔制度中，地域的政治考量将逐步浮现。[78]

在《切韵》成书后仅 4 年，科举登场，也许只是个偶然。但再过数十年，就出现了大唐王朝灿烂辉煌的古代文化和文明，有如此开阔的气度和胸襟，就不可能只是偶然了。

结语：理解文化宪制

和一切伟大文明一样，中国是在没有航标的大海航行中逐步自我展开和实现的。但历史距离能赋予后来者一种优势视角，有助于分析和理解"书同文"和"官话"对于古代中国的政治文化构成意义。两者都支持了中国的政治构成，支持了文治和官僚制，支持了一种不排除任何特定阶层的人参与的统治。在这一开阔的历史背景下，才能理解看似与政治无关的"书同文"和"语同音"，何以被政治如此"征用"和"挪用"，成了文化层面最重要的宪制措施。它们看似文化，附着于文化，对于当年或今天的许多学人来说，确实就是文化。但一定要理解，在历史中国，这两个制度的最重要和最基本的功能不止于文化，它们是宪制的/构成性的。它们构成的是中国，而不是某一代王朝。

两者对于中国都特别重要，却并非中国的独有。本章题记二就表明早在《圣经》的年代，中东地区就有人清楚意识到"语同音"的惊人政治构成和社会塑造力量。在西方近代，文字和语言曾在民族国家发生中扮演了重要角色。我就不数有多少国家的宪章对语言文字有明确规定了。最突出的例证也许是 1789 年法国大革命确立的"一个国家、一个

---

〔77〕 田余庆：《东晋门阀政治》，北京大学出版社 2012 年；以及《秦汉魏晋史探微》（重订本），中华书局 2011 年。

〔78〕 请看本书第九章。

民族、一种语言”的民族国家政治原则。大革命人士把语言统一当成民族国家政治构建的一项重要政治文化措施，普及法语成为集体动员和争取民众支持大革命的必要手段和政治策略；为此，他们甚至开展了消灭方言的运动。[79]

在单一民族国家，语言和文字通常被视为民族的伴生要素，国家则是后来的，语言文字是“前政治”和“前宪制”的。然而，有不少法律人，虽然坚持把语言文字写入一国宪章，也承认语言文字有构成民族国家之功能，却无法真正理解语言文字是一个国家发生和构成的核心机制之一。除方言有时会披上权利的外衣进入宪法律话语外，语言和文字至今还是未能作为典型宪制问题进入当今西方宪法的学术视野。历史中国的相关实践则为我们提供了一个可能的学术视野，挑战我们的智识和想象力。

例如，这两项文化制度从未预先排除谁可以进入读书人或政治文化精英行列，却把相应的政治文化责任承担落实在天下的读书人身上，而不是那些守望家园的普通民众。它们通过读书人来沟通上下（“代表”?），勾连四方，整合天下，这是一种务实、可行且俭省的制度设计和权利义务配置。这个文化宪制也不像流行的宪法律话语那样，强调限制政府的文化权力，相反赋予并强化了尤其是中央政府的各种权力，行政的，税收的等，也包括文化的权力：不但统一汉字，而且早早开始抓“国立”教育。但在这个看似威权主义浓烈的文化宪制下，政府还真没干预太多，只是提纲挈领，确立了一些基本制度，便激发了，也依重了高度分散的个体和家庭的自我努力和自主文化投资；然后“坐等”时光来养成、检验、淘汰、积累、雕琢和打磨众多微观制度。

---

〔79〕 法国大革命时期的代表人物格莱戈瓦教士（Henri Gregoire）在 1794 年国民大会上宣读了《消灭方言的必要性及手段与普及和使用法语的报告》，认为“语言多样性对法国民族统一构成了一个重大问题”，必须强制学习法语，清除方言（Alyssa Goldstein Sepinwall, *The Abbé Grégoire and the French Revolution: The Making of Modern Universalism*, University of California Press, 2005, ch. 4, esp. pp. 96-97）。当时法国政府确立了单语政策，立法规定在法国公共场合以及学校只准讲法语。之后的一连串立法，影响最深远的是 1881 年的教育立法，要求所有学龄儿童必须接受小学阶段的义务教育，教学语言只能是法语，教育部和老师的职责是确保将其他地区族群的语言逐出学校。可参看“Language policy in France”, https://en.wikipedia.org/wiki/Language_policy_in_France, 2024 年 1 月 10 日最后访问。又请看, R. Anthony Lodge, *French: From Dialect to Standard*, Routledge, 1993.

因此应限定前面关于宪制和政治"征用"或"挪用"语言和文字的说法，否则，就是一种典型的本质主义，一种目的论，一种教条主义。为了人类的良好生存，世界上没有什么，包括"上帝"，是不可挪用或征用的。上帝并没规定读书写字就只能是读书写字，不能或不应被"征用"或"挪用"，对这个国家的和平稳定和民众的生活幸福有所贡献。换一个视角，"征用"或"挪用"也就是"创造"，就是在人们通常认为只能如此的地方，创造一个生动的"原来还可以如彼"！

本章还充分展示了古代中国文化宪制的内生性。她不是外在的。不否认有强加，但不全是强加，无论以暴力形式，还是以软暴力形式。这个文化宪制发生在具体的历史中国，不断塑造中国，也被中国社会塑造，逐渐与其塑造的中国浑然一体，乃至今天即便中国宪法学者也很难自觉，很难辨别，读书和识字也曾塑造中国，更难直观地感受和理解两者对于这个文明曾经的构成功能和宪制意义。

宪制的内生性，其实，并不只是古代中国宪制的特点，更是一般宪制的重要特点。对语言文字的宪制考量，在近现代中国的变革中，即便在没写入宪法文件之前，就一直以各种方式在宪制实践和民间社会中延续，[80]至今仍是中国文化宪制思考的重要财富。[81]

---

[80] 民间的，如语言学家、教育家黎锦熙，从民国初年主张"读音统一"到中华人民共和国成立后推广普通话，他始终是风云人物之一。可参看，张鸿魁：《语言规范化的历史经验和"官话音"研究》，载耿振生［主编］，前注〔44〕，第8页。

[81] 例如，1913年民国政府教育部的"读音统一会"就曾审定了6500余汉字的"国音"，后国民政府教育部于1932年公布了《国音常用字汇》。1930年国民党中执委曾通令各级党部，国民政府则训令行政院和直辖各机关传习推广注音符号。尽管因现代中国的革命、社会动荡和战乱，成效鲜见；但在这种社会背景下，至少表明当时的中央政府认为这是国家政治的重要问题。大规模、持续和长期的努力始于新中国的建立。1949年成立了"中国文字改革协会"，其最初目的也许是希望通过简化汉字来普及文化。1954年12月，周恩来总理提议设立了"中国文字改革委员会"，将这个学术协会改设为国务院的直属机构，表明中央政府对语言文字问题有了更多政治考量，想通过政府行为有所作为。1955年，教育部和文改委联合召开了全国会议，通过了有关文字改革的决议和方案；更重要的是这次会议确定了推广以北京语音为标准音的普通话，标志着中央政府的关注点从文字转向语言。1956年国务院发布了《关于推广普通话的指示》，成立了由陈毅副总理为主任的中央推广普通话工作委员会；1957年国家确定了"大力提倡、重点推行、逐步普及"普通话的工作方针。1982年"国家推广全国通用的普通话"写入宪法。1985年"中国文字改革委员会"更名为"国家语言文字工作委员会"，不仅加上了语言，还把语言放在文字之前。1992年国家将推广普通话的工作方针调整为"大力推行、积极普及、逐步提高"。1998年政府机构大规模精简改革后，仍保留了"国家语委"。2000年，又颁布了《中华人民共和国国家通用语言文字法》。

　　中国宪法提到了语言，但没人从宪制或宪法律层面关注这个问题对于当代中国的深远意义。我查看了多本宪法教科书，没有哪本提及这个问题。《国家通用语言文字法》至今只获得了语文和语言学者的关注，不曾有法律学者从宪制视角的分析。相反，受典型的、宪法律权利话语影响，反倒有学者开始讨论所谓方言权利问题。[82]

　　需要唤醒对作为大国的中国的宪制自觉。我们需要一种只有在智识和情感上都进入这个传统才能获得的那种学术敏感和自觉。

2012 年春初稿于纽约大学法学院，

2013 年 5 月 25 日四稿于石河子大学政法学院

---

　　[82] 用"国家通用语言文字法"检索中国知网（2013 年 3 月）显示，近乎所有相关论文都有关语文学和教学的；有三篇有关方言权利。只有一篇政治学论文触及了本章关注的国家宪制问题，关注的是现代多民族国家的族际整合（张友国：《族际整合中的语言政治》，载《政治学研究》2010 年 4 期）。

附录3
时空穿越与文化认同

我以这篇附录来例证，以文字为中介，后世历代中国政治文化精英不但熟悉了历史，熟悉了历史中的人、事、地域和风情，更重要的是，还塑造了他们超越当时政治现实的对于中国的政治和文化想象。进而通过表达，他们进一步创造和巩固了这个令后人情感饱满、生动和亲切的中国意象，一个不老的中国意象。

阅读唐诗宋词，尽管不限于唐宋诗词，常常遭遇一个奇妙的经验：古代中国的政治文化精英屡屡穿越，在诗文中进入他们不可能切身进入的时空。这反映了历史中国对他们的文化塑造，也寄托了他们个人对于这一文化传统和历史共同体的高度认同。在这个意义上，他们确实是历史中国社会的一个"阶级"或另一"社会"。

例如，唐人的诗词，尤其是边塞诗词，常常把时间背景转换为秦汉：

"秦时明月汉时关……但使龙城飞将在，不教胡马度阴山。"（王昌龄）

"匈奴草黄马正肥……汉家大将西出师""戍楼西望烟尘黑，汉军屯在轮台北。"（岑参）

"汉家烟尘在东北，汉将辞家破残贼……君不见沙场征战苦，至今犹忆李将军。"（高适）

"田畴不卖卢龙策，窦宪思勒燕然石。"（李昂）

"君不闻汉家山东二百州，千村万落生荆杞……况复秦兵耐苦战，被驱不异犬与鸡。"（杜甫）

"功成画麟阁，独有霍嫖姚。""塞虏乘秋下，天兵出汉家。""汉皇按剑起，还召李将军。""……西风残照，汉家陵阙。"（李白）

"都护军书至，匈奴围酒泉。""征蓬出汉塞，归雁入胡天。"（王维）

"林暗草惊风，将军夜引弓。平明寻白羽，没在石棱中。"（卢纶）

"愿将班固笔，书颂勒燕然。"（杨夔）

尽管主要是边塞诗，但也不仅是。甚至，也没有什么避讳或是其他禁忌。请看：

"汉帝重阿娇，贮之黄金屋。"（李白）

"汉皇重色思倾国……"（白居易）

"秦家御史汉家郎……"（卢纶）

两宋诗词中，除了不时仍有时间穿越外，更典型的是这些作者，不把自己当外人，那种倔强的历史/文化中国空间感。由于北方游牧民族政权的强大，两宋的疆域相当有限，但两宋政治文化精英的诗文常常饱含深情地提及那些在过往数百年间从不曾为两宋实际控制，但具有强烈文化符号意味的，中国北部和西部某些地区。例如：

"塞下秋来风景异，……燕然未勒归无计。羌管悠悠霜满地。"（北宋·范仲淹）

"万里锄耰接塞垣，幽燕桑叶暗川原。"（北宋·王安石）

"昆仑之高有积雪，蓬莱之远常遗寒。"（北宋·王令）

"……鬓微霜，又何妨！持节云中，何日遣冯唐？会挽雕弓如满月，西北望，射天狼。"（北宋·苏轼）

"北望长安应不见，抛却关西半壁。塞马晨嘶，胡笳夕引，赢得头如雪。"（北宋·胡世将）

"驾长车，踏破贺兰山缺。壮志饥餐胡虏肉 笑谈渴饮匈奴血。"（南宋·岳飞，或托名）

"僵卧孤村不自哀，尚思为国戍轮台。""更呼斗酒作长歌，要使天山健儿唱。""我独登城望大荒，勇欲为国平河湟。""首蓿峰前尽亭障，平安火在交河上。凉州女儿满高楼，梳头已学京都样。""雪上急追奔马迹，官军夜半入辽阳。""自怜到死怀遗恨，不向居延塞外闻。""何当凯还宴将士，三更雪压飞狐城。""意气已无鸡鹿塞，单于合入蒲萄宫。""此生谁料，心在天山，身老沧洲。"（南宋·陆游）

"西北望长安，可怜无数山。""正目断关河路绝。""八百里分麾下炙，五十弦翻塞外声。""平生塞北江南，归来华发苍颜。"
（南宋·辛弃疾）

"老矣真堪愧，回首望云中。"（南宋·叶梦得）

"洙泗上，弦歌地，亦膻腥。"（南宋·张孝祥）

"记得太行山百万，曾入宗爷驾驭。……谈笑里，定齐鲁。"
（南宋·刘克庄）

"凭却江山管不到，河洛腥膻无际。"（南宋·陈亮）

所有这些时空穿越当然透出了爱国主义的情怀。但问题是，仅只是爱国主义情怀吗？这种情怀既非自发，也无法生物遗传。人的忘性其实很大。对于不识字也没有必要识字的普通人，即便有口耳相传，最多两三代，也就 50 年左右，祖辈的故事就会褪色直至湮灭在记忆中。因此，才会有司空图描述的"汉儿尽作胡儿语，却向城头骂汉人"！"遗民泪尽胡尘里，南望王师又一年""遗民忍死望恢复，几处今宵垂泪痕"，感人至深；但在更大程度上，这是诗人陆游的移情想象。即便读书识字，亡国之君也能"乐不思蜀"；或不得不以"卧薪尝胆"之类的外部疼痛滋味来不断自我提醒。一旦熟知了历史和诗文，即便出生于江淮，从来偏安于江南的南唐李璟的笔下也会有"细雨梦回鸡塞远"，后人才得以感知李煜"故国不堪回首月明中""别时容易见时难"那幽远的哀伤和沉痛。

特别是上述宋人诗词中提及的那些地方，诸如燕然、昆仑、天山、轮台、交河、凉州、居延塞、贺兰山和鸡鹿塞（鸡塞，今内蒙古河套地之西北）等地，在唐安史之乱之后，已先后被吐蕃、回鹘、契丹等北方民族政权控制。[1] 经五代十国，到北宋建立时已有 200 年了，到范仲淹、王令时已近 300 年了，到南宋陆游、辛弃疾时已有 450 年了，但这些政治文化精英还在耿耿于怀，念念不忘。鉴于美国独立至今还不到 250 年，这就相当于，英国的政治文化精英至今念念不忘美国和加拿大，将继续耿耿于怀华盛顿和杰弗逊 200 年。这太不可思议了！

宋人的这种顽固，最重要的是，在我看来，在汉唐时期，上述这些地方均为中原王朝控制；有些地方如长安、河洛、河湟、太行、齐鲁、

---

〔1〕谭其骧［主编］：《中国历史地图集》（5、6），中国地图出版社 1982 年。

幽燕甚或辽阳，自战国之后一直是中原王朝稳固控制的地方。秦汉以来的英雄豪杰在这些土地上抒写的辉煌和雄奇，通过壮丽的历史记述和瑰丽的诗文，已渗入两宋政治文化精英苍凉的情感想象中。想想那"铁马冰河入梦来"的壮阔和汹涌！而眼下，淮河泗水成了边境，昔日的京城开封（长安?）和洛阳都成了"异域"（"穷边指淮泗，异域视京雒"），还忍心小酌自得其乐吗（"于乎此何心，有酒吾忍酌"）！

我枚举的只是少数政治文化精英。只能如此。但我还想辩论，分享这种情怀和想象的不是少数，而是普遍的，甚至是共通的。因为，尽管更多宋代政治文化精英未曾有过此种壮怀激烈，或是没有表达过，至少也没有流传下来。许多人或恍惚于"杨柳岸，晓风残月"，或徘徊于小园香径，但重要的是有哪位宋人，乃至后人，质疑过范仲淹的"塞下秋来风景异""燕然未勒归无计"或是辛弃疾的"八百里分麾下炙，五十弦翻塞外声""平生塞北江南"? 或是认为这些文字有何不实，甚或不妥? 这些诗词之所以得以穿越时空，流传后世，或许表明了，或就是证明了宋代政治文化精英群体普遍认可这种情感和想象上的时空穿越〔2〕

其实，对宋人的这种中国想象的认同不止于宋代。以传诵方式，默默加入这一认同的还有后世元、明、清的政治文化精英。想想梁启超的激赏——"亘古男儿一放翁"!〔3〕

在历史中国历代政治文化精英的心中，这个历史构成的文化中国从来就是统一的，注定超越当时或曾经的南北政权对峙的政治现实。

"言之无文，行而不远"〔4〕的"远"不只是空间的，更是时间的。由此，也更能理解"灭人之国，必先去其史"的道理。〔5〕

---

〔2〕 检验文学作品的唯一可靠标准就是时间。请看，George Orwell, "Lear, Tolstoy, and the Fool," in *The Collected Essays, Journalism and Letters of George Orwell*, vol. 4, eds. by Sonia Brownell Orwell and Ian Angus, Harcourt Brace Jovanovich, 1968, pp. 287-290.

〔3〕 梁启超：《读陆放翁集》，载《梁启超全集》，北京出版社1999年，第5416页。

〔4〕 杨伯峻：《春秋左传注》，中华书局2009年，第1106页。

〔5〕 龚自珍：《古史钩沉论二》，载《龚自珍全集》，上海人民出版社1975年，第22页。

一个可以与历史中国类比的例子则是犹太人。犹太人公元前11世纪在今巴勒斯坦地区建国，后国家分裂。公元前8世纪、前6世纪先后被亚述和新巴比伦灭了。此后巴勒斯坦地区历经波斯帝国，相继沦为亚历山大帝国及其后的希腊化政权和罗马帝国的属国，犹太人被迫流落欧洲各地。然而，一方面，或许由于历史上长期受歧视，促使各地犹太人只能抱团取暖，另一方面，也许就因早早有了自己的语言文字，以及迄今3000多年的《旧约》，为犹太政治文化精英，历经劫难，在20世纪中叶，在欧美国家支持下，复国，留下了巨大的精神和文化想象空间。

惟仁者宜在高位。

——孟子[1]

与士大夫治天下,非与百姓治天下也。

——文彦博[2]

"劳心者治人,劳力者治于人",不论是否应当,精英政治其实是"天下之通义"。[3] 即便古希腊雅典民主制下,即便抓阄选择统治者,历史记住的也是德拉古、梭伦、庇西特拉图、克里斯提尼、伯里克利这些拗口的名字,而不是"希腊人民"或"雅典人"。精英政治本身,因此,算不上宪制问题。但何为精英?社会判断政治文化精英的标准,是个人天赋、才能,还是后天的教育和训练,或是家庭门第、家族和社会阶层?以及更重要的,或许是选拔、筛选和任用治国政治文化精英的机制。这些则是宪制问题。但远比今天各国法学界关注的相关宪法或宪法律问题深刻,也更开阔。

在传统农耕中国,至少西周之后,实践精英政治,麻烦更大。由于疆域辽阔,有齐家/治国/平天下三个领域或层级,治理一定需要更多政治精英。"齐家"好说,父

---

[1] 杨伯峻:《孟子译注》,中华书局1960年,第162页。
[2] 李焘:《续资治通鉴长编》(16),中华书局1985年,第5370页。
[3] 《孟子译注》,前注[1],第124页。又请看:"君子劳心,小人劳力,先王之制也。"杨伯峻:《春秋左传注》,中华书局2009年,第968页。柏拉图认为,"只有当爱智者成为城邦之王,或是当今所谓的王侯将相真诚热爱智慧,并因此政治权力与智慧水乳交融……城邦才有宁日……" Plato, *Republic*, trans. by C. D. C. Reeve, Hackett Publishing Company, 2004, p. 166, Book5,473c-e.

（母），以及家族/村落中长辈聪明人就是精英，标准大致辈分、年龄、经历以及隐含于其中的政治社会经验。即便没有票选，却也会有某种社会筛选。例如，在婚姻中，"六礼"通常会自然淘汰那些综合看来最缺乏社会竞争力的男子。民间有"只有娶不到媳妇的男人，没有嫁不出去的姑娘"的说法。又如家族主事人的选举，辈分和年龄都重要，却不是核心变量。只是大国治理，不仅有关治国，还有关乎天下，麻烦就大了。这不仅需要大量精英，而且一定要组织起来，才能整合成（constitute）一个政治体。秦汉之后，中央集权体制，还不止一个层级，而要在从中央到郡县各层级有效组织和整合的大量精英，还要与"齐家"无缝对接。

这对政治精英提出了更高要求。除智识上具备相关品质外，他还必须具备一些在传统农耕村落不可能自发形成的品质和能力。同陌生人打交道，集体行动，要求相关的能力和品质，如相互沟通、合作的能力和意愿。要有更开阔的视野，有大局观和全局观。不仅要有能力组织领导他人，也要能服从命令听指挥，配合他人。更重要的是，由于承担的是公职，并非只为家人或家族谋利益，有时职责履行甚至可能与其个人（包括家庭、家族）利益冲突，这就要求他有一种超越性的家国情怀，使命感，有担当等。参与的是国家政治治理，这要求的也还有别于一般的机灵和聪明，他必须有见识，见微知著，远见卓识，但也必须会做事，能做事，做成事。

本章讨论的精英选拔机制，在另一层面上，也是国家激励全社会文化投资的一个机制。它鼓励有条件的家庭，选择一个，如果财富足够，甚或几个，看来适合读书的男孩，为从政做官去读书（如家庭经济条件宽裕，也会让女孩读书，但目的通常是相夫教子，有助于培养下一代政治文化精英）。上一章讨论的"书同文"和"官话"制度，一定程度上，通过家庭教育，将散落各地农村的潜在的政治精英初步格式化。首先将他们变成文化精英，通过文字和口语，将他们构成一个全国性的文化共同体。文化给他们新的视野和新的可能，塑造他们的人生理想和政治文化愿景。其中许多人有意愿，参与国家政治治理；也有可能，通过政治性的竞争筛选，从村落社会的文化精英成为这个大国的政治精英。

如何以某种通用的合理、公道且相对准确的方式，从高度离散的村落中发现和挑选出潜在的政治文化精英？让他们参与国家各层级的政事要务，然后才有可能成功规训他们，将他们塑造成体制化实践的政治文化精英，成为构成中国的生动力量；还不只是在文化层面自觉属于中国，更能在其日复一日的政治社会实践中不断勾连、充实和巩固中国。只有这样，对这片土地才有真实的政治统治，分属各自村落共同体的农人们才得以拢在一起，有了分享，把中国从一个词变成一个跨越空间的政治体，一个穿越时间的文明。

这个制度问题很大，涉及面很广，很难操作，需要一系列历史累积的政治文化制度条件支持配套。不仅要兼顾复杂的政治考量，还要有精细得当、先后顺序错不得的制度安排。由于各地政治经济文化发展水平不同，这个制度还不可能全国同时建立，同时运转，肯定有先来后到，在一些地方率先施行，条件具备后逐步拓展，甚至更新升级。这个制度像冰川一样蠕动，但坚定，最坚硬的岩石上也留下它无情的印记。

本章讨论中国精英政治的几个相关问题。一、精英政治的社会共识可能是如何在中国形成的？都有哪些基本内容？二、离散村落构成的农耕中国，不可能民主推举，也无法主要依赖个人（哪个人？）慧眼识英才，在这一给定社会历史语境中，只能探求制度化但必须公道、准确和有效的精英选拔。三、为何有从推举、"察举"到科举的制度演变？皇权/中央集权不断强化对精英选拔制度的主导，压缩各种地方势力或重要社会阶层对精英选拔的控制和影响。四、虽然客观，注重文字的考试很难有效考察并验证对于治国理政更重要的实践行动力，中国的精英选拔制度一直伴随有对政治精英的制度化的业绩考察，以及在此基础上的筛选和晋升。五、精英政治不仅有关精英，更有关政治，大国的精英选拔制度必须兼顾地域代表和社会流动等政治社会考量。

提出这些论题只是例证，没打算穷尽，中国精英政治制度的一些主要考量。就算抛砖引玉吧！随手捡，捡的自然是最顺手的砖。

精英政治作为宪制共识

精英政治要落实为制度，尤其是一国的宪制。最重要的前提条件是要有社会共识。但早期中国——夏商周——的宪制大致是宗法制，即强调"世卿世禄"。在西周，原则上是天子依血缘分封天下，由其叔伯子侄世袭管理西周各地。因此，有必要追问，什么因素促成了精英政治对世卿世禄的置换和替代。本书第一章就分析过："亲亲"是人的自然倾向或说是天性之一，但有效的政治治理一定要求理性，理性因此也是人的天性之一。当"亲亲"制度治理更有效更可靠时，统治者会选择"亲亲"。但这并不是统治者有意让政治臣服于血缘亲缘，而只是为确保有效的政治治理，利用和挪用了血缘和亲缘。一旦"贤贤"在政治上变得可行，即便是部分的，"亲亲"就会逐步隐退，做出让步。这意味着，无论是否自称坚守某个原则，也无论如何标榜，政治的铁定原则是，只要最终决策者/治理者真有多个实在选项，统治集团内部的，或国家外部的，竞争压力都会迫使一国政治实践总体趋向精英政治。否则，不是这个统治集团被其他政治集团淘汰，就是，其治理下的这个政治社会共同体整体被淘汰。[4]

春秋战国时，诸侯国间的竞争摧毁了西周的礼治/政治意识形态"亲亲"。从"礼乐征伐自天子出"到"自诸侯出""自大夫出"直至"陪臣执国命"，[5] 此类现象表明原先世袭的权力正转移到那些有能力获得，并能牢牢掌握和更有效运用权力的人手中。可能有些许生物遗传因素，但更可能是家教、藏书以及有途径更早了解甚至参与高层军国大事，春秋战国甚至秦汉时期有些家庭可以说是政治（以及军事文化）

---

〔4〕 在家庭内部，儒家强调夫权、父权和男权，但这只是家庭权力配置的常规，不是教条。当有重大意外和事故时，常有权变。家庭通常由父亲决策，因其体力强，更年长，更多社会经验，便于且因此善于组织协调家庭事务。但当儿子长大，比父亲更明智更强大时，最终决策权就会以某种方式逐渐转移。若长子痴呆或有其他重大缺陷，这权力也不必定转移给长子。如妻子精明强干，丈夫窝囊，则会出现显著或隐藏的夫人主政现象，尽管众人面前，夫人一定要给丈夫留面子。

〔5〕 杨伯峻：《论语译注》，中华书局 1980 年，第 174 页。

精英的世家（后代也不罕见）。战国时的四大公子（除黄歇外）可谓典型。更显赫的一些军事世家，赵国有赵奢、赵括父子，秦国有王翦、王贲、王离三代，以及蒙骜、蒙武、蒙恬和蒙毅家族，楚国有项氏家族，从战国直到汉代的李信、李广、李敢、李陵家族，以及汉代的周勃、周亚夫父子等。但总体而言，世卿世禄在这一时期已开始衰落，"君子之泽，五世而斩"已颇为常见。[6] 唯才是举随后已常态化了。春秋战国时期，就已出现了不少诸如管仲、百里奚、蔺相如这样的政治地位火箭般上升的政治精英。[7] 决定性因素不全是这些人的才华，而是社会需求，相关诸侯国的国君，因政治竞争，需要任用政治精英。

"贤贤"成为当时社会的政治共识。只是究竟何为"贤"，"贤"与"能"的关系如何，在这些与精英政治实践相关的问题上，仍有不少争论，还有待社会实践的验证和确认。

由于后世儒家学人的传播，在今人印象中，似乎儒家更关注"贤"，诸如知书达礼，克己复礼，仁智勇，忠恕孝悌等个人德行。但从《论语》中看，孔子在政治上是入世的，强调经世致用，非常务实，他更关心政治治理的后果。问治国，他首先关注一国的"足食、足兵"，以及取信于民，甚至看轻仅仅与书本或言辞相关的能力。[8] 孔子批评管仲不知礼，[9] 甚至轻蔑地说"如果管仲也算知礼，这世界上就没有不知

---

〔6〕《孟子译注》，前注〔1〕，第193页。实际情况可能更激烈，大致是"三世而斩"，著名的触龙言说赵太后一文就是例证（何建章：《战国策注释》，中华书局1990年，第801—802页）：

> 左师公曰："今三世以前，至于赵之为赵，赵主之子孙侯者，其继有在者乎?"曰："无有。"曰："微独赵诸侯有在者乎?"曰："老妇不闻也。""此其近者祸及身，远者及其子孙。岂人主之子孙［侯者］则必不善哉? 位尊而无功，奉厚而无劳，而挟重器多也。"

〔7〕管仲当过当时被认为微贱的商人，更因政治上跟错人，站错队，被捕入狱；多亏挚友鲍叔牙大力推荐，成为齐相，成就了齐桓公的一代霸业（《史记》，中华书局1959年，第2131页）。秦穆公得知百里奚是人才，以五张羊皮从楚国换来百里奚，相谈三天后，就求他出任大夫，把秦国的军政大权交给了他，为秦国强大，最后兼并六国大一统奠定了基础（《史记》，第186页）。蔺相如本是赵国宦官头目缪贤的门客，从史书上看，仅因两次出使，成功维护了赵国的国家利益和尊严，就先任上大夫，再拜上卿，位在名将廉颇之上（《史记》，第2439—2443页）。

〔8〕《论语译注》，前注〔5〕，第126页；孔子又认为治国先要让民众"富之"，然后"教之"，认为，"善人为邦百年，亦可以胜残去杀矣"；主张君子"耻其言而过其行""讷于言而敏于行"。《论语译注》，前注〔5〕，第137、155、41页。

〔9〕"管氏而知礼，孰不知礼?"《论语译注》，前注〔5〕，第31页。

礼的人了"。但孔子又由衷赞扬和感叹管仲有功于整个中国和中华文明。[10] 并非价值分裂，这恰恰反映了孔子在政治治理上的高度务实。对具体人他有自己的强烈好恶，但评价一个人，尤其是政治家，他关注的全然是其所作所为的实际后果。法家关注的"贤能"则更为务实具体，就是奖励农战，富国强兵，足以攻城略地等。[11]

这并非儒家或法家思想的什么"本质"决定的，而是春秋战国激烈的政治军事竞争迫使各诸侯国必须努力延揽人才，参与国家治理。功利主义和实用主义在这个时代赫然崛起。"英雄不问出身"大约就是在这个时代萌发的。[12] 不仅出身不重要，甚或社会阶层、人生经历、职业行当甚或人格品质的某些弱点，也未必那么重要，因为"水至清则无鱼，人至察则无徒"。[13] 也不只关心那些大写的贤能；只要有用，"鸡鸣狗盗"这类技能在特定时刻也会进入当权者政治家的视野，并为后代史家赞赏。[14]

政治竞争不仅催生了对政治才能的务实理解，相当程度上，还进一步打破了当时精英的地域归属感。在包括实现政治理想在内的各种利益激励或诱惑下，加之自西周以来中原地区经济更发达，交通也更便利，春秋战国时中原各国政治精英的地域忠诚度一直不高，"楚才晋用"的

---

〔10〕"桓公九合诸侯，不以兵车，管仲之力也。如其仁，如其仁。"以及，"管仲相桓公，霸诸侯，一匡天下，民到于今受其赐。微管仲，吾其被发左衽矣。岂若匹夫匹妇之为谅也，自经于沟渎，而莫之知也？"《论语译注》，前注〔5〕，第151—152页。

〔11〕例如，"国之所以兴者，农战也"；"国待农战而安，主待农战而尊"；"故圣人之为国也，入令民以属农，出令民以计战。……胜敌而草不荒，富强之功，可坐而致也。"蒋礼鸿：《商君书锥指》，中华书局1986年，第20、22、46页。又请看，"富国以农，拒敌恃卒"，"故明主用其力不听其言，赏其功必禁无用，故民尽死力以从其上。……故明主之国，无书简之文，以法为教；无先王之语，以吏为师；无私剑之捍，以斩首为勇。是以境内之民，其言谈者必轨于法，动作者归之于功，为勇者尽之于军。是故无事则国富，有事则兵强，此之谓王资。……超五帝侔三王者，必此法也。"王先慎：《韩非子集解》，中华书局2013年，第447、449页。

〔12〕许倬云曾对春秋和战国时候的政治活跃人物做统计分析，发现战国时期出身微贱的人在比例上两倍于春秋。Cho-yun Hsu, *Ancient China in Transition: an Analysis of Social Mobility, 722-222 B. C.*, Stanford University Press, 1965, p. 39.

〔13〕王聘珍：《大戴礼记解诂》，中华书局1983年，第141页。又请看，"孟尝君有舍人而弗悦"。《战国策注释》，前注〔6〕，第367页。

〔14〕《史记》，前注〔7〕，第2354—2355页。

现象相当普遍。[15] 即便孔子，对其故乡（鲁国）也谈不上忠贞不渝。他强调良禽择枝，主张待价而沽，[16] 对价是"如有用我者，吾其为东周乎"。[17] 这已是当时的社会常规。各诸侯国，首先是，尤其是秦国，[18] 竞争招募精英能人。伍子胥、孙武、商鞅、范雎、苏秦、张仪、陈轸、孙膑、庞涓、乐毅、吴起、吕不韦、李斯、韩非以及其他大量精英等都曾受聘或应聘于异国。同一时期的名人中，似乎只有楚国的屈原例外。许多人也确实因此成就了一番事业，甚至可谓伟业，如商鞅、李斯。精英政治就此成了中国政治的传统。[19] 只是在春秋战国时期，天下动荡，尚无足够的实践后果令人们确信，何为真正有用的，特别是长期有用的政治才能和智慧，何人才是经得起历史考验的属于整个中国社会的政治文化精英。

也必须承认，尽管抽象的精英政治一直是中国政治的理想，是后世历代政治的现实，但即便今天，中国社会仍然没有——今后也难有——统一的或一致认可的政治精英标准。不仅注重经世致用的经验主义与注重经典诠释的教条主义一直争论不休；而且在中国历史上任何时候，在精英选拔的正式制度通道之外，都会留下变通之术。除非涉及自己的直接利益，人们原则上普遍接受此种变通，所谓"不拘一格降人才"。核心原则是"英雄不问出身"。也说"不以成败论英雄"，但这只是个告诫：会有例外，允许例外，规则始终是"以成败论英雄"。非常实用主义和后果主义，但这正是世俗的和平民的精英观。他们不相信阶级、门第、生物血统和种族有智力高下之分（这不意味着不考虑与此类因素可能相关的政治忠诚——想想"非我族类，其心必异"的说法）。甚至，

〔15〕 "晋卿不如楚，其大夫则贤，皆卿材也。如杞梓、皮革，自楚往也。虽楚有材，晋实用之。"《春秋左传注》，前注〔3〕，第1119—1123页。

〔16〕 "鸟则择木，木岂能择鸟？"《春秋左传注》，前注〔3〕，第1667页。"子贡曰：'有美玉于斯，韫椟而藏诸？求善贾而沽诸？'子曰：'沽之哉，沽之哉！我待贾者也。'"《论语译注》，前注〔5〕，第91页。

〔17〕 《论语译注》，前注〔5〕，第182页。

〔18〕 洪迈：《秦用他国人》，载《容斋随笔》，中华书局2005年，第23页。

〔19〕 赵翼：《汉初布衣将相之局》，载《廿二史劄记》，凤凰出版社2008年，第24页。

作为正式制度的补充，中国社会中还一直保有了些许反智主义传统。[20]
说穿了，就是重视实际有用，不相信教条主义或门阀世族——第四节会
回到这个问题。

即便北方游牧民族入主中原后建立的王朝，也坚持了精英政治，而
没采取简单的民族或族群歧视。对汉族读书人的政治参与有限制，如在
元朝。但这种限制更多出于对政治忠诚度的关切，有歧视的后果，却难
说是基于民族或族群歧视。中国古代也曾一度有门阀政治，持续有百多
年，却从来没有走向典型的贵族政治，也没有导向种姓制度，甚至不曾
出现过，在直到 20 世纪中期的数百年间，美国南方一直普遍且严格实
践的种族隔离。

精英政治的社会基本共识是一系列具体命题，有关人性、教育、政
治精英的社会和国家责任，均源自人们长期甚至世代生活的日常经验，
基本可靠且可信。这包括：人分享了一些基本但有所不同的天赋或潜
能，这些先天差别并不大却持久，差别的社会后果在社会生活中才变得
显著起来（"性相近""习相远""上知与下愚不移"[21]）；生物遗传和
社会经验甚至机遇都会影响甚至注定人的成就（"死生有命，富贵在
天"[22]）；没有谁生来注定该如何，或会如何，至少从理论上看，每个
人都有成为政治精英的潜能，因此，一切重要的政治社会公职都应向，
实际也都向所有人平等开放，甚至包括皇位（"皇天无亲，惟德是辅"，
"王侯将相宁有种乎""彼可取而代也""天子，兵强马壮者当为之，宁
有种耶"[23]）。才华和天赋既是个人的，更是社会的稀有财富或资产，

---

[20] 最早的也许是老子的"大道废，有仁义；智惠出，有大伪；六亲不和，有孝慈；国家
昏乱，有忠臣"以及"绝圣弃智，民利百倍；绝仁弃义，民复孝慈；绝巧弃利，盗贼无有"（朱
谦之：《老子校释》，中华书局 1984 年，第 72—74 页）；和《左传》记载的"肉食者鄙，未能远
谋"（《春秋左传注》，前注〔3〕，第 182 页）。后代则有民间广为流传的"仗义半从屠狗辈，负
心多是读书人"；现当代的典型如毛泽东称"卑贱者最聪明，高贵者最愚蠢"（《建国以来毛泽
东文稿》（7），中央文献出版社 1992 年，第 236 页）。以及王朔坦承，社会经历"导致我对任何
一个自称知识分子的人的不信任、反感乃至仇视。……〔即便有〕一个知识分子刚刚令我摆脱
了偏见，立刻会有另一个知识分子出现，用他的言行将我推回原处"；以及中国社会"伪善风气
的养成根子在知识分子"王朔：《无知者无畏》，春风文艺出版社 2000 年，第 107、141 页。

[21] 《论语译注》，前注〔5〕，第 181 页。

[22] 《论语译注》，前注〔5〕，第 125 页。

[23] 《春秋左传注》，前注〔3〕，第 309 页；《尚书正义》，北京大学出版社 1999 年，第
453 页；《史记》，前注〔7〕，第 1952、296 页；《旧五代史》，中华书局 1976 年，第 1302 页。

可为且应为社会所用，价值极高（"学而优则仕""惟仁者宜在高位""穷则独善其身，达则兼善天下"以及修身齐家治国平天下[24]）；一旦参与政治，政治精英对于国家和社会的政治责任要高于、先于对家庭和家族的伦理责任（"君君臣臣，父父子子""忠孝不并""先天下之忧而忧，后天下之乐而乐"[25]）；教育是社会和自我有效开发和利用人力资本的最重要途径（"不学礼，无以立"[26]）；培养政治文化精英的重要责任主要由父母承担（孟母三迁和"养不教，父之过"[27]）等。

基于这些关于人的天赋、能力开发及其社会意义等共识，历朝历代出于各种政治考量一直努力推动政治文化精英参与国家政治治理。作为一种政治追求，从社会实践来看，与"家天下"的说法相反，历代王朝事实上一直鼓励、征召（强制性要求）天下读书人参政；强调政治精英有更大更多责任，"任重而道远"，天下兴亡，匹夫有责，强调"修身齐家治国平天下"，强调"达则兼济天下""位卑未敢忘忧国"；只有实在是穷困潦倒之际，精英才可以独善其身；只有为保全其他同样值得珍视的社会价值，例如"忠"，也为了政治安全，新王朝才允许曾在旧王朝任职的政治文化精英（"遗民"）不出仕，但"遗民不世袭"。以诸如此类的社会规范和占主导地位的意识形态，古代中国努力将潜藏于社会的个人才华和能力转化为社会资产，由社会分享收益。

伯乐？制度性选拔！

有了这一社会共识，中国历朝历代一直重视精英选拔。但要将这一

---

[24]《论语译注》，前注〔5〕，第202页；《孟子译注》，前注〔1〕，第162、304页；《礼记正义》，北京大学出版社1999年，第1592页。

[25]《论语译注》，前注〔5〕，第128页。颜真卿则称："出处事殊，忠孝不并。已为孝子，不得为忠臣；已为忠臣，不得为孝子。故求忠于孝，岂先亲而后君；移孝于忠，则出身而事主。"赵贞信：《封氏闻见记校注》，中华书局2005年，第34页。又请看，《范仲淹全集》（上），四川大学出版社2007年，第195页。

[26]《论语译注》，前注〔5〕，第178页。

[27] 分别见于，张涛：《列女传译注》，山东大学出版社1990年，第38—39页；《三字经》，李逸安［译注］，中华书局2009年，第5页。

共识付诸实践，变成制度，还需要漫长的时间，因为要克服许多难以想象的困难，积累一些基本的制度条件。甚至既制约，同时也催生这个精英选拔制度的最关键变量或前提——农耕大国——的出现也需要时间。

长期以来，由于韩愈的误导，在后世几乎所有普通中国人眼中，精英选拔的最大难题是"千里马常有，而伯乐不常有"。[28] 由此衍生的政治精英选拔之关键是，政治领袖本人"爱才"和"识马"，独具慧眼，从芸芸众生中发现杰出人才。这是一个有关人才选拔的"人治"理想。历史上许多故事，如姜子牙垂钓渭水愿者上钩，萧何月下追韩信和刘备三顾茅庐，以及反面的故事，"屈子遭谗""贾谊不遇"等，都既是对这一命题的演绎，又被用作支持这一命题的证据。按照这种观点来看，精英选拔主要是政治领袖的个人品质或智力问题。精英政治的制度实践完全取决于统治者的个人伦理：他能否求贤如渴、礼贤下士、唯才是举、不拘一格降人才等。然后才是他的政治判断力和洞察力，但这仍然不时与他的道德品质如胸怀、能否"从善如流"有关。

重复得太多，很多人都信了。但这一有关历史中国精英选拔的叙述是不真实的，是一种伦理幻觉，并非真实制度。可以推定，即便为实现自己的政治理想，政治领袖都愿意唯才是举，用人所长，海纳百川。非但愿意，他们也能够容忍政治精英有某些常人难以容忍的缺点和弱点。他们一般也有足够能力识别精英。这些其实是政治领袖定义的必备项，而不是加分项。甚至，对于真正的政治领袖——这与君王或皇帝不全等——来说，也不大可能有胸怀狭小、听不得批评这种完全是后人杜撰的毛病。政治领袖必定更关心做成事，建功立业，懂得"兼听则明"——也就是不糊涂而已；但不可能全都采纳，"兼听独断"，他要做的是"从善如流"。这意味着无论对错，都要由他来选择，并且他要对选择的后果最终负责，负全责。他也许会不高兴，但通常不会在意对他的哪怕不实的指责。想想吧，鉴于其政治责任，更关心做成事，那么有什么意见会让一位政治领袖"听不进去"，爱理不理呢？只会是那些泛泛之论，或说起来头头是道，原则上永远正确，但不针对具体问题，

---

[28] 韩愈：《杂说四首其四》，载《韩昌黎文集校注》，上海古籍出版社1986年，第35页。

不切实际，没法做事或成事不足败事有余的议论，无论是出于坚贞但迂腐的教条主义，还是沽名钓誉的功利主义。

精英政治的真正难题，很难克服，也就是没法彻底克服的困难，其实是信息问题：从何处发现人才，获得有关人才的线索？如何验证并核实人才？但最大麻烦也许是如何判定此人比他人更优秀，特别是政治能力，这是一种很难测度、因此没法预先比较和准确判断的能力——想想老话"事后诸葛亮"或认知心理学上的"后见之明"。古代中国，不可能有足够充分和可靠的信息汇集，很难有基于大量信息的比较判断。由于涉及政治事务，对人才的能力要求必定更苛刻，因为政治问题通常不允许试错，不可能等有了大量经验证据证明其能力后再来选择，选拔政治精英常常基于有一定根据的预判。就此而言，挑选政治精英是风险极高的投资。常常只能借助一些看似有关，可能相关，其实关系并不确定的变量，如个人的聪明，或家庭的政治经验。

如果缺乏大量可靠的信息作判断，也没有——因为无法有——一个统一的判断标准，只是求贤若渴，海纳百川，那么不但不解决问题，相反会变成问题，还是大问题。战国时期天下闻名的四大公子，来者不拒，每人门下都有数千门人食客，成为当时美谈，其中也有些很聪明的人。但最大问题是，这几位还真没干成什么大事。再想想韩非笔下"滥竽充数"的寓言，[29] 令人不能不佩服韩愈的这位本家才真有洞察力。

农耕大国也是个麻烦，还是大麻烦。如果在一个小国，如城邦，甚或在其他成员互动较多的一个群体中，无论是部落、村庄甚或军队中（与此相关的是当年汉军中的萧何与韩信），还可能寄希望"伯乐相马"式的发现和挑选精英。在小共同体或群体中，人们的交往和合作的机会更多，发现和辨识个人才能相对容易。谁是或不是精英，也更容易形成社会共识。个人才能完全被埋没的概率因此大大降低。[30] 有被湮灭的，如屈原，因小人的嫉妒；但那不是埋没。嫉妒是社会认可精英的特定形

〔29〕《韩非子集解》，前注〔11〕，第 231 页。

〔30〕 因此早期赞扬民主制度的思想家，例如卢梭认为理想民主国家的前提条件是，其幅员大小不超出人们才能（faculties）所及之范围，人们能经常走动，相互熟悉。请看，卢梭：《献给日内瓦共和国》，载《论人类不平等的起源和基础》，商务印书馆 1962 年，第 51 页。

式；若非矫情，抱怨者更可能徒有精英之虚名。

战国之际的"七雄"都已是人口数百万的大政治体；秦汉之后的中国则更是超大政治体。但那都不是交通通信特别是信息交流发达的现代工商社会，而是农业社会，所有人局促于村落，相互交往很少，不可能深知。他们不可能有共同的背景和共同的测度判断标准，不可能自发形成、也就不可能适用统一的标准，没法有根有据地判断谁更有能耐。甚至，每个"伯乐"本人都来自并属于某个具体社区或地域。他未必真见过什么大世面，其判断本身就是地方性的，不具有超越性。"山外青山楼外楼"，强中自有强中手，在这样一个农耕大国，有谁能可靠且权威地比较和判断别人或自我的才智？即便有人有此能力，也一片公心，他也没法让各地人都相信其权威和公正——权威同样需要社会共识为基础。韩愈的"伯乐"说，其实，从一开始就是方向性错误，之后的演绎和话语，再雄辩，也无济于事，与中国历代政治精英选拔的实践和制度，可以说完全不沾边。

历史中国精英选拔的难题只能，也必须，借助制度方能有效应对。必须建立一个统一有效的信息汇集和比较制度，才能改变大国内信息分散标准不统一的问题。必须有个相对全面准确的统一测度标准，才能够有效测度，之后才可能比较。但在这之前，也还有一系列很现实的难题。首先得让所有自视为精英的人，无论知情还是不知情，都能参与，之后才谈得上让他们愿意参加，最后才可能让他们自觉或习惯其或积极参加这个统一测度。此外，他们还必须相信、认可并接受这个统一测度的标准是公正和权威的，即便这个测度，至少就当时而言，无论如何也不可能真的很精确。张三考试确实比李四高出 10 分，却没法说张三一定比李四更聪明或更精英。

大国复杂地理地形还一定导致各地经济政治文化发展不平衡。这意味着即便天资相当的人在各地所受教育不同。用现代人的话来说，从一开始，机会就不平等。但在古代机会，这种不平等对个体并不重要。人是地方性的，通常只会与自己差不多的身边人较真，不会同远方的陌生人较真。但这不意味着各地人机会不平等的问题不重要了。相反，很重要，只是这不是个人权利平等问题的重要，而是国家制度构成问题即宪制问题上的重要。从国家的政治社会文化构成和整合层面来看，没有各地政治精英的参与，或各地方参与全国政治严重不平衡，或是中央对各地的了解严重缺乏，就一定会影响统一有效的国家治理和制度整合。

这也涉及评判标准。无论中央政府如何努力兼顾各地和各种利益，只要确立全国统一选拔精英的标准，这个标准的构成要素就一定首先源自某具体地方，因此和统一度量衡的起点一样，必定是专断的。这意味着，任何统一标准都隐含了某些非恶意的歧视，建立统一标准的任何努力，其效果都有可能凸显了分裂，至少不是当即促进统一。但不能因此就放弃确立测度精英的统一标准，也不可能凭空创建统一的标准。只能先采纳某个地方标准作为全国统一标准，努力令其最终成为全国自然接受和分享的统一标准。这个转变需要较长时间，要有众多机制协调努力，这个"标准"才可能向各地无声渗透，最终为全国分享。

还有个大问题，令人纠结的问题：要选择的是政治精英，参与的是军国大事，这就意味着政治精英的筛选不仅要关心精英的智力能力问题，至少同样重要，甚至更为重要的还有，他们的政治认同或忠诚问题。

政治认同对城邦或小国的政治精英不是什么问题，他的想象共同体与其生活共同体几乎完全重合。但在历史中国，要求政治精英关注这个农耕大国，一个想象的共同体，与他实际生活的那个共同体（村落），严重不重合。这就要求政治精英有更高也更复杂的政治忠诚。有时还很纠结，因为他们很可能"忠孝不能两全""有国无家"。大国政治要求政治精英必须超越"生我养我的地方"，超越其出生且叶落归根的特定村落和地区，"以天下为己任"，成为国家可重用的人才。他们不能仅仅追求个人、家庭和家族的利益，也不能仅仅代表某地方利益，他必须有雇佣者可信赖的职业伦理（政治忠诚）。至少从战国时期开始，这就是各国政治精英受聘他国之际，聘任者（各国国君）与受聘者（"客卿"）不得不经常面对的一个问题。著名的"李斯谏逐客"事件，各国间相互频施"反间计"和"离间计"，以及谗言问题，[31] 尽管问题各异，核心都有关国君怀疑将相的政治忠诚。

[31] 例如，齐国守将田单就曾挑拨离间，令燕王用骑劫代替，田单难以对付的对手，名将乐毅。乐毅逃到了赵国，田单则打败了燕军骑劫（《史记》，前注〔7〕，第2429—2430、2454—2455页）；战国末期，秦国贿赂收买赵王宠臣郭开等人，借刀杀人，除掉了赵国名将李牧（《史记》，前注〔7〕，第2451页）；又有韩非的悲剧（《史记》，前注〔7〕，第2155页）。

秦汉大一统，消除了雇主间的竞争，因此精简了政治精英的就业和伦理选项。即便如此，如何让来自各地的精英始终以国家、人民、公事和大局为重，仍是个难题。懂得什么是人民，什么是公，何为国家，何为天下，何为大局，这是各地精英必须在其文化教育和政治实践中逐步以其心灵、情感和行动——化解的大问题。他必须立足于国家即全社会的立场，而不能只盯着地方和个人利益。他必须基于这一立场来理解全局和大局，有政治信念，有政治节操，有政治忠诚，有政治担当，不仅不能个人中心主义，而且，至少在家国大事上，不能搞政治机会主义。需要相应的政治文化规训和制度来培养和塑造政治精英必须具备的素质。为确保有效，这种规训还必须赢得受规训者的认可，自觉落实于行动。

这些问题，归纳起来，也就是包括精英政治等宪法性制度（constituional institutions）试图解决的、农耕大国的政治经济文化构成问题。如果没有这样一个政治经济社会文化共同体，或不是大致长期稳定，就没有一个共同体的边界，政治精英选拔就有很大麻烦。例如，如何设置筛选和考察精英的选拔或考试制度？在缺乏一个能深入社会的、足够有力的政府体制和可靠渠道的条件下，如何选拔和考试？有什么利益能让各地政治文化精英知情，不仅愿意，而且主动站出来，走出家园村落，跨越千山万水，告别故乡亲人，"让祖国来挑选"？没有他们的自觉、主动的配合，精英选拔就不可能。此外，又该以何种社会认可的统一标准来考察和评判？为何用文字？以及为什么用汉字？

也因此，从后世中国的政治精英选拔中，我们才能理解上一章讨论的"书同文"和"官话"，以及"罢黜百家，独尊儒术"等措施的另一种宪制意义，这两个制度的创制者、推动者当初也未必想到或理解的实践意义："书同文"和"官话"为农耕大国统一选拔人才，特别是但不限于科举，奠定了重要的制度基石。

从历史中国精英政治实践来看，第一位的前提条件其实是"武功"，即一代王朝统一以中原为核心的广大区域，建立稳定的和平，然后才可能开始实践精英政治，"文治"。是秦王朝统一了并垄断了买方市场，各地的政治精英就不再可能朝秦暮楚了，他们的政治才能只有一个买家，他们的政治忠诚只剩下一个稳定对象了。这可以解说春秋战国时期政治精英的从业伦理基本是"良禽择木而栖，贤臣择主而事"。[32] 在此基础上，强调"臣事君以忠"。但逐渐地，也衍生出了"士为知己者死""以众人遇臣，臣故众人报之……以国士遇臣，臣故国士报之"的政治职业伦理[33]，不仅强调"对价"，也更强调政治精英的自主选择。只是，一旦选择后，必须严格遵守政治职业伦理。这隐含了，后来则表达为，"忠臣不事二君"的原则。[34] 随着大一统建立并成为常态后，后一原则逐渐占据了统治地位。起初似乎还是从功利的维度来劝说和要求忠臣。[35] 在经历了长期大规模的政治动荡后，政治忠诚日益伦理化了。[36] 清乾隆年间编撰的《贰臣传》则将这一政治职业伦理进一步制度化和规范化，挤压政治文化精英的选择市场。[37]

以上只是对问题的梳理，此后各节再讨论。本节余下部分关注一个起源问题，也为便利下一节的讨论：农耕中国何以会在汉武帝时期提出了精英全国选拔的制度问题。

从理论上看，秦统一六国后就已面临如何从全国各地常规性地选拔政治精英的宪制难题。但秦"二世而亡"，总共就 14 年。秦始皇当政时，包括皇帝本人在内的主要政治精英年纪都还不太大，这个难题尚未显露，至少不是一个急迫的问题。汉初，靠着开国功臣治国，萧何、曹参、王陵、陈平以及周勃、灌婴等相继为相，这也不是问题。但到文帝

---

〔32〕 这句话的原型是孔子的"鸟则择木，木岂能择鸟"。《春秋左传注》，前注〔3〕，第 1667 页。并参见前注〔16〕

〔33〕 对这一政治伦理的形象阐释，就是豫让刺杀赵襄子的故事。请看，《战国策注释》，前注〔6〕，第 617、618 页。

〔34〕 《史记》，前注〔7〕，第 2457 页。

〔35〕 "君臣本同治乱，共安危……君失其国，臣亦不能独全其家。"《贞观政要》，上海古籍出版社 1978 年，第 77 页。

〔36〕 在经历了唐之后的五代十国的政治动荡后，北宋开始，特别强调"忠臣不事二君"。欧阳修编撰的《新五代史》中"杂传"传主（中华书局 1974 年，第 411—667 页）都是"贰臣"；又如司马光对冯道的评论（《资治通鉴》，中华书局 1956 年，第 9510—9513 页）。也确实有一批南宋政治精英如文天祥、陆秀夫、张世杰等将这一思想付诸实践。因此，后人称"古之遗民，莫盛于宋""两汉而下，忠义之士至南宋之季盛矣"（邵廷采：《思复堂文集》，浙江古籍出版社 1987 年，第 198、199 页）。

〔37〕 王宏志：《论"贰臣"》，载《社会科学研究》1988 年 5 期。我称"贰臣"为制度，因为"贰臣"的概念确实影响了近代某些政治文化精英行为。最典型的例证之一是王国维。他其实只能算是文化精英，并非严格意义上的政治精英。但他以清朝遗老自居，拒绝为民国做事，包括任教北大；变通后，也仅为北大授课，不入教师名录，坚决不收北大发的薪水。最后王国维以报销兼课邮费的名义收了这笔钱。

中后期和景帝时，后续人才的问题就逐渐显露了。除用功臣之子如周亚夫和刘舍外，外戚辅政就成了这一时期的政治特点。[38] 汉武帝即位后，仍是这个传统。先任命窦太皇太后的侄儿窦婴为相，又任命舅舅田蚡为太尉、后继任丞相。汉武帝先后任用的三位最重要将领，卫青、霍去病和李广利等，都是外戚。[39] 汉武帝去世前任命的顾命大臣霍光也是。

但真还不能说汉武帝任人唯亲。这些以及其他一些例子，细琢磨一下，表明汉武帝非但唯才是举，不拘一格，更是知人善任。例证不仅有曾是奴隶的卫青，也不仅有年轻的军事天才霍去病，还有曾陪读汉武帝的财政天才桑弘羊——他们的军事政治才能确凿无疑，毋庸争辩。汉武帝去世前任命的另一位辅命大臣，金日磾，原为匈奴人，随母投降汉朝后，成了官奴。汉武帝偶然发现了金日磾，注重培养，同样成为汉朝重要政治家。[40] 当然，也必须承认，这些人所以能为汉武帝发现、培养和任用，除各自真有才能外，重要原因之一是，因缘巧合，他们都在汉武帝周围，便于汉武帝发现、信任并发挥他们的才能。但在全国各地，在那些无由或无缘接近汉武帝的人当中，就没有卫青或霍去病，没有桑弘羊、霍光或金日磾这样的人物吗？

对汉武帝这样的政治家的合理期待不应是，超越当时社会和制度条件，了解全国并选拔最优秀的人才，而是，也只能是，就其所处的制度条件下，他能否，并是否发现和选拔了他最可能获得的精英。因此，这些精英选拔的轶事只是表明，汉武帝的政治精英库内人才已极度稀缺。汉朝已开国60年了，除选任"官二代"外，尚未建立或形成一个全国性人才选拔制度，还只能主要靠皇帝个人的慧眼独具。以事后诸葛亮的眼光看，这意味着，西汉亟待创造一个能有效筛选吸纳各地政治文化精英参与国家治理的制度。

这当中还有个今人容易忽视的问题：如果中央政府不能充分吸纳天下人才，麻烦还不只是"埋没人才"。真正的人才其实很难埋没。大麻

---

〔38〕《汉外戚辅政》，载《廿二史劄记》，前注〔19〕，第44页。
〔39〕《武帝三大将皆由女宠》，载《廿二史劄记》，前注〔19〕，第35页。
〔40〕《汉书》，中华书局1962年，第2959页。另一个典型是主父偃，他自行上书汉武帝，引发汉武帝的关注，并采纳其重要建议。《史记》，前注〔7〕，第2953、2960页。

烦是，一些地方政治势力则可能吸纳这些政治文化精英。即便无意，这客观上也会成为地方政治势力挤压或抗衡中央集权的力量，对国家政治稳定和统一非常不利。汉代前中期，淮南王刘安周围就吸纳了众多政治文化精英，一直令后人称道，这一群体的政治文化思想影响，在某些方面，甚至超过了同期的中央政府。[41] 尽管中央政府占尽天时地利，汉武帝本人也很有政治能力和魅力，但问题是，更多依赖某皇帝个人能力和魅力的政治很难持久，很难指望继位皇帝保有汉武帝的才能、魅力和权威。仅此，也必须为各地政治精英参与国家政治畅通渠道，充分利用本国疆域内的人力资本。

精英政治，在历史中国，主要不是当今学界趋于理解的平等参政的个人权利问题，而是有关这个国家的和平、统一和文化整合问题，因此是个宪制问题。

制度演进：推举、"察举"[42] 与科举

也正是主要在汉武帝时期，历史中国开始创建政治文化精英的选拔制度，一个系统且持久的努力。从这一制度的变迁中可以看出，在实践中，基于当时给定的何种条件，以何种应对措施，这一制度及其演变都回应了哪些具体的社会问题。大约经历了750年时间，各种有意和无心努力的效果累积，最终促成了科举这一伟大制度。

---

〔41〕 "汉初分封……同姓诸王中游士麇集，尤著者，在南如淮南王安，在北如河间王德，群士归附，较中央政府为盛。"钱穆：《再论中国社会演变》，载《国史新论》，生活·读书·新知三联书店，2001 年，第 45 页。

〔42〕 本书使用的"推举"和"察举"更多是对历史中国官员选拔实践的一种理论抽象。汉武帝当初要求各郡发现（察）和推荐（举）人选，称"察/举"并不错。但这一权力更大程度上在地方首长手中，人选由他们推荐，除地方性舆论外，没有具体的测度评判标准。曹魏实行九品中正制的最重要变化，是挑选在职且德名俱高的中央政府官员为大中正，晋之后则由在朝三公中的司徒举荐在任中央官员兼任大中正，这就弱化了州郡、进而大大增强了朝廷对人才的考察，之后再由吏部选任、升迁与罢黜。毋庸讳言，"九品"的品级划分当然很成问题，代表朝廷考察士人的大、小中正也很难深入了解，还难免徇私苟且。但从制度上看，这一变革中最有意义的是宪制，中央集权或大一统。即便不拒绝有人举荐，但此后，考察和选任官员成了朝廷的专有权，就制度而言不再同地方分享。就此而言，这是一种有别于自下而上"推举"的自上而下的"察举"。这个抽象的"察举"概念也许要比"九品中正制"与本书的理论性叙述更般配。

在武帝之前，汉文帝也曾下诏要求各地举荐"贤良方正能直言极谏者"；[43] 但只是到汉武帝，才确立了汉代吸纳精英参与国家政治的最重要制度——推（选）举制。汉武帝被描述为"博开艺能之路，悉延百端之学"，[44] 但从其继位之初，就接受丞相卫绾的建议，打压据说是乱国政的法家和纵横家。[45] 后来则接受了董仲舒的建议，所谓"罢黜百家，独尊儒术"，"令州郡察吏、民有茂材异等可为将相及使绝国者""立学校之官"。[46]

各地推举的人才主要分两类，一类由各郡、国按照本郡国的人口比例向朝廷举荐努力践行儒家伦理的"孝廉"，另一类则是由丞相和列侯等高级官员举荐的本地"秀才"（茂才）。所推人选不限于官员，包括民间有德者。中央政府考察和试用被推举者，就一些重大政治社会问题，听取他们的对策。依据其回答优劣来选任，或是留在官中，在皇帝身边，任郎官。针对诸如出使西域、治理江河等专门事项，汉代还征求有专长的人才，可以他人举荐，也可以自我报名。

这可以说是历史中国人才选拔的最早制度。举孝廉，每年按时进行，后来则完全取代了其他非正式的不定期制度。由于下诏要求朝廷高官和地方长官举荐人才，人才选拔成为各级政府官员的法定责任之一，纳入了政府工作日程。这拓展了各类人才参与政治的渠道和机会，更多政治文化精英可能因此进入国家政治的视野。

各地推荐的人才最后要经皇帝策问后才能确定。今天的法律人可能认为这太长官意志，是"人治"。确实如此。只是，鉴于当时还不可能有全国统一的书面考试，也无标准答案；甚至，那些只关心标准答案的人，从一开始就不适宜从政。相比之下，由皇帝亲自策问，即便所提问题和回答各异，甚或在旁观者/后人眼中皇帝判断不准确或有偏颇，但在国家政治层面上，却是当时最现实可能的统一和无偏私的标准。作为

---

[43]《史记》，前注〔7〕，第 422 页。

[44]《史记》，前注〔7〕，第 3224 页。

[45]"所举贤良，或治申、商、韩非、苏秦、张仪之言，乱国政，请皆罢。"《汉书》，前注〔40〕，第 156 页。

[46]《汉书》对董氏建言的记载是"推明孔氏，抑黜百家"。《汉书》，前注〔40〕，第 197、2525 页。

人才选拔的必要程序之一，策问还表达了最高层的重视和关怀，即便是为展示皇恩浩荡的考量，那也是公事，而非私情，属于"周公吐哺，天下归心"、巩固中央集权的措施。更何况，由于国务在身，皇帝的策问、考察和判断，注定趋于问题导向和对策导向，这也是更有针对性的人才选拔，而不是知识竞赛或智力选秀。甚至，皇帝策问本身，即便不完全准确，也是种威慑，震慑人才选拔过程中一定会出现的各类徇私甚至腐败。其实，这反倒是最务实的法治。

但为什么要罢黜或抑黜百家，仅推崇儒学呢？这岂不禁锢思想吗？对此，仍必须从人才选拔的制度措施和国家宪制层面来理解。首先，如第二、三章所讨论的，儒家思想更符合农耕中国村落社区维系其内部秩序的需要。[47] 皇权不下乡，这就俭省了国家基层治理的财政和人力，自然就减轻了百姓的税赋，也挤压了官吏贪腐的空间。其次，儒家的修齐治平的伦理规范，尽管实践上不很现实，却还是可以有效沟通家、国和天下，有助于整个国家的治理，也有助于塑造政治文化精英的政治理想。第三，从事实来看，汉武帝"表彰《六经》"或"推明孔氏"也并非"仅有"儒术；"罢黜"和"抑黜"也不等于"禁绝"，没有哪个王朝可能有这种国家能力。只要看看后世历代中国学人，只要不是"范进"之流，有谁一辈子只啃《论语》和《孟子》？因此，就本章关心的问题来看，我认为，"罢黜百家"并非、至少不是强烈地政法意识形态导向的，更多是出于政治治理和人才选拔的实用主义考量，甚至就是操作主义导向的。其最实在的意义大致相当于划定考试范围。它设定了国家选拔政治精英人才的初步标准，因此引导了，也便利了全社会的文化智力投资。这八个字就是中央政府向全国颁发的一份简单明了的鼓励民间文化投资的指南。当然选择儒家，当政者确实可能有诸多政治考量和偏好，客观上也会有统一思想且压制其他学派的后果，但这仍不等于其有打压其他思想文化学派的追求。至少在汉代没有。[48]

---

[47] 苏力：《纲常、礼仪、称呼与社会规范——追求对儒家的制度性理解》，载《中国法学》2007 年 5 期；又请看，本书第 2、3 章。

[48] "汉家自有制度，本以霸王道杂之，奈何纯任德教，用周政乎！且俗儒不达时宜，好是古非今，使人眩于名实，不知所守，何足委任？"《汉书》，前注〔40〕，第 277 页。

这里的关键是，必须理解，百家争鸣最多是激发人们思想或思想碰撞的状态或机制，最夸张地，也只在理论上是激发和培养创造性领军人才的机制和状态，却不是一个评判和选拔精英人才的机制和状态。这两者很难对接。即便在最兼容并包的社会中，考试也没法，也不可能兼容并包，总要有所取舍。考墨家，那就会对任何其他各家各派的学生不利；即便都考道家或儒家，考庄子也会对偏好老子的学人不利，考《孟子》就对荀学不利。用中文考试就一定等于拒绝了母语为其他文字的考试。从创造激发思想的自由市场来看，百家争鸣是公平的，却没法用百家争鸣来选拔精英，更难产生有公信力的结果。即便不计算时间成本，想想第六章讨论的度量衡统一。其中最重要的启示是，不是一切自由争论最终都会有一致认同的结果，更别说"真理"了。[49] 如果没有相对公平、有效且客观统一的选拔机制，就不可能吸引最大数量的社会精英站出来参加这一选拔。

必须在历史长河中来理解独尊儒术这一决断的历史贡献。其最大贡献也许还不是在当时，甚至不是其后数十年间，而是在大约七个半世纪后，独尊儒术为全国统一的科举考试制度奠定了基础。由于这一文化投资指南在全国各地向社会各层级渗透，全国的"教材"逐渐统一了，各地读书人都知道了考试内容和努力方向，才有可能最终建立和实践一个为全国读书人普遍接受的全国统一且标准化的考察评价制度，一个统一的人才市场。

"罢黜百家独尊儒学"还有另外两个社会收益。首先是，有了这份文化投资指南，许多普通人家可以定向文化投资，仅学习或主要学习和了解儒家经典。否则的话，普通人家没有多少财力，没有时间，也缺人指教，来通盘全面了解先秦的诸子百家。随之而来的，其次，令官家、世家和富家子弟受损但全社会获益的则是，这客观上也挤压了这些家族

---

〔49〕 许多学者也以不同方式指出了这一点。除邓小平的"不争论"外，又请看，"道不同，不相为谋。"《论语译注》，前注〔5〕，第170页。又请看，"社会只因误解才能运转。一个普遍误解使所有社会得以和谐运转。" Charles Baudelaire, *My Heart Laid Bare and Other Prose Writings*, trans. by Norman Cameron, Soho Book Company, 1986, p. 201. "事实上，道德辩论只是加深分歧，而不是沟通分歧。"波斯纳：《道德和法律理论的疑问》，中国政法大学出版社2001年，第8页。

和家庭基于其既有文化资本（家庭藏书，家族教育）和金钱财富的垄断收益。换言之，让所有人大致能站在同一起跑线上。就此而言，罢黜百家的功能，夸张一点说，类似于今天中国高考科目中，不考英语口语，或不考钢琴、舞蹈或拉丁文之类的。只有理解了这些潜在社会收益，才能看出，独尊儒术，以孔孟为正宗，这个太常为近代学人诟病，认为不利于整个传统中国思想文化发展的措施，从技术层面看，对中华民族的人才选拔、阶层流动、文化发展和制度建设贡献极大，意义深远。

这个措施未能以同等力度和方式鼓励其他学派的发展，引导社会文化投资，就此而言，这只是古代中国为创造统一考试范围必须支付的代价。在此需要的并非一个抽象判断：这是否一个损失？为建立全国统一的考试制度，必须有所选择，有所舍弃，又要马儿跑又要马儿不吃草，不可能。在这之后，我们才要考虑，是选择儒家还是选择诸子中其他某家，对于历史中国的治理更合适。这是个复杂精细的权衡，人们判断会有差别。然而，鉴于当时中国有限的人力和资源这一约束条件，相对于选择儒家获得的历史中国文化和制度的其他长期收益，可以这是不二选择。就因儒家更接农耕社区的地气，更可能满足农村的日常需要。试想一下，同样是读了一辈子书，同样没考上举人甚至秀才，了解"三人行，必有我师"，也远比了解"道可道，非常道"或"上古竞于道德，中世逐于智谋，当今争于气力"或"白马非马"，更能为村落社区充分回收利用。这没有增加民间投资者的潜在风险，却在相当程度上降低了民间文化投资者的潜在风险损失。从这个维度看，儒家在后世中国社会的地位，真还不是，至少不全是，历代统治者独尊或表彰的结果，而有理由认为，这是农耕中国的历时性公共选择。

汉武帝，甚至整个两汉，都无望收获独尊儒术的制度收益。重大制度创新的收益几乎从来都是"前人栽树，后人乘凉"，需要很长时间，上百年甚至几百年，才可能充分展现并兑现。面临人才急缺，长远制度安排除外，还需应急之举。由各地推举人才，汉武帝设立太学，放在中国精英选拔制度的历史长河里，可谓汉代的临时应对。但这两项制度已经促成了中国政治的转型。汉代有一百多个郡/国，每年推举孝廉共两百多人，进入朝廷后大多成为皇宫侍卫（郎官）。很快，皇宫的郎官几乎全是来自各郡国的孝廉，多半还上过太学。在京城皇宫中待了数年后，经中央政府考察后，优秀者出任官员，其他人则回故乡担任当地吏员。逐渐地，汉朝各层级的官和吏，都是读书人了。依据中央政府法律政令的统一治理大致能落实了。[50]

在此后相当长一段时间里，综合看来，推举制就是当时社会条件下最可行、选拔人才最务实的制度。当时散落各地村落的普通人，即便读过书，爱阅读，也只可能有什么书就读什么书，有什么老师就读什么书。几乎不可能自发形成全国统一的知识背景和学术传统，也没有源远流长且稳定的学术传统，以及附着于这一传统的基础知识。文化知识的考察或考试很难通约，无论对学生，还是对考官。也不现实——直到东汉造纸术发明和完善后，纸张使用才逐渐普遍，才可能会出现纸质书籍，才可能用文字考试来推进和完善全国统一的人才选拔制度。

即便文字考试可行，在雕版和活字印刷出现前，人工抄书，书的价格很贵，书的传播一定有限。读书和被推举机遇的社会分布一定严重不均衡。这种不均衡与个体智能的社会分布无关，而与祖上是否读书、家中有无藏书、是否买得起或抄得起书有关，换言之与家境富裕程度，是否有人从政、是否门阀世族有关。[51] 在这种情况下，仅侧重文字考试选择政治精英，甚至可能比推举更不公平。相比起来，由地方和中央官员推荐人才，至少在初创期，可能更好。

推举制当然有毛病，还很大。随着诸多社会因素的变化，甚至缺陷越来越显著。这就是，尽管任用的决断权在中央，但究竟哪些人会被推举，权力在推荐者手中。地方门阀世族会千方百计，也有渠道，影响有推荐权的郡国的高中级官员，直至垄断进入政治的渠道。不否认这些阶层或集团中也有精英，甚至，鉴于政治，除了言传，更需身教，需要经验积累，这些阶层和集团中精英的比例也真可能高于其他社会阶层。但

---

〔50〕 钱穆：《中国历代政治得失》，生活·读书·新知三联书店 2001 年，第 14—16 页。

〔51〕 "唐以前，凡书籍皆写本，未有模印之法，人以藏书为贵。" 叶梦得：《石林燕语》，中华书局 1984 年，第 116 页。宋以前的藏书情况，请看，彭大翼：《山堂肆考》卷 124（文学·藏书），http://skqs.guoxuedashi.net/2408y/1554623.html。

问题是，这种趋势的长期后果，对于国家治理，对于全社会，都不利。首先是，国家可能吸纳精英的人口基数大大减少。其次，如果精英能否上位更多依赖地方势力，他们自然更多感恩家族或地方势力，而不是感恩并忠于朝廷/中央政府。皇权因此会削弱，直至架空，出现中国式的贵族统治，如魏晋的门阀世族。由于中国太大，这些贵族几乎注定是各地方的贵族，不像古罗马甚至中世纪欧洲封建国的贵族：虽然相互矛盾，争权夺利，尔虞我诈，这些词表明他们其实是一个政治共同体内的贵族。在山川地形艰险各地沟通艰难的农耕大国，各地贵族势力发展的最终结果肯定是分裂和地方割据。

这只是推论。但东汉后期，推举制确实就已被门阀世族操纵和利用，他们左右乡间舆论，滋生了种种腐败现象。[52] 但最大问题还不是腐败，而是分裂割据——想想东汉末年，两位重要地方割据势力袁绍和袁术兄弟的家庭背景："四世三公"，家族中连续四代有人出任过总理或常务副总理。从政治伦理和政治治理的需要看，这都要求制度变革了。但令这一变革成为必然的，不来自政治伦理或理论逻辑，而是当时社会条件变化。据说因东汉末年黄巾起义，以及随之而来的地方割据和多年战乱，北方人口大量流失，各地乡间评议推荐人才不再可行，中央政府也没法下乡核实各地举荐的人才了。

在这种社会环境下，三国时期魏国创造了九品中正制，出于学术考量，本书统一称其为"察举"。这是魏晋南北朝时期主要的选官制度。它废除了地方推举人才，因此大大弱化了地方势力和门阀世族对精英选拔的控制。朝廷选择贤能官员兼任其原籍地的州、郡、县的大小中正官，负责察访本地读书人，从家世（父祖辈的资历、仕宦情况和爵位高低等）、个人道德品行和才能三个方面给当地读书人定出品级，供吏部选用人才时参考。这个设计直接强化了皇权和中央政府对各地人才选拔的控制和考察。但这个制度很快也堕落了，因为这并未实际考察潜在人选的知识和能力，与此前的推举制的区别只是如今考察选拔人才的是中央政府要员，不再是各地的地方官与实力派。

---

[52] 东汉末年的童谣称："举秀才，不知书。举孝廉，父别居。"沈德潜［选］：《古诗源》，中华书局1963年，第101页。

中央政府任命中正官，要他们为朝廷着想，从全国选拔优秀人才。却很难指望担任中正的官员时时处处以朝廷为重，尽忠敬业，恪尽职守。都有私利。有的人还能守住自己，但从一开始就难免有少数中正，有人开了头则会有更多中正，更关注甚至借此一味追求自己的私利，以"举贤不避亲"的名义，举荐自家子侄。也还可能冠冕堂皇地，各位中正之间利益交换，相互举荐对方的子侄。魏晋时出任中正者几乎全是门阀世族。在评定人的品第时，他们本应主要考虑被举荐人本人的道德和才能，家世仅作参考。但实践中相反，家世门第变得日益显要，甚至成为唯一的标准。西晋时已出现"上品无寒门，下品无势族"的局面。[53]九品中正制未能有助于中央有效选拔人才，相反更多维护和巩固地方门阀世族的长期统治，成为门阀制度的重要组成部分。"察举"必须改革了。

当隋朝重建国家统一，加强中央集权和改善政治的重要措施之一就是废"察举"，即九品中正制，建立科举。公元 587 年，隋文帝命各州每年三人参加秀才考试，后申明不允许工商者参与。公元 605 年，隋炀帝开始设立进士科取士。通常认为，这开启了之后持续了 1300 年的科举制度。[54]

两个重要条件的改变促成了这一历史性转变。一是为加强中央集权，与汉朝不同，隋朝的州县官员不得自己任命下属，下属任用权收归吏部，由中央指派。这就令中央政府必须以可靠和有效方式来选拔更多官员。更重要的是社会文化条件。经过秦汉以来的中央集权实践，包括"书同文"和中原雅言/官话，已累积了足够的社会效果。长期"罢黜百家，独尊儒术"，在特定意义上，也格式化了全国各地的基础教育，渗透了社会各阶层。汉武帝以来长达 700 多年的举荐制度实践也逐渐增加了，在选任官员中，文字考试的因素。南北朝时期察举制度就已有一

---

〔53〕《晋书》，中华书局 1974 年，第 1274 页；该书第 1273—1277 页收录的刘毅奏章详细分析了九品中正制的八大弊端。

〔54〕可参看，刘海峰、李兵：《中国科举史》，东方出版中心 2004 年，第 57—65 页；林白、朱梅苏：《中国科举史话》，江西人民出版社 2002 年，第 1—9 页；以及宫崎市定：《九品官人法研究：科举前史》，中华书局 2008 年，第 36 页。认为唐代科举才得以确立的观点和分析，可参看，金净：《科举制度与中国文化》，上海人民出版社 1990 年，第 46—49 页。

系列变化，日益重视文字考试，"以文取人"。[55] 制度效果的累积，为政治精英选拔制度创新或升级，提供了一系列新条件，可以创设独立于社会利益集团、完全由中央政府掌控的全国性的标准化书面考试，以科举制来选拔精英。

与两汉推举制和魏晋"察举"相比，科举制的特点是，士人自由报考，主要以考试成绩决定取舍。从宪制上看，其最重要的变化在于全面加强了中央政府对人才选拔任用的控制，令社会各权势阶层或集团对人才的社会流动和政治选任不再有系统性影响。每个读书人，不论出身，不论贫富，只要愿意，都可以指望主要通过个人努力，凭借个人才华，竞争参与国家政治治理。这为民间提供了一个明确的、标准化的、文化资本回报更确定的投资指南，鼓励了社会文化资本的创造和积累，于家于国均有利。通过前朝历代的经验累积，中央政府也形成了全国统一的人才基本标准，各地人才供给源源不断。中央政府已完全可能，在更广大地域内，从社会各个阶层中汲取和筛选政治精英，参与政治治理，巩固王朝统治。

借助科举制，通过个人和家庭对世俗功名利禄的追求，对儒家修身齐家治国平天下的理想追求，各地政治文化精英逐渐形成了一个虽源自各地却不属于地方的全国性群体。不必依赖豪门贵族，也不必过多依赖达官贵人的赏识和拔擢，[56] 如今他们可以直接期待并效忠于皇权。即便是远离庙堂，人在江湖，经年的儒家政治文化规训也令他们总体上大致能，甚至无法不，胸怀祖国，放眼天下。他们是中国政治文化统一的产物，也成为中国政治文化统一的保证。有了他们就有了文化的统一，就有望维系政治的统一。

---

[55] 阎步克概括有以下变化：（1）察举的中心环节已由举荐转移到考试；（2）察举的标准由孝悌、吏能转向以文化知识为主；（3）长官的举荐权变成搜罗文人以便应试的责任；（4）考试程式渐趋严密和规范；（5）自学申请者中出现了自由投考的萌芽；（6）学校与察举的联系日益紧密；以及（7）入仕、选官与问责考察日益分化。请看，阎步克：《察举制度变迁史稿》，辽宁大学出版社1991年，第316页。

[56] 官员举荐时仍有重要影响。如在唐代，虽然可以自荐，但州县官员推荐非常重要，"制科中自举始终处于一种陪衬的地位"。吴宗国：《唐代科举制度研究》，辽宁大学出版社1992年，第81—84页。州县官荐举会有利于有家庭背景的人，有世族官僚的影响，但另一重要因素是朝廷发现并试图弥补科举的弱点，即科举选拔的人往往擅长文才，却未必能治国。请看后注〔59〕〔60〕以及正文相关文字。

无论是推举、"察举"还是科举，读书人作为官僚，会实现自上到下各层级政府通过公文的政治治理，实现"文治"，其实也就是法治。即便那些游离于官僚体系之外的读书人，无论是尚未进入、未能进入，或因退休或罢官离开官僚体系的，也仍是其家乡或所在地的文化精英，往往还是政治精英。作为"绅权"，他们配合着、也制约着地方官吏，总体上有助于地方治理，有助于政治清廉，也有助于文化普及和统一，成为后世中国地方政治的重要力量。[57] 无怪乎，贞观初年，看见新科进士鱼贯而出，唐太宗大喜，感叹："天下的英雄都让我掌控了！"[58]

甚至，只有建立了全国统一的精英人才选拔制度后，"唯才是举"或"不拘一格降人才"，作为一种辅助制度或制度补强，才有了其确定的宪制定位。其意义并非以唯才是举为常规，而是在精英考试选拔的刚性制度中留下一个紧急出口，一个弹性空间，必要时可以创造唯才是举的例外和传说。这也不全因为任何制度都有遗漏，只适合选拔常态精英，却无力选拔天才。最重要的可能是，以考试经典或诗文的方式选拔政治精英太不容易准确，它会偏于筛选那些受过更多文化教育和训练的人，那些聪明伶俐、记忆力好，或更擅长文字甚至声律的人。甚至这也会促使应试者迎合考试，独出心裁，"语不惊人死不休"，虽赢得了考官的关注，却可能养成夸夸其谈的习气。[59] 筛选了聪明人，其中肯定有人政治能力和潜力足够，但这种考试无法有效甄别。知识或文字能力对于"文治"是重要，却不是"文治"最重要的能力。[60] 事实上，即便经过长期历练，有些聪明人也未必能承担军国大事。因为对政治精英的最核心要求是——

---

〔57〕 吴晗：《论绅权》《再论绅权》《论士大夫》，载《皇权与绅权》，天津人民出版社 1988 年，第 48—73 页。

〔58〕 "盖文皇帝修文偃武，天赞神授，尝私幸端门，见新进士缀行而出，喜曰：'天下英雄入吾彀中矣！'"王定保：《唐摭言》，中华书局 1959 年，第 3 页。

〔59〕 古人早就指出了这一点，"以言取士，士饰其言"。《梁书》，中华书局 1973 年，第 22 页。苏东坡也曾自我反省："轼少年时，读书作文，专为应举而已。既及进士第，贪得不已，又举制策……妄论利害，搀说得失。"《答李端叔书》，载《苏轼文集》，中华书局 1986 年，第 1432 页。

〔60〕 唐刺史赵匡指出，科举太看重文章修辞，耽误了掌握治国的本领，"所习非所用，所用非所习"。杜佑：《通典》，中华书局 1988 年，第 419—420 页。

经世致用！

无论是求贤、推举、"察举"还是科举，其实都只是中国古代精英政治实践的起步。对于政治来说，无论通过什么制度，筛选出什么人，最后面对的问题都非常现实：他们真的是政治精英吗？他们真有能力治理国家，出色地理解、应对和解决重大政治问题？

这与政治的特点有关。政治需要智力和能力，需要文字和口头表达能力，但更多需要实践理性，而非纯粹理性。一加一等于二，这是纯粹理性，绝对错不了。实践理性的特点则是，也可以通过口头和书面考察来测度，但这个测度不一定准确，说得好不一定做得好，最好的测度是行动或实践。[61] 这种行动或实践还不可能像测度武功那样，可以打擂台——中国人早就意识到"文无第一"。推举、"察举"和科举，即便在各自时代的社会综合条件下，都已是筛选政治精英的最佳方式，无可替代，却注定不那么可靠。

其次，与其他同样高度依赖实践理性（如驾车、游泳、体育竞赛或做生意）的社会实践不同，政治治理不仅关系自己的成败，更重要的是，常常关系到广大普通人的身家性命，甚至江山社稷。即便与打仗不全等，政治治理也常常是"死生之地，存亡之道，不可不察也"；很可能"一失足成千古恨"，影响他人，影响广泛而深远。政治治理对治理者因此也非常苛刻，不大接受，在重大问题上，还从来就不接受，"失败是成功之母""吃一堑长一智"之类的逻辑。也不是说，不许犯错误，不许个人从实践中吸取经验教训，只是说不允许在岗培训。在重大问题上，不会有第二次机会，不允许"只不过是从头再来"。由于政治责任的这一特点，对政治精英的美德要求就是审慎、缜密、分寸感，有时甚至就是保守。大国把这个问题还进一步放大了，因为大国的任何政治决策或行动会影响更大范围内更多人的利益。

不是在城邦小国，或从魏晋门阀世族，或从欧洲中世纪贵族群体中

---

[61] Richard A. Posner, *Problems of Jurisprudence*, Harvard University Press, 1990, ch. 2.

考察筛选治理相对而言小共同体的精英，而是要在辽阔疆域的大国，从无数陌生人中，以考试为手段选拔有能力治理大国的政治精英，这个麻烦更大。问题不是筛选手段或措施是否匹配和精确的问题，而是，为尽可能客观公正地从全国筛选一切潜在人才，只能更多采取标准化的口头或书面考试方式。推举、"察举"但特别是科举的许多制度，其辅助性制度和细节制度，例如御试，廷试，无论是策问还是其他，都偏重考察与书本文字有关的知识和能力，凸显文字表达和口头表达，这显然更有利于社会中那些擅长背诵、记忆、考试和运用文字——甚至包括书法——的精英。甚至，即便知道这些考试考察手段不可能精确测度实践理性，但为考试制度的公平与合法，也必须采用和坚持这些从一开始就有所偏颇的制度。选出来的首先是文化精英，其中肯定有政治精英，但究竟谁是、谁不是，仍不知道，至少不确定。考试筛选出来的能力与治国理政所需的实践理性究竟关系如何，也不确定。可以推定，爱读书、会考试、对文字敏感细致的人，一般说来，其他方面也会比较机敏。整体而言，聪明人一定比不聪明的人更能通过考试。更有理由相信能高分通过各种严格考察和考试的人，总体上，一定比那些通不过的人，能力和智力都更高，心理素质也更强悍。但这也意味着，当应试者聪明程度相近时，考试制度中胜出的有可能是刻苦学习者，是坚信"天才在于勤奋"的人，甚至更可能是本本主义者，而不大可能是那些认为"尽信书则不如无书""好读书不求甚解"或胸有大志博览群书和杂书的人。但治国理政军国大事需要的不仅是一般的聪明和才华，一般的知识，还需要一些与文字水平不一定稳定关联甚或没有关联的能力，一些人们通常不大关注的常识。

中国古人很早、也一直注意到知识与能力、智力与能力或言辞与行动的区别。[62] 鉴于在政治精英选拔上过分注重文字有可能后果严重，影响广泛，前面已提到，作为精英政治的副线或解毒剂，中国社会中一

---

[62] "口能言之，身能行之，国宝也。口不能言，身能行之，国器也……治国者敬其宝，爱其器……"梁启雄：《荀子简释》，中华书局1983年，第372页。"能行之者未必能言；能言之者未必能行。"《史记》，前注〔7〕，第2168页。"言之者行之役也，行之者言之主也……故曰：'能言者未必能行，能行者未必能言也。'"向宗鲁：《说苑校证》，中华书局1987年，第320页。意旨与此相同还有春秋时期九方皋相马的故事。请看，杨伯峻：《列子集释》，中华书局1979年，第255—258页。

直有某种反智主义传统。最典型的，令人至今不忘的就是战国时纸上谈兵的悲剧。[63] 历代王朝也一直注意防止混淆知识和能力，言辞、文章和行动。可以说，从人才的全国性选拔之初，实践理性问题就是令务实政治家纠结的大麻烦。[64] 如何设计，或借助什么客观公正可靠的制度或程序来有效考察、识别和区分政治精英？如何确保唯才是举、任人唯贤？一直是个大难题。战国之际，孟尝君、平原君、信陵君和春申君各有门人食客数千，这个数量居然占了甚至超过了各自国家全部人口的千分之一。[65] 后世有不少学人，包括我，曾误以为是这些政治家求贤若渴。也许是个因素，但这更表明他们无法有效甄别并验证真正的人才，只能用来者不拒和兼收并蓄作为一种应对。

但兼收并蓄并非美德，最多也只是美德的替代品；换种说法，则是赝品，是不得已而求其次。在精密理性的学科里会有兼容并包的状态，但从不倡导兼容并包。一加一等于二如何"包容"一加一等于三？兼收并蓄也不必定改善政治，起码无法"人尽其才，各得其所"。还会有其他恶果：人才积压会令真正的人才更难冒尖出头，毛遂自荐故事就是例证。[66] 来者不拒，兼收并蓄也会耗费太多的资财，真正的人才却无法获得足够资源。冯谖就曾痛感孟尝君给自己的待遇太低而大呼"不如归去"。[67] "士为知己者死"的说法之所以在战国之际开始流行，也许就因为知己者太难得，至少反映了某些待沽者的失落和感叹。[68] 韩非挖苦的"滥竽充数"其实算不上最坏的结果。更糟的是关键时候掉链子，误大事。想想赵括引出的长平之战，四十万赵国士兵被杀。想想秦舞阳，曾令燕国人不敢正面看他，只能低头走路。燕太子丹看上了他，

---

[63]《史记》，前注〔7〕，第 2446—2447 页。

[64] 汉代桑弘羊也曾尖锐批评当时各地举荐的贤良文学"能言而不能行……安知国家之政，县官之事乎"时任丞相田千秋也认为他们"不明县官事"。王利器：《盐铁论校注》，中华书局 1992 年，第 209、463、469 页。

[65] 据范文澜（《中国通史简编》（上），河北教育出版社 2000 年，第 71—72 页）和郭沫若（《中国史稿》（2），人民出版社 1979 年，第 46 页），战国时期，楚国人口约为 500 万，齐、魏两国人口相当各有 350—400 万，秦、赵国人口则各有约 300 万。

[66]《史记》，前注〔7〕，第 2366—2368 页。

[67]《史记》，前注〔7〕，第 2359—2362 页；又请看，《战国策注释》，前注〔6〕，第 381—382 页。

[68] "知伯以国士遇臣，臣故国士报之。"《战国策注释》，前注〔6〕，第 617—618 页。

派他与荆轲同去刺杀秦王。但没见秦王面，他就浑身发抖，脸色变了。[69]

在这样的背景下，不是作为纯学术问题，而是作为政治实践的重大难题，"名实"问题分别进入了观点各异，却都务实导向的儒家和法家的视野。儒家主张实践型人才的家庭教育和自我培养，强调"吾日三省吾身"，克己复礼，培养政治责任感和德性，有鉴于"有德者必有言，有言者不必有德"，孔子还一再告诫君子们千万不要言过其实。[70] 但这类告诫没有用，这最多让那些自律的人不言过其词，结果反倒会便宜那些沽名钓誉、言过其实者，后者更容易进入政治。孔子的道德告诫，因此，透出的其实是一种绝望。法家则从一开始就注意用制度来应对名实问题。管仲主张"量能而授官"；[71] 韩非主张君主"因任而授官，循名而责实"；关注政治精英的实践能力，注重其实际才能，别太看重名声或"文凭"。[72] 这种务实的思路一直为后代沿用，[73] 核心就是要选拔出真有政治才能的人。

落实在具体制度上，就形成了两个长期坚持的传统。一是鼓励有政治实践经验的官员向高层推荐人才。由此可以理解，汉武帝为什么"令州郡察吏、民有茂材异等可为将相及使绝国者"，为什么要求丞相列侯等高级官员举荐优秀人才。为后世抨击的魏晋九品中正制，初始制度设计时遵循的也是这个道理，即由中央政府有德行的高官兼任其原籍的中正官，负责察访本地的读书人。这种制度安排的好处是，一般说来，各级行政主官或部门首长不但通常聪明能干，更重要的是，长期主政一方或主管中央政府某部门实务，会令他们在考察选拔人才时更注重实践经验，更重视应试者判断和解决问题的能力，综合平衡协调能力。由于长期实践，这类官员往往也培养了足够的洞察力和判断力，"知人善任"。对国家政治来说，这种举荐，客观上，还是一种责任担保，另一种

---

[69]《史记》，前注〔7〕，第2533—2534页。

[70] 君子"言之不出，耻躬之不逮也""讷于言而敏于行""先行其言而后从之""耻其言而过其行"。《论语译注》，前注〔5〕，第40、41、17、155页。

[71] 黎翔凤：《管子校注》，中华书局2004年，第566页。

[72]《韩非子集解》，前注〔11〕，第394页。

[73] 例如，陈寿称赞诸葛亮："庶事精练，物理其本，循名责实，虚伪不齿。"陈寿：《三国志》，中华书局1959年，第934页。引者的着重号。

连坐。

如果纯粹理性有天分（事实如此），那么人们的实践理性很可能也有天分，即不是单靠多读书、多做习题或悬梁刺股就可能大为改善的。我们并非读书太少的牛顿，也不是努力不够的毛泽东，或是入错行的乔丹。但在这一前提之下，必须承认，长期、全面和多样的政治实践还是可能展现、强化甚至开发，一个人的无法以文字言辞充分展现的实际工作能力，也有利于考察其业绩，评判其决策、判断和行政能力。这类经历也能增强有实践理性天赋的人的自信，在经验丰富和熟能生巧的意味上强化他的这类能力。鉴于这一特点，中国自古以来保证精英政治的另一重要制度是，有别于票选民主，注重从最底层级选拔并逐级擢升曾独当一面的优秀行政主官，让他累积各层级的全面政治经验，最后出任核心政治要职，尽可能避免从内廷，也就是一直干办公室或秘书工作的人中，选任核心官员。这一思想的最经典表述就是韩非的"明主之吏，宰相必起于州部，猛将必发于卒伍"[74]。

后世中国历朝都非常注意选任优秀地方官员担任宰相，也常常选择朝廷的部门首长出任各地行政主官，增强京官的地方工作和全面工作经验。除"两汉之隆，尤重太守"外,[75] 唐代则曾明确诏令京城与地方的官员互换，选拔有才能的京官到地方担任刺史和都督，调政绩良好的刺史和都督到中央政府各台省寺监任职，成为制度;[76] 还规定，中央政府主要官员缺任，要选择曾任刺史者；中层官员缺任，要选择曾任过县令者；未曾担任过刺史、县令者，不得出任谏议大夫、中书舍人等要职。这些思路和做法大都为此后历代政治实践和坚持。

这些制度规定的目的就是，在坚持全国统一的标准化科举选拔人才的同时，注重实践理性能力的培养和考察，增强各层级政治经验历练，令国家各层级行政主官和部门首长都具备基层工作和独当一面的经验，了解基层，了解问题所在，了解民众希望，熟悉各层级官僚和他们遵循

---

[74] 《韩非子集解》，前注〔11〕，第 458 页。

[75] 黄汝成：《日知录集释》（上），上海古籍出版社 2006 年，第 545 页。

[76] "选京官有才识者除都督、刺史，都督、刺史有政迹者除京官，使出入常均，永为恒式。"司马光：《资治通鉴》，中华书局 1956 年，第 6694 页。

的规则，能及早发现问题，有能力解决问题，力求决策更符合底层实情和社会需要，既有针对性，也有可行性。特别是要避免在中央集权制下，因行政主官异地为官、调任频繁有可能管不住当地属吏，为下属左右，导致"官清如水"而"吏滑如油"的现象。[77]

层层历练不只是反复考察、验证和开发政治精英的工作能力，为他领导和指导全局工作做铺垫，这也会培养他在政界、同僚和民间的威信。就此而言，这其实可以算是农耕大国的一种"票选民主"的替代。此外，虽有规矩，职务晋升却不必定是次第而进，按部就班，根据业绩、才能和工作需要，也常有"后来者居上"。这种晋升制度确保了中国精英政治没有变成只看门第、文凭甚或履历的贵族政治，因此，这也从来是历史中国的实在宪制之一。

很难考察这种制度实践究竟有多大效果，因为没有可比较的样本。但间接的印证是，中国历史上，政治精英与文化精英的逐渐分殊。首先是作为宫廷文学的汉赋出现。此后有了典型的文人。典型之一就是"博学善属文"的陶渊明在"误落尘网……三十年"后，发现"帝乡不可期""富贵非吾愿"，不打算"为五斗米折腰"了。[78]到了唐代，尽管有不少精英横跨政治和文化，但一个突出的社会现象是，出现了近乎专业或职业的诗/文人群体，甚至有失意文人（想成为政治精英而不成的读书人）的群体。自信"长风破浪会有时，直挂云帆济沧海"的李白感叹着"将登太行雪满山，欲渡黄河冰塞川"；本来立志"致君尧舜上，再使风俗淳"的杜甫无奈地问"安得广厦千万间，大庇天下寒士俱欢颜"。但或许应当感谢这个政治精英筛选机制，剔出了这些文化精英，才有了更精致的文学瑰宝唐诗宋词，典型的文章大家。之后，甚至还有了更为世俗的宋话本、元杂剧和明清小说。这或许部分证明了，即便实行了科举制，书面考试变得更重要了，后世中国的政治体制，总体

---

[77] 梁启超曾多次批评异地为官："夫以数千里外渺不相属之人，而代人理其饮食、讼狱之事，虽不世出之才，其所能及者几何矣？"《梁启超全集》，北京出版社1999年，第178、244页。又请看，李斯特：《清代地方法律实践中的现代逻辑——围绕"犯奸"展开》，载《北大法律评论》第14卷第1辑，北京大学出版社2013年，第212—213页。

[78]《陶渊明集》，中华书局1979年，第40、161页；《晋书》，中华书局1974年，第2460—2461页。

而言，仍有足够能力甄别政治精英和文化精英。

精英政治，那也是政治！

关注宪制层面的精英政治，当然必须讨论政治精英。但精英政治只有关谁将参与和主导政治事务，一定不能混同为，更不能等同于，政治精英之间的政治。后者更多有关政治精英个体，或是有关一群个体政治精英。

精英政治当然要依据个人能力和才华来选拔，这很重要，却非全部。因为政治治理的最重要问题可以说是，综合平衡社会中各种足够正当和必要的利益，平衡各个利益集团或阶层的利益，进而维护和巩固国家统一和社会安定。对于历史中国这个巨大松散的农耕社会以及周边的多元族群，尤其是边陲各地与中央政府的政治经济文化联系并不紧密，也很难紧密，许多制度的关注点或落脚点都必须有助于维系和巩固国家统一和社会政治安定。精英政治同样用来促进，并一直服从，这个目标。整个读书人阶层既是促进这一目标的政治文化制度的产物，也是促进和实现这一目标的重要手段。这些精英属于中国，却有地方渊源，在各自故乡有深厚影响，是国家上传下达的神经。为实现全国统一有效治理的精英政治，因此，必须兼顾各地方的利益。有必要，也有可能，让各地政治精英来表达他们的地方利益关切，向朝廷传递输送各地的重要信息，便于朝廷决策，促进全国的政治经济文化整合。

这意味着精英政治不能仅仅关注谁是精英，能力如何。在特定时空，如果精英政治的某些具体做法不利于实现国家统一整合，可能引发地区或阶层或重大利益集团之间的误解，导致分歧扩大或矛盾激化，这时，精英制度就必须调整。精英一定要向，也会向政治妥协，而不是让政治向精英（利益集团）妥协。这从来都是潜伏于精英政治话语旁的一条副线，更重要的是，实用主义地看，无论在中国还是外国，在政治实践上，这从来是主线。换言之，精英政治从来也不是追求并实现哲学王的统治，精英政治从来必须平衡各种世俗的利益格局，尤其要顾全大局。

这一节着意凸显，自汉武帝之后各代的政治精英选拔中，针对农耕大国，中央政府始终有平衡各地方参与全国政治的宪制关注。即在精英选拔中，在全国统一的框架下，为促成这个国家的政治整合构成，会努力平衡、协调并创造条件促使各地政治精英都愿意并有能力参与朝廷政治，参与全国性政治治理，直接或间接表达那些对于国家统一和有效治理非常重要的地方利益信息。这不是基于民主的代议制，也不是在民主政治中揉入了精英因素，而只能说在精英政治中揉入了某些代议因素。注意，我没想从古代中国的精英政治实践中发现什么民主成分，这种追求在我看来没出息也没自信。我说的只是，努力筛选各地精英参与全国政治，这一关注对于农耕中国的整合构成非常合理和必要；我并不在意它是否民主，或反映了民主的"本质"。

可以回顾当年汉武帝下诏"令郡国举孝廉各一人"。[79] 据说在这之后，汉武帝又规定按各郡国的人口基数来推举人才[80]——类似粗陋的比例代表制。当有些郡国未完成举荐孝廉的工作时，汉武帝还下诏要求各地必须完成，否则就是没同中央保持一致，表明郡国官员行政能力不足，应撤职。[81]

问题是为什么按郡国分配或根据郡国人口数分配孝廉或秀才的举荐指标？若仅仅考虑政治精英选拔，似乎就只应唯才是举，分配名额其实是种限制，与精英政治的道理是相悖的。应当是各郡国有多少精英人才就推荐多少，中央就采纳多少；或由中央定个总数，打乱各地的推荐名额，以某种标准化方式统一录取。没有理由先以郡国为单位各推荐一人；后又改为按人口多少分大中小郡国各自推荐人选。看起来合理，但这是假定：在全国各地人口中，人才永远呈正态均衡分布。但人才，至少是受过教育的人才，不仅当时，即便今天，在中国各地人口中的分

---

[79]《汉书》，前注〔40〕，第160页。

[80]"郡国口二十万以上岁察一人，四十万以上二人，六十万三人，八十万四人，百万五人，百二十万六人；不满二十万，二岁一人；不满十万，三岁一人。"《通典》，前注〔59〕，第311页。

[81]"有司奏议曰：'……不举孝，不奉诏，当以不敬论。不察廉，不胜任也，当免。'奏可。"《汉书》，前注〔40〕，第167页。

布，也不是正态和均衡的。

还有，当有郡国未完成推举任务时，汉武帝为什么坚持认为是地方官员未同中央保持一致或能力不足？为什么不反向推定，或至少不应预先排除此推定：该地方官员推举人才上实事求是，工作严谨负责，没有虚报人才敷衍中央政府？起码有理由认定，当时全国各地政治经济文化教育发展水平不平衡，按统一的标准，各地政治文化精英的自然数量一定不同。后来也有事实证明，在中央政府催逼下，各地出现了民间大加讽刺的"举秀才，不知书；举孝廉，父别居"的现象。难道汉武帝不懂这种"上之所好，下必甚焉"的简单道理？

懂，却仍不在意。这就暴露了汉武帝有坚定不移的政治追求，有更重大的政治权衡，且完全独立于关于各地政治精英人才正态分布的基本假定。这个追求是，第一，不论各地人才分布是否均衡或如何不均衡，汉武帝要求各郡国都向中央推荐人才，希望全国各地的相对于其本地民众的政治精英，即便在其他地方未必是政治精英，都能有机会以某种方式参与国家的政治治理。第二，他希望各地官员齐心合力——以国家的政治架构和渠道——来实现这个政治追求。目的是使朝廷聚集起全国各地的政治精英，构建一个从上至下，且遍及四方的政治组织也即国家机器，全面增强朝廷的政治文化凝聚力和向心力。这会影响各地的其他政治精英，"光宗耀祖"，也会激励民间投资为国家培养人才。

如果只有汉武帝这样做了，以上分析就只能是猜测。说这是汉武帝的个人偏好，也没法反驳。700多年后，在科举制建立之初，隋文帝也命令各州每年三人参加科举考试。这只是按地域分配考试名额，没有按地域分配录取名额，也不是按人口比例来分配考试或录取名额。但如果仅从选拔政治精英来看，这显然不是唯才是举，各州推荐的三人不一定有可比性。你怎么知道徐州推出的第四甚或第八人就不如苏州推出的第一人？或是相反？但这种向各地分配考试名额的做法一直为后代坚持，直至今日。这就不能用个别皇帝的偏好来解释了。就算是将错就错，路径依赖；但这也正是制度演化意义上的真理?[82]

该出现的一定会出现。又过了 800 多年，按中国南北地域分配录取名额的做法出现了。1425 年明仁宗时明确规定，科举会试按地域分配名额：即在会试试卷中加上"南""北"等字，并按南六北四的比例录取进士。之后又分成"南""北""中"三类地区，录取比例分别为 55%、35% 和 10%。[83] 这个比例之后曾有变更调整，但按地域分配录取名额的制度一直沿用至清末废科举。不仅考进士如此，各省可录取举人的名额（可以参加考进士的名额）也由中央分配。[84]

只能断定，无论是按地域还是按人口比例分配举人和进士的考试录取名额，着眼点都不只是为选拔精英，不只为适应政治高层对精英在社会中分布格局的假定或想象，而是为了政治。即便是精英政治中的，读书人之间的，那也是政治，并不因此就成了"文化"。

在很长一段历史时间内，科举考试都不按地区分配录取名额。但由于中国经济社会发展的不平衡，随着中国经济重心转移，到北宋时期，科举考试的结果就已是，经济和商业发达的东南及中东部地区考中进士的人数更多，考中者占当地人口的比重也显著高于首都以外的区域。[85] 这引发了南北地域学人的争执，他们都想为本地区争取更多进士录取名额。这不只是增加自己被录取的概率，客观上也是为各地争夺政治表达的渠道，增强本地在国家高层政治中的影响力和发言权。山西人司马光，针对此类争议，援引地方官的奏言，强调科举的重要功能是均衡各地方的政治参与，"所贵国家科第均及中外"。[86] 他提出了按行政区域配额录取的考试制度，尽管，由于战乱和北宋的灭亡，未能付诸实践。

在元代，尽管汉族人口众多，在与科举相关的文化知识上受教育程

〔82〕 Friedrich Nietzsche, *Gay Science*, ed. by Bernard Williams, trans. by Josefine Nauckhoff, Cambridge University Press, 2001, pp. 110-112, 151, 第 110、265 段。又请看，Nietzsche, *Beyond Good and Evil, Prelude to a Philosophy of the Future*, trans. by Judith Norman, Cambridge University Press, 2002, pp. 5-6.

〔83〕 谢青、汤德用 [主编]：《中国考试制度史》，黄山书社 1995 年，第 212 页。

〔84〕 谢青，前注〔83〕，第 209、238—239 页。

〔85〕 重要的实证研究，请看，柯睿格：《中国科举制中的地区、家庭与个人》，载费正清[编]，《中国的思想与制度》，世界知识出版社 2008 年，第 269—290 页。

〔86〕 司马光：《贡院乞逐路取人状》，载《司马光奏议》，陕西人民出版社 1986 年，第 160 页。

度更高，但元统治者有意在蒙古、色目、北方汉人和南方人这四个族群中平均分配考生和进士名额。[87] 入主中原的蒙古人努力借此确保对蒙古人统治更有利的政治权力平衡。这不仅看起来对汉人不公正，实际就是不公正。但从元朝统治者的视角看，这一选择并非任性，虽然专断，却高度理性——配额背后有超越精英政治本身的更大政治考量：治理这个农耕/游牧/多民族/多族群的大国，政治精英的选拔不可能，也不应，仅仅关心个人文化甚或智力，还必须考虑有关地区、民族/族群的政治代表性，以及统治者能否维持起码的政治安定。仅就治国安邦而言，我认为这是个很实在也很负责任的考量，尽管其中有歧视。

这一要点不久就有了血腥印证。推翻元朝后，明初 1397 年的科举考试，考试面前人人平等，一视同仁，结果引出了"南北榜之争"。这一年春天发榜录取的 52 名进士全是南方人，皇帝朱元璋派专人调查，未发现任何舞弊嫌疑。调查者报告，北方最优秀考生的答卷也远不如许多南方落榜考生的答卷。这种不平衡是可信的。问题不是各地考生的智力差别，而在于社会安定。东晋之后，中国经济重心南移；自南宋至元代，南方一直比北方安定，经济、文化也更发达；明朝建立是自南向北逐步扩展——也是南方更早获得了和平和安定；南方的教育因此更为稳定和发达。但这一有道理、在抽象意义上也公正的考试结果引发了北方政治精英强烈愤慨。更糟的是，皇帝朱元璋老家位于江淮之间，属于南直隶，在这个意义上是南方人。即便是皇帝，躺着，朱元璋也不幸中枪。朱元璋甚至亲自谕示主考官更改黄榜，录取几名北方学子平息风波。但坚持分数面前人人平等、法律至上的主考官和调查官，刚直不阿，不给皇帝面子不说，还就敢无视政法实践的政治后果和社会后果。当法律完全不在乎政治和社会现实之际，政治和社会也一定会完全不在乎法律。朱元璋出手干预了这一南北学人的政治冲突引发的危机，处死了若干名考官和调查者，甚至将无辜的春榜状元一并处死。同年夏，他亲自阅卷并重新廷试，录取了 61 名进士——全是北方人！[88]

这是法治的悲剧，也是政治的悲剧。从中我们看到了精英当中有很

---

〔87〕 柯睿格，前注〔85〕，第 284—285 页。

〔88〕 谢青，前注〔83〕，第 212 页。

不精英的一面，也看到了政治之中最为政治的一面。精英政治也不改变它仍是政治。事实上精英们会更敏感于政治利益，更乐于也更善于利用政治来追求自我利益。人们对共同体的想象天生有限，尤其从农耕社区出来的古人，基于地域的猜忌很容易发生，更容易被他人利用。这些猜忌一旦进入政治高层，在中国这样的大国，后果非常重大，甚至——如这个事件展示的——是灾难性的。必须防止各种野心家利用这类地域猜忌，分裂国家，重启战火。在这一法治/政治悲剧后，明初所以确定依地域分配考试和录取名额，目的之一就是为了安抚各地有政治追求的文化精英，平衡国内各地域的政治力量。这是考试制度。但仅仅是考试制度吗？这不也是关于政治统治集团成员选拔以及地方利益配置的宪制之一。

这是历朝历代和平时期的政治一直必须面对的宪制安排。回顾历史，可以轻易发现一个规律：在改朝换代的激烈政治军事斗争中，在历史性重大危机、社会改革或所谓"中兴"时期，政治必要性会压倒一切，政治高层人员的构成几乎完全不考虑地域。无论刘邦的沛县班底，还是李世民的关陇集团，朱元璋的淮西集团，乃至少数民族治理中国的元朝和清朝，在其开国的核心领导层不会顾及地域政治力量均衡。一旦进入和平时期，选拔政治精英，无论在政治高层人事安排，还是科举考试，就没法遗忘地域、民族/族群的因素了。[89] 这表明这种选拔政治精英措施的核心考量并非精英，仍是政治。换一种说法，尽管全然不知道什么代议民主，古代中国的精英政治中也一直伴随了或潜藏着地区代议政治的元素。

从推举制、"察举"制到科举制的演变可以看出，一方面中央政府对精英选拔的控制力确实逐步增强，弱化了权贵和门阀对精英选拔过程和结果的影响。但从分配推荐、考试和录取额的做法中又可以看出，在中国这样的高度中央集权、号称皇权至高无上的大国，中央政府权力或

---

[89] 1948年中华民国"行宪国大"之际，鉴于总统人选蒋介石是南方人，就有人曾说副总统人选最好是个北方人。请看，刘统：《中国的1948年：两种命运的决战》，生活·读书·新知三联书店2006年，第68页。1949年中华人民共和国成立时中央人民政府领导人的人选安排中，高岗成为副主席人选，也有地域代表的考量。请看，郝在今：《协商建国：1948—1949中国党派政治日志》，人民文学出版社2000年，第354—355页。

皇权的巩固，或其合法性的强弱，其对全国政治经济文化的整合力，仍然需要，至少不能忽视，各地读书人基于自己的政治参与利益而发生的对皇权的认可。参与国家政治的候选人名额分配，会影响各地区实际参与国家政治决策和治理的精英数量，会影响中央对各省，对南北方以及其他重要政治地区——如边疆地区——的控制力，这是和平时期政治高层必须审慎对待并通过制度予以平衡的重要问题。

这就可以解说在划分南区、北区榜之后，明朝又定了个中区榜。虽然此后区域有所调整，但南、北、中区的划分一直沿用。包括清代。但还应考察一下明代的这个所谓中区，它包括四川、广西、云南、贵州四省以及朱元璋家乡一带（今天合肥、凤阳、滁州、和县等地）。西南四省加上今安徽江淮之间的某些县，大西南与这几个县地理上远隔数千里，文化民风习俗毫无相似之处。这个中区划分太奇怪了！但正因为其奇怪，才彰显了明代中央政府的政治考量和追求。不是或至少不只是朝廷想笼络全国读书人的心，更重要的是，借这一划分，中央政府要让天下的读书人也能了解朝廷的良苦用心。

第一是要确立科举分区、按比例录取的政治合法性，要把在南北榜之争躺着也中枪的明朝皇帝从这场险恶的精英争斗中彻底解脱出来。在南北榜之争中，朱元璋之所以采取了极端残忍的手段，并不因为朱元璋残忍，而是因为朱元璋出生成长在南方。在这场文人的政争中，没人，也没人敢，公开指控朱元璋。但朱元璋明白，如果这场争论处理不当，一定会令北方读书人和其他政治精英怀疑，明朝是否政治公平，能否真正摆脱元朝的族群和地域偏见。割不断的历史，以及文化和政治分裂的潜在重大后果，迫使朱元璋不得不以极端手段，处死考官、状元和调查官员来证明"王者无私"，自己丝毫不偏袒南方读书人，借此来争取北方政治精英的信任和支持，以及他们对明王朝的忠诚。

这种做法只能缓解北方政治精英一时的怀疑，仍有难以打发的疑云。南方政治精英也可能心生怨愤，认为朱为笼络北方政治精英，牺牲了南方政治精英的利益。北方精英也会认为分区也只是皇帝作秀给他们看。几乎无解；即便把凤阳划入北方也无法化解。然而，把朱元璋家乡周边这一小块地区划入中区，会同西南四省分享10%的进士名额，虽不能令南北政治精英尽释前嫌，但这有利于建立和巩固政治精英这个全国性政治文化共同体。这是一个不坏的选项。

但这还没完全展现明王朝更大、更深远的政治利益关注。还需要时间，要等到清代，才能看得更清。通过设立中区，第二，这其实是向明代政治和文化还不发达的西南各省读书人或潜在政治精英表明，中央政府决心为少数民族较多、当时教育水平总体偏低的西南地区保留一定参政名额，为当地培养一些有能力参与全国政治的读书人，为西南四省的读书人参政实际降低了录取成绩的门槛。这种现实可靠的预期收益会激励西南四省读书人努力，即便成绩偏低也有比其他地区的学子更高、更确定的录取和参与国家政治治理的概率。这会大大有利于国家在整个西南地区的政治文化整合。特别是前面第五章第六节中提到，由于缺少足够蒙古族政治精英，元代在西南地区（但不限于西南）曾特意实行土司制度，刻意栽培不熟悉中原文化的各地少数民族/族群精英，借此来弱化和钳制汉族政治文化精英参政。为强化中央政府对西南边疆地区的管控和治理，明代开始"改土归流"，清代则大力推进了这一事业。这就更有必要在当地加强文化教育，培养足够数量的政治文化精英，不仅可通过"异地为官"或进入京城参与全国性政治治理，而且可作为当地衙门中的吏员（甚或社会精英）参与或影响当地的政治治理。

据此可以认定，设立中区的考量是政治的。通过进士考试和录取名额的特别分配，明、清两朝降低了当时偏僻不发达地区的政治精英参与政治的门槛，令这些地区的利益在中央政府有了足够的政治代表和更为畅通的表达渠道，为全面的地域和民族融合，为中华文明的整合创造了重要条件。

这不就是500多年后美国宪法律实践方开始尝试，首先在公立高等教育中凸显，之后又在就业和职业晋升上继续展开的（少数族裔）平权行动（affirmative action）吗？[90] 在古代中国，科举制是国家公务员考

---

[90]　许多中国法律学人是通过美国最高法院的司法判决（*Regents of the University of California v. Bakke*, 438 U. S. 265 (1978)）了解"积极行动"的，但必须清楚，这其实是美国行政系统而不是司法判决启动的宪法实践：1961 年美国总统肯尼迪签署了第 10925 号行政命令要求不仅政府官员不得因种族、宗教信仰、肤色或原国籍歧视任何雇员或工作申请人，而且要"采取积极行动"来保证申请人获得工作，雇员在职期间受到积极的对待。

试制度，有关进入高层政治、参与高层政治决策和规划执行的资格，是有效开放地方利益表达和信息传递的机制之一。这一机制不可能实现地域和族群的平等政治代表，但至少促成了更多信息沟通和某些利益代表，使大国内地域偏远、文化落后、全国性政治参与严重不足的地方也有渠道和机会表达地方利益。通过这种"配额制"进入高层政治的西南地区的官员，即便谈论和表达的全是地方利益，但由于他们已接受了中国政治文化的规训，就不再仅仅是族群或地方利益的代表了，而是这个国家政治文化精英群体中的一员。作为来自西南但属于这个国家的政治文化精英，至少部分出于对整个国家的长久和根本利益的考量，他们开始并有能力在全国政治中发声。

据此，可以认为，尽管古代中国没有全国代表制度，但政治文化精英选拔本身一直隐含了，以国家政治文化统一和稳定为目标，促进各地精英表达地方利益诉求的要素，起到了平衡中国疆域内各地域、族群和民族利益的功能。

科举制也带来了中国社会的流动性。何炳棣曾用跨越 5 个多世纪的 12226 名科举进士档案研究中国社会的流动性。通过对功名家世背景的分析，他发现明清时代有 30% 以上的进士和 20% 以上的举人和贡生出生于平民家庭，即三代之内没有任何功名的家庭；这两个数字本身，以及他的个案研究，还指出了中国社会有向下的流动，影响向下流动的因素之一就是科举制的竞争淘汰，科举不能被已获功名的家庭垄断。[91]"朝为田舍郎，暮登天子堂；将相本无种，男儿当自强"，这种社会流动本身是对古代中国的另一种政治构成和整合。因为，尽管读书人属于"士"阶层，但他的家庭背景和原来的社会阶层会是他走不出的风景，与之有割不断的利益和情感联系。社会学家关注的社会流动性，在政治学的视角下，也就是这个社会的阶层代表性。

这两种代表因素都太微乎其微了。但，第一，未必。[92] 第二，微乎

---

〔91〕 Ping-ti Ho, *The Ladder of Success in Imperial China: Aspects of Social Mobility, 1368-1911*, Columbia University Press, 1964, pp. 112-114.

〔92〕 若仅就明代前期的社会阶层流动性和代表性而言，有 50% 的进士出生于平民家庭，即便现代西方社会的精英流动数据也难以企及这个比例。请看，Ping-ti Ho, 前注〔90〕, p. 256。

其微并不自然构成一个有效批评，除非更高的数量值得追求，且很容易实现。恰当的评判标准是，在中国这样的多民族、族群和文化且交通通信不便的农耕大国，有这种代表性是否更好一些，是否更有利于广大人民最需要的和平和安定。这不意味着代表多样性越丰富越好，因为农耕中国必然是各地经济社会利益不同的，很容易一盘散沙，过多的地方代表因素很可能导向分裂和地方割据，而不是增强国家认同或文化认同。这就是中国的中央集权制发生的内在机理。

在一个农耕大国，需要精英政治，但无论如何都不能仅从智力上来界定精英政治。必须掺入和揉入地域和阶层代表因素，以便消除和弱化可能的不信任，保持综合的政治力量平衡。在这个意义上，古代中国选择精英政治不是因为迷信精英，更是对特定时空中多种政治因素的综合考量，是对这些因素与精英之关系的实用主义和后果主义的综合考量后的理性决断。

以上分析也透露了古代中国精英政治之难，以及吸纳精英参政背后的深远和深刻的政治追求。除尽可能让一切有愿望且有能力的人参与国家治理过程并发挥作用，争取获得他们无保留的政治忠诚外，还要努力减少各地区、阶层、民族和政治派别间的猜忌，要创造他们之间的力量平衡，以及因此种平衡带给他们的安全感，促使他们自觉依赖这个体制来表达和协调他们的利益诉求，令他们各自的才能既兼容，必要时又相互平衡或抵消。

因此，无论天真善良者和理想主义者如何评价，都得指出，这个精英政治的实践中必定包括了一些乍看起来不那么光彩的考量，中国人会称之为"厚黑"，西方人称之为马基雅维利主义。但也因此，这才是真实的政治和宪制考量。如把一部分有点能耐和/或有名望但政治上不一定忠诚，或忠诚度不足，甚或有严重机会主义倾向的政治精英、准精英甚至伪精英（名流）"养"起来，目的未必是充分利用他们的智力和能力，只是不想他们为任何重大的反对力量、反对派利用，即便是其名望。这个"充分利用"甚至包括了，为保证整个国家的有效整合和政治治理，不得不将之闲置。这在逻辑上可以，甚至应当，算作中国古代甚或任何真实精英政治的组成之一。

基于皇家统一考试的科举制，因此，注定不只是一个文化教育制度，也不只是一种公务员选拔制度，它更是，并主要是一个促进政治参与和（事实上的）政治代表的制度架构。它在中国各地区和各阶层中鼓励和便利了一种比较平衡的社会、经济、文化和政治的发展，强化了中国各地的政治文化代表，强化了古代中国的政治文化构成。尽管今天的人们看到的往往只是这个制度的直接后果，人才选拔，当年这个制度关心的及其实际功能，却不只是国家的人才汲取，而是人才汲取的全国性综合和平衡，关系到地域代表和政治参与。这是深谋远虑的制度设计和设置。

最后的评论

综上所述，在古代农耕中国，大国的精英政治的制度设计和运作，必须有宪制考量和安排。但所有这些有关精英政治的制度考量、用心和安排，仅套用现行的外国宪法制度框架和理论很难看清，甚至无法理解。只有进入古代农耕中国的社会和历史语境中，针对其难题，才可能理解。既能看到并评判其利弊，也能理解其利弊；而只有理解了其利弊，才能切实而不是站在全知全能的位置上泛泛评判其利弊。只有这样，甚至无论最终的评价为何，我们的视野才有可能突然绽开。因为不是上帝，因为有了具体立场，才能真切感知古人亲力亲为创造的宪制实践和理论世界。

还须注意，对于古代中国，精英政治在另一层面上的宪制意义。这就是，古代中国几乎一切其他基本制度，无论是事关政制架构的中央地方关系，事关国家经济命脉的财政税收，事关各地方百姓平安的民生，事关国家内外安全的军队，乃至"书同文"、教育和"官话"，直至包括科举本身，都系于这些政治精英。在国家和天下的层面，不存在一个独立于操作和运行制度的众多具体精英之外的制度。任何制度其实都是"人治"，即都是由一批接受了制度规训，习惯了按制度常规运作，有人违反时还敢坚持制度的具体人构成的。如果没有这样一批人，这些精英，就没有制度，最多也只有一些描述设想的文字。

这就是为什么，在中国这样的大国，在强调文治/法治的同时，又一定会强调"徒法不足以自行"，"有治人，无治法"，"政治路线确定之后，干部就是决定的因素"。[93] 这些听起来很人治的说法其实不是为人治张目，恰恰相反，正是要为法治，为农耕大国的法治张目。就因为国家的一切制度都由政治精英承载，通过他们实践运作形成的政治秩序和政治治理来体现，这个国家才得以持续。从他们的日常言行中，才能感受中国宪制的呼吸，中华文明的脉动。

但说某个制度是宪制，也只是指出这个制度所针对的麻烦对于这个国家很重要，长期重要，却不是说它离上帝或真理或普世价值或历史终结更近。也不是在任何意义上说这些具体制度没有弊端，或结果不会糟糕。因此才需要与时俱进，不法古，不修今。推举下有"举秀才，不知书；举孝廉，父别居"；"察举"下最终导致"上品无寒门，下品无势族"；科举下也有僵化的八股文和众所周知的"范进中举"。甚至，科举考试分区录取，在清代，曾引发了"高考移民"以及相应的制度应对。[94] 但这从来不是评价制度的标准。问题并不是好或坏，而是，在当时的社会历史条件下，整体而言，有还是没有这个制度更好，有无可能想象、创设并长期稳定运行一个综合后果更好的制度。

也因此，岁月会洗蚀一切，社会变迁，曾经的宪制就可能不再有宪制意义。随着近现代中国的经济、政治、社会特别是社会需求的知识转型，就有了1905年的废科举，兴学堂。但更强有力的例证或许是，中国台湾地区依据孙中山的五权宪法设想一直保留"考试院"，试图继承历史中国的考试制度，[95] 最多也只是一个人力资源部。"萧瑟秋风今又是，换了人间。"制宪者可以在宪法文本上，进而在机构设置上，延续一个曾经至关重要的制度，但没了当年的农耕中国，就没了当年的那些

---

〔93〕《孟子译注》，前注〔1〕，第162页；《荀子简释》，前注〔62〕，第158页；毛泽东：《中国共产党在民族战争中的地位》，载《毛泽东选集》（2），人民出版社1991年，第526页。

〔94〕刘希伟：《异地高考的历史参照：清代异地科举考试政策探论》，载《教育研究》2015年2月期。

〔95〕"考选制……本是我中国固有的……优良制度……我期望在我们的共和政治中复活这些优良制度，分立五权，创立各国至今所未有的政治学说，创建破天荒的政体，以使各机关能充分发挥它们的效能。"《孙中山全集》（1），中华书局1981年，第320页。

宪制难题，也就失去了这一制度勾连上下整合四方的意义，它就不再是一个有实在意味的宪制，而只是一个摆件。

也正是现代中国社会大背景的改变，才令今天很多中国学人，有意无意地，只是把科举制同高考制度连接起来了，同个人权利或生活前景联系起来，很少理会它穿过历史，构建和塑造了政治和文化中国的宪制意义。

我们应当感受和理解，已沉淀于历史岁月中的，它的那份庄严！

2012 年 4 月初稿于纽约大学法学院

2013 年 6 月 2 日三稿于新疆石河子大学政法学院

|第十章| 作为制度的皇帝

乱莫大于无天子。无天子则强者胜弱，众者暴寡，以兵相残，不得休息。

——《吕氏春秋》[1]

受国之垢，是谓社稷主；受国不祥，是谓天下王。

——《道德经》[2]

问题的界定

现代中国的民主革命废弃了皇帝，势所必然，也理所当然。在中国，皇帝总由皇家世袭，一人担任。但到了近代，有人糊涂了，或只是为了促进社会变革而有意糊涂了。[3] 历代政治家、思想家其实一直很清楚，皇帝并非不是一个人，更不是某个人，而是一种制度。[4] 如果是一种

---

〔1〕许维遹：《吕氏春秋集释》，中华书局2009年，第296页。

〔2〕朱谦之：《老子校释》，中华书局1984年，第302页。

〔3〕典型且影响深远的是严复的断言："中国自秦以来，无所谓天下也，无所谓国也，皆家而已。一姓之兴，则亿兆为之臣妾。其兴也，此一家之兴也；其亡也，此一家之亡也。"全然无视柳宗元《封建论》展开的制度利弊分析，严复专断认定柳氏"未尝为天下计"；虽然提及"天子之一身，兼宪法、国家、王者三大物"，严复却只见"物"，不解其制度功能。严复[译]：《孟德斯鸠法意》，商务印书馆1981年，第87页。

〔4〕除两则题记外，又请看，关于尊秦王嬴政为皇帝，秦朝众大臣的讨论："昔者五帝地方千里，其外侯服夷服诸侯或朝或否，天子不能制。今陛下兴义兵，诛残贼，平定天下，海内为郡县，法令由一统，自上古以来未尝有，五帝所不及……臣等昧死上尊号……"《史记》，中华书局1959年，第236页。毛泽东也曾指出，"辛亥革命只把一个皇帝赶跑，中国仍旧在帝国主义和封建主义的压迫之下，反帝反封建的革命任务并没有完成"。《青年运动的方向》，载《毛泽东选集》(2)，人民出版社1991年，第564页。很明显，在毛泽东看来，皇帝不是一个人，而是一个制度。

制度，一种宪制/政体，世袭皇帝为何并因何发生，这就是个有意思的问题。仅仅源自历朝开国皇帝"家天下"的私欲？那如何解说陈桥驿的"黄袍加身"？或历史上的种种劝进，包括袁世凯复辟中"筹安会"，袁氏宪法顾问美国人古德诺？[5] 从制度发生理论看，仅个人私欲不足以构成一个长期的制度，除非这一私欲与某些社会需求吻合，确有某些重大社会功能。但帝制还有什么社会功能吗？对于哪些人的功能？仅仅对皇帝吗？作为制度，其利弊何在？哦，首先的问题也许是，它有过"利"吗？然而，最重要的是，今天还有必要，因何要关心，这个已经掀过去的问题？

在现代中国持续了 100 多年有关民主的现代政治意识形态笼罩下，在一个从理论层面看本应最激发人们自由思考的时代，对这一古代中国的重要制度，除了抨击批判外，几乎成了政治学、法学界研究不允许有其他答案的问题。皇帝成了中国的罪恶、愚昧的代表，是摆满两千多年来中国悲剧的那张茶几，是近代中国落后挨打之渊源。尽管已废除 100 多年，所有中国人对帝制都没有记忆了，一旦遇到某些社会问题，更多是社会中上层人士，常常是大大小小的知识人，不管有无根据，有多少根据，总是先拖出皇帝鞭尸，然后就摇旗获胜打道回府了。

如果只是智识的无能，不是问题。人们有权利愚蠢——所谓智慧也许只是一种"极精炼的愚蠢"（罗素语）。人也有权利不思考一些问题，包括一些不论什么人都认为很重要的问题。但在我看来，这更可能是一种智识危机，隐含了一种文化危机。它表明，尽管告别帝制 100 多年，"告别革命"也 40 年了，中国当代社会的主流文化，仍以当年革命之际非常必要的意识形态话语，处理中国历史，不懂得后来者可以，也应当，自觉借助 100 多年历史间距为后来者提供的优越视角，从智识层面理解皇帝制度隐含的，有关国家宪制的一系列政治学和法学理论基本问题，特别是其中有关中国的一些特殊问题。

---

〔5〕 对袁世凯了解深刻的张謇曾惋惜袁世凯："三十年更事之才，三千年未有之会，可以成第一流人，而卒败于群小之手。"《张謇全集》（8），上海辞书出版社 2012 年，第 808 页。又可参看，唐德刚：《袁氏当国》，广西师范大学出版社 2004 年，尤其是第 6 章。

"灭人之国，必先去其史"。[6] 由于这种意识形态话语，当代中国太多人在政治学和法学上已成功智识"自宫"了。他们可以大谈美国宪法、雅典政制、英国大宪章，甚或津津有味阅读并推荐古罗马皇帝的著作，对中国历代政治，只拷贝了鲁迅先生当年的激愤。[7] 由于对中国历史和制度拒绝理性考察，自然无法获得历史的提醒和告诫，一旦触及当代中国的制度建设，很容易一厢情愿，天真烂漫，或走极端。而在西方，与中国皇帝制类似的君主制，至少在卢梭之前，一直得到有史以来最多伟大或不那么伟大的思想家的推崇。[8] 即便在英国近现代，在名著《英国宪制》中，白哲特也用两章专门讨论和分析了君主（monarchy），这个英国第二重要的宪法制度（constitutional institution）。[9]

也有关并紧接着上一章。中国历史上，每朝的开国皇帝本人一定也必须是政治精英，甚至是那一代精英的核心。开国后，精英政治制度化了。先后继位的皇帝，最好仍是精英，通常也确实接受过可以想见的最佳精英教育，但许多都难说是，有些则肯定不是精英了。即便如此，精英政治运作仍少不了皇帝。皇帝，即便是阿斗，也是精英政治的制度要素之一。

本章关注作为制度的皇帝。这种皇帝，是一种"理想型"的制度或结构，并非始于秦始皇。它包括了西周的天子，起码在他直接统治、并由其嫡长子继承的中央特别行政区——"王畿"内。抽象来看，一定程度上，西周早期周天子与诸侯国的关系，或"莫非王土"的制度理想，也可以归入这种作为"理想型"的皇帝制。可以在概念上合并的其他同类项还包括，各诸侯国的王或君主，无论是春秋战国时的，还是汉初

---

〔6〕"灭人之国，必先去其史；隳人之枋，败人之纲纪，必先去其史；绝人之材，湮塞人之教，必先去其史；夷人之祖宗，必先去其史。"《龚自珍全集》，上海人民出版社1975年，第22页。

〔7〕"我翻开历史一查……仔细看了半夜，才从字缝里看出字来，满本都写着两个字是'吃人'！"鲁迅：《狂人日记》，载《鲁迅全集》（1），人民文学出版社2005年，第447页。

〔8〕例如，Plato, *Statesman*, trans. by Robin Waterfield, Cambridge University Press, 1995; *St Thomas Aquinas Political Writings*, ed. by R. W. Dyson, Cambridge University Press, 2004, pp. 10-11; 西塞罗：《国家篇·法律篇》，商务印书馆1999年，第36页以下。

〔9〕Walter Bagehot, *The English Constitution*, ed. by, Miles Taylor, Oxford University Press, 2001（original 1873）, ch. 3-4. 后世英国宪法学者仍然关注君主制。如，W. Ivor Jennings, *The British Constitution*, 4th. Cambridge University Press, 1961, Ch. V.

的诸侯国。甚或，中国历史上许多地方割据政权，包括农民起义建立的短暂政权，从制度类型上和组织结构上看，也都属于皇帝制。其共同特点是，一位最高领导人独享最后的决定权，有政治精英组成等级官僚体制辅佐，王权世袭。

这一抽象就为了便于分析讨论有关皇帝制的一些问题，并没打算，也不可能穷尽皇帝制的特点，更没想直达皇帝制的"本质"或"真相"。按古希腊的宪制/政体分类，[10] 皇帝制属于一人之治/君主制，相对于少数人之治/贵族制以及多数人之治/民主制。但这种分类对历史中国其实没有意义。下一节会表明，并简单分析为什么，历史中国从来就没有贵族制或民主制的可能。此外，由于本书第一章第三节，以及上一章讨论的官僚化精英政治，也没法将中国的皇帝制与一人之治/君主制完全等同。如果硬要套宪制分类，中国的皇帝制其实反倒像一种混合宪制，混合了君主、民主和贵族的制度要素。此外，伴随中国皇帝制的，至少汉之后，一直有官僚制；若从世界范围看，这是直到 19 世纪末，欧美各国借鉴了中国的科举考试和文官制度后，才开始建立和完善的现代制度。[11]

下面的分析讨论，不是站在上帝或人类终极真理的立场上的道德评判，只力求在中国历史语境中展示皇帝制的必然性，及其相对利弊。即便全是弊端，也只有理性视角下方能展现其弊端，否则就是愚昧——不是制度的愚昧，而是观察者和评论者的愚昧。我有理由相信，个人可能愚蠢，人类不可能愚蠢，更不可能长期愚蠢（生物演化将淘汰那些长期的愚蠢）。人类历史上的任何制度，只要是长期实践的，就几乎不可能只是罪恶或愚昧；更可能是，相对于当时当地的社会条件，已足够（未必是"最"，也很难说"最"）明智或合理，即便在后世或当今已变化了社会条件下，此类实践已断然不合理。

---

〔10〕 亚里士多德：《政治学》，商务印书馆 1965 年，第 129—134 页。

〔11〕 1870 年英国政府颁布枢密令，正式建立公开考试竞争的文官制度；加拿大和美国随后于 1882 年和 1883 年也建立了文官制度。当年英国大臣和美国传教士都坦承英、美、法等国文官制度借鉴（borrow）了中国经验。请看，W. A. P. Martin（丁韪良），*A Cycle of Cathay, or China, South and North with Personal Reminiscences*，Fleming H. Revell Company，1897，p. 42。更细致的研究梳理，请看，Ssu-yu Teng（邓嗣禹），"Chinese Influence on the Western Examination System"，*Harvard Journal of Asiatic Studies*，vol. 7，no. 4（1943），pp. 267-312。

我不将皇帝作为古代中国政府的构成部分来讨论，不讨论诸如皇权与相权演变这类有关古代中央政府结构问题。这些当然属于今天政治学/法学中的宪制问题，但此类研究数量不少，质量也很高。[12] 我关注的是，作为历史中国政治共同体或文明国家（civilization）构成部分的皇帝问题，例如：为什么，中国古人会说"乱莫大于无天子"？在什么意义上，皇帝是古代中国不可或缺的宪制要素之一？

但我首先得讨论为什么古代中国不是民主制。这本不是个问题，若承认差异普遍，就不该是。这种提问几乎相当于，张三总要问，自己为什么长得不像李四？这就是一个决心跟自己过不去、一定无解的问题。但这类提问当代中国很多，政法界尤甚。其中隐含的迷思是，尽管提问者本人不一定自觉：世界的单线演化，在现代政治意识形态中，民主制理所当然，不容置疑。中国的皇帝制（但不包括欧洲历史上的，如，罗马皇帝制或英国君主制）毫无价值，也没有伦理根据。非但不正当，而且奇怪，根本就是谬误。这种提问甚至隐含了一个反事实假定：如果古代"中国人"当年知道民主制，想实行，就一定能实行。非但会有一个民主的古代中国，今天的中国也会如何如何——其实只是幻想，他/她的小日子会如何令众人羡慕。

我不比较民主与君主的利弊。这类"嘴仗"已经很多。所有认真的研究都表明，作为宪制/政体的民主制的利弊，乃至其他各种宪制/政体的利弊，都不是本质主义的，都敏感于具体的社会历史条件，不会有历史的终结。我只想论证，作为农耕大国，其隐含的众多历史社会自然条件，令不仅民主制，甚至贵族制，在古代中国都不可能。若真想在这片土地上基于众多农耕村落社区构建政治共同体，还能保持较长期的和平，只能通过包括了早期天子制的皇帝制。

除农耕大国是最重要制度约束外，第三节会从另一角度讨论，一个似乎还未有人讨论过的皇帝制论题：从中国古代政治经验来看，秦汉之后逐渐成型的官僚精英政治的有效运转，要求有皇帝，它（而不是

---

[12] 可参看，祝总斌：《两汉魏晋南北朝宰相制度研究》，中国社会科学出版社1990年。

他!）既是宪制支撑点，也是宪制的制衡。这不是说担任皇帝的某人一定比政治精英优越，只是说精英政治的常态运转，必须有这一要件，皇帝本身就是中国精英政治的构成部分。

第四节具体分析皇帝制的一个独有麻烦，政治继承。在抽象层面看，人的生命有限，这令一切国家或政治共同体，无论民主或非民主，都必须面对权力转移。但在中国的皇帝制下，权力转移的麻烦有别于其他宪制，甚至有别于古罗马皇帝制。中国皇帝制基本是子承父业。这令皇位继承看起来是皇帝家事。各朝各代也有这么个原则。懂规矩、知晓利害的大臣们会回避，甚至皇帝主动征求意见，也会谢绝。但这并非只是家事。若真是家事，只是家事，就不需要有诸如子承父业之类的相关宪制了。所以会有相关制度，就因为皇权的世代转移牵涉各种利益，诸多利益格局的变动，想作为家事处理也难。"王者无私"[13]，皇位继承一定是国家政治大事，弄不好，就会让整个社会为之埋单。这个麻烦很大，但不足以否弃皇帝制，不能"这山看着那山高"，认为"漏网的才是大鱼"。各种宪制下的权力转移各有各的麻烦。当没有更好更可靠的现实替代之际，事后看有重大弱点的制度，可能仍是，甚至就是，当时的最佳选项。

这些以及随后的唠叨都想说明皇帝制其实是个理性的制度。给它贴个"专制"标签，也许增强了当代学人道德和智识的优越感，其实既无补于道德，更是拒绝了智识。中国学人和普通民众自古把皇帝分类为创业者/守成者，第五节试图挖掘其中的学术潜力：这对范畴虽难以经验界定，但就理论分析而言，优于亚里士多德以统治人数多少或是否兼顾全城邦利益的宪制/政体划分标准。这从另一角度表明，对皇帝制的智识理解还可能有更一般的理论意义。

---

〔13〕"所言公，公言之；所言私，王者无私！"《汉书》，中华书局1962年，第107页。《史记》（前注〔4〕，第415页）中记为"王者不受私"。

就算 "民主是个好东西"[14]

在古代中国，也从来不是一个现实和可能的宪制选项。早在有中国这个概念之前很久，这片土地上出现的最重要的政治体，如夏商周，就是个农耕的疆域大国。西方思想家，即便近代以来为民主领唱赞歌的卢梭，或最早提出美式三权分立的孟德斯鸠，都认为民主不是大国的宪制选项，只能君主制。[15] 甚至今天认为创立 "美国民主" 的美国国父们，当年一致担心 "多数人的暴政"，拒绝民主制，他们最后落实的，也是共和制———一种混合宪制。[16]

外国人说了，也不自然作数。真正重要的是，要就这个事本身讲出个道理。大国在古代无法实行民主制，首先因为无法操作。设想一下，在 "交通基本靠走" 和 "通讯基本靠吼" 的农耕时代，绝大多数人从一开始几乎注定 "老死不相往来"。若是在今日河南这片大约15万平方公里的土地上，散落着比方说3000个村庄，约100万人口，即便一马平川，没有太大的山川隔阻，也无法以票选民主或代议民主形成一个国家政权。[17] 当时当地的人们会疑惑为什么要形成一个国家，甚至不明白什么是 "国家"。也无法以民主方式决策和治理，无论把民主界定为全体成年男子投票决策，每个成年男子抽签轮流参与治理，还是由各村

---

〔14〕 闫健［编］：《民主是个好东西———俞可平访谈录》，社会科学文献出版社2006年。

〔15〕 "……如果从自然特质来说，小国宜于共和政体，中等国宜于由君主治理，大帝国宜于由专制君主治理……" 孟德斯鸠：《论法的精神》（上），商务印书馆1961年，第126页。"……一般说来，民主政府就适宜于小国，贵族政府就适宜于中等国家，而君王政府则适宜于大国。" 卢梭：《社会契约论》，商务印书馆2003年，第83页。

〔16〕 "……民主政体的自然范围是从中心点到达这样的距离：它正好使最远的公民能因公务需要而经常集合，包括的人数不超过能参加那些公务活动的人数；所以，共和政体的自然范围，就是从中心点到达刚好使代表们能因管理公务需要而集合的距离。" 北美联邦党人认为合众国的范围没有超过这个共和国宪制的自然范围。汉密尔顿、杰伊、麦迪逊：《联邦党人文集》，商务印书馆1980年，第67页。

〔17〕 其实欧洲历史上的民主曾长期被理解为以 "抓阄" 方式选择领导人和公职者，选举制则被认为同寡头制或贵族制相联系，就因可能为众人知晓、认可并当选的人通常得有某种社会背景、足够的资产或人脉。关于这一点，可参看，亚里士多德，注〔10〕，第201页；孟德斯鸠，前注〔15〕，第11页；以及，卢梭，前注〔15〕，第138—140页。

选出本村的政治文化精英（且不论如何界定），作为代表，参与集体决策治理。

即便神圣智慧如孔子或孟子或其他先贤也注定束手无策。他们如何可能，且不说每次选举中，即便终其一生有一次，走遍这片土地，让所有有选举权的成年人都了解自己？在一个不可能有出生年月记录的社会中，又如何确认和验证外村某人是否"成年"？甚至如何让这块土地上的人都理解并遵守这个"成年"的标准？当时的人们为什么要聆听和了解一位全然陌生的孔子或孟子？为什么要聆听，或能听懂他们"克己复礼"或"民贵君轻"的主张？能穿过他们乡音的浓雾？若多人竞选，又如何让选民了解并识别每一位希望参政的候选人，理解他们各自的政见？如何以文字或其他标记/物（如红豆或黄豆或绿豆）准确勾连确认或否决各位候选人？如何通知并召开成年人全体大会或代表大会？在没有钟表的年代如何协调各地同时、分别开会和投票？何为"票"？如何计票？集中还是分散？如何确保计票准确和公正？所有这些今天看来不算太麻烦的事，需要的都不是"民主好不好"的判断或"公平正义比太阳还要有光辉"的理念。从社会生活和技术条件上看，需要相对便利的交通和通信，需要文字，需要迅速有效的信息记录和传递、汇集、分类和存档，需要一批熟悉文字、能有效利用文字传递信息的专业人员；以及最重要的，上述一切措施和手段的合法性都必须获得全社会的认可。所有这些，在古代，在农耕大国，从一开始就注定不可能。

本书第一章附录 1 已经说过，古希腊雅典的独特地理条件，令民主一度成为雅典宪制的现实选项。城邦，最小的，人口不如时下中国北方一个稍大的村庄；最大的，如雅典，也小于当今中国苏南的最小县城。[18] 聚居使城邦公共治理成为必要，人们相互大致熟悉，也令治理可以有多种体制选项，无论一人当政（君主制），少数人管事（贵族

---

〔18〕 可参看，顾准：《希腊城邦制度》，中国社会科学出版社 1982 年；萨拜因：《政治学说史》（上），商务印书馆 1986 年，第 23 页。苏南最后两县之一的高淳，2017 年完成撤县设区，全区人口约 44.6 万人，城镇人口约 17.7 万人，已远远超过古希腊最大城邦雅典鼎盛期的人口总数。高淳区统计局、国家统计局高淳调查队：《高淳区 2017 年国民经济和社会发展统计公报》，2018 年 6 月 4 日，http://www.njgc.gov.cn/gcqrmzf/gcqtjj/201810/t20181024_675213.html，2023 年 5 月 8 日最后访问。

制），还是每人参与当差（民主制），都行；都是对这个人们聚居的经济文化社会共同体（polis）的政治确认。各家有奴隶劳动、操持家务和抚养孩子，城邦公民，作为有闲阶级，有时间参政，也积累了各类政治经验。

甚至西方社会也说不上真有什么民主制传统。传统的说法其实是些脑子想不清事只好讲"词"的学人，将西方各地，受制于本地具体条件，分别独立发生的各种选举政治，放进受近代进化论影响建构起来的统一时间序列中，想象出来的一种承续关系。几乎古希腊的每个城邦，包括雅典，都有过宪制/政体的变迁。就我的有限了解而言，就没有任何一个城邦的宪制/政体是始终如一的。因此，凭什么，那昙花一现的民主制就是其传统？而那经久不息的贵族制或君主制就不是其传统？只要相关地理和社会条件一变，例如疆域扩大、人口增加，时空距离古希腊都很近的罗马，就一直没有实践过民主制了，先是贵族制、共和制，后是元首制、帝制。中世纪欧洲各国，只要疆域较大，人口较多，也没一个实践了民主制。18 世纪后期，北美东海岸的各殖民地，交通通信相对发达和便利，科学技术文化也不错，也有了政党这样的选举机器，全美人口 300 万（参与投票的选民还不到 10 万），[19] 合众国也没选择民主制，重要原因之一是美国政治家已经意识到他们要建立的是一个大国。[20] 注意，这个所谓大国也只是以当时欧洲的大国为参照。[21] 若以古代中国为参照，1776 年前后的美国，其疆域和人口均不如 2000 多年前战国后期的秦国或楚国，人口甚至远不如齐国或魏国。[22]

---

〔19〕 1796 年亚当斯当选美国第二任总统时赢得全国选票 35726 票，1800 年杰斐逊当选美国第三任总统时赢得全国选票 41330 票，可参看"United States presidential election"，https：//en. wikipedia. org/wiki/United_ States_ presidential_ election，2023 年 5 月 8 日最后访问。

〔20〕 联邦党人之所以撰写后来编成《联邦党人文集》的文章，就因为他们听到，反对新宪法的小圈子里，有人私下说：对任何一般性制度来说，十三个州的范围都太大了。参看，《联邦党人文集》，前注〔16〕，第 6 页。

〔21〕 在讨论中，麦迪逊用来同当时美国比较的是德意志、未被肢解的波兰、西班牙、法国以及英国。请看，《联邦党人文集》，前注〔16〕，第 67 页。

〔22〕 据范文澜（《中国通史简编》（上），河北教育出版社 2000 年，第 71—72 页）和郭沫若（《中国史稿》（2），人民出版社 1979 年，第 46 页），战国时期的人口约为 2000 万，其中楚国人口约为 500 万，齐、魏两国人口相当，各有 350—400 万，秦、赵两国人口相当各有约 300 万。范、郭对战国人口的估计大大低于葛剑雄的估值 4000 万（《中国人口史》（1），复旦大学出版社 2002 年，第 300 页）。有关战国时各国疆域比较，没有可靠的量化数据；从历史地图（谭其骧〔主编〕：《中国历史地图集》（1），中国地图出版社 1982 年，第 43—44、45—46 页）看，楚国疆域或超过 100 万平方公里，秦在统一六国之前疆域也接近 100 万平方公里。

从操作层面讨论民主制的说服力还不够。首先，古代中国不可能一出现就是大国。是什么力量和社会条件使中国从无到有，成为大国？若当时农人真是"老死不相往来"，他们又如何"社会契约"，创造一个大国？如果更早的中国也有些"寡民小国"，那么为什么，华夏早期政治传说中有禅让制，却就没有哪怕一丝，不至于让今日中国公知绝望的，可以演绎出民主制的传说？西周有些诸侯国也不大，西汉年间曾"众建诸侯以少其力""推恩"，却为什么仍没有哪怕是些许类或准民主制的实践呢？甚至，过去30多年来中国乡镇基层民主实践的结果也令人非常失望，贿选、暴力甚至流血事件不时发生，黑社会对农村基层组织的渗透和腐蚀，触目惊心。2011年为媒体广为追捧的广东乌坎村的民主也快速陷入了困境。[23] 这表明，即便人口少、地域小，也不一定会催生一种生动有力且有效的民主制。难道民主制真有基因吗？然而，如果不是太意识形态化，盯着民主制，"一条道走到黑"，认真的研究者，还应想想，为什么古代中国甚至也从未出现过贵族制？

古希腊城邦民主发生的重要条件是共同体。由于人口、疆域、聚居和商业等因素令古希腊城邦的生活更像个小城市，互有交换的居民构成了一个共同体。公民对城邦共同体全面参与，即便相互间有利益分歧，剪不断理还乱的连带关系也令城邦公民有共同决策的事务，也有必须且可以妥协的空间。共同体使亚里士多德的正宗政体准则——兼顾全城邦利益——在贫富差别不太悬殊的前提下，对统治者并非一个规范要求，而是贯穿城邦政治常态的基础性和根本性规范。[24]

---

〔23〕 2011年9月广东省的乌坎事件，引发境内外媒体广泛关注。次年年初，乌坎村民主选举，产生了新一届村民委员会，但仅一年后，该村委会就陷入困境，"乌坎事件"被认为是农村基层民主建设的典型案例。请看，李昌金：《乌坎僵局如何解套》，载《社会观察》2013年4期。相对正面的分析和评价，可参看，刘友田：《村民自治——中国基层民主建设的实践与探索》，人民出版社2010年；唐晓腾：《基层民主选举与农村社会重构》，社会科学文献出版社2007年。

〔24〕 然而，即便已经有了这个共同体，亚里士多德（前注〔10〕，第132页）仍强调，必须兼顾全城邦的利益，方为正宗政体。他似乎担心，由于阶级和党派的利益分化，城邦统治者——无论一人、少数或多数人——会忘记全城邦的利益。亚里士多德在《政治学》卷4中细致讨论了他心中的理想宪制——混合宪制/政体，其中有君主制因素（紧急事件由他来临机决断），贵族制因素（国家方针大计决策中制度性吸纳政治精英的审慎和综合考量），以及平民制因素（听取民意反映的利益诉求［分配正义］，并通过民意来保持稳定持久的道德伦理诉求［校正正义］）。

这个共同体也令公民相互间，直接地和间接地，有较多了解，了解各位参政者的品质、气质、智力、能力、个性和性格等个人特点。有奴隶干活和操持家务，公民可以、也会聚集街头巷尾，议论家长里短，传播流言蜚语，百无聊赖中，对城邦要事耳濡目染，对相关决策有自己的利益判断，在争取自己利益的努力中会同气相求，形成利益群体/党派。这样的环境中塑造的公民，无论是自己参政还是推选贵族或他人参政，就因自我利益，就因对自我利益的知晓或有根据的想象，都不是基于无知的中立，相反充满了知情的偏见，却也因此高度理性。在城邦共同体造就的信息条件下，人，在亚里士多德看来，天生是城邦的动物，政治的动物。[25]

在东亚大陆农耕地区没有可能发生这种城邦共同体。黄河中下游地区的民众生活在从三家村到百余户的小型自然村落，往往同姓，散落在辽阔平原上。比起古希腊人，村居既更分散，也更集中。集中是他们更多属于家庭、家族或宗族；分散则因没有跨越家庭、家族、村落的社会共同体。这种村落结构注定了农耕者只了解、只愿了解和关照亲属和同村居民，且这两者常常等同。他们很难，没时间，也没必要，因此不愿了解，也不会关照那些注定同自己没有任何关系的陌生人。在严重缺乏利益勾连、分享和想象的社会条件下，不可能产生"全城邦"或国家的想象，没有相关的整体利益观，有的只是宗法群体的想象，有的只是"胳膊肘向里拐"的利益观。

这不意味着古代农耕中国会一直保持无政府"自然状态"。恰恰相反，散落在黄河中下游平原上的民众，因为没有超越村落的政治经济文化生活共同体，无法获得跨村落的政治秩序，也没有古希腊山区和海洋提供天然防卫，保证和平安宁，为治理黄河流域，防范游牧民族南侵，才有了潜在的共同制度需求，在这片广阔地域内，先得有一种政治秩序的强加（imposition），然后逐步予以政制/宪制的整合。民主制不可能满足这一潜在制度需求，无法为这片土地上的百姓提供一个跨地域的大型政治秩序。

---

[25] 亚里士多德，前注〔10〕，第7页。

不仅民主制，甚至贵族制，也不可能。贵族制同样以共同体为前提，以维护共同体为目标。否则，在历史中国，就只有各村的长者或富人，为争夺本村利益肆无忌惮，不惜以邻为壑，却没有关心超越村落的更大共同体全体民众共同利益的贵族。只有当相互利益剪不断理还乱时，才会迫使人们投鼠忌器，拒绝极端，愿意妥协和中庸，变得理性。

亚里士多德以降西方谈论的君主制，与历史中国的皇帝制，其实一直区别显著。欧洲各国的君主，大致源自一个已存在的或大或小的政治社会共同体，在此基础上展开政治治理。古代中国的君主（天子、皇帝）制，则主要通过军事政治强力手段，无中生有，将足够广阔农耕区域内高度离散的村落，"攥沙成团"，"攥"成一块，提供并规定人们生产生活繁衍后代必需的最基本的和平和秩序。农耕大国的宪制秩序是政治创业者（entrepreneur）强加的，在相当程度上，真可以说是"替天行道"。

从西周之后，历史中国的总体格局一直是农耕大"国"。春秋战国时，除"无为而无不为"的道家外，有为的政治思想家，不约而同，都追求建立一个强大的中央政权，"天下有道，则礼乐征伐自天子出"。[26]到战国时期，"大一统"君主制就已是农耕中国唯一实在的宪制选项了。在这块广袤土地上，皇权以军事力量将之一统，先强加（"霸道"）一系列已为历史经验筛选，人们有理由相信，有利于并促进和平、交流、经济发展和政治文化整合的基本制度，促成和完善其有效运作，令其不断自我再生产（"王道"）。

此后历史也一再表明，若没有中央集权，各种势力就会逐鹿中原；没有足够强悍的中央政府，游牧民族就可能纵马中原。无论因外患还是内乱，也无论内乱源自地方割据或宫廷政治，只要以天子/皇帝为核心的朝廷撑不住了，社会秩序的其他基本关系，无论是中央与地方关系，还是地方与地方的关系，就都会乱套。几乎天然有序的农耕社会政治经济生活就会陷入混乱、动荡甚至战争，人口死亡和流失，直至中华文明/国家的疆域急剧缩小或碎裂。说到底，则是无数百姓，无论士人还是

---

[26] 杨伯峻：《论语译注》，中华书局1980年，第174页。

平民，在劫难逃。[27] 只有大一统，起码中原农耕区的统一，才可能有较长期的和平，才有可能出现长达数十年的"治世"或"盛世"。

皇帝就是这种中央集权制或"大一统"的代表，而不是某个被称为天子/皇帝的个人或家族，其功能就是保证社会秩序。这可以解说中国很早就拒绝了君权神授理论，一直接受"天命靡常""唯德是辅"。[28] 对于历史中国，甚至没法说皇帝制是大国治理的宪制选项。选项意味着还可能有其他替代。但有吗？慎到称："多贤不可以多君，无贤不可以无君。"[29] 又如本章题记所引，《吕氏春秋》简单粗暴不做作地断言："乱莫大于无天子。无天子则强者胜弱，众者暴寡，以兵相残，不得休息。"1800 年后，霍布斯以主权之名，在《利维坦》中，重现了历史中国以天子/皇帝之名展开的必然性命题：当没有一个共同权力令所有人慑服时，人们就一定处于每个人对每个人的战争中，每个人始终处于暴死的恐惧和危险中，这样的生活"必定孤独、贫困、卑污、残忍和短命"。[30]

若这样理解皇帝/天子，就能理解，为什么，历史中国的赫赫皇权与孟子主张的民贵君轻丝毫不矛盾。正是为确保天下太平，才必须有以皇权为代表的大一统。这也就是荀子主张的"天之生民，非为君也；天之立君，以为民也"。[31] 进而，也就能理解老子的"正言若反"，以所谓圣人的不可思议之言，揭示历史中国有关君主的另一真相："受国之垢，是谓社稷主；受国不祥，是为天下王。"[32] 敏感的读者或许察觉，贯穿其中，有那么一丝"知其不可而为之"的决绝，一种积极的虚无

---

[27] 可以仅从人口数量来看，就可以看到，只要国家分裂割据，全国人口就一定剧减；只要皇权强大，就天下太平，人口随之会稳定增长。葛剑雄/等：《中国人口史》（6 卷），复旦大学出版社 2000—2002 年。

[28] "皇天无亲，惟德是辅。"《尚书正义》，北京大学出版社 1999 年，第 453 页，以及同书所收《多士》和《泰誓》。又请看，"《诗》云：'……天命靡常。'言天之无常予，无常夺也。"苏舆：《春秋繁露义证》，中华书局 1992 年，第 220 页。"天道无常，惟德是辅"。《明史》，中华书局 1974 年，第 3790 页。

[29] 许富宏：《慎子集校集注》，中华书局 2013 年，第 82 页。

[30] Thomas Hobbes, *Leviathan*, Penguin Classics, 1968, pp. 185-186.

[31] 杨伯峻：《孟子译注》，中华书局 1960 年，第 328 页；梁启雄：《荀子简释》，中华书局 1983 年，第 376 页。

[32] 《老子校释》，前注〔2〕，第 302—303 页。

主义,与传统中国政治对众多政治文化精英的命运或自我期许一致:
"虽九死其犹未悔""有国无家"或"先天下之忧而忧,后天下之乐而
乐"等。

这只是政治治理的第一步。要让这个以"武功"统一的辽阔疆域通
过"文治"得以融合和整合,让一盘散沙、自给自足的农耕和游牧等
多样文化在皇权下逐渐构成一个文明共同体(civilization),一个"统一
的多民族国家",一个有别于现代民族国家(nation/state)的政治体,
皇帝仍是不可缺少的核心要素。从社会政治心理层面看,民众需要一个
长期稳定、可以集中理解和想象的、富有象征意味的聚焦点,如同国
徽、国旗、国歌这样的可以形成认同建立归宿感的符号。最高政治领导
人若频繁更替,那就像三天两头改国徽或国旗一般,不利于这种政治文
化共同体的形成。这就是,在现代民族国家出现之前,君主制一直是最
有影响,公认是最好宪制/政体的原因。这也是许多现代民主国家至今
保留皇室,或在宪制上,于频繁更替的行政首长之上,设立了相对稳定
的国家元首的原因。皇帝制,在相当程度上,就起了这种凝聚人心整合
社会的功能。用白哲特谈论英国君主制的话来说,人类天性是情感
(human heart)强大而理性薄弱;君主制因呼应了多种复杂情感而强大,
共和制则因为呼应的是理性而相对赢弱。[33]

皇帝制在中国发生和持续 2000 多年,算上天子制,则有 3000 年之
久,真不可能是我们的祖先愚蠢或错误,更不可能是 2000 多年来他们
执迷不悟和软弱无能。事实上,同欧洲相比,至少在这 2000 多年间,
中国和平时期更长久,经济文化也长期发达。从制度演化经济学的角度
看,有理由认为皇帝制曾有助于这一历史,即便我无法更雄辩地论证。

精英政治的要件

不但是农耕中国政治治理唯一可行的宪制,皇帝制还从来不是个人

---

〔33〕 Bagehot,前注〔9〕,p. 41。

独裁或专制。即便雄才大略的开国皇帝，即便在高度集权强调独断专行的明清，政治统治和治理从来也不是皇帝一个人的事，而一直是在组织起来的科层化官僚精英辅佐下实现的。这不仅意味着皇帝本人有时就是精英，有时甚至是政治精英的核心；更重要的是，从制度上看，皇帝是古代中国精英政治或官僚体制的构成要素。换种说法，在和平或"守成"的年代，即便政治上平庸或昏庸的皇帝，也是古代中国官僚精英政治有效运转不可缺少的组成部分。若无皇权，不围绕皇帝，精英政治就没法组织、运行，政治就高度不稳定。

为什么？根本原因是，精英政治只是体现了"劳心者治人"这一政治治理规律，其本身既不是一种国家的构成形式，也不是国家权力和政府机构的一种具体组织形式。历史中国的精英政治一直有皇帝作为制度要件，作为前提或保障。

这仍与古代中国的原初构成有关。农耕中国由无数家庭、家族和村落等分散孤立的小共同体构成，不是一个自然整合的全国性政治经济共同体。这一基本格局令所有政治精英首先都是其故乡村落的精英。即便个人才华杠杠的，由于生活环境和交通通信的限制，他们也没法，没有渠道，转化为全国性政治精英，即无法获得全国各地精英和民众的普遍认可。在古代中国，来自各地的政治精英，必须首先按国家统一的标准得以选拔，或以实际行动参与全国性的政治社会实践，获得政治权力中心的关注，并以某种方式昭告天下，才可能获得普遍认可，成为这个国家的政治精英。古代中国没有其他超越性的政治、经济组织机构或个人，唯一可能代表国家和全社会的，只有朝廷，只有皇帝。普通人能想象、心理上能接受的也是单一意志和命令，宪章、议会、政党以及主导性舆论，对普通人来说，都太复杂，容易误解，就如白哲特根据英国经验认定，没法有效置换君主的角色。[34]

在此种给定条件下，对与各地政治文化精英来说，不附着于皇权，不参与围绕皇权展开的事业，即便他素有大志，也没法踏上政治舞台，展现并释放其才华，被接受为全国政治精英。渭河边直钩垂钓的姜子牙必须等来周文王，才能成为精英，否则就只是一乖僻渔翁。管仲跟错了

---

[34] Bagehot，前注〔9〕，p. 38。

人，就进了监狱，有鲍叔牙举荐，获公子小白重用，协助后者"九合诸
侯不以兵车，"名满天下。只因接受了刘备三顾茅庐盛情邀请，才有了
"诸葛大名垂宇宙"（杜甫诗）。换言之，只有投身于有关整个中国的伟
大事业，读书人才可能从一乡间才子变成对这个国家民族有意义的政治
精英。试想，在郡县制下，一位外省人常常孤身一人，到某地任官，当
地吏员、百姓、乡贤甚至土豪，随即听他呼唤派遣，为什么？因为他是
政治精英吗？不！只因为他是皇上/朝廷派来的。在这个意义上，开国
皇帝，用现代经济学视角看，就是今天通常译作企业家、但译作创业者
会更准确的那个 entrepreneur。开国皇帝追求和代表的是治国平天下的事
业，一个风险极高的事业。仅有聪明才智，不足以成为政治精英，只有
加入了治国平天下的事业，他才可能成为这个国家的政治精英。

　　不但政治精英需要，日常的精英政治运作也需要，皇帝。即便分享
了治国平天下的理想，个人品行也不差，甚至很好，但"文吏自爱"
（司马迁语），这一直是众多政治文化精英的显著特点，有时则是弱点，
之一。聪明能干，但他们常常缺乏承担巨大政治风险和责任的勇气。[35]
事实上，可能每一项志业和事业，都不全是智力比拼，政治则一定需要
政治领袖人物的决断。[36] 而不少时候，许多政治文化精英自爱太过，
太注重个人所谓的"自由之精神，独立之人格"，常常无法自组织，相
互间不易甚至很难合作、取长补短，共同完成治国平天下的事业。才
华、智商和远见卓识，这些好"东西"，不必然导向精英间有效合作；
相反，更容易令精英们龙争虎斗，敏感、矫情、挑剔、激烈、不妥协，
甚至因反思能力特别强，更容易越过本来更多靠习惯和本能来恪守的那
些道德底线，[37] 直至有你无我，不共戴天。所谓"文人相轻""瑜亮情
结"以及"窝里斗"的说法，就是中国人对这类现象的经典概括。当

---

〔35〕《史记》，前注〔4〕，第 350 页。

〔36〕可参看韦伯关于魅力型领导人的社会功能，Max Weber, *Economy and Society*, trans. by
Ephraim Fischoff et al. , University of California Press, 1978, pp. 241ff.

〔37〕"道德哲学的教诲会使学生既可以制作一份最少约束自身行为偏好的个人哲学，又可
以把自己的违反常规道德的行为理性化。他们既有这种灵活的智识……也有这种灵活的心
理。……你越有能力读哲学或文学，越有想象力和分析变化力，你会发现就越容易重新编织自
己道德信仰，你就可以做你的'本我'要你做的任何事。道德的同盟者并不是知识，而是无
知。"波斯纳：《道德和法律理论的疑问》，中国政法大学出版社 2001 年，第 85—86 页（对翻译
有所调整）。中国民间经验概括则是"仗义半从屠狗辈，负心多是读书人"。

然也有"管鲍之交"，但请注意，这个佳话没有下回，只是止步于，也许是必须止步于鲍叔牙向齐桓公推荐了管仲。"鲍叔既进管仲，以身下之"[38]，此后就没鲍叔牙的什么记录了。参透人生的孔子，对品德优秀的精英（君子）的最佳相处状态，只是要求"和而不同"。[39] 这一点在中国历代政治中屡见不鲜。典型如孙膑与庞涓，李斯与韩非;[40] 后世著名的如王安石与司马光，王安石与苏轼以及明万历后的持续党争等。[41] 现代作家圈子中周扬与胡风，周扬与丁玲、冯雪峰[42]等也一再例证了这一点。后世精英读史时屡屡感叹，只是一旦置身政治，又鲜有迟疑，总能找到口实和方式续写历史。

并非中国精英的特有"毛病"。从经验层面看，这更像普世政治文化精英自觉且不懈的追求，至少之一。[43] 西方历史上，无论是雅典，还是后来的罗马，其衰落无不——至少一定程度上——与内部无休止的党争有关。[44] 卢梭曾无望地认为，如果要想让一国法律"很好表达公意，最重要的是国内不能有派系"。[45] 但"党争的潜在原因……深植于人性"，后世美国政治家麦迪逊认为，无法消除，除非毁灭自由；唯一可行的就是控制精英内斗的后果。[46] 即便如此，或恰恰因此，虽同为政治精英，马歇尔与麦迪逊还是以相互的不合作创造了为后世美国法律

〔38〕《史记》，前注〔4〕，第2131—2132页。

〔39〕"君子和而不同，小人同而不和。"《论语译注》，前注〔26〕，第141页。

〔40〕《史记》，前注〔4〕，第2162、2146—2148页。

〔41〕《宋史》，中华书局1977年，第10764—10768、10802—10810页。明末党争，可参看，樊树志：《朋党之争与文人社团》，载《国史十六讲》（修订版），中华书局2009年，第213—230页。

〔42〕可参看，李辉：《胡风集团冤案始末》，人民日报出版社2010年；秦林芳：《丁玲与周扬》，载《书屋》2005年6期；徐庆全：《周扬与冯雪峰》，湖北人民出版社2005年。

〔43〕可参看，Paul M. Johnson, *Intellectuals: From Marx and Tolstoy to Sartre and Chomsky*, Harper Collins, 1988. 即便在科学界这类现象也不少，尼采曾指出，科学的发明和发展不过是科技精英相互倾轧矫情的结果（Friedrich W. Nietzsche, *Human, All Too Human*, ed. by Stephen Lehmann, Penguin, 2004, no. 34）。

〔44〕关于古希腊雅典的党争，请看，修昔底德：《伯罗奔尼撒战争史》，商务印书馆1960年（雅典人的内部斗争，毁了自己，被迫投降）；Donald Kegan, *The Fall of the Athenian Empire*, Cornell University Press, 1997, esp. pp. 321-322. 关于古罗马的党争，可参看，Howard Hayes Scullard, *Roman Politics, 220-150 B. C.*, Clarendon Press, 1951；Howard Hayes Scullard, *From the Gracchi to Nero: A History of Rome from 133 BC to AD 68*, Routledge, 2011；普鲁塔克：《希腊罗马名人传》，吉林出版集团有限责任公司2009年；马基雅维里：《论李维》，上海人民出版社2012年。

〔45〕卢梭，前注〔15〕，第36页（有文字调整）。

〔46〕《联邦党人文集》，前注〔16〕，第10篇。

人激赏的马伯里诉麦迪逊案。以亚当斯/马歇尔为代表的联邦党人,与杰弗逊/麦迪逊为代表的共和党人,没一个省心的,极致利用公职公权,通宵达旦,追求本党利益,在此案达到了超神人化的水准。[47]

在古代农耕中国,政治精英间竞争更激烈。首先,在农耕社会,政治精英的出路就没啥其它选项。不大可能商业。士农工商,"商"的社会地位最低,俗话说"富不如贵"。隋唐甚至明确规定,商人及其子弟不得参加科举考试。北宋初年原则上也禁止,极少破例。[48] 也不大可能文学。"冠盖满京华,斯人独憔悴"(杜甫笔下的李白)"独有诗人货难售"(南宋周弼诗),是真话。农业社会不需要识字,也不会有多少人识字。李白的诗文也就其他诗/文人看看,缺少读者。若非因家世(祖父当过太守),有家产地产,陶渊明恐怕就只能"为五斗米折腰,拳拳事乡里小人"。[49] 更不可能学术。农业社会"天不变,道亦不变",除了皓首穷经,自个瞎琢磨外,没那么多有意思的实在问题可研究,当不了饭。即便替人写家书或当个账房之类的需求,在农村,也极少。千万别误解了孔子说的"学而优则仕",那不是因为有很多选项,而是别无选择。若真有一分政治文化天分,最好的出路,就是修齐治平。这就需要一个事业,一个可以附着的政治势力。

但如果每个精英都这么想,这个国家也很危险,这个社会可能不太平。这种精英太容易(或为朝廷怀疑)被各地政治野心家和割据势力利用。淮南王刘安或许就是个例子。[50] 在各地野心家割据的格局下,越是精英参政,越多精英参政,未必缓和矛盾,弱化冲突,更可能增加了政治竞争甚至战争的激烈和残酷。增产的是公共恶品(public bads),而非公共善品(public goods)。最好的结果也只是智力、才华的相互抵

---

[47] *Marbury v. Madison*, 5 U.S. 137(1803);又请看,苏力:《制度是如何形成的?》,载《比较法研究》1998 年 1 期。

[48] 隋文帝开皇十六年(596 年)"初制工商不得仕进"。司马光:《资治通鉴》,中华书局 1956 年,第 5550 页。唐代律疏引《选举令》:"官人身及同居大功已上亲,自执工商,家专其业者,不得仕。其旧经职任,因此解黜,后能修改,必有事业者,三年以后仕。"《唐律疏议》,中华书局 1983 年,第 462 页。宋代放宽了科举取士的标准。宋太宗淳化三年(992 年)的诏书规定:"……工商杂类……不在解送之限",但还是开了个口子,"如工商杂类人内有奇才异行、卓然不群者,亦许解送"。徐松:《宋会要辑稿》,中华书局 1957 年,第 4490 页。

[49] 《晋书》,中华书局 1974 年,第 2461 页。

[50] 《史记》,前注〔4〕,第 3082—3094 页。

消，两个聪明律师对峙，未必增加有社会价值的产出。要避免这种才智的浪费，需要一个能把天下精英都纳入其中的体制。"周公吐哺，天下归心"的故事，或因此成为后世政治家的理想。[51] 由此才能理解，唐太宗看到众多进士出端门时，其感叹居然是："天下英雄入吾彀中矣！"[52]

精英聚到一起，也不省心。有很多精英自视甚高，想实现自己的政治理想，更想一次性获得并垄断政治决策者的终身信任，进入核心圈子，前排就座，成为君主主要甚或唯一的建言者，是所谓的历史见证者。姜太公、诸葛亮的故事，萧何月下追韩信的故事，也从一个侧面反映了政治精英"舍我其谁也"的心理。但自负常常会使精英之间，尤其在和平时期，内斗是常规，合作反倒是例外。大概正因此，管仲与鲍叔牙，以及蔺相如与廉颇，才成为千古美谈。如何促使并保证最起码的内部合作，确保合作的收益最大限度地超过内斗的消耗，这是当时条件下精英政治操作化和制度化的核心问题之一。

说理和论证不可能化解这种根植于人性的倾向。第一，不效率，至少许多政治时候需要的是当机立断。"当断不断，反受其乱"，论证和说理反倒会引出不良后果甚至灾难。第二，有大量研究和分析表明，理性辩论和论证，并不像人们想象的，趋于达成一致，真实效果常常是激化矛盾。[53] 第三，尽管许多中国人错觉，民主制的决策或化解分歧，其实并非基于理性，而是假定人多就是道理，"以数人头替代打破人头"。[54] 错了，也没人真正负责，最多辞职或下台罢了。在当时社会条件下，皇帝制反倒是一种更（不说最）务实、和平且有效解决问题的制度措施。在这种制度下，皇帝是国家政治应对措施的唯一直接消费者，政治精英

〔51〕 这是曹操《短歌行》中的诗句。又请看，《史记》，前注〔4〕，第 1518 页。

〔52〕 王定保：《唐摭言》，中华书局 1959 年，第 3 页。

〔53〕 这类的例证太多了。如"道不同，不相为谋"（《论语译注》，前注〔26〕，第 170 页）；"不搞争论，是我的一个发明。不争论，是为了争取时间干"（《邓小平文选》（3），人民出版社 1993 年，第 374 页）；以及，"道德辩论只是加深分歧，而不是沟通分歧"（波斯纳：《道德和法律理论的疑问》，中国政法大学出版社 2001 年，第 8 页）。拉莫尔曾引证波德莱尔、蒙田、潘恩、昆德拉以及罗尔斯等来支持或解说这一命题（《现代性的教训》，东方出版社 2010 年，第 183—185 页）。

〔54〕 James Fitzjames Stephen, *Liberty*, *Equality*, *Fraternity*: *and Three Brief Essays*, University of Chicago Press, 1991, p. 70.

或向皇帝全力推销自己——"批发"，或仅推销自己的某一具体政策主张——"零售"，由皇帝来选择和决断。错了，皇帝承担无限责任。这就有了"将将"的问题，要有黄老的"君人南面之术"，需要"法""术""势"的结合。

在皇帝制下，皇帝本人可以是精英，但不必须是。从制度来看，皇帝的最根本、最重要责任从来也不是让自己成为另一个姜太公或诸葛亮，或比他们更高明。皇帝是通过自己掌握最后决断权而成为决策核心，让精英们围绕这个决断权组织起来，成为一支合力，而不是一群单打独斗的武林高手。他要促成群体合作创造一个目标明确有效率的精英政治，而不是让他们一直停留为一群相互矫情、据说"只对真理低头"的政治精英。这是"将将"，民间说法是"用人"。用人包括了用和不用，大用和小用，一时冷落、暂时冷藏、永远弃用也不让别人用，包括只就某具体事项用等。但也包括了允许精英适度争斗，但不得过火，不能误大事、误正事等。

说皇帝制是精英政治的要件，是说，精英政治的运转必须有皇帝参与。精英政治的运转可以没有哪位当时天下第一号政治精英，却不能没有核心，尤其是开国皇帝。即便精英再多，良策再多，若没有皇帝和皇权的组织和约束，没有皇帝"兼听［之后的］独断"，[55] 就没有精英政治。这个政治集团，乃至整个国家政治就会脱轨，出现党争、内斗甚至内战。这就可以从另一层面理解为什么古人会说，"国［天下］不可一日无君［主］"。[56] 在确保政治权力始终有效运转的意义上，同样是"乱莫大于无天子"。这里的"君"或"天子"或"皇帝"都不是某个具体人，而是精英政治中那位拍板决策者。历史中国的皇帝制，其实就是官僚政治的中国组织方式，除"打天下"建国时期外，其他大多数

〔55〕 "明主者，兼听独断，多其门户。"黎翔凤：《管子校注》，中华书局 2004 年，第 1210 页。"众人之智，可以测天。兼听独断，惟在一人。"向宗鲁：《说苑校证》，中华书局 1987 年，第 311 页。

〔56〕 "缘民臣之心，不可一日无君。"《春秋公羊传注疏》，北京大学出版社 1999 年，第 291 页。又请看，"天下不可一日无君"，"群生不可一日无主，神器不可以斯须无统"及"四海不可以一日旷主，万机不可以斯须无统"。陈寿：《三国志》，中华书局 1959 年，第 71、72 页（裴松之注引《献帝传》）。"国不可一日无君。"饶宗颐：《老子想尔注校证》，上海古籍出版社 1991 年，第 37 页。

时候，那就是韦伯讨论的理性的政治或法理型统治，[57] 与今天说的法治极为类似。

最后，很少有人关注的是，尤其是高层政治精英对皇帝往往还有一种微观层面的制度依赖。就历朝政治的典型特点而言，即便实行了文治/法治，总体制度稳定了，但在政治高层，包括决策和执行，实际是，事实上也必须是，"一朝天子一朝臣"。[58] 在今天欧美各国，票选政治加政党政治，但文官制，区分政务官和事务官，就出于同样的考量，即要保证政策法律与时俱进和有效落实。历史中国一旦出现"X 朝元老"的现象，若不是皇权偏弱，就是因种种原因皇帝在位时间太短，更替过于频繁。在常规的生育繁衍和生命预期条件下，嫡长继承，从理论上看，每代皇帝有望在位 20 年左右，甚或更久；比任期最长的定期票选民主制[59]还长。皇帝制由此可能为已进入体制的绝大多数精英提供一个稳定的制度期待和国政预期，有利于催生职业官僚，形成官僚制。

这个制度和国策期待对于政治精英非常重要。在现代票选民主制下，"一朝天子一朝臣"对担任政务官的政治精英不是问题。大选政府换届后，上届政府高官并不"失业"，他们会进入商界、学界，或以其他身份继续参政。进入朝廷的绝大多数古代中国政治精英则不同，一旦从政，除非主动告老还乡，持续从政、即便不升职，就是其目标。家中没有五斗米，他就必须为那五斗米的俸禄折腰；即便真不开心，也只能"摧眉折腰事权贵"。真不是历史中国政治精英自轻自贱，而是相对于农耕社会对人力资本的需求而言，他们的人力资本/技能都太专用了，很难甚至就是没法转移到其他职业中，转移了也无法保证自己和家庭现有的生活水平和社会地位。士农工商，农耕社会没有能力也没有职业接受这些政治精英的转岗。市场有限，人力资本的专用性，极个别认定皇帝更替自己会飞黄腾达的精英除外，绝大多数政治精英自然趋于保守，

---

[57] Weber，前注〔36〕，pp. 215-230.

[58] 这一原则至少在战国时代已开始形成，所谓"寡人不敢以先王之臣为臣"。何建章：《战国策注释》，中华书局 1990 年，第 382 页。

[59] 近代以来任期最长的是 1962 年法国通过全民投票确立的总统制，由全民直接普选产生，任期 7 年，并可连选连任。"有恒产者有恒心"，长任期制的目的就是为了维护法国稳定和复兴。但这带来总统任期与国会任期不协调，总统不时必须任命反对派政党首脑担任总理，"左右共治"，施政无力，扯皮太多。2000 年法国全民公决改 7 年制总统为 5 年制。

不希望皇帝频繁更替，不希望朝廷政策和人事格局变动太大。

渴望预期稳定，这种保守未必不利于历史中国。"有恒产者有恒心"，预期稳定令政治精英会有长远安排，促使其行为和政治更理性，更负责任，更少机会主义。[60] 就此而言，当其他条件不变时，可以预期，历史上也有证据表明，长期稳定的皇帝制/君主制通常比票选民主更能促成精英政治。票选民主不但容易产生不利于精英的反智主义——想想桀骜不驯的精英苏格拉底是怎么死的！票选民主政治的频繁更迭也趋于激发政治机会主义，有时甚至导致政治流氓化。其中的道理，孔子早就指出：正直的政治精英一定是"天下有道则见，无道则隐"。[61] 政治预期不稳定和高风险逼退的往往是，更多是，正派体面也更有能耐的政治精英，更多推出卑劣、敢冒险且不择手段的政治野心家。这就是"乱世枭雄"说法背后的道理。

这就再次表明在中国古代精英政治中，尽管当皇帝的人未必是非他不可，但皇帝这个职位绝非可有可无。它是中国古代精英政治的构成性要素。

皇权继承的制度期待

在任何意义上，政治继承和权力转移都是重大宪制问题，这涉及领导人更替。不但成文宪法国家通常会在宪章中，或依据惯例，规定政治领导人的产生和继承问题，即便不成文宪法国家，如英国，也有《王位继承法》及此后的系列修正案。至于 2000 年美国大选引发的"布什诉戈尔"案，则让我们看到，即便现代民主国家，有相当缜密的制度设计

---

〔60〕 Weber，前注〔36〕，chs. 3-4。

〔61〕 "天下有道则见，无道则隐。""直哉史鱼！邦有道，如矢；邦无道，如矢。君子哉蘧伯玉！邦有道，则仕；邦无道，则可卷而怀之。"《论语译注》，前注〔26〕，第 82、163 页。政治动荡中，政治精英更偏好明哲保身，这并非中国独有。在古希腊的雅典，梭伦立法曾规定，当城邦政治动荡，民众分裂为两派时，所有人必须加入其中任何一派。因为当城邦为内讧所苦之际，那些小心谨慎、智虑明达的人会自动隐避起来。该法律的目的就是迫使这些少数人加入各派，避免内乱两极化。请看，孟德斯鸠：《论法的精神》（下），商务印书馆 1963 年，第 287 页。

和预案，也会因无法预测的因素，领导人更替和权力转移引发后果重大的宪制危机。[62] 为避免这个危机，历来号称努力避开政治问题的美国联邦最高法院，不得不以特定方式果断予以政治性干预。

由于皇帝对于古代中国政治统一的实在和象征意义均属重大，对精英政治制度不可或缺，皇权继承问题格外重大。弄不好就属是大麻烦，全天下人为之买单。自古以来，一直有学人反复讨论，史书中也有大量例证。[63] 尽管没有明文规定，全社会对皇权继承和继承者都有一些基本制度期待，塑造了历代皇权的继承制度。

现代人不容易立刻想到的重要期待之一是，继承人当为男性。很多人会说，这反映的是传统中国重男轻女。这是个因素，却不是回答。问题是：为什么在政治继承权上中国社会产生并支持了这种歧视？难道仅因中国男人恶毒吗？或，武则天除外，所有皇帝都有厌女症？这类说法最多只能解释个别人的行为，不能解释历时数千年的制度，更难解释当时社会的普通人对皇帝制度通常也有这份期待。即便今天要消除性别歧视，也应想一想，这种歧视在当时历史条件下有无道理，以及有多大道理。

这其实是个不无道理的制度选择。这就是，前面说过的中国皇帝制的特点，精英政治要求，无论对错，皇帝不是个摆设，要由他最后拍板，下决心。这可不是一般人干得了的。其所要求的知识、才能、判断力和性格，乃至身体和心理素质通常不是农耕时代女性的社会生活经验或教育能获得和达到的。出自其他家庭的女性（如吕后或武则天或冯太后或慈禧）或许还可能获得，曾以不同方式实际当政，除生于末世的慈禧外，也都颇为成功；但皇室公主不可能从其给定生活环境中获得。知

---

[62] 其中的宪制、宪法律和政治问题分析和讨论，可参看，Richard A. Posner, *Breaking the Deadlock: The 2000 Election, the Constitution, and the Courts*, Princeton University Press, 2001. 又请看，Cass Sunstein and Richard Epstein, eds. *The Vote: Bush, Gore, and the Supreme Court*, University of Chicago Press, 2001; Arthur Jacobson and Michel Rosenfeld, eds. *The Longest Night: Polemics and Perspectives on Election 2000*, University of California Press, 2002.

[63] 韩非子曾指出可能危及政权的一系列现象，许多与政治继承有关："轻其适正，庶子称衡，太子未定，而主即世者，可亡也。……太子已置，而娶于强敌以为后妻，则太子危，如是，则群臣易虑者，可亡也。……种类不寿，主数即世，婴儿为君，大臣专制，树羁旅以为党，数割地以待交者，可亡也。……君不肖而侧室贤，太子轻而庶子伉……可亡也。"王先慎：《韩非子集解》，中华书局 2013 年，第 110—112 页。《左传》中也有太多此类例证。

晓皇帝工作的特点，也知晓女性通常比男性更偏好亲密和安全。[64] 皇帝，出于父爱，也未必情愿女儿承担这份显赫但注定孤独甚至危险、对女性更多考验甚至折磨的工作。由于可能怀孕和生育，女性一般也比男子更难始终坚守这个理论上必须一直待机（"国不可一日无君"）的岗位。从日常经验来看，即便有能力承担，甚至通常可能比男性更有责任心，女性通常也不像男子那么看重职务升迁和社会地位。由此可以推定，皇帝的任职条件设置，我认为，大致顺应了普通女性的常规偏好。

很容易想到的另一期待是，继位者要能力足够，主要还不是知识，更重要的是政治领袖和政治家的品德和才能。这种才能有可能通过历练增强，但很可能也有部分天赋。然而从历代实践来看，除非特殊时期，一般说来，无论官僚还是百姓对继位皇帝的才能和品行无特别高的期待。相比而言，人们期待更高的是继承人的政治合法性，最好是依据宪制惯例——包括皇帝生前指定——的法定继承人。若皇帝无子，生前还没来得及指定，出于政治合法性考量，继承人最好与皇帝血缘关系非常近，是其同辈（弟弟）或晚辈（子侄）年轻男性。之所以有这种期待，我的理解是，现实政治生活中政治合法性趋于转化为，也更可能带来政治稳定性。这意味着，百官和民众重视合法性的道理其实是实质的，不是程序的：这会大大挤压最高权力觊觎者或其他野心家的生存空间，避免引发高层政治动荡。对继位者合法性的高度期待表明，在古代中国，包括皇帝在内的所有政治精英，以及普通百姓都懂得，就治国理政治而言，政权和平转移，保持政治制度和秩序稳定，对于中国，远比继承人的个人才智和品行更重要。毕竟皇帝制同精英政治官僚制密不可分。更重视合法性，而非继承人的个人才能，这也意味着，王朝开创初期的第一、二代皇帝或面临特殊政治危机的中兴君主除外，古代中国宪制主流从来不像今天众多法学家批评的那样，是"人治"传统；事实是，也一

---

[64] 几乎所有女权主义者都强调女性自身特点，如更关心他人，更渴望和珍视亲近（intimacy），更珍重保持和发展同他人的良好关系（例如，Carol Gilligan, *In a Different Voice*, *Psychological Theory and Women's Development*, Harvard University Press, 1982; Robin West, "Jurisprudence and Gender", *University of Chicago Law Review*, vol. 55/1 (1988); Catharine A. MacKinnon, *Toward a Feminist Theory of the State*, Harvard University Press, 1989）。但这些特点恰恰与历史上中国皇帝的政治生涯不太兼容。

直是，韦伯意义上的传统型法治。[65]

"政贵有恒，不求屡易"[66]，社会对皇位继承人的另一重要制度期待，上一节已提及，是在位期较长，即便这常常可望不可即。鉴于皇位继承常会伴随各种不确定性甚至风险，这一期待表明整个中国社会总体上更偏重政治稳定性。政治稳定，整个社会的预期才稳定，百姓才能安稳过日子。这是理性的期待。皇帝在位时间长，首先会减少了皇位继承难题出现的频率，降低政治动荡的风险几率。但这还会减少因皇帝更替引发的政策变化和人事变动。即便长期在位不必然意味政策稳定，中国历史上有过"三年不飞，一飞冲天；三年不鸣，一鸣惊人"的典故，但这种现象很少。长期在位更可能趋于政策稳定，也有行为主义和心理学根据：任何人的偏好都长期稳定，行为会呈现一定格局，通常会多一事总不如少一事，因此可能更少折腾。就皇帝而言，这就是更可能以烹小鲜的方式治大国。也有历史经验支持这一点，最突出同时也最普遍的就是——"一朝天子一朝臣"。如果朝廷核心官员相对稳定，全国各层级官员变动也不会太大。皇帝在位时间长，一般而言，既有利于民众，也有利于已成为官僚的那一批政治精英。甚至也有利于皇帝做大事，积累个人政治经验，有效管理朝政和控制官员，打击权臣、官僚政争群体或强大的地方势力，也有充裕时间从底层选拔和培养新一代核心政治精英，为下一代政治储备人才。所有这些，都表明，在位时间长，有利于君臣合力完成一些需要足够时间才可能完成的伟大和长远的事业。[67]

由于这些通常不容易为普通人看清的收益，却有中国历史证据的支持。尽管长期在位（例如明万历皇帝）不必然导致"某某之治"，只是，但凡谓之"某某之治"或"某某盛世"或"某某中兴"的年代，

---

[65] Weber，前注〔36〕，pp. 226-228.

[66] 《贞观政要》，上海古籍出版社 1978 年，第 84 页。又请看，《尚书正义》，前注〔28〕，第 524 页。

[67] 即便现代民主制条件下，就欧洲而言，也有迹象表明，任期长的或允许连续任职的国家，如德国（自二战后 1949 年联邦德国立国至 2022 年共 73 年，产生了 9 位总理，另有 1 位代总理），比任期短的，如意大利（从 1946 年至 2022 年的 76 年间有 31 位总理），经济社会发展状况更好。德国的科尔与默克尔两任总理分别在任 16 年。在美国，虽然总统任期通常是且后来法定为最多两届，除有迹象表明连任两届的总统通常有更大作为外，也有迹象表明，美国政府对经济社会发展缺乏长期规划。

皇帝在位时间一般都较长。例如，"文景之治"，文帝在位 23 年（公元前 179—前 157 年），创造了条件，令景帝平安继位，景帝在位 16 年（公元前 156—前 141 年），两位皇帝稳定执政了近 40 年。汉武帝能完成平定匈奴打通西域等伟业，重要原因之一无疑是他在位长达 54 年。尽管即位之际都有政治动荡，唐太宗在位 23 年（627 —649 年）有了"贞观之治"，唐玄宗开元 29 年（713—741 年）出现了"开元盛世"。历史中国最著名的"康乾盛世"的最重要制度因素之一，就是从康熙经雍正至乾隆 130 多年的皇权稳固，这一时期也奠定了近现代中国的基本版图。历代乱世的重要标识之一通常是皇帝短期在位，更替频繁，引发了各种形式的政治动荡。[68] 中国古人对在世皇帝高呼"万岁"，未必如今人通常理解的，只是祝福或奉承皇帝，其实也真诚表达了古人有一切理由和权利期待的政治社会长期稳定，甚至可能就源自这一期待。

子承父业既可以保证继位者合法性足够，父子之间的年龄差距通常也能让人期待继位者在位较为长久。看起来与注重个人才能和智慧的精英政治相悖，在历史理性的展开中，"子承父业"成了中国皇帝继承制度的常规，如第一章分析的，在正常情况下，这是更符合政治精英和普通民众利益期待的宪制常规。

事实上，诸如此类的情况不限于中国古代，外国也有此类经验，但主要是教训。为选择更有能力和才华的继承人，罗马帝国一直混用了养子和亲子皇位继承制。看似比历史中国的嫡长继承制更注重继承人的贤能，但罗马帝国的政治现实是，除开国元首屋大维（在位 40 年）等少数时期稳定繁荣外，[69] 罗马帝国后代政治一直不稳定，涌现了——不是修辞——几乎可以用"无数"来形容的自立或为军方拥立的僭主。在公元 3 世纪，罗马帝国危机高潮期，出现了吉本称之为"从农舍到皇

---

〔68〕 清代史家赵翼曾指出，东汉时期的许多皇帝寿命太短，导致了政局动荡。请看，赵翼：《东汉诸帝多不永年》《东汉多母后临朝外藩入继》，载《廿二史劄记》，凤凰出版社 2008 年，第 61—63 页。

〔69〕 罗马帝国的第一位元首屋大维在位达 40 年（公元前 27 年—14 年），第一位信基督教的皇帝的君士坦丁大帝在位 31 年（306—337 年）；安敦尼王朝五贤帝中，有四位分别在位 19 年或以上，实在没见过大世面的吉本断言，所有人都会认为，在世界史上，这是人类生活最幸福最繁荣的时代。Edward Gibbon, *The History of the Decline and Fall of the Roman Empire*, vol. 1, Fred De Fau & Company, 1906, p. 99。

宫，又从皇宫到坟墓的连轴转"：从公元 235 年到 268 年的 33 年间，先后继位或篡权或自立为帝的竟然有 29 位！有些皇帝在位甚至以天计。重要的是，几乎所有这些皇帝都死于非命！社会动荡，政治混乱，最终导致罗马帝国彻底衰亡。[70]

即便现代，这个问题也可能出现，甚至还真出现了。典型是 1991 年苏联的崩溃。有多种制度原因，也有政治决策错误，但直接原因是苏联最高领导人因死亡而频繁更替。1982 年 11 月，76 岁的勃列日涅夫去世；68 岁的安德罗波夫继任，13 个月后去世；73 岁的契尔年科继任，13 个月后再去世。由于反法西斯战争，苏联失去了一代人，继任的戈尔巴乔夫时年 54 岁，进入政治最高层仅一年。领导人频繁更替令苏联政治高层没时间，也没精力，有效推进当时已经确定的改革，取得成果，凝聚人心；戈尔巴乔夫也没有时间，通过政治实践，获得足够执政和改革的经验，弥补其政治弱点。更何况，第一章就曾提及，领导人频繁更替意味着不确定性增加，这最滋补野心家，激化权争。叶利钦出现了，苏联就没有然后了。

皇位继承的操作难题

尽管有上述制度共识，确立了承父业的基本原则，一旦付诸实践，仍有很多具体麻烦。

如果皇帝只有一个儿子，无其他选择，皇位继承的麻烦反而少些。但皇帝很可能不止一个儿子。多子多福既是生物本能，也是中国的民间信仰。皇帝还一直实行多妻（妾）制，很可能多子。为发现更好的继承人，皇帝通常也会在几个儿子中比较挑选。为防止疾病或其他事变，继承人意外死亡，也须有"备胎"。但这种婚姻继承制度安排，一定会引发嫡庶长幼皇子间或明或暗的竞争，各自背后还有各种政治势力和利益集团奋勇跟进，甚至拔刀相助，太容易引发另一类政治动荡。这不仅会

---

〔70〕 Gibbon，前注〔69〕，vol. 1, pp. 214-222；vol. 2, pp. 49-55.

毁灭儒家的基本家庭伦理之一，兄弟之情，[71] 甚至会迁怒于皇帝，重创儒家的另一基本伦理——父子之情，引出皇家悲剧。由于皇位继承牵涉了太多政治利益，事关天下，这就成了必须以制度应对的一个宪制麻烦。

在皇位继承问题上，中国人先后实践过三种继承制，在保证权力和平转移的前提下，尽可能选择合法性足够、有能力且有德行的王子继承皇位。但很难说三者中何为最佳，各自的利弊也很难算清。

立长（嫡长继承）是首选，是缺省设置。[72] 其基本优点是：继位的刚性强化了嫡长子的合法性，令其他王子很难觊觎其位置。以储君身份，嫡长子可以较早，进而较长期，参与国家政治实践，获得那些只有实践才能获得的政治经验，就此积累起足够能力和权威，保证权力转移的平稳。由于继承人是刚性的，没有选择，这也会令各位大臣专注于政事，对自己的政治前途或人身安全，无论利弊，都有稳定和确定的期待。这压缩了大臣们就此搞阴谋诡计的必要性及可能的收益，有利于政治治理。

嫡长继承的缺点也很显著。在各王子中，嫡长子不必定聪明、贤良、健康，这不利于国家政事和长期执政。但这不算大问题，因为有组织化的精英官僚的辅佐。

最大问题是，有时，皇帝与嫡长子之间的年龄相差不很大，或是老皇帝在位时间特别长，就可能引发一些深刻矛盾和冲突，甚至家庭悲剧。古代人预期寿命不长，相信早生孩子早得福，不想避孕，也很难避孕。一位皇帝完全有可能在15—20岁时，甚至在自己继承帝位之前，就有了嫡长子。如果皇帝身体好，在位时间持久，嫡长子继位时年龄就会偏高。如老皇帝75岁退位或去世，嫡长子继位时年龄就可能接近60。这意味着，嫡长子继位后不久就可能去世，在古代，甚至可能先于在位

---

〔71〕"主妾无等，必危嫡子；兄弟不服，必危社稷。"《韩非子集解》，前注〔63〕，第24页）。历史上，针对汉文帝刘恒与淮南王刘长的关系，民间就有歌谣："一尺布，尚可缝；一斗粟，尚可舂。兄弟二人不相容！"在魏文帝曹丕和其弟曹植之间，则留下了曹植有关"煮豆燃豆萁"的诗篇。而最著名的要数"玄武门之变"，唐高祖李渊的次子秦王李世民在首都长安玄武门发动政变，杀死长兄皇太子李建成和四弟齐王李元吉，并将李建成、李元吉的儿子全部杀死，迫使李渊立自己为皇太子，继承皇帝位。

〔72〕"立適以长不以贤，立子以贵不以长。"《春秋公羊传注疏》，前注〔56〕，第13页。

皇帝去世。这会引发两个不可欲的政治后果。一是，皇位继承后，短期内，再次皇位继承，嫡长继承的预期制度功能失效，国家政治再度陷入不确定性。非但未能避免"子承父业"力图避免的危机，有时甚至会放大这个危机。为防范嫡长子/储君意外去世的风险，在位皇帝从一开始也许就得为储君准备一个甚至几个候补。这就更容易引发其他不测。无论对皇帝本人，还是对储君甚或储君候补者，对整个王朝，均如此。唐初的玄武门之变可以说是个例证。

另一悲剧因素是，作为储君的嫡长子等候继位太久，受权力诱惑，或被他的忠诚但有野心的心腹蛊惑，甚至仅因出现了一位真实或想象的潜在竞争继位者，储君和/或其心腹就可能密谋谋杀或逼宫在位皇帝以确保继位。这类政治危机，会引发政治大动荡。与此同时，在等候继位的岁月中，嫡长子/储君也完全可能成为千方百计取代其地位的其他王子谋杀或政治陷害的对象。

还有第三种可能，储君/嫡长子长期等候继位，容易令在位皇帝，即便是他的父亲，不自在，甚至反感。从理论上看，在这个世界上，在位皇帝离世，对其他人都是损失，只是储君会有所收获，甚至是重大收获。储君的这个位置使得他，无论如何言行，都容易引发在位皇帝怀疑或猜忌；若有人挑唆，甚至可能导致储君被废。这两种情况，因此，容易激发嫡长子发动政变，抢班夺权。无论成功还是失败，都是政治悲剧，也是皇家悲剧。[73]

第二种继承制是立幼。除了同样预期确定、足以安抚朝廷重臣外，立幼的最大好处是最大可能减少了王朝政治权力转移的次数，从而减少了每次权力转移中的固有政治风险。一旦继位，只要身体健康，每位皇帝在位时间更长，国家和政府官员则可能因皇帝长久在位而获益。这也大大降低了年幼王子作为储君参政、因其他王子谗言而失宠的可能性，

---

〔73〕 对历史中国的一项粗略统计，发现历代皇帝生前首次亲立的总共160位太子中，有91人继位（含政变上位）、69人被废、被杀（含即位不久被废、被杀的）或去向不明，比例为57：43。可见，太子的职业风险极高。请看，《中国古代被干掉的太子多还是成功登顶的多？——爱吃甜粽天仪猫的回答》，知乎，编辑于2019年11月16日，https://www.zhihu.com/question/354692243/answer/893268220，2023年5月12日最后访问。根据历代政治经验，"要实行好嫡长制，必须：（甲）皇子不预政，以避免皇子与太子的矛盾。……（乙）太子也不预政，以免储君与皇帝发生权力冲突。"冯尔康：《雍正传》，人民出版社2014年，第62页。

降低了其过早靠近权力中心，与皇帝在某些问题上或意见分歧，或不便表达自己的、只好支持皇帝的意见而被视为缺乏主见，进而失宠的可能性。从理论上看，这会大大减少皇家的政治悲剧。

立幼的弱点也很明显：年幼王子同样未必足够聪明和贤能，未必健康长寿，若过于年幼还更容易受各种传染病或恶疾的威胁。作为皇位继位者，即便不是非常年幼，他也比其他王子缺少历练，甚至毫无经验。若缺乏政治经验，皇权容易旁落，无论是旁落于其母亲（太后）及其家族（后党或外戚），或旁落于先皇为制约太后或后党干政而设置的顾命大臣，或是旁落于宦官。皇权甚至可能被篡夺。无论何种情况，这都意味着潜在的内部政治混乱，会成为国家政治和民众的灾难。

第三种制度是立贤，即从诸多王子中选拔最贤能的。在理论上，立贤的好处是，储君贤能最终会裨益国家和民众，有益于各高层官员；凭贤能竞争上岗，会激励诸多王子都努力学习、实践、恪守规矩，心事用在正事上，避免了立长和立幼的突出弱点。此外，这对在位皇帝也更有利，不仅可以推迟立储决策，也有时间考察选择，不至于出尔反尔。这也可以避免或至少推迟在位皇帝与储君可能的冲突。

但这类收益只是想象。事实上，作为制度，几乎看不出立贤比其他继承方式优点更多更大或弊端更少。最大问题是由于继承者不确定，理论上每个王子都有份，每个想从政的王子都会全力竞争。[74] 竞争会湮灭亲情，甚至引发皇室悲剧。竞争也不必定激励各位王子都投资于学习和实践，认真努力履行相关政治责任，积累治国知识和技能。这种投资努力与最终能否继位的关系很不确定。如果和其他才干一样，都有部分天分，那么政治才干就很难仅靠后天努力得以实质性提高。真实的竞争因此可能转向以各种方式"欺骗"在位皇帝：不择手段包装自己贤良有才干，全力争取在位皇帝的关注、欢心和信任。

立贤需要更多具体的信息，需要准确和通畅的信息渠道，供皇帝来有效评价各个皇子。这意味着皇帝的立贤决策会受其获得的信息和信息

---

〔74〕 "一兔走，百人逐之，非以兔也。夫卖兔者满市，而盗不敢取，由名分已定也。故名分未定，尧、舜、禹、汤且如鹜焉而逐之；名分已定，贪盗不取。……夫name分定，势治之道也；名分不定，势乱之道也。" 蒋礼鸿：《商君书锥指》，中华书局1986年，第145—146页。

渠道的影响，无论来自大臣还是皇帝的其他亲信。这会促使皇子们大量投资于这些信息和信息渠道，力求获得大臣或皇帝心腹的政治支持和美言；进而会激励各位皇子与大臣内外勾结，当朝皇帝反而更难获得正确决策所必需的真实、可靠和全面的信息。结果会是，越没有政治底线的皇子越可能不择手段勾结大臣。那些最缺乏能力、最关注个人或派别利益的大臣也最可能为确保自己的利益对他认为最可能继位且最能为自己操控的皇子下注，祭出最无耻的政治权谋。朝廷必定从上到下围绕那些有望继位的各位王子形成各种政治派别，内斗激烈。

这种竞争越激烈，越损害和弱化皇权——中央集权。因为竞争者能否继位，已不取决于皇帝了，不由皇权本身决定，而是靠皇帝之外的各种政治力量和制度因素，无论是权臣、重臣还是外戚，甚至宦官。这把太多变数带了进来，令政治治理和高层政治秩序更不确定，结果不仅未必是贤能者胜出，更重要的是，即便贤能者偶尔胜出了，是否值得以中央集权制度的受损和巨大社会风险为代价，来换取那实在不多的额外的收益？特别是当几位继承人选的贤能难分高下，更可能恶性竞争之际，乘以偶然胜出的极低概率之差？值得记住的是私人成本/收益与社会成本/收益之间的分歧。有些竞争再激烈，也未必令社会收益增加，相反可能令社会成本剧增——想想，高智商的白领犯罪不增加社会的财富；原被告律师智商都很高不改变案件结果，未增加社会福利，相反会减少社会财富。若各位皇子都依赖大臣，皇位继承的激烈竞争更可能大大弱化皇权，甚至可能导致王朝覆灭。在如今这个自由竞争已被意识形态化甚至神圣化的时代，立贤制容易听起来不错，真实情况是，这是最可能引发重大政治风险的继承制度。

比较起来，法定嫡长继承反倒是三者中最稳当的制度。[75] 甚至立

〔75〕 除了英国王位一向是法定继承以避免政治社会动荡外，即便今天西方各国普遍民主选举产生本国最高政治领导人，为防范国家政治风险和政治纷争，也都同时备有法定继承的政治预案，因此众多潜在的政治继承人并不由选举产生。典型之一是美国 1947 年通过的《总统继任法案》（Presidential Succession Act of 1947）。这部分针对罗斯福总统在二战结束前死亡的教训，但更多是为防止重大人祸天灾导致总统和政治高层同时意外死亡或重伤，国家陷入群龙无首的状态。该法明确规定了总统发生意外时依次继任者的顺序。依据惯例，当总统和政治高层集体聚会时，还一定要指定一位内阁部长缺席，留守在隐匿的安全地，以确保一名部长能在发生意外时依照该法能代理总统。

长还比立贤在两个方面为精英政治的运转留下了更大制度空间。首先，因为以嫡长继承为宪制，储君继位皇帝不有求于大臣，不欠任何人的人情，更容易继续"君使臣以礼，臣事君以忠"的君臣常态关系，平和从容地实践"天子无私"。另一方面，也更少可能出现权倾朝野的权臣和重臣。继位皇帝无需为恢复君臣常态关系而琢磨，如何清除自己当年曾求助过、甚至搞阴谋的功臣或权臣。嫡长继位者确有可能不特别聪明能干，但只要中等资质，就不是大问题。创业者一定得是不世英才，守成者则理应更多靠制度——这一点下面还会提到。这更可能是好事，因为皇帝中等资质，就不大可能折腾；即便不安分，也折腾不出什么大事。这反倒给以"文治"为名的法治/官僚政治/精英政治留下了更大运转空间。"文景之治"和"昭宣中兴"，这两段汉代百姓很是怀念的太平日子，一前一后，单单把两者之间的汉武帝闪过去了，就因为刘彻实在是太雄才大略了！

以上只是对中国古代皇位继承的一个理论分类。许多因素或变量会令真实的皇帝继承实践更多变化，更为复杂。如，以上的分析都假定了，皇帝都有儿子。而中国历史上，有不少皇帝没有儿子。在位皇帝，或各位大臣在皇帝去世后，就不得不从皇家宗室内另选他人，其政治合法性就可能争议，容易出现较大的甚至持续的政治动荡。

制度也无法应对各种意外。如，在太子确定之前，或虽然确定了太子但太子因公外出，皇帝意外死亡（或如明英宗被俘），就是无法想象的变数。秦始皇和扶苏就是典型例子。而只要立了太子，即便有"君老不事太子"的告诫,[76] 也难免官员想投机，铤而走险。太子也很难完全不受诱惑。

此外，每朝还有本朝必须顾及的具体考量。本书《引论》就曾提及，在部落联盟基础上建立的北魏，为避免各部落的猜忌来自某一部落的储君之母干政，导致部落联邦瓦解、王朝崩溃，曾长期坚持"子贵母死"的制度。[77] 这在今人和古人看来都太残酷了，也不公道，不仅对

---

〔76〕 《南齐书》，中华书局 1972 年，第 574 页。

〔77〕 田余庆：《北魏后宫子贵母死之制的形成和演变》，载《拓跋史探》，生活·读书·新知三联书店 2003 年。

储君之母，也是对北魏皇帝和储君，均如此。但没办法，这是北魏从部族国家稳妥转型成为疆域国家的必须，即便不是理论上的唯一。

但是，不正因此，读者才能真切理解：为什么皇位法定继承是一项宪制（a constitutional institution）。即便根据历史形成的惯例，这完全由皇权独自决定，历朝许多明智的大臣也自觉不介入、拒绝介入"皇帝家事"，那也不真的就是件"家事"。全然是基于对于家/国/天下的利弊，才在宪制上将之定为"皇帝家事"，就为杜绝各位皇子和大臣"违宪"。

由此也还可以看出，皇帝制需要一个政治继承制度作为支撑，即便上述各种继承制度都有显著且难以弥补的缺陷。这个制度，既非为了皇帝，也不仅仅为了皇室，这个制度直接寄托了朝廷内外众多中高级官僚的政治理想、稳定预期和利益，关系到高层政治稳定和中央与地方关系的安定，最终获益者却是天下的普通百姓。如果从皇位继承中只看到皇帝"家天下"，如果不是缺乏学术想象力和洞察力，那也是"小人之心"，大大低估了创造皇帝制度的中国古人和历朝历代有远见有见识的政治家（包括某些皇帝，特别是开国皇帝）的胸襟、抱负和智慧。[78]

作为学术概念的皇帝

皇帝制，包括天子制，甚至包括传说中的禅让制，都是一人之治，依照亚里士多德的政体/宪制区分标准，按统治者人数分类，都是君主制（monarchy）。但恰恰因为这些在中国学者看来显然不同的制度，在亚氏分类体系中都成了君主制，它们各自就一定不是无论古希腊、罗马或中世纪欧洲的君主制——当我们说张三"像"李四时，前提是，张三就不是李四。

---

[78] 1961 年，英国元帅蒙哥马利访华期间评说过中国皇帝的法定继承制。他认为中国古代帝王很聪明，在位时就确定继承人，多数成功，可以保持国家的政治稳定；英国历史上则曾屡屡为争夺王位打仗，直到有了王位继承法，才安宁下来。特别以斯大林死后苏联政坛上的政治继承乱象为例，他认为，如今许多国家的政治领袖不像中国古代帝王那样聪明，缺乏远见，没有足够勇气和权威确定继承人。请看，熊向晖：《我的情报与外交生涯》（增订新版），中共党史出版社 2006 年，第 412 页。

更重要的是，亚氏的宪制/政体分类体系，尽管为后代西方政治学坚守，只是一种形式分类，除了被重复和坚持外，很少有额外的学理意义。事实上，柏拉图和亚里士多德都不很关心基于统治者人数的宪制分别，他们都更关心好与坏的区别，这是他们宪制/政体分类的第一标准。[79] 基于人数的宪制分类更无法有意义地界分和讨论中国古代宪制。至少，它从未为中国历史研究拓展什么新的研究可能。如果曾有过什么作用，用于中国历史研究，迄今为止，只有政治意识形态的意义：自古以来中国宪制就错了，没有民主就不说了，起码也太单调了。

前面的分析就已指出，尽管皇帝制是一人之治，但至少从秦汉之后皇帝一直在精英辅佐下统治。更早，西周也有辅佐成王令"天下归心"的周公。也不限于从政治高层或皇亲国戚中寻觅精英，中国很早就开始以各种方式（如商武丁时发现了奴隶傅说），尤其是上一章讨论的制度方式，吸纳社会各阶层政治精英参与政治治理。这种吸纳社各层精英参与国家治理的制度实践，在西方，直到 19 世纪后期，西人借鉴了中国经验才建立起来。此前西方各国，城邦除外，确实只能是一人（君主）之治或少数人（贵族）之治。要理解中国皇帝制与西方君主制的不同，关键就不在于谁是主权者，或理论上谁最后拍板决策，而是有无来自社会各阶层的政治精英组成官僚体制辅佐君主。为务实理解中国皇帝制，因此必须放弃用君主制简单比附中国的天子或皇帝。不能依据西方学者的君主定义（一人之治），再加些其他西文形容词作定语，暴君的/僭主的（tyrannical），专制的（despotic），绝对的（absolutist），独裁的（autarchic），刻舟求剑地，也是削足适履地，修理和裁剪中国的皇帝制和中国历史。

我不是说在中国历史经验中，这些西文语词的定义无法获得某些"印证"。完全可能从中国历史中发现大量例证，表明中国某皇帝的某做法，或某个学者的某论述，符合其中某个定义。但这不是学术，这是生搬硬套。我们不应当努力让中国的皇帝制符合这些概念，而应当从考

---

[79] 柏拉图关心的是统治者是否具备了统治者应有的知识和技艺（craft）（Plato, *Republic*, trans. by C. D. C. Reeve, Hackett Publishing Company, Inc., 2004, pp. 48ff.）；亚里士多德（前注 [10]，第 132 页以下）关心统治者是为了城邦的共同利益还是只顾统治者自身利益。

察中国皇帝制来提出和形成中国的概念。有时，在比较研究中，可以甚至不得不参照或借助某些西学概念，但更多时候，只能，甚至只应，严格依据中国的材料，"自说自话"。这不是自我封闭，只是在中国社会历史语境中，要具体切实地从制度功能上来理解许多中国的制度，比方说，皇帝制，只能如此。更重要的是，有时，只有这种努力，才会为学术研究增加一个概念，或有助于学人察知和理解某些重要差别。这是智识努力的必要。

若是与欧洲中世纪各国君主制相比，中国皇帝制的一个显著差别是，更强调正统，欧洲君主似乎更强调血统。当然中国皇帝的正统，也常常同皇家血脉相联系；只是，正统的核心是政治规则，同血统的联系并不真的那么强。支持这一点的最显著最强有力证据就是上一节提及的，无子但有女儿的皇帝不会让女儿继承皇位，而会从皇家宗室另选男性继位。若仅从血统上看，女儿要比另选的任何男性都近。

从社会功能上看，正统和血统在中西社会都被用作强化和支持政权的合法性和稳定，震慑僭越和篡权，避免或至少减少由此引发的政治社会动乱。但"血统"是用生物特性来支持政治合法性，是一种本质主义的，也是法条主义的传统；更容易同种族或是同阶级相联系。"正统"则是一种实用主义正当化，首先源自成功并因此获得认可的革命，是在时间中形成的政治常规，是制度的沉淀成本，是由此带来的对于利益相关各方的便利和安全，是历史建构主义的。注意，无论是早期传说中的禅让制，或是随后的夏商周，乃至于三代之后的历朝历代，中国历代政治统治的正当性都不来自，至少主要不来自，血统。《周易》就认为"汤武革命，顺乎天而应乎人"。[80] 即便儒家一贯强调"君君臣臣"，反对犯上作乱，孟子却还是认为是武王伐纣并非"臣弑其君"，而仅仅是诛独夫民贼。[81]

这似乎就是中国政治合法性的传统。从陈胜的"苟富贵，无相忘""王侯将相宁有种乎"，到刘邦的"大丈夫当如此也"和项羽的"彼可

---

[80] 《周易正义》，北京大学出版社 1999 年，第 203 页。
[81] 《孟子译注》，前注〔31〕，第 42 页。

取而代也"都表明了这一点。[82] 这些记录不大可能为真；只是，即便
为假，司马迁仍频繁引述、传播甚或自己精心编造了这类距他不足百年
的虚假言辞，他本人还就生活在刘邦创建的汉代，在朝任职，不担心周
围的"杠精"，这就足以表明诸如司马迁这样的政治文化精英，以及他
那个时代的政治意识形态，对皇权的尊崇和臣服并非迷信其血统神圣和
高贵，而仅仅因为他是皇帝，有政治合法性。后代中国百姓的说法更简
单，这就是"成者王侯败者寇"。

这看起来很势利，没有道德是非，容易令惯于从伦理评判历史的公
知们义愤填膺，主张"死磕"的法学人也会批评这太没立场。但这种
情，表错了地方，也表错了对象。中国百姓对作为个体的政治家有道德
评价，但对作为政治家的个人却不用道德来评判。对政治家的评判标准
是其政治实践的后果，即对于整个天下的利弊。这就是汉文帝概括的，
为争夺最高统治权，争斗再残酷，只要"不以私害公"，那么"尧舜放
逐骨肉，周公杀管蔡，天下〔仍然〕称〔其〕圣"。[83] 这就是为什么
李世民杀了兄弟侄儿，逼宫夺嫡，完美定义的乱臣贼子，结果好，最终
被后世视为明君的典范。这隐含的是来自社会底层的考察和评价政治的
视角，它要求有实在效果的政治精英制度，关注谁能统一中国，为公众
提供最直观和最重要的公共品——和平。

因此，不仅来自社会底层的如刘邦、朱元璋可以当皇帝；来自文化
相对落后的游牧民族，只要有实力，能为普通民众提供长期和平，照样
可以主政中原。儒家政治文化精英坚守的政治伦理底线，只是本人不做
"贰臣"——前朝做官，新王朝照旧做官；[84] 但为天下苍生，他们支持
自家子弟参与新王朝的政治治理——即便是同他们本人鄙视的少数民族

---

〔82〕 分别见于，《史记》，前注〔4〕，第 1949、1952、344、296 页。又可参看，五代安重
荣的说法："天子宁有种耶？兵强马壮者为之尔！" 欧阳修：《新五代史》，中华书局 1974 年，第
583 页。

〔83〕 《史记》，前注〔4〕，第 3080 页。

〔84〕 "贰臣"的说法在史书修撰中得到运用的典型例证，是清乾隆帝下令编修的《贰臣
传》（可参看，王钟翰：《清史列传》，中华书局 1987 年，卷 78、79，第 6412—6631 页），但可
以追溯到欧阳修编撰《新五代史》设置的"杂传"（中华书局 1974 年，第 411—667 页）。

政权合作。这谓之"遗民不世袭"。[85]

第二个重要区别是前面提及的，尽管可谓"专制"，尤其是明清两代，但就因为是大国，就中国的政治常规和政治伦理规范而言，皇帝制从来不是"一人之治"，而是由源自各地的全国精英组织成一个延伸全国各层级政府的，严格依据典章规则运转的官僚政治。

若真要归类和套用，我认为中国的皇帝制从来就是一种"混合宪制"。由于中国历史总体而言没有贵族这个社会阶层，也没有直接民主、代议民主或保民官之类的制度，因此这种混合宪制在中国的具体体现就是皇权与以相权为代表的官僚士大夫势力相互制衡。尤其是在常规时期，即开国之后守成君主统治的时期。否则就无法理解中国历史上会出现外戚、后党、宦官这些政治势力集团，这些更多是皇权之附庸，更多是皇权同相权或官僚体制竞争的产物。但有时这些附庸也可能威胁王权，如外戚霍光变成相权的代表，又如外戚王莽篡位改制。否则，就无法理解东晋"王与马，共天下"的说法；也无法理解在号称皇权专制走向顶峰的明朝，万历皇帝，竟然以数十年不上朝，来对抗过于强悍的文官集团。

但相权或官僚士大夫势力内部也注定不可能总是统一的。即便都忠于或号称忠于皇帝，也会因各种因素形成派别，客观上代表了不同地方利益或一定的社会阶层。三国时，四世三公"势倾天下"的袁绍袁术兄弟，与"贩履织席为业"的皇室宗亲刘备，不论怎么算，都不是同一社会阶层。[86] "上品无寒门，下品无势族"的九品中正制，或东晋门阀世族，也表明官僚士大夫阶层不可能是一个利益单一且统一的政治力量。即便背景相同，同朝为官，任何时候，都会存在更有公心顾及天下苍生的力量，也有更偏私、更在意某一派别利益的力量。甚至仅因政策分歧或其他因素也会形成尖锐对立的派别。想想晚唐时期的牛李两党；想想王安石变法时政治精英的对立和分裂。有些皇帝为强化君权，还希

---

[85] 钱穆：《国史大纲》，商务印书馆1994年，第851页。但实践中，这个问题复杂得多。可参看，杨念群：《何处是"江南"：清朝正统观的确立与士林精神世界的变异》，生活·读书·新知三联书店2010年，第1、3章。

[86] 《三国志》，前注〔56〕，第188、871页。

望有这类派别之争。置身于这样的精英制度系统中的皇帝制，与没有官僚体制支撑和辅佐的欧洲君主制，断然不同。

柏拉图和亚里士多德对"一人之治"的另一区分，君主制和僭主制，我也有理由认为，完全是古希腊的地方性知识，没有普遍适用性，至少在历史中国没法用。若按古希腊的君主与僭主标准来研究中国，不仅历史中国杰出甚或伟大的政治家唐太宗、明成祖等只能名列僭主；甚至中国每一朝的开国皇帝，基本都是造反起家，或是篡权者，只能算作僭主。这一宪制分类，对于中国人理解自家政治历史何止是毫无裨益，简直是格格不入。事实上，这一分类在西方也早被废弃。在欧洲中世纪"僭主"的含义基本等同暴君，或许就因为僭主缺乏政治合法性，为维系统治就不得不更多诉诸暴力。这个词的寓意变化或许意味着一个新的"社会契约"或共识的出现：人们在意王位的血统，但更在意统治的合乎情理。但在中国，普通人，包括特别强调正统乃至有时有点迂腐的儒家，也从来不这么理解历朝历代的皇帝。重要的从来不是某皇帝的权力源自合法继承，无论是来自暴力革命还是阴谋诡计，重要的是某皇帝在位是否令国家强大，天下太平，百姓获益。这是一个根据社会绩效的评判标准，一个统一的精英政治的标准。在这方面，中国似乎生来就是尼采主义者，坚持面向未来，而不是回溯起源。[87]

也因此，中国人更在意，经常使用，很有学理意义的概念，我的意思是，可一般化的学术概念，是有为君主和守成君主（这里不讨论亡国君主）。或更简单些，有为者和守成者。

有为君主往往是创立了一个王朝的开国皇帝。但这只是第一步，更重要的是，建国后，他能确保天下一统，防止分封割据，内战重起。有为君主往往会以各种真假口实消除那些在其身后有能力（有别于大概率）造反的功臣，典型如刘邦和朱元璋。即便皇权强大，也会以略微温和的方式剥夺这些人的军事指挥权，如"杯酒释兵权"传说中的宋太祖。如果从一般的道德伦理角度看，可以称前者是专制暴君，但将中文世界中的这一伦理概念用于政治生活，就好像让当代中国男人穿裙子，

---

[87] 可参看，福柯：《尼采·谱系学·历史学》，载《学术思想评论》第 4 辑，辽宁大学出版社 1999 年。

看上去就不伦不类。政治家要对国和天下负责，不能只对自己部下或功臣负责，当两者有冲突之际，只能对前者负责。他注定不是做，也做不成，一个传统道德层面上的好人。他要维护的始终是国人的利益。

开国君主，之所以称其有为，就因为他在世期间必须解决的问题不仅是开国，通过战争手段完成国家的统一，创制这个王朝长久沿袭的基本制度。更重要的且最重要的是，在完成这个统一之后，他必须清除任何实在和潜在的地方割据势力，清除任何可能引发国家分裂祸国殃民的其他潜在政治威胁，确保统一国家政权的和平转移，为后世常规性"文治"创造条件，铺平道路。只有他死后，整个国家权力基本和平转移了（即便没有转移给他预定的接班人），这才表明了这一朝的宪制定型，他才算真正谢幕。"盖棺论定"——开国皇帝的成败通常要以他去世多年后的历史来验证和补足。

在中国历史上，也有少数并非开国的君主被后人视为有为君主。如汉武帝（打败了匈奴），明成祖（夺取了侄儿的皇位；营建北京并迁都；编撰《永乐大典》；以及郑和下西洋等）或雍正和乾隆（继承康熙的事业，推动了一系列重要变革）；由于历史的机遇和要求，他们成功推行了或完成了具有深远历史影响的政治文化变革。

有为君主在相当程度上有远见卓识、坚毅果决，不但虚怀若谷、兼听则明，更常常独断专行、说一不二。如果仅从类型学上看，这些皇帝属于专制君主和绝对君主——特别是如果仅仅从字面或本来意义上理解专制的话。但中国人的分类系统好在是后果论的。

绝大多数皇帝或是没有这样的能力，或是没有这样的历史机遇。历史和社会也就不苛求他，推进重大社会革命和体制创新。有些人便励精图治，试图甚或成功实行了某些社会变革，包括如汉文帝和汉景帝这样的明君，后者甚至平定了"七国之乱"。但他们在更大程度上依靠的是有为君主开创的基业，借助了前辈创设的宪制和积累的政治合法性，依靠了这个宪制选择和聚集的官僚，这意味着他们受到并接受了宪制和"祖制"（这不过是另一类宪制）的约束，受到并接受了官僚体制的约束，受到并接受了社会舆论"天理"和常规的约束。他们可能因某些成就被后世称为"明君"，甚至"中兴之主"，却不算有为皇帝，有些还可能相对平庸。在中国传统的政治分类中，他们属于守成君主。即便某些"非亡国之君，而当亡国之运"的皇帝，如崇祯，就因他"又乏救亡之术"[88]，事实上也就是另一种守成（但不成）者。

守成君主并不是不任性，不专断，但总体而言，他们不等于，也成不了西方近代的专制君主。其中最重要的原因是，他得"认命"。中国一直是"超级"大国，因此，自秦汉之后，常规政治只能通过政治精英为基础的官僚政治来展开。官僚政治完全可以糟糕，但不大可能，甚至就是没法，专制。除极少数有为君主外，守成皇帝通常无论知识和能力都不足以独自有效决策和处理诸多军国大事，他必须依靠宰相和其他能臣，依靠整个官僚体制。也因此，他一定会受官僚政治限制，受官僚体制其他各种方式的制衡。即便总是皇帝最后拍板，可以决定官员的荣辱甚至生死，但皇帝仍然受制于并要遵守先皇制定的宪制常规，儒家教训，和天理人情，受制于官僚的消极抵抗，甚至受制于某些官僚的舍生取义（civil disobedience），或沽名钓誉——想想海瑞，想想"文死谏"！有意无意，守成皇帝都必须妥协，有时甚至只能不了了之。这种受制一定不是规范要求，不是理想，而是守成君主治理下的常规政治生态。他只能"认命"。这既是"文治"，也是"法治"。

尽管源于中国历史，就法学政治学研究而言，有为君主和守成君主的区分，不仅可用于分析中国古代宪制，我认为，比古希腊的正宗君主制和变态僭主制更普世适用，有智识启发意义。可以试着用这两个概念来分析中世纪欧洲的各国君主。

例如，英国的亨利八世，因其大力推行宗教改革，令英国教会脱离罗马教廷，改革了政府机构，以均势外交保障了英国在欧洲的政治经济利益，使英国最终成为统一集权的近代民族国家。又有伊丽莎白一世，因其近半个世纪的统治，使英格兰成为欧洲最强大的国家之一。这两位英国君主，在中国史家看来，就属于塑造了近现代英国的有为君主。如果用柏拉图亚里士多德的标准，可以说他/她是君主或是僭主，但这能告诉人们什么有重大实质意义的政治学信息呢？

---

[88] 《明史》，前注〔28〕，第 7948 页。

又如，俄罗斯的彼得大帝，在其统治下，俄国获得了波罗的海出海口，又对俄罗斯的政治、经济、军事、教育和文化进行了大刀阔斧的和面向欧洲的改革。又如，叶卡捷琳娜二世，宫廷政变登上皇位，对外作战，打通了黑海出海口，为俄罗斯帝国留下空前的疆域。在中国人看来，这两位就属于俄罗斯的有为君主，称其为君主或僭主，同样没有任何分析意义，在交流上也没有额外的有用信息。

如果进一步概括为"有为者"和"守成者"，则可以用来分析古往今来的中外政治领袖，不限于最高领导人，甚至可以包括在某些领域内的核心决策人。若从这一角度来看，绝大多数美国总统其实是守成者，由于历史的制约，即便他们个人能力出色，也没有机遇来塑造美国；只有少数美国总统，不但有能力，更有历史机遇，才真能塑造美国，塑造美国的实在宪法/制，塑造了美国和世界的关系。甚至必须有这种语境，阿克曼教授津津乐道的"宪制时刻"（constitutional moments），[89] 才能成立。那些成功回应了宪制时刻的美国总统，因此成为美国最具标志性的总统，如华盛顿、杰弗逊、林肯，以及大小罗斯福等。其他国家的政治代表人物如拿破仑、俾斯麦，甚或戴高乐和丘吉尔，土耳其的凯末尔、甚至在某种更有限意义上印度的甘地等人，在中国人看来，都属于有为者，因为他们对本国的现代构成具有无可替代的历史贡献。仅因在某个历史关键时刻，是他，而不是别人，在那里。[90] 这就是"命"。

经这一提炼，有为者和守成者的适用范围可以超越民主制和君主制，近似韦伯的魅力型政治领导人和传统型/法理型政治领导人，[91] 但更简洁，也更可能有学理意义和分析功能。因为在需要重大社会变革的历史时刻，对于一个国家的宪制或政治而言，作为政治领袖，有为者的

---

〔89〕 Bruce Ackerman, *We the People*, vol. 1: *Foundations*, Harvard University Press, 1991; *We the People*, Volume 2: *Transformations*, Harvard University Press, 2000. 有关的批评，请看，Michael J. Klarman, "Constitutional Fact/Constitutional Fiction: A Critique of Bruce Ackerman's Theory of Constitutional Moments", *Stanford Law Review* vol. 44/1991-92, pp. 759ff; Richard A. Posner, "Legal Positivism without Positive Law", *Overcoming Law*, Harvard University Press, 1995, pp. 215-228.

〔90〕 "伟人代表的是一个社会的伟大神经中枢，换一种说法，代表的是历史战役中的战略转折，之所以伟大，部分就在于，他曾在那里。" Oliver Wendell Holmes, Jr., "John Marshall", in *The Essential Holmes*, ed. by Richard A. Posner, University of Chicago Press, 1997, p. 208.

〔91〕 Weber, 前注〔36〕, Ch. 14.

最重要功能，在很大程度上并非如法律人要求的，仅仅严格遵守宪法和法律，而是——如同波斯纳评论马歇尔大法官那样——作为新体制的伟大创制者，必须是无情的冒险家（buccaneer），其工作不是什么依法办事，而是带来一个范式变革，创设一个体制，令后来的守成者有法可依、有例可循，可以主张依法办事。[92]

*　　*　　*

无论好坏，也无论好恶，以上分析只求部分展现中国皇帝制中的理性。现代以来中国社会流行的关于皇帝专制愚昧的断言，是现代中国为了必需的社会革命和转型而创造的意识形态，曾有重大革命意义。但有意义的意识形态仍然是意识形态。如果始终不予反省，保持自觉，一味沉浸于其中，特别是当革命对象不复存在，原有论断的革命力量丧失之际，只剩下意识形态，就会成为当代的专制和愚昧。

尽管可能有种种误解，本章不是为皇帝制评功摆好。真没必要。在一定程度上，本章指出的只是，真正能令一个制度获得生命力的，并非多少人为之评功摆好，令其消亡的也不可能仅因众人的抨击谩骂，而是，在人们种种想象和尝试，包括"围城"式的自我折腾之后，这个制度是否最终被永不满足于现状、总能挑剔的人们不得不接受。在当时的种种社会条件下，这是否最可忍受的制度。

这看似是一个保守的命题，其实是一个变革的检验标准。

2012 年春初稿于纽约大学法学院

---

〔92〕 Richard A. Posner, *Law*, *Pragmatism*, *and Democracy*, Harvard University Press, 2003, p. 91.

|第十一章| "缺失的"公民？

——历史中国的国人/村民

民为贵，社稷次之，君为轻。

——孟子[1]

丘也闻有国有家者，不患寡而患不均，不患贫而患不安。

——孔子[2]

问题的界定

在宪制层面讨论了政治文化精英，又讨论了皇帝，自然也该讨论一下普通人——"国人"或"百姓"。但怎么讨论——我是说，如何在宪制层面讨论？

"引论"就说了，作为大国，中国历代王朝的开创通常是，也只能由，某个地域的核心政治精英集团来完成。在王朝更迭的社会大动荡中，农民百姓只是政治精英的追随者。在非常有限的意义上，他们也算参与了国家政治生活，但不像现代国家的公民，也不像古希腊城邦或中世纪意大利城邦的公民。村落共同体的农人，第九章讨论的少数政治精英除外，几乎全都无法能动有效地参与国家政治生活，

---

[1] 杨伯峻：《孟子译注》，中华书局 1960 年，第 328 页。

[2] 杨伯峻：《论语译注》，中华书局 1980 年，第 172 页。

更无法参与政治决策。他们是"国人",[3] 是天子、君主或皇帝治理下的百姓,是加有种种前缀的"民",如子民、臣民、黎民、草民或小民等,[4] 甚至可以是更大范围的——天下的——"苍生"或"生灵",唯独不是公民。

但这是异端吗?非也。在人类历史上,其实这是常态。韦伯曾指出,近代之前,伊斯兰世界、印度和中国,都不曾有过公民(citizenship)。[5] 但在欧洲人到达并建立殖民地之前,非洲、大洋洲以及南/北美洲,又何尝不是如此?事实上,公民一直是个在地理和时间上都非常局促的地方性概念和想象,即便今天许多公法学人视之为普世,公理,甚至真理,顺带构建了历史中国的异端。韦伯认为,在西方历史上公民更多同工商业聚居地也即城市相联系。[6] 没错。但从政治视角看这些城市,公民则从一开始就更多同政治国家(state)相联系。[7] 这就容易理解了:近代之前,伊斯兰世界和印度更多只算是文明(civilization),即便可算作民族(nation)或国度(country)意义上的国,也一直未成为一个政治上的国(state),未能对一定疆域内的民众实现排他的实力管辖,遑论公民。早先的非洲、大洋洲和美洲也是这种情况。因此别把韦伯的这个问题太当真了。真有意义的应当反过来问,究竟是什么社会语境条件,令欧洲(的某些地方)居然有了公民?

用政治国家/共同体来解说公民,解说力不够,因为还解说不了中国。与先后出现于西方的各种国——城邦、帝国、封建国以及近现代民族国家——不同,在这片土地上,至少从西周开始,就有了大致统一的

---

〔3〕 西周时期的国人概念是相当特定的,仅指住在国城内的人。"云'国人'者,谓住在国城之内,即六乡之民也。"《周礼注疏》,北京大学出版社1999年,第381页(贾疏)。但到春秋战国时期,大约由于人口增多井田不足的因素,国野的区分很难继续,"国人"已开始包括一国境内的住民。如春秋前期宋襄公泓水战败后,"国人皆咎公"(杨伯峻:《春秋左传注》,中华书局2009年,第397页),很难想象不满襄公的人仅限于国都。又请看,"国人皆曰贤,然后察之……国人皆曰不可,然后察之……国人皆曰可杀,然后察之……"《孟子译注》,前注〔1〕,第41页。本文在后一种也即更一般意义上使用"国人"。

〔4〕 "百姓足,君孰与不足?百姓不足,君孰与足?"《论语译注》,前注〔2〕,第127页。

〔5〕 Max Weber, *General Economic History*, trans. by Frank H. Knight, Cosimo Classics, 2007, p. 316。中译本《经济通史》,上海三联书店2006年,第198页(中译者误把伊斯兰译为以色列)。

〔6〕 Weber, 前注〔5〕, p. 317.

〔7〕 "人生来就是政治(城邦)动物。"Aristotle, *The Politics*, Penguin Books, 1981, p. 59.

政治架构。君王（政府）、人民和疆域（社稷），已是当时即便是诸侯国的三大要素。[8] 秦之后历代王朝无论怎么更替，这三个要素从来未变。尤其是秦汉之后，中央集权的基本格局一直没变。为什么一直没啥长进，就一直止步于国人，中国没产生公民概念呢？

也不是中国历代王朝禁止普通人参与政治。本书第二章关于早期中国政治从"亲亲"到"贤贤"的变迁，商武丁选拔奴隶出任宰相，老渔夫姜子牙成为西周头号功臣并受封齐国，以及第九章关于政治精英选拔制度的变迁，都表明了，中国大一统的政治治理，迫使历代王朝必须从宪制层面关注，且持续强化，吸纳全国各地和各阶层精英参与国家治理。同近代之前欧洲总体上一直贵族统治相比，除东晋门阀政治外，"富不过三代"，历史中国普通人的社会流动性大多了，政治也开放多了。[9] 但为什么，在如此长期广泛的政治实践中，一直没有公民？在发生学上，这是个有意思的问题。

人的实践注定是地方性的。不同历史社会文化语境中生发不同概念，很正常。"夏虫不可以语冰，井蛙不可以语海"是人类常态。只是一旦涉及重要政治法律事项时，基于思维的简单便利，今人容易产生普世主义推理，身心不由己地认为，只要"没有"，就那就是"缺少"，就是中国宪制和法治不健全不完善的原因或结果。[10] 不少学人主张"补课"，培养公民意识。[11] 因为，很方便的文字游戏：没有公民概念，怎么谈公民权利？又如何"把权利当回事"或"为权利而斗争"？[12] 这

---

〔8〕"诸侯之宝三：土地、人民、政事"；"民为贵，社稷次之，君为轻"。《孟子译注》，前注〔1〕，第335、328页。

〔9〕请看，Ping-ti Ho, *The Ladder of Success in Imperial China: Aspects of Social Mobility, 1368-1911*, Columbia University Press, 1964. 又请看，许倬云：《中国古代社会史论——春秋战国时期的社会流动》，广西师范大学出版社2006年；宗韵：《明代家族上行流动研究——以1595篇谱牒序跋所涉家族为案例》，华东师范大学出版社2009年。

〔10〕Joshua A. Fogel and Peter G. Zarrow, eds., *Imagining the People: Chinese Intellectuals and the Concept of Citizenship, 1890-1920*, M. E. Shape, 1997, p. 3.

〔11〕如，Liu Zehua and Liu Jianqing, "Civic Associaitions, Political Parties, and the Cultivation of Citizenship Consciousness in Modern China," in Joshua A. Fogel and Peter G. Zarrow, eds., 同注〔10〕，ch. 1. 又如："'公民意识'的缺位是中国近代史上法治体制未能建成的一个重要原因。"李龙、周刚志：《论公民意识的法治价值》，载《浙江社会科学》2001年1期，第69页。

〔12〕这是两本法学书的书名，Ronald M. Dworkin, *Takining Rights Seriously*, Harvard University Press, 1977, 中译本《认真对待权利》，中国大百科出版社1998年；以及，耶林：《为权利而斗争》，法律出版社2007年。

不仅政治意味重要，也在法律实践和"学术"上有很现实的功利。

本章的基本论题是，在今人看来历史中国的此种法治宪制不健全的问题或毛病，与传统中国有无"公民"概念以及相应制度基本无关。把历史中国法律制度的一些具体的实践问题简单归结——无论归咎，还是归功——为某个"没有"上，这逻辑荒谬。既然"没有"，这个"没有"甚至无法自我辩解。那不就你说什么就是什么了？公知嘛，也就罢了；法律人，可不能搞这种"有罪推定"。

必须以某种方式来讨论历史中国的普通人，因为他们在历史中国从来不是可有可无的。"民为贵，社稷次之，君为轻"是孟子的理想，我尊重，未必当真。却不可否认，"水则载舟，水则覆舟"，[13] "民意""民心"一直是历代皇帝和政治精英的关注，是任何王朝政治治理的基本宪制约束。[14] 先前各章论及的许多制度实践，不同程度上，都追求了顺民意，得民心。只是无法，也不应，套用公民概念来讨论。一旦把"国人"或"百姓"当成"公民"，即便转借或比喻，也会剪裁、切割中国经验，扭曲或贬低历史中国的制度。最糟糕的是，会强化"公民"作为普世理论概念的天经地义，真以为它是放之四海而皆准的。前些年，不少不接地气的"市（公）民社会"或"公民意识"的所谓研究就是从这类语词开始的。

下一节首先为区隔，简单讨论西方"公民"概念发生的具体历史语境。继而，以此为对照，第三节讨论并解说，为什么，农耕中国的士农工商，各阶层的人，是自在的国人，却无法成为能动参与国家政治生活的自觉成员（公民），绝大多数一直是局促于农耕村落小共同体的村民。极少数农家子弟，因国家政治的需求和制度设计，也因家庭和村落

---

〔13〕 梁启雄：《荀子简释》，中华书局1983年，第102、403页。类似的表达，"水能载舟，亦能覆舟"，《贞观政要》，上海古籍出版社1978年，第16、125页。

〔14〕 "诸侯之剑……中和民意以安四乡"，王先谦：《庄子集解》，中华书局1987年，第272页。"顺天心，说民意"，《汉书》，中华书局1962年，第2664页。"得天下有道，得其民，斯得天下矣。得其民有道，得其心，斯得民矣。"《孟子译注》，前注〔1〕，第171页。"政之所兴，在顺民心，政之所废，在逆民心。"黎翔凤：《管子校注》，中华书局2004年，第13页。"王者以百姓为天"，许维遹：《韩诗外传集释》，中华书局1980年，第148页。

为其提供的文化教育，也还有些许个人天分，在经历国家选拔制度的考察测试之后，最终参与了国家的政治治理，成为"以天下为己任"的国家政治共同体的能动成员，成为中华文明共同体的自觉且有为的成员。即便如此，他们最后仍然要回归村落家族共同体。

不特别看重概念的分析梳理，我更看重，催生和塑造这些概念的具体社会实践，以及利益相关人在相关共同体中各种有形无形的利益收获和责任承担。对这个问题，今天法学界流行或习惯的表达方式是公民或个人的权利/义务。权利义务只是讨论这一问题的、相对晚近的一种话语，也算流行，尤其在当下中国。但在学界，即便在今天，既非唯一，也难说主导。[15] 但最重要的是，很难用权利义务来讨论古代社会；就如同很难用权利义务（至今如此），来讨论父母养/育孩子，或子女赡养老人一样。削足适履，近现代的个人主义权利话语会严重扭曲对古代中国农耕社群中利益和责任分配的描述，未必有助于理解。基于历史中国的状况，我主要从共同体内的分配正义角度来讨论其成员的利益和责任分配。

随后第四、五节讨论与国人/村民直接相关的分配正义问题。我力求建构性地初步展示，没有公民概念以及相应的公民（或更现代的，个人）权利制度，历史中国在国家和村落这两个层级的共同体中，如何处理各自的成员——作为国人和作为村民——的权益分配问题。这一努力也还表明，一些今天学人习惯以、认为只能以或必须以公民权利概念或话语才能应对的问题，其实也可以，完全可以，用另一套概念和理论话语来表达。

最后的结论则想谈谈：如果可替代，上述分析描述可能有什么理论意味？

---

〔15〕 在自由主义学者中，强调个人权利的德沃金（Ronald Dworkin, *Taking Rights Seriously*, Harvard University Press, 1977）影响广泛，但影响更大更深远的罗尔斯（John Rawls, *A Theory of Justice*, Harvard University Press, 1970）有显著的社群主义倾向，后者特别强调从社会整体来实践分配正义。影响同样广泛的另一重要学派是社群主义，也关注社群的共同善，请看，Alasdair MacIntyre, *After Virtue, A Study in Moral Theory*, University of Notre Dame Press, 1981。

公民概念的社会历史语境

最抽象地看，公民（citizenship）指的是一个人作为某政治共同体成员的资格或身份。在西方社会的不同时期，这种政治共同体成员身份规定了一个成员对于共同体的责任、义务和权利。在近代之前，这种权利义务不全是法律的，事实上常常不是法律的，更多由社会习俗规范确定。就此而言，公民身份可以说是规制公民个人与其所在政治共同体的关系的一个制度系统。

公民概念最早源自古希腊时期的诸多"城邦"（city-state）。城邦是众多因较多商贸、较多劳动分工而形成的定居点，其规模大于历史中国的农耕村落，不仅是经济社会共同体，也是各自独立自主的政治共同体。公民在当时仅指成年男性，因其世代生活于此，自然成为该城邦法定成员。由于直接同城邦联系，把公民（英文 citizen，法语 citoyen，拉丁语 civis）译为市民或城里人，也严丝合缝。

一位公民享有其所在城邦的公民权利。所谓权利，在当时条件下，最主要是指作为公民的成年男子本人的身体、自由以及财产受其所属的政治共同体保护。这个财产概念是广义的，在古希腊罗马时期，包括了其妻妾、子女和奴隶。由于语境不同，中国读者很难直观理解古希腊罗马的这种公民权保护的实践后果。换种说法，可能会展示其实际寓意：一个人若不享有某政治共同体的公民权，则意味着，任何人都可以杀死他，欺辱他，侵犯、夺取并合法享有他的一切财产，即便违反天理（自然法），该政治共同体也没义务干预，并因此不会干预。受侵害的个人只能用自身力量抗争和复仇，包括诉诸家庭、家族或亲友的力量来捍卫或报复。若政治共同体褫夺某人公民资格，等于宣布，也是变相鼓励，任何人都可以侵犯和杀死这位被剥夺公民权的人，夺取他的全部财产，不会受该政治共同体的处罚或报复。在古希腊罗马时期，公民权利是一个人（成年男子）所属的政治共同体为该男子及其家人和财产提供的最重要、最基本的安全保障。作为交换，在特定政治共同体享有公民权的这位男子，作为公民，有义务履行共同体要求他履行的各种责任。这包括纳税、服役直至为保卫城邦而牺牲这类强制每位公民履行的义务，也包括不同程度鼓励、限制或允许公民自主参与共同体内各类公共事务的义务，包括选举、决策等。鉴于各共同体之间不时会有、长期来看则注定会有重大冲突，而任何人无法对相互冲突的政治共同体同时忠实履行义务，也就必须排除任何人的双重公民身份。[16] 用权利义务来描述或分类古希腊罗马时期公民与其所属政治共同体的复杂关系，这更多是近代权利话语的产物；在当时当地，公民的权利义务很难区分。[17]

值得注意的是，今天的中国学人常以雅典梭伦时期民主制下的市民来理解古希腊的公民，即平等参与政治的公民。不少人甚至以为这是古希腊各城邦普遍通行和标准的公民实践。其实古希腊城邦很多，各城邦宪制相当不同，公民与城邦的关系并无统一模式。即便在雅典有些时期，公民也不都能平等参与城邦政治。[18]

希腊之后，在西方社会，公民概念经历了重大变化。在一些地方，由于基本政治生活共同体不再是城邦，公民便消失了，直到近代民族国家发生后才重现。尽管公民这个拉丁词，在欧洲中世纪一直存在，但当时欧洲广大地区的人，一方面更多接受了基督教的宗教共同体，另一方面，在世俗生活中，封建制取代了古希腊罗马的政治共同体，君主臣民关系取代了公民概念和相应制度实践。[19] 在整个中世纪，据说，只是住在意大利北部城市的一些中产人士中，仍保留着类似古希腊的生动市民概念。随着近代主权国家的发生，资本主义兴起，公民概念复活了，其实更多是被重塑了。其中最重要的改造是，公民不再等于仅局限于城

---

〔16〕 关于公民，可参看，雷森伯格：《西方公民身份传统：从柏拉图至卢梭》，吉林出版集团有限责任公司 2009 年，第 1 章。希特：《公民身份：世界史、政治学与教育学中的公民理想》，吉林出版集团有限公司 2010 年，第 3—7 页。

〔17〕 权利和义务是近代早期才定型的概念，据菲尼斯，在比较古老和客观意义上的"权利"指的就是"正当"或"公道"。请看，John Finnis, *Natural Law and Natural Rights*, Clarendon Press, 1980, p. 206. 事实上，今天也会有这种权利义务难以区分的情况：少年儿童上学是权利还是义务？成年人工作是权利还是义务？这部分取决于国家法律规定，也取决于，社会发展水平，公民个体和社会共识对此类事项如何界定，是真实的利益还是负担。

〔18〕 Derek Benjamin Heater, *A Brief History of Citizenship*, New York University Press, 2004, p. 157. 又请参看本书附录 1 第一节。

〔19〕 Heater, 前注〔18〕, p. 42.

市地区的"市民",而是超越城邦的欧洲近代某些"大"国的成员资格,是与民族国家相伴的一个概念。就此而言,公民几乎与国籍(nationality)全等。这种公民概念也不像古希腊时期那样,具有"家长"或"户主"的意味,与年龄也无关,只是公民个体(!)与国家统治者的一种具体关系。[20] 这个概念一直更强调公民对国家的积极贡献——义务。[21] 只是随着近世平等观念增长,在我看来,也还可能因为国家间竞争获取本国,来自不同地域、文化和不同种族的,公民的忠诚,消融公民之间基于阶级、阶层、宗教、文化和性别的冲突和不信任,国家逐渐强调政府保护普遍和无差别的公民自由和权利。1930 年代后,尤其是 1960 年代之后,在西方国家,与公民概念相伴,还开始强调由政府为公民提供一些基本福利。[22]

公民概念的出现,因此,不是古希腊人更早触及了与之相关的"真理",而是古希腊人生活的城邦,以及由诸多城邦构成的古希腊世界的系列特点,促成的。在古希腊人看来,人生来就是城邦/政治动物;不参与城邦共同体事务的人,非兽即神。[23] 既然个人与共同体不可分,参与城邦事务,忠于城邦,为保卫城邦献身,因此是公民美德。[24] 说是美德,其实也就只能这么翻译罢了。其确切含义大致相当于"可怜天下父母心"而已。我们会认为可怜的父母心是(或只是)种美德?或相当于,在单位制时代,表扬张三或李四"爱厂如家"一样。用近代个人主义的权利义务话语来描述概括社群主义的雅典公民参与城邦政治,作比喻可以,但一定要"得意忘象"。否则会误人子弟。我们通常不会说父母关爱孩子或顾家是在行使权利还是在履行义务。这与权利或义务意识无关。

---

〔20〕 雷森伯格,前注〔16〕,第 276—277 页。

〔21〕 "我们看到,不止一次,公共福利召唤最优秀的公民献出其生命。" *Buck v. Bell*, 274 U. S. 200, 207 (1927), Justice O. W. Holmes. 甚至直到 1961 年美国总统肯尼迪的就职演说中仍有显著痕迹:"不要问这个国家可以为你做些什么,问一问你可以为这个国家做些什么。"(John F. Kennedy, *Inaugural address*, Washington D. C., 20 January 1961)。

〔22〕 关于公民概念的西方传统变化,有各种概括或分类,我这里主要借鉴了雷森伯格(前注〔16〕,第 5—10 页)的两种公民身份的概括。

〔23〕 Aristotle, 前注〔7〕, p. 60。

〔24〕 雷森伯格,前注〔16〕,第 20—22 页。

当时不可能有近代的个人概念。[25] 古希腊罗马都是社群共同体。如果不看其拥有奴隶，是奴隶主，当时的公民，就其社会功能来看，更近似中国农村"五口之家"的家长或户主。[26] 城邦共同体很小，许多事务至少与某些公民有直接利害关系，这些公民一般会参与，无论愿意不愿意，这是分内的事，躲不过去。也因为一直生活在城邦，他们熟悉城邦的各种问题和难题，用日常生活智慧来参与治理。正是这众多因素，导致古希腊城邦公民的生活深嵌在城邦公共政治生活中，就城邦事务谈自己的看法，参与党派群体活动（就像村头巷尾议论），参与选举和被选举等。这是他们日常生活的一部分，很难区分是私人生活还是公共生活。说权利，言过其实。因为在现代社会，权利可以放弃。在古希腊，公民没法放弃"权利"，有时甚至是被迫接受，如轮流当值或抓阄参与，这显然更多是负担，或常常像"食之无味，弃之可惜"的那根鸡肋。[27] 或许，也正因此，那些还能一直积极参与城邦事务的人，可以说确实有点"美德"。也因此，法国思想家贡斯当早就严格区分了古代和现代的公民自由权。他犀利指出，古人享有的那种自由权，已不适用他所处的 19 世纪初，如果强行，非但荒唐，也不可行。[28]

还得注意，若希腊城邦真全都由公民组成，也不会有公民概念。因为多余。想想，大学新生开会，有几位会自我介绍，我是中国公民？古

---

[25] 今天被视为天然的个人其实是近代资本主义经济和社会的塑造。可参看，马克思、恩格斯：《共产党宣言》，人民出版社 1997 年；托克维尔：《论美国的民主》，商务印书馆 1988 年；Michel Foucault, *Discipline and Punish, the Birth of Prison*, trans. by Alan Sheridan, Vintage Books, 1977.

[26] 柏拉图在《法篇》中描述的他认为大小最合适的城邦就是由 5040 位"有武器保卫其家庭财产的农人"构成，注意，组成城邦的不包括这位农人的其他家庭成员，那是他财产（holdings）的一部分。*The Collected Dialogues of Plato*, Princeton University Press, 1961, p. 1323.

[27] 古希腊雅典的民主制就是个例证。在雅典，说是一切年满 20 岁的男性公民，不管穷富，都有权参加公民大会，有发言权和表决权。但这个世界上并非所有人偏好都相同，都自然关心或有能力关心政治事务；绝大多数公民还未必富裕，要养家糊口，种地、手工或经商，没时间参加公民大会。这就导致，实际参加公民大会的人数相当少——雅典公民大会的法定与会人数只是雅典公民的 10%—15% 左右。雅典最高权力机关的常设机构是公民大会议事会，其成员从各部落公民中抽签产生，主席由每人轮值一天。抽签和轮流看起来真的很"民主"，但这反映的是没人愿意干这事，只能摊派，每人一天。"无恒产者无恒心"，总体来说，城邦治理是没人负责的。可参看，亚里士多德：《雅典政制》，商务印书馆 1959 年。

[28] Benjamin Constant, *Political Writings*, ed by Bancamaria Fontana, Cambridge University Press, 1988, pp. 102, 309-328.

希腊世界的另一重要特点是，它是个"国际"社会，有众多城邦。由于商贸，各城邦人员交往。这导致在一个城邦内，与中国村落不同，总会有些长住此地，却非本地出生，政治上可以不忠于该城邦的外邦（国）人。这很类似现代城市的外来常住人口，其持久认同的是故乡。因此，一定要注意，催生公民概念或公民身份的不是一个政治共同体内部的事务，而是多个政治共同体以及它们之间的潜在冲突。公民身份至今一直以一国国内法为依据，但从其发生的社会结构看，从人的认知上看，公民概念发生的前提条件之一是，一定要有这么一个人员流动的"国际"社会。这时，就有了政治共同体归属/身份或政治忠诚的问题。

另一特点是，在现代国家中，公民与国民几乎全等，但在古希腊，即便在民主制的雅典，本地出生的人也不都是公民。公民是一种身份，在实践中对内对外都有歧视或区别的功能。女性、儿童和奴隶（包括战俘或自愿卖身为奴者）统统被排除在公民之外，这些人只是公民的财产。加上上一段说的，外邦人，无论在某城邦居住多久，也不是，也不会被接受为，该城邦公民。若真想避免今人误解，当时的公民就应直译为"本城邦成年男子"。

因此，在现代之前的西方社会中，公民身份不意味着人的普遍平等，而是一种特权，是在一国管辖内某人高于其他非公民者的身份。在罗马共和国时期，这一点日益清晰，但更突出表现在罗马帝国时期。罗马统治者把公民作为其政治治理的一种手段，作为一种特权，有区别地授予那些归顺并忠于罗马的人。[29]也会授予一些奴隶，不是因为罗马人的爱心泛滥，或相信自然法——人生来平等，而只因为这些奴隶是罗马公民同女奴生育的后代。[30]被授予公民身份后，这些奴隶获得了本来仅有罗马公民才能享有的平等民事法律权利，并可以为他们的后代继承。[31]这种公民权授予，对这些归顺罗马帝国的被征服者来说，当然

〔29〕雷森伯格，前注〔16〕，第86—89页。

〔30〕近代在许多欧洲殖民地，如美国，都出现过因种族通婚或性爱生育的后代，其种族身份界定的难题。由此才能理解美国南北内战后宪法第十三修正案废除奴隶制后，来年又提出宪法第十四修正案，其第一条规定的显著针对："所有出生于合众国的人……都是美国公民。"即便如此，南方各州此后很长时间内仍有法律禁止不同种族间的通婚；又有法律对"非裔"的界定：其祖上有非裔血统，无论何等稀薄。

〔31〕Heater，前注〔18〕，第7页。

是好事；对罗马帝国的统治，也是好事；但对当时罗马帝国内未曾也无法获得这一身份的其他奴隶的眼里，若硬要类比，这类获授权的公民，就相当于抗战时期普通中国人眼中的"汉奸"，至少是"买办"。我们不能太温情并一厢情愿地看待"公民"的历史实践和不同群体的评价。要用尼采的谱系学眼光来理解公民的起源。

公民概念因此从一开始就有两面性。一方面它确实承认，所有公民，都有权甚至必须以某种方式参与城邦政治，至少在民主制时期的雅典（不是在古希腊所有城邦，也不是在雅典所有时期）如此，这种参与也平等。但另一方面，公民权又是一种有别于外国人或本国非公民的特权。尽管现代国家的公民资格已大为放宽，普遍化了，隐含于公民中的这个双重特点一直没有彻底消除（我甚至不认为应当消除）。今天每个国家，一旦遇到危机，首先保护本国公民。很多国家，如美国，对住民就有公民、"绿卡"持有者以及非法移民的区分。

更能说明这一点的例证或许是北美土著/印第安人的身份。印第安人本来一直生活在北美。欧洲殖民者打败印第安人、殖民，建立了基于地域管辖的殖民国家，殖民者便用保留地制度来处理与印第安人的关系。在美国，依据美国宪法和宪制，印第安保留地虽然在美国疆域内，但在政治上，印第安部落，至少当初，被视为美国以外的主权实体（nation），美国与它们的关系有外交性质。这意味着，生活在保留地内的印第安人不是美国公民，不享有公民权，除非他们各自加入美国。这种状况一直持续到 1924 年，美国国会通过了《印第安人公民资格法》（Indian Citizenship Act），才赋予在美国疆域内出生的全部土著（native American）公民权。但这只是开始，之后的实践或落实仍然漫长和艰难。[32]

从古代一直到现代早期，城邦、封建邦国或民族国家都没有什么可供分配的公共资源，可能向公民提供的，除了和平或安宁或司法解决纠纷外，没其他什么福利。所谓公民权利，除了与义务难以区分的所谓"权利"外，其他权利大致仅指成年男子个人可以向统治者要求保护

---

〔32〕 李剑鸣：《美国土著部落地位的演变和印第安人的公民权问题》，载《美国研究》1994 年 2 期。

"生命、自由和财产"。近代之后,在一些民族国家,受限于各种逐渐放宽的资格限制,公民可以投票选举。随着欧洲各民族国家间的政治竞争,更因资本主义带来了国家经济政治实力增长,社会管控能力增强,从18—19世纪起,一些欧洲思想家、政治家,如休谟、斯密、卢梭等对国家、公民以及两者关系开始有了新想象。[33] 他们开始把一些可归结为与公民"身份"或"需求"相关的因素,视为权利,纳入本国理想宪制的思考。[34] 20世纪前期,德国最早把福利权纳入《魏玛宪法》。1930年代为摆脱经济危机,西方国家开始把货币、税收和支付作为经济规制履行管理社会职能的正当手段,以公民福利权为名,把财富的社会再分配视为政府责任之一,从此开始了一些基于公民需要或身份的社会财富再分配,塑造了一种积极自由的公民权利(entitlement)。但自1980年代之后,由于种种政治和经济意识形态的约束,这种基于公民权的福利分配,即便在英美等国,也开始有所衰减。

村民、国人及其他

只要不是特别矫情古希腊时期各城邦的其他政治经济社会特点,仅就个人可能获得保护和救助、个人归宿感和参与度而言,古希腊城邦的公民,与历史中国农村的成年男村民(通常也是家族成员)更相似。他对村庄和家族有责任和义务,也主要受村庄和家族的保护,因为"天高皇帝远"。遇到难处,他会向村庄/家族求助,求有望获得。在村落/

---

〔33〕 休谟和斯密都认为,国家救助穷人,这实际是国家保护私有产权所支付的代价;在比喻的意义上,斯密谈到了乞丐有"权利"要求人们施舍;他主张国家向富人更多征税,对穷人实行基本教育,培养穷人的道德和政治判断力等。卢梭认为人类平等,因此主张分配正义应当同个人劳动贡献脱钩,只要是公民,是人,就有权获得分配。康德认为,人有同等权利来开发自身的潜能,一切有利于开发个人潜能的资源都应平等分配;他还明确提出国家有义务救济穷人,敦促国家开办医院、学校和救助无家可归者的机构,用纳税人的钱为穷人提供直接救济。Samuel Fleischacker, *A Short History of Distributive Justice*, Harvard University Press, 2004, ch. 2.

〔34〕 例如,马克思关于共产主义社会的分配是,在他的理想社会中,人们不再被迫分工,脑力劳动和体力劳动的对立消失,劳动不再是谋生手段,而是生活的第一需要,以及随着个人全面发展带来生产力增长,集体财富充分涌流,这时社会无需考虑分配正义,可以实现各尽所能,各取所需或按需分配。马克思:《哥达纲领批判》,人民出版社1965年。

家族中，受"父慈子孝""长幼有序"等原则指导，他享有与其身份相当的权益，包括在村落/家族中的身份等级。在以父子和兄弟关系构成的村落/家族组织中，作为男性成员之一，以与适合自己身份等级的方式，他有权表达自己的关切，提出相关建议，并得到村落/家族的适度关注。从另一角度来看，农耕村落中各户家长，不仅代表自己，也代表他的五口之家。这与古希腊公民的社会功能非常相似，尽管古希腊公民还可能代表自家奴隶的某些权益。

古希腊城邦公民与中国的村民也有重要区别。其一，历史中国的村落/家族从未实践民主制，古希腊至少有某些城邦在某些时段实践过民主制。中国的村落共同体中，普通村民很少直接参与管理村落，更少参与决策；更多推选有威望、明智且公道的族长或长辈老人决策和治理。[35] 因此是"长老统治"。[36] 区别二，中国村落的这些特点，主要因为以农耕为基础的村落不可能太大，肯定小于有商贸等分工的古希腊城邦。这导致村庄基于血缘，以父子和兄弟两个维度，组织起来；而商贸催生的城邦中，人际关系陌生化，血缘关系弱化，不再是结构城邦的框架。与此相关的区别三是，中国的村落从来不构成一个独立政治体，它只是中国这个超级政治体最基层的一粒沙；古希腊城邦，即便再小，也是古希腊文明中的一个独立政治体。

这就意味着，古希腊城邦公民参与城邦活动是参与国家政治活动，而中国的村民，由于长老制，他最多有限参与村落公共事务，除非中了科举，否则他永远不可能有效参与中国这个超级政治体的政治生活。村民仅对自家村落有感觉，利害攸关，休戚与共。各村基本自给自足，很少有人专职工匠，更少人经商。除婚姻外，各村村民很少交往可能。这种生活环境和生存状态，令村民们很难，也没必要，想象和理解自己属于一个更大、更抽象的政治共同体，对其还负有某种责任。这就是桃花源中的农人"不知有汉，无论魏晋"的来由。其实，古希腊人也大致如

---

〔35〕 "于族中择齿德俱尊立为族长"。冯尔康：《清代宗族族长述论》，载《江海学刊》2008 年 5 期，第 144 页。"公举族中之贤者以辅之"。陈瑞：《清代徽州族长的权力简论》，载《安徽史学》2008 年 4 期，第 95 页。

〔36〕 有别于基督教会的长老制。请看，费孝通：《乡土中国》，上海人民出版社 2007 年，第 60—64 页。

此：他们也只认为自己是雅典、斯巴达或底比斯人，没必要也没法想象或理解自己是"希腊人"。当时的希腊只是一个文明，并没有一个名为希腊的政治共同体。[37] 由于"皇权不下乡"，在历史中国，除通过地方精英操持赋税劳役外，皇权与普通农民没有直接可见且经常的互动。农民在时空上会被后人算作是某个王朝这一超级政治共同体的"自在"一员，但他们绝大多数不可能"自觉"自己与众多陌生人同属于一个更大的政治共同体。事实上，作为政治体的"中国"概念出现相当晚近。

外人或后人会把这一广阔时空中的所有普通农人都视为国人或国民。但这只是对他们的身份概括和追加，便于在某一层面来介绍或描述他们。这就如同后人时常把古希腊各城邦的人，包括曾势不两立的斯巴达和雅典人，以及被希腊联军灭了的特洛伊人，都称为"希腊人"一样。这类概括并非指涉对象的自我感觉或自我定义。在当时的皇权话语中，历史中国的农民可以是"子民"或"臣民"或"小民"或"草民"或"黎民"或"百姓"，却唯独不是"公民"。他们的人身、自由、财产和家人（有别于欧洲的传统，包括美国，在历史中国，即便有买卖孩子和妻子的现象，但在概念分类上，家人从来不是财产；奴婢、部曲也不是）只是在"天下太平""国泰民安"的意义上受国家保护，除纳税赋或服兵役外，他们没有其他方式能动参与国家政治。

"子民"或"臣民"这类称呼今天听起来很"矮小矬"。基于当代中国社会发展和改革，不少中国学人对传统中国居然没有公民概念有不少批评。[38] 抽去时空来看，这些批评也算有道理。但若真抬杠，同古希腊罗马的"公民"相比，"子民"或"臣民"概念的最大优点是没有近代之前西方"公民"概念的身份等级区分和歧视。是有皇权色彩，但"子民"和"臣民"包括了被希腊以及近代西方"公民"概念排斥的女性、儿童，包括了皇权治理疆域内任何归顺和未归顺的人。因为，

---

〔37〕 可参看，波斯纳：《正义/司法的经济学》，中国政法大学出版社 2002 年，第 128 页。

〔38〕 例如，常士闁：《公民与子民——基于中西方传统文化的比较分析》，载《武汉大学学报》（哲社版）2013 年 6 期；郑晓江：《从"子民"到"公民"：构建和谐社会的基础》，载《学习与实践》2007 年 4 期。

有"顺民"就意味着有"非顺民"。诸如"反贼""国贼"和"奸人"这类概念，也隐含承认了，王朝力图捉拿并惩罚的这些人也是"国人"，这其实更像现代"公民"概念。不只是逻辑演绎或游戏，我有历史的真凭实据。当年，李斯反对秦军攻打匈奴时的重要理由之一就是，秦军胜必然要杀死匈奴人，这不是父母官对"子民"应做的事；[39] 而并非什么"战俘公约"之类的东西（那意味着战俘是外国人）。当然，父母官/子民不符合今天人们对政府与民众关系的规范理解；这句话还出自汉武帝大臣主父偃的引用，李斯是否真说过，并不确定。但这不重要。即便是主父偃的杜撰，但能被拿出来作为论据，最终还被采纳了；这才重要。这至少表明，在西汉早期，侵入可农耕亦可游牧的地区的匈奴人已规范性地被视为大汉统治的"子民"了，即便整体而言匈奴桀骜不驯，是大汉的心头大患。这或可说明"子民"比古希腊罗马的"公民"更接近现代的"公民"概念，更具普遍性，更多包容性，更少等级特权意味，也更少种族和族群歧视。这就足够了！并且，超越了秦汉，这一理解，元朝除外，一直为后世主要王朝延续着。[40]

从更宏观的层面来看，把汉地匈奴人也视为"子民"，这是西周之后中国人的天下观的逻辑必然。[41] 还有"苍生"的概念，一个比"子民"更淡化乃至已很难察觉王朝政治管辖意味的概念。外延比"苍生"更广阔的还有"生灵"。这两者的想象几乎相当于今天说的"人类共同体"甚至"生物共同体"了。[42] 中国从不缺乏普世概念，也不缺少具

---

〔39〕"胜必杀之，非民父母也。"这也从另一面有助于理解主父偃之后的献策——"广中国，灭胡之本也"。《史记》，中华书局1959年，第2954、2961页（引者的着重号）。

〔40〕推翻元统治后，朱元璋一再强调"蒙古诸色人等，皆吾赤子""四海苍生，皆吾赤子""元运既终，天命归我中华，凡其遗民，皆吾赤子"。请看，《明太祖实录》卷51、65、88，台湾"中研院"历史语言研究所1962年（影印本），第1000、1225、1560页。清代康熙年间上谕："朕统一寰区，无分中外；凡尔民人，咸吾赤子。"请看，《清实录·圣祖仁皇帝实录》（2）卷112，中华书局1985年（影印本），第147页。

〔41〕这一天下观大致可以包括以下几点。第一，"溥天之下，莫非王土；率土之滨，莫非王臣"（程俊英、蒋见元：《诗经注析》，中华书局1991年，第643页）。第二，各地人们是有区别，但只是"居楚而楚，居越而越，居夏而夏"（梁启雄：《荀子简释》，中华书局1983年，第96页）。也因此，第三，这些区别不是本质主义的，而是可改变的，可以并应当坚持"用夏变夷"（《孟子译注》，前注〔1〕，第125页）。

〔42〕郑和第三次下西洋时，明成祖给西洋各国的诏书中称："凡覆载之内，日月所照、霜露所濡之处，其人民老少，皆欲使之遂其生业，不至失所。"《明成祖敕书两件》，载《咸阳世家宗谱：郑和家世研究资料汇编》，晨光出版社2005年，第3页。

有普适性的价值理念。

对农耕村落的分析也可用来分析"天下",理解非农耕区或边疆地区的百姓黎民。他们也都首先生活各自族群或部落中。与农耕村落共同体相似,游牧民族的生活共同体——无论部族还是部落——只是规模大于村落。但相对于国和天下,游牧民族的生活共同体仍是小共同体。中原王朝有时力量不够,"鞭长莫及",无法有效政治管辖这些边陲小共同体。有些边陲小共同体还常常不服中原王朝的管辖,或与其他小型生活共同体一自行构成另一政治共同体,成为中原王朝的"敌国"。历史上的匈奴、突厥、乌桓、回鹘、蒙古、女真人等都曾如此。但这只印证了:就实践而言,人注定是地方性的。[43] 在现代之前,无论东西方社会,任何普通人都无法直接参与以王朝代表的超大政治共同体的政治生活。他们只能首先生活在小共同体中,作为村落/家族/宗族/部落乃至城市等小共同体的成员。只有当这些生活共同体被王朝或王国或民族国家整合后,且主要是在他人的学术概念或话语体系中,他们才成为某大型政治共同体的成员,无论称之为国人还是公民。或如同古希腊或中世纪晚期的意大利那样,当城市小型生活共同体碰巧也是政治共同体时,城市因此等于城邦,作为生活共同体成员的市民同时也就成了这个政治共同体的公民。

这并非中国独有的现象。在西方,当罗马共和国扩张后,这个问题就出现了。罗马帝国时期,每个人实际都同时是两个城邦的公民,即罗马的以及他们居住地的。[44] 美国1787年制定成文宪法时,基于政治社会现实,对其公民也做了此种制度安排,即每个人都是双重公民。在理论上和许多法律制度实践上,如司法上,美国人的这种双重公民身份持续至今。任何美国人首先是他选择居住的那个州的公民,同时是合众国的公民。由于各州对本州公民的法律保护有差别,因此才可以理解,为什么19世纪末期,随着联邦政府强大起来,美国才有了一系列依据宪法第十四修正案同等保护条款整合和统一各州法律同等保护的判例。但

---

〔43〕 Richard A. Posner, ed., *The Essential Holmes*, University of Chicago Press, 1992, p. 208. 其实亚里士多德"人生来是政治动物"的命题,强调的也是这一点。

〔44〕 雷森伯格,前注〔16〕,第118页。

联邦立法和司法的这类努力，暂且不论是否应当，至今也没法令所有美国人都享受完全同等的法律保护。最突出的标志之一是，在本章写作之际，在美国大约有 1/3 州废除死刑，2/3 州以及联邦政府保留死刑。这是疆域大国国人（公民）的社会身份必然，或宿命。

前面提到，历史中国绝大多数人无法"自觉"自己与其他遥远的陌生人同属于一个更大的政治共同体。在绝大多数之外的是"士"或读书人。作为政治文化精英，他们会参与或可能参与王朝政治治理。他们因此常常有更清晰且自觉的双重成员身份认同：既是生他养他的那个村落共同体（家）的成员，也是他服务的这个政治共同体（国）的成员。他们才会有后世常说的"家国情怀"问题，有时会面临"忠孝不能两全"的冲突。

从特定维度来看，可以说这些读书人还有第三个共同体的成员身份。会同历史上参与和未来可能参与政治治理的读书人，他们构成了一个既独立于普通国人，在一定程度上也独立于特定王朝（政治体）的中华文明共同体的自觉的成员。在"为天地立心，为生民立道"（治理国家）的同时，至少有些人自觉或自诩要"为去圣继绝学，为万世开太平"[45]。这有点类似欧洲中世纪基督教共同体的味道了。不同点也许是，这个中华文明共同体不仅覆盖"天下"，更强调跨越王朝；中世纪欧洲基督教共同体大致是覆盖欧洲，跨越欧洲各国。

这些读书人大致构成一个自觉的社会阶层。但这个共同体不只是文化教育或参与政治的产物，也有国家制度的支持。历代王朝和民间都以正式或非正式制度给这一群体某种优待。至少明清两朝都优待"士人"。一个人读书考取生员后，会获得某些法定特权，国家供给衣食，他们也不承担普通农人必须承担的丁粮役税，在政治司法上也有些许特权。[46] 传统政治文化教育会令部分读书人，无论身在庙堂还是江湖，多少分享了一种自觉。但他们的利益并非完全一致。他们之间也常有重大分歧，既涉及实在的利益，也可能出于深刻的意识形态或学派分歧，有时情感的纠结还近乎不共戴天。但冲突、分歧甚至纠结又注定了他们

---

〔45〕 可参看，《张载集》，中华书局 1978 年，第 320 页。

〔46〕 请参看，金净：《科举制度与中国文化》，上海人民出版社 1990 年，第 171—172 页。

必须共同戴天。不是冤家不对头，冲突恰恰成就或印证了他们以相互拒绝体现的相互认同。

概括说来，没有公民概念部分是历史上农耕中国政治社会治理力量不足的结果。但在特定意义上，也可以说，这个 "没有" 也是中国政治权力鉴于种种现实对其治理对象 "国人" 或 "百姓" 的一种特别建构。以上分析对理解公民概念的发生有一定意义：不上或少上一些 "大词" "新词" "外来词" 的当。真正值得实用主义者和经验主义者关注的从来是那些可能有实在社会后果的问题。[47] 这不仅是普通人更关心的利益问题，也是创设法律制度力求回应的社会需求。从这一层面看，更值得分析和讨论的问题会是，没有 "公民" 概念，对历史中国普通人，在其 "自觉" 生活的具体村落共同体中，作为村民，以及在其 "自在" 生活的中国政治共同体中，作为国人，分配和享用各种有形无形的有价值物品有什么系统影响。

以下两节在 "国" 和 "家" 的层面分别但概括地考察这一问题。不是用个人主义的权利义务话语，我坚持用一种历史语境化的社群主义视角。因为——尽管不仅因为——当时社会并非个人主义的工商社会，而是社群主义的农耕社会。我会涉猎古代思想家的一些言辞。但我懂得言辞有别于社会实践，因此更会注意借助历史上一些公认的事实，借助一些相关但注定不完全的记录，来展示农耕中国的普通人——作为国人和作为村民——的担当（责任）和获益（权利）。

作为国人

自秦汉以后，在农耕中国这个统一的大型政治共同体内，各地民众，虽不是近现代法律上的 "公民"，只是国人，但如果较真，可以说他们还

---

〔47〕 "如果我们手上拿着一本书，神学的或形而上学的，我们会问：其中有任何与数量或数字有关的抽象推理吗？没有。其中有任何与事实或存在有关的实验推理吗？没有。那么，把它付之一炬吧，因为除了诡辩和错觉外它不可能有任何东西。" David Hume, *An Enquiry Concerning Human Understanding*, ed. by Peter Millican, Oxford University Press, 2007, p. 121. 又请看："我们应当想事而不是想词。" Oliver Wendell Holmes, Jr., "Law and the Court", in *The Mind and Faith of Justice Holmes*, The Modern Library, 1943, p. 389.

是大致享有当时社会条件下与现代"公民权"相似的基本权益。[48] 尽管不可能完整，我还是粗略勾勒一下：国人究竟普遍享有什么权益。

国家为"国人"——集中限于农耕区——无差别提供的最重要、基本和普遍的公共品，首先是和平和安宁。"宁为太平犬，莫作乱离人"道尽了战乱中百姓的痛苦。[49] 和平时期的普通人常常不能自觉这一点。除非经过外患内乱，也很难自觉。长久的和平甚至会令许多人认为这是理所当然，想不到，想不清，甚至可能怀疑"帝力于我何有哉"![50]

从功能上看，这就是对国人生命、自由和财产的最重要、最基本的保护之一。这是西人的说法。在中国文化中，百姓一直不这样概括、理解或表达。在他们看来，甚至至今绝大多数中国人仍如此认为，最重要的是保护了"家"，尤其小家庭。[51] 对于不信宗教（在此仅指，对全知全能的唯一神的信仰）的中国百姓来说，家几乎是一个人生命全部意义之所在。这一点在中文古代文献中尤为显著：很少提个人的生命、自由、财产。但也由此，我们才能理解诸如杜甫的"三别"（《新婚别》《无家别》《垂老别》）在中国社会中的意义；才能理解诸如"家破人亡""妻离子散"的社会背景永远是战乱，而不是一般的自然灾害，更不是现代的离婚，尽管后者同样导致经验上的妻离子散。

国家提供的另一普遍的和平安定之保证是，农耕地区代表皇权的行政/司法。这些我们今天名之"行政主官"的官员，在各地的首要职能，其实是裁判各种告诉的纠纷，抓捕并惩罚犯罪，保一方平安，而并非其

---

〔48〕 在讨论统一国家的公民权时，汤因比指出，任何统一国家创立之际，统治者与被统治者之间都有巨大鸿沟。一方是代表创造帝国的那个社会的少数统治者，另一方是被征服的居民。逐渐会有部分被征服者被允许成为公民，有公民权的人会增多，但不可能完全消除统治者与被统治者之间的原初差别。汤因比认为，唯有中国国家统一后是例外；秦汉统一后，汉高祖下诏求贤就意味着赋予了全体人民全部的公民权。可参看，汤因比：《历史研究》，上海人民出版社2010年，第654—655页。汤因比的分析表明他当时对公民权的理解还是1930年代的（自那以后就变了），即公民权意味着无论各地各阶层都有权参政。这一点在中国并非始于秦汉。而且，参政也难说是公民权之核心，更非全部。前注〔39〕李斯关于秦王朝必须以父母之心对待匈奴，更有普遍的"公民权"意味。

〔49〕 施惠：《幽闺记》，中华书局1959年，第43页。又请看，"乱莫大于无天子"。许维遹：《吕氏春秋集释》，中华书局2009年，第296页。

〔50〕《击壤歌》，载《古诗源》，中华书局1963年，第1页。

〔51〕 西人在现代之前的财产概念包括家庭。不仅古希腊时如此，甚至洛克时代的英国也如此。

他什么行政，也很少其他行政。至少在明清时期，这一点很清楚，裁判
处理各种纠纷，所谓"司法"，"是州县衙门最重要的功能之一"，州县
官第一重要的助手是刑名师爷。[52] 这种司法，理论上，是允许通天
的——为保证国家政令畅通，防止地方各级官吏徇私腐败、相互包庇，
历代王朝一直对上诉设有条件，但不设限，甚至可以直接告到京城。也
有大量证据表明，只要案件重大，也确实有受冤屈的百姓行使了这种
"自然权利"。[53] 若同现代国家相比，历代王朝为民众提供的这种保护，
难说是司法还是行政，也微不足道。这主要不是不为，更多是不能。国
家财力人力有限，也因信息有限或不可靠——"清官难断家务事"。但
这客观上带来了一种分权。"皇权不下乡"，客观上促成了"齐家"，让
村落共同体自行应对广大普通农民最常遭遇的社区内纠纷。

由于"五口之家"的小家庭重要，因此，历代王朝不仅鼓励和表彰
父慈子孝、长幼有序和男女有别，对违反者予以制裁，促成村落共同
体，为有效政治治理，还一直，以各种方式打击豪门世族势力，使农民
从家口较多的大家庭，通过分家，成为以五口之家（"户"）为典型的
小家庭。这至少始于秦统一之前。商鞅变法就强力推行分户析居、奖励
农耕的政策，规定"民有二男以上不分异者，倍其赋""令民父子兄弟
同室内息者为禁"，[54] 辅之以奖励耕织，禁止私斗等措施，这都促进了
家庭的小型化。[55]

"五口之家"的重要社会治理功能之一是，可以保证各户税赋大致
公平。只是大致，因为每户人口数总会有差别，年龄也有差别。尽管指
涉不同，历史中国的"户"，与古希腊仅限于成年男子的"公民"，就
税赋功能而言，颇为相似。"户"也常被历代王朝实用主义地挪作他
用。在宋代之前，几乎每一主要王朝建立之初，都会将因社会战乱留下

〔52〕瞿同祖：《清代地方政府》，法律出版社2003年，第192页以下。又请看，柏桦：《明清州县官群体》，天津人民出版社2003年，第5章。

〔53〕Cf. Jonathan K. Ocko, "I'll Take It All the Way to Beijing: Capital Appeals in the Qing", *The Journal of Asian Studies*, vol. 47 no. 2 (1988), 291-315.

〔54〕《史记》，前注〔39〕，第2230、2232页。

〔55〕在商鞅变法前，春秋战国时期，一般家庭的人口数在5—9人之间；商鞅变法后，经秦统一中国，形成了以核心家庭和直系家庭为主的小型家庭，即"户"。请看，王利华：《中国家庭史》（1），人民出版社2013年，第180—182、169—170页。

的大量荒地按"户"平均分配给无地或少地的农民。在疆域辽阔，各地自然、地理、经济、社会等条件差别巨大，发展注定不平衡的农耕大国内，国家不可能获得全国统一的可比较的大量精细信息，要在各地向民众分配各种利益或责任，需要却难得有个公平合理的分配基本单位。"五口之家"因此创造出来，用作全社会分配利益和责任，是务实且便利的基本单位。每代王朝据此可以让全国各地农家，享有在当地看来大致同等的"皇恩"，供给在当地看来直观公道的"皇粮"或劳役。

着重号意味着，在全国各地农户间，各种分配一定不一致，不平等——想想陶渊明笔下逃避税赋 600 年以上的"桃花源"农民。但对大国来说，"当地"的公平、公道更重要。就人性而言，每个人更关心自己受到的对待是否与自己身边的人"同等"，不会攀比某个八竿子打不着的陌生人。再重复一遍，"就实践而言，人注定是地方性的"。

也正因此，西周实行"井田制"，秦汉之后重视度量衡统一，都与各家各户的赋税公平有关。[56] 宋之后，不再均田了，但按土地或是劳动力征税，仍追求当时条件下最可能的赋税公平。清代康雍乾时期的"摊丁入亩"，以及雍正年间尝试但终归失败的"官绅一体纳粮当差"，也减少了或至少是弱化了部分国人一度享有的特权，客观上让国人尽可能平等分担税赋。

这只勾勒了基于国人身份，收益或负担在平等意义上的公平分配。在其他一些方面，历代中国王朝，一直强调按个人的贤能（merits）不同，分配其他有价值的物品，其中最重要的是官职、社会地位和荣誉。这是一种依据差别的公平分配，大致相当于"多劳多得""多能多得"。商鞅变法的奖励耕织、奖励军功就不说了。更重要的是和平年代有关政治精英的全国性选拔，先后采取和完善的一系列制度。[57] 对官僚的俸禄、晋升和表彰，包括封爵、树碑立传甚至配享太庙等，也大多基于个人贤能和贡献。[58] 由于法定的旌表制度，"皇恩浩荡"还会制度化地落到一些平

---

[56] 请看本书第 6 章。

[57] 请看本书第 9 章。

[58] 可参看，毛子辰：《唐代奖赏制度研究——以功臣奖赏为例》，华东政法大学 2015 年硕士论文，特别是第 2 章；王彦章：《清代的奖赏制度研究》，浙江大学博士论文，第 2、6、7 章。

民身上，无论是孝子贤孙，还是贞女节妇，[59] 最典型的是今天各地可见的各类牌坊，[60] 暂且不论在今人眼中这类表彰有无或有何种社会价值。

也有极少数看似理应依据个人贤能分配的有价值物品，实际分配是系统歧视性的。但这往往有其他务实的社会考量，在当时有一定甚至足够的正当性。最突出的例子是，隋唐时期不允许商人子弟参加科举考试；宋初也只破例允许特别优秀的商人子弟参考。[61] 但这不是出于恶意，只为切断富与贵的关系。这与当今中国不允许或限制领导干部亲属经商，在逻辑上是一致的。[62] 这种措施的实际效果是"损有余而补不足"。从全社会来看，有利于社会流动性，而非相反。从个人权利的视角看似乎不公道，从社群主义的角度来看，至少不是任性和专断的；从后果主义角度看，甚至只有这样才是明智的。

有大量证据支持了依据贤能的差别分配。最突出表现在历史中国对人才选拔、晋升和使用上一直超越种族、族群或文化群体。推举、"察举"和科举本来是以农耕文明为基础并主要在农耕区推行的精英选拔制度，实践中一直对天下开放，超越了农耕文化族群，超越了"华""夷"这乍一看很歧视的族群区分。在确保政治忠诚的前提下，历代王朝的政治实践一直非常看重个体的贤能。春秋时期，就有楚材晋用的说

---

[59]　如在明朝，"国初，凡有孝行义为乡里所推重者，据各地方申报，风宪官核实奏闻，即与旌表。""洪武元年令，凡孝子顺孙、义夫节妇、志行卓异者，有司正官举名，监察御史、按察司体核，转达上司，旌表门闾。"《大明会典》，卷79，上海古籍出版社2002年（《续修四库全书》第790册，影印本），第425页。又请看，王彦章，前注〔58〕，第3章。

[60]　参看，辛灵美：《贞节牌坊考论》，载《聊城大学学报》（社科版）2006年4期；卞蓉荣：《明清时期徽州贞节牌坊盛行原因之探析》，载《华夏文化》2015年2期。

[61]　隋文帝于开皇十六年（597年）"初制工商不得仕进"。《资治通鉴》，中华书局1956年，第5550页。唐代规定："官人身及同居大功以上亲，自执工商，家专其业者，不得仕。其旧经职任，因此解黜，后能修改，必有事业者，三年以后听仕。"《唐律疏议》，中华书局1983年，第462页。宋初诏书仍规定："工商杂类……不在解送之限"，但"如工商杂类人内有奇才异行、卓然不群者，亦许解送"。徐松：《宋会要辑稿》，中华书局1957年，第4490页。

[62]　"禁止利用职权和职务上的影响……（六）为配偶、子女及其配偶以及其他亲属经商、办企业提供便利条件，或者党员领导干部之间利用职权相互为对方配偶、子女及其配偶以及其他亲属经商、办企业提供便利条件；（七）允许、纵容配偶、子女及其配偶，在本人管辖的地区和业务范围内个人从事可能与公共利益发生冲突的经商、办企业、社会中介服务等活动，在本人管辖的地区和业务范围内的外商独资企业或者中外合资企业担任由外方委派、聘任的高级职务；（八）允许、纵容配偶、子女及其配偶在异地工商注册登记后，到本人管辖的地区和业务范围内从事可能与公共利益发生冲突的经商、办企业活动。"《中国共产党党员领导干部廉洁从政若干准则》，载《人民日报》2010年2月24日，版4。

法，[63] 尽管当时，以晋齐鲁为典型代表的中原各国一直视楚国为"南蛮"。后世例证更是大量。匈奴人金日磾，被汉武帝俘获后，留在宫中培养，后为辅佐幼主的顾命大臣之一。[64] 唐代来华留学的日本人晁衡（阿倍仲麻吕）仰慕华风，长期在唐朝，历任要职。100 年后，又有阿拉伯商人子弟李彦昇考上进士。[65] 唐代"安史之乱"的罪魁祸首，封疆大吏安禄山、史思明均为胡人（安氏据荣新江是栗特人，[66] 史思明是突厥人），但奉命镇压安史之乱的唐朝大将哥舒翰、李光弼和高仙芝分别是西突厥人、契丹人和高句丽人。中唐有位宰相姜公辅来自今天越南清化。元朝有意大利人马可波罗在其游记中自称曾在扬州任官，[67] 尽管学界对此有争议。明代郑和是信仰伊斯兰教的云南回回人，据说祖先来自中亚；还有海瑞，通说也是回族。[68] 这类情况无论是在古希腊城邦，还是在近代之前的欧洲各国，都很难想象。

我不将此类现象归功于历史中国或某朝的"自信""包容""开放"或"平等"，没有（歧视性）"公民"概念。其实，我认为，与这些当今学人崇拜的各种理念全然无关。楚材晋用，是春秋战国时期诸侯国之间人才竞争的社会后果。[69] 各诸侯国君主与各地政治文化精英之间的双向竞争和选择，令双方更关注意气相投。渴望精英的君主当然会关心政治忠诚，但在此基础上，他更关注应聘者的才能和合用，不在意他们的诸侯国其实是地域身份。想当年，为尽快得到韩非，秦始皇竟下令进攻韩国。[70] 渴望找到明主和知己的精英也更关心如何实现自己的政治

---

〔63〕 杨伯峻：《春秋左传注》，中华书局 1990 年，第 1119—1120 页。

〔64〕 《汉书》，前注〔14〕，第 2959、2962 页。

〔65〕 可参看，《新唐书》，中华书局 1975 年，第 6209 页；董诰/等〔编〕：《全唐文》，中华书局 1983 年（影印本），第 7986 页。

〔66〕 荣新江：《安禄山的种族与宗教信仰》，载《中古中国与外来文明》，生活·读书·新知三联书店 2001 年，第 222—237 页。

〔67〕 《马可波罗行纪》，上海书店出版社 2001 年，第 336 页。

〔68〕 明代外国人参加中国科举考试的情况，请看，黄明光：《明代外国官生在华留学及科考》，载《历史研究》1995 年 3 期；郭培贵：《明朝外国人及其华籍后裔进士考》，载《明太祖与凤阳》，黄山书社 2011 年，第 440—443 页。

〔69〕 关于市场竞争会逐步消除歧视的理论分析，请看，Gary S. Becker, *The Economic of Discrimination*, 2d ed., University of Chicago Press, 1971.

〔70〕 秦王政读了韩非的著作《孤愤》《五蠹》后，感叹道："嗟乎，寡人得见此人与之游，死不恨矣！"得知韩非是韩国人后，便发兵，"因急攻韩"——试图俘获韩非。《史记》，前注〔39〕，第 2155 页。

抱负，并不那么在意招聘者的身份。[71] 此后的例子则进一步表明，在多元一体的大一统条件下，没有政治竞争对手，除非歧视会有实在的收益，国家也没有必要在意族群或民族身份。

另一重要因素是，在一个注定族群众多的广阔疆域内，在古代，政府不可能有能力，基于政治法律身份认同来实行区别对待/歧视（discrimination）。信息成本太高，却几乎没有收益，也就不自寻麻烦了。这种社会现实也令人们很难产生明确、自觉和持久的身份认同，无论是公民身份，还是族群身份。支持这一判断的例证之一是中国开封的犹太人。在欧洲各国，犹太人即便成了某国公民，也会因宗教、种族、民族、文化和经济原因长期受歧视，只能抱团取暖，坚守犹太文化。但宋代来到中国开封的犹太人，在这个没有公民概念的社会中却被完全同化了，尽管明代皇帝曾立碑明令开封犹太人保持其祖先的文化传统。[72] 犹太人完全融入其居住地的文化，在世界各地，这或许是独一无二。但最重要的例证其实是汉族。在我看来，汉族就是那些在历史长河中洗净了自己的族群身份，不知道，也不再关心，自己祖上曾经是什么族群的那些人。

历史上——直到近现代——中国普通人一直缺乏国家观念。与那些有可能参与治国，会走出故乡、遭遇文化差异的政治文化精英不一样，普通中国人，农民，除因战乱背井离乡，在本乡本土从不会遇到所谓文化认同问题。公民概念在他们的日常生活中没啥意义。他们只需要社区家园认同，没必要想象诸如国家这样的政治共同体。他/她们的生活世界始终是很小的农耕村落，界定其边界的是陌生人。这些陌生人可以是外国人，但也完全可以是，甚至更多是，外乡人或外地人，一切本村落共同体以外的人。他们有能力察觉外人间也有差别，文化的、种族的、民族的、地域、方言的甚至语音腔调的等等。但更细的区分对他们没啥实在意义。就如同今天许多中国人看美国人、俄国人、法国人或澳大利亚人都

---

[71] 待价而沽的孔子也明确表示："如有用我者，吾其为东周乎。"《论语译注》，前注〔2〕，第91、182页。

[72] 江文汉：《中国古代基督教及开封犹太人（景教、元朝的也里可温、中国犹太人）》，知识出版社1982年；以及潘光旦：《中国境内犹太人的若干历史问题——开封的中国犹太人》，北京大学出版社1983年。

一样，都是"老外"。对于农耕中国的普通人来说，真有意义的区分是熟人（扩展一点则会包括同乡或朋友）与外人，好人与坏人，危险的人或安全的人，可以放心的人与应提防的人等，而不是公民与非公民。

我甚至有些负面证据支持这一点。生于斯，死于斯，一直沉浸于家乡故园，因此，从一开始就湮灭了普通农人对国家的想象，自然也会湮灭对国家的认同。这可以解说，在中国历史上，其实只是王朝更替的"亡国"，为什么只是令官员和知识分子痛心疾首，痛不欲生。"隔江犹唱后庭花"的商女，真的就是"不知亡国恨"的。杜牧的抱怨或指责或讽刺，表错情了，不讲道理。尤其是，再看看不久后司空图笔下那"汉儿尽作胡儿语，却向城头骂汉人"。[73]《马关条约》割让台湾给日本，说"四万万人齐下泪"，那也就是谭嗣同的自我移情和夸张，因为那时起码有 3 亿人不知道台湾。这种"愚昧"直到近代也是普通中国人的常态。[74] 但这仍然难说是普通中国人的道德或智识缺陷，而更多是历史中国"皇权不下乡"这种特定的政治社会组织结构的产物。标志现代中国开始的"五四"是爱国学生的运动，随后的参与者，有爱国市民、爱国工人、爱国知识分子、爱国工商界人士，但有爱国农民吗？这个词组听上去就别扭。抗日战争时期，伪军总数远远超过了日本侵略军总数。[75] 这些伪军，可以推定，几乎全出自农家，是法律上的中国人，却又都是不知道国家认同的中国人。

---

〔73〕《泊秦淮》（杜牧），《河湟有感》（司空图），均见于，《全唐诗》（增订本），中华书局 1999 年，第 6026、7310 页。

〔74〕鲁迅曾记载中国人"酒醉似的喝采"围观日军枪杀中国人。鲁迅：《藤野先生》，载《鲁迅全集》（2），人民文学出版社 2005 年，第 317 页。白修德、贾安娜（《中国的惊雷》，新华出版社 1988 年，第 11 章）以及刘震云（《温故一九四二》，人民文学出版社 2009 年）都记述了 1944 年日本侵略军发动河南战役，3 周内歼灭了 30 万国军；其中不少中国士兵是被河南农民用猎枪、菜刀和铁耙缴械的。

〔75〕相关研究统计，抗战胜利时，被改编缴械的伪军实际数量不少于 200 万，伪军总数应当是 300—400 万，伪军数量大大超过了侵略军数量。曹固强：《中国抗战时期汉奸现象的思考》，载《红广角》2015 年 10 期，第 18 页。（该文称伪军为汉奸，实在有些牵强。其实近现代以来，中国人对两者有明确区分，汉奸是有自觉文化和国家认同的读过书的人，伪军则大多没有这些概念和经历。）又可参看，《中国人民解放军全史》（4）《中国人民解放军战史·抗日战争时期》，军事科学出版社 2000 年；附录 3 收录的《我军主要战绩统计表》表明自 1937 年 9 月至 1945 年 10 月，八路军、新四军及华南游击队共消灭日军 52.7 万人，伪军 118.7 万人。

作为村民

还必须考察普通百姓作为村落共同体的成员能从村落获得些什么，承担了什么，以及是否基本公平和合理。

村落共同体内的分配往往更具体，更直观，更实在，对普通百姓更重要。朝夕相处，通常有血缘亲缘关系（家族或宗族），相互知根知底。相关规矩大都是祖上传下来的，涉及非常具体实在的利益。还有就是，农耕社会通常不丰裕，靠天吃饭，很容易受灾。在这种环境中，不用此类语词，人们也会有本能的"权利意识"或"平等意识"，表现为"嫉妒心"。其中的道理是，我们不会同巴菲特或非洲灾民或马云或青海牧民比收入，甚至不会同毕业分别多年的同学比，但我们不时会同周围尤其是同年入职的同事比。因此，孔子当年告诫"有国有家者，不患寡而患不均"。他没说"天下"，只说"国"和"家"，分别是春秋时期诸侯的国和卿大夫的家，都是有血缘基础的地方性或村落共同体，相对小的共同体。他远比今天的知识人更明白，或是直觉到，人们其实更关心小共同体内的公平分配，"均"。

一旦落实到村落，我们就会发现，这里的利益分配和保护机制确实与由公民组成的城邦显著不同。最大不同是，在古希腊城邦内，尽管公民相对于非公民是特权，公民中也有穷人贵族之别，但在许多问题上，公民之间是平等的。村落共同体的基础是血缘，由于辈分和长幼，这就令每个村民都是具体的，相互有差异，没法用，也不能用平等来概括。

不平等并不必定不公平。在村落这类的熟人社区，这种不平等可以理解，甚至必须。在国家眼中，我们自身和父母都是国民，是平等的。但在家中，我们和父母有代际区别。在家庭和近亲血缘群体内部，许多问题的应对处置不可能基于抽象的个人权利。在农耕村落（血缘）共同体中，如前第二、三章所示，基本原则是父慈子孝、兄弟间长幼有序以及男女有别；利益和责任的分配主要或更多依据这些原则，而不是平等原则。但这是问题吗？在任何可能持续存在下去的最公平的现代政治社会中，罗尔斯曾雄辩地证明，除平等原则外，一定要有更重要、也很有道理的差别原则。[76]

就村落而言，父慈子孝非但有利于抚养后代，也有利于儿子赡养父母。父慈，关爱后代，实际受惠的不仅是后代，也分担了母亲的抚育责任。父慈子孝强调父子之间也即两代人之间的双向责任。除后世国法把"不孝"列入十项重罪外，各地村落共同体形成的礼俗，包括社区舆论和家族规矩，都更多谴责和惩罚"子不孝"。其中道理是，用村落社区舆论来促使儿子报答父母养育之恩。也只是"恩"，不是权利义务；知恩图报更多是道德或伦理要求。

除世代间外，村落（尤其是同姓村落）同辈人的关系也有别于城邦共同体中公民间的关系。村落同辈人之间是一种真实或拟制的兄弟关系，基本原则是长幼有序，即同辈人中按年龄长幼，按广义的兄弟名分，来分配利益和责任。这一原则的好处是，以年龄为序，消除一切可能的人为操纵，从一开始就为村落同辈人的收益和负担分配提供了众所周知的制度预期，一种看得见的正义。虽不能消除，至少也会减轻，利益争夺对同辈兄弟情谊的侵蚀。[77] 军功爵位由长子继承，即便其他儿子不满，但这不是父亲偏心，也不是兄长捣鬼。不满无法消除，只能认命，兄弟间会少些怨言和冲突。一旦成为规矩，相应利益的分配就可以简化，甚至出现"孔融让梨"。长幼有序增强了村落、家族和家庭的凝聚力。减少了利益分配中的内耗，从理论上看，每个人也都从中有所收获。

男女有别，除有助于稳定婚姻和家庭，也有助于平衡双方的利益和责任。由于当时生产力水平和社会组织方式的种种自然限制，总体而言，许多制度即便有道理，对女性也更为不利，女性为之付出更多。但历史中国村落共同体的许多具体原则和制度实践，对这类不公客观上仍有所校正或弥补。夫妻关系上，为保证丈夫的亲权，在村落家庭中坚持男权主导，夫唱妇随，原则上允许丈夫基于七种理由之一单方面离异抛

---

[76] John Rawls, *A Theory of Justice*, rev, ed. , Harvard University Press, 1999, p. 53.

[77] 在世界各地都有这类例子，甚至会引发悲剧。莎士比亚的《李尔王》（《莎士比亚全集》（9），人民文学出版社 1978 年，第 160 页）中，大臣葛罗斯特的庶子爱德蒙就愤愤不平，自己仅比哥哥爱德伽晚出生一年，是私生子，就受到世人歧视，丧失了许多权利，为此爱德蒙设计陷害兄长。

弃妻子,即"七出";但村落社会又以"夫义妇节""糟糠之妻不下堂""母以子贵"等由儒家正统意识形态和民间习俗支持的制度来保护妻子的既得利益;甚至直接以"三不去"等硬杠杠来限制"七出"。[78] 就历史中国的社会实践而言,淫乱除外,几乎废了"七出"。[79]

以上勾勒已显示历史中国的村落是社群主义共同体。这种社群实践在村落血缘群体成员之间保持了大致公平,但这也为系统歧视外来人创造了条件。如,在从夫居的婚姻体制下,外来成年男子没有可能进入,并长期生活在陌生的血缘村落群体中(捡到或收养男孩极为罕见,且会改姓)。唯有入赘从妻居的男子例外,但在村里会受歧视。这种歧视众所周知,自古如此,因此男子可以预先选择是否入赘。因家贫不得已入赘,这通常也是利弊比较后的选择:一辈子"打光棍"?或是忍受歧视,建立家庭,繁衍后代?至少在其决定入赘之际,即事前看,可以推定,入赘者认为入赘改善了他的生活,不是恶化。

这种社群实践客观上也影响国家制度实践的后果。上一节提到,历代王朝往往会依据个人贤能或贡献向普通百姓分配荣誉和地位,所谓"旌表"。但在村落共同体中,这种个人荣誉事实上由家庭或社区分享。无论是立牌坊,树碑立传,爵位继承,甚或边疆治理中世代继承的土官职位如土司,最初都针对了特定个人。但在地方实践中,很容易就成为社区或家庭的财产或荣光。直至今日,这种"光宗耀祖",或"荣誉属于集体"的传统在中国社会仍非常强大。日常生活中至今常听见,诸如"你生(养)了个好儿子(或女儿)"的赞扬。这常常令强调个人权利和产权明晰的西方人困惑:这究竟是赞扬谁呢?是这句话中的"你",还是他/她的"儿子/女儿"?在中国,即便最极端的个人主义者,只要

---

[78] "妇有七去:不顺父母,去;无子,去;淫,去;妒,去;有恶疾,去;多言,去;窃盗,去。不顺父母,去,为其逆德也;无子,为其绝世也;淫,为其乱族也;妒,为其乱家也;有恶疾,为其不可与共粢盛也;口多言,为其离亲也;盗窃,为其反义也。妇有三不去:有所取,无所归,不去;与更三年丧,不去;前贫贱,后富贵,不去。"王聘珍:《大戴礼记解诂》,中华书局1983年,第255页。

[79] 除了"夫义妇节"和"糟糠之妻不下堂""三不去"之外,"七出"也被做了种种限制性解释。最典型的是"无子",法律解释是,妻子必须50岁以上仍然无子方可休妻。但在人均预期寿命40岁以下的农耕时代,妻子50岁,其父母或其公婆难免有人已经去世,属于"无所归"或"与更三年丧"的"不去"范畴;此外,妻子收养儿子后,也不属于"无子"了。

不是装睡，都能明白这话同时是对两人的表扬。

又如，隋唐后历代王朝的政治精英选拔一直是关注和考察个体。但在许多普通农耕家庭中或村落中，精英人才的选拔培养都是家庭本位甚至家族本位的。普通人家若有多个男孩，父母通常仅挑选一个他们认为适合读书的孩子，让他专心读书，其他男孩会早早从事农耕或其他。尽管国家理论上把参政机会平分给了每个男孩，但从一开始就不是所有男孩都机会均等，参与科举考试。这个机会事实上是由家长分配的。就此而言，我们很难说，一个男子或入仕，或务农，全是他个人的选择。许多贫寒子弟真就是靠整个家族（村落）的支持，完成了学业，成就了自己。

这种社群本位的实践在历史中国有足够合理性。一家兄弟几个，个个天资聪颖，热爱并适合从学从政，这种情况有，但概率很低。绝大多数农耕家庭，也未必经济实力雄厚足以供养每个男孩求学。即便有，父母也会考虑分散投资风险，混合投资来确保更稳妥的高收益。从社会层面看，一家几个男孩都"学而优则仕"，当然是美谈；但客观上，这会挤压他人或其他地方的人参政的空间，未必真的有利于第九章提及的大国精英政治中必须兼顾的地方"代表"因素。而"光宗耀祖""知恩图报"的实践，在一定程度上，会弥补在家庭社群本位下利益受损的成员。

还必须注意，现代社会说是强调个人本位，张扬公民的个人权利，但基于个人本位的分配并不总是可行；即便可行，社会后果也未必总是最佳。一旦理解了这一点，眼光就会犀利起来。如前面提及的，就社会分配的实践功能来看，古希腊城邦的"公民"就并非一个个体，其功能更接近农耕中国的家长或户主。当国家和社会都不可能完全基于个体来分配责任或权益之际，让"家长"或"公民"来代表那些无法自我代表的个体，典型如未成年的孩子，其实是更务实的做法。

这一点不只属于过去。即便今天，家庭本位有时仍是比个人更便利或更恰当的利益分配基本单位。最典型的例证是，在当今西方发达国家的个人所得税征收，已婚或/和有孩子，也即家庭，是政府给予纳税者更多税收豁免的根据或条件之一。其他社会福利分配（如保险）也会适度考虑家庭因素。即便在最个人主义的商业活动中，也常常可见，厂商会对家庭消费打折，借此促销，或是按家庭来计算。再想想商品房的设计、建造和销售，究竟是按照个人还是按"户"计算的？理论世界中逻辑最强且严谨自洽的信条，如个体或个人权利，一旦进入真实世界，一定有也必须有例外。出于公平、效率的务实考量，每个共同体或是每个行业，在不同问题上，都会选用最有利于实现其合适目标的权益和责任分配单位，无论是个人、家庭或是其他。

以上分析旨在让我们理解历史中国，之所以更多家庭本位，或村落家族本位，绝不因为抽象的文化，更可能因为，历史上农耕中国最基层的生活共同体就是村落，最基本的生产生活单位/企业是"户"。这个社会现实，至少在许多问题上，令以家庭或家族为本位更为便利。不顾经济社会语境地强调个人权利也许会改善某些个体，但为之支付代价的是更多其他个体甚或整个群体。

逻辑分析到了这一点，也就可以预见，当基于个体分配利益更合理时，在历史中国的村落或家庭内，基于个体的公正或情理考量，在另一些社会实践中，会凸显甚至占据主导地位。这突出表现在继承上。诸如爵位这种符号利益，尽管对于整个家庭或家族很重要，但因为无法分割，或分割后其价值会大大降低，直至若有若无，因此在农耕中国，一直基于长幼有序的原则由嫡长子继承。[80] 但在家庭土地房屋等不动产和动产的继承上，当有几个儿子时，中国农村普遍采取的是严格的诸子均分制，而不是长子继承制。在财产继承中，尤其有关土地房屋和大件家具，女儿往往被排除在外。但这并非出于父母刻意歧视女儿，只因农耕时代从夫居的外婚制令房产地产实际继承不可能，大宗家具甚至粮食、大牲畜等财产继承也很不效率。此外，还要看到女儿外嫁后，不可能赡养父母。在微观上看，基于个人权利视角，这种继承制对女儿显然不利，但鉴于整个中国农耕区普遍实践出嫁女儿不继承父母财产（仅保有"私房钱"）的规则，从全社会来看，这就并非针对女性的恶意社会

---

[80] 另一种与爵位继承类似的是土司职位继承。在四川某些藏区，曾长期存在土官兄弟世代共妻，求得子嗣实际上共享身份地位的实践。《草地社会情况调查》及《阿坝县社会情况调查》，均载《四川省阿坝州藏族社会历史调查》，民族出版社 2009 年，第 61、158 页。

歧视，甚至可以把这种继承制度安排视为一种全社会层面的财产交换。即每个年轻女性外嫁时，都放弃继承父母的财产，换取自己丈夫，因他的姐妹也放弃继承，得以继承父母的更多财产。这使得在社会层面，从理论上看，每个年轻女性组建的小家庭实际拥有的财产差异并不显著，也不是刻意针对哪位或哪些女性。这是一个有效勾连和整合小共同体与更大社会共同体的分配制度。政治不正确地说，这或是农耕条件下，对于整个社会和具体家庭一种更效率的区别对待/歧视。

结语

以上仅仅是勾勒，没追求完整、全面或典型，因为不可能。管中窥豹，只希望读者能品尝一下，在这个传统农耕大国，普通人在"家""国"这两个共同体作为国人和村民可能的境遇，没想居高临下，评判其优劣或善恶。评判、议论和感慨其实很容易，靠谱却不容易。只有现实中有更好替代时，评判、议论和感慨才有意义。"权利永远不能超出社会的经济结构以及由经济结构所制约的社会的文化发展。"[81] 真实的权利永远具体，并非订一份宪章、发一个宣言或来一番反思就可能提供或改变的。[82]

尽管都有历史实践或记录为根据，我对以上分析、勾勒和重述都保持了足够警惕。没有公民概念，历史中国没有基于公民或族群或种族等制度化的区别对待/歧视，这并不意味在社会层面中国人早早就实践了儒家"四海之内皆兄弟也"的愿景。[83] 恰恰相反，农耕村落小共同体塑造的社区认同感更强，更在意区分熟人和外人，自觉不自觉地用一切

---

〔81〕 马克思，前注〔34〕，第 14 页。

〔82〕 黑格尔最早系统分析了这个问题。P. G. Stillman, "Property, Freedom and Individuality in Hegel's and Marx's Political Thought", in J. R. Pennock and J. W. Chapman (eds.), *NOMOS XXII, Property*, 1980. 又请看社群主义者的分析，Russell Hardin, *Morality within the Limits of Reason*, University of Chicago Press, 1988, pp. 131-132; Margaret Jane Radin, Property and Personhood, *Stanford Law Review*, vol. 34 (1982); Margaret Jane Radin, *Reinterpreting Property*, University of Chicago Press, 1993.

〔83〕 《论语译注》，前注〔2〕，第 125 页。

可能获得的信息——例如口音、服饰等——来识别熟人和外人。"胳膊肘向里拐"这一民间格言的广泛流传，非但表明传统普通中国人认为基于内外的歧视天经地义，还隐含地认定这种歧视不可也不应改变。但这不意味着对这些特点能做出统一的"政治正确的"道德评判，没有人能在历史社会语境之外找到一个绝对无懈可击的立场。我们不是上帝。在此能说的只是，无论好坏，这表明，古代中国普通人几乎只有地方的甚至村落的认同，与国家政治法律无关。

但本章的关键点是，即便"公民"概念缺失，也不必然构成宪制残缺，这就是历史中国一系列地理、政治和社会条件打造的中国宪制常规。有或没有公民概念，事实上，都不能令当时这片土地上普通国人的日常生活，相对于他们可能相遇的其他人，有什么意义重大的变化。他们不会因为是公民，就能从国家那里获得额外权益，也不会因不是公民，就无法享用这块土地上的和平安宁、行政司法，或不允许参与科举或出任官员了。事实上，要想在这辽阔疆域内建立一种基于公民概念的政治社会区别对待（歧视）的制度，还真不可能。不可能不是因为历史中国的国人反对歧视，而是实践这一歧视的成本太高昂了。在社会生活层面，有无公民概念对普通人没什么影响，既不可能缩小，也不可能扩大两个熟人或两个陌生人之间既有的心理距离和信任。一个没用因此不必要的概念从一开始就不会发生。即便当初曾因有用发生过，也会因后来无用而被废弃，或是被挪作他用。公民概念在欧洲中世纪就曾有过这种悲惨经历。[84]

两点更深的寓意是，首先，没有公民或公民权利、个人权利乃至人权的概念或语词，一个社会，甚至任何社会都不会因此就不讲道理，不公正了，人们就不知道为"为权利而斗争"了。人若受到伤害或不公，一定会激起报复本能，无论是诉诸法律还是诉诸复仇。与有没有、知不知道权利这个词无关。春秋时代许多文献中都有这类讨论，究竟该"犯

---

[84] 据希特（Heater，前注〔18〕，p. 42），除了在意大利北部少数城邦外，在欧洲中世纪，公民身份没有实在意义。但在这一时期，普通人是同无所不在无所不能的基督教教义建立了联系，实践中，公民意味着的是在某个城或镇，而不是在某个王国，享有特权。

而不校" "以德报怨"还是"以直报怨"？最终被普遍接受的是后者。[85] 后代诉诸政府或司法其实只是找到了一种，总体看来，更便捷可靠且风险较小的方式。[86] 之所以如此，就因为人性。用霍姆斯的话来说，"即便一只狗也能区分，自己是被人踢了一脚，还是自己把人绊了一下"。[87] 换言之，权利感是一种本能，不是语词的产物。相反不同时代的人可以用这种本能来创造各种语词，各种话语。平等感也是如此。[88] 这意味着，有没有公民概念和话语，有没有关于权利的启蒙，其实无关紧要。很可能是现代学人误解了语词的功能；或是被一套语词忽悠了，以为倒腾个新词，闹出点动静，就成了上帝："光，于是有了光。"

与此直接相关的另一点则是，即便没有公民、公民权利或个人权利之类的概念，一个共同体，无论大小，也一定会有这类麻烦，也不得不以某种方式应对回答这类麻烦。推动这些宪制性制度安排的因此不是人们的善良或仁爱或博爱，而是孔子点透的那个道理："有国有家者，不患寡而患不均，不患贫而患不安。盖均无贫，和无寡，安无倾。"如果这些事成天烦人，成天闹心，甚至闹出更大的动静和风险，怎么可能听之任之，长期没人管呢？

但紧跟而来的问题则是，如果——按照经济学原理——相对于人们的欲望（权利感的渊源）来说，资源稀缺是绝对的，我们或许就应理解，虽然看到了这么重大的问题，孔子为什么仅仅给了个告诫，没给答

---

〔85〕 请看，"犯而不校"。"'以德报怨，何如？'子曰：'何以报德？以直报怨，以德报德。'"《论语译注》，前注〔2〕，第80、156页。又请看，"大小多少，报怨以德。"朱谦之：《老子校释》，中华书局1984年，第256页。又请看，Richard A. Posner, "Retribution and Related Concepts of Punishment", *Economics of Justice*, Harvard University Press, 1981。

〔86〕 苏力：《复仇与法律——以〈赵氏孤儿〉为例》，载《法学研究》2005年1期。

〔87〕 Oliver Wendell Holmes, Jr., *The Common Law*, Harvard University Press, 2009, p. 5.

〔88〕 "对渴望平等的热情，我不抱敬意，我认为那只是一种理念化的嫉妒——我不贬低嫉妒，但无法合法听命于它。" "From Holmes to Laski, May 12, 1927", in *Holmes-Laski Letters: The Correspondence of Mr. Justice Holmes and Harold J. Laski, 1916-1935*, Vol. 2, Harvard University Press, 1953, p. 942. 又请看，Helmut Schoeck, *Envy: A Theory of Social Behaviour*, trans. by Michael Glenny and Betty Ross, Harcourt, Brace & World, 1969; Rawls, 前注〔64〕, pp. 464-474.

案，没给路线图，甚至没给一点解决的提示。[89] 莫非是孔子看到了：这个不均和不安的问题将永远纠缠人类，无论什么样的宪制安排。孔子的心也许是哇凉哇凉的，也因此"知其不可而为之"。

因此，我结论认为，虽没有公民概念，但无论在国家政治共同体内，还是在村落共同体内，历史中国对作为国人或作为村民的普通中国人，都不存在系统性社会分配不公。这个说法是节制的，其实也是承认，在农耕中国，个别的，偶发的，非系统的不公一定存在，长期存在，值得认真对待。但任何社会都难以消除这种不公。这个世界本身从来没有允诺，也不可能令，一切有价值的物品，无论金钱、地位、环境，还是配偶或孩子的社会分配都将平等和统一，无需个人努力，没有幸运或不幸。也从没允诺每个人的天赋，无论智力、体力、身材、相貌、性格乃至寿命长短，都将相同。即便有公民概念，有了基于个人权利的制度，也不可能防止，甚至未必真能减少，人类的这类幸运或不幸。合众国当年的宪法文本可是纳入了公民条款的，但从一开始就系统拒绝了黑人作为美国人/公民的资格。

但上述分析也没打算让读者接受或信服。除了目前法学界占主导地

---

[89] 从我有限的阅读来看，古人对此有所讨论。《礼记》中记述的愿景是："大道之行也，天下为公，选贤与能，讲信修睦。故人不独亲其亲，不独子其子，使老有所终，壮有所用，幼有所长，矜、寡、孤、独、废疾者，皆有所养。男有分，女有归。货恶其弃于地也，不必藏于己；力恶其不出于身也，不必为己。是故，谋闭而不兴，盗窃乱贼而不作，故外户而不闭，是谓大同。"（《礼记正义》，北京大学出版社 1999 年，第 658—659 页。）从这段话中可能抽象出两条重要原则，一是在国家政治上，要"天下为公，选贤与能，讲信修睦"，可以理解为按照个人贤能（或社会贡献）来分配政治治理的责任（公职或官职）以及相应的社会地位和荣誉，并且注重道德教化。其中选贤任能可以说是，基于社群整体利益考量优待精英，大致相当于罗尔斯讨论的"差异原则"。另一则是在社会生活上"人不独亲其亲，不独子其子，使老有所终，壮有所用，幼有所长，矜、寡、孤、独、废疾者，皆有所养"。这可以说是一种温和的平等主义或社群主义。温和是因为这里首先尊重了人的本能和自由，只力求在天下为公选贤任能的制度之下来促使人"不独亲其亲，不独子其子"。这是整个社会以个人选择为基础，揉入了一些基于需求和身份的分配。这大致相当于罗尔斯讨论的"平等原则"。

与《礼记》大致同时，另一有关生活资料的社会分配观来自老子："有余者损之，不足者与之。天之道，损有余而补不足。人之道则不然，损不足，奉有余。"（《老子校释》，前注〔84〕，第 298—299 页。）虽不绝对平均，但显然比《礼记》中的社群主义更激进。这个原则对很多人会很有伦理感染力，但不太务实，因此不可行。它既没考虑人性因素，也不考虑社会财富的来源（创造），因此不考虑如何激励财富的创造，它只关心分配，但分配些什么呢？分配后果会如何？这一原则还无法回答诸如公职、荣誉和社会地位这种有价值物品的社会分配问题，如果按照损有余补不足的原则，那只能随机分配或是轮流。但这样好吗——通过抽签来决定科学院院士？

位的是"为权利而斗争"这种公民/个人权利话语外，更因为，智识讨论最多只能说服没有利害关系的人，不可能战胜利益或偏好。留给我的选项其实有限。只是，如果上文的梳理能令思想开放的读者觉得有点道理，有或没有"公民"，都不是历史中国的一个宪制错误或欠缺，无论在智力上还是道德上；我也就满意了。

2017 年 4 月 2 日于北京大学法学院陈明楼

在这片古老的土地上，到处都有青春的力量。

——乔羽[1]

理论寓意

没从通常的宪制/法的定义或其他高大上概念切入，紧扣引论题记的两句老话，"一方水土养一方人"以及"多难兴邦"（"多难以固其国，启其疆土"），基于有记录的中国历史经验，其实只是些历史常识，我努力展示中国这个政治文明体发生、发展和构成的独特性及其道理。我着重关注了制度。一些先后发生的制度，通过这片土地上人们的持续实践，经纬交织，从无到有，构成了也创造了这个中国。鉴于这些制度对于中国的构成功能，及其在现实中屡次展开又屡次得以印证的有效性和合理性（合目的性），它们一直为历代中国政治文化精英高度重视，有所损益，却长期坚持，足可称其为宪制——尽管它与当今流行的宪法，无论在理论话语上还是实践形态上，都非常不同，也未分享流行的所谓普世价值。

宪制只是大国发生、持续和长成的重要条件，却不是唯一的和充分的条件，更不意味着"永存"。这个世界上其实不会有任何制度，仅凭其自身，就足够了。所谓制度，只大致相当于传统中国人说的"人和"，还需要"天时"，

---

[1]《我的祖国》，乔羽［词］，刘炽［曲］（1956）。

也需要"地利"。尽管孟子说"天时不如地利，地利不如人和"，[2] 甚至可以将"人和"——至少部分地——理解为促使人们合作努力的国家基本制度，而非简单地同仇敌忾或一团和气，但中国人的长期经验概括大致是"尽人力，听天命"，或是"谋事在人，成事在天"。[3] 换言之，制度的功效永远都有边界。即便为历史证成，且打磨有效的中央集权制度，要能成事，也需要大量常规的经济社会条件的支撑，以经济、军事和文化实力为后盾。还包括统治者的审慎、明智，与时俱进地应对各种重大治理问题，不犯大错误。也需要老天爷给脸，即中国人常说的"风调雨顺"。因此，尽管一直生动活跃，也真的是源远流长，历史中国的宪制也从未如同一些宪制/法崇拜者坚信且常常许诺的那样，确保了什么"长治久安"或是"万世太平"。中国这个政治文明共同体曾一次次因内外力量的冲击而崩溃。但"周虽旧邦，其命维新"。真的，"在这片古老的土地上，到处都有青春的力量！""国破山河在"，一代代政治文化精英，一次次壮怀激烈，却也真的成功地，"从头收拾旧山河，朝天阙"！

在历史经验与理论分析间迂回穿行的结果就是一种宪制理论。在资源极为充沛因此不存在什么风险或不测的地方，无需法律和制度。法律制度是群体对资源稀缺和各种风险的标准化应对。[4] 宪制因此可以说是特定时空中的人们，在各方面自然条件都不完美甚至艰难的境遇下，面对各种实在或潜在的风险/不确定性，为了活下去，活得还稍好些，而被迫创造的，再经社会动乱筛选下来的，一些长期稳定和基本的制度；由许多更微观的制度和规则构成。它不是用来体现某种普世分享的理论或价值的，而只是为观点不同的，在具体的历史语境下，甚至是利益直接冲突的人们或群体服务的。[5] 一方面为适应和应对近代之前人

---

〔2〕 杨伯峻：《孟子译注》，中华书局1960年，第86页。

〔3〕 "亡之，命矣夫！斯人也而有斯疾也！斯人也而有斯疾也！""道之将行也与，命也；道之将废也与，命也。""不知命，无以为君子也。"杨伯峻：《论语译注》，中华书局1980年，第58、157、211页。

〔4〕 "法律的目的并非惩恶，只是防止特定的不测（external results）。"*Commonwealth v. Kennedy*, 170 Mass. 18, 20 (1897) (Holmes, J.)。

〔5〕 "A Constitution is not intended to embody a particular economic theory . . . It is made for people of fundamentally differing views." *Lochner v. New York*, 198 U. S. 45, 76 (1905), (Holmes, J., dissenting)。又请看，"Constitutions are intended to preserve practical and substantial rights, not to maintain theories." *Davis v. Mills*, 194 U. S. 451, 457 (1904)。

类很难改造的自然生存环境，包括利益激烈冲突的陌生文化群体；另一方面借此减少各类特别重大的风险，构建对生存条件略有改善的大小社会环境，各种或各层级的社会共同体。但由于大自然通常长时段稳定，由此发生的各种制度应对也通常大致稳定。

不否认会有、也应有调整和变革，当某个或某些重大自然条件或社会条件（包括人类的文化知识技术）有变时，变化就是必需。只是当重大约束条件无变化时，许多制度变化，当时看似乎重大，拉开时空距离，长时段看，很可能只是边际性波动，甚至是钟摆运动。但我不否认，特定时空的人们仍有理由为那些边际性波动而奋斗，无论是以历史潮流、人类进步还是社会制度完善的名义。

历史中国宪制的复杂，就此而言，只是一个典型例证。鉴于后来称为中国的这片大地的复杂自然条件，这里的人民只能在黄河中下游以无数小型村落为基础，形成以农耕区为中心的大国，然后非常纠结地，有时甚至是挣扎地，同周边一系列非典型农耕的文明长期兼容共存，并以各种方式相互协调和融合。中国宪制，长期以来，必须同时构建和兼顾三个相互关联、支持却也区别显著的共同体，分别却又共同满足这片土地上的人民的生存需要。从农耕者的视角来看，首先是"家"（村落），这是广大普通农耕者生死于斯的社会生活共同体。其次是"国"，这是以农耕村落为基础形成的政治共同体，通常由源自各地方但（至少理论上如此）胸怀天下的政治文化精英治理，为普通人提供和平。以及"天下"，因各种利益的长期勾连和冲突，这片土地上不同地区/族群/文明的人，剪不断，理还乱，不同程度上，先是不得不分享，然后真的逐渐有所分享的文明共同体。这个宪制有关历代朝廷的组织结构，但并不仅此而已，它更有关这三个共同体的各自构成、相互勾连和相互补足，有关三者的整合。"家、国、天下"是一个复杂的宪制系统。

尽管一直发展，但早早地，这里就出现了一个中央集权的多元一体的超级疆域大国。何止是"百代都行秦政法"？"溥天之下，莫非王土，率土之滨，莫非王臣"，据说是西周时一位繁忙劳动者的话（诗！），但这几句话还是清晰勾勒了他对西周宪制的理解、想象或愿景：以疆域为基础的中央集权的层级治理。也不能说是他的思想影响了后人，在我看来，是后代重复面对这片土地的治理难题和制度实践一直，即便曲折婉蜒，趋于重申并追求这一愿景。但前面那个打了着重号的"早早地"容易误导人。这个"早"其实只是相对于后来一些古代或中世纪甚至现代文明，无论是原生的，还是继发的。这个"早"不意味着，可以将人类的各种制度形式排成一个先后序列，朝着某个既定目标裸奔，一路自我展开，自我拾掇，自我检点，自我完善，直至历史终结。

但这种目的论，这种制度演进观，如今已全面渗透现代中国，成为一种意识形态。我的意思是，这种单线演进序列被视为一种毋庸置疑的理解和解释世界各国各种社会制度的理论架构。这与那两句中国古话，"一方水土养一方人"和"多难兴邦"，以及在此基础上展开的理论分析和论述不相容。

然而在中国文化脉络中，本书展示的这一思路其实相当久远，来头也很大——尽管我只是如实陈述，并无拉大旗当虎皮的意图。除"多难兴邦"外，还有"无敌国外患者，国恒亡"，以及"夏有乱政，而作《禹刑》；商有乱政，而作《汤刑》；周有乱政，而作《九刑》。三辟之兴，皆叔世也"[6]换言之，在中国古人看来，制度就是人们应对社会危机的产物，不是或很少是哲人深思熟虑的结果。注意，尽管这里《禹刑》《汤刑》《九刑》说的是"刑"，但这个"刑"在古汉语中也是"型"，完全可以理解为宪制。这个说法出自儒家经典《左传》。但这一思路，在更激烈的程度上，也为道家接受。看似愤世嫉俗，其实深思熟虑，如："大道废，有仁义；智惠出，有大伪；六亲不和，有孝慈；国家昏乱，有忠臣。"[7]重复这一宪制观的最晚近的现代学人之一是费孝通："中华民族作为一个自觉的民族实体，是近百年来中国和西方列强对抗中出现的。"[8]这些说法，概括起来，都是一种功能主义和实用主义的制度理论，显然是对眼下更为流行的唯心主义和道德主义宪制理论的反动。

但这一思想脉络并不陈旧，也不是中国独有。在西方也有显赫的谱

---

〔6〕《孟子译注》，前注〔2〕，第298页；杨伯峻：《春秋左传注》，中华书局2009年，第1275页。

〔7〕朱谦之：《老子校释》，中华书局1984年，第72—73页。

〔8〕费孝通：《中华民族的多元一体格局》，载《中华民族多元一体格局》，中央民族学院出版社1989年，第1页。

系。就我稍微熟悉的近现代西方学人，就有马克思、尼采、霍姆斯、福柯和波斯纳等。这一名单可以持续列下去，也包括一些被现代自由派有意误读的思想家，如霍布斯等。他的社会契约论思想影响了现代宪制，但他从来不是为创造一个美好社会，而只为避免一场一切人对一切人的战争，因为在那里每个人的生命都将"孤独、贫困、污秽、野蛮又短暂"。[9] 这也不全是霍布斯的想象，想吓唬人。英国内战曾在霍布斯眼前真实展开。尽管有包括政治意识形态在内的分歧，这些学人对制度和知识的理解从来不温情脉脉，不将之归结为圣人的悲悯或人类的心愿，或是追溯到美好的情感或真理的灵光一现。制度，首先反映了具体时空中人类的一些持久难题，反映了以部落、地区、国家、民族、宗教、性别、阶级、阶层以及文化等方式体现的永远无法令各方都"爽"的利害冲突；它为特定地域内（甚至是多种）生产方式、社会组织方式和技术能力或"知识型"所塑造，是从多种实在约束条件中挤压出来的以制度体现的当时当地人的生存智慧。[10]

　　需要是创造之母，在这一视野中，中央集权的疆域大国的出现，对于中国的时空语境，其实只是或几乎是别无选择。从内在视角来看，这个宪制变化颇大，但从宏观的外在视角看，这个宪制架构没有太大的变

---

〔9〕 Thomas Hobbes, *Leviathan*, ed. Penguin Classics, 1968, p. 186.

〔10〕 仅请看，"**真正的国家、真正的婚姻、真正的友谊**都是不可分离的，但是任何国家、任何婚姻、任何友谊都不完全符合自己的概念。……任何伦理关系的**存在**都不符合，或者至少可以说，不**一定**符合自己的**本质**。"马克思：《论离婚法草案》，载《马克思恩格斯全集》(1)，人民出版 1995 年，第 348 页（原书的加粗）。"没有一种制度可能建立在爱之上。" Friedrich Nietzsche, *The Will to Power*, trans. by Walter Kaufmann and R. J. Hollingdale, ed. by Wlater Kaufmann, Vintage Books, 1967, p. 387, "普通法的生命不是逻辑，而是经验。人们感到的这一时代的需求，流行的道德和政治理论，公共政策直觉，无论公开宣布的还是下意识的，甚至法官及其国人分享的偏见，在决定治理民众该用什么规则时都会比三段论影响更强有力。" Oliver Wendell Holmes, Jr., *The Common Law*, Harvard University Press, 2009 (1881), p. 3（着重号为引者所加。）"我痛恨正义。如果某人开始谈正义，我就知道，为什么理由，他不愿从法律层面想问题了。" *The Mind and Faith of Justice Holmes*, ed. by Max Lerner, Transaction Publishers, 1989, p. 435. "'效应'（或实在）历史与传统历史的不同之处就在于它没有常量。人——即使人体也不例外——当中没有什么东西是足够稳定的，可以作为自我认可或理解他人的基础。" "Nietzsche, Genealogy, History", *The Foucault Reader*, ed. by Paul Rabinow, Pantheon House, 1984, pp. 87-88. "按照 [一种] 理解，道德是以其对社会或社会中某群体的生存或其他终极目标有多大贡献来判断的；也就是说这个判断是非道德的…… [这] 隐含的是，一定要慎用'道德进步'的说法，因为进步取决于视角，而并非客观；道德进步取决于是谁在看。……无论怎样，校园道德论都没有改善人类行为的前景。了解什么是应当做的、合乎道德的事，这并没有为做此事提供任何动机，也没有创造任何动力；动机和动力必须来自道德之外。"波斯纳：《道德和法律理论的疑问》，中国政法大学出版社 2001 年，第 7—8 页。引者对译文有调整。

化——"百代都行秦政法"。许多制度变化或修补只因制度的积累效果，因某种技术的发展或某些大型工程的完成，社会的某些基本条件发生了变化。其实都想从全国选拔政治文化精英，但中央没有抓手，汉武帝就只能首先让地方推举，无法科举，也难"察举"；曹魏增强了朝廷的"察举"，但没有客观、统一且相关的智识标准，仍不能科举。董仲舒独尊儒术的建议划定了考试范围，之后又有了纸张（这是汉武帝时很难想象的），数百年后，即便推举、"察举"均可继续，隋唐却开始了科举。你可以说这是制度的"进步"，却绝不是单线进化论意义上的或一个制度自身的"进步"，这反映的更多是制度对于其他外在条件的敏感和依赖，常常绝缘于个人的美好心愿。

对宪制的切实理解因此必须考察和理解具体时空中的问题和具体约束条件。什么样的具体时空下催生了人们哪些具体和基本的生存需要？利用了什么甚至挪用了什么资源，创造了什么制度？哪些起初仅属于非常特定的时空、互不相关，不时还相互矛盾，有时甚至尖锐对立和冲突的地方制度，在对立和冲突中，在持续回应这片土地上各种人的生存需求的过程中，如何演化、淘汰和整合，言之成理地从原理上构成了这个被称为中国的政治文化共同体？我们甚至要从那些看起来纯粹个体的自然情感中，从那些没有历史的情感中，如复仇和嫉妒，发现历史。然而，鉴于不可能有人先知先觉或全知全能，人类永远不可能真的预知并有效防范一些大麻烦。包括宪制在内的一切制度永远更多是事后的补救，是对危机或困境的应对，甚至常常就是，也只能是，"摸着石头过河"。由此形成的制度可以作为提醒或告诫，也希望它能指导蹚下一条河，只是问题是如果——且这非常可能——"人不可能两次踏入同一条河"，怎么办？

这是一种基于中国经验，同时有建设性和批判性的宪制理论追求。不只是描述或展示历史中国是如何构成的，也不只是基于历史经验仅仅枚举作者和读者应关注哪些宪制维度，如农耕中国必须关注大河治理，必须关注农耕地区与北部游牧地区的文明冲突等。它努力分析这些经验并总结背后的政治学、经济学、管理学和社会学的道理。这些源自经验的说理分析可能有更一般的理论意义，可用来分析其他政治体的制度实践，有某种预测力以及更大的解说力，包括解说某些似乎应当发生但从未发生的现象。例如，第十一章就解说了，农耕中国为什么只有"国人"概念，一定不会产生能有效参与公共事务的"公民"概念；以及为什么很难说这是否糟糕。

不仅有助于理解中国，基于经验的、关注制度效果或功能的理论也会有助于务实理解外国的宪制，对时下流行且占主导的宪制/法理论对外国宪制或宪制变化的一些道德理论解说，以及对宪法教义学，都保持距离，甚至带着怀疑的目光。目前美国法学者对美国构成的解说趋于强调美国的宪法律，强调司法审查这一后来创设的制度，强调依据宪法第十四修正案正当程序条款和同等保护条款的宪法律解释。本研究的寓意之一就是，司法审查对于美国国家构成并非最重要的制度，甚至未必是之一，[11] 真正重要的其实是美国联邦至上（主权至上），是联邦政府基于诸如"州际贸易"条款对国家的制度整合——尽管这两方面的努力总体上获得了美国联邦最高法院的支持，特别是在南北战争后，获得了北方以军事政治手段对美国的强力整合，最终确立了这个"由不可摧毁的各州组成的一个不可摧毁的联合体"。[12] 尽管在现当代美国宪法律中"言论自由""正当程序"或"同等保护"等很显眼，但这种显眼只是联邦至上的一个副产品。咬人的狗不叫，"网红"只是一阵子的事。

这一视角也会有助于理解欧盟或欧元区如今面临的难题。这些难题非但注定发生，而且在现有协商一致的体制下无望解决。因为欧盟的宪制结构只关注了"兼听"，没有"独断"，也还因为或更因为，如果只用利益作为黏合剂，这个宪制就一定不牢靠，因为各国利益会有消长，而且——鉴于嫉妒是天性——利益分配很难令各国都满意。

---

〔11〕许多美国政治家和学者都持这一观点。例如，美国宪法中并未规定司法审查。创造司法审查制度的马歇尔大法官，当年作为弗吉尼亚州律师协会领袖，出庭联邦最高法院论辩时曾明确强调："司法部门不可能有权质疑法律的有效性，除非宪法明文规定了这种司法管辖。" *Ware v. Hylton*, 3 Dall. 199, 201 (U. S. 1796). 霍姆斯说："我不认为，我们失去了宣布国会法令违宪的权力，合众国就末日降临。" Oliver Wendell Holmes, Jr., "Law and Court", in *The Essential Holmes*, ed. by Richard A. Posner, University of Chicago Press, 1992, p. 147.

〔12〕*Texas v. White*, 74 U. S. 700, 725 (1869). 着重号为引者所加。这一点首先体现在美国宪法修正案文本的用词上：1865 年的第十三修正案中提及的合众国仍是复数，次年提出的第十四修正案提及合众国就已改为单数，强调美国是一整体而不再是合众国。

建设性的另一面就是批判性，甚至是颠覆性，无论是在一般宪制/宪法理论层面，还是从这一理论视角分析其他特别是重要国家的宪制理论和实践。如果把宪制视为对具体政治体的重大难题的制度回应，其必然结论就是，宪制研究一定要从概念演绎走向或至少是接纳更多具体的经验研究，就必须从道德理论和政治哲学走向社会科学，走向经验和历史。在实践层面，从一开始就不能，也不应，指望有跨越时空放之四海而皆准的宪制原则和理想宪制。

这不是否认理论思维要有抽象和概括。只要不是很小的现代国家，大都会以某种方式遭遇"中央地方关系问题"，无论是称其为央地关系，还是联邦制或邦联制；大国自然更可能遭遇民族、种族、族群或其他群体的冲突问题；各国政治治理都会有或强或弱的政府组织、权限和权力行使的程序问题，有职能分工等。但这种抽象的"共通"问题没有多少实在的实践意义，有时连参考的意义也没有。只有针对具体问题的回答才算得上有意义的知识，相应的有效措施才可能成为制度。"我偏爱例外"（辛波斯卡的诗句）。真正挑战思考，最终能拓展我们思考的，从来都是那些看起来异常或例外的现象。任何发现都不可能只是用抽象修剪和包装出来的一般。特别是当各国具体时空约束条件差别显著时，国家构成难题会相当不同，可以利用的各种具体资源也一定相当不同。一定不能用语词概念的统一，思维中的统一，来替代对问题的分析和更精细的制度应对。"如果我把鞋刷子综合在哺乳动物的统一体中，那它决不会因此就长出乳腺来。……存在的统一性，或者说把存在理解为一个统一体的根据，正是需要加以证明的……"[13]

从家国天下视角看当代中国

这一点也适用于当代中国。

当代中国不仅仅是历史中国的延续。自 1840 年鸦片战争以来，中

---

〔13〕 恩格斯：《反杜林论》，载《马克思恩格斯选集》（3），人民出版社 1995 年，第 381—382 页。

国确实经历了，还正经历着，"数千年来未有之变局"。[14] 许多中国知识人由此遭遇了一个"认识论危机"，对中国制度文化传统完全失去了信心，有了认同的危机，全盘西化是他们真诚的判断和主张。但就在这片绝望之地，更有几代志士仁人和无数普通行动者凭着最原始的求生本能，以殊死的行动，而不只是反思，才令古老的中国重生，并正在崛起。中国经历了又一次自我重构（re-constitution），其重大程度至少与西周和秦汉时的变革相当。在深刻程度和规模上，则是空前。由于当代中国的人口规模以及时间约束，这是人类历史上的空前。

对中国国家制度影响最大的变量是经济生产方式的变革，最突出表现为，由于工业化和现代化，尽管 2017 年中国人口有约 40% 是农民，但中国已不再是农耕中国，而是一个现代工业制造大国，一个商业贸易大国。这个基本条件的变化必然、已经且还将促使许多制度变化，催生或可能催生一些重要且基本的制度。但曾经塑造历史中国的一些重要约束条件，如正缩小但存量仍巨大的农耕社区，辽阔疆域地形复杂，多民族多族群等，仍规定了当代与历史中国在宪制上有某些连续性。

本书试图理解和阐述的农耕中国之宪制，因此一定不是，至少不能只被视为，当代中国宪制变革的对象。"家国天下"并非一个已经过去，从此属于过去的传统，它还可以甚至必然是当下正持续着的传统。社会不仅是生者间的合约，如伯克所言，也是生者、死者以及未来者之间的合约。[15] 无论现当代中国政治家、民众或政法学者是否清醒意识到这些根本问题，也无论愿景、决心和努力如何，至少一定程度上，仍可以用齐家治国平天下这个传统视角来概括当代中国的宪制难题。

如果将"齐家"理解为普通农民的生活共同体——农耕村落——的组织构成问题，同时也是现代中国国家基层治理的问题（"治国"向社会基层延展），那么，不但可以深刻理解在近现代中国由中国共产党领导的农民革命，也可以以一以贯之的思路来理解新中国的农业合作化、人民公社以及改革开放后的一系列三农政策措施：它们看似迥异，却在

---

〔14〕《筹议海防折》，载《李鸿章全集》（6），安徽教育出版社 2008 年，第 159 页。

〔15〕 Edmund Burke, *Reflections on the Revolution in France*, ed. by Frank M. Turner, Yale University Press, 2003, p. 82.

不同时空节点以不同方式应对着现代中国村落共同体的构建和变革，纠缠着现代中国的基层政权建设。这就是在创建统一多民族国家的进程中，"皇权"下乡，现代政治组织管理、科学技术知识文化下乡，将农民、农村和农业整合成为现代国家的有机构成部分。无论是 1950 年代的合作化、人民公社运动，还是改革开放后废除人民公社但随即建立功能替代的乡政府，[16] 以及从 1980 年代初期开始，发现家庭联产承包责任制没法取代农耕村落，中央对农村基层政权建设有了更多担忧和关切，[17] 以"村民自治基层民主"为目标制定了《中华人民共和国村民委员会组织法》（1998）。[18] 以及 2015 年启动的脱贫攻坚，2020 年底完成的消除绝对贫困的艰巨任务。[19]

即便如此，随着城市工商社会的发展，农耕村落生活共同体和基层政权的建设——"齐家"——还是变得越来越难了。因为农村的政治文化精英，随着上大学、当兵和进城打工，一去不复返地大量流向城市。由此或可以理解，21 世纪以来诸如社会主义新农村建设，[20] 大学生村官，[21] 城乡发展一体化的新型城镇化建设，[22] 直至 2018 年监察下村[23]的自然和必然。

但"齐家"对当今中国的告诫或提醒，不能也不应仅停留于农村基层治理，还有城市地区普通人日常生活共同体构建问题。城市生活不大

---

〔16〕 请看，白益华：《新时期全国第一个乡政府是怎样建立的》，载《百年潮》2011 年 12 期。

〔17〕《中共中央、国务院关于加强农村基层政权建设工作的通知》（1986 年 9 月 26 日）。

〔18〕 1998 年 11 月 4 日九届全国人大常委会五次会议通过。

〔19〕 赵承/等：《彪炳史册的伟大奇迹——中国脱贫攻坚全纪实》，载《人民日报》2021 年 2 月 24 日，版 6、14。

〔20〕《中共中央国务院关于推进社会主义新农村建设的若干意见》（2005 年 12 月 31 日），《人民日报》2006 年 2 月 22 日，版 1—2。

〔21〕《关于选聘高校毕业生到村任职工作的意见（试行）》，组通字〔2008〕18 号。

〔22〕《中共中央关于全面深化改革若干重大问题的决定》（2013 年 11 月 12 日通过）的第六部分，"健全城乡发展一体化体制机制"，载《人民日报》2013 年 11 月 16 日，版 2。

〔23〕《中华人民共和国监察法》（2018）第 15 条规定受监察人员包括"（五）基层群众性自治组织中从事管理的人员"；2018 年 6 月 20 日中央纪委国家监委通过官网明示，该款具体包括村委会、居委会的主任、副主任和委员，又申明土地征用补偿费用的管理等七项事务处于国家监察之下。《【你是监察对象吗】系列动漫之五：基层群众性自治组织中从事管理的人员有哪些?》，中央纪委国家监委网站，2018 年 6 月 20 日，http://v. ccdi. gov. cn/2018/06/19/VIDESjApULOvVF64kj7IXUsS180619. shtml，最后访问时间：2023 年 5 月 17 日。

可能自然化解这个问题。许多人虽然退休了，仍留恋原先的工作单位，就因那就是他生活了一辈子的"社区"；许多单位也有专人关注退休的老人。但在工作日益流动的今天，能建构这类准"社区"的人大大减少了。城市人"养狗"的增多，一定程度上，反映了部分城市中产人士的孤独。小区大妈的广场舞，也可以说是在城市重构类似村落生活共同体的一种自发力量。尽管如此，仍有许多曾长期生活在乡村或小城镇的老人，很难融入因喧闹而孤寂的水泥森林，只要可能，会离开在城市工作的子女孙辈，选择回到因熟悉而温馨的故乡城镇。城市生活共同体建构的另一正在迫近的难题或许是，两代人实践了独生子女的国策后，临退休时，突然发现无"家"可归了。"家"并非城市里的一套商品房。

由于明清两朝尤其是清代的大规模"改土归流"，以及现当代以民族国家为基础的国际政治现实，传统中国的"平天下"在今天基本转化为民族区域自治问题或边疆治理问题。就此而言，在地理疆域上"平天下"与"治国"重合了。但在文化上，在政治治理的制度和策略层面，这两个问题不完全重合。进一步增强民族团结，增强中华民族凝聚力，巩固中华民族共同体，坚决反对并打击以各种名义分裂国家和社会的国内外势力，会是当代中国长期面临的"平天下"问题之一。单一制，中国共产党的领导（包括党管干部制度），以及以促进各民族平等、团结和共同繁荣为目标的民族区域自治制度，从宪制上确认了统一的多民族中国；中国经济发展、国力日益增长增强了维护国家统一的实力和能力。但也必须充分意识到，经济全球化也有可能在国际以及央地关系这两个层面"双重弱化"中央政府的权力。文化信息的全球流动以及"多元文化"有可能侵蚀国家的文化凝聚力；社会流动性甚至可能令有组织的恐怖活动从境外向各地渗透，一个原来的"天下"问题因此会变成常规的"治国"问题之一。

这意味着"治国"的重大变化。不仅是国家权力下乡重塑"齐家"，也不仅是现代民族国家体系和单一制的统一多民族国家重塑"平天下"；这两者如今有相当部分已融入"治国"。更重要的是"治国"领域本身也正在脱胎换骨，或是必须脱胎换骨：一系列社会变量或约束条件的重大变化，包括"齐家"和"平天下"，都在挤压"治国"于蜕变中维新，乃至创新。

恰恰是借助了强有力的中央集权，辅之以中国共产党"铁的纪律"，面对现代中国革命中历史形成、客观存在的众多党内军内的派别和"山头"，[24] 1952年至1953年，中央就将统掌一方党政军大权的五位地方大员均调到中央政府任职，1954年正式撤销了基于根据地历史和各野战军独立或联合作战而形成的六大行政区，中央政府直接面对数量上更多但面积人口都大为缩小，剥离了军权，因此政、经实力已大大压缩的行政区——省。这一"众建诸侯而少其力"的实践，显然汲取了中国历代宪制和政治经验和教训。[25]

在中国共产党的集中统一领导下，新中国建立了超强的社会动员能力，加之人民军队和两弹一星提供的安全保障，中国建立了完整的工业体系，当与外部联系全部切断时，一国仍能够自我维持、自我复制、自我升级的工业体系。更重要的是，中国还及时完成了整个社会文化从传统人文向现代科学的转变。最典型的表达也许是1950年代开始流行的一句话："学好数理化，走遍天下都不怕。"[26]

1978年后的改革开放同样借助了强有力的中央集权，中国由此才

---

[24] "一个地方的革命党、革命军队起来打敌人，就很自然地形成各个集团、各个山头……山头主义是中国社会的产物，是中国革命特殊情形的产物，应该承认这个东西。""中国革命有许多山头……这就是中国革命的实际。离开了这个实际，中国革命就看不见了。……这是好事情，不是坏事情。坏的是山头主义、宗派主义，而不是山头。"毛泽东：《时局问题及其他》《第七届中央委员会的选举方针》，载《毛泽东文集》（3），人民出版社1996年版，第253、363页。"我们这个党不是党外无党，我看是党外有党，党内也有派，从来都是如此，这是正常现象"。毛泽东：《在中共八届十一中全会闭幕会上的讲话》，载《建国以来毛泽东文稿》（12），中央文献出版社1998年，第101页。

[25] 毛泽东1958年4月27日在一封信中称贾谊的《治安策》一文（该文即主张"众建诸侯而少其力"）是"西汉一代最好的政论"。《给田家英的信》，载《建国以来毛泽东文稿》（7），中央文献出版社1992年，第190页。

[26] 检索《人民日报》，1951年首次提及当时学生中流行着"学好数理化，吃饭不用怕"的说法。史敬棠：《坚决克服不问政治的倾向》，载《人民日报》1951年11月5日，版3。检索中国知网，1953年首次出现这个说法，周靖馨：《我在地理教学中的几点经验》，载《人民教育》1953年4期，第48页。1958年有人批评"几年来'学好数理化，走遍天下都不怕'……的歪风不小，人文学科在某些中学是不被重视的"。何启君：《学习毛主席的教育思想，贯彻新的教育方针》，载《历史教学》1958年5期，第6页。

得以迅速启动了经济体制改革，在全球性的经济体制变革中抢占了先机。[27] 中央集权制事实上便利和加快了中央与地方的分权改革。不但先后设立了海南省（1988）和重庆直辖市（1997），而且制度性地或准制度性地设立了计划单列市、副省级城市、较大的市以及沿海开放城市，直至 2015 年《立法法》修正，"设区的市"获得了相应的立法权和管理决策权。[28] 这种基于政治经济考量的行政区划调整和"放权"（其实就是分权），[29] 是中国的创新，不仅在一般的联邦制国家不可能，即便在法国这样的单一制国家也很难。

历史上为维护农耕中国的统一和政治稳定，中央政府一直更多关注从宪制层面对各地实行"分而治之"或"犬牙相入"的制衡。但如今，由于各地间政治经济社会文化联系的全面增强，民众的国家认同总体上已大大淡化了他们的地方认同。也由于经济社会发展的深刻要求，跨省区市的经济区域合作在今天已不再是令人生疑的政治事件。在东部地区，这已经为中央政府直接推动。突出的，如京津冀的协同发展，长三角的区域合作，以及粤港澳大湾区。

但也必须承认，与历史上各时期的具体宪制发展创新一样，当代中国的许多宪制变革的效果常常吊诡，非但不可能令所有人满意，也常常会令一些人失望。除了必定有试错外，任何制度变革都需要调适和磨合，这意味着会打破并重塑人们的一系列预期和"天经地义"。由于许多长期看来有利于全社会的宪制发展，如交通通信的发达，全民教育，普通话普及，以及"皇权"下乡带来政治治理、社会管理人员甚至专业人员（广义的官员）数量激增，"异地为官"这一当年曾有效隔阻官员与其故乡亲友、大大减少徇私腐败、有效取信于民的重要制度，如今

---

〔27〕 回头看，1970 年代末到 1980 年代在全世界许多国家都推行了重大改革，中国于 1978 年开始的改革是最早的；1979 年英国撒切尔夫人任首相，1981 年美国里根任总统，1985 年苏联戈尔巴乔夫就任苏共中央总书记，可以说分别启动了改革；1991 年印度也启动改革。

〔28〕《中华人民共和国立法法》（2015 年修正），第 72 条第 2 款。这一条款在 2023 年《立法法》修正后改为第 81 条第 1 款。

〔29〕 这种调整当然主要是出于经济考量，已不再是传统中国关注的"纯"政治；但在一个"一心一意谋发展"的时代，这种经济考量其实就是政治考量，更何况其中也确实有平衡各地政治经济实力维系国家统一民族团结的典型的政治考量。

效果已不如先前显著，尽管有关异地任职的规则更细密了。[30]

这只是些信手拈来的例子，并非对当代中国宪制发展的系统分析，只为说明历史中国的家国天下宪制问题仍然影响着当代中国。有时甚至是规定着当代中国，因为宪制要面对、要应对——即便无法解决——的就是这些问题。制度发源于这块土地，扎根于人性，因此制度应对的有些问题甚至许多问题一定源远流长，不会到此为止，还会流向未来。即便应对问题的办法或制度与时俱进，但只要某些硬约束变了，这些制度变革的效果也未必能如人所愿，无论我们的制度想象是否丰满，心愿是否真诚，努力是否持之以恒。因为，有时真还就有这样的问题，就如顾祖禹所言，"以一代之方舆，发四千余年之形势"。[31]

历史中国家国天下的宪制实践挤压出来的学术视角，仍会有助于当代中国学人。

甚至未必仅限于理解中国和未来中国的实践。如果仅从其涵盖的文化类型来看，而不是从地理空间上看，完全可以说，历史中国从一开始，在很大程度上，就实践着某种形式的或特定形式的全球化。[32] 在这片土地上，必须，也因此一直不得不，包容、兼容并以某种方式整合了——如果还不能说完全融合了——农耕、游牧、绿洲、高原文明以及初步的工商文明。至今如此。在更大程度上如今正全力整合着现代的工商科技文明。若放在人类历史的长河中，在这条不仅有关过去，更有关未来的伟大河流中，这就是东亚这片有限疆域内首先展开的最成功尽管是局部的全球化实验。从一定视角来看，历史上各个帝国、政治体联合

---

〔30〕"领导干部不得在本人成长地担任县（市）党委和政府以及纪委监委、组织部门、法院、检察院、公安部门主要领导成员，一般不得在本人成长地担任市（地、盟）党委和政府以及纪委监委、组织部门、人民法院、人民检察院、公安部门主要领导成员。"《党政领导干部选拔任用工作条例》（2019 修订），第 52 条第 3 款。该条例最早是 2002 年正式颁布的，原来的相关条款先后为第 53 条第 3 款（2002 年）和第 55 条第 3 款（2014 修订）。

〔31〕顾祖禹：《凡例》，载《读史方舆纪要》，中华书局 2005 年，第 1—2 页。顾说的只是历史中国，但印度次大陆的历史似乎也印证了这一点。可参看，苏力：《何为制度？因何发生（或未发生）？——从开伯尔山口看长城》，载《比较法研究》2018 年 6 期。

〔32〕"全球化"从来都是指在一个前所未有的广阔区域内，或就某些问题多国、多区域、多种文化之间的勾连、交流和共处，包括有限的冲突。然而，至今为止，还没有哪种全球化可以或曾经真的影响了全球所有地区的所有群体。即便在当今美国，由部分德裔瑞士移民后裔组成的阿米什人，一些基督新教再洗礼派门诺会信徒，有严密的宗教组织，一直生活在现代化之外。他们拒绝汽车及电力等现代设施，不当兵，不接受社会福利或任何形式的政府帮助，许多人也不购买保险，过着简朴的生活。

（如苏联或欧盟）或各类国际组织（国联、联合国、世贸组织、世卫组织）的实践，都可以视为某种形式的全球化实践，都是区域性的，而在这当中，历史中国可以说是至今为止在人类自生自发的制度竞争中存活最久的一个伟大实践和实验。今天的人们有理由记取这些经验。

着重号意味着我的分寸感：在社会科学的层面考察、理解并予以尊重，但我们没有道德或法律义务遵循历史。因为历史，有时即便会极大程度地影响今天和明天，也无法完全规定今天和明天。[33]

再说宪制，事实与规范之间

可能会有法律学人，很可能还不少，以休谟的实然应然之别为根据，会认为本研究只说了些历史中国的具有宪制意味的实践，却无法证明或未能证明这些实践具有规范性宪制意义，也即法律规则的意义。他们希望打道回府，重新祭拜普世价值、外国学术大咖或所谓的规范理论等牌位。我必须指出中国宪制具有的规范意义，以及何为规范意义。但不是为说服对手，因为不可能说服，也不需要说服。促使我这么做的真正动力在于：历史若不能以某种方式强化我们面向未来的生存、应对以及创造力，自然也包括理解力，我也实在想不出有什么理由尊重历史。[34] 在这里，尊重和喜欢是两回事，喜欢全然是个人的，可以；但尊重则必须因其有超出个人偏好之外的社会价值。

首先，与目前流行的宪法或宪政话语相悖，本书就是要除宪制/法之魅。[35] "除魅"并非否认宪制/法和宪制实践——所谓宪政——重要；

---

〔33〕 Friedrich Nietzsche, "On the Uses and Disadvantages of History for Life," in *Untimely Meditations*, trans. by Reginald J. Hollingdale, Cambridge University Press, 1983, p. 57.

〔34〕 "我们不可能仅生活在昔日的余晖中，我们承认，如果要无愧于昔日，我们就必须找到新的行动或思想的领域，并创造自己新的事业。" Holmes, 前注〔11〕, p. 86.

〔35〕 "去魅"或"除魅"是韦伯重要的社会学观点，也是他的以及他认为学术研究的最基本的方法。请看，韦伯：《学术与政治：韦伯的两篇演说》，生活·读书·新知三联书店 1998年，第 29 页以下。这一点也曾为其他许多学者反复强调。帕斯卡尔称"看轻哲学者，方成真哲学家。"Blaise Pascal, *Pensees*, trans. by W. F. Trotter, intro. by T. S. Eliot, E. P. Dutton & Co., 1958, p. 3. 司汤达说："要成为一位优秀的哲学家，就得淡定、清醒并从无幻觉（dry, clear, without illusion）。"转引自，Fridrich Nietzsche, *Beyond Good And Evil*, *Prelude to a Philosophy of the Future*, trans. by Walter Kaufmann, Vintage Books, 1966, p. 50.

只是，重要不等于，也没必要，将之神化。行外人有时真诚夸饰一下，可以。行内人自卖自夸，伴随职业自豪，也成。但一定不能神化。神化不增加其意义，弄不好，没能忽悠他人，却忽悠了自己。看看大千世界，那些对人类最重要、不可缺少的东西，例如水、空气或家庭，都不神圣。若不是觉着出了什么岔子，雾霾了，断水了，或父母出差或夫妻吵架了，普通人甚至大多浑然不觉（也许这就是"浑浑噩噩"？印证了宪制/宪法/宪政/法治"启蒙"之必要？），随心所欲不逾矩，即便察觉了也未必需要"反思"。

思想家和许多法律人也会讨论理想的宪制/政体，但这里的"理想"说的只是最现实合理可行的，[36] 与知识精英或宗教信徒关注的人类理想存在状态无关，与天国无关。它只是基于一个社会的常态来想象未来的常态，只要不出大问题，就试图长期保持这种常态，最多有些许边际调整。它回答的问题其实是"如何好好活着"——一个底线追问，而不是"你幸福吗"这种无上限的问题。许多宪法学者认为，我也情愿相信，"好"宪制可能避免革命和社会动乱，但问题是人类并不确知也无法确知何为"好"宪制。即便革命和社会动荡没有发生，其实也没法令人信服地说，某国的宪制就防范了或避免了"什么"。我们无法了解一件被避免了的事，因为我们从一开始就不能确知那是件什么事，甚至那是"事"吗？相反"避免"这个词反倒传达了某种本应发生的意味。人类真正看到的其实是，革命或革命性变革发生，然后有了新宪制，无论是英国的"光荣革命"、被称为独立战争的美国革命、法国大革命，还是中国革命。也因此，才有了革命和国家高于并先于宪法的说法，[37] 才有所谓"宪法时刻"。[38]

还应说一说宪法律（宪法）。说政府法律或行为"合宪"，这几乎等于说某人没干坏事，真不能算是表扬。在许多法律人视为典范的美国

---

〔36〕 因此才能理解，历史上，卢梭之前的所有学者都认为君主制或混合政体才是理想的宪制/政体。

〔37〕 *United States v. Curtiss-Wright Export Corp.*, 299 U.S. 304（1936）. 又请看列宁的著名反法治断言，一个实然而非应然的断言：革命政权不受任何［实证］法律约束。列宁：《无产阶级革命和叛徒考茨基》，载《列宁全集》(35)，人民出版社1985年，第237页。

〔38〕 阿克曼教授的说法。Bruce A. Ackerman, *We the People*, Volume 1: *Foundations*, Harvard University Press, 1991; *We the People*, Volume 2: *Transformations*, Harvard University Press, 2000.

宪法律的司法实践中，传统一直是，仅有人指控违宪是不够的，只要不是明确无误且不存在合乎情理地违反了宪法明文规定，就不能认定违宪；违宪的行为必须震撼人的良知，且普通人没有谁能为之辩解。霍姆斯因此说，政府行为只是一般的坏不一定违宪，只有坏得令人作呕，那才违宪。[39] 波斯纳之后又补了一句，法官的肠胃因此一定不能太娇贵，太神经过敏。[40] 美国的成文宪法允许美国政府做的事，有许多似乎都是美国政府不应做的事，是可以通过立法或国际条约禁止的；宪法律是政府的一件宽松外衣；之所以宽松是因为，如果约束太紧，这也不能做，那也不能做，宪法就无法有效应对和顺应千变万化的具体情境。[41] 法律学者必须理解这一点。

回到生活经验层面，才会真正理解这些命题。例如，为什么美国在关塔那摩基地刑讯恐怖分子，哪怕有再多人谴责，却仍然合 [美国] 宪。甚至至今很多美国学者，包括最自由派的刑诉学者如德肖维茨，或人权学者德沃金，也认为旨在反恐的刑讯，即便不道德，却是美国政府为了保证公民安全必须履行的道德义务。[42] 政府的错误决策，哪怕负责官员因此进了监狱，这个决策或行动也未必违宪。另一方面几乎所有父母都会努力禁止，至少不会鼓励，自己正复习考大学的儿女阅读那些完全"合宪"的色情读物，甚至一些其实丝毫不色情的出版物——想想民间"少不读水浒"或"少不读西厢"的说法。宪制或宪政其实不是梦，是用来治国理政的，而不是用来信仰的。可别"矫情"，硬是把宪制/政读成了"从此过着幸福生活"的格林童话。

宪制就是有关国家构成的基本制度，是长期稳定坚持和实践的制度。它不是专门为了一帮特定的优秀选民，而是要务实地包容一国疆域内众多价值、追求、志趣、信仰、德行、教养、文化各异有时甚至完全不兼容的普通人。这些人不全是好人，在霍姆斯的眼里，甚至全都是

---

〔39〕 请看，*Holmes-Laski Letters*，*vols. 2*，ed. by Mark DeWolfe Howe，Harvard University Press，1953，p. 888.

〔40〕 波斯纳：《超越法律》，北京大学出版社 2016 年，第 169 页。

〔41〕 Richard A. Posner，*Not A Suicide Pact*，*The Constitution in a Time of National Emergency*，Oxford University Press，2006，p. 7.

〔42〕 请看，Alan M. Dershowitz，*Why Terrorism Works*：*Understanding the Threat*，*Responding to the Challenge*，Yale University Press，2002.

"坏人"——无论违法还是守法都不是因为事情的对错，只是不想受法律制裁。即便都是上帝的选民，他们也常常有各自的上帝，不仅争吵，甚至会动手。宪制因此不仅要包容循规蹈矩者，也要包容或至少在某些方面包容那些不太守规矩的人，要让他们在这片土地上和这个宪制空间中"自由"但也是受规制地生活（以不严重影响他人为前提），甚至必须考虑和尊重罪犯、死刑犯的某些（不是一切）基本权益（例如，不能虐待）。要让这么多很难兼容的人和事或"价值"都活在这个制度空间中，只要不是太天真，怎么可能让世界充满爱？即便全都是爱，又怎么可能和谐？即便其中当然会有，也应当有，合作、友爱和谦让，有感动中国的人和事，但更要明白，有些人和事之所以令人感动，最重要的原因其实是，尽管不只是，或我再进一步——也许就是，在这个世界上，这个宪制空间中，更经常、更大量的人和事是各种形式和方式的利益争夺、钩心斗角和甚至公开冲突，令人心烦，甚至令人厌恶。宪制是要为这样一个其实不大可能和谐，不可能令每个人满意、许多人却都想按自己的理想改造的社会之稳定持续且生动的存在，创造最重要最基本的制度条件。不但要能在这个社会中运转起来，后果可以接受，而且这个社会的各种资源和条件还得能支撑这个宪制持续运转。

即便如此，宪制也一定分享制度的命运：其功能效用有边界，不可能万能；或如民间的说法"治得了病，治不了命"。可以尝试，但无论如何努力，它也不可能解决人类的许多注定的命运和意外，无论是生老病死还是爱情失鲜，以及地震、海啸、冰河纪或小行星撞地球。可以在宪制框架内尝试应对，但"人算不如天算"，有时也只能眼睁睁看着其发生：气候变热（或冷）、降雨逐年减少（或增多）、人口老化和流动，乃至一国经济的衰退或危机。难道日本经济 20 年停滞不前，或华尔街金融海啸，是因为日本或美国的宪制或宪政出了问题？那如何解释在各自宪制或宪政下它们的先前呢？这类问题，也不大可能通过修宪来解决。甚至，说句政治上绝对不正确的话，中国过去 40 多年经济社会的高速发展，确实有，但就全都是，中国宪制变革的功劳？

只有把宪政放到这样一个很实在也是它该在的位置上，才可能不矫情，不空谈，不求纲举目张、毕其功于一役（宪政），而是务实并具体一件一件地讨论和应对那些人类力量尚可能解决的问题，不是基于想象的完美来评判利弊，而是基于可行的不完美来分析评估各种得失，在直面和理解一个国家的真实生活中，产生真有意义也能解决某些问题的宪法话语，而不是从宪法学人亢奋的幻觉（vision）中重复有关宪制的意识形态神话。

宪制是实在的，是务实的，是让人们有大致稳定的基本预期。但研究历史中国的宪制仍有规范意义。只是必须注意，一定不要混淆规范意义和道德伦理意义。很多法律人混淆了两者。规范性关注的是应当服从或遵守，与是否合乎道德没有必然联系。钟表应当准时，这是规范，但钟表不准时却不因此而不道德。车辆限行或限速是必须遵守的规范，我们可以争论这种限行或限速是否必要，是否恰当，是否有效，却很难说限行或限速不道德，甚至超速也未必真的是不道德（尽管我们有时会修辞性地称其为不道德），除非是把问题统统上升到价值层面或道德层面，并以此拒绝有意义的讨论。对法律制度应如同对待钟表，关注其功能或有效性，而不是其是否符合某个道德范畴。

正是基于这一区分，我才要强调，本书试图概括的中国宪制，源自经验，却不只是实在和描述的，它们也是规范的，是——仅借用哈贝马斯的一个书名——介于"事实与规范之间"。就因为要齐家、治国和平天下。不是因为有某些先天的规范命令我们应当或可以成功齐家治国平天下，而是这片土地上的人，只有齐家治国平天下才能活下去，因此打造出了这些制度和规范。在具体做法上，许多都可能，也可以有，甚至必须有变通，与时俱进，但它们仍然是规范的，是历朝历代在不同程度上必须关注甚至必须遵循的。父子、兄弟和男女关系是农耕村落构成和治理必须关注的三个重要关系，是影响村落生活共同体中每个人利益的关系。中国农耕区治理必须有效应对与周边非农耕民族的关系，必须保持强大的军力，尽管不必定修长城，但修长城从成本收益上看会更效率；必须以中央集权方式来防止地方分裂和割据；必须注重黄河治理、注重赋税的统一和公正；必须吸纳全国政治文化精英，建立官僚统治，自然也就必须书同文以及有"官话"等。所有这些制度不仅是实证的，也是规范的。甚至，在农耕时代，只要还想活下去，这些做法就是绝对命令，无可替代。

这个意义层面的规范必定不只同教义学、概念分析和语词分析相联系，而会，甚至必须，积极拥抱和吸纳社会科学人文知识，做出规范宪法学和宪法教义学无法提供的洞识和见地。在此，我举两个例子。

一有关中国的行政区划，这显然是宪制/法问题。改革开放之后，中国行政区域制度有些重要变化。[43] 但早在中国确定建设社会主义市场经济体制之前，历史地理学家谭其骧先生就指出，随着近代以来中国市场经济的发展，中国的行政区域制度正在发生历史性巨变，即从以政治区划为中心建城，转变为以市为中心形成的行政区划制度，"可能不要很久，产业性的市及市辖区，将取代两千多年来地区性的政区，成为中国主要的政区"[44]。与此几乎同时，谭其骧先生——显然基于深远的宪制考量——还建议，对国家的一级行政区域进行一次设想合理的通盘大调整，把全国划分为 50 个省，取消地级市，实施省管县。[45] 这当中有些问题直到近年来一些政治法律学人才开始理解其重要，重要得过于敏感，敏感得难以解说，难以直说。

但这不是我的要点。我的要点是，为什么不是宪法或政治学者，首先察觉了这类问题（更准确地说，或更无情地问，又有哪位宪法学人察觉过，并讲理地论述过？），而是一位历史地理学专家，从历史地理学的专业视角，举重若轻地，以纯学术和学理的方式表达了他的政治判断和制度洞察。那些号称精通美国宪法或德国宪法或比较宪法的学者都上哪儿去了？或许可以原谅宪法教义学？但那些自称规范宪法学的学者呢？那些崇尚政治哲学或政治宪法学的学者呢？那些熟读施密特或斯特劳斯的学者呢？谭其骧先生的这类有宪制意义的分析还不只这两篇。《历史

---

[43] 1978 年 3 月，国务院在北京召开第三次全国城市工作会议；4 月，党中央批转了这次会议制定的《关于加强城市建设工作的意见》。这次会议是城市建设历史性转折的一个起点。关于设市的标准等，请看，《国务院批转民政部关于调整设市标准和市领导县条件报告的通知》国发〔1986〕46 号。

[44] 谭其骧：《中国历代政区概述》，载《长水集》（续编），人民出版社 2011 年，第 49 页。

[45] 谭其骧：《我国行政区划改革设想》，前注〔44〕，第 56 页。此文根据作者在全国行政区划研讨会上的讲话整理，原载《中国行政区划研究》，中国社会出版社 1991 年（内部发行），第 163—167 页。

上的中国和中国历代疆域》[46] 同样有宪制意义，说的是历史中国，却不只有关历史中国。

再举费孝通为例。一篇有关当代中国统一的多民族国家的宪制的重要论文，是他 1988 年在香港中文大学的泰纳（Tanner）讲演，《中华民族的多元一体格局》。他从历史发展变迁的角度谈"现在中国疆域里具有民族认同的……人民"，我用着重号意图凸显费孝通先生深厚的宪制和政治关切。这一关切也反映在他随即承认——"用国家疆域来作中华民族的范围并不是很恰当"。[47] 1992 年费孝通先生的"孔林片思"，思考的是，在民族国家之林的世界体系中，当代中国人眼中的另一种"天下"。中国是大国，是文明国家而不是简单的民族国家，因此当代中国宪制一个不可避免的面向就是外国和世界。[48] 随着中国对外交往增加，随着中国政治经济文化的硬软实力的持续增长，这个面向正日益显著。

中国必定影响世界格局，这一点今天已没有多少人质疑了。但值得注意的是，费孝通写作此文时是 1/4 个世纪前，1992 年 6 月。当时国际上，苏联刚垮，美国则在海湾战争中大胜，福山得意扬扬地宣称"历史的终结"。[49] 在国内，正是邓小平同志南方谈话之后，无数中国人，包括大量法律和其他学人，蜂拥下海。在这一刻，费孝通断言"世界正进入一个全球性的""更大规模的战国时代"，"这个时代在呼唤着新的孔子"。[50] "谈笑间，樯橹灰飞烟灭"，拒绝了历史的终结。这是另一种"先天下之忧而忧"，是当代中国对"天下"的一种重新理解和界定。福山今天说"是历史错了"，[51] 但这个错了的历史却证明了当年费孝通的正确和从容不迫。而我的要点不在对错，在于，究竟是什么促使这位一直关注中国农民的社会学家在这个大时代的汹涌潮流中卓尔不群呢？当时，费老已 82 岁。不是什么学术勇气，不是什么"大胆假设，小心求证"，也不是什么"独立之思想，自由之精神"，不是什么普世价值，而是他继

---

[46] 谭其骧，前注〔44〕，第 1—18 页。

[47] 费孝通，前注〔8〕，第 1 页。

[48] Lucian W. Pye, "China: Erratic State, Frustrated Society", *Foreign Affairs*, vol. 69, no. 4, (Fall, 1990), p. 58.

[49] Francis Fukuyama, *The End of History and the Last Man*, Free Press, 1992.

[50] 费孝通：《孔林片思》，载《读书》1992 年 9 期，第 6 页。引者的着重号。

[51] 《福山：历史终结论没错，是历史错了》，载《参考消息》2017 年 3 月 23 日，版 10。

承的历史中国的天下观，一种依据了中国传统才获得的文化自觉、敏锐和洞察力。

本书只是试图展开历史中国提供我们的关于宪制的想象和实践。但创造、丰富并最终形成有解说力和前瞻性的当代中国宪制理论话语，不可能仅关注昔日，它要求中国政治法律精英必须高度关注当代中国政治社会法律实践这个长成的母体（matrix），在学习了解并掌握西方的法学、政治科学、政治哲学以及相关社会科学的同时，还必须接上一直同史学关系紧密的中国本土宪制传统和政治智慧，发现和理解当代中国面临的长期、重大和根本问题，经世致用，以对中华民族的政治文化忠诚，务实地发现、调适和创造当代中国的宪制。必须让中国宪制/宪法的理论和实践同中国人的日常想象和感知密切联系起来，摆脱"小资"式的柔情蜜意，摆脱普世价值的色诱，走向具体务实的实践和思考，走向伟大明智的政治判断。

我准备好了接受拍砖。我说得很明白：这是我心目中的中国宪制，从我的立场和视角看对于历史中国最重要和最基本的制度。我也尽力说明了，为什么是这些而不是其他制度更为重要和基本。我没打算令别人满意，其实，我准备好了令很多人不满意、反感甚至敌视。我不在意。即便我完全错了，但只要能引出其他学人的独立思考和出色表达，即便愤怒，那也不愧对自己。任何个体都力量渺小，其视角注定是井底之蛙，都是夏虫语冰。但即便注定无法触及真理，也不意味着，我就应当放弃努力。恰恰相反，只有看穿了真理之不可及，从此摒弃与真理同在时的得意、趾高气扬、疯狂嚣张，我们才可能不功利地去做一些自认为值得做、并因此很功利的事。这就是求仁得仁，无怨无悔！

2017 年 3 月 28 日于北京大学法学院陈明楼

附录 4
从"说事"到"说理"

——一个方法论反思和说明

一页历史抵过成卷理论（logic）。

——霍姆斯[1]

虽然涉及中国历史上不少人和事，但本书关注的其实是人、事和历史中国发生的背景，努力展示、勾连、理解，进而解说其间未必确定但很有可能的复杂关系，不言真，也不言精准，却力求言之有理，言之成理。这是一本理论著作。

这个附录则试图回答：为何有此追求？何以可能？如何落实？我知道，如今这个年代，不大会有多少读者关心，甚或察觉，这其中有问题。但我不能自欺。更何况，这也有些许智识意义。

历史的"一家之言"

自打有了文字，人类就开始按时间来记人记事。但记录的同时，一定要求理解，无论是人还是事，前因后果，来龙去脉。这些理解，在相当程度上，会影响人们，记录

---

[1] *New York Trust Co. v. Eisner*, 256 U. S. 345, 349 (1921)

什么，不记录什么，甚至是能看到什么，看不到什么。这也就是研究，即便无研究之心意。

但是，即便真诚追求记录客观真实，这种记录＼理解＼研究仍会有至少两个重大但不易自觉的制约。一是记录者与其同时代人分享的对世间万事万物关联性的理解和判断。古人曾屡屡记录天象与政治的关系，今人则通常不会。今人认为，两者基本是风马牛不相及。另一是受制于记录者的生命跨度，这限定了可能进入记录者视野的人和事，无论是亲身经历的，还是基于前人的记录。这会限制记录/研究者对众多人和事之间相关性（因果关系）的理解和判断，因为有些相关性的时间跨度大大超过了一位甚或多位记录者的视野。

例如，"罢黜百家，独尊儒术"发生在汉武帝时期。司马迁《史记》中，虽几次提及董仲舒及其著述，却并未有董仲舒相关建议的明确记述，也没提及汉武的相关决策。有可能是司马迁不了解详情，但更有可能，在当时，司马迁看不出，也就不认为，此事意义重大且影响深远。《汉书》则记录了董仲舒极为严厉甚至极端的建议，[2] 也记录了汉武帝的决策，还记录了汉武帝的相关决策对此后汉代社会文化的影响。这表明班固已清楚意识到了董仲舒独尊儒术之建议的现实政治意义。但班固还是不可能察知、预判或理解，这一决定的最重要功能或许是，如本书试图论证的，划定了政治文化精英选拔的考试范围，从而成为国家发布的鼓励民间文化投资的一项指南，并为 700 多年后全国实行科举制奠定了重要基础。这一决策的宪制意义，在我看来，大大超过了多年来通常认为这一决策"禁锢思想"的效果。事实上，这类"效果"即便有，也很难真正得到可靠的经验验证，更多会是从"罢黜百家，独尊儒术"这个概念中推演出来的。因为，我们首先就很难完成一个反事实想象：没有这个"罢黜"或"禁锢"，汉代以及后代中国的思想文化大致又会怎样？

我也不是说，独尊儒术的效果就是划定考试范围，这个说法更"真"。我只想借此指出，随着历史的延展以及记录的积累，人的视野

---

〔2〕"臣愚以为诸不在六艺之科、孔子之术者，皆绝其道，勿使并进。邪辟之说灭息，然后统纪可一而法度可明，民知所从矣。"《汉书》，中华书局 1962 年，第 2523 页。

才可能开阔，对世界万事万物相互关联会有更多新的，并筛选着各种，猜测和想象。超越个体生命的时间跨度，超越一代甚至几代王朝，研究者在更大时间跨度中重新理解一些人和事，对历史或许有新的理解。这就意味着，必须弱化，甚至不再，以稳定、均质的时间序列来组织自己看到、获悉和理解的人和事，而可以借助其他组织结构方式来记录和表述研究者关心的一些人和事。这本身意味着研究者对历史更多主观勾连、结构和塑造。借助他自己认定的，也必须是他的时代可能接受和认可的，关于过往的人和事之间的联系，来阐述表达他对历史上许多人和事之间关联的主观和系统理解，包括一些基于这种主观理解的编织和创造。这也许就是："我想说真话的愿望有多强烈，我所受到的文字干扰便有多大……没见过像文字这么喜爱自我表现……东西！"其结果就是，"这个以真诚的愿望开始述说的故事，经过我巨大、坚忍不拔的努力已变成满纸谎言。"[3] 只是别对这里的"谎言"做道德贬义的理解。

从《左传》到《史记》就有这种变化。在《左传》中，时间是组织结构作者眼中一切人事的自然架构；作者把对人和事的理解、分析、判断，其中自然有作者的世界观或理论，都隐藏于编年史的时间自然序列中。在《史记》中，具体的人和事仍按时序展开，但时间的组织结构人和事的功能已开始后撤，司马迁更多按他认定的一些道理或事理来筛选、组织和表达他掌握的那些有关往昔的记录和信息。陈涉早年务农，做过的事，说过的话，一定很多，不会只有"苟富贵，无相忘"或"燕雀安知鸿鹄之志"之类的。我甚至不相信陈涉真的说过，这顶多是传闻证据。我还相信，司马迁把这两句话写入《陈涉世家》，不大可能是他考证确认，陈涉确实说过此话；更多会是，司马迁认为，这些言辞与陈涉作为秦末重要人物的行为和性格重要相关。换言之，他更可能认为陈涉应当，甚至最好，说过这么一句话。

尽管一直被视为历史学家，司马迁明确表达的追求是，"究天人之

---

[3] 王朔：《动物凶猛》，人民文学出版社 2006 年，第 81、84 页。

际，通古今之变，成一家之言"。[4] 这更像是一位注重经验的社会理论家的学术宣言。他似乎想尽可能抽身于日常生活情境和利害之外，从"道"或"永恒"或类似"上帝"的立场和眼光俯瞰世事沧桑，发现、理解并讲清其中的道理。在这种视角下，历史，无论有关一人、一家、一族、一国，相对于人类数百万年的历史，甚或人类历史相对于"道"或"永恒"，其实一定是"人生天地之间，若白驹之过郤，忽然而已"。[5] 当挤干了或剥除了时间，对历史现象间之因果的这种个人化的系统理解和叙述，就是一种理论。

本研究追求的就是对历史中国构成/宪制的这样一种理解，从现有历史记录中挤干或剥除时间。

为何理论？

但为什么追求理论，而不坚守历史呢？

传统中国对许多问题的正当性回答往往就是回顾和叙述历史。"率由旧章，不愆不忘"是中国人的古训。"自古以来，如何如何"为当代中国民间誉为"大杀器"。但在已不再是"天不变，道亦不变"而是科技发展不断重塑社会的现代，在强调改革鼓励创新的当今中国，在自然和社会科学的理论分析逻辑已重塑国人基本思维方式的社会氛围中，曾经强大的、基于自古以来的话语，说服力已大大弱化。这不仅反映了近代以来中国的变化，更反映了这一变化已引发当代中国整体社会文化，从人文经典权威导向正更多甚或全面转为科学技术导向。今天人们都理解并遵循"历史的经验值得注意""前事不忘，后事之师"，但仅仅是"值得注意"或"前事不忘"而已。人们不愿仅仅成为以往的延续，历史的奴隶，更重要的或许是他们常常无法从大量历史事实陈述中获得足

---

〔4〕《报任安书》，转引自，《汉书》，前注〔2〕，第2735页。但此后历史上有此类追求的学人并不少。司马光也有类似想法，"因丘明编年之体，仿荀悦简要之文，网罗众说，成一家书"。刘恕：《通鉴外纪后序》，载《全宋文》（80），上海辞书出版社、安徽教育出版社2006年，第36页。
〔5〕王先慎：《庄子集解》，中华书局1987年，第189页。

够思辨的智识和心灵的满足。这里不仅有个休谟问题，即人们无法从实然中获得应然；更有个尼采问题，即生活在时间序列中的人不甘心受制于历史，还渴望摆脱历史的羁绊，去创造和构建未来。[6] 在社会领域问题，今天人们常常不满足"是什么"，总希望了解"为什么"，不仅想了解过去"曾如何"，还想了解此刻或今后，因为什么，"可能如何"。他们希望感受到更多智识的说服力。对于今天的许多读者，中国是如何走到今天的历史叙述，远不如因哪些基本约束条件或变量中国才如此这般的论证，更有说服力，也更凝练——即便这类话语一定不如历史话语生动、有趣、丰满、诡谲，即便人们也很少会一丝不苟地遵循理性教海。同世界大多数人一样，面对未来的不确定性，他们其实更多走在历史经验和理论逻辑之间。

如今人们更喜欢论理，这也与理论的特点相关。历史给人启示，但启示只是联想，或是类比。联想或类比可能只触动了联想者的某一点或某一方面，即便感触很深，却也完全可能似是而非。我们无法自信自己的联想或类比是否真有道理，与自己的当下关切是否真的有关。不同的人从同一历史叙事或轶事中获得的联想、启示或类比很可能相当不同。例如近年来人们常提及的"修昔底德陷阱"。但这最多也就是个告诫。人类的这类告诫很多，常常相互冲突。想想"当断不断，反受其乱"与"三思而后行"。但真正重要的是：此刻该三思而行呢，还是该当机立断？无法指导行动，这类告诫或警示也很难推进深入细致分析和理解。援引"修昔底德陷阱"这类所谓的警示或告诫，甚至可以为双方用作战略威慑和欺骗。现存大国可能以此来藏拙并试图遏制崛起大国："再往前走，你就掉坑里了。"崛起大国则可以以此来安抚欺骗现存大国，如"放心，不会过分，我知道前面有坑"等。仅是事件的时序排列，这种历史不可能告诉我们什么，缺乏指导我们决策和行动的足够力量。我不高看理论。理论也会有错，即便源自经验。理论也未必有助于更成功的决策和行动，如果理论中遗漏了某个重要变量，如果理论的重要条件或变量没有切实的经验支持。但相比之下，作为经逻辑论证和实践检验

---

[6] Friederich W. Nietzsche, *The Use and Abuse of History*, trans. by Adrian Collins, Bobbs-Merrill, 1957.

的抽象和一般的体系化知识，只需对一个理论的主要变量和显著条件予以明确限定，就可能从中分析、演绎出一些可在经验上考察或验证的预测。甚至可以将原先从不被认为相关的变量勾连起来，提出一些虽不确实但有道理、"开脑洞"的假说或解说。

本书就希望基于一些历史经验和常识，就中国的宪制/构成讲一番道理；用一种有关制度的理论话语来解说，为什么中国是这样的。这要求更强、更集中和更系统化的问题意识，力求脉络清晰，逻辑紧凑，回答简洁。会涉及许多历史，但它关心的并非历史中国的一些具体的人和事，不是那许多精细且耐人寻味的细节。甚至，说"宪制"，却也不是历朝历代重要制度的沿革损益，而只是针对历史中国诸多社会难题的那些重要制度，是这些制度各自及其总和与历史中国构成的结构功能关系。它关注的不是一个个坚硬历史事件或人物与历史中国宪制的实在或"本质"关系，得意忘象，它只试图借助历史中国的一些制度常识甚或事件来回答一个其实不可能有最终和准确答案的、有关历史中国宪制的智识问题。更喜欢理论思维、了解一些中国历史常识的读者，或许会觉得这种分析说理有意思，有启发，有说服力——即便他们最后判断这本书缺乏说服力。

我无法"同真理站在一起"。因为，就从那一刻开始，你非但要向它低头，还必须，就为站在一起，而不思进取。我无法忍受。我更希望激发中国学人关注和思考中国的宪制经验，发现其中的理论意味；避免在分析讨论历史或当代中国宪制、法治之际，或在应对当代中国相关难题之际，不接地气，习惯地甚至理所当然地，纯基于外国宪制或法律理论来套中国，继而建议，这里切一刀，那里砍一斧。不是排斥外来理论，也可以运用外来理论，只是外来理论本身，替代不了中国学人对本国具体问题的思考。仅就发展或推进学术而言，一个中国法学人起码也有责任，更有可能，从自己身边的经验开始，提出和发展理论，思考人类社会的一些大政治体的宪制。

不光有高大上的追求，我还有矮小矬的顾忌。未受过科班训练，对历史了解非常有限，若真讲历史，那也真是无知者无畏了。我也知道，多读书也没用。今天已不能指望对许多历史问题学术最终会达成共识，而且共识也只是——共识。尽管不可靠，甚至非常不可靠，但从理论上看，有时，把一件事的事理讲清楚了，把一个问题分析透了，就可能概括抽象出一个有普遍意义的理论命题。有些道理不需要在同一块石头绊上许多次才能明白。鉴于中国文明的持续性，与太多国家的——相对而言——一次性历史不同，中国历史多次"从头收拾旧山河"，还"百代都行秦政法"，这种令某些学人哀叹的制度"停滞"，在我眼里，就是，至少可能是，制度的恒常性或规律性。其本身就说明了什么，甚至自证了其"宪制"身份。面对相同的麻烦，历代王朝采取了不同制度措施，如秦汉唐宋明清针对游牧民族以及有关长城的不同对策，留下了不同经验教训。在有实验眼光的学人眼中，这就是典型的自然受控实验。通过对单一人和事的分析考察推论，完全可能提出有道理的理论命题或假说，即便暂时无法完全确证，甚或永远只是假说，却仍可能融贯地解说一些或更多相关甚至原先不相关的经验材料。

理论话语还能掩饰或宽容我对中国历史的错误、过时和不完整的理解，或引用材料的偏颇、遗漏、失当，甚至并非毫无根据的曲解。这类问题都是枝节，重要的是这个关于中国的历史构成的理论分析论述是否成立，或再退一步，是否还有点道理。从一开始我就知道，无论如何，我只能分析论述在一些关键制约条件下相关制度发生的基本逻辑和结构。概括、省略、侧重（偏颇）不可避免，甚至必须。换言之，我必须"偷些懒"，才可能做成这件事。

人不可能看穿历史的许多更别说全部复杂因果关系，因此书中许多解释都有意无意省略了或错过了众多因素，包括许多定论。我更多使用了功能分析，解说某种社会实践或制度对于人类生存和国家社会整合的作用。功能分析是研究者的事后分析，能说得通，却很难验证。只展示了一种理论上的可能，不敢妄称其真实或可靠，没打算接近真理。

但这不意味着功能解释只是些胡思乱想。因为理论的力量就在于它的解说力和预测力，而不在于它的"真"。我们其实无法比着历史这把尺子来评判理论，也没必要。理论的功能是组织起一系列理论命题，将原先看似散乱的材料予以系统化。[7] 最好能从中发展出有预测力的假

---

〔7〕 Thomas S. Kuhn, *The Structure of Scientific Revolutions*, 2nd ed., University of Chicago Press, 1970.

说，然后以经验材料予以验证。但以能否验证来评判理论，也可能误解了理论。因为，非但社会科学的理论，即便自然科学的理论，也并非都可以一一严格予以经验验证，许多只能对大量经验现象给出逻辑上统一和系统的事后解释。天文学上的大爆炸理论，从猿到人的进化论，都难说得到了经验验证，能为人们普遍理解、接受只因其强大的经验解说力。至于有关美国宪法的种种所谓理论，更是没有一个能自我融贯的甚至相互兼容的，[8] 更难说放之四海了。

一旦提出了有道理即便未必正确的理论，因理论引导，就可能令人们有新视角，提出一些新问题。有了新问题，就可能令研究者重新审视那些被人翻烂了的历史，从已经被人挤轧了千百次的文献中，蓦然回首，发现了，甚至重构了一些新史料。赵鼎新就曾以史书上春秋战国时期各国主动进攻他国的次数来测度、排序各国的军事实力；又以主动进军一方的进军距离来测度、排序各国的军事实力和各国军事实力的消长。[9] 这些记录一直都在，这些数据此前却不曾被创造出来。即便古代学人很少把主动进攻他国视为一个道德问题，他们也很难将主动进攻仅视为一个军事经济实力问题，他们更无法获得精密的现代地图，无法从地图上系统测度春秋战国时期一系列战役战斗的进军距离。其他更精确的测量或记录则更不可能。

有时，提出，或仅仅从其他领域中引入新理论和新变量，也会提出一些先前无法想象今天看来却言之成理的问题，勾连一些之前无法勾连的变量，获得一些可疑甚或即便最终被否弃却仍然有意思的回答。根据数量经济学的气候假说，有经济学者将中国历史上农耕与游牧民族之间的长期冲突的原因归结，从不同文明程度或不同文明类型，转向历史中国长时段的气候周期性变化。[10]

---

〔8〕 可参看，波斯纳：《超越法律》，北京大学出版社 2016 年，第二编。

〔9〕 赵鼎新：《东周战争与儒法国家的诞生》，华东师范大学出版社、上海三联书店 2006 年，附录 1。

〔10〕 Ying Bai and James Kai-sing Kung, "Climate Shocks and Sino-Nomadic Conflict, *Review of Economics and Statistics*, 2011, 93（3）：970-981；赵红军：《气候变化是否影响了我国过去两千年间的农业社会稳定？——一个基于气候变化重建数据及经济发展历史数据的实证研究》，载《经济学》2012 年第 11 卷第 2 期，第 691—722 页；陈强：《气候冲击、王朝周期与游牧民族的征服》，载《经济学》2014 年第 4 卷第 1 期，第 373—394 页。

这意味着，本研究追求经验的和社会科学的理论，不是——甚至痛恨——形而上的政治法律哲学的理论。

如何理论

为推进这一基于中国历史的理论研究，我自觉清醒地采取了以下措施。

首先从更大历史跨度中来关注一件事，努力提炼一个有足够涵盖的核心理论问题：中国为何会（或要）出现？这片土地上人们的努力，因哪些重要和基本制度构成了这个中国？

这要把中国通过一系列制度发生和构成的整个历史过程视为一个大事件，而不是一系列分别的事件。自夏商以来，中国历史 4000 多年了，至少每个重要朝代都有一套颇为有效的宪制/政制，维系通常近 300 年的一代王朝。史学界一般也承认，夏商的部落联盟、西周的封建制以及秦汉之后的中央集权制各不相同。尽管如此，许多名为中国政制史、中国法制史的著作都按朝代展开其制度叙述。无论朝代，甚或无论封建还是中央集权，都不是本研究的基本分析单位。这个分析单位只能是中国，一个农耕中国或传统中国或历史中国。历朝历代只是这个整体中国的体现。这就好比，都铎王朝、斯图亚特王朝以及温莎王朝都是英国，无论这些王朝的制度有什么大变化。也好比克林顿、小布什、奥巴马和特朗普统治的都是美国，无论他们是共和党还是民主党，也无论有没有亚洲再平衡战略。这一视角，就是剥离朝代，只留下一个抽象的中国，一个有发展变化演进的农耕中国。[11]

但这一研究中，这个农耕中国不包括近现代中国，尽管近现代中国

---

〔11〕 在中国学界，一直有过这种自觉但明珠暗投的努力。费孝通的《乡土中国》和《生育制度》（《乡土中国》，上海人民出版社 2007 年合刊本）就都是以历史中国为分析单位的。瞿同祖也曾有意放逐时间，建构了自己的研究对象——作为整体的历史中国。在《中国法律与中国社会》中，他曾明确声称要"将汉代至清代二千余年间的法律作为一个整体来分析"；在《清代地方政府》中称自己"以整个清代为研究对象……〔力求〕发现清代行政统治的一般模式、特征……开放性地描述地方政府的结构"。瞿同祖：《中国法律与中国社会》，中华书局 1981 年（初版商务印书馆 1947 年），第 2 页；《清代地方政府》，法律出版社 2004 年，第 3 页。

仍有很大部分农耕，农耕问题也一直是近现代中国的大事。最重要的理由是，我接受李鸿章当年的判断，晚清以来直到今天，中国正经历着"三千余年一大变局"，[12] 在经济、政治、社会和文化上，均如此。在一些甚至许多方面，当然有历史连续性，但总体而言，这一变局引发了中国社会的一些重大变化，以及针对相关问题的制度对策，令我不能将现代中国纳入西周之后的农耕中国的宪制框架。简单说来，农耕中国的宪制问题一直是构成（the Problem of Constitution），而日益现代化的现代中国的宪制问题则是重构（the Problem of Re-Constitution）。

有了这个贯穿农耕中国之始终的基本问题，就可以发现之前一些通常被视为不同甚至对立的制度中潜藏了制度功能的一致或一贯。很多学者认为西周封建制和秦汉之后的中央集权制差异巨大。我同意。只是，如果从国家构成的历史视角看，人们就会发现，秦汉以及后代的制度，其实就是西周的宪制愿景（溥天之下，莫非王土；率土之滨，莫非王臣）的逐步展开，可谓一脉相承。在这一光照下，西周封建不过是或更可能是政治经济文化交通通信都不发达的早期农耕中国的别无选择，是当时最务实的中央集权的宪制替代。但西周制度体系终究为秦汉的大一统创造了太多重要制度条件，不仅有"礼乐征伐自天子出"的政治理想，诸侯竞争催生出来的郡县制，还有文字统一和中原雅言，以及奔走于各诸侯国但已胸怀天下的政治文化精英群体。也由于这一基本宪制问题的光照，才能理解历代政治精英选拔制度从推举、经"察举"到科举的变迁。它们，都是，在给定社会历史条件下，对如何吸纳各地政治精英参与国家治理这一宪制问题的回应和实验。在这个意义上，"数千年未见之大变局"就隐含了这样一种对中国历史的理解。[13]

基于这个抽象问题，第二个努力就是，也比较容易，打破以朝代为单位的叙述和论述。我尽可能"拧干"时间，只剩下一系列有关家、

---

〔12〕 李鸿章：《筹议制造轮船未可裁撤折》（1872年），载《李鸿章全集》（5），安徽教育出版社2008年，第107页。李鸿章之后在《筹议海防折》（1874年）中称"数千年来未有之变局"。见同社同年所出《李鸿章全集》（6），第159页。

〔13〕 黑格尔对中国也有此类理解："据现有信息而言，中国是最古老的。其原则是如此实在，乃至就我们谈论的问题而言，它既最古老的，也是最新的帝国。我们很早就看到中国发展到今天的状态；由于中国发展的客观存在与主观自由之间一直不显著，所有变化都不见了，一个不断重复的固定角色取代了我们会称之为真正的历史。" Georg Wilhelm Friedrich Hegel, *The Philosophy of History*, trans. by J. Sibree, Batoche Books, 2001, pp. 142-143.

国、天下层面的结构和整合的问题，以及与这一问题相关的重要社会变量。这些问题和社会变量仍在时间中展开，当必要时，我也会关心，但主要关心是其时序。

拧干时间，把本来被时间如朝代隔离的事件、现象或社会变量并列，便于研究者感知、察觉甚或想象其中或许存在的关联。围绕可能的关联，对历史上的人和事或其他变量重新组织、结构和表达，激发对一些人和事的新理解。

本书的写作因此围绕着主观提炼的中国宪制难题，或就宪制领域，展开。只要理论问题和逻辑清晰，在时间和空间上，我的分析叙述有意散乱，"东扯西拉"，不论历史上某些人和事是否真有某种联系，时空格局如何，只要与某个宪制问题可能关联，就放在一起讨论。不限于中国，我也会扯些外国历史的甚至当下的某些经验。第四章谈及汉初削藩引发宪制争论和"七国之乱"时，我扯了 2000 年后美国南北内战的经验：有关宪制的论战，至少有时不可能仅仅是论，或止于论，有时还必须有"战"，还不得不接受"战"，等等。就为凸显军事问题并非只属于过去、只属于历史中国的宪制问题，它一直是个普世的宪制问题。

"拧干"时间不是否认时间的意义。许多人和事需要时间才能成就。婴儿必须活个十几二十年才能成人。制度见效也需要时间。对历史的理论思考可以，甚至必须，拧干时间，以便凸显理论思维的共时性，但既然真实世界中的人和事都历时，因此理论思考和表达也必须敏感于并有效处理那些对于理论话语有意义的时间问题。

只是这不要求恪守传统的历史叙事。可以以理论方式来应对，即把在理论分析中作为背景的时间直接挑明，把时间变量转化为一个制度变量，加入理论分析，把隐藏在感知后台的时间推向前台，在理性的光照下，令默默无闻的时间闪亮登场。我一直以这种方式处理理论话语中尤其是制度发生中的时间变量。[14]

---

〔14〕 "也许，中国现代法治的建立和形成最需要的是时间，因为任何制度、规则、习惯和惯例在社会生活的形成和确立都需要时间。……这是超出任何个人或一些人的能力的，是'上帝'的事业。"苏力：《变法，法治建设及其本土资源》，载《中外法学》1995 年 5 期，第 7 页。我也曾指出作为事件的司法审查与作为制度的司法审查的区别。如果一直没人意识到马伯里诉麦迪逊案，在普通法体制下，是一个可以遵循、有理由遵循的先例，并主张遵循和遵循了这一先例，那么就没有司法审查的制度。制度非但是后来者追认的，而且需要长期的实践。苏力：《制度是如何形成的?》，载《比较法研究》1998 年 1 期，第 70 页。

我提到了敏感。不仅要敏感于可作为理论分析变量的时间，而且要敏感于与时间无关的时序。社会生活中有些相继发生的事，仅从理论结构上看，与时间无关，只因约束条件的次第发生和改变。理论叙述和分析要留意这种先来后到，却要拒绝视其为时间的培育。统一度量衡和统一货币均为秦始皇的重要宪制举措。但从宪制上看，第七章指出，统一度量衡是统一货币的前提条件，意义格外重大。统一货币必定以统一度量衡为前提，否则再长时间也很难在广大区域统一金属（以及布匹）货币。继推举和"察举"后，科举制的发生，也容易被误解为精英选拔制度的自我完善。在制度不断自我完善的话语中，时间是个神奇变量，催生了政治精英选拔制度变迁。但在中国历史语境中，第九章的解说是，科举制确立，除农耕中国一直需要全国性政治精英选拔而推举与"察举"有弊端外，最主要是因为到了隋唐，之前不具备的一些重要社会条件已经具备，"独尊儒术"圈定了考试范围，东汉以来有了纸张并广泛使用，令科举制成为现实可能。在这种分析中，科举就不能说是"察举"的发展或演变，而是新变量对旧制度的扬弃，催生了新制度。

挤干时间并非僵化认为农耕中国一成不变，从夏商到明清社会完全同质。高度概括的理论抽象与变化发展是兼容的。只是"以道观之"，把原来在时间中依次展开的事件序列叙述转化为一种理论结构的分析和叙述。拧干时间，让更多在时间上不相关的经验现象，齐刷刷地，站在研究者眼前，激发想象。

另一种激发想象的手段是对历史文献做情境化理解和合理推论。鉴于本研究不追求重构历史，只想尽可能展现制度发生和演变的可能的逻辑，只要认为足够合理可信，我常常违背历史研究的"论从史出"，有意借助一些经验常识或社科理论，分析和想象那些未必可信的历史记录。"以论代史"，有时，我甚至懒得去搜寻些证据，将之伪装成有证据支持的历史事实。不仅因为早期中国历史几乎都是传说，许多可能是后人假托，读书不多的我不清楚究竟哪些文献或哪些章节是伪造的。即便信史如《史记》，也会有前文提及的诸如"苟富贵，无相忘"这类令人怀疑的编造。

但此类编造，因其符合"从小看大三岁知老"的常识，或社会科学研究认为人通常有相对稳定的行为格局，大致获得了后人的认可，至少没人"矫情"。今天也仍可以从一些不可能可靠，或无法证明其可靠的杂乱史料或文献中发现其中言之成理的、可能有其他间接经验支持的命题。关于中国最早期的国家制度，有关记录有"神农无制令而民从""唐、虞有制令而无刑罚"；[15] 又有"夏有乱政，而作《禹刑》；商有乱政，而作《汤刑》；周有乱政，而作《九刑》"。[16] 这都不可能是目击者的记录——唐虞时期未必有文字；也没有谁能从夏一直活到西周，见证并记录了如此漫长时间段和广阔空间内国家制度的变迁。这必定是后人追记或编撰的，基于其自身经历和体验，附着于那些注定在口耳相传中扭曲的传说，也有记录者对历史的合乎情理的想象。

但这些文字表达的古人的抽象经验和判断，与今天社会科学概括的制度原理一致，说得通，在这个意义，就可以说是真的。我们有理由，经想象性重构，开掘其中的有用信息。例如，如果假定，有理由如此假定，随着时间推移，一个治理颇为成功的政治体的人口总量会增加，其占据的生活地域会扩大，生产技术会进步，通常会令社会劳动剩余增多。那么，"神农无制令而民从""唐、虞有制令而无刑罚"，将这两个陈述并列，就隐含了至少以下两个成立的政治法律社会学命题：一，从社会功能上看，为保证有效的集体行动，社会群体扩大和/或活动疆域扩大一定要求更强有力的统一的政治治理；二，社会劳动剩余的增加和累积会令这种社会需求部分得以满足，出现以国家强制力保证的正式制度。这段文字的抽象道理可以独立于具体经验而成立。令人质疑的只是一个"历史"命题，一个与特定时段有关的经验命题：在唐虞时期，社会治理是否需要，但更重要的是，社会财富的积聚是否足以支撑专门化的制裁，来保证制度稳定和政令畅通？

有关历朝"乱政"引发"刑"的文字同样不能简单说真说假。若将之抽象为一个理论命题，也能成立，也有大量间接的历史经验支持。即任何政治体的制度，那些真有生命力的制度，特别是在人类早期，往往不是，也不可能是预先设计的，基本都是或更可能是事到临头，面对

---

[15] 何宁：《淮南子集释》，中华书局 1998 年，第 928 页。
[16] 杨伯峻：《春秋左传注》，中华书局 2009 年，第 1275 页。

社会危机动乱，统治者的临时应对。因其有效，就保留下来了；一次次累积下来了。马伯里诉麦迪逊案的历史就印证了这一点。从这一逻辑继续想象，这句话中说的"刑"，甚至未必尽是刑法之刑，也是形塑之"形"，是定型之"型"。可以认为，这些"刑/型"，或至少其中某些部分，就是夏、商、周这些政治体的宪制。令人存疑的只是这三句话中涉及的三个有关"历史"的经验命题：1. 夏、商、周是否真有过，或何时有过，乱政？2. 是否真有过《禹刑》《汤刑》和《九刑》？如果前两个回答都是肯定的，那么，3. 后者是否真的是——从因果律上和从社会功能层面——对前者的分别回应？然而，这三个问题却不是我的研究必须关注的，无论是证实还是证伪。

为激发理论想象，这一研究其实一直拒绝用中国材料来简单注释外国宪制理论命题。相反，我不时，甚或太多（？），用了世界各国特别是欧美的材料，历史的和现当代的，来印证历史中国的宪制经验。这样做也是这一理论研究设计的组成部分，就是要以世界各地的事实来表明本研究不只是追求展示中国宪制经验的独特性，也是甚至更是要努力展示历史中国某些宪制经验的普遍意义。产品的具体产地不决定此类产品就没有或不应有一个更广大的市场。

我也承认，若从更凝练的理论分析和论述而言，有时这类引证或参照可以省略。在这个意义上，它们甚至多余。但针对当下仍然缺乏学术自信的中国法学界，这或许既有修辞的效果，也会有激发理论反思和想象的效果。我只好认了。

2017 年 4 月 15 日于北大法学院陈明楼

参考文献

一、中文文献

埃里克森：《无需法律的秩序——邻人如何解决纠纷》，苏力［译］，中国政法大学出版社，2003 年。

奥本海：《论国家》，沈蕴芳、王燕生［译］，商务印书馆，1994 年。

白哲特：《英国宪制》，史密斯［编］，李国庆［译］，北京大学出版社，2005 年。

柏桦：《明清州县官群体》，天津人民出版社，2003 年。

班固：《汉书》，中华书局，1962 年。

———.《白虎通》，中华书局，1985 年。

《柏拉图全集》（3），王晓朝［译］，人民出版社，2003 年。

波斯纳：《道德和法律理论的疑问》，苏力［译］，中国政法大学出版社，2001 年。

———.《法理学问题》，苏力［译］，中国政法大学出版社，2002 年。

———.《正义/司法的经济学》，苏力［译］，中国政法大学出版社，2002 年。

———.《性与理性》，苏力［译］，中国政法大学出版社，2002 年。

———.《法官如何思考》，苏力［译］，北京大学出版社，2009 年。

———.《超越法律》，苏力［译］，北京大学出版社，2016 年。

曹雪芹、高鹗：《红楼梦》，人民文学出版社，1982 年。

曹禺：《雷雨·日出》，人民文学出版社，2010 年。

陈立：《白虎通疏证》，吴则虞［点校］，中华书局，1994 年。

陈梦家：《殷虚卜辞综述》，中华书局，1988 年。

陈强：《气候冲击、王朝周期与游牧民族的征服》，载《经济学》，2014 年第 14 卷第 1 期。

陈顾远：《中国法制史概要》，三民书局，1964 年。

陈瑞：《清代徽州族长的权力简论》，载《安徽史学》，2008 年 4 期。

陈寿：《三国志》，陈乃乾［校点］，中华书局，1959 年。

陈小京、伏宁、黄福高：《中国地方政府体制结构》，中国广播电视出版社，

2001 年。

《陈寅恪史学论文选集》，上海古籍出版社，1992 年。

陈忠实：《白鹿原》，人民文学出版社，1993 年。

程俊英，蒋见元：《诗经注析》，中华书局，1991 年。

戴雪：《英宪精义》，雷宾南［译］，中国法制出版社，2001 年。

邓拓：《中国救荒史》，北京出版社，1998 年版。

《邓小平文选》（3），人民出版社，1993 年。

《董必武选集》，人民出版社，1985 年。

董说：《七国考》，中华书局，1956 年。

杜佑：《通典》，王文锦/等［点校］，1988 年。

范文澜：《中国通史简编》（上），河北教育出版社，2000 年。

范晔：《后汉书》，中华书局，1965 年。

《范仲淹全集》，李勇先/等［校点］，四川大学出版社，2007 年。

方铁：《论羁縻治策向土官土司制度的演变》，载《中国边疆史地研究》，2011 年 2 期。

房玄龄/等：《晋书》，中华书局，1974 年。

费孝通：《中华民族的多元一体格局》，载《中华民族多元一体格局》，中央民族学院出版社，1989 年。

____．《孔林片思》，载《读书》，1992 年 9 期。

____．《乡土中国·生育制度》，北京大学出版社，1998 年。

____．《江村经济——中国农民的生活》，商务印书馆，2001 年。

____．《乡土中国》，上海人民出版社，2007 年。

费正清［编］：《中国的思想与制度》，郭晓兵/等［译］，世界知识出版社，2008 年。

费正清［编］：《中国的世界秩序——传统中国的对外关系》，杜继东［译］，中国社会科学出版社，2010 年。

芬纳：《统治史》，王震、马百亮［译］，华东师范大学出版社，2014 年。

封演：《封氏闻见记校注》，赵贞信［校注］，中华书局，2005 年。

冯尔康：《清代宗族族长述论》，载《江海学刊》，2008 年 5 期。

傅筑夫：《中国封建社会经济史》（2），人民出版社，1982 年。

高华：《欧盟独立防务：开端、问题和前景》，载《世界经济与政治》，2002 年 7 期。

高静亭：《正音撮要》，周晨萌［校注］，北京大学出版社 2018 年。

高明、涂白奎［编著］：《古文字类编》（增订本），上海古籍出版社，2008 年。

高敏：《魏晋南北朝兵制研究》，大象出版社，1998年。

戈登：《控制国家——从古代雅典到今天的宪政史》，应奇/等［译］，江苏人民出版社，2005年。

葛剑雄：《往事和近事》，生活·读书·新知三联书店，1996年。

＿＿＿.《中国历代疆域的变迁》，商务印书馆，1997年。

葛剑雄/等：《中国人口史》（6卷），复旦大学出版社，2000—2002年。

耿振生［主编］：《近代官话语音研究》，语文出版社，2007年。

宫崎市定：《九品官人法研究：科举前史》，韩昇、刘建英［译］，中华书局，2008年。

龚祥瑞：《比较宪法与行政法》，法律出版社，2003年。

《龚自珍全集》，上海人民出版社，1975年。

谷霁光：《府兵制度考释》，中华书局，2011年。

顾诚：《明前期耕地数新探》，载《中国社会科学》，1986年4期。

＿＿＿.《隐匿的疆土——卫所制度与明帝国》，光明日报出版社，2012年。

顾颉刚、刘起釪：《〈盘庚〉三篇校释译论》，载《历史学》，1979年1、2期。

顾颉刚、史念海：《中国疆域沿革史》，商务印书馆，2000年。

顾炎武：《日知录集释》，黄汝成［集释］，栾保群、吕宗力［校点］，上海古籍出版社，2006年。

＿＿＿.《日知录校注》，陈垣［校注］，安徽大学出版社，2007年。

顾祖禹：《读史方舆纪要》，贺次君、施和金［点校］，中华书局，2005年。

顾准：《希腊城邦制度》，中国社会科学出版社，1982年。

桂万荣：《棠阴比事选》，陈顺烈［校注］，群众出版社，1980年。

郭沫若：《殷契粹编》，科学出版社，1965年。

＿＿＿.《古代文字之辩证的发展》，载《考古学报》，1972年1期。

＿＿＿.《中国史稿》（2），人民出版社，1979年。

＿＿＿.《奴隶制时代》，载《郭沫若全集》（历史编卷3），人民出版社，1984年。

郭在贻：《训诂学》（修订本），中华书局，2005年。

哈耶克：《货币的非国家化》，新星出版社，2007年。

韩国磐：《唐代的食封制度》，载《中国史研究》，1982年4期。

韩儒林：《元朝史》，人民出版社，1986年。

韩愈：《韩昌黎文集校注》，马其昶［校注］，马茂元［整理］，上海古籍出版社，1986年。

汉密尔顿、杰伊、麦迪逊：《联邦党人文集》，程逢如、在汉、舒逊［译］，商务印书馆，1980 年。

郝在今：《协商建国：1948－1949 中国党派政治日志》，人民文学出版社，2000 年。

何炳棣：《南宋至今土地数字的考释和评价（上）》，载《中国社会科学》，1985 年 2 期。

何建章：《战国策注释》，中华书局，1990 年。

何宁：《淮南子集释》，中华书局，1998 年。

黑格尔：《美学》（3），朱光潜［译］，商务印书馆，1981 年。

亨廷顿：《变化社会中的政治秩序》，王冠华/等［译］，上海世纪出版集团，2008 年。

洪迈：《容斋随笔》，孔凡礼［点校］，中华书局，2005 年。

侯家驹：《中国经济史》（上），新星出版社，2008 年。

后晓荣：《秦代政区地理》，社会科学文献出版社，2009 年。

胡寄窗：《中国经济思想史》（中），上海财经大学出版社，1998 年

《胡适文存》（4），黄山书社，1996 年。

华立：《清代的满蒙联姻》，载《民族研究》，1983 年 2 期。

黄惠贤、陈锋：《中国俸禄制度史》（修订版），武汉大学出版社，2012 年。

黄明光：《明代外国官生在华留学及科考》，载《历史研究》，1995 年 3 期。

黄锡全：《先秦货币通论》，紫禁城出版社，2001 年。

黄仁宇：《万历十五年》，生活·读书·新知三联书店，1997 年。

会典馆［编］：《钦定大清会典事例·理藩院》，赵云田［点校］，中国藏学出版社，2006 年。

霍布豪斯：《自由主义》，朱曾汶［译］，商务印书馆，1996 年。

霍尔特：《大宪章》，毕竞悦、李红海、苗文龙［译］，北京大学出版社，2010 年。

吉本：《罗马帝国衰亡史》，席代岳［译］，吉林出版集团有限责任公司，2008 年。

吉登斯：《民族—国家与暴力》，胡宗泽、赵力涛［译］，生活·读书·新知三联书店，1998 年。

冀朝鼎：《中国历史上的基本经济区与水利事业的发展》，朱诗鳌［译］，中国社会科学出版社，1981 年。

贾谊：《新书校注》，阎振益、锺夏［校注］，中华书局，2000 年。

姜士林/等［主编］：《世界宪法全书》，青岛出版社，1997 年。

江文汉：《中国古代基督教及开封犹太人（景教、元朝的也里可温、中国的犹太人)》，知识出版社，1982 年。

蒋礼鸿：《商君书锥指》，中华书局，1986年。

焦竑：《焦氏笔乘》，李剑雄［点校］，中华书局，2008年。

金诤：《科举制度与中国文化》，上海人民出版社，1990年。

景爱：《长城》，学苑出版社，2008年。

康德：《历史理性批判文集》，何兆武［译］，商务印书馆，1990年。

科斯：《论生产的制度结构》，盛洪、陈郁/等［译］，生活·读书·新知三联书店上海分店，1994。

拉莫尔：《现代性的教训》，刘擎、应奇［译］，东方出版社，2010年。

雷森伯格：《西方公民身份传统——从柏拉图至卢梭》，郭台辉［译］，吉林出版集团有限责任公司，2009年。

黎虎：《殷都屡迁原因试探》，载《北京师范大学学报》，1982年4期。

黎澍：《孙中山上书李鸿章事迹考辨》，载《历史研究》，1988年3期。

黎翔凤：《管子校注》，梁运华［整理］，中华书局，2004年。

李安宅：《〈仪礼〉与〈礼记〉之社会学的研究》，上海人民出版社，2005年。

李大龙：《汉唐藩属体制研究》，中国社会科学出版社，2006年。

李峰：《西周的政体：中国早期的官僚制度和国家》，吴敏娜/等［译］，生活·读书·新知三联书店，2010年。

《李鸿章全集》，安徽教育出版社，2008年。

李剑鸣：《美国土著部落地位的演变和印第安人的公民权问题》，载《美国研究》1994年2期。

李剑农：《中国古代经济史稿》（上），武汉大学出版社，2011年。

李开元：《秦崩——从秦始皇到刘邦》，生活·读书·新知三联书店，2015年。

李林甫/等：《唐六典》，陈仲夫［点校］，中华书局，1992年。

李民：《殷墟的生态环境与盘庚迁殷》，载《历史研究》，1991年1期。

李世瑜［编著］：《天津的方言俚语》，天津古籍出版社，2004年。

李斯特：《清代地方法律实践中的现代逻辑——围绕“犯奸”展开》，载《北大法律评论》第14卷第1辑，北京大学出版社，2013年。

李天根：《爝火录》，仓修良、魏德良［校点］，浙江古籍出版社，1986年。

李学勤［主编］：《春秋公羊传注疏》，北京大学出版社，1999年。

———．［主编］：《春秋穀梁传注疏》，北京大学出版社，1999年。

———．［主编］：《礼记正义》，北京大学出版社，1999年。

———．［主编］：《尚书正义》，北京大学出版社，1999年。

———．［主编］：《孝经注疏》，北京大学出版社，1999年。

____.［主编］:《仪礼注疏》，北京大学出版社，1999 年。

____.［主编］:《周礼注疏》，北京大学出版社，1999 年。

李雪山:《商代分封制度研究》，中国社会科学出版社，2004 年。

李泽厚:《中国古代思想史论》，人民出版社，1986 年。

《梁启超全集》，北京出版社，1999 年。

梁启雄:《荀子简释》，中华书局，1983 年。

梁永勉［主编］:《中国农业科学技术史稿》，农业出版社，1989 年。

林白、朱梅苏:《中国科举史话》，江西人民出版社，2002 年。

刘海峰、李兵:《中国科举史》，东方出版中心，2004 年。

刘庆、魏鸿:《八旗军由盛转衰的历史教训》，载《军事历史研究》，2004 年 1 期。

刘师培:《刘申叔遗书》，江苏古籍出版社，1997 年。

刘统:《中国的 1948 年:两种命运的决战》，生活·读书·新知三联书店，2006 年。

刘向:《说苑校证》，向宗鲁［校证］，中华书局，1987 年。

刘昫/等:《旧唐书》，中华书局，1975 年。

《柳宗元集》，吴文治/等［点校］，中华书局，1979 年。

《鲁迅全集》，人民文学出版社，2005 年。

卢明辉:《略析清代前期治理蒙古的几项重要政策》，载《内蒙古社会科学》，1991 年 4 期。

卢梭:《论人类不平等的起源和基础》，李常山［译］，商务印书馆，1962 年。

____.《社会契约论》，何兆武［译］，商务印书馆，2003 年。

《罗念生全集》，上海人民出版社，2007 年。

罗斯金:《国家的常识:政权·地理·文化》，夏维勇、杨勇［译］，世界图书出版公司北京公司，2013 年。

罗哲文:《长城》，清华大学出版社，2008 年。

洛克:《政府论》，叶启芳、瞿菊农［译］，商务印书馆，1964 年。

马大正［主编］:《中国边疆经略史》，中州古籍出版社，2000 年。

马尔蒂诺:《罗马政制史》（1、2），薛军［译］，北京大学出版社，2009、2014 年。

马基雅维利:《君主论·李维史论》，潘汉典、薛军［译］，吉林出版集团有限责任公司，2011 年。

《马可波罗行纪》，冯承钧［译］，上海书店出版社，2001 年。

《马克思恩格斯全集》（1、28），人民出版社，1995、2018 年。

《马克思恩格斯选集》（3、4），人民出版社，1995 年。

马端临：《文献通考》，中华书局，1986 年影印本。

马汝珩、马大正［主编］：《清代的边疆政策》，中国社会科学出版社，1994 年。

麦金德：《历史的地理枢纽》，林尔蔚、陈江［译］，商务印书馆，2010 年。

毛泽东：《毛泽东选集》，人民出版社，1991 年。

____.《毛泽东文集》（3、7），人民出版社，1996、1999 年。

____.《建国以来毛泽东文稿》（7、12、13），中央文献出版社，1992、1998 年。

孟德斯鸠：《论法的精神》（上、下），张雁深［译］，商务印书馆，1961、1963 年。

____.《罗马盛衰原因论》，婉玲［译］，商务印书馆，1962 年。

《摩西五经》，冯象［译注］，生活·读书·新知三联书店，2013 年。

纳什/等［编著］：《美国人民：创建一个国家和一种社会》（下），刘德斌［主译］，北京大学出版社，2008 年。

欧克肖特：《政治中的理性主义》，张汝伦［译］，上海译文出版社，2003 年。

欧阳修：《新五代史》，中华书局，1974 年。

欧阳修、宋祁：《新唐书》，中华书局，1975 年。

潘光旦：《中国境内犹太人的若干历史问题——开封的中国犹太人》，北京大学出版社，1983 年。

逄先知［主编］：《毛泽东年谱：1893—1949》，中央文献出版社，2002 年。

彭信威：《中国货币史》，上海人民出版社，1958 年。

骈宇骞/等［译注］：《孙子兵法·孙膑兵法》，中华书局，2006 年。

普鲁塔克：《希腊罗马名人传》，黄宏煦［主编］，陆永庭/等［译］，商务印书馆，1990 年。

____.《希腊罗马名人传》，席代岳［译］，吉林出版集团有限责任公司，2009 年。

齐翀：《南澳志》，清道光二十一年［1841］；即《乾隆南澳志》，载《中国地方志集成·广东府县志辑》（27），上海书店出版社，2003 年影印本。

恰白·次旦平措、诺章·吴坚、平措次仁：《西藏通史简编》，五洲传播出版社，2000 年。

钱穆：《国史大纲》，商务印书馆，1994 年。

____.《中国历代政治得失》，生活·读书·新知三联书店，2001 年。

____.《国史新论》，生活·读书·新知三联书店，2001 年。

____［讲述］.《中国经济史》，叶龙［记录整理］，北京联合出版公司，

2014 年。

钱曾怡［主编］：《汉语官话方言研究》，齐鲁书社，2010 年。

钱锺书：《管锥编》，中华书局，1986 年。

秦晖：《传统十论——本土的制度、文化及其变革》，复旦大学出版社，2004 年。

《清实录·圣祖仁皇帝实录》，中华书局，1985 年影印本。

《清史稿》，中华书局，1977 年。

丘光明、邱隆、杨平：《中国科学技术史》（度量衡卷），科学出版社，2001 年。

裘锡圭：《文字学概要》，商务印书馆，1988 年。

瞿同祖：《中国法律与中国社会》，中华书局，1981 年。

____.《清代地方政府》，范忠信、晏锋［译］，法律出版社，2003 年。

饶宗颐：《老子想尔注校证》，上海古籍出版社，1991 年。

莎彝尊：《正音咀华》，韩沛玲［校注］，北京大学出版社，2018 年。

杉山正明：《游牧民的世界史》，黄美蓉［译］，中华工商联合出版社，2014 年。

申时行/等［修］，赵用贤/等［纂］：《大明会典》（卷四十三至卷九十六），上海古籍出版社（《续修四库全书》第 790 册），2002 年影印本。

沈德潜［选］：《古诗源》，中华书局，1963 年。

沈宗灵：《比较宪法——对八国宪法的比较研究》，北京大学出版社，2002 年。

施特劳斯、克罗波西［主编］：《政治哲学史》（第三版），李洪润/等［译］，法律出版社，2009 年。

史念海：《河山集》，生活·读书·新知三联书店，1963 年。

《睡虎地秦墓竹简》，文物出版社，1990 年。

司马光：《资治通鉴》，中华书局，1956 年。

____.《温公家范》，王宗志［注释］，天津古籍出版社，1995 年。

司马迁：《史记》，中华书局，1959 年。

斯密：《亚当·斯密关于法律、警察、岁入及军备的演讲》，坎南［编］，陈福生、陈振骅［译］，商务印书馆，1962 年。

____.《国民财富的性质和原因的研究》（下），郭大力、王亚南［译］，商务印书馆，1974 年。

四川省编辑组、《中国少数民族社会历史调查资料丛刊》修订编辑委员会：《四川省阿坝州藏族社会历史调查》，民族出版社，2009 年。

____.《四川省甘孜州藏族社会历史调查》，民族出版社，2009 年。

《苏轼文集》，孔凡礼［点校］，中华书局，1986 年。

苏舆：《春秋繁露义证》，锺哲［点校］，中华书局，1992 年。

孙楷：《秦会要订补》，徐复［订补］，中华书局，1959 年。

孙翊刚：《中国赋税史》，中国税务出版社，2007 年。

《孙中山全集》（1），中华书局，1981 年。

谭其骧［主编］：《中国历史地图集》，中国地图出版社，1982 年。

——.《长水集》（续编），人民出版社，2011 年。

《谭嗣同全集》，蔡尚思、方行［编］，中华书局，1981 年。

汤因比：《历史研究》，萨默维尔［编］，郭小凌/等［译］，上海世纪出版集团，2010 年。

田余庆：《拓跋史探》，生活·读书·新知三联书店，2003 年。

——.《秦汉魏晋史探微》，中华书局，2011 年。

——.《东晋门阀政治》，北京大学出版社，2012 年。

涂尔干：《社会分工论》，渠东［译］，生活·读书·新知三联书店，2000 年。

脱脱/等：《宋史》，中华书局，1977 年。

万明：《明代白银货币化的初步考察》，载《中国经济史研究》，2003 年 2 期。

——.《明代白银货币化与明朝兴衰》，载《明史研究论丛》第 6 辑，黄山书社，2004 年。

汪辉祖：《佐治药言》，收入《皇朝经世文编》，贺长龄［辑］，载《近代中国史料丛刊》第 74 辑，文海出版社，1972 年影印本。

王定保：《唐摭言》，中华书局，1959 年。

王国维：《观堂集林（外二种）》，河北教育出版社，2003 年。

王宏志：《论"贰臣"》，载《社会科学研究》，1988 年 5 期。

王力：《汉语史稿》，中华书局，1980 年。

王利器［校注］：《盐铁论校注》，中华书局，1992 年。

王聘珍：《大戴礼记解诂》，王文锦［点校］，中华书局，1983 年。

王世杰、钱端升：《比较宪法》，范忠信［校勘］，中国政法大学出版社，1997 年。

王绍光［主编］：《理想政治秩序：中西古今的探求》，生活·读书·新知三联书店，2012 年。

王先谦、刘武：《庄子集解·庄子集解内篇补正》，沈啸寰［点校］，中华书局，1987 年.

王先慎：《韩非子集解》，中华书局，2013 年。

王永民：《汉字编码研究应用 40 年巡礼》，载《中国发明与专利》，2018 年

12 期。

王育民：《中国历史地理概论》（上），人民教育出版社，1987 年。

王锺翰［点校］：《清史列传》，中华书局，1987 年。

韦伯：《学术与政治：韦伯的两篇演说》，冯克利［译］，生活·读书·新知三联书店，1998 年。

＿＿．《经济通史》，姚曾廙［译］，上海三联书店，2006 年。

魏收：《魏书》，中华书局，1974 年。

闻人军［译注］：《考工记译注》，上海古籍出版社，1993 年。

吴楚材、吴调侯［选］：《古文观止》，中华书局，1959 年。

吴晗、费孝通/等：《皇权与绅权》，天津人民出版社，1988 年。

吴兢［编著］：《贞观政要》，上海古籍出版社，1978 年。

西塞罗：《国家篇·法律篇》，沈叔平、苏力［译］，商务印书馆，1999 年。

希特：《公民身份——世界史、政治学与教育学中的公民理想》，郭台辉、余辉元［译］，吉林出版集团有限公司，2010 年。

萧国亮：《雍正帝与耗羡归公的财政改革》，载《社会科学辑刊》，1985 年3 期。

谢青、汤德用［主编］：《中国考试制度史》，黄山书社，1995 年。

休谟：《休谟政治论文选》，张若衡［译］，商务印书馆，1993 年。

修昔底德：《伯罗奔尼撒战争史》，谢德风［译］，商务印书馆，1960 年。

徐世虹［主编］：《中国法制通史》（第二卷：战国·秦汉），法律出版社，1999 年。

徐松［辑］：《宋会要辑稿》，中华书局，1957 年。

徐元诰：《国语集解》，王树民、沈长云［点校］，中华书局，2002 年。

许崇德：《中华人民共和国宪法史》，福建人民出版社，2003 年。

许慎：《说文解字》，中华书局，1963 年。

许维遹：《吕氏春秋集释》，梁运华［整理］，中华书局，2009 年。

许倬云：《中国古代社会与国家之关系的变动》，载《文物季刊》，1996 年2 期。

＿＿．《西周史》，生活·读书·新知三联书店，2001 年.

＿＿．《中国古代社会史论——春秋战国时期的社会流动》，邹水杰［译］，广西师范大学出版社，2006 年。

亚里士多德：《雅典政制》，日知、力野［译］，商务印书馆，1959 年。

＿＿．《政治学》，吴寿彭［译］，商务印书馆，1965 年。

《亚里士多德全集》（1），苗力田［主编］，中国人民大学出版社，1990 年。

阎步克：《察举制度变迁史稿》，辽宁大学出版社，1991 年。

____．《中国古代官阶制度引论》，北京大学出版社，2010 年。

严耕望：《严耕望史学论文选集》，中华书局，2006 年

____．《唐代交通图考》，上海古籍出版社，2007 年。

____．《中国政治制度史纲》，上海古籍出版社，2013 年。

杨伯峻［译注］：《孟子译注》，中华书局，1960 年。

____．《列子集释》，中华书局，1979 年。

____［译注］．《论语译注》，中华书局，1980 年。

____［编著］．《春秋左传注》，中华书局，2009 年。

杨宽：《先秦史十讲》，复旦大学出版社，2006 年。

俞正燮：《癸巳存稿》，辽宁教育出版社，2003 年。

袁康、吴平［辑录］：《越绝书》，乐祖谋［点校］，上海古籍出版社，1985 年。

曾仰丰：《中国盐政史》，上海书店，1984 年影印本。

张国刚［主编］：《中国家庭史》（5 卷），人民出版社，2013 年。

张涛：《烈女传译注》，山东大学出版社，1990 年。

张廷玉/等：《明史》，中华书局，1974 年。

章学诚：《文史通义校注》，叶瑛［校注］，中华书局，1985 年。

张中奎：《改土归流与苗疆再造：清代"新疆六厅"的王化进程及其社会文化变迁》，中国社会科学出版社，2012 年。

长孙无忌/等：《唐律疏议》，刘俊文［点校］，中华书局，1983 年。

昭梿：《啸亭杂录》，何英芳［点校］，中华书局，1980 年。

赵鼎新：《东周战争与儒法国家的诞生》，夏江旗［译］，华东师范大学出版社，2006 年．

赵红军：《气候变化是否影响了我国过去两千年间的农业社会稳定？——一个基于气候变化重建数据及经济发展历史数据的实证研究》，载《经济学》，2012 年第 11 卷第 2 期。

赵秀玲：《中国乡里制度》，社会科学文献出版社，1998 年。

赵翼：《廿二史劄记》，曹光甫［校点］，凤凰出版社，2008 年。

郑樵：《通志二十略》，王树民［点校］，中华书局，1995 年。

郑自海、郑宽涛［编著］；《咸阳世家宗谱：郑和家世研究资料汇编》，晨光出版社，2005 年。

郑肇经：《中国水利史》，上海书店，1984 年影印本。

宗道一/等［编著］：《周南口述：遥想当年，羽扇纶巾》，齐鲁书社，2007 年。

中共中央党校党史教研二室［选编］：《中国共产党社会主义时期文献资料

选编》（6），1987 年。

《中国军事史》编写组：《中国历代军事制度》，解放军出版社，2006 年。

周雪光：《组织社会学十讲》，社会科学文献出版社，2003 年。

____.《从"黄宗羲定律"到帝国的逻辑：中国国家治理逻辑的历史线索》，载《开放时代》，2014 年 4 期。

周振鹤：《中国地方行政制度史》，上海人民出版社，2005 年。

周振鹤、游汝杰：《方言与中国文化》，上海人民出版社，2006 年。

朱谦之：《老子校释》，中华书局，1984 年。

朱熹：《朱子全书》，朱杰人、严佐之、刘永翔［主编］，上海古籍出版社，2002 年。

朱永嘉：《商鞅变法与王莽改制》，中国长安出版社，2013 年。

朱桢：《商代后期都城研究综述》，载《殷都学刊》，1989 年 1 期。

祝总斌：《两汉魏晋南北朝宰相制度研究》，中国社会科学出版社，1990 年。

资中筠：《美国十讲》，广西师范大学出版社，2014 年。

二、英文文献和判例

Ackerman, Bruce, *We, the People*, volume 1-2, *The Foundation*, *Transformation*, Harvard University Press, 1991, 2000.

Adams, George Burton, *Constitutional History of England*, Henry Holt and Company, 1921.

Adler, Mortimer J., and William Gorman, *The American Testament*, Praeger, 1975.

Aquinas, St Thomas, *Political Writings*, ed by R. W. Dyson, Cambridge University Press, 2004.

Aristotle, *The Politics*, rev. ed., trans. By T. A. Sinclair, Penguin Books, 1981.

Bagehot, Walter, *The English Constitution*, ed. by, Miles Taylor, Oxford University Press, 2001（original 1873）.

Bai, Ying, and James Kai-sing Kung, "Climate Shocks and Sino-Nomadic Conflict", *Review of Economics and Statistics*, 93/3（2011）: 970-981.

Becker, Gary S., *The Economic of Discrimination*, 2d ed., University of Chicago Press, 1971.

Brest, Paul, Sanford Levinson, J. M. Balkin, Akhil Reed Amar and Reva B. Siegel, *Processes of Constitutional Decisionmaking: Cases and Materials*, 5th ed., Aspen, 2006.

Burke, Edmund, *Reflections on the Revolution in France*, ed. by Frank M. Turner, Yale University Press, 2003.

Cai, Hua, *A Society Without Fathers or Husbands: The Na of China*, Zone Books, 2001.

Cannon, John, and Ralph Griffiths, *The Oxford Illustrated History of the British Monarchy*, Oxford University Press, 1988.

Coase, Ronald H. , "The Nature of the Firm", *Economica*, 4/16 (1937): 386-405.

Cohen, David, *Law, Sexuality and Society: The Enforcement of Morality in Classical Athens*, Cambridge University Press, 1991.

Dershowitz, Alan M. , *Why Terrorism Works: Understanding the Threat, Responding to the Challenge*, Yale University Press, 2002.

Diamond, Arthur Sigismund, *Primitive Law*, Past and Present, Methuen, 1971.

Dicey, Albert Venn, *The Law of the Constitution*, Oxford University Press, 2013.

Edmund Burke, *Reflections on the Revolution in France*, ed. by Frank M. Turner, Yale Yale University Press, 2003.

Eran, Shor, and Simchai Dalit, "Incest Avoidance, the Incest Taboo, and Social Cohesion: Revisiting Westermarck and the Case of the Israeli Kibbutzim", *American Journal of Sociology*, 114/6 (2009): 1803-1842.

Finnis, John, *Natural Law and Natural Rights*, Clarendon Press, 1980.

Finley, Moses I. , *The Ancient Economy*, University of California Press, 1973.

Fleischacker, Samuel, *A Short History of Distributive Justice*, Harvard University Press, 2004.

Foucault, Michel, *Discipline and Punish: The Birth of the Prison*, trans. by Alan Sheridan, Vintage Books, 1979.

_____. *The Foucault Reader*, ed. by Paul Rabinow, Pantheon House, 1984.

Frank, Andre Gunder, *ReOrient: Global Economy in the Asian Age*, University of California Press, 1998.

Freeman, Edward Augustu, *The Growth of the English Constitution from the Earliest Times*, 3rd ed. , F. B. Rothman, 1987 (original 1872) .

Garraty, John A. , ed. , *Quarrels That Have Shaped the Constitution*, Harper Perennial, 1989.

Giddens, Anthony, *The Nation-State and Violence*, Volume Two of a Contemporary Critique of Historical Materialism, University of California Press, 1987.

Gilligan, Carol, *In a Different Voice, Psychological Theory and Women's Develop-*

ment, Harvard University Press, 1982,

Hamilton, Alexander, James Madison, and John Jay, *The Federalist Papers*, Penguin, 1987.

Heater, Derek Benjamin, *A Brief History of Citizenship*, New York University Press, 2004.

Hegel, Georg Wilhelm Friedrich, *The Philosophy of History*, trans. by J. Sibree, Batoche Books, 2001.

——. *Elements of the Philosophy of Right*, trans. by H. B. Nisbet, Cambridge University Press, 1991.

Ho, Ping-ti, *The Ladder of Success in Imperial China: Aspects of Social Mobility, 1368-1911*, Columbia University Press, 1964.

Hobbes, Thomas, *Leviathan*, ed. by C. B. MacPherson, Penguin Classics, 1968.

Holmes, Jr. , Oliver Wendell, "The Path of the Law", *Harvard Law Review*, 1897, 10 (8): 457-478.

——. *The Mind and Faith of Justice Holmes: His Speeches, Essays, Letters and Judicial Opinions*, The Modern Library, 1943.

——. *Holmes-Laski Letters: The Correspondence of Mr. Justice Holmes and Harold J. Laski, 1916-1935*, Vols. 2, ed. by Mark DeWolfe Howe, Harvard University Press, 1953.

——. *The Common Law*, Harvard University Press, 2009 (original 1881).

Hooyman, Nancy R. , and H. Asuman Kiyak, *Social Gerontology: A Multidisciplinary Perspective*, 7th ed. , Pearson, 2005.

Hsu, Cho-yun, *Ancient China in Transition: an Analysis of Social Mobility, 722-222 B. C.* , Stanford University Press, 1965.

Hume, David, *Political Essays*, ed. by Knud Haakonssen, Cambridge University Press, 2003.

——. *An Enquiry Concerning Human Understanding*, ed. by Peter Millican, Oxford University Press, 2007.

Huntington, Samuel, *The Soldier and the State: The Theory and Politics of Civil-Military Relations*, Harvard University Press, 1957.

James Fitzjames Stephen, *Liberty, Equality, Fraternity: and Three Brief Essays*, University of Chicago Press, 1991.

Jefferson, Thomas, *Political Writings*, ed. by Joyce Appleby and Terence Ball, Cambridge University Press, 1999.

Jenks, Edward, "The Myth of Magna Carta", *Independent Review*, 1904, 4: 260-268.

Jennings, W. Ivor, *The British Constitution*, 4th ed. , Cambridge University Press, 1961.

Joshua A. Fogel and Peter G. Zarrow, eds. , *Imagining the People: Chinese Intellectuals and the Concept of Citizenship, 1890-1920*, M. E. Shape, 1997.

Kegan, Donald, *The Fall of the Athenian Empire*, Cornell University Press, 1997.

Kelly, Alfred H. , Winfred A. Harbison, and Herman Belz, *The American Constitution: Its Origins and Development*, 6th ed. , W. W. Norton & Co. , 1987.

Klarman, Michael J. , "Constitutional Fact/Constitutional Fiction: A Critique of Bruce Ackerman's Theory of Constitutional Moments", *Stanford Law Review*, 1992, 44 (3): 759-797.

Locke, John, *Two Treatises of Government*, ed. by Peter Laslett, Cambridge University Press, 2003.

Machiavelli, Niccolo, *The Prince and The Discourses*, Random House, 1950.

MacKinnon, Catharine A. , *Toward a Feminist Theory of the State*, Harvard University Press, 1989.

Maitland, Frederic William, *The Constitutional History of England*, ed. by Henry Hallamand, Cambridge University Press, 1908.

Nietzsche, Friedrich, *Beyond Good and Evil, Prelude to a Philosophy of the Future*, trans. by Walter Kaufmann, Vintage Books, 1966.

_____. *Gay Science*, trans. by Josefine Nauckhoff, Cambridge University Press, 2001.

_____. *Human, All Too Human*, ed. by Stephen Lehmann, Penguin, 2004.

_____. *Untimely Meditations*, trans. by R. J. Hollingdale, Cambridge University Press, 1983.

_____. *The Use and Abuse of History*, trans. by Adrian Collins, Bobbs-Merrill, 1957.

_____. *The Will to Power*, trans. by Walter Kaufmann and R. J. Hollingdale, Vintage Books, 1967.

Ocko, Jonathan K. , "I'll Take It All the Way to Beijing: Capital Appeals in the Qing", *The Journal of Asian Studies*, 47/2 (1988): 291-315.

Peter G. Stillman, "Property, Freedom and Individuality in Hegel's and Marx's Political Thought", in J. R. Pennock and J. W. Chapman (eds.), *NOMOS XXII, Property*, 1980, 22: 130-167.

Plato, *The Collected Dialogues of Plato*, ed. by Edith Hamilton and Huntington Cairns, Princeton University Press, 1961.

Plucknett, Theodore F. T. *A Concise History of the Common Law*, 5th ed. , Little, Brown and Company, 1956.

Posner, Richard A. , *Breaking the Deadlock: The 2000 Election, the Constitution, and the Courts*, Princeton University Press, 2001.

_____. ed. , *The Essential Holmes: Selections from the Letters, Speeches, Judicial Opinions, and Other Writings of Oliver Wendell Holmes, Jr.* , University of Chicago Press, 1992.

_____. *Law, Pragmatism, and Democracy*, Harvard University Press, 2003.

_____. *Not A Suicide Pact, The Constitution in a Time of National Emergency*, Harvard University Press, 2006.

_____. *Overcoming Law*, Harvard University Press, 1995.

_____, *Problems of Jurisprudence*, Harvard University Press, 1990.

_____. *Sex and Reason*, Harvard University Press, 1992.

Pye, Lucian W. , "China: Erratic State, Frustrated Society", *Foreign Affairs*, 1990, 69 (4): 56-74.

Radcliff-Brown, *Structure and Function in Primitive Society*, Free Press, 1965.

Radin, Max, "The Myth of Magna Carta", *Harvard Law Review*, 1947, 60 (7): 1060-1091.

Rawls, John, *A Theory of Justice*, rev, ed. , Harvard University Press, 1999.

Rousseau, Jean Jacques, *Political Writings*, trans. by Frederick Watkins, University of Wisconsin Press, 1986.

Sack, Robert D. *Human Territoriality: Its Theory and History*, Cambridge University Press, 1986.

Schoeck, Helmut, *Envy: A Theory of Social Behaviour*, trans. by Michael Glenny and Betty Ross, Harcourt, Brace & World, 1969.

Shih, Chuan-kang. *Quest for Harmony: The Moso Traditions of Sexual Union & Family Life*, Stanford University Press, 2010.

Tarkow, I. Naamani, "The Significance of the Act of Settlement in the Evolution of English Democracy", *Political Science Quarterly*, 1943, 58 (4): 537-561.

Tilly, Charles, *Coercion, Capital, and European States, AD 990-1990*, Basil Blackwell, 1990.

Tocqueville, Alexis de, *Democracy in America*, trans. by James T. Schleifer, Liberty Fund, 2010.

Weber, Max, *Economy and Society: An Outline of Interpretive Sociology*, 2 vols, trans. by Ephraim Fischoff et al. , eds. by Guenther Roth and Claus Wittich, University of California Press, 1978.

———. *General Economic History*, trans. by Frank H. Knight, Cosimo Classics, 2007.

West, Robin, "Jurisprudence and Gender", *University of Chicago Law Review*, 1988, 55 (1): 1-72.

Westermarck, Edward Alexander, *The History of Human Marriage*, 5th ed. , Mac-Millan, 1921.

Wicks, Elizabeth, *The Evolution of a Constitution: Eight Key Moments In British Constitutional History*, Hart Publishing, 2006.

Wittfogel, Karl A. , *Oriental Despotism: A Comparative Study of Total Power*, Yale University Press, 1967.

Waldron, Arthur, *The Great Wall of China: From History to Myth*, Cambridge University Press, 1990.

Wright, Robert, *The Moral Animal: Why We Are the Way We Are: The New Science of Evolutionary Psychology*, Vintage, 1994.

Bowers v. Hardwick, 487 U. S. 186 (1986) .

Buck v. Bell, 274 U. S. 200, 207 (1927) .

Commonwealth v. Kennedy, 170 Mass. 18, 20 (1897) .

Davis v. Mills, 194 U. S. 451, 457 (1904) .

Dred Scott v. Sandford, 60 U. S. 393 (1857)

Gitlow v. New York, 268 U. S. 652 (1925) .

Heart of Atlanta Motel, Inc. v. United States, 379 U. S. 241 (1964) .

Lochner v. New York, 198 U. S. 45, 76 (1905) .

Marbury v. Madison, 5 U. S. 137 (1803) .

New York Trust Co. v. Eisner, 256 U. S. 345, 349 (1921) .

Obergefell v. Hodges, 576 U. S. 28 (2015) .

Regents of Univ. of California v. Bakke, 438 U. S. 265 (1978) .

Roe v. Wade, 410 U. S. 113 (1973) .

Texas v. White, 74 U. S. 700, 725 (1869) .

*United States v. Curtiss-Wright Export Corp. *, 299 U. S. 304 (1936) .

*United States v. Carolene Products Co. *, 304 U. S. 144 (1938) .

Ware v. Hylton, 3 Dall. 199, 201 (U. S. 1796) .